中国会社法学
Corporation Law

趙 旭東 原著編

陳 景善・荻原 正 編訳

アジア法叢書32

成文堂

本書は、中華社会科学基金出版助成
(Chinese Fund for the Humanities and Social Sciences)を受け、
出版するものである。

はしがき

　本書は，2005年新会社法の起草小委員会のメンバーである趙旭東氏を原編者とするものであり，中国の歴史的背景に基づく同法の発展の過程や意義を，主要国の会社法と比較しつつ，丁寧に解説したものである。従って，初心者から専門家まで，あるいは本分野の専門家以外の方にも極めて有益な内容である。

　本書は，中国の"十一次五ヵ年計画"における国家級企画教材である。2006年8月に出版以来，全国大学で広く採用されるのみならず，社会的な法律教材としても使用され，幅広く好評を博している。周知のとおり，中国の会社法は1993年に初めて公布され，その後諸外国の会社法について立法検討を行った上で，2005年に抜本的な改正が行なわれた。本書は，現有教材の比較研究及び総括を行った最新の教材である。内容の面でも，会社法の領域の最新成果を吸収反映したものである。体系構成上，本書は各章各節に「実務研究」のコラムを設け，理論的注目点や実務問題を紹介している。

　本書は，1993年公布の《会社法》，2005年に改正された新《会社法》に基づき編集された。2005年の中国会社法は改正条項が224条にのぼり，その内新設条文が41ヵ条，削除条文が46ヵ条，改正した条文は137ヵ条である。何の手直しもない条文は全体の10％にも至らない。

　本書の背景には，新会社法の公布施行以後，各国の会社法と理論的な最新の発展を参考にして，その中の重要な問題に対して検討を加え，それらの法律原理や学説について新たな創説を行い，中国が現実に必要とする会社法理論に適合させる必要性が生じたという情況がある。例えば，2005年会社法で「法人格否認制度」，「一人会社」，「株主代表訴訟」等の制度は新設しているが，実務において判例がそれ程多く現れていない。また，近年来の会社法の理論と実務の最新の発展についても各章後の「本章実務研究」の特定テーマ内容について多くの更新と補充を行った。特に，「会社紛争の司法救済と会社法の訴訟適格性」，「一人会社の会計監査の問題」，「定款の公示効力と第三者の調査義務」，「持分権譲渡における契約行為と権利の実際の移転」等の最新の理論と実務の問題を補充した。なお，判例の蓄積もなしの状況で諸外国から導入した条文が多いので，会社法改正後，適用上における多くの問題が生じ

た。その問題点に対しては最高裁判所による司法解釈で補完しているのが実情である。

　本書の翻訳の主要な動機は、1998年4月より2008年3月まで早稲田大学の大塚英明先生の指導の下で長年留学し、日中会社法の比較研究を行ったことである。留学当時、中国の1993年の会社法については奥島孝康先生が編集した『中国会社法』があり、非常に参考となった。2005年改正後の新会社法の内容、中国会社法の理論研究状況も引き続き正しく日本に伝えるだけではなく、今後留学する後輩たちに残したい気持ちで、長年中国語を勉強し、我々留学生を支援してくれた出光興産株式会社の知的財産部の荻原正氏とともに2008年3月より同書を選択して、翻訳作業を開始した。また、2005年前後に早稲田大学の上村達男先生はCOEプログラムの一環として中国に立法支援を行い、在学中私も参加することができたので、日本の商法の内容がどれ位中国会社法に反映されているかをも伝えたいと考える。本書の翻訳は約2年を要し、経済的な理由で出版が止まった時期もあったが、昨年中国国家社会科学基金の助成を受けて出版に至ることができた。また、この場を借りて成文堂の編集者飯村晃弘氏、本郷三好氏に感謝の意を申上げたい。さらには、長年お世話になった早稲田大学の商法の諸先生方、先輩たち、中国社会科学基金にも感謝の意を申上げたい。本書はまさに日中文化交流の一成果である。

　　　　　　　　　　　　　　　　　　　　　　　　　陳　景　善

目　　次

第一章　会社と会社法 …………………………… *1*
第二章　会社の類型 ……………………………… *73*
第三章　会社の設立 ……………………………… *115*
第四章　会社定款 ………………………………… *185*
第五章　会社の能力 ……………………………… *211*
第六章　資本制度 ………………………………… *235*
第七章　出資制度 ………………………………… *287*
第八章　株主と株主権 …………………………… *329*
第九章　会社の機関 ……………………………… *407*
第十章　社　債 …………………………………… *475*
第十一章　財務会計制度 ………………………… *505*
第十二章　会社の合併，分割及び組織変更 …… *527*
第十三章　会社の終了及び清算 ………………… *543*
第十四章　外国会社の分支機構 ………………… *569*

細 目 次

第一章　会社と会社法 …………… *1*
　第一節　概　説 …………………… *1*
　　一　会社の特徴 ………………… *1*
　　（一）営利を目的とした企業組織　*1*
　　（二）独立的法人地位　*3*
　　（三）株主の投資によって基盤を構成する社団法人　*6*
　　（四）法定条件と手続きによって成立する企業法人　*8*
　　二　会社法人格否認制度 ……… *9*
　　（一）会社法人格否認制度の概説　*9*
　　（二）中国の会社法人格否認制度の形成と立法　*11*
　　（三）会社法人格否認の要件　*12*
　　（四）会社法人格否認の適用情況　*14*
　　（五）会社法人格否認の適用結果　*16*
　第二節　会社とその他企業形態 …………………… *19*
　　一　企業形態の概説 …………… *19*
　　（一）企業形態の意義　*19*
　　（二）企業形態の特徴　*21*
　　（三）伝統的な企業法律形態と中国の企業法律形態　*21*
　　二　会社と独資企業 …………… *23*
　　（一）独資企業の概念　*23*
　　（二）独資企業の法的地位　*23*
　　（三）独資企業と会社の比較　*24*
　　三　会社と組合企業 …………… *25*
　　（一）組合企業の概念　*25*
　　（二）組合企業の法的地位　*25*
　　（三）会社と組合企業の比較　*26*
　第三節　会社の沿革と役割 ……… *33*
　　一　会社の沿革 ………………… *33*
　　（一）諸外国における会社の沿革　*34*
　　（二）中国における会社の沿革　*43*
　第四節　会社法の概要 …………… *48*
　　一　会社法の概念と性質 ……… *48*
　　二　会社法の特徴 ……………… *50*
　　（一）会社法における主体法と行為法の結合　*50*
　　（二）会社法における強制性と任意性の結合　*51*
　　（三）成文法としての会社法　*52*
　　（四）会社法の国際性　*52*
　　三　会社法の基本原則と立法 …… *53*
　　（一）基本原則　*54*
　　（二）立法　*59*
　　四　法律体系における会社法の地位 …………………… *62*
　　（一）会社法と民法　*62*
　　（二）会社法と商法　*63*
　　（三）会社法と経済法　*63*
　　（四）会社法と企業法　*64*
　　（五）会社法と証券法　*64*
　　（六）会社法と破産法　*65*
　　（七）会社法と刑法　*65*
　第五節　会社法の形態 …………… *68*
　　一　統一会社法 ………………… *68*
　　二　単行会社法または特殊会社法 …………………… *68*
　　三　商法典 ……………………… *69*
　　四　民法典 ……………………… *70*
　　五　特別法 ……………………… *70*
　　六　その他の単行法中の会社関連規定 …………………… *70*

第二章　会社の類型 …………… *73*
　第一節　会社の種類 ……………… *73*
　　一　無限会社，有限会社，株式会社及び合資・合名会社 ………… *73*
　　（一）無限会社　*73*
　　（二）有限会社　*74*
　　（三）株式会社　*74*

(四) 合資・合名会社　74
二　閉鎖会社と公開会社 ………… 75
(一) 閉鎖会社　75
(二) 公開会社　76
三　合名会社，合資会社及び合名兼
　　合資会社 ……………………… 76
(一) 合名会社　76
(二) 合資会社　76
(三) 合名兼合資会社　77
四　国営会社，公営会社及び民営会
　　社 …………………………………… 77
(一) 国営会社　77
(二) 公営会社と民営会社　78
五　親会社と子会社 ……………… 78
六　関連会社とグループ会社 …… 79
(一) 関連会社　79
(二) グループ会社　80
七　本社と支店 ………………… 81
八　自国会社，外国会社及び多国籍
　　会社 ……………………………… 82
第二節　有限会社 ……………… 85
一　有限会社の概念と特徴 ……… 85
(一) 株主人数に関する法定制限　85
(二) 株主の有限責任　86
(三) 会社設立手続き，組織機構の簡略
　　化　86
(四) 会社の合資性と合名性　86
二　有限会社の評価と適用 ……… 87
第三節　株式会社 ……………… 88
一　株式会社の概念と特徴 ……… 88
(一) 株主数の柔軟性　88
(二) 出資の株式化　88
(三) 株主責任の有限性　88
(四) 株式発行と譲渡の公開性，自由
　　89
(五) 会社経営状況の公開性　89
(六) 会社の信用の基礎—合資性　89
二　株式会社の評価と地位 ……… 90
(一) 株式会社のメリット　91
(二) 株式会社のデメリット　92
第四節　一人会社 ……………… 93

一　一人会社の概念と特徴 ……… 93
二　一人会社の承認 ……………… 94
(一) 一人会社の承認に関する外国の立
　　法　94
(二) 中国会社法の一人会社に対する承
　　認　95
三　一人会社の特別法規 ………… 96
第五節　国有独資会社 ………… 99
一　国有独資会社の概念と特徴
　……………………………………… 99
(一) 国有独資会社は特殊な「一人会社」
　　99
(二) 国有独資会社は特殊な有限会社
　　99
二　国有独資会社の適用と評価
　………………………………………101
第六節　上場会社 ………………103
一　上場会社の概念と特徴 ………103
(一) 上場会社は株式会社の一種　103
(二) 上場審査制度　103
(三) 上場会社の上場取引　104
二　会社上場の目的と効果 ………104
(一) 会社の融資機能の強化　104
(二) 株主の投資回収　104
(三) 会社の知名度と信用　105
(四) 会社の行為規範と管理　105
三　上場条件 ……………………105
四　上場手続き …………………106
第七節　外商投資企業（会社）
　………………………………………106
一　外商投資企業の概念と特徴
　………………………………………106
(一) 外国の投資者による設立　107
(二) 中国の法律に従い中国国内に設立
　　107
(三) 外国投資者による直接投資で設立
　　107
二　外商投資企業の法定類型 ……107
三　外商投資企業の法的性質 ……109
(一) 合弁企業の法的性質　109
(二) 合作企業の法的性質　109

（三）外資独資企業の法的特徴　110
　四　外商投資企業の法律適用 …… 111
第三章　会社の設立 ………………115
　第一節　概　説 …………………115
　　一　会社設立の概念と特徴 ……115
　　（一）会社設立の概念　115
　　（二）会社設立の特徴　116
　　二　会社設立の原則 ……………117
　　（一）諸外国の会社設立原則の沿革
　　　　117
　　（二）中国の会社設立の原則　120
　　三　会社の設立方式 ……………121
　　（一）発起設立　122
　　（二）募集設立　123
　第二節　会社の設立登記 ………127
　　一　会社登記の概説 ……………127
　　（一）会社登記の概念　127
　　（二）会社の登記と営業登記　128
　　（三）会社登記の類型　128
　　（四）会社登記の機関及び権限　128
　　二　会社の設立登記 ……………130
　　（一）会社の設立審査　130
　　（二）会社設立登記の意義　130
　　三　会社設立登記の手続き ……131
　　（一）申請書の提出　131
　　（二）審査許可　132
　　（三）公告　133
　　（四）登記の変更と取消　133
　　四　会社設立登記の法的効力 …134
　　五　支店の設立登記 ……………134
　　（一）支店設立の2種類の形態　134
　　（二）支店設立に関する規定　135
　第三節　会社成立の効力 ………137
　　一　会社の成立 …………………138
　　（一）成立の一般的効力　138
　　（二）設立中の会社の法的地位　138
　　（三）発起人の責任　138
　　二　会社の不成立 ………………140
　　（一）意義　140
　　（二）発起人の責任　140
　　三　会社の設立無効 ……………141

　　（一）意義　141
　　（二）設立無効の原因　142
　　（三）設立無効の提起　143
　　（四）設立無効訴訟の法律効果　143
　第四節　会社設立の条件 ………148
　　一　有限会社の設立条件 ………149
　　（一）主体条件　149
　　（二）財産要件　150
　　（三）組織要件　151
　　二　株式会社の設立要件 ………152
　　（一）主体要件　152
　　（二）財産条件　154
　　（三）組織要件　155
　第五節　会社設立の手続き ……157
　　一　有限会社の設立手続き ……157
　　（一）発起人の発起　157
　　（二）会社定款の契約　158
　　（三）会社名称の事前許可申請　158
　　（四）関連部門への審査の申請　158
　　（五）出資払込及び資産調査の実施
　　　　159
　　（六）設立登記の申請　159
　　（七）営業許可証の発給　160
　　二　株式会社の設立手続き ……160
　　（一）発起人契約の締結　161
　　（二）関連部門への申請　162
　　（三）会社定款の作成　163
　　（四）会社名称の事前許可申請　163
　　（五）株式の引き受け　164
　　（六）会社機関の設立と設立登記の申請
　　　　167
　　（七）公告　168
　　三　一人会社と国有独資会社の設立
　　　　手続き …………………………168
　第六節　会社名称と住所 ………170
　　一　会社名称 ……………………170
　　（一）諸外国の会社名称制度　170
　　（二）中国の会社名称制度　171
　　（三）会社の名称権　178
　　二　会社の住所 …………………179
　　（一）会社住所の確定　179

（二）会社住所の法律的意義　*180*
　　（三）会社の住所に関する法律規定　*181*
第四章　会社定款 …………………*185*
第一節　概　説 …………………*185*
　一　会社定款の概念 …………*185*
　二　会社定款の性質 …………*185*
　　（一）会社定款の性質に対する一般的な認識　*185*
　　（二）会社設立に係わる契約と会社定款の区別　*186*
　三　会社定款の特性 …………*187*
　　（一）法定性　*187*
　　（二）公開性　*189*
　　（三）自治性　*190*
第二節　会社定款の制定と変更 …………………*193*
　一　会社定款の制定 …………*193*
　　（一）有限会社の定款の制定　*193*
　　（二）株式会社の定款の制定　*194*
　二　会社定款の内容 …………*195*
　　（一）会社定款内容の分類　*195*
　　（二）中国の会社定款の記載事項　*196*
　三　会社定款の変更 …………*197*
第三節　会社定款の効力 …………*201*
　一　会社定款の時間的効力 …*201*
　　（一）会社定款の発効　*201*
　　（二）会社定款の失効　*203*
　　（三）会社設立過程における定款の拘束力　*203*
　二　会社定款の対人的効力 …*203*
　　（一）会社に対する定款の効力　*204*
　　（二）株主に対する定款の効力　*206*
　　（三）取締役，監査役，高級管理職に対する定款の効力　*207*
第五章　会社の能力 ………………*211*
第一節　会社の権利能力 …………*211*
　一　会社の権利能力の概念と意義 …………………*211*
　二　会社の権利能力の開始と終了 …………………*211*
　三　会社の権利能力範囲の制限 …………………*212*
　　（一）性質上の制限　*212*
　　（二）法律上の制限　*212*
　　（三）目的の制限　*217*
第二節　会社の行為能力 …………*221*
　一　会社の行為能力の概念と特徴 …………………*221*
　　（一）会社の行為能力の概念　*221*
　　（二）会社の行為能力の特徴　*222*
　二　会社の法定代表者 ………*222*
　三　代表取締役の代表行為及びその構成要件の検討 ………*223*
　　（一）代表行為　*223*
　　（二）法定代表者の代表行為の一般的構成要件　*224*
　四　代表行為と非代表行為の法的効果の相違 ………………*226*
　五　会社の意思表示の外形推定方式 …………………*227*
　六　会社の対外代理行為 ……*227*
第三節　会社の不法行為能力 …*230*
　一　会社の不法行為能力の概念 …………………*230*
　二　会社の不法行為の構成要件 …………………*230*
　　（一）会社従業員の実施行為　*230*
　　（二）実施行為と会社職務が密接に関係　*232*
　　（三）一般の不法行為の要件を具備　*232*
　三　会社不法行為の法律責任 …*232*
　　（一）会社の責任　*232*
　　（二）行為者（従業員）の責任　*233*
第六章　資本制度 …………………*235*
第一節　概　説 …………………*235*
　一　資本の概念と特徴 ………*235*
　二　会社資本の意義と形式 …*236*
　三　会社資本と関連概念の比較 …………………*238*
　　（一）資本と資産　*238*

（二）資本と資金　239
　（三）資本と純資産　240
　（四）資本と株主権益　240
　（五）資本と投資総額　240
　四　会社資本の法的意義 ……………241
　（一）会社成立の基本条件　241
　（二）会社経営活動の基本的な物質条件　241
　（三）会社の財産責任の基本的な保障　241
　（四）株主の会社債務の引受責任の限度　242
第二節　会社資本原則と資本形成制度 ……………………………246
　一　会社資本原則 …………………246
　（一）資本確定の原則　246
　（二）資本維持の原則　248
　（三）資本不変の原則　250
　二　会社資本形成制度 ……………251
　（一）法定資本制度　251
　（二）授権資本制度　253
　（三）折衷資本制度　254
第三節　最低資本金制度 ……………257
　一　最低資本金制度の意義 ………257
　二　最低資本金の立法例 …………258
　三　中国の最低資本金制度 ………259
　四　最低資本金制度の評価と改革 ……………………………260
　（一）肯定説　261
　（二）否定説　261
第四節　会社資本の募集と株式の発行 ……………………………264
　一　会社資本の募集 ………………264
　（一）資本募集の方法　264
　（二）資本募集の法律形態　265
　二　株式発行の分類 ………………266
　（一）設立発行と新株発行　266
　（二）直接発行と間接発行　267
　（三）公開発行と非公開発行　267
　（四）増資発行と非増資発行　268
　（五）通常発行と特別発行　269

　（六）定額発行，割引発行及びプレミアム発行　269
　（七）その他の発行分類　270
　三　株式発行の原則 ………………270
　（一）公開の原則　271
　（二）公平の原則　271
　（三）公正の原則　272
　四　株式公開発行の条件 …………272
　（一）設立発行の条件　273
　（二）再編設立発行の条件　274
　（三）新株発行の条件　274
　（四）特定募集会社の新株発行条件　275
　五　株式発行の手続き ……………275
　（一）発行決議　275
　（二）審査許可　276
　（三）公告文書　276
　（四）証券委託販売契約の締結　277
　（五）登記と公告　277
第五節　資本の増加と資本の減少 ……………………………279
　一　資本の増加 ……………………279
　（一）増資の目的と意義　279
　（二）増資の方法　280
　（三）増資条件と手続き　282
　二　資本の減少 ……………………282
　（一）減資の目的と意義　282
　（二）減資の方法　283
　（三）減資条件と手続き　284

第七章　出資制度 ……………………287
第一節　概　説 ………………………287
　一　出資と会社資本 ………………287
　二　出資と有限責任 ………………287
　三　出資と株主権 …………………288
　四　株主の出資義務 ………………288
　五　株主の出資責任 ………………290
　（一）出資違約責任　290
　（二）資本充実責任　291
　（三）出資責任の内容　292
　（四）出資責任に関する検討　293
第二節　出資の形式 …………………300

一　出資形式の法定性 ……………300
　二　法定出資形式の要件 …………301
　　（一）貨幣での価値評価　301
　　（二）法による譲渡　301
　三　会社法列挙の出資方式 ………302
　　（一）貨幣出資　302
　　（二）現物出資　303
　　（三）知的財産出資　304
　　（四）土地使用権出資　306
　四　その他の出資の方式 …………308
　　（一）株式出資　308
　　（二）債権出資　309
　　（三）非特許技術の出資　310
　　（四）全資産出資　310
　第三節　出資の法定要件 …………319
　一　出資の価値評価 ………………319
　二　出資の比率構成 ………………321
　三　出資の履行 ……………………322
　四　出資監査 ………………………324

第八章　株主と株主権 ……………329
　第一節　株　　主 …………………329
　一　株主の意義と構成 ……………329
　　（一）株主の意義　329
　　（二）株主の構成　330
　二　株主資格の取得，制限及び喪失
　　　………………………………330
　　（一）株主資格の取得　330
　　（二）株主資格の制限　331
　　（三）株主資格の喪失　333
　三　株主の法的地位 ………………333
　　（一）株主の株主権　333
　　（二）株主平等の原則　334
　四　株主の権利と義務 ……………335
　　（一）株主の権利　335
　　（二）株主の義務　344
　　（三）支配株主の義務と中小株主の保護
　　　　345
　五　株主代表訴訟 …………………347
　　（一）代表訴訟の意義　347
　　（二）株主代表訴訟の原告資格の制限
　　　　347
　　（三）株主代表訴訟の被告及び訴訟行為
　　　　の範囲　348
　　（四）訴訟手続き　349
　　（五）株主代表訴訟の法律効果　350
　第二節　株主権 ……………………354
　一　株主権の分類 …………………354
　　（一）自益権と共益権　354
　　（二）固有権と非固有権　355
　　（三）単独株主権と少数株主権　355
　　（四）一般株主権と特別株主権　356
　二　株主権の法的性質 ……………356
　　（一）主要学説　356
　　（二）株主権と会社法人の財産権　359
　三　株主権の法律関係 ……………360
　四　株主権の委託行使 ……………361
　　（一）代理人の資格　362
　　（二）代理権勧誘制度　363
　五　株主権の救済 …………………363
　　（一）救済の必要性　363
　　（二）株主権の濫用防止　364
　　（三）株主権の司法救済　366
　第三節　有限会社の株主権 ………370
　一　株主権と出資の概念 …………370
　二　出資証明書 ……………………371
　　（一）概説　371
　　（二）記載事項　372
　　（三）効力　373
　三　株主名簿 ………………………374
　　（一）記載事項　374
　　（二）効力　374
　四　株主権の譲渡 …………………375
　　（一）概念と法律の特徴　375
　　（二）譲渡の方式と制限　375
　　（三）株主権の譲渡手続き　378
　第四節　株式会社の株式 …………385
　一　株式の概念と特徴 ……………385
　二　株券 ……………………………386
　三　株主名簿 ………………………388
　　（一）株主名簿の記載事項　388
　　（二）株主名簿の閉鎖　388
　四　株式の分類 ……………………388

（一）普通株と特別株　*389*
　（二）記名株と無記名株　*391*
　（三）額面株と無額面株　*391*
　（四）その他の特殊類型の株式（株券）　*392*
　五　株式譲渡 ……………………*394*
　（一）株式譲渡の意義　*394*
　（二）株式譲渡の制限　*395*
　（三）株式譲渡の方式　*399*
　六　記名株券の盗難，紛失または滅失の処理 ………………*400*
　（一）公示催告手続きにより株券の無効宣告　*400*
　（二）株券再交付の申請　*401*

第九章　会社の機関 ……………*407*
　第一節　概説 …………………*407*
　一　会社統治 …………………*407*
　（一）会社統治問題　*407*
　（二）会社統治と会社の機関　*408*
　二　会社機関の設置 …………*409*
　（一）現代会社統治の基礎理論　*409*
　（二）会社の機関設置の原則　*410*
　三　会社機関の基本的構成 ……*413*
　四　会社機関と会社の代表機関
　　　………………………………*415*
　第二節　株主会 ………………*417*
　一　株主会の概念及び地位 ……*417*
　（一）会社の最高権力機関としての株主会　*418*
　（二）法定の機関としての株主会　*418*
　（三）株主全員により構成される株主会　*418*
　二　株主会会議の種類 …………*419*
　（一）定時総会　*419*
　（二）臨時総会　*419*
　三　株主会の職権 ……………*420*
　四　株主会の招集 ……………*421*
　（一）招集者　*421*
　（二）招集時期　*422*
　（三）招集通知　*422*
　五　株主会の決議 ……………*423*

　（一）定足数　*423*
　（二）投票方式　*424*
　（三）決議における法定比率　*426*
　（四）株主会決議の無効及び取消　*426*
　第三節　取締役会 ………………*432*
　一　取締役会 …………………*432*
　（一）概念及び特徴　*432*
　（二）職権　*433*
　二　取締役 ……………………*433*
　（一）取締役の種類　*433*
　（二）取締役の就任資格　*434*
　（三）取締役の任免　*436*
　三　代表取締役の地位と職権 ……*437*
　四　取締役会 …………………*437*
　（一）取締役会の種類　*437*
　（二）取締役会の招集と開催　*438*
　（三）取締役会の決議　*438*
　第四節　監査役会 ………………*442*
　一　監査役会の概念と特徴 ……*442*
　二　監査役会の設置 ……………*443*
　（一）一層型：米国モデル　*443*
　（二）二層型：ドイツモデル　*443*
　（三）並列型：日本モデル　*443*
　（四）選択型：フランスモデル　*444*
　三　監査役会の構成 ……………*445*
　四　監査役会の職権 ……………*445*
　第五節　独立取締役制度 ………*447*
　一　独立取締役の概念と特徴 ……*447*
　（一）独立取締役の概念　*447*
　（二）独立取締役の特徴　*448*
　二　独立取締役制度の形成と発展
　　　………………………………*448*
　三　独立取締役の独立性と職権
　　　………………………………*449*
　第六節　オフィサー ……………*453*
　一　オフィサーの概念と地位 ……*453*
　二　オフィサーの設置 …………*453*
　三　オフィサーの任用資格 ……*454*
　四　オフィサーの職権 …………*455*
　第七節　国有独資会社の組織・機関
　　　………………………………*459*

一　国有資産監督管理機構 ……… 460
　　二　取締役会 ………………… 461
　　三　オフィサー ……………… 462
　　四　監査役会 ………………… 463
　第八節　取締役，監査役，オフィサー
　　　　　の義務と民事責任 ……… 464
　　一　取締役，監査役，オフィサーの
　　　　義務 ………………………… 464
　　（一）忠実義務　464
　　（二）善管注意義務　467
　　二　取締役，監査役，オフィサーの
　　　　民事責任 …………………… 469
　　（一）民事責任引受けの方式　469
　　（二）民事責任引受けの構成要件　470
　　（三）民事責任追及訴訟　471
第十章　社　債 ………………… 475
　第一節　概　説 ………………… 475
　　一　社債概念及び特徴 ……… 475
　　二　社債と会社債務との比較 … 476
　　三　社債と株式の比較 ……… 476
　　四　社債の経済機能 ………… 478
　第二節　社債の種類 …………… 480
　　一　無担保社債と担保付社債 … 480
　　二　記名社債及び無記名社債 … 481
　　三　上場社債と非上場社債 …… 482
　　四　国内社債と諸外国社債 …… 482
　　五　現物社債，帳票式社債及び記帳
　　　　式社債 ……………………… 482
　　六　転換社債と転換不可社債 …… 483
　第三節　社債の発行 …………… 485
　　一　発行者 …………………… 485
　　二　発行条件 ………………… 485
　　三　発行の決定権 …………… 487
　　四　発行手続き ……………… 487
　第四節　社債の譲渡，償還及び転換
　　　　　制度 ………………………… 489
　　一　社債の譲渡 ……………… 489
　　（一）譲渡の必要性及び種類　489
　　（二）譲渡の形式及びその場所　490
　　（三）上場社債　490
　　二　社債償還制度 ……………… 492

　　（一）概念　492
　　（二）償還方式　493
　　三　社債の転換 ……………… 494
　　（一）社債の転換概念及び転換による法
　　　　律効果　494
　　（二）転換権の行使及び保護　495
　第五節　社債保有者の保護制度
　　　　　 ……………………………… 495
　　一　一般制度と方法 …………… 495
　　（一）債権の保護方式　495
　　（二）物権の保護方式　496
　　二　特定の状況下での社債保有者の
　　　　保護 ………………………… 496
　　三　社債保有者の利益保護制度　496
　　（一）社債保有者の会議制度　498
　　（二）社債信託制度　500
　　（三）社債保有者代表制度　501
第十一章　財務会計制度 ……… 505
　第一節　概　説 ………………… 505
　　一　会社の財務会計概念 ……… 505
　　二　会社の財務会計制度の法的意義
　　　　 ……………………………… 506
　　三　会社の財務会計制度の立法状況
　　　　 ……………………………… 507
　第二節　会社の財務会計報告 … 508
　　一　貸借対照表 ………………… 509
　　二　損益決算書 ………………… 509
　　三　財務状況変動表 …………… 512
　　四　財務状況説明書 …………… 515
　　五　利益配当表 ………………… 516
　　六　財務会計報告の作成，検証及び
　　　　公示 ………………………… 517
　第三節　税引き後の利益配当 … 518
　　一　税引き後の利益配当及び配当順
　　　　序 …………………………… 518
　　（一）税引き後の利益　518
　　（二）会社の税引き後の利益配当原則
　　　　　518
　　（三）税引き後の分配順序　519
　　二　準備金制度 ………………… 519
　　（一）準備金の概念及び意義　519

（二）準備金の種類及び用途　520
三　公益金制度　……………………522
四　株式配当　………………………523
（一）株式利息　523
（二）利益配当原則　523
（三）配当基準　523
（四）配当形式　523

第十二章　会社の合併，分割及び組織変更　……………………527

第一節　会社の合併　………………527
一　会社の合併に関する概述　……527
（一）合併概念　527
（二）会社の合併及び合併吸収　527
（三）会社の合併及びその他会社の買収形式の差異　528
（四）合併の意義　529
二　合併の方式　……………………529
三　合併手続き　……………………530
（一）合併協議書の締結　530
（二）合併協議の採択　531
（三）バランスシート及び財産リストの作成　531
（四）債権者に対する通知及び公告　532
（五）変更または設立登記　532
四　合併の法的効果　………………532
（一）会社の消滅　532
（二）会社の変更または設立　533
（三）権利及び義務の総括的承継　533
第二節　会社の分割　………………534
一　分割に関する概述　……………534
（一）概念　534
（二）会社の分割及び類似概念との相違　535
二　分割の方式　……………………536
三　分割の手続き　…………………536
（一）決定及び決議　536
（二）分割協議の締結　536
（三）バランスシート及び財産リストの作成　537
（四）債権者に対する通知　537

（五）登記手続き　537
四　分割の法的効果　………………537
（一）会社の変更，設立及び解散　537
（二）株主及び持分権の変動　537
（三）債権・債務の承継　537
第三節　会社の組織変更　…………539
一　組織変更の概念　………………539
二　組織変更の類型　………………540
（一）無限会社を合名・合資会社に変更　540
（二）合名・合資会社が無限会社に変更　540
（三）有限会社を株式会社に変更　540
（四）株式会社を有限会社に変更　540
三　組織変更の条件　………………540
四　組織変更の手続き　……………541
五　組織変更の効力　………………541

第十三章　会社の終了及び清算　……………………543

第一節　会社の終了　………………543
一　会社終了の概念及び特徴　……543
二　会社終了の原因　………………544
三　会社の破産　……………………545
（一）破産案件に関する申立　546
（二）破産案件の受理　547
（三）債権の申告と債権者の会議　549
（四）和議　551
（五）破産宣告　551
（六）清算　552
（七）破産終了　553
四　会社の解散　……………………553
（一）解散に関する概述　553
（二）解散の分類と原因　554
第二節　会社の清算　………………559
一　清算の概念と法的意義　………559
（一）清算の概念　559
（二）清算の法的意義　559
二　清算の分類　……………………560
（一）任意清算及び法定清算　561
（二）破産清算と非破産清算　561
（三）通常清算及び特別清算　561

三　清算グループ ……………562
　（一）清算グループの成立と構成　562
　（二）清算グループの職権と職責　563
　四　清算手続き ………………563
　（一）清算会社の財産　563
　（二）債権者に対する通知，公告及び債権登記　564
　（三）財産価格の評価及び清算案　564
　（四）分配財産　564

第十四章　外国会社の分支機構
…………………………569
　第一節　概　説 ………………569
　一　外国会社 …………………569
　（一）外国会社の国籍確定　569
　（二）外国会社の法律的特徴　572
　（三）外国会社に対する承認　573
　二　外国会社分支機構の概念及び法律特徴 ……………………573
　（一）概念　573
　（二）法律的特徴　574
　三　外国会社分支機構の性質及び法的地位 ……………………576
　（一）性質　576
　（二）法的地位　577
　第二節　外国会社分支機構の設立
…………………………580
　一　外国会社分支機構設立の意義
…………………………580
　二　外国会社分支機構の設立条件
…………………………581
　（一）中国国内における代表者，代理人の指定　581
　（二）分支機構の経営活動と資金　581
　（三）外国会社の国籍，責任形態の明記　582
　三　外国会社分支機構の設立手続き
…………………………582
　（一）設立準備　582
　（二）設立の申請　583
　（三）設立の審査・認可　584
　（四）設立の登記及び公告　586
　第三節　外国会社の分支機構の権利及び義務 ………………587
　一　外国会社の分支機構の権利
…………………………587
　（一）生産経営活動　588
　（二）法律の保護　588
　二　外国会社の分支機構の義務
…………………………588
　（一）法規の遵守　589
　（二）国籍あるいは責任形態の標記，定款の備え置き　589
　第四節　外国会社の分支機構の解散及び清算 …………………590
　一　外国会社の分支機構の解散
…………………………590
　二　外国会社の分支機構の清算
…………………………592
　（一）清算手続き　592
　（二）清算過程における法的地位　592

第一章　会社と会社法

第一節　概　説

　会社は，最も普遍的に使用されている概念であり，社会経済活動の主要な主体である。また最も重要な企業形態である。国により立法習慣や法律体系が異なるため，会社は必ずしも同じではない。例え同じ国であっても，社会経済と会社法の発展により会社の概念も何らかの変化をし続けるのである。

　中国の《会社法》[1]第2条の規定，「本法でいう会社とは，本法に基づき中国国内に設立された有限会社と株式会社をいう」。第3条の規定，「会社は企業法人であり，独立した法人財産を有し，法人財産権を有する。会社はその全財産をもって会社の債務に責任を負う；有限会社の株主は，その引き受ける出資額を限度として会社に対して責任を負う」。

　会社法の上述の規定によると，会社は，株主が会社法の規定に従い出資して設立し，株主が引き受けた出資額あるいは購入した株式を限度として会社に対して責任を負う。会社はそのすべての独立した法人財産をもって会社の債務に責任を負う企業法人である。

一　会社の特徴
（一）営利を目的とした企業組織

　営利というのは，経営を通じて取得する利益であり，比較的少ない経営資源を投資して大きな経営収益を得ることである。営利はあらゆる企業組織の存在と活動の基本的な動機・目的であり，経営活動の出発点でありまた帰属点である。営利なくして企業はなく，営利が得られなければ企業は生存できず，営利は企業の根源である。それ故，営利性はこれを企業性とも称し，独

---

[1] 本書中，2005年改正の《中華人民共和国会社法》を略して《会社法》あるいは新《会社法》と称す，改正前の1993年会社法を略して旧《会社法》と称する。同様に，2005年改正の《中華人民共和国証券法》は《証券法》，改正前の1998年証券法は旧《証券法》と称する。

資企業であっても組合企業であっても，さらに会社企業であっても営利をその目的としないものはない。

　会社の営利性はその生来備えている本性である。会社は本来投資者の出資により構成される。投資者の出資目的は当然投資の収益や見返りを獲得することである。そしてこの目的の実現を求め，必然的に会社に最大限の経営利益の追求を求めるのである。さらに言えば，会社は単に投資者の投資利益実現のための法律的手段である。利益の追求は会社の名文も言葉も正当であり，目的を飾る必要はない。

　会社の営利性は，それ自身の単純な営利を意味するのみならず，その構成員に分配する営利の特殊な内容も含む。ある種の公益性社団法人，財団法人でさえ経済活動を行い一定の利益を取得する。しかし，その営利はその構成員に分配するためではなく，ある種の社会公益事業あるいは法人の根本理念のためである。このような社会組織は決して営利性組織に分類されない。例えば，基金会は科学研究を支援する資金の維持と拡大のためにその財産を投資に用い，福祉救済院は救済金の保証と充実のために工場を設立するなどである。会社というこの種の営利性組織の利益が完全であることはその構成員の投資利益のためであり，これがまさに営利性法人と公益性法人との根本的な違いである。

　会社の営利性は決して単なる金儲けを指すのではなく，経営あるいは営業を通して利益を取得するものである。いわゆる営業は，まず営利を目的とするものである。次に，営業は内容の確実性を具備しなければならない。すなわちいかなる営業活動に携わるのか，予め明確に定める必要がある。そして一度定めたらそれが法定の経営範囲（すなわち権利能力）となる。当然，この種の範囲は大きくても小さくてもよく，経営商品や業種によって確定し，また経営方式によって決まる。さらに，営業はやはり連続性あるいは安定性を備える必要がある。ときには，行った営利行為あるいは活動，例えば大量の商品が商売を通じて利益が得られない場合がある。会社の経営範囲が一度確定すると，一定期間連続して営業する必要があり，自由に変えることはできない。当然，会社の種類により連続営業の期間には長短があり，その計画により決めることができる。期限が規定されない場合は，永久経営となる。最後に，会社の営業は業種毎に特徴を有する。ある種の業種の経営活動は，営利を目的とするけれども，会社の営業活動を行うのではない。このような活動

に従事する組織は一般には会社とは称しない。例えば，病院などの医療衛生組織，劇団等の芸術団体，会計業務所，弁護士業務所等の自由職業組織並びに農場，栽培園等の単純な農業組織は一般に会社形態はとらず，会社法による調整を受けない。

会社の営利性という観点からみれば，中国の計画経済の時期と経済体制の過渡期の行政性会社と政策的欠損会社が会社の本質や属性から完全に外れたものであることを明白に表している。行政性会社は，行政機関と企業組織の二重の役割を兼ね備えており，政府機能を履行しつつ経営利益を追求し，経営利益を追求すると同時にまた行政的職責に配慮する。その結果はその他の企業組織とは不平等な競争的地位に置かれて不正当な利益を得るか，または会社自身の行為を制限して会社自身の利益に損害を与えるかである。政策的欠損会社はそれ故長期的連続的な欠損の状況下で経営を継続する。それは会社自身のためあるいは株主の利益のためではなく，国または社会の利益のためである。いかなる理性的な投資者でも損するために投資はできず，必ず損することを知っていて会社の継続的な存続を維持することはできない。この2種類の会社はいずれも，真の法律上の意義を有する会社には属さない。

(二) 独立的法人地位

会社は，法人地位を有する企業組織である。法人は，民事権利能力と民事行為能力を有し，法律に照らして独立した民事的権利を有し，民事的義務を負う組織である。法人の特徴は，その有する独立的人格（民事行為を行う主体としての独立した資格）にあり，独立した組織機構，独立の財産と独立した民事責任を負うことである。会社は一種の経済組織であり，必ず自己の組織機構を有する。このような経済組織は，いつでも他人と何らかの経済的関係が生じ得る。それ故，民事的権利を有し民事的義務を負わなければならず，更に自己の名義で民事訴訟に参加できる。このような能力を具備するためには，物質的条件あるいは前提として自己の独立した財産を擁する必要があり，それ故会社は法人である他はない。

ここで法人組織としての会社を具体的に示す。

1 会社財産の独立性

この種の独立した財産は，業務経営を行うための物質的条件であり経営条件であり，またその引き受けた財産義務と責任の物質的保証でもある。中国の会社法では，会社の財産に対して法的な要件があり，とりわけ，会社の最

低資本金制度を規定している。会社の財産は，主に，株主の出資により構成され，会社の利益の蓄積あるいはその他のルートによって会社の財産の源を形成する。伝統的な会社法では理論上，一般に，会社はその財産の所有者でありその財産に対する法律上の所有権を有する。これらの財産は出資により構成されるが，一旦会社に出資すればすぐに会社の所有に帰し，株主はただ株主の権利を有するだけである。すなわち株主権あるいは持分権を有するだけである。

　中国《会社法》は，いまだに会社がその財産に対して所有権を有することを明確に肯定していないが，第3条には次のような規定がある。「会社は企業法人であり，独立した法人財産を有し，法人財産権を有する。会社はそのすべての財産をもって会社の債務に責任を負う」。ここで，法人財産権は物的財産の所有権とその他の財産に対する財産権，例えば，債権，知的財産権等を含まなければならない。旧会社法では，法人財産権に関してはかなり曖昧であり，矛盾すらあった。そのうち特に，「会社中の国有資産の所有権は国に属す」の規定と会社法人の所有権はお互いに衝突する。新会社法ではこの規定を廃止し，会社法人財産権が所有権とその他の財産権であると解釈するための障害を取り除いた。会社財産権の名称がいかなるものであろうとも，その使用の独立性と会社のその財産に対する実際の占有，使用，収益及び処分権を肯定しなければならない。

　会社の財産権問題においては，会社の財産権と株主の株主権との間の関係に特別の注意を払わなければならない。会社の財産権はその本質が所有権であろうが法人財産権であろうが，物権に属すべきであり，物を直接支配する権利を有するべきである。この種の会社財産の直接支配権は当然会社のみが享有できる。会社の株主は，その財産を会社に出資した後はこれらの財産に対するいかなる直接的支配権も有さない。すなわち，もはや物権を有さず，ただ株主として株主権を有するのみである。従って，株主が出資後，その出資した財産に対して占有，使用，収益及び処分権の行使を行うことは会社に対する財産権の侵害である。実際には，ある会社の株主，特に会社の管理権を握っている大株主が，会社の財産を自己の財産とみなして思うままに占有あるいは分配し，民事司法においても，司法機関が会社の財産に対して強制執行して株主の債務を弁済しあるいは子会社に強制執行し，孫会社の財産に対してさえ強制執行して親会社の債務の弁済を行うことがある。これらは

皆，会社の財産権と株主権に対する重大な誤解である。

2　会社の組織機構の独立性

完璧で健全な組織機構は会社が行う経営活動の組織的な条件であり，会社法がすべての会社に提起する法的な要求でもある。一般の企業法人に対して求められる組織的条件は民法とは異なり，会社法の会社組織機構に対する規定はより厳格であり，より健全であり，より規範的なモデルである。この種の組織機構は会社の管理機構と会社の業務活動機構をも含む。会社管理機構は，会社の政策を形成し，対内的には会社業務を管理し，対外的には会社を代表する業務活動を行う機構である。例えば，株主総会，取締役会，監査役会，オフィサー（中国語原語：「経理」）などである。会社の業務活動機構は，各部室，会計，監査，購買，販売機構などを含む。

3　会社責任の独立性

会社は経営組織として営利のために経済活動に参加するのであるから，広範な権利を享有する。このように，会社は権利を行使する過程で発生する義務やリスクを引き受けなければならない。これは権利と義務が一致することであり，利益とリスクが互いに一致するという法律原則の要求である。同時にまた，会社は独立して財産責任を負うしかない——それ自身が擁する全資産をもってその債務に責任を負う。会社の独立した責任はその独立人格の証しであり，会社が有する法人地位を集約した表現である。

会社の独立責任と株主の有限責任はお互いに補完関係にあり，会社の独立責任は必然的に株主の有限責任を定めており，さらに株主の有限責任はまた当然に会社の独立責任を意味している。中国の会社法はただ有限会社と株式会社の2種類の類型を規定しているのみであり，有限会社の株主はその出資額を限度として会社の債務に責任を負い，株式会社の株主はその有する株式を限度として会社の債務に責任を負い，両者が負うものはすべて有限責任である。従って，会社は自ら有するその財産をもってのみその債務に対して責任を負う。

会社の財産責任の独立性は少なくとも以下の三つの面における独立を含む。その一，会社の責任と株主の責任の独立。会社はただ自己の有する財産をもって債務を弁済でき，株主は納めた出資以外には会社の債務には責任を負わない。例え会社が債務の弁済ができないときでも例外ではない。その二，会社の責任と労働者の責任の独立。会社の民事活動はその取締役，経営

者などの管理者によって行われ、その民事責任もまた管理者の過失行為の致すところであり得るが、これによって会社の管理者に会社の債務の責任を要求することはできない。特に、会社に債務を弁済する力がないときに、連帯責任あるいは共同被告として気ままに会社の代表取締役、取締役、経営者を追加することはできない。その三、会社責任とその他の会社あるいは法人組織の責任の独立。会社とその他の法人の間には、親会社と子会社の関係の存在あるいは主管部門と下級企業の従属関係の存在など切っても切れない複雑な関係があるが、民事法律の地位としては、それらは皆独立した法人であり、その財産責任も各自独立して負う。

会社の財産責任の独立性は、投資者の安全性を保障することになり、それ故会社の資本吸収効果を大いに増強することになる。中国では、会社財産責任の独立、とりわけ指導機関と所属会社、会社相互の間の責任の独立は、企業の自主権を保障するものであり、企業の経営管理の改善を促進するものであり、国家利益を高めるなど重要な意義を有している。

（三）株主の投資によって基盤を構成する社団法人

伝統的な民商法上、一般に法人は社団法人と財団法人に大別される。いわゆる社団法人は、2人以上が集まって構成される法人である。その設立の目的のあるものは、会社やジョイントベンチャーなどのように全構成員の経済的利益を追求することにある。各種協会（個人労働者協会、会計業務協会、弁護士協会など）、学会（例えば、中国法学会、財政金融学会）などのように、構成員の非経済的利益の追求のためのものもある。いわゆる財団法人は、財産の設定を通じて、その独立した取得権利を使い義務を負うべく構成される法人である。その設立の目的は一般に、社会的公益事業、例えば、政治と法律、教育、文化、慈善、宗教事業などのためである。

社団法人と財団法人の区別は、前者は、人の集合をもって設立の基礎とし、後者は、財産の集合をもって設立の基礎とすることにある。財団法人は、中国では援助法人とも称する。この種の法人の財産の設定は、一般に、寄付による財産で行われるからである。各種基金会は、最も典型的な財団法人である。例えば、宋慶齢基金会、茅盾文学基金会などである。

伝統的な会社法によると、会社は社団法人の一種であり、それは2人以上の株主で構成され、一般に1人だけでは会社を構成できず、独資企業になるしかない。独資企業は企業の一種であるが法人ではなく会社でもない。会社

は，多数の人が構成する法律的また会社の社団性あるいは連合性とも称する性質を有し，それ故連合体とも共同体とも称せられる。

会社の構成方式は共同出資である。社団法人のすべてはその成員により構成されるが，構成方式は一様ではない。例えば，各種の協会，学会などの非経済性の社団は定款のみを定めて必要な管理機構あるいは組織を築くだけで良い。会社は社団法人でありその成員の出資を通じて構成される。会社の株主は，約定あるいは規定の比率で自己の出資額を払込まなければならず，これが株主の最も基本的な義務である。この種の出資が会社の資本であり，会社の目的の実現に使用されるものである。会社によって特徴が異なり，株主の出資方式が異なってもよい。あるものは株式の形態に対応する金額を採り，あるものは一定の割合または一定額を出資する。従って，会社は人の集合をもってその基礎とするが，財産の集合という内容も含んでいるということが分かる。会社は，財産をもってある物事を行う人の連合であるということができる。

会社の社団性問題においては，各国の会社法の理論と立法には異なる見解や立場がある。これは，一人会社の承認か否定かの態度にすべて集約される。株主が僅か1人の会社が存在することを認めるか否かということであり，あるいは一人会社の法的地位を根本から認めるか否かということである。各国の会社法と理論学説では完全な承認，完全に不承認並びに制限付承認など様々な立法の立場を採っている。

中国の旧会社法では，原則として会社の社団性を維持すると同時に，特殊な例外を認めた。すなわち，一般の会社について言えば，すべて2人以上の株主から構成されなければならず，有限会社は2人以上50人以下の株主共同出資によって設立し，株式会社は5人以上を発起人として設立しなければならない。しかし同時に，中国は国有の独資会社の設立も認める。すなわち国の授権投資の機構あるいは授権投資の部門が，法により単独投資して設立できる国有独資の有限会社である。新会社法は，起業促進により会社の設立・発展を促進するという立法目標に基づいて，各国が相次いで一人会社を承認する国際的潮流に合わせて，一人会社が実際に中国に存在するという事実をも尊重して，一人会社を完全に承認することになった。さらにその特別の規定のために専用の一節をあてた。これは中国会社法の一大飛躍であり，会社社団性理論の一大飛躍でもある。しかし，一人会社の承認は決して会社

の社団性を完全に否定するものではなく，基本的には一人会社は会社形態の例外である。全体的には，社団性は依然として会社法の基本的特徴であり，現代の会社法の基本制度は会社の社団性構造に基づいて設計されており，その主要な内容は株主間の利益衝突の調整である。それ故，会社法の多くの制度と規定が一人会社に当てはまらず，一人会社の存在の特殊な問題は，伝統的会社法においては決して関わることができなかった。そのため，新会社法では一人会社に的を合わせた専門的な規定が作成されたのである。

(四) 法定条件と手続きによって成立する企業法人

法による成立は，各種の法人に対する共通の要件であり，中国の《民法通則》第37条，すなわち法による成立の規定は法人成立の必要条件の一つである。一般の法人と異なるのは，会社設立に備える特定の条件と手続きである。中国の《会社法》第2条で次のように規定する。「本法でいう会社とは，本法に従い中国国内において設立される有限会社及び株式会社を指す」。第6条の規定，「会社の設立に当たっては，法により会社登記機関に設立登記を申請しなければならない。本法で定める設立要件に適合するときは，会社登記機関は有限会社または株式会社としてそれぞれ登記する。本法に定める設立要件に適合しないときは，有限会社または株式会社として登記してはならない」。

会社の設立には明確な法定性が備えられ，会社法の直接の調整を受ける。会社法では，会社設立の条件を規定するのみならず，同時に会社の設立手続をも規定しており，その中には発起人または発起人組織，設立活動の基本条件，株主の株式引受と出資金の払込み，会社の組織機構，会社設立の登記などがある。これらの規定に従って設立して初めて会社の資格を取得する。これは，会社法が備えている強行法規的性質を反映している，すなわち，いかなる会社もこの法律の規定に従ってのみ設立と事業活動ができるのである。これとは反対に，その他のある法人組織は一般に民法の規定に基づき直ちに成立する。具体的な手続き，組織機構及び活動は一般にすべて当事者の自由裁量による。

会社の法的地位または資格は，それ自身固有または自由に取得したものではなく，法律が与えたものである。外国法では，法律で区分された法人組織により，会社は会社法によって頻繁に設立され，銀行は銀行法によって設立され，ジョイントベンチャーは協同組合法により設立される。それ故，それ

らは別々に，会社法，銀行法，協同組合法上の法人に属する。中国では1993年に会社法が公布されてから，有限会社と株式会社と称する会社は会社法の規定に従い，規定された期限内に規範化することが要求された。これはまた会社は会社法により設立の必要があるという法律的特徴を示している。

二　会社法人格否認制度
(一)　会社法人格否認制度の概説

　会社法人人格否認制度は，会社法人格否認制度 (disregard of corporate personality) とも称し，米国では「会社のベールを剝がす」(lifting the veil of the corporation) と称し，英国では「会社のベールを突き破る」(piercing the veil of the corporation) と称し，ドイツでは「責任の直接的追及」と称し，日本では「法人格否認の法理」と称する。これは，会社の独立人格の濫用を阻止するために，法律関係にある特定の事実を具体化することを指し，会社の独立人格と株主の有限責任の否認，会社の株主に命じて会社の債権者や公共の利益に直接責任を負わせる一種の法律制度である。当該制度は会社という身分上の法人を覆い包むベールを剝ぎ取ろうとするので，背後の株主が責任を負う。それ故「会社のベールを突き破る」または「会社のベールを剝がす」と称する。それが生まれる主要な根源は，会社の法人格の異化と株主有限責任の濫用にあり，古くは英米法系国の判例法中に現れる。後に，一部の大陸法系国に取り入れられる。

　会社法人格否認制度は以下の特徴を備える。(1)会社は独立の法人格を備えなければならない。当該制度は会社人格を否認する機能を有するが，既に合法的に独立法人格を取得し，かつ独立人格及び株主有限責任を濫用した会社に的を絞って適用するものである。(2)特定の事件に関連している会社の独立人格のみを否認するのであり，当該会社の法人格の全面的，徹底した，永久的な否認ではなく，その効力は当該会社のその他の法律関係には及ばない。さらに当該会社の独立実体としての合法的な継続存在には影響しない。(3)当該制度は主に債権者の利益保護のためにあり，その性質上民事責任に属し，それは私法上の責任である。

　会社の法人格制度は，中世紀に始まり，19世紀末から20世紀初頭に至って最終的に形成された。この過程で多くの会社法人格学説が生まれた。例えば，法人擬制説，法人否認説，法人実在説などである。法人，人格，会社の

3者が合わさって一体となり会社法人格制度が形成された。英米法系であっても大陸法系であっても、またいかなる種類の法人本質の学説を主張しようが、会社は法人の一種と見なすことと会社法人格制度の法律的特徴を認識する上での基本は一致している。独立法人格、株主の有限責任及び資本の連合性と譲渡性が結合して一緒になったときに初めて、現代会社法人格制度が生み出されるのであり、会社の独立人格と株主の有限責任原則が会社人格制度の最も基本的な特徴である。

会社法人制度の創設は、会社に独立人格を獲得させ、さらに株主に有限責任を付与し、それによって、投資者の積極性に極めて大きな刺激を与え、経済の発展に資することを目的とする。しかしながら、現実の生活においては、意識面及び制度面から、会社の独立人格と株主の有限責任を絶対化することは、会社法人制度にその経済価値を十分に発揮させると同時に、会社法人格を濫用して不正当な利益を取得する行為のために乗ずる機会を与えることにもなる。そのなかで、最も明らかであり影響が重大なのは会社の株主が会社の独立人格と株主の有限責任を濫用することである。会社法人制度にそれ自体備わっている社会倫理の価値を実現するすべがなく、本来均衡のとれているはずの会社法人格制度の利益体系が株主側に寄っているという結果をもたらす。これらの現実の状況の出現は決して偶然ではなく、会社法人格制度自身に源のある欠陥である。そこで、会社が有する法人格を承認する前提の下、特定の法律関係における会社人格及び株主有限責任を否認して会社背後の株主責任を直接探求する会社法人格否認制度は、会社法人制度の整備のための効果的な対策としてタイムリーに生じてきたものであり、さらに充実しなければならない。中国では2005年に会社法が改正され、法人格否認を条文に明確に規定している。同制度導入の趣旨は、一方では投資の奨励がうたわれ、管理を緩めるという立法傾向を有し、もう一方では一種のバランス機能としてまた法人格否認制度を通じて債権者の利益と取引の安全に対する効果的な保障を提供するものである。

会社が独立法人格を有し株主が有限責任を負うということは、会社の基本的な法律の特徴であり、現代の会社制度の根幹である。会社法人格否認は一種の例外に過ぎず、会社人格が濫用され損害が債権者や社会の公共の利益に及んだときに初めて法院は事件として会社人格を否定し、直接株主責任を追及する。人格否認を適用する状況下では、当該会社の人格は実際には既に損

なわれており，そのあるべき独立性は早くから喪失している。その人格を否定することはただ客観的事実の指摘と認定に過ぎない。それ故，会社法人格否認制度は会社人格独立制度の否定ではなく，むしろ会社法人格の擁護と完全化であり，会社当事者間の利益の均衡が崩れることに対する事後的な救済である。

(二) 中国の会社法人格否認制度の形成と立法

1993 年に旧会社法が公布されてから，中国の会社制度は急速に発展してきたが，会社人格と株主有限責任が株主によって濫用される行為が数多く見られるようになった。ペーパーカンパニーや人格が形骸化した会社などが普遍的に存在し，債権者の利益に対し深刻な損害を与え，取引の秩序を破壊し，また会社法人制度の当初の思いに背くことなどである。それ故，会社法人格否認制度は広範な注目を浴びており，学界はそれに対して深く掘り下げた研究を行っており相当程度の共通認識が形成されている。

ここ何年来，司法機関は会社案件審理においても，法人格否認の理論を徐々に受け入れ始めており，一部の司法解釈の文書において，程度は異なるが，当該制度の原則と精神を具体的に表現した。例えば，1994 年，最高法院は《企業が創設した他の企業が取消または廃業された後の民事責任の引受に関する回答》第 1 条第 3 項で次のように定めた。「企業が創設した企業が実際に投資する自己資金がないかあるいは投資した自己資金が《企業法人登記管理条例実施規則》第 15 条第 7 項あるいはその他の関連法規定の額並びに企業法人のその他の条件を備えていない場合は，例え企業法人の営業許可証を取得していたとしても，法院はその法人格を否定でき，その民事責任は当該創設した企業法人が負う」。2003 年 1 月 3 日，最高法院が公布した《企業の制度変更に関わる民事紛争案件の審理に関する若干の問題の規定》第 35 条によると，「買占めにより企業買収を行うときは，被買収企業の債務は依然としてそれ自身が負う。しかし，買収企業が資金を隠匿し債務を逃れさせて，被買収企業の債務返済の能力をなくならせたときは，被買収企業の債務は買収企業が負う」。

2005 年の会社法改正を通じて，中国の会社法は最終的には成文法の形態をもって明確に会社人格否認制度を肯定した。新《会社法》第 20 条の規定,「会社の株主は，法律，行政法規及び会社定款を遵守し，法により株主の権利を行使しなければならならず，……会社法人の独立した地位及び株主の有限責

任を濫用して会社債権者の利益に損害を与えてはならない。……会社株主が会社法人の独立した地位及び株主の有限責任を濫用して，債務を逃れ，債権者の利益に著しく損害を与えたときは，会社債務についての連帯責任を負わなければならない」。同時に，一人会社において容易に発生する株主と会社の財産の混同という状況に的を絞って，《会社法》第64条はまた次のように規定している。「一人有限会社の株主は，会社財産と株主自身の財産との独立を証明することができないときは，会社の債務に対して連帯責任を負わなければならない」。これによって中国の会社法人否認制度の基本構成と内容を完成させることになった。その中でまず，正面からの行為規則の要件である，すなわち，株主は会社法人格や株主有限責任を濫用してはならないという原則を確立した。その次は，人格濫用行為に対する法律的な結果の規定，すなわち株主が濫用行為をし，債務を逃れ，債権者の利益に重大な損害を与えたときは，会社債務に対する連帯責任を負う。また，一人有限会社の財産が混同するときの人格否認の問題，特に挙証責任転換の原則を確立し，一人会社の株主に関連法律規定を遵守するよう促している。

　会社人格否認制度の確立は，中国会社法制度の大きな進展であり，同時に世界的な会社立法の一大刷新である。この制度それ自体は早くから多くの国で採用されてきたものであるが，統一された法律制度として明確に成文法に規定したことは明らかに中国会社法の大きな刷新である。米国はこの制度の発祥の国であるが，この制度は逆に判例法として一つの司法規則あるいは判決理由として判事が個別案件中で裁量活用してきた。中国の会社法のように明確に規定したことは，各国会社立法の中では独特の存在である。

（三）会社法人格否認の要件

　会社法人格否認制度は，本来，立法上の明文規定を置くことには議論があった。否定意見の主な理由は法院に対する自由裁量権への懸念である。もしも不適切に使用したならば，この制度は容易に濫用され思いのままに会社人格が否定される。その結果，会社人格否認制度そのものに対して害を与え得るのみならず，会社法人制度すべてを動揺させ得，会社の発展に対して害をもたらす結果となる。それ故，この制度の適用には厳格な条件把握が必須であり，決して濫用してはならない。中国《会社法》第20条の原則的規定と一般会社法人格否認法理によると，会社法人格否認には通常以下の要件を具備する必要がある。

1　主体的要件

会社人格否認は，通常個別案件に基づき認定され，具体的な案件や主体を看過したり，会社法人格に対して抽象的に否定すべきではない。それ故，その適用対象は具体的な双方の当事者でなければならない。第一は，会社人格の濫用者，第二は会社法人格濫用により損害を受け，さらに訴権を有する相手の者である。前者は濫用した会社人格の株主を指し，後者は会社人格濫用行為によって実際に被害を受けた債権者でなければならない。この債権者は自発的な債権者と非自発的な債権者を含み，彼らはみな人格濫用行為との利害関係を有し，独立した訴権を有する。この主体要件が決まることによって，会社人格否認は被害当事者の請求に基づいてなされなければならず，法院が自発的に適用すべきではない。

2　行為要件

会社法人格否認の適用の基本条件は，株主が会社人格を濫用している事実と行為が存在していることである。例えば，会社人格の濫用が契約義務を回避し，会社人格の濫用が会社の形骸化を引き起こすなどである。実証検討の基本において，各種の人格濫用行為あるいは事実に対する類型化の総括と検討を行うことは認定行為要件の重要な方法である。これはまた，諸外国の会社法理論と実務がなす最も重要な作業でもある。しかし，濫用行為は多種多様であり，法律規定ですべての濫用行為または事実を列挙することも不可能であり，それ故，中国の会社法において濫用行為の規定上最も役立つのは列挙と概括の結合的立法方式である。現在の立法条件面での制約のために，会社法は行為要件を具体的な規定としていない。これは司法解釈が直面している重要な課題である。

3　結果要件

会社人格否認制度適用の重要条件は，損害の事実が存在しなければならないこと，すなわち濫用行為によって債務を逃れたり，会社債権者に大きな損害を与えるなどの結果をもたらすことである。会社人格否認の目的は，会社株主と会社債権者及びその他の関連利益グループ間の利益衝突の調整にあり，被害を受けた債権者を救済することにある。損害なければ救済なし。もしも会社に会社人格濫用の行為があるけれども，損害が発生しなければ会社人格否認の適用の必要がない。同時に，その種の損害の発生した結果が，株主の会社人格の濫用行為との間に因果関係が存在しなければならない。もし

も当事者の損害がその他の原因により引き起こされたのであれば，会社への会社人格行為の濫用に因果関係がなく，会社人格否認規則の適用はされるべきではない。

上述の要件以外には，理論上まだ存在する一種の主観的な濫用論の考え，すなわち法人格否認を主張するにはさらに主観的な要件を具備する必要があるという主張がある。濫用行為をした者が法律あるいは契約義務を免れる主観的な悪意があることが必要である。これとは反対に，客観的な濫用論では人格濫用者は主観的な悪意の存在を証明する必要がない。人格濫用者の主観的な悪意は証明するのが容易でない。主観的濫用論は法人格否認の主張者に挙証上の負担を重くし，結局，挙証不能により当該制度の実施に影響をもたらし，法人格濫用者は残念ながらその責任から逃れてしまうだろう。そのため，基本的には客観的濫用論が各国立法中で主導的な地位を占めている。中国《会社法》第20条における「債務を逃れる」の文意は，すなわち株主が債務を逃れることを目的として人格を濫用すると理解できるし，また濫用行為によって実際に債務逃れの結果を引き起こすこととも理解できる。しかし，会社人格否認制度の目的を達成するということに基づくと，客観的濫用論の主張によって理解しなければならない。すなわち，濫用行為が事実上債務逃れや会社債権者に重大な損害を与えるなどの結果を引き起こしたときは，この債務逃れは主観的要件ではなく結果要件とすべきである。

（四）会社法人格否認の適用情況

中国の会社法の人格否認制度に対しては原則的に規定しただけであり，会社人格と有限責任の濫用の実際の情況に対して具体的な規定を定めたものではない。各国会社法の理論と実務の情況から見ると，会社人格否認の適用情況の主なものは以下の数種である。

1 会社資本の顕著な不足

会社資本の不足は決して会社資本が法定の最低資本金に適合しないことを指すのではない。もしも会社が騙して登記するか，あるいは会社成立後出資金を密かに引き出したりすると，登録資本が法定の最低資金額より低くなるという結果になる。これは，会社法上の禁止命令行為に属し，そのようなものは人格否認により責任を追及するまでもない。ここで述べることは資本が顕著に不足していることであり，それは会社成立時に株主が実際に会社に投資した資本額が，会社経営が孕んでいるリスクとの比較において顕著に不足

していることである。その判断の依拠するところは，経営的な要請であり，法律上の具体的な規定ではない。会社資本が顕著に不足することは，会社株主が従事する会社の実際の経営に対する誠意が不足しているということを示しており，著しく不足する資本で力の及ぶ限りの経営をせずに，会社人格と有限責任を利用して投資リスクを会社の債権者に転嫁するつもりであるということである。しかし，会社資本の顕著な不足の判断基準はかなり曖昧であり，適用に際しては相当に慎重でなければならず，会社法上は通常，会社資本が顕著に不足することについてはこの要素とその他の要素を結合して考慮する。

2　会社を利用して契約義務を回避

会社設立の目的は従事する経営活動の独立にあり，もしも株主が会社人格を利用して契約義務を回避するためだけに会社を設立したら，会社人格の独立性の価値は疑わしいものとなる。それ故，会社が契約義務の回避の為に用いられた場合には，会社の法人格は通常否認される。会社が契約義務の回避のために用いられる実状の主なものは次の通りである。(1)契約上の特定の不作為義務，例えば，競業避止義務，営業秘密保持義務，特定製品の製造禁止義務などの回避のために新会社を設立して関連する活動に従事する。(2)新しい会社の設立を通じて債務を逃れる場合であり，主なものは会社資産を新しい会社に移して元の会社の債務を逃れることである。(3)会社を利用して債権者を騙し契約義務を逃れる。

3　会社を利用して法律義務から逃れる

会社を利用して法律規定の強制的義務から何とかして逃れようとする，例えば脱税，資金洗浄などの非合法目的のために会社を設立する等である。この種の行為は社会の公共の利益を損ない，法人制度の根本的な趣旨に背き，合法性や正当性に欠けるものであるから，法人格否認を適用する事情の一つとなる。

4　会社法人格の形骸化

会社法人格形骸化の本質は，会社と株主の完全な混同にあり，会社は株主の単なる一形態に過ぎない。会社は株主の行為の道具であり，それ故独立の存在価値を喪失する。実務面では，会社形骸化は主に会社が株主によって不当にコントロールされたり，会社と株主の財産並びに業務と組織機構の混同などに現われる。一人会社及び親子会社の場合は会社形骸化がさらに生じ易

い。具体的には次のようなものである。

(1) 株主の会社に対する不当支配。いわゆる不当支配は，株主が会社に対する支配を通じて不当な影響を与えることを指し，会社に独立の意志と利益を喪失させ，株主が利益を貪るための手段となる。例えば，子会社が親会社及びその他の兄弟会社に対して不当に利益を移動することである。

(2) 財産の混同。財産の混同とは，会社の財産が当該会社の株主あるいはその他の会社の財産と明確に区分できないことを意味する。その際，会社は独立の財産が欠乏し，独立人格としての存在の基盤も不足する。財産の混同は，会社と株主の財産が同一または区別できないために，例えば，会社が株主と同一の業務施設を使う，会社の帳簿と株主の帳簿が分けられないなど，会社と株主利益の一体化と表現できる。すなわち，会社と株主の収益に区別がなく，会社の利益は思いのままに株主個人の財産へと転化できる。

(3) 業務の混同。主に会社と株主が同じ業務に従事しており，かつ業務の遂行において区別できず，大量取引の活動形態上取引主体と実際の主体が適合しないかあるいは識別することができない状況を言う。

(4) 組織機構の混同。組織機構の混同は，会社と株主との間に組織機構上重大な錯綜や重複が存在することを指す。例えば，「一つの組織に２つの看板」という情況などである。このように，会社と株主あるいはその他組織の間は形式的に独立しているが，実質的にお互い一体であり，互いに分け難く，会社も独立した意志や機構を失っているので独立性を喪失している。

(五) 会社法人格否認の適用結果

1 会社に対する適用結果

会社人格否認は，基本的には永久に徹底して会社法人格を取消すものではなく，特定の法律関係における会社の独立人格を否認するのである。それによって法人格濫用の株主責任を追及し，利益の補償を実現するものである。当該制度の適用は決して会社人格の徹底した否認を意味していない。法律に規定上の事情がもはや存在しなくなれば，会社は依然として独立人格を有するのである。人格否認中は債権者も一般的な意味での債権者ではなく，株主の濫用行為により損害を受けた特定の債権者であるに過ぎない。会社人格の否認の効力は当然該当する具体的な法律関係に制限されなければならず，決して第三者に対しては及ばない。その他に，この種の意味における会社人格否認はまた，会社が解散させられたり取消されたりすることとは異なる。会

社が解散させられ取消されることは，会社法人格の絶対的な消滅であり，それは会社が国の関連法や社会の公共の利益に違反したときに，対応する政府主管部門によって取消を命ずるかあるいは法院の裁定により解散させられる場合である。その法律適用は会社法人格の全面的，永久の，徹底した消滅をもたらす。

2　株主に対する適用の結果

会社法人格否認追及の責任主体は，濫用行為を行った株主に限るべきであり，その他のすべての株主に広く及ばせるべきではない。人格否認時の株主に対していかなる類型の責任を負わせるかは，学問上はいくつかの考え方がある。第一は，会社人格否認の結果を考える意見である。権利者が会社の背後にいる株主（すなわち会社人格の濫用者）に対して直接的に無限の責任を追及する。第二は，会社人格否認は，会社の独立人格を無視するものと考える意見である。会社と背後の株主の人格を一体とみて，会社とその背後の株主の共同責任を追求すべきというもの。第三は，会社人格の独立を承認するという前提下で，会社法人格否認は，実際上会社背後の株主の第二次的な資本充填義務を強調するかあるいは資本充実責任の補充ということであると考えるものである。法人格否認制度の設計の本意及び中国会社法の規定から見て，第二の意見が特に合理的である。初めに，法人格否認制度の直接的意義は，法人格が不法目的をもって使われ，債権者または社会的公共利益に損害を与えたときは，当該会社の独立人格は無視し，当該会社とその背後の支配株主を一体のものと見なさなければならない。次に，会社とその背後にいる濫用者である株主の共同責任を追及する。取引安全の保護のための，会社債権者の利益と社会公共の利益を考慮する必要がある。最後に，中国《会社法》第20条の明文規定における人格を濫用したとき，会社株主は「会社債務について連帯責任を負わなければならない」。すなわち，債権者は会社に対して賠償を求めることができ，また人格濫用の株主に直接賠償をさせることもできる。

【本節実務研究】
●株主の債務返済に用いる会社財産の強制執行について

実際の現場では，債務の返済のために会社財産に対して強制執行することは頻繁に認められている。このような事情の原因は，主に一部の現場にとっ

て会社財産と株主財産の区別，すなわち物件と株主権の区別が明確でないことによる。

　会社株主の出資とこの出資を投資して形成された会社資本は相異なる二つの概念である。株主の出資は所有権移転という法律的行為であるので，出資により形成される会社資本は会社自体の所有になり，株主と会社は独立した民事主体として区別される。会社資本はもはや一株主個人の財産ではなく，株主全員の共有財産でもなく，会社の財産である。会社の株主はその財産を会社に投資した後は，再びこれらの財産に対していかなる直接的支配権も持たず，単に株主としての株主権を有するのみである。

　株主権は，決して株主が単独あるいは共同である特定の会社財産に対する排他的な権利を有し得ることを意味していない。会社財産の直接的支配権は会社自身のみが享有できる。株主は持分権に対する収益権を有し，これを執行の標的とすることができる。

　具体的な執行過程において，法院あるいは他の執行機構が親会社と子会社の財産を混同するということも生じ，直接子会社の財産を用いて親会社の対外的債務を返済するという状況，特に全面出資の子会社の場合にこの種の混同がいっそう突出している。

　実際には，親会社と子会社の間の関係は，まさに株主と会社の間の関係である。親会社と子会社は互いに独立した法律主体であり，親会社と子会社はいずれも企業法人格を有している。それぞれが自己の会社の財産に対して会社財産権を有し，同様に各自所有の財産をもって各自の債務に責任を負わなければならない。親会社が子会社中にどんなに大きな割合の株主権を有していようと，また実際に子会社を支配しているか否かに関わりなく，ただ単に子会社の株主であるに過ぎず，直接子会社の財産に対して支配や処分を行うことはできない。司法執行も子会社の財産を使って親会社の債務を返済させることを強制してはならない。例え子会社の持分権の全部を親会社が持っていたとしても，いわゆる全額出資の子会社の状況下でもこれと同様である。その理由は，いかなる会社も成立後は他人と民事的な関係を形成し，子会社の財産それ自体は銀行から借金をするなどして負債を形成することも可能である。そして子会社の財産それ自体は対外的に自身の債務責任の基本条件や保証を引き受ける。子会社の財産を親会社の債務の返済に用いたならば，さらにこのことにより子会社が自身の債務を返済する能力がない状態を引き起

こすことになる。これはまさに子会社自身の債権者の利益に深刻な損害を与えうる。親会社は子会社の株主として，本来は子会社の債権者に対して有限責任を負わなければならないが，そのような結果は逆に子会社の財産を引き抜いて自己の債務の返済に用いるに等しい。しかし，親会社は子会社の株主権において収益することができるので，これを執行の標的とすることができる。

上述したように，株主の債務はそれ自身の財産によってのみ返済できるのであり，執行の標的も会社財産以外の株主の他の財産のみであり，いかなる状況下でも株主の債務返済のために会社財産に強制執行することはできない。

第二節　会社とその他企業形態

一　企業形態の概説

企業法律形態の理論は，ドイツの企業形態理論に端を発している。ドイツの学者である Liefmann によって初めて企業形態理論が構築され，その後も先駆者として尊敬されている。企業法律形態に関する最新の分類体系は，ドイツの学者 Schaefer によって築かれたものである。中国では，企業と企業法の研究は建国以来ずっと行われてきたが，企業法律形態の概念は終始使われることはなかった。中国の企業制度が単一の公有性から多種類の経済形態が併存することになり，会社，組合などの伝統的企業形態が再現し，各種の企業形態に対する模索の中で，企業の法律形態というこの抽象的概念に触れ始めた。

（一）企業形態の意義

いわゆる企業法律形態は，企業法あるいは商法が定める企業組織の存在形態であり，それは三つの視点における意義を含んでいる。

その一，企業は一個の経済活動の主体として，一個の社会単位組織として，一定の形態で出現，存在しなければならない。

その二，企業の存在形態は多種多様であり，社会生活の種々の方面で，また種々の場面で企業は種々の状態で出現する。政治活動においては，企業は一個の社会団体組織として現れ得る。行政関係において，企業は一個の行政従属団体として現れ得る。経済生活において，企業はまた一個の経済組織として現れる。企業の法律形態としては，普通の意味における企業の存在形態

を指すのではなく，企業が法律関係において採用し具有する法律調整の意義における存在形態を指す。

その三，企業の法律形態も同様に，企業は一般の法律的意義の上での存在形態ではなく，特に企業法あるいは商法により定められる存在形態である。実際上，法律が定める企業形態も多種多様である。ある法律法規がそれを適用する必要に基づいて企業を分類区分するとき，その確定した類型が企業の存在形態の意義を有することになる。しかし，企業の法律形態の存在は企業法あるいは商法が確定する単なる形態に過ぎない。

企業法律形態の意義を把握する上での重要な問題は，企業の法律形態と企業の経済的な形態が相違するということである。企業の経済的形態と企業の法律的形態は密接な関係にはあるが，性質は完全に異なる。企業の経済的形態は企業の経済活動における存在形態であり，何らかの経済活動である。あるいは経済生活が有する何かの表れであり，企業はまた何らかの存在形態を有する。経済活動は内容に従って区別され，工業，農業，商業，交通運輸などの業種であり，それらに対応して工業企業，農業企業，商業企業及び交通運輸企業の企業形態がある。経済活動は経営方式に従って生産，卸売及び小売に分かれ，それらに対応して生産企業，卸売企業及び小売企業などの企業形態がある。経営活動は規模によって異なり，それに対応して巨大企業，大企業，中企業及び小企業などの形態がある。経営活動は地域範囲に対応して，地方企業，全国的企業，自国企業及び多国籍企業などの違いがある。

上述した企業の経済形態は企業経営活動の側面と展開のレベルに従って次々に現れてくる。これらの形態は，様々な角度から企業に対する観察と研究を行う経済学，経済管理学，会計学，統計学，行政管理学などの立場から言うと，疑問の余地なくいずれもその重要な意義を有している。企業の法律形態と企業の経済形態は明らかに別のものであり，不可能でも不必要でも企業の各種の経済形態は法律によって確認される。企業の経済形態は法律形態によって高揚するわけではないが，これによって法律が調整する内容についての立法意義が決まる。

企業法と商法は，企業の法律形態を立法の基礎とし，企業法の個別分野は企業の各種の法律形態によって築かれる。逆に，企業の法律形態はまた企業法によって確定されるものであり，企業組織における多くの経済形態と法律的意義を有する形態の中で，企業法律形態としてどれかを選び出す。それは

決して立法者の期待に沿うものではなく，企業法の性質と役割により決定されるものである。企業の法律形態の確定は，企業の立法の性質と役割から出発するのであり，立法の意義を最もよく備えた分類標準を選び出す。限られた形態で多くの企業組織関係を調整し，その抽象的なものを普遍的な意義を有する一部の法律形態にしようとするのである。

商法について言えば，企業は一種の商事主体あるいは商業組織体である。企業法は組織法と見なし，企業の法的地位と内外の法律関係の確認をもって己の任務とする。具体的には，企業の設立条件，設立過程，権利能力，財産構成，組織機構，経営管理，権利義務と責任，合併と分割，解散などの重大な事項を内容として含んでいる。

(二) 企業形態の特徴

(1) 法定性。企業法律形態は法律により直接規定されるものである。自分で制定したり，あるいは実行することによって自然に生まれるものでもない。大陸法では，民法典と商法典及びその単行法中において企業の法律形態を規定している。英米法国では判例方式によって企業法律形態を明確にしていたが，その後，米国の《統一企業法》などのように，一部の成文法を制定した国もある。企業法律形態は，法律的な強制力をもった企業形態であり，いかなる当事者が設立した企業でも企業の法律形態の中から該当する企業類型を選択し，またこのような企業類型があって初めて登記を取得することができるのである。

(2) 普遍性。企業法律形態はすべての企業に適用され，合法的に設立されたいかなる企業も，必然的に企業法律形態に含まれる。企業法律形態により対象を制定した企業法もまた，これによりすべて企業に対する適用の普遍性を有することになる。

(3) 安定性。企業法律形態が一度確定すれば，直ちに永久または半永久的な安定性を有する。この種の安定性は法律それ自身が決定するものであり，企業法は一種の組織法または身分法であり，普通の法律と比較すると更に高い安定性が要求される。さもなければ，企業法律形態の不安定さが企業の法的地位や内外法律関係を不安定な状態に置くことになり，第三者に企業を理解させることが困難になる。

(三) 伝統的な企業法律形態と中国の企業法律形態

企業法律形態は長期の歴史的な発展を経験してきた。これらは，メンバー

構成，責任形態，法人格によって区分される独資企業，組合企業及び会社企業の三大分類である。この３種の企業法律形態または企業分類は，一切の私的商業組織を包むだけではなく，各種企業組織の特徴，相互間の法律上の地位，設立条件と手続き，管理など数多くの法律面での顕著な差異を非常に鮮明に際立たせてきた。それにより各種企業に対する個別立法の基礎として十分な法律調整の意義があった。それ故，このような法律形態の分類は，西洋各国の企業立法としてそのまま踏襲されたばかりか，中国の企業立法の基本的な選択にもなった。

　1950年に公布した中国の《私営企業暫定条例》では，初めて独資企業，組合企業及び会社の３種の企業形態を明確に規定した。改革開放以来，中国社会主義市場経済体系の全面的な構築に従って，これらの企業形態は声をひそめて姿をくらましていた20年余りの後，再び生き返り更に発展してきた。1998年に公布された《私営企業条例》で，再びこれらの３種の企業形態が私営企業として規定に加えられた。その後，中国の企業立法は体系化の時期に入り，３種の企業形態に対してそれぞれ単独で立法化された。1993年前後に《中華人民共和国会社法》が公布され，1998年に《中華人民共和国独資企業法》が公布，1999年には《中華人民共和国組合企業法》が公布された。これにより中国の基本的な企業法律形態が確定し，同時に中国企業法律形態の立法の基本構造が形成され，企業立法はほぼ完全なものになっている。

　しかし３種の企業形態は単なる伝統的な基本企業形態に過ぎず，それは決して各国の，特に中国のすべての企業形態を含むものではない。中国では長い間，社会主義公有制の基本経済と計画経済の管理体制を採ってきたため，所有制の原則に基づき，企業は全人民所有制の企業，グループ企業及び私営企業に分かれ，企業立法もそれに相応して全人民所有制企業法，グループ企業条例及び私営企業条例が制定された。中国市場経済の発展に伴って，企業構造や企業立法の研究は既に早くから所有制による分類の合理性の問題に触れていた。

　所有制の性質は，改革開放前の中国においては，かつていかなる企業組織も生死にかかわる身分表記をおろそかにできなかった。経済改革後は，商品経済が要求する地位の平等，公平競争，水平経済連合が形成する種々の所有制の間の衝突と交わり合いなどが企業の所有制の色彩を日々薄れさせてきた。所有制の性質に従って企業に対して行ってきた法定分類及び相応する立

法意義も明らかに弱まってきており，企業立法の中心は既に方向を独資企業，組合企業及び会社企業の伝統的分類に方向を変えてきている。国有企業，グループ企業の区分はもはや基本的な企業法律形態の分類ではなく，法律が特別に調整する2種類の特殊企業という必要性があるに過ぎない。

　実際上，諸外国でも同様に3種の基本企業形態以外の企業，特に中国の国有企業に類似した企業が存在する。西洋の法律は公法と私法に分かれ，諸外国の法人も公法人と私法人に分かれる。独資企業，組合企業及び会社法人は主に私法領域内の私的商業企業に対する区分であり，会社は私法人の一種に過ぎない。むしろ共存する国有企業は行政立法あるいは特別立法が調整する公法組織または公益法人に属する。

二　会社と独資企業
(一) 独資企業の概念

　独資企業（sole proprietorship または individual enterprise）はまた自営業者と称し，1人単独で出資設立し，1人で所有しコントロールし，更に1人で無限責任を負う企業である。

　独資企業は最も古く伝統的な企業形態であり，独資企業に対する法律調整のための各国の立法は異なる形態を採っている。ある国は民法中に規定をおき，ある国は商法または商事登記法などの各種の具体的な商事規範中に規定をおいている。中国で最も古いのは1950年の《私営企業暫定条例》で初めて独資企業の法律形態を明確に定め，1988年に公布した《私営企業条例》で再度，独資企業を組合企業，有限会社とともに3種類の私営企業形態として規定した。1999年公布の《中華人民共和国個人独資企業法》で最終的に独資企業に対する法律形態を肯定的，全面的に規定した。

(二) 独資企業の法的地位

　独資企業の法的地位を要約して言えば，独立した法人格を有しないこと，法人地位を有しないことであり，典型的な非法人企業である。法人格理念に従えば，民事主体の人格は自然人の人格と法人格に分かれ，独資企業それ自体は独立した法律主体ではなく，法人格を持たない。それが民事または商事活動に従事することは独資企業主の個人の人格あるいは主体の身分で行うのであり，実質的には自然人が商業経営に従事する一種の組織形態である。商事主体の分類において，商事主体は商個人，商法人及び商事組合と分かれ，

独資企業はその中の商個人に属する。
(三) 独資企業と会社の比較
(1) 設立主体が異なる。独資企業の設立者は自然人であり，法人組織は独資企業を設立することができない。各国の立法と学説上の独資企業はこれまで個人の独資企業を意味し，法人設立の独資企業はいまだに承認されていない。中国の独資企業法は法律の名称上《個人独資企業法》と冠しており，独資企業の個人的性質を強調し，法人の独資企業を承認していない。会社の設立者は自然人でもよく法人でもよい。

(2) 構成メンバー数が異なる。独資企業は，1人の構成メンバーまたは投資者によって設立され，一切の利益とリスクの全部をその投資者が負う。この種の構成メンバー数の単一性はちょうど独資企業の字面，語意に完全に一致し，同時にそれと組合企業及び会社の基本的属性における相違点でもある。組合企業と会社は，「一人会社」という特殊情況を除いて，それが独立した法律上の人格を有しているか否かに拘わりなく，多数人の共同出資，組合であり，個人の経営団体と異なる構成をとっている。構成メンバーあるいは投資者の数が多いということは，独資企業の構成メンバーの単一制と明らかに対照的である。

(3) 法的地位が異なる。独資企業は独立法人格がなく，法人地位もない。会社は独立の法人格と法人の地位を有する典型的な法人組織である。

(4) 財産関係が異なる。独資企業は非法人地位が決定づけられるために，独資企業の財産は独資企業主により所有され，企業それ自体は所有権を持たない。独資企業は一般に単独の財産目録と業務の帳簿を設置するが，その目的はただ納税帳票と企業主が企業の経営情況を理解，掌握するためのものである。会社の場合はその独立法人地位により決定され，その財産は株主の所有ではなく会社自体の所有であり，会社はまさにその財産の所有者である。

(5) 経営管理が異なる。独資企業の所有権と経営権は二つが融合して発展していく。独資企業主は対内的な企業の一切の事項，企業の経営管理及び対外的に企業の権利を代表する。企業主は常にその権利を委託関係によって代理人または雇用者に任せて行使するけれども，その権利の根源は依然として企業主にある。会社の経営管理は株主総会，取締役会，監査役会及び部門責任者など法定組織機構が実施し，株主は管理職務を受け持つことが可能であり会社の業務管理の権利を有する。また会社の経営管理活動に関わらないこ

とも可能であり，会社の対外代表権は法定代表者が行使する。

(6) 責任の引受が異なる。独資企業の負債は追及するための効力の面では企業主個人の負債に等しい。もしも債務不履行の情況が発生した場合，企業主はその個人が有するすべての財産をもって，当該企業に投資した財産だけではなく企業債務に対して無限の賠償責任を負う。会社の場合は，その株主の債務と同等とは見なせず，会社の債務に対してはその保有する資産をもって出資額を限度として株主は独立して責任を負う。

三　会社と組合企業
(一) 組合企業の概念

組合 (partnership) は，2人以上の協議・合意に基づき，各自の出資と共同経営で構成される営利性の組織である。

組合には組合契約と組合企業の2種類が含まれる。組合は一種の契約であり，また一種の企業でもある。組合は，一種の契約として組合員の間の権利義務関係の約束であり，一般契約に対するものとは異なる存在である。組合の当事者は共通の目的を有し，組合員間で約束した権利義務はお互いに対応するものではなく共通するものである。

(二) 組合企業の法的地位

組合企業の法的地位を要約して言えば，独立した法人格を有しているが法人地位を有していないことである。それは独資企業と同じ非法人企業である。その民事または商事活動は全組合員の個人の人格または共同人格で行い，実質的には自然人が商業経営に従事するタイプの組織形態でもある。商事主体の分類においては，商事主体は商個人，商法人及び商事組合に分かれ，組合企業はその中の商事組合に属する。

組合の法的地位問題は，民商法理論と各国立法の中においてよくある論争であり，規定も異なる。伝統的な民商法理論の主導的学説と多くの国の立法規定は，組合の非独立人格と非法人地位を認定している。中国の民商法理論は基本的にはこの説に賛成している。しかし，組合が法人格と法人地位を有することを立法と理論面において承認している国も一部ある。例えば，フランスの1966年《商事企業法》の規定では，組合を含み国内の一切の商事企業は登記の日から法人の地位を有する。1978年改正の《フランス民法典》第1842条にも規定されている。「第三章で規定する匿名の組合以外の組合は，

登記の日から法人格を享有する」。それ以外には，ベルギー，ドイツも組合企業が法人格を有することを承認している。

　中国では，民法通則で定める民事主体は，単なる公民（自然人）と法人の2種類だけである。組合を自然人または法人以外の第三民事主体とすべきか否かについては，理論上の議論でもあり，肯定と否定の両種の異なった意見が存在する。しかし，組合の法的地位または第三民事主体の地位を承認するか否かに拘わらず，組合が企業組織として自己の名義で民事活動を行い，さらに訴訟主体として自己の名義で提訴または応訴することには影響がない。

(三) 会社と組合企業の比較

(1) 設立の基礎が異なる。組合の設立は契約に基づき，会社の設立は定款に基づく。契約と定款は性質，内容が異なる法律文書である。締結面では，組合契約はすべての組合員の意思表示が合意に達したものであり，その変更と改正もすべて組合員の一致した同意が必須である。会社の定款は会社の発起人によって作成され，その変更または改正は会社法と会社定款の規定に従って行われる。通常は多数の株主の同意が必要であるだけであり，株主全員の一致した同意は不要である。その性質上，組合契約はただ単に組合当事者間の契約であり，それ故調印した組合員に対して拘束力が生じるに過ぎない。会社の定款は会社組織の自治規則であり，それは発起人により定められたものであるが，すべての会社株主と会社の管理機構及びその人員に対する拘束力を持っている。内容的に，組合契約は任意性を有し，法律にはそれに対して強制性の規定がほとんどなく，当事者間の関係は基本的に組合員の自由契約に一任されている。会社定款は法律の多くの強制性の拘束を受け，多くの内容は会社法により直接規定されており，定款は法律の範囲内で別に作られた規定に過ぎない。

(2) 法的地位が異なる。独資企業に対するものと同様に，組合企業は独立した法人格を有さず，法人の地位も有しない。会社は独立した法人格と法人の地位を有する典型的な法人組織である。

(3) 財産関係が異なる。組合の財産は組合員全員の共有に帰するものであり，組合の財産は組合員の共同出資に由来するが，組合員の財産の単なる集合ではない。組合の共有は，按分共有と共同共有を含んでいる。ローマ法時代には，組合の財産は按分共有に属し，組合員は共有財産に対する各当事者の割当てに基づき，権利と義務を分かち合う。近代の各国の立法では，一般

に組合の財産は共同共有の財産と規定し，組合の存続期間中，組合員は組合のすべての財産に対する不可分で平等の所有権を有する。

　中国の組合に対する財産関係の立法は，比較的特殊な規定として作られている。《民法通則》第32条の規定によると，「組合員が投資した財産は組合員が統一して管理，使用する。組合経営によって蓄積した財産は組合員の共有に帰する」。これは組合員の財産は二つの部分に分けられることを意味している。一部分は組合で蓄積した財産であり，共有の財産に属するが，結局は按分共有かまたは共同共有に属し，学説上は共同共有として解釈されることが多い。他の部分は組合員が投資した最初の財産，この財産の帰属は学説解釈上あまり統一されていない。あるものは組合員の所有に属し，使用権だけが組合に帰すると考え，ある者は依然として共有中の按分共有に属すると考える。さらにその所有関係は当事者の契約によることができると考える者もいる。

　(4)　人身関係が異なる。組合は典型的な人的企業であり，組合員の間の密接な人間的な信頼関係が存在する。組合の成立と維持は主に人的組合せに基づき，さらに組合員間の相互の信頼関係に依存する。組合員の対外的な信用の基礎は，主として組合員の構成と各組合員の信用である。それ故，通常，組合への参加や脱退は全組合員の一致した承認を経る必要がある。個々の組合員の死亡あるいは脱退すらも組合全体の解散を引き起こすことがある。会社は無限会社を除いては，多くは合資企業に属し会社株主の間の人間関係は比較的希薄である。会社の設立と存続は主に資本的結合に基づき，会社の対外的信用の基盤は，主として会社自身の財産と経営状況によって決まるのであり，株主の構成や個人の信用によって決まるのではない。それ故，会社株主の出資，株式譲渡は通常多数の株主の同意が必要であり，同時に会社の存続は個別の株主の変動の影響は受けない。

　(5)　管理権が異なる。組合企業は，すべての組合員が共同で経営管理し，その議決方式は組合員の協議によると規定されている。実際には，業務執行の便宜のため，組合企業は通常その中から1名または数名の組合員を選任して業務執行者とし，組合の業務管理やその他組合員が有する監督検査権を執行する。しかし，法律上は全組合員が法定の業務執行権を有し，組合業務の執行者の権利は全組合員からの授権によるものである。会社の管理権は，会社法の規定に従い，法定の会社の組織機構により統一して行使する。各株主個

人は会社業務の直接管理権を持たず，株主総会上の議決権を行使して会社の重大事項の決定に参加し，また株主の知る権利や質問権を有するだけである。

(6) 損益分配が異なる。組合企業の組合員の損益分配は通常出資比率に従う。しかしその分配は組合員の契約によることができ，組合員は出資比率に応じて損益を分配することができる。また出資比率に依らずに分配することもでき，さらには利益配当比率は損失の分担比率と異なってもよい。比較的多くの利益を分配される組合員は，比較的少ない分配の組合員の損失を分担することができる。中国の中外合作企業の損益分配関係は，この規定と極めて類似している。会社の損益分配は会社法により統一的に規定されており，法律の基本原則は，株主の出資比率または株主が持っている株式に応じて分配される。

(7) 責任の負い方が異なる。対外的な財産責任の面では，組合の非法人的地位に基づいて決定され，組合の債務に対してすべての組合員は連帯して無限責任を負わなければならない。その無限責任とは，企業債務の弁済に対し，組合員は出資額を限度としないことを意味する。企業の資産では組合の債務の弁済が不足するときは，組合員は各自所有の財産をもってそれに対し分担して債務責任を負わなければならない。その連帯責任というのは，各組合員が組合のすべて債務に対して弁済の責任を持つことを意味する。組合員は内部で取決めた損失や債務の責任分担をもって組合の債権者に対抗することはできない。債権者はいかなる組合員に対してもすべての債務の弁済請求ができる。当然，組合の債務の弁済が，自己が引き受けるべき分担を超えた組合員は，内部で契約比率に従い他の組合員に対して事後補償を求める権利を有する。

【本節理論検討】

●独資企業と自営業者（原語：個体工商戸）の関係

独資企業は1人だけで設立し1人だけで所有，支配し，さらに1人だけで無限責任を負う企業を意味する。自営業者に関する中国の《民法通則》の定義は，「公民であって法律の許す範囲内において，法律経済面での審査に基づく許可・登記により，工商業の経営に従事するものは自営業者とする」と定めた。

中国独資企業の発展の歴史を検討すると，この2者は実際には中国の特殊

な国情の産物である。1950年に公布された《私営企業暫定条例》では，独資企業は企業の組織方式の一つとすると規定された。その後，公私共同経営による資本主義工商業の社会主義的改造が完結するに伴って，全体概念としての私営企業は中国では基本的に消失した。僅かな個人商業活動がもはや企業組織としてではなく保護を与えられ，概念上は自営業者と称された。1986年の《民法通則》で，個人自営業者は民事主体の地位を明確に確立した。これをもって個人自営業者から派生した自営業者の概念は過去の独資企業の概念に取って代わり，公民個人が従事する民事または商事経営活動の特殊な法律形態になった。

しかし，1988年国務院が公布した《中華人民共和国私営企業暫定条例》では，独資企業は私営企業としての形態の一つであると再度規定された。このとき独資企業と自営業者の間の関係の問題に直面することになった。当時の経済理論と政策によると，私営経済は本質上個人経済とは異なる。前者は雇用労働であり，後者は自らの労働であるから，当時の個人経済政策によって自営業者の規模を厳格に制限していた。《都市及び農村の自営業者管理暫定条例》第4条第2項に次のように規定されている。「自営業者は経営状況により1，2名の助手を雇うことができる。技術を必要とする自営業者は3，5名の見習いを持つことができる」。《私営企業暫定条例》では，独資企業と自営業者の区分は，労働者8人以上の場合は独資企業とし，8人以下の場合は自営業者とする。このように中国では，自然人個人が工商業の経営に従事する場合は，2種類の法律形態が共存している。自営業者と独資企業であり，独資企業も伝統的概念から離れ変異して生じた。

前述の検討から，独資企業と自営業者はいずれも中国特有の産物であり，諸外国では両企業に類似した概念を見出すことは難しいということが分かる。中国では人数上の区別が独資企業と自営業者の区別の標準ではあるが，両者は決して実質的な差異ではなく，しかも企業類型の発展の長い趨勢から見ると，この2種の形態は日ごとに同一になり1種類の企業形態となるべきである。

●組合は第三民事主体とすべきか否か

組合の法的地位に対して，すなわち組合を自然人や法人以外の第三民事主体とすべきか否かの問題について広く論争が行われ，以下の3種の代表的な意見に集約される。

(1)　組合は民事主体になることができないと考える。その理由は，民事主体は自然人と法人の2種類しかなく，第三主体は存在しないことである。この種の視点は，個人組合の実質は依然として個人であり，法人組合の実質は依然として法人であると考える。
　(2)　組合は第三民事主体であると考える。組合は個人とは異なりまた法人とも異なるので，それ自身の名義で民事活動への従事や訴訟活動の遂行ができる。それ故第三民事主体とすべきである。
　(3)　組合の法的地位に対しては一概に論じられない。あるものは簡単な臨時的な組合であり，企業組織を形成せず民事主体には成れないと主張している。あるものは自己の名称または商号を有し自己の組織機構を有する組合であり，第三民事主体に成ることができると主張する。
　法律が付与する自然人と法人は人格的原因から見ると，自然人に対する権利能力の付与は法律の価値観念と最も根本的な法律原則に基づいている。すなわち法律面ではすべての人は平等であり自然人の権利は一律平等でありすべての人は民事主体である。法律が法人組織に権利能力を付与することは自然人に対するものとは異なる。それは既成の法律原則や精神に基づくものではなく，法人組織全体の民事能力の実態に基づくものである。実際に有する独立した民事行為能力により，また，その内部の組織機構に基づく自己の意思さらには自己の行為を予見し支配することができる能力によるのである。とりわけ法人組織はその所有あるいは支配する財産を，民事活動において実情に即して権利を共有し義務を負うことができる。
　このことから組合に対する民事主体の地位の認定を類推できる。明らかに不変の定理は存在しないしまた超えることのできない障害もない。組合が民事主体となり得るか否かはまた法律により定められる判断と選択である。また法人の承認に対するのと同じように行為能力，意思能力及び責任能力の尺度に従って組合に対する全面的な評価を行うべきである。
　組合は人的な集合であり，比較的長く続き安定した法律関係を有し，この基礎の上に形成された一種の組織体または経営団体である。組合員を一体として結合させる法律上の絆として組合契約がある。組合団体の凝集力は，組合の利益配当とリスクの共同分担で形成される。組合団体を表す表示は，組合一般が有する自己の商号や屋号によって決める。自己の名義をもって民事活動に参加することもできる。実際には，組合組織も独立の訴訟当事者とな

ることができ，自己の名義で法院に提訴または応訴できる。これらの特徴は組合に法人組織の団体的特徴を一定程度備えさせている。通常の理論では，自己の名義で合法的に財産所有権を譲渡でき，同時にまた自己の名義で合法的に財産所有権を譲受できさえすれば，民事主体の財産的条件を備えることになる。組合の財産は相対的な独立性を有し，組合員は組合の財産に対する出資を思いのままに回収してはならず，組合の財産の処分は共同で協議して行わなければならない。それ故組合は財産権を有し，その財産共有権はメンバーの共同の意志で支配され，統一した管理と使用に基づく。

　組合の法律関係の検討により，組合の主体的地位の根本的な問題を最終的に確定した。組合の内外法律関係に対する上述の検討により，次のような結論を得た。組合は実際の行為能力，意思能力及び責任能力を有する。組合は1個の組織的存在であり，相対的に独立の財産を所有し，相対的に独立した意思を形成し，またその相対的に独立の財産責任はこの種の能力の具体的な体現である。

● 組合企業の財産

　組合企業は利益を目的とする企業であり，相対的に安定した独立の財産を有する。組合企業の財産は，財産の由来と形態の二つの角度から区別できる。その財産の由来による区別では，原始的に取得した財産と経営で取得した財産に分けられる。原始的に取得した財産は組合員の出資によるもので，設立時の組合員の出資と新たに加盟した組合員の出資を含む。経営で取得した財産は，組合組織が存続し運営した期間に蓄積した財産である。財産形態は主に有形財産，特許，商標などである。

　《民法通則》第32条の規定によると，「組合員が投資した財産は組合員により統一して管理し使用する。組合が蓄積した財産は組合員の共有に属する」。この規定は誤解を産み易い。組合の財産のなかで組合員が投資した財産は，組合員だけが統一的に管理使用できる。組合が蓄積した財産に対してはただ組合員だけが共同で所有権を有する。これは中国が組合企業を産み出すに至らない当時の特定の法律概念であり，「組合」という用語が各種の簡単な暫定的な組合に広く用いられていた。

　これに対し，《組合企業法》ではこの方面における顕著な進歩があった。第19条の規定によると，「組合企業の存続期間において，組合員の出資と所有については，組合企業の名義をもって取得した収益はすべて組合企業の財産

である。組合企業の財産は，本法に従い組合員全員により共同で管理し使用する」。本条の規定と《民法通則》を比べてみると，二つの重要な意義がある。第一は組合員が投資した財産と組合企業経営で取得した財産をもはや区別していないこと。第二は「組合企業の財産」，この重要な概念を明確にし，組合企業を効率的に運営する上で，必然的に求められることは，相対的に独立した財産をその支配に供しまた組合企業の財産を独立と集中の方向に向けて進ませることである。組合企業はその名義で財産を所有し，組合企業の財産に一定の相対的な独立した性質を備えさせる。これは実質面から言えば組合員のための共通の利益になるものである。

　組合企業設立後，組合員は投資財産に対して使用価値形態の上では既に所有権を喪失しており，ただその価値形態上の按分額を主張する権利を有するに過ぎない。組合企業の財産は，本質上は組合員の共有財産であるだけだが，組合の財産は全組合員の共有の財産であり，各組合員単独の所有ではない。すなわち組合の財産は組合員の財産の単純な集合ではない。しかし，学界では組合の財産の共有の類型に関しては考え方が分かれている。一部の学者は，組合の財産は分割不能の共同共有であり，組合員は組合企業の解散時に初めて組合企業の財産の分割を要求することができ，自己の分け前が確定すると主張する。一部の学者は組合員の組合の財産に対する共有は按分共有であると考える。通説は第二の視点に賛成する。組合員は組合企業中で出資比率または組合の合意契約に基づいて利益と損失負担を分配し，組合員はその有する一定の割当てに基づいて権利と義務を負う。それ故，組合の財産は組合員の按分享有であるべきである。

【本節実務研究】
●独資企業，組合企業は自己の名義で提訴または応訴ができるか

　独資企業と組合企業は法人格がないので，自己の名義で訴訟主体として訴訟活動に参加できるか否かは検討を要する問題である。人々は通常訴訟主体を民事主体と誤解しており，誰が原告，被告で，誰が権利義務の最終的引受人かと考える。それ故公民と法人だけがこのような法定の民事主体になって初めて訴訟主体になれる。また以前は司法の実際において，法院が独資企業，組合企業は民事主体ではないという理由で関連する提訴を却下するということがあった。

実際には，民事主体と訴訟主体の両方は異なる概念である。《民事訴訟法》第 49 条第 2 項では次のように規定している。「法人はその法定代表者により訴訟を行う。その他の組織はその主要な責任者により訴訟を行う」。最高法院の《≪中華人民共和国民事訴訟法≫の活用に関する若干の問題に対する意見》第 40 条の規定によると，その他組織は合法的に設立し，一定の組織機構と財産を有しているが，法人格を具備しない組織を指す。法により登記し営業許可を取得した私営独資企業，組合組織を含む。独資企業と組合企業は毎日毎時常に民事活動を行い民事の流転に参加している。独資企業，組合企業と取引を行う第三者の民事権益の保護のために訴訟の手続きを簡素化し，中国民事訴訟法は訴訟権利能力を与え，民事訴訟当事者として自己の名義での提訴，応訴を認めた。

　それ故，訴訟主体は具体的な訴訟活動の当事者あるいは民事権利義務の直接の承継人であることを明らかにするだけでよい。当該当事者が義務を履行する能力がないようなときはその他の人に代えて履行させなければならない。必ずしも当該訴訟当事者でなくともよい。訴訟権利能力と民事権利能力は密接に関係している。通常の状況下では，訴訟権利能力は民事権利能力を基礎とする。これは，民事訴訟は民事主体の合法的権益を保護する手段であり，法律がある主体に民事権利能力を付与すると同時に必然的に訴訟能力を付与することになる。その民事的権利が侵害されまたは争いが生じたときのために，自己の名義で提訴，応訴及び司法保護が受けられる。しかし訴訟権利能力は，結局は民事権利能力ではない。前者は手続上の権利能力であり訴訟主体としての資格である。後者は実体上の権利能力であり民事主体としての資格である。独資企業と組合企業について言えば，それらは民事主体ではないけれども訴訟主体として自己の名義で提訴または応訴ができる。

第三節　会社の沿革と役割

一　会社の沿革

　現代の会社は既に組織的に健全になっており，各方面においても十分に成熟した商業組織である。会社と会社法はいずれもかなりの発展の時期に入っていると言うことができる。しかし，会社は出現から発展まで，1 種類の形態から多種類の形態まで，簡単なものから複雑なものまであるが，非常に長

い発展の過程を経験してきた。
（一）諸外国における会社の沿革
1　会社の萌芽期
　会社は決して古くからあったのではなく，会社の出現以前は商業活動に従事しているのは，単なる個人を除いては主に独資企業と各種の組合組織であった。

　独資企業は最も原始的な企業形態であり，その特徴は個人出資，個人経営，個人管理，個人収益，経営リスクの個人引受である。明らかにこの種の企業は規模が小さく，経営範囲も限られ，現在においてはせいぜい小商人程度のものであり，古代の単純な商品経済の条件下では主要な企業形態であった。

　独資企業と共存するのは各種の組合組織であった。多くの事業または経営活動は個人出資によるものであり，個人経営は創業においても営業においても力量不足であるから客観的には個人間の合作連合が求められる。それ故古代ローマ時代には種々の目的，種々の機構，種々の範囲の各種の組合組織が出現した。例えば，共産組合，特業組合，所得組合，匿名組合などである。これらの組合形態はローマ法においてはすべて具体的に規定されており，それらはすべて2人以上の組合出資で構成された団体である。その特徴は，それらが1個の団体として現れて営業活動を行うが，独立した法人格を持たず独立した民事主体でもないことにある。

　組合団体のなかにある種の家庭経営団体があり，それは中世期に出現した一種の組合形態である。この種の団体と独資企業は密接な関係がある。独資企業主が死んだ後，独資企業が有するものを1人が継承するが，このときでも企業の性質の変化は生じない。あるものは数人で継承するが，企業の財産は分割せず，企業は依然として継続存在する。この場合は企業の性質に直ちに変化が生じ，1個の独資企業が数人共有の組合企業に変化することになる。組合員のほとんどが同一家庭内の構成員であるので家庭経営団体とも称する。中世期後期に至って，この種の団体は欧州では既に相当数存在した。家庭経済団体は法的性質上依然として一種の組合であるが，その組織機構と管理が日々完備し厳密になっていくために，その業務活動の安定と拡大，その法的地位が徐々に構成員から独立し，次第に会社の特徴を具備するようになってきた。

　会社出現以前は，上述の協同経営組織は長い間法人地位を得られなかっ

が，他に法人地位を有する団体が一部出現した。この種の状況は古代ローマ時代にまで遡ることができる。古代ローマでは完全な法人制度はまだなく，法人という名称もなかったが，一部の法人に類似した地位を有する実体が存在した。例えば，国，地方自治体，寺院等の宗教団体，養老院，救貧院等の公益慈善団体である。中世期に至って，この種の団体はさらに着実な発展を遂げた。多くの組織は王室が公布する特許状または政府の特別許可に基づいて設立された独立の法人実体である。最初の段階におけるこの種の実体の多くは非経営的，例えば牧師会，寺院，自治都市等である。その後，一部の貿易団体もこの種の資格を取得し，特にその中には海外貿易に従事する開発的な組織があった。中世期には，英国のこの種の経済団体は既にかなり大きな独立性を有しており，全部の組合員の組合責任と共同免責という特徴を備えていた。

2　無限会社の出現，発展及びその立法

会社の萌芽期には既に2人以上の共同出資の組合と家庭経営が存在し，同時に法人地位を備えた実体組織もあった。それらは会社の萌芽状態であり，この両者の結合したものがまさに会社である。会社は2人以上の共同出資経営の社団法人であるからであり，言い換えると，法人地位を備えた経営団体こそが会社である。従って，組合団体と法人実体の発展がすぐに会社の出現を引き起こすことになるのである。

最も早く出現した会社は無限会社である。この種の無限会社は単に組合団体に法人地位を付与しただけで設立されたものであるが，実際上それは組合に対する本質的な区別ではない。その中で特別なものは，無限会社の株主も会社の債務に対して無限の連帯責任を負うことである。無限会社と組合の主要な区別は，無限会社が法人地位を有し，それ故その出資者は株主と称されるが，組合の出資者は組合員と称される。無限会社の株主の権利，義務，会社の組織形態及びその他の対内対外関係は，法律の統一規範や強制を非常に大きく受ける。組合の内外関係の場合は，組合員の大きな自由決定による。説明が必要なのは，この無限会社の法人地位と現行法の中国の法人に対する規定とあまり一致しないことである。それは主に，一種の法人格を意味し，法人地位を有すればすぐに人格を有する民事主体になるということであり，自己の名義を有し自己の独立した財産も有するが，必ずしも自己の財産をもって独立して民事責任を負わないことである。

無限会社に関する最初の立法は，1673年にフランスのルイ十四世が公布した「商事条例」であり，その条例は無限会社の形態で正式に規定され，その名称は普通会社と称した。ここから無限会社は実務の中において既に存在し，法律の正式な確認と調整も受けた。

　その後，1807年のフランスの商法典でこの種の会社を再び改名して合名会社とし，より完璧な規定をつくった。多くの欧州諸国もこれを見習って使用した。日本の商法典でも無限会社に対する規定を定めた。いわゆる「合名会社」はまさに無限会社であり，いわゆる「合名」は，この種の会社の名称には必ず全部の株主の名字を含まなければならず，名称から当該会社がどんな株主から構成されているかを他人に確実に知らしめることを意味している。その後，この種の会社の株主の人数が増加するのに伴い，株主の名を会社名称中に書き入れることは何かと不便になってきた。そこでドイツでは合名を使わずに「開名会社」と称することを認めた。それは当該会社の株主の名を公開するが，全部の株主の名を会社の名称中に書き入れることができないことを表わしている。英米法においてもその表現を見ることができる。英米法の著作で判例を引用するとき，"in re Samuel and Company vs. Johnson"，"in re York and Company vs. Thomson"のような表現がしばしば見られる。ここでの会社は，実際上は無限会社である。この種の会社は，全部の株主の氏名を会社の名称中に反映するまでもないが，少なくとも1人の株主の氏名を含まなければならない。このようにして第三者も当該会社が無限会社に属することを知る。

　無限会社は発生以降，着実に発展してきたが，その後，株式会社，有限会社の出現に伴いすぐに重要でない地位に退いた。現在に至って，各国の無限会社はかなり少なくなり，特に一部の国では無限会社を法人として承認していないために，それに類似した経営組織が組合の名称と形態をもって存在している。立法上，各国では当初の商法典またはその他の法律中に収まっている無限会社の規定を除いては，一般に専門の規定は置かれていない。一部の国，例えば英国では無限会社に対する理論上の多少論及があること以外には実務面では既にほとんど関わりがなくなっている。

　3　合資・合名会社の出現，発展及び立法

　合資・合名会社は15世紀に出現したコメンダ組織により発展変化してきた。コメンダ（commenda），関連するラテン語を音訳した名称であり，信用と

委託の意味を含んでいる。コメンダは，本来は一種の商事契約であり，航海者と資本家の協同による一種の商業組合組織である。この種の契約で形成された企業組織がコメンダ組織である。コメンダ契約に従えば，資本家により出資され，航海家により海外に行って貿易活動が行なわれ，その利益は双方により比例分配される。損失が生じたときは，航海家が無限責任を負い資本家はただその出資額をもって責任を負う。この種の組合形態は，航海家の資本不足やリスクが極めて大きい海外貿易への従事の困難さを解決し，また資本家にとって直接経営に参加しなくとも資本の収益を獲得することができる上に大きなリスクを負わずに済む。この形態はその後，海上貿易から陸上貿易にまでも発展した。資本家により出資され，商人により経営が行われ，その営利は比例分配される。資本家は有限責任を負い商人は無限責任を負う。

　歴史の順番から見ると，合資・合名会社は無限会社の後に生まれた別の種類の会社形態である。実際上，コメンダ組織はその後発展し2種類の企業形態になった。一つは，匿名組合で，他は合資・合名会社である。

　匿名組合は合資・合名会社とかなり類似した企業形態である。それは，一方の当事者が他方の経営する事業に出資し，その利益の分け前を受けることを当事者同士で契約することである。営業する方は名目営業者と称し，出資する他方は匿名組合員と称する。匿名組合と合資・合名会社の類似しているところは，その株主も一部の無限責任を負い一部の有限責任を負うところにある。異なるところは，匿名組合の有限責任組合員は名義を表に出さない，すなわちその名を表示しないことである。同時に，匿名組合の財産は無限責任組合員の所有に帰し，両種の組合員の共有ではない。

　合資・合名会社は一般に大陸法の呼称であり，英米では合資・合名会社の名称はないが，それに類似した企業組織，すなわち有限組合は，実質的に両者とも法的性質が同じである。

　合資・合名会社の立法状況は無限会社におけるものと類似している。ある国は無限会社を法人として認め，同時に合資・合名会社をも法人として承認している。ある国は無限会社を法人として認めず，合資・合名会社も法人として承認していない。

　合資・合名会社の無限責任株主は会社の経営管理に責任を負い，有限責任株主はただ資本を提供するだけで分け前に預かる。これによって人によって異なる客観的条件と需要をうまく適合させることができる。良好な信用と経

営能力があるが資本がない人に，資本があるが逆に力がなくまたは都合が悪いなど直接経営活動に従事したくない人とが相互に結合して，営利の目的を達成することができる。しかし合資・合名会社はまた不十分な点も有している。その有限責任株主は，責任は比較的軽いかもしれないが会社の管理に参加する権利がなく，その出資の譲渡や譲受はかなり制限される。しかも国によっては，例えば米国では，有限責任事業組合（実質的には合資・合名会社のこと）に対する法律の特別の要件を組合員が遵守しない場合，例えば定款を公共機関に提出，登記しないあるいは有限組合員が管理活動に参加するなどの場合，有限組合員は普通の組合員と同じように無限責任を負わなければならない。このことによってむしろ多くの人に普通の組合員と利益配当契約を取決めさせることになる。その貸付資本に対し有限組合員として無限責任のリスクを負う危険を冒すことは望まないからである。このため，合資・合名会社は一種の歴史上長い間の会社形態であるけれども，現在になっては日々衰退し実際にはほとんど見られない。

　立法面では，かつてのフランスとドイツの商事立法にはいずれも合資・合名会社に関する規定がある。さらにそれは匿名組合と並存しており，ドイツだけが株式合資組合を法人として承認していない。日本の商法は合資・合名会社だけを規定し，匿名組合の規定は民法中に存在する。19世紀の初め米国各州はフランスを手本として合資・合名会社を立法規定化した。1916年に至って統一州法全国委員会が株式合資法を可決し，この法は大多数の州の採用するところとなった。

　株式合資・合名会社は，株式会社の出現以降，18世紀末に生まれた会社形態である。その出現は本来，合資・合名会社と株式会社の長所を吸収するためであり，それを使ってさらに優位な競争的地位を占めるためのものである。しかしその後それと合資・合名会社のいずれも発展には至らず，現在では既にほとんど消失している。フランスとドイツの会社法のなかには，株式合資・合名会社に対する規定はあるが法律の条文が少ない。それはこの2種類の会社の大多数の問題に対して無限会社と株式会社の規定をすべて適用できるからである。日本の商法では当初は株式合資・合名会社を規定したが，実際にこの種の会社形態はほとんど採用されずその後すぐに廃止された。各国の会社法の論著中に，株式合資・合名会社の論述はほとんど見当たらない。

4　株式会社の出現，発展及びその立法

株式会社の起源の問題に関する学者の見方は一つではないが，一般に株式会社は17世紀に英国やオランダなどの国が設立した植民会社に始まったと言われている。有名な英国の東インド会社とオランダの東インド会社が最も早い株式会社であると考えられている。

株式会社の出現は，資金を集めて経営しリスクを共同に担う法律形態であり次第に完全な存在となった。これは，欧州植民地の商業活動，特に輸出入貿易が絶え間なく発展した結果である。この面において，英国の株式会社の出現過程が典型的であり代表的なものである。本来，欧州の中世紀に主に商業活動に従事していた組合組織であり，16世紀に至って，特にある国が行う商業貿易のビジネスリスクに対する専門会社が一部出現した。それ故「冒険会社」と称し，海外貿易は遠く外国へ渡るため，関係国相互の争いになり植民地においてもまた常に反抗に遭い，その経営は「リスク事業」と考えられ，これは個人ではとても出来ることではなかった。

1555年になって，英国の女王はロシア会社に貿易の特別の許可を与え，そこで初めて現代的意義を有する株式会社が生まれた。初めは，この種の会社の資金集めは一航海を単位とし，利益配当とリスクの分担も一度の航海をもって計算された。その後資金集めの期限は4回の航海まで延長され，最後は現在見られる永久的な株式に変わった。このときから会社はもはや組合商人ではなく，共同の資本所有者に変化した。株式ももはや冒険的な権利には関わらなくなり，市場価格を有する永久的な投資に変質したのである。株主はその投資により会社の財産の一定額に対してリスクを負う。最も著名な英国東インド会社もこの時期に設立された（1600年）。この会社は国王の特許状に基づいて設立され，法人格を取得し，法的地位はその定款に反映されている。英国東インド会社の設立初期に所有する資本は6.8万ポンド，株主198人であった。オランダの東インド会社はしばらく後に設立され（1602年），全国から資金を集め，資本総額650万ギルダー，株主が60名であった。かつての無限会社，合資・合名会社に依る場合と異なるのは，資本は一定額に相当する株式の形態を採用したことであり，株主はただ出資額の範囲内の有限責任を負うのみである。

18世紀に至って，株式会社がフランス，ドイツにまで発展し，19世紀からは世界各地に行き渡った。同時にまた対外貿易業から銀行業，保険業，製造

業等その他の業種にまで発展した。英国では1694年に株式会社の性質を有するイングランド銀行が設立された。米国では株式会社は銀行業で初めて生まれ，1791年合衆国銀行が設立された。当該銀行は1000万元の資本を有し，その中で1/4の政府資本を除いた残りの3/4が個人株主資本であった。その後また，北米銀行とニューヨーク銀行などの株式会社の性質を有する銀行が生まれた。続いて，保険業における株式会社も発展し始めた。現代に至って，株式会社は既に西洋資本主義世界における支配的地位を占める会社形態となっている。絶対数から言えば，一部の国における株式会社は決して首位を占めていないが，それによる資本は豊富であり，実力が強大であるために主導的な地位を占めている。諸外国の国民経済の多くの重要な領域や部門，特に製造業，採掘業及び金融業等の資本集約型業種はすべて株式会社の形態を採用している。商業，サービス業及びその他の業種のなかの大型企業の多くも株式会社である。一部の国，例えば日本，スイス等では株式会社は数量的にも首位を占めている。

　株式会社の発展に伴ってその立法も絶え間なくなく進歩している。17世紀には株式会社は既に完全に成熟していたが，当時まだ統一した株式会社の立法はなされていなかったため，株式会社の設立はすべて国王または政府による特別の許可が必要であった。18, 9世紀の後になってから，各国は相次いで株式会社の立法を開始した。1807年，フランス商法典において初めて株式会社に対する完備した規定がつくられた。その後1867年の会社立法において，商法典中の株式会社部分の全面的な改正を行った。1966年，フランスは株式会社を含む各種形態の会社に対する全面的な規定を制定した。

　ドイツでも最初は商法典中で株式会社に対する規定を作成したが，その後必要により株式会社の単独立法とした。これはドイツが1937年に公布した《株式または株式合資・合名会社法》(以下略して「株式法」という)。1965年，ドイツでは株式法を改正し新しい株式法を制定した。日本では，株式会社に関する立法は初めから商法典にあり，1890年の商法の公布後，1899年，1911年にもその中の会社法の内容を2回改正した。1950年には株式会社に関わる部分について徹底した改正を行った。英国では，その会社法はただ公開会社(株式会社に類似)と閉鎖会社(有限会社に類似)を調整するだけであった。

　英国の会社立法は1844年から開始され，1856年に至って初めて現代的な会社法を制定した。この後英国会社法はたびたび改正され，19世紀末に至っ

て一つの慣例が形成され，専門家の委員会により約20年毎に一度会社法が改正されている。英国会社法史上比較的重要なのは1929年，1948年，1967年及び1976年の会社法である。米国会社法の調整対象と英国とは基本的には同じであるが，その特徴は立法権が各州にあるということである。ニューヨーク州は1807年初めて会社に関する法律を公布した。各州の会社法規則を統一し，各州が別々に制定した会社法が引き起こした混乱を取り除くために，米国学術機構が主催して統一会社法の模範を起草，推薦を開始した。前後して起草した若干の法律草案，例えば，1909年の《株式譲渡法》，1928年の《統一商事会社法》，1950年の《標準商事会社法》（《標準会社法》とも訳す）などがある。しかし，これらの法律は各州の議会に提供し採用活用されたが，各州で直接適用する法律の効力を有していなかった。現在，《標準商事会社法》が多くの改正を経て多くの州で採用されている。

5 有限会社の出現，発展及びその立法

無限会社，合資・合名会社，株式会社の出現と発展は資本主義経済の需要に適合し，力強く資本主義経済の発展を推し進めてきた。しかし同時に，これらの会社形態は既にその長所と欠点を有していた。無限会社はその組織が簡易であり，リスク責任が大きく，経営規模に制限があり大型企業には不向きという欠点があった。株式会社は大量資本の集中に適しており，大規模経営が行えるが，一方その株主が多く株券も任意に譲渡でき株主の流動性も大きい。その設立と活動に対する法律はまた厳格であり複雑な要件がある。特に，経営の実施状況と主要会計事項の公開の原則が要求され，それ故また中小企業にはあまり適合しなかった。経済発展の客観的な状況が人々に会社の新しい組織形態の模索を求めた。そして，株主の人数に限度があり株主は等しく有限責任を負い，株券は上場せず会社業務は比較的秘密である会社―有限会社の誕生である。有限会社は最も遅く出現した会社形態である。

一般に，有限会社は最も古くは19世紀末にドイツで生まれたと考えられているが，英国の閉鎖会社が有限会社の最初の形態であると考える者もいる。有限会社は基本的には無限会社，株式会社の長所を取り込み，両者の短所を避け，特に中小企業に好適であった。それ故それが一旦生まれた後，欧米に急速に幅広く普及していき，さらに諸外国に拡大していった。現在，その数から言えば，西洋の大多数の国で有限会社が首位を占めている。従って，学者の何人かは，有限会社は今後の会社の発展の方向であると考えている。当

然，決してすべての国が有限会社を有しているのではない。例えば，スイスではこの種の会社はない。

有限会社の立法については，最も早い国としてはドイツの1892年の《有限会社法》を挙げるべきである。ドイツをまねてフランスは1919年に《有限会社法》を制定し，それはその後《統一会社法》のなかに織り込まれた。日本でも1938年に《有限会社法》が制定された。総じて見れば，各国の有限会社法の大部分は商法典の外の単独立法である。これは有限会社の出現がかなり遅かったという理由によるものである。英国と米国の閉鎖会社は一般的には公開会社と一緒に統一会社法に規定されている。その他の多くの国では株式会社の一部の規則も有限会社に通用する。例えば会社の名称，登録機関，事業運営などの問題に関する規定であり，有限会社立法のあるものはその特殊な問題を処理するためだけの規定である。

6　資本主義国における会社立法の特徴

会社それ自身の絶え間ない発展と変遷に伴い，諸外国の会社立法もまたそれに追随して次第に完全なものとなっていった。その300年にも及ぶ発展過程のなかで，以下の一部の面で特徴と法則性が現われている。

(1)　立法形態上。各国会社法は次第に商法典を離れ独立して単行法になり，その内容は簡単なものから複雑なものまで，日増しに具体的になり完全になっている。これは会社組織の不断の発展とその法律調整の要請に対する実行に基づいて決定づけられた。

(2)　内容の統一化。一部の会社法の中で先進的効果的な制度が一度ある国で実行されるとその他の国がまねをする。例えば，英米法国が創立した授権資本制度は，法定資本制度の大陸国によって採用されている。ドイツ連邦が創出した会社の二重管理体制は，1966年前はドイツとオーストリアのみが実施していただけであり，その後はフランス，オランダも使用した。最も代表的な規定はEUが行う《統一会社法》の試みである。

(3)　公法の介入。会社法は本来私法の範囲に属するが，会社の活動する社会の管理のために政府が関与しコントロールする必要がある。会社法における公法性の規定が徐々に多くなった。例えば労働者が会社の管理に参加する要件，会社に対する商業登記の厳格な実行の規定などである。

(4)　会社の育成と保護の強化。例えば各国が相次いで採用した授権資本制度は会社の設立に便利であり，会社の発展の加速に重要な影響を及ぼした。

会社の再建制度はさらに会社の破産を防止しその復興発展の有力な措置であった。

（5）会社法の制度と規則の絶え間ない改革と創造。社会発展と現実の要請に適応して，各国会社法制度と規則は絶え間なく飛躍し刷新してきた。例えば多くの国は会社の社団性の遵守から一人会社の設立許可あるいは条件付きの許可に至るまで発展したこと，会社設立は単純な準則主義から厳格な準則主義にまで調整があったこと，関連会社に対する法律規制等である。

（6）第三者と社会に対する利益保護の強化。最も際立つのは公示主義の原則の実行である。すなわち要求されるのは会社の主要業務事項であり，特に商業帳簿と財務状況の届出と公布である。これは公衆への周知のためである。それ以外では，証券取引法の制定と完備であり，会社の自己株式の保有の制限または禁止，株式の大量買付の通知と公布の要求などである。会社の行為の制限に対しては，投機活動の防止，社会的利益の維持も非常に重要である。

（二）中国における会社の沿革

中国の会社制度は法律制度のなかではかなり複雑なものである。このことは主にそのための多様性と不安定性に現れる。中国の現代法は基本的には大陸法の内容を吸収したものであるが，また中国の社会政治，経済，文化等の客観的な面からのニーズも持ち続けている。これは中国の会社制度は西洋の伝統とソ連型社会主義モデルが融合して形成された独特の体系であるといってさしつかえない。同時に，数十年に渡る巨大な社会変革により，中国会社制度の歴史的発展の段階と多くの変化を示した。

1　1949年以前（中華人民共和国成立前）

中国は長期間封建社会にあり商品経済が発達しなかった。19世紀には，西洋資本主義は既に会社の発展した時代に入ったが，中国はまだ封建時代の後期であった。そのため現代の会社形態企業の発展はかなり遅れた。清朝末の帝国主義の侵入後，清朝政府は英米をまねて，商人から株を募る方式を通して汽船，電報等の企業を創設した。著名な招商局は当時，現代の株式会社募集方式によって設立された最初の会社の一つである。最初の成文の会社立法は清朝政府が1870年12月に公布した会社法である。

中華民国成立後，1914年に《会社条例》を公布し，その後同条例は2回改正された。1929年12月，国民党政府は「会社法」を公布した。これはかなり

完全な現代中国会社立法であり，国民党政府が公布したその他の主要な法律と同じように，この会社法も基本的にはフランス，ドイツ，日本などの大陸法の会社立法及びその精神を手本としたものである。1946年，国民党政府はこの会社法を修正した。現在の中国台湾地域の「会社法」はこの会社法が何回かの改正を経てできたものである。

　2　1949-1956年（国民経済回復期）

　中華人民共和国成立以後，国民党政府の一切の法律が廃止され，その中には会社法も含まれていた。当時，全国でまだ11,298余りの国民党政府時代に登記した私営会社が存在した。これら企業の合法的利益保護のため，同時に国家経済と人民生活に有益な新型企業への個人の投資と経営を奨励するため，1950年《私営企業暫定条例》が政務院で可決された。1951年には《私営企業暫定条例実施方法》も公布された。同条例は建国初期の実際の状況に基づき5種類の会社形態を規定した。無限会社，有限会社，合資・合名会社，株式会社及び株式合資・合名会社である。

　これと同時に，資本主義工業の公私共同経営（国有経済と私有経済の共同経営）形態の資本主義企業への転換の奨励と指導のために，政務院は1954年9月に《公私共同経営工業企業暫定条例》を可決した。この種の公私共同経営企業は実際には有限会社であった。1955年以前は，公私共同経営はごく一部の企業で行われるだけであったが，1956年になってすぐに全業種で公私共同経営が実行された。このときから，私営企業という会社形態は再び存在しなくなった。公私共同経営企業は個人資本家が経営管理から退き，約定の割合に従って利息を受け取るだけで，もはや典型的な会社組織ではなく，基本的には普通の公有制国有企業に変化した。

　3　1956-1979年（社会主義改造から改革開放の前）

　この時期は，伝統的な会社は基本的に跡を絶った。代わりに起きたのは商業，鉄鋼，紡績，建築等の業種において設立された各種の専門会社と若干の企業による連合組織の連合会社である。特に，20世紀60年代以後はこの種の会社の発展が非常に速くなってきた。1962年，初めて商業部関連で各級の専門会社，例えば，金属機械会社，百貨店等が回復し設立された。1964年には10余りの全国的な工業連合会社，すなわち中国煙草会社，中国医薬工業会社等が試験的に経営された。しかし全体的に言えば，この時期に実施した高度に集中した計画経済と時代遅れの管理体制により会社の発展は低迷し，伝

統的な会社形態は消滅させられたばかりか，コンビナートの設立もある種の業種に限られ数も多くはなかった。

　4　1979年以後（改革開放期）

　この時期は会社が発展，高揚した時期である。会社は数量面でも空前の飛躍があったばかりでなく形態面でも新しい変化があり，3種類の会社が併存した時期であった。

　まず，コンビナートの設立が全国広範囲で繰り広げられた。1980年，国務院は《経済連合の推進に関する暫定規則》を公布した。これは，全国各地域，各部門が，業種の性格と専業化による協業の原則に従って，現有企業の改組や合併を行い各種のコンビナートを構成するというものである。1986年3月，国務院はさらに《経済の水平連合の一層の推進に関する若干の問題の規定》を公布した。1986年4月には《民法通則》を公布し，法人の章において共同経営に関する規定を設けた。その中では既に有限会社性の法人型の共同経営を含んでおり，協業型の共同経営も含んでいる。

　その次に，対外開放政策の指導の下で，外国投資を誘致するために1979年7月《中華人民共和国中外合資経営企業法》，1986年4月《中華人民共和国外国独資企業法》，1988年4月《中外合作経営企業法》をそれぞれ公布した。この期間，各種の外国資本が参加する外商投資会社が急速に発展し，1985年末には，全国累計で，許可設立された中外合資経営企業は2,300社，中外合作経営企業3,700社，外資独資企業120社，外資投資総額は53億ドルに達した。これらの中外会社は中国の改革開放後に最も早く出現した有限会社である。

　最後に，各種外商投資会社の出現を先導役とし，伝統的出資の共同形態の株式制会社組織も復興し始めた。経済が比較的発達している東部沿海都市部とその他の中心都市で，特に一部の経済特区では，株式会社，有限会社が続々と設立されている。その中で一部の株式会社は全省に向け，全国に向けても株券を発行している。一部の会社組織は，名称上は「有限会社」や「株式会社」の文字を冠していないが，実際上はその種の会社の性質と特徴を具備している。1988年6月3日，国務院は《私営企業暫定条例》を公布し，第6条で有限会社は私営企業の法定形態の一つであると規定した。この種の出資連合の株式制会社の統一管理のために，全国の多くの地方で一部の地方性法規を制定した。例えば，1992年に公布した《深圳市株式会社暫定規定》及び《上海市株式会社暫定規定》等であり，国の立法機関も統一的な会社立法化を始

めた。

5 会社法制定と改正

会社組織の急速な発展は，法律の規範を求め，会社，株主，債権者等の合法的権益は，法律の確認と保障を必要とする。社会経済秩序の安定もまた法律の保護を必要とする。1983 年，関連立法機関は会社法起草の根回しを始め，最初に起草したのは統一的会社法である。その後有限会社条例と株式会社条例が別々に起草された。1992 年，当時の国家経済体制改革委員会が制定公布した《有限会社規範意見》及び《株式会社規範意見》は，会社法の公布前に実際に適用していた二つの法律文書であり，中国の会社の発展に大きな影響を及ぼした。

1992 年 8 月，全国人民代表大会常務委員会委員長会議は，全人代法制工作委員会により国務院と関連部門で起草公布した会社条例，規範意見及び法律草案に基づいて統一的な会社草案を起草することを決定した。起草の過程で法制工作委員会は，関連する法律問題を大幅に調査研究し，各地，各部門及び社会各界に向けて広く意見を募った。会社法の草案に対して繰り返し議論と修正を行い，最終的に 1993 年 12 月に全国人民代表大会第 5 回常務委員会に提出，審議された。1993 年 12 月 29 日に成立し，《中華人民共和国会社法》として正式に公布された。本法は 1994 年 7 月 1 日に正式に施行され，中国会社法の発展はこれにより新しい段階に入った。

しかし，1993 年会社法ができた時期は改革開放の初期であるため，まだ多くの古い観念が完全には消えず，制度設計の一部において保守的な傾向があった。改革の深化及び市場経済の発展に伴って，これらの制度は徐々に会社制度の発展に適応できなくなってきた。それ故，1999 年と 2004 年に別々に会社法の 2 回の改正を行ったが，及ぶ範囲はきわめて狭く，ごく僅かの条文の内容を改正しただけである。2005 年 10 月 27 日，第十回全国人民代表大会常務委員会第 18 回会議にて会社法改正案が承認された。

この度の会社法改正の範囲は広くわたり，関連する内容はかなり豊富であり大改正となった。元の条文の合計 229 個中，追加，削除，改変となった条項総数は 224 箇条余りに及び，そのうち追加条項は 41 条，削除条項は 46 条，改変条項は 137 条であった。何も変更ない条項は元の会社法の条文総数の僅か 10％程度である。同時に，この種の大改正は表面上の条文や文字の簡単な手直しではなく，実質的な制度と規則の大革新と刷新であり，多くの重要な

制度と規則の再設計である。根本的で重要な大革新と刷新の最たるものは，立法理念と指導思想であり，立法目標と価値の選択上の再認識と調整である。その中の大革新の第一は，旧会社法においては規範，制限及び管理を強調し，支援，激励及び指導をおろそかにするという顕著な傾向があったが，それを変え，投資の奨励を重視強調し，会社設立の推進，資本市場の発展と繁栄を促進し，同時にそれにより社会主義市場経済の発展という重要目標の達成を促進することである。第二は，株主の権利を尊重し，会社の自治を強化し，会社法規範の任意性に対して，強調し，その強制性規範の範囲を減らした。

改正の内容を見ると，主に会社法における制度上の二つの大きな柱，すなわち資本制度と会社統治に集中している。資本制度上，新会社法は一面では資本の信用を強調し，同時に資本の信用と資産の信用の立法理念の調整にまで気配りしている。会社設立の敷居を上げたり下げたり，会社に対する過度のコントロールを緩めたり，会社設立の最低資本金を大幅に下げ，株主の出資方式の制限緩和，出資の分割払込の容認と会社の再投資の制限撤廃，会社の自己株式の買戻しの拡大などである。会社統治上は，少数株主に株主総会の請求権，招集権及び開催権を与え，会社の累積投票制を認め，株主の知る権利のために会社帳簿閲覧を可能とし，関連株主及びその取締役の議決権の制限，会社決議に異議を有する株主の株式買収請求権を有する規定，会社が膠着状態になった時の株主の会社解散請求権，取締役，監査役の職責不履行時株主代表訴訟を提起する権利などである。

この度の会社法改正は，中国20年来の会社法実務経験に基づき，各国会社法改革の最新の成果を参考にしたものであり，現実の多くの重要な問題に対する深い検討と論証を行い，現実のニーズから離れた現有規定を修正または削除した。これにより完全で実効性ある制度と規則に向けて更に一歩前進した。特に重要なのは，理論上の大革新の基礎の上で，制度刷新の努力と模索が行われ，導入，構築及び発展により，時代の特徴と中国の現実のニーズにマッチした先駆的な会社法の理念と制度となった。中国の市場主体の基本法として，中国市場経済の発展と現代化の建設のなかでさらに重要な役割を必ず発揮するであろう。

第四節　会社法の概要

一　会社法の概念と性質

　会社法は，各種会社の設立，活動，解散及びその他の対内対外関係の法律規範の総称である。会社法の調整対象及び範囲は，会社の設立過程，存続期間並びに終了過程における法律行為及び法律関係である。設立過程における行為と関係は，設立者間及び設立者と第三者間の行為と関係である。存続期間の行為と関係は，株主間，株主と会社間，会社の管理機構間，株主，会社と第三者間，会社と国管理機関の間の行為と関係である。終了過程における行為と関係は，上述の関係以外には株主と清算組織，清算組織と第三者等の行為と関係である。

　会社法の性質は，会社法の主要な属性，すなわち法律分類体系中の基本分類の属性である。法律の性質で境界線を引けば，会社法は私法，商事法及び商事主体法に属すべきである。

　まず，会社法は私法に属する。諸外国では，法律は公法と私法に分かれる。いわゆる公法は，国と社会組織及び個人の間を調整する公共生活に関する法律規範を意味する。いわゆる私法は，上述の組織と個人の間及び相互の間の関係を調整する私人生活に関する法律規範を意味する。一般に，商事法は私法の範疇に属すると考えられている。現代資本主義の時期に入って以来，諸外国の政府は社会経済活動に対してさらに大きく関与と管理を始めた。さらにその政策を法律中に規定し，それ故「私法の公法化」という傾向が現われ，商事法も公法的色彩を持つようになってきた。特にそのなかの会社法は公法的な内容を多く含んでいるが，基本的な点から言えば，会社法は依然として私法に属すべきである。理由は，会社法は主に私人または民事主体間の関係を調整するからである。調整の直接的な目的は民事主体の私人の利益の保護と調和であり，商業活動の活発化と発展の促進である。調整の方法の主なものは民事的な権利と義務の設定と民事責任の追及によって行われる。

　次に，会社法は私法中の商事法に属する。商法は資本主義国における重要な法律分野であり，各種の商事関係の法律規範を調整する。調整する具体的対象は商法によって異なり，商法の内比較的重要なのは売買法，商業登記法，会社法，手形法，保険法，海上法，破産法等である。当然，商法自体は形式

的商法と実体的商法の部分を有する。形式的商法は，民商分立国が制定した「商法（典）」で命名する法典を意味する。実質的商法は，各種の商事関係を調整する法律規範を意味し，そのなかで統一的商法典以外は，各種の単独の商事法規を含む。実質的商法の中では広義のものもあり狭義のものもある。広義の商法は国際商法と国内商法を含んでいる。

いかなる意味においても，会社法は商法中の重要な法律の一つであり，民と商が分立した国では会社法の規定は商法典中に，民商一体の国では民法中に会社法的内容の規定が含まれる。多くの国では，商法または民法の一般規定以外に単独で独立した会社法を制定している。

会社法はそれ故に商事法に属する。その理由は会社自身が一種の営利性の社団法人組織であるということであり，その具体的な経営活動が生産製造でも商品流通でもあるいは商品交換の仲介の活動でも，その目的はすべて営利のためであるからである。株主が会社をつくるあるいは会社の株式を購入する目的も自己の財産の価値を上昇させるためである。この種の経営活動はまさに商法が調整するところの商事関係であり，会社自身も商事関係の中でも一般的であり最も主要な商業組織または団体である。それ故，会社法は当然商事法に属する。

最後に，会社法は商事法の中の商事主体法に属する。商事法において一部の人は商事主体の調整にポイントをおき，一部の人は商事活動の調整にポイントをおき，一部の人は商事関係の客体または対象にポイントをおく。そして会社法はその中の商業組織法または商事主体法である。会社は一種の社団法人組織であり，多数人によって構成された団体である。従って，それに対して行われる法律調整としての会社法は主体法または組織法的な性質を備えている。いわゆる主体法または組織法は，ある種の主体または社会的組織の設立と消滅，組織機構とその活動範囲，活動規則等に関する法律規範である。銀行法，協同組合法，労働組合法等の各種の社会団体法はすべて典型的な組織法に属する。組織法の際立った特徴は，ある種の社会組織または団体の各種法律関係に対して全面的な調整を行うことであり，そのなかでも特に重要なのは組織の内部関係の調整である。一般の法律は主に社会組織の外部関係を調整するものである。

会社法は主体法または組織法として，まず初めに確認するのは会社の法的地位であり，法人格の付与である。その他には，会社法は会社に対して設立

から消滅までの全過程の各種の法律関係と活動を具体的かつ詳細に規定している。そのなかには会社の設立，変更と解散，会社の経営業務，会社の定款，権利能力と行為能力，財産構成と組織機構，管理機関の組織及び職権，会計業務の管理，会社と株主相互間の関係，特別なものとしては株主の経営管理と利益配当における権利等を含んでいる。同時に，会社法は会社の人格権，例えば名称，住所，登録機関などに対しても規定している。

二　会社法の特徴

会社法の性質とは異なり，会社法の特徴は会社法の主要なまたは基本的な属性でもなく，副次的なものであり，側面的な属性である。会社法の特徴は次のように表わせる。

（一）　会社法における主体法と行為法の結合

会社法は一種の主体法あるいは組織法であり，同時に商業活動法の特徴と内容を有する。いわゆる商業活動法は，具体的な商業経営活動を直接調整する法律規範であり，この種の商業活動はある一組織や団体内部で生じたものではなく，異なる組織間または個人間で発生したものである。契約法（売買法を含む），代理法，手形法，信託法等は最も典型的な活動法である。

各国会社法では，会社の設立，変更，組織機構等の内部関係を規定するのみならず，会社が従事する一部の直接的な商業経営または取引活動をも規定している。この主なものは株券と社債の発行並びに株式の取引活動の実施を意味する。この規定は，株式の発行，債券の条件と手続を含み，株式債券の上場（証券取引所の発行による）と売買の方式及び規則等を含んでいる。この種の具体的な経営活動に対する規定は会社法の重要な特徴の一つであり，一般の組織法中ではこのような内容はほとんどない。

会社法がそのために有する商業活動法の特徴は，これらの商業活動と会社組織の特徴が密接に関連しているために，あるいはそれは会社の組織特有の活動内容が会社法ではこれに対する包括した規定を要求していると言える。会社の活動は2種類に分かれる。一つは普通の商業活動であり，この種の活動は一般にすべての商業組織が行う。例えば，製造，請負，運輸，売買等である。もう一つは会社組織の特徴に対して直接関係する活動，これは株券，債券の発行と取引活動であり，この種の活動は一般に会社であって初めて行うことができる。会社法は組織法であり，決して会社の通常の商業活動に対

して調整するのではなく、上述の取引活動に対して作り上げた規定である。
(二) 会社法における強制性と任意性の結合
　会社法は強制性を有する。いわゆる強制性は必ず法律に従わなければならず、個人の意思で変更することができない性質を有する。会社法の規範の強制性は国の意思と経済生活に対する関わりを具体的に表している。その理由は、会社の設立はその設立者、内部の株主または当事者の利益に及ぶのみならず、会社外の第三者、相手方あるいは将来の債権者の利益にも及ぶ。これらの外部主体の利益と社会的な取引の安全のために、会社法のある制度と規則が法定化及び強制化されなければならない。同時に、会社は社会経済の主力であり、その財産は豊かで活動は広く社会経済生活のなかで重要な役割を占めている。例えば、その組織自身に対する厳格な法律指導と管理やコントロールを行うのではなく、社会経済秩序の構成のなかに潜在している脅威に対して行うのである。

　会社法は一定の任意性を有する。いわゆる任意性は、法律の規定を当事者によって変えたり融通を利かせることが出来ることを意味する。会社の定款の規定や当事者の約束には法律の適用が排除され得る。任意性は多くの民商法の規範、特に契約法の重要な特徴である。契約法中の任意性はその民商法の基本的性質により決定され、会社法はその中に民商法の本質に属する私法を含んでいる。そして私法はまた私人の意思を体現しさらに私人の利益実現のために奉仕する法律である。会社は投資の道具であり、会社法は投資者の意思を体現するものであり、さらに投資収益の実現のために奉仕する法である。そのため会社法には、会社当事者が会社経営管理事項や相互関係を営む自発的な協議や処置を完全に排除する理由はない。当事者は自己の利益の最もよい代表者であるから、それ自身の利益と要求の所在を最もよく知っている。従って、会社法の規範は任意性を持たなければならない。

　会社法には強制性規範があり任意性規範もあり、この両種の規範が有機的に構成され合理的に配置されている。条文数について言えば、大多数の会社法規範は強制性規範に属し、任意性規範は少数であるが決して軽視できない効果を及ぼしている。中国の旧会社法は強制性が過度で任意性が不足しており、法条中にはほとんど任意性が現われていなかった。新会社法は規制緩和、株主と会社自治の尊重に基づく立法を目標とし、強制性規範と任意性規範に対して再度吟味、配置し、多くの任意性の条項を追加した。しかも、元々強

制性であったある条項をも任意性の条項に変えた。例えば，《会社法》第72条で初めて持分権譲渡に対して規定し，続いてまた「会社定款が持分権譲渡に対して別に定めているときはその規定に従う」と規定している。第76条では，「自然人株主が死亡後，その合法的承継人が株主の資格を承継できる。但し，会社定款で別の定めがある場合はこの限りでない」と規定している。第35条では，「全株主が出資比率による配当の受取をしない旨または出資比率による優先的出資引受をしない旨を約定している場合はこの限りでない」と規定している。

(三) 成文法としての会社法

法律規範は，判例法と成文法に分かれ，会社法の規範は主に成文法の形式で表されている。成文法の形式を採っているのが大陸法であっても，判例法形式を採っているのが英米法国であっても，会社法は基本的には成文法の形式を採っている。その理由は，会社法が会社の類型に対して厳格な法定主義を実施し，会社の法人格，会社と株主の責任，設立条件，組織機構，会社会計，会社の変更と清算等に対し，全面的な法律規範を与えているからである。同時に，会社法は主体法であり，基本的な明確性，統一性及び安定性を持たねばならず，成文法の形式により判例法の分散性と変わり易さを回避できる。

当然，英米法国では，成文の会社法以外にも多くの会社法関連の判例があり，それらも会社法の重要な構成要素となっている。同時に，成文法としての会社法は，ある一つの単一の法律文書を意味するのではなく，会社関係を調整する各種の法律規範を意味する。

(四) 会社法の国際性

商法は最も国際性を有する法律規範である。その理由は，商法は商事関係の調整を対象とすることによる。商事関係の実質はまさに商品関係の法律上の表現である。そのため商法は，商事関係の客観的な規律と要求を反映し尊重しないわけにはいかないのである。同時に，商事関係それ自身も一定の国際性を有しており，多くの商業活動はすべて国境を跨っており，各国経済は日増しに緊密な関係となり，さらに世界経済体系の形成に向かって進んでいる。そのため，諸外国が自国の商事立法面において，一般的な科学原理の維持とその他国の商事法との協調と繋がりの保持に注意するのみならず，国際間でも多くの国際的な商事条約を締結している。

商事活動主体である会社に対する法律調整としての会社法は商法の一部分

に属し，必然的に国際的な特徴を備える。各国会社法の内容を見ればその共通性が明らかである。関連する会社の概念と類型，会社の設立と登記の手続き，会社が経営する事業，会社の名称と登記の手続き，会社の資本と株式，株主総会の構成と職権，取締役会等の管理機構の設置と職権，会社債券の発行，会社の解散と清算等の各方面の法律規定の多くは大同小異である。

会社法の国際性は，多国間会社法の制定の実務と試みにおいても現われる。欧州経済共同体（EU）は，条約の制定，指令の公布，統一欧州会社法の制定の3種の方式を採用してメンバー国の会社法の調和と統一を行った。例えば，EU加盟国が調印した《会社及び法人の相互承認条約》，会社の国際的合併に関する条約，会社の破産手続に関する条約である。加盟国の会社法調和のために，EUは相次いで第三者の保護，会社法，会社合併，ある類型の会社の年度決算などに関する四つの指令を公布した。これらの条約と指令は各メンバー国に直接適用するのではないが，各メンバー国の会社法の改正に対して直接的かつ統一的に影響を与えられる。

三　会社法の基本原則と立法

会社法の基本原則は，会社法が会社関係を調整する基本的な規則であり，会社立法の基本理念と指導思想である。そしてまた，会社法律制度設計の立法目標であり価値志向でもある。これらの立法目標と法律原則に基づいて制定した会社法は，既に現代市場経済の会社法律制度に対する要請を反映している。それは，投資の奨励，資本集中と企業創設，商業組織の保護，社会経済を繁栄させる重要な効果である。中国の市場経済条件下において，会社法及び経済改革に対するその基本原則は，会社組織の設立と活動を規範し，各方面の当事者の合法的権益を保障し，取引の安全と社会経済秩序の維持，現代化建設の健全順調な遂行の保証もまた重要な意義を有している。

会社法の基本原則は，会社法律制度における長期の発展のなかで徐々に形成され常に調整されるものであり，各国会社法とは異なった形で受入れ体現している。中国会社法は現代会社法の原則を肯定し吸収するという基礎の上で，中国の現実を結びつけ，徐々に中国の特徴を有する会社法の基本原則を形成してきた。これらの原則あるいは法律条項として直接規定されるかまたは具体的な制度と規則において体現される。概括して言えば，これらの原則は主に次の通りである。

(一) 基本原則

1　起業促進の原則

会社は利益を目的とする組織であり，投資の道具であり，株主が共同で投資して投資収益を得る法律形態である。そのため，会社法の重要原則の一つは民事主体の起業行為の奨励である。会社設立の推進，資本市場の発展と繁栄の促進，さらにこれにより多くの労働の職場や就業機会を創造し，社会主義市場経済の発展を促進する。

この原則を形成するに際して，中国会社法は絶え間ない認識と調整の過程を経験した。社会経済の段階的発展と社会の客観的環境のために，かつては会社法を「混乱を治めるための法」,「管理のための法」及び「国有企業改革のための法」等の一面的な認識をしていた。実際には，会社法の主要な任務は，会社関係のすべての法律に対する全面的な法律調整であった。中国市場経済の発展が現段階に至り，更に重視強調する必要があるのは，会社法が投資や創業を奨励する面における重要な効果である。全世界の経済競争という背景の下で，各国経済の競争は製品と市場競争であるばかりでなく，制度の競争をも含む。これは，誰の制度がもっとも優れているのか，誰の制度がもっともよいのか，誰が企業成長と経済発展のための最も広範な空間と優れた環境を与えることができるかという腕比べである。そのために新会社法は，元々強調し過ぎていた規範，制限及び管理の傾向を，各種投資主体に対する投資行為の奨励，各種投資源の十分な利用，各種投資形態と投資方法の開拓に方向転換した。新会社法は会社の最低資本金を大幅に下げ，株主の出資形式の緩和，資本の分割払込の容認，株式会社の設立審査の廃止などの重要な改正はすべてこの立法原則を充分に体現したものである。

2　会社自治の原則

会社自治は，会社が法律規定の範囲内で会社の一切の事項を自主決定することを認めることであり，法律はただ第三者と社会的利益に及ぶ何らかのことに対して強制的に干渉するだけである。法律中の任意性条項は当事者が選択して適用するだけであり，会社定款または決議により他の規定または約定を任意性の条項の適用に優先させてもよい。会社法は強制性を有する上に任意性も有する。それは強制性規範と任意性規範とが有機的に結合し合理的に配置した法であるべきである。会社法の強制性に対しては通常軽視されず認識上の相違もほとんどない。常に出現する問題は，会社法の任意性の軽視で

ある。従って，会社法の任意性を強調するために会社法上の会社自治の原則を作り上げた。

中国の旧会社法に存在した顕著な問題は，一つは，強制性と任意性の規範の性質区分が不明であったこと，二つ目は，強制性規範が多すぎ，任意性規範が不足していたことである。法律規範は過度の強制性を呈しており，あるべき柔軟性や任意性が不足していた。そのため，2005年に会社法を改正して一つの重要な共通認識と立法原則を形成した。それは株主権利の尊重，会社自治の強化であり，元々の一方的で過度の制限と管理から，会社経営の自治の尊重，営業効率の追及及び市場機構の有効利用に転換した。そのため，新会社法はその強制性と任意性規範に対して再度吟味配置し，会社法規範の任意性について配慮と強調を行い，強制性規範の範囲を狭くした。多くの条文が任意性の条項に変っていることが示されている。なかには有限会社の持分権譲渡の優先引受の問題，株主権の継承問題及び株式利息の分配問題等が含まれる。

3　会社及び利益関係者の保護の原則

会社法律制度制定の出発点は，会社というこの種の近現代社会の最も有効な経済組織に良好な運営が出来ることを保証することである。そのため，会社の合法的権益の保護は，いかなる国の会社法もすべて具備しなければならない機能的な目的となった。会社の設立と運営は，関係者の努力と貢献とが切り離せないものであり，会社経営の成否損得はこれらの利害関係者に対して密接な影響を持っている。特に現代社会では会社規模の拡大と実力の増大に伴って，会社の利害関係者に対する影響は段々強くなってきている。そのため，株主，債権者及び労働者等会社の利益関係者の権益保護が現代会社法律制度のもう一つの使命となった。

4　株主平等の原則

株主平等の原則は，株主が株主資格に基づいて生じた法律関係において，原則上保有する株式の性質または額面に応じて平等な待遇を受けなければならない。同種の株式は同様な権利を享有し，同様な義務を負わなければならず，多少なりとも差別視や差別待遇を行うことはできない。会社制度で最も重要な創造は，異なる身分，地位の株主を抽象化して株式形態にしたことであり，株式の平等に基づき株主間も平等の地位を有する。人を差別せずに平等に扱わなければならない。例えば中国の新《会社法》第127条は次のよう

に規定する。「株式の発行は，公平，公正の原則を実行し，同一種類の1株は同等の権利を持たなければならない。同一回に発行する同一種類の株券は，1株の発行条件と価格がそれぞれ同じでなければならない。いかなる組織または個人の引き受ける株式も，1株につき同じ対価を支払わなければならない」。

株主平等の原則は，現代会社法が履行する基本原則の一つであり，それは民法の平等原則の会社法領域における具体的な体現である。また投資者の利益を平等に保護し，投資者の積極的な客観的なニーズを引き出すことである。しかしながら，会社の株主権の構成は往々にして会社の大株主の過度の支配を引き起こし，中小株主は抑圧される。それ故，中小株主に対して特別保護の法律規則の制定が必要となり，それにより株主の実質的な平等が実現する。中国の新会社法の多くの規定はすべてこの原則の具体化であり要求である。例えば，少数株主の株主総会招集権と開催権，株主議決権の制限，累積投票制，異議株主の株式売買請求権，株主代表訴訟制度等である。

5 権利均衡の原則

権利均衡の原則は会社内部の統治面での基本原則である。それは会社内部の統治は当然権力間の相互の均衡と協調を重視しなければならない。諸外国の政治面での「三権分立」の原則が会社のなかで用いられていることである。異なる権力には異なる機構を付与し，相互の協力，相互の均衡により，これをもって権力集中がその濫用と腐敗を引き起こすことを防止する。権利均衡の原則の具体的な表現形式は，大陸法系及び英米法系では若干異なる。大陸法系は通常会社の決定権を株主総会に，執行権を取締役会に，監督権を監査役会に付与することによって，権利間の制約と均衡を実現する。英米法系は独立した監督機関を置かず，その会社執行機関内部に監督機能を有する機構または個人を設置する。例えば，社外取締役，会計監査役等である。権利均衡の原則は，現代会社法人統治機構の指導原則であり，会社の効果的な運営と秩序安定に対して重要な機能を有する。

大陸法系機構の類型の採用を基礎にして，中国新会社法は，会社が一般に設置しなければならない株主総会，取締役会，監査役会の3種の主要な会社機構を明確に規定し，さらに3種の機構の権力配置及び職責分業を詳細に画定した。同時に，中国新会社法が規定する上場会社は独立取締役制度を設置することができ，英米法制度の合理的な要素を吸収し，それにより会社の種々

の権力の適切な行使と有効な監督・制限となることを保障する。

6 株主有限責任の原則

株主有限責任の原則とは、株主はその出資額を限度として会社債務に責任を負うことを意味する。それは会社がその他の経済形態と区別される最も明確な法律的特徴であり、また会社が近現代社会の最も重要な経済形態であることの主な理由でもある。有限責任により投資リスクが低下したので、投資の積極性や経営規模の拡大の支援となり、さらに株券の流動と自由譲渡を促進し、証券市場の発展とも連動し最大限の生産力を創造することになる。現代会社法は、会社法人制度の導入後、有限責任制度を会社関連法の礎石としている。

中国の新会社法は、会社が有する独立法人格の確認と同時に、株主の有限責任をも確認した。新《会社法》第3条は次のように規定している。「会社は企業法人であり、独立した法人財産を有し、法人財産権を有する。会社はその全財産をもって会社の債務に責任を負う。有限会社の株主は、その引き受ける出資額を限度として会社に対する責任を負う。株式会社の株主は、その引受株式を限度として会社に対する責任を負う」。

有限責任の原則は、会社制度の確立と発展に対して大いに貢献があったといえるが、絶対多数の原則と同じように、有限責任の原則も決して絶対的ではない。株主は有限責任の濫用が可能なので債権者の利益を侵害するという、有限責任制度が内在している「道徳リスク」の要因である。有限責任において生じ得るこの弊害を克服するために、会社法上の法人格否認規則をつくり上げた。しかしこの規則の実施は決して有限責任原則の動揺でも否定でもなく、その原則の補充であり完全にするためのものであり、その原則がさらによく機能を発揮させるためである。

7 会社の社会的責任の原則

会社の社会的責任とは何かについて今だに統一した結論は形成されていない。一般には、会社の社会的責任は、会社は株主に対して責任を負うのみならず、株主以外の労働者、債権者、業者、顧客、コミュニティ及び公共の利益に対して負うべき責任であると考えられている。同時に、会社の社会的責任は法律に明文規定される責任のみならず、まだ法律が名文規定化していない一般社会観念または道義に基づいて負わなければならない非法定の責任をさらに強調する必要がある。

会社は株主が投資して設立する営利を目的とする社団法人であり，株主の利益最大化の実現が，会社を設立する主要な目的である。これは，「株主本位」主義の下での人々の会社に対する最も基本的で伝統的な認識である。市場経済の発展に伴って，会社の数と規模が絶えず膨張し，会社は既に社会経済を支配している。さらに一歩進んで会社は社会の各方面の利益の産出に対して実質的な影響を与えることができる。工業事故が頻繁に起きており，労働者の社会保障が不足しており，環境汚染が深刻である等の事件は，株主は単に会社経営のリスクを負うだけでなく，会社の労働者，債権者，顧客やコミュニティの住民等の株主以外の利益主体に対しても一定程度のリスクを負い得ることを意味している。会社の勢力膨張は弊害をもたらすものであり，会社の社会的責任問題に関する論争を引き起こしている。会社の社会的責任は，最も古くは1932年米国のDodd教授が提起し，その後の論争は20世紀8, 90年代まで続いた。しかしながら，会社の社会的責任の複雑性及びその実施の困難さのために，会社の社会的責任理論は，各国立法が受け入れるような完全なものではない。しかし，会社の社会的責任の「利益相反者」理論は，立法上米国の多くの州及び一部の国の会社法が受け入れるところとなっている。

会社の社会的責任は広範囲な概念であり，社会的責任を一つずつ明確に列挙することは法律上不可能でありその必要もない。しかし，会社法では会社の社会的責任を明確にし，疑いもなく重要な意義を有している。一面では会社の経済力の濫用の予防に有益であり，他の面では利害関係者の合法的権益の保護に有益である。中国の現代企業制度において，会社は既に中国の重要な経営主体としてその影響が日増しに高まっている。しかし，営利の過度の追求により会社が法律法規に違反し，社会道徳に反し，商業道徳に反する行為が頻繁に発生する。そのために会社債権者，消費者，労働者の利益が侵害され，行為によっては社会と市場の正常な秩序が重大な影響を被ったり破壊されたりする。それ故，中国《会社法》第5条で，「会社が経営活動に従事するに際して，法律，行政法規を遵守し，社会道徳や商業道徳を遵守し，政府と社会大衆の監督を受け，社会的責任を負わなければならない」と規定し，会社の社会的責任を明確に提起している。これはリーディングカンパニーに各種の方法で社会の公共利益を保護し社会的責任を履行させる重要な意義を有する。

(二) 立法

中国の新《会社法》第1条では，会社法の立法の趣旨は，「会社の組織と行為を規範化し，会社，株主及び債権者の合法的権益を保護し，社会経済秩序を擁護し，社会主義市場経済の発展を促進する」ことにあると規定している。会社法の主要な立法目的は，会社とその利害関係者の合法的権益を保護することにある。

1 会社の合法的権益の保護

会社は近現代社会の最も効率のよい経済組織であり生産方式である。かなりの程度の根源まで遡って法律により会社の独立人格を付与する。そのためには，法律の強制力をもって確認と保護を与えなければならない。さもなければその独立人格は容易に侵され存在の基礎を喪失する。従って，現代の各国の会社法のいずれも会社の法的地位を確認し，法人格を付与しその存在に法律的効力を持たせている。同時に会社法は，会社の権利能力と行為能力，会社管理機構の構成と職責，株主が会社に対して負うべき義務等も明確に規定している。一つの面は，会社自身の活動を「法に従わせること」である。もう一つの面は，他人が会社の権利を制限または侵すことを防止すること，会社管理者が権力を濫用すること並びに株主が個人の利益のみを考慮し会社の利益に害を与えるような行為を防止するという面がある。

中国の会社は，計画経済の時期の国有大中型企業の中から生まれた。それは，長期間の政経一体及び企業の非市場的行為の影響を受けたために，多くの企業は会社制へ改組していった後も依然として独立の利益と意思が不足しており，自身の合法的権益の観念が極めて希薄であった。それ故，中国の会社に対するこの原則が一層重要な意義を持つのである。新《会社法》第5条第2項では，「会社の合法的な権益は法律の保護を受け，侵害されない」と明確に示し，会社法の会社権益保護の立法精神を明白に体現しており，法律が会社の発展のために力強い支持を表明した。

2 株主の合法的権益の保障

株主は会社の構成メンバーであり，会社の設立と存在の基礎である。同時にそれはまた会社の中において負う最大のリスクである。すなわち株主は，財産を会社に投資した後，その財産の支配権を失うことになる。会社の特殊な管理方式は，多くの株主の会社に対する業務管理とコントロールに直接介入する方法がないようになっている。会社の経営が失敗したら，株主は投資

に報いることができないばかりか,すべての投資権益すら失う可能性がある。従って，各国は株主権益の保護に立法のポイントを置くことになる。中国の会社法も株主の権益保護を会社法の重要原則として確認し，合わせて株主の権利を広く規定した。中国の新《会社法》第4条では次のように規定している。「会社株主は法に従って資産収益を受け，重大な決定への参加及び管理者の選択等の権利を有する」。中国の会社に焦点を合わせれば，特に国有企業を改造してできた会社株主権構成は不合理で中小株主が大株主からの抑圧を受けるという事実がある。新《会社法》では中小株主の有する各種の権利を特別増加させた。例えば，少数株主の株主総会の招集及び開催権，臨時株主総会の招集請求権，提案権，累積投票権，株主代表訴訟権，提案と質問権，株式買取請求権及び会社解散請求権などである。

3　債権者利益の保護と取引の安全

会社成立後は必然的に他人との広く経済的な取引が必要となり，大量の債権，債務関係が形成され，会社法上の有限責任制度が一種のリスク分散機能として，また株主投資リスクの大部分を債権者に転化することになる。そのため債権者の利益に対する効果的な保護の提供も会社法の重要な役割の一つである。中国では，ある会社の商業的信用の低下，債務からの悪意の逃避及び支払不能または破産等の債権者の利益に重大な損害を与える状況への対応で，会社法はさらに際立っている。

中国の新会社法は，債権者の保護を立法の趣旨に明確に記載しており，さらに会社法に一連の制度として規定した。例えば，会社財産の安全性の確保及び債権者に対する効果的な保証を与えるため，一連の具体的な資本制度，法定最低登録資本額の規定や通貨以外での出資の制限等を設計した。その他に，株主の会社人格の濫用を防止し債権者の利益を保護するために，中国会社法は会社法人格否認制度を明確に規定した。新《会社法》第20条は次のように規定した。「会社株主は……会社法人の独立地位と株主の有限責任を濫用して会社債権者の利益を損なってはならない……会社株主が会社法人の独立地位と有限責任を濫用し，債務を逃れ，会社債権者の利益に重大な損害を与えたときは，会社債務に対して連帯責任を負わなければならない」。新《会社法》第64条は次のように規定する。「一人有限会社の株主は，会社財産が株主自身の財産からの独立を証明できないときは，会社債務に対して連帯責任を負わなければならない」。

4　労働者の合法的権益の保護

人的資本は，会社の生産経営の要素であり，労働者は人的資本の提供者である。会社経営が成功すれば，株主が投資の配当を手に入れるばかりか，労働者も賃金または労働の報酬を手に入れる。会社経営が失敗または破産すれば，株主は投資の元利を失うのみならず，労働者も働く職場を失うことになり，彼等は会社組織体上の利害関係者である。それ故，労働者の利益保護についても同じように会社法固有の使命と目標である。同時に，労働者は相対的に雇用主との日常的な関係で常に弱い地位に置かれているために，会社法が強制性の規則を与えて保護することが特に必要である。

各国会社法は長期の発展を経て，労働者の利益保護の法律制度を徐々に打ち立ててきた。それは労働者の持株の企画，労働者取締役等である。中国会社法は労働者の保護については十分に重視しており，さらに会社法に以下の重要な規定が存在する。

(1)　会社は労働者の合法的利益を保護しなければならない。法に従って社会保険に加入し，労働保護を強化し，安全生産を実現する。会社は，採用を多様化し，会社労働者の教育と職場教育を強化し労働者の素質を高めなければならない。

(2)　労働者は法に従って労働組合を組織し，組合活動を展開し労働者の合法的権益を保護する。会社は労働組合のために必要な活動条件を提供しなければならない。会社は，憲法と関連法規に従って労働者代表大会またはその他の形式を通して民主的管理を実行する。会社は関連労働者の賃金，福祉，労働安全衛生，保険等労働者の切実な利益に関連する問題並びに重要な規約制度を制定するときは，労働組合または労働者代表を招聘し関連会議に参加させ，事前に労働組合と労働者から意見を聴取しなければならない。会社が経営面での重大な問題を検討決定するときは，労働組合の意見を聴かなければならない。さらに労働者代表大会またはその他の形式を通して労働者の意見または提案を聴取しなければならない。

(3)　2個以上の国有企業またはその他の2個以上の国有投資主体が設立した有限会社は，その取締役会のメンバー中には労働者代表がいなければならない。その他の有限会社または株式会社の取締役会メンバーの中にも労働者代表を有することができる。取締役会の労働者代表は，労働者のために労働者代表大会，労働組合大会またはその他の形式を通して民主的に選任し産み

出される。

(4) 会社の監査役会は株主代表と相応しい割合の労働者代表を含まなければならない。その中で労働者代表の比率は1/3より低くてはならず，具体的な比率は会社の定款により規定される。監査役会の労働者代表は会社労働者代表大会，労働者大会またはその他の形式によって民主的に選挙されて生まれる。

四 法律体系における会社法の地位

会社法は，会社関係を全面的に調整する単行法である。性質上それは商法に属するがその内容と採用する法律手段が多くの法律部門，領域に関わっており，その他の多くの法律部門と密接な関係を有している。例えば，会社の法人地位と権利能力，行為能力等は民法の一般規定と原理をよりどころとする必要がある。すなわち，会社の登記が関連する行政法中の工商管理法規，会社の財務・会計制度及び会計法・会計監査法などの要求との直接的な関係，会社の営業活動が関係する税法，株券・債券の発行と取引が関係する証券法，会社とその従業員の関係において遵守すべき労働法，会社の合併の際に違反してはならない独占禁止法，会社の破産が関係する破産法，会社の犯罪は刑法に基づいて認定し処罰しなければならない等等である。従って，会社法の地位の境界を定めることは，会社法とその他の関連法律分野との関係を理解し認識する上で必要なことである。

(一) 会社法と民法

民法は，主体間の財産関係と人身に関する非財産関係を平等に調整するための基本法である。それは確立した一部の基本制度と原則であり，株主間の関係及び株主と会社の間の関係の調整に対して同様に適用できる。例えば，民法の法人制度は，会社の法人地位の確認に関して重要な効果を有し，民法中の物件理論は会社株主の株主権の性質の認識に関して重要な指導的な意義を有し，民法の代理制度と委任制度は会社の部門責任者の法的地位の確認に適用でき，民法の組合制度は無限会社の株主の地位と責任の確認に対して参考となる意義を有し直接適用できる。また，民法の損害賠償制度は取締役や部門責任者が会社に対して損失をもたらしたときに負うべき責任を直接確定できる。

これは，会社法が民法とは切り離せられないことを充分に証明している。

逆に，民法も会社法とは切り離せられない。それは民法の法人制度は直接会社法に由来するからである。会社制度の充実は，それ自身民法主体制度の充実であり，会社株主権制度の形成であり，民法の物権の理論と実務の発展でもある。民法と会社法は相互に影響し発展していくものである。従って伝統的な学説上，通常は会社法を内在する商法を民法の特別法として，民法と商法を総称して民商法とする。

（二）会社法と商法

商法は商事関係を調整する法律規範であり，商事関係は商事主体と商事行為により構成される。そのため通常商法は，商事主体法と商事行為法に分かれる。または商業組織法と商業活動法とも称する。商事主体は商自然人，商事組合及び商法人に分かれ，商自然人はすなわち個人商人であり，商法人は主に各種の商事会社である。会社は商人または商業組織であり，会社法は商法の中の商事主体法または商業組織法に属する。

伝統的な大陸法の商法体系は，商法の一般制度及び会社，破産，証券，海商，保険などの一部の部分で構成され，会社法はその基本的な構成部分である。各国の商法の範囲と内容に対する立法と理論は規定と解釈において異なり，その他の一部の部分については商法に規定を繰り入れるかどうかが異なっているが，会社法が商法の主要部分であることは完全に一致している。いかなる法律体系の中であっても会社法は最も基本であり最も重要な商事法である。

（三）会社法と経済法

会社法と経済法の関係については，大きな相違が存在する。会社法が民商法に属すると考える意見は，通常，経済法と会社法の種属関係を否定し，相反する意見の方は会社法は経済法の一部分であると考える。

会社法と経済法の関係に境界を定めるには，まず経済法自身の性質を確定しなければならない。国が経済を管理しなければ経済法もないのに対して，経済法の実質は国が経済法律部門を管理するという観点については，学者らは既に共通の認識を形成している。経済法の国民経済管理法的な基本的性質を肯定する場合，会社法が経済法に分類されるというのはかなり難しい。会社法の性質から言えば，私法中の商事法に属すべきであり，経済法は典型的な公法に属する。調整の対象，調整の目的あるいは採用する法律手段のいずれからであろうと経済法は私法としての会社法を包含するのは難しい。会社

法に多くの公法性あるいは経済法性の規範を含んでいるが，会社法にある程度の私法の公法化の傾向を含ませても，法律全体の性質について言えば，依然として会社法の私法的性質を否定することはできない。

(四) 会社法と企業法

中国では，会社は企業の重要な組織形態であり，会社法は企業法体系の重要な構成部分である。《会社法》の公布前は，中国企業法体系は全民所有制の企業法，グループ所有制企業法，私営企業法，外商投資企業法などを立法の骨格としていた。《会社法》の公布により，中国の元からある企業法立法の骨格に重大な変化を生じさせた。すなわち，企業所有制を立法の単一の筋書きによっていたのが，企業所有制及び企業財産権による構成と財産責任という二つの筋書きの併存に変って企業立法の骨格づくりを行った。これは中国の現在の経済発展及び企業体制改革の客観的な要請である。《会社法》の規定の条件に概ね一致しており，《会社法》の規定の手順に従って会社を設立し，その所有制の性質がいかなるものであっても会社法に戻って調整する。その他の企業法はただ有限会社と株式会社以外の企業を調整するのみである。

他に指摘しなければならないのは，外商投資の有限会社と株式会社には外商投資による法定比率を規定している。外国直接投資に対する国の方針政策を貫徹するために，それに対する調整の過程で，渉外企業法は既に自らの自分なりの体系を作りあげている。一部の特殊な問題に対しては平等互恵の遵守と国際慣例参照の原則の基で特別の規定を有する。そのためこの種の会社は特殊な会社に属し，外商投資企業法が対応する内容は《会社法》の特別法であり，外商投資の有限会社及び株式会社の法律調整は，外商投資企業法の規定を優先適用しなければならない。

(五) 会社法と証券法

会社法と証券法は非常に密接に関連した二つの法律であり，調整の対象と範囲の上では交叉した関係を有する。会社法と証券法はそれぞれが有する内容以外はいずれも株券と債券により発生する法律関係に関して行う法律調整である。各国会社法上，株券と会社債券の発行は株式会社特有の権利能力であり，株券と会社債券はまた証券市場において取引が非常に活発であり，取引量も最大の証券品種である。以上のことから証券の母体の一つは会社であり，取引に用いる株券と会社債券を提供できない会社はない。同時に，証券市場は一級市場と二級市場に分かれ，いわゆる一級市場は発行市場であり発

行行為と発行関係に対する調整は証券法上の任務であるだけでなく会社法の重要な内容である。会社法と証券法はそれぞれ異なる角度から株券と会社債券の発行者の条件と発行手続きを規定している。

　一般的に言えば，会社法の規定は原則的であり，証券法の規定は会社法との一致性を保持しなければならず，さらに技術性と操作性を更に強く表現しなければならない。会社法と証券法は二つの類似した姉妹法であり，また類似した親子法である。そのため理念，立法，司法及び実務において通常この二つの法を一緒に関連付けている。

(六) 会社法と破産法

　会社の終結には多くの原因があり，その中には期限がきた債務の返済ができないことにより，法により破産を宣告され会社が終わるのが一つの重要な原因である。中国《会社法》第191条は次のように明確に規定している。「会社が法により破産宣告を受けたときは，企業破産に関する法律に従い破産清算を実施する」。会社法は，会社破産に対してはかなり原則的に規定するのみであり，具体的には，会社の再建，和解，清算制度が破産法により規定されており，そのため会社の破産清算は当然破産法の規定に従って行われる。

　会社法と破産法は一種の相対する組合せ関係で構成されている。会社法がこの種の組織形態を規定することはなく，破産法の中にある会社破産を含むこともない。会社法の基本制度は破産法の制定と適用の基礎であり，破産法の制定と発展はまた会社法制度をより完全なものにする。現在，中国の統一的破産法が制定の最中であり，国有独資企業とその他の有限会社，株式会社の破産については，現在は《企業破産法（試行）》と《民事訴訟法》の規定が別々に適用規範化されている。

(七) 会社法と刑法

　会社犯罪の特殊性に鑑みて，会社の組織形態の濫用を防止し取引の安全を保障するために，諸外国の会社法の大部分の規定には会社犯罪に関する条項があり，さらには刑法典の規定を上回って新しい罪名が列挙されている。例えば，フランスの1996年公布の会社法では，会社犯罪に関する条文は67箇条もあり，その詳細かつ具体的な刑事責任の規定は，会社の設立，株主総会，資本変更，株式発行，社債の発行，公告，解散，清算の各方面に及んでいる。1990年改正の日本の商法でも，会社法の部分では会社財産に対する損壊の罪，株式払込責任罪等8種類の犯罪が具体的な規定として定められた。諸外

国の会社法の会社犯罪に関する規定を手本として，中国会社法も会社犯罪に対して専門の規定を置いた。会社法の実務と施行の便宜のために，中国の当時の会社犯罪に対する刑法規定がごく僅かだったことを考慮して，全国人民代表大会常務委員会は，会社法公布後特別に《会社法に違反する犯罪の懲罰に関する決定》を制定した。1997年《中華人民共和国刑法》が改正，採択されたときのその決定の内容がその中に織り込まれた。

刑法は実際上刑事責任法であり，いかなる法律部門でも調整する社会関係であり，国及びその法律が認定する社会危害性が生じさえすれば刑法はすぐに調整を加える。会社法の違反責任には刑事責任が含まれ，《会社法》の刑事責任条項は実質的に会社法と刑法の連接点である。総じて会社法の規定で刑事責任を負わなければならない行為は，刑法の具体的規定でもって追及する必要がある。

【本節実務研究】
● 会社は定款を変更して会社法に定められた株主総会と取締役会の職権を変更できるか

会社実務において，定款を変えて会社法で規定された株主総会と取締役会の職権を変えることはよく生じる。改正する主な内容は通常，会社法上明確に規定された株主総会が当然に行わなければならない職権を取締役会に授与して行使することである。中国の新《会社法》では，株主総会と取締役会の職権を列挙するときに一つの重要な条項を加えた。すなわち，株主総会と取締役会は，「会社定款で規定するその他の職権」を有することができる。この規定は，定款に株主総会と取締役会の職権の境界を定めるための自治権を与えている。このことは会社法に列挙された以外の「その他の職権」の行使の根拠を探すことになる。しかし，定款は会社法に明確に規定された株主総会と取締役会の職権を変えることができるか。

この問題を検討するためには一部の基本的な問題を解決しなければならない。まずは会社定款の性質である。会社定款は会社の組織と活動を規範する基本的な規則であり，株主と発起人が会社の重要な業務を行う規範であり長期的な手段である。定款は会社の自治規範として，会社のために法により自ら作成する。次に，会社法の株主総会と取締役会の職権に関する規定の性質は一体いかなるものか。会社法の株主総会と取締役会の職権に関する規定が

強制性規定であるならば、自ら定款で会社法の規定を変えることはできない。それとは逆に、定款で会社法に規定された株主総会と取締役会の職権を変えることができるかということである。

　現在の一つの意見は次のように考える。株主総会と取締役会の職権について言えば、それは会社の統治に属する事項であり、会社法はそれについての規定である。有限会社の場合は通常任意性があると考える。それ故、一般的な状況下では、有限会社は会社定款を通じて会社に対して会社法が規定する株主総会と取締役会の職権規定を変えることができる。実際にもこの方法により会社の取締役会の権限を拡張し、会社の政策決定の効率を向上させることはよく見られることである。しかし、株式会社、特に上場会社に対して言えば、その中の中小株主は会社定款の作成と改定に発言権がない。このような状況下では会社定款はしばしば大株主の意思と利益だけを体現し、これらの人たちは会社の取締役との二重の身分を有することになる。このようなとき、会社定款の株主総会と取締役会の職権を変更することは、会社の中小株主の利益を損なうことになる。かかる状況下で会社定款の株主総会と取締役会の職権の変更を認めるべきではない。

　もう一つの意見は次のように考える。会社が異なる組織間の職権を区別することは会社法の組織面での規範であり、その種の規定を任意に改定できるならば会社の基本的な管理様式を徹底的に変えることになり、会社の法制度全体の基本骨格を破壊する可能性がある。そのため、この種の規範は強制性を有するべきであり、変更することも臨機応変な適用もしてはならない。取締役会の決議が明らかに不当であれば、決議無効または取消の手段を通じて解決を求めることができ、株主総会で否決する形式で解決しない方がよい。

　さらにもう一つの意見は次のように考える。米国会社法上の経営判断原則は、取締役会の決議がその権限を越えるか否か、取締役が取締役会の授権に基づき従事する行為が無効か否かをある程度以上識別する手助けになる。取締役会が適切な情報と専門的な才能により合理的な判断と決定を行うのであり、法定または会社定款の規定の注意義務または忠実義務（自ら取引を構成すれば）に違反していることが証拠により明らかでない限りは、株主の阻止、放置あるいは攻撃を受けさせるべきではない。そのため、株主総会と取締役会の職権の区分が合理的か否かの判断は、会社法の語義が曖昧な表面的な用語や会社定款の機械的なお決まりの規定に基づいて行なうのではなく、会社

利益の最大化に有益か否か及び中小株主と会社債権者等の利益相反者の権益の保護に基づき総合的に考量しなければならない。すなわち，一般的な原則維持の基礎の上で個別の検討方法を導入して解決しなければならない。

第五節　会社法の形態

　会社法は，各種会社の設立，変更，活動，解散及びその他の対内・対外関係を規定する法律規範の総称である。この定義から分かるように，会社法は単にある一部の専門的な《会社法》を指すのではなく，会社の各種の法律規範に及ぶものまでを含む。その中で，専門的な《会社法》以外には，会社のある方面に関する法律，法規，法令，規則及びその他の法律法規中の会社問題に関連する内容などを含む。これらはすべて会社法の存在形態または表現形態であり，会社法の淵源に属する。これらの具体的な法律形態は以下のように分かれる。

一　統一会社法

　《中華人民共和国会社法》，《フランス会社法》，《英国会社法》は会社法典と呼ばれるが，これらの法典は各種会社の法律問題に対して全面的に規定された法律規範である。例えば，民法典が各種の民事関係に対する全面的な規定であるのと同様である。会社法典の対象は国内が有する会社類型，例えば株式会社，有限会社，無限会社等を含む。その内容は各種会社の設立から解散までの全部の法律問題について詳細に規定しており，その方式はそれぞれの国の従前の会社関連の各種の法律，法令，条令の内容を総合的に整理し，それを規範化したものである。ある国，例えば，フランス，英国，米国（各州単独制定）等は統一会社法を制定し，中国の台湾地域も統一「会社法」を制定した。

二　単行会社法または特殊会社法

　単行会社法は会社専門に制定された法律を意味する。例えば上述のように，ある国・地域は統一会社法を制定し，またある国の場合は会社に関する単行法を制定する。さらにある国は，統一的な法律の中で初めは各種の会社を定め，その後必要に応じてその中のある種の会社に対して独立して規定す

る。この面で最も典型的なのはドイツが制定した《有限会社法》,《株式法》及びその後日本等が手本として制定した《有限会社法》,《株式会社法》である。

その他には,ある種の特殊会社(必ずしも会社と言えない会社)に的を合わせて制定した法律,例えば銀行法,信託法等も単行会社法に属する。中国の《商業銀行法》,《中外合資経営企業法》,《中外合作経営企業法》,《外資企業法》等は,実質上単行会社法の性質を有している。商業銀行は一種独特の会社であり,商業銀行法は商業銀行の組織と行為に関して規定したものであり,さらに商業銀行法がまだ規定していない事項については会社法の規定を適用する。そのため,商業銀行法は会社法の特別法である。法人格を有する外商投資企業も特殊会社に属する。《会社法》第218条では,「外商投資の有限会社及び株式会社には本法を適用する。外商投資に関連する法律に別の規定があるときはその規定を適用する」と定めている。

三　商法典

民商分立の国では独立した商法典を制定し,会社法はその中の重要な部分である。この種の立法形態は早期の大陸法では一般的であった。例えば,フランスの商法典,ドイツの商法典及び日本の商法典等であり,会社法はその中の1編または1章で規定されている。当時の各国にはまだ有限会社がないために,商法中の会社法の規定が有限会社に及んでいなかったが,無限会社,株式会社及び合資・合名会社については全面的に規定されていた。その後,有限会社が現われ,各国はそれを商法に規定せず,この種の会社に対して専門的に調整する《有限会社法》を制定した。さらにその後,多くの国は商法典の会社法の株式会社に関する規定を独立させて《株式会社法》の制定に至った。

現に,各国の会社法は既に形式的には商法典から離れているが,その中の無限会社と合資・合名会社については依然として商法典によって調整されている。同時に,商法典におけるその他の一般規定,例えば,商法の一般原則等も会社に対してまだ適用される。

四　民法典

　民商統一の国では，商法が民法から分離して独立した法典となることはなく,その規定は民法のなかにおいて会社関係の法律規範として含まれている。この種の立法形態を行っている国の代表的なのはスイスとイタリアである。スイスの会社法は民法の債務法に属し，イタリアの会社法については1942年に制定された民法典に規定されており，その民法典は，民，商，労働の三位一体で編集されており，世界的にみても最大の民法典である。

五　特別法

　会社の経営活動の客観的な状況と国の管理の要請に基づいて，各国は一般に統一会社法以外に一部の法律，法令を公布し，会社のある面の法律問題に関して特別に定めている。これらの規定は，統一会社法ではなく客観的状況から規定する必要がある内容，例えば会社法では達成すべき資本金額を規定しているが，その具体的な数字については，「最低資本金基準」のような法令を規定して定める。それらも会社法の構成部分に属する。

六　その他の単行法中の会社関連規定

　各国はある種の法律関係を専門に調整する単行法を制定している。例えば，破産法には法人破産に関する規定が一部あり，それは会社法の会社解散と清算に関係する内容である。また例えば，証券法には証券の発行，上場，取引等を規定しており，会社法の株式会社の部分に属するかあるいは会社法のその部分の規定をさらに具体化した規定となっている。一部の国が制定した《商業登記法》，《商業会計法》は，当然会社のような商業組織の登記と会計事項に適用される。

　上述の各種の法律形態以外に，商事習慣や判例も会社法の形態の一つであると主張する国もある。特に判例法を運用しているのは英米法国である。これらの商事習慣と判例は，多くの場合成文会社法の遺漏や不足を補うことができる。当然のことながら，英米等の国であっても，多くの会社関係の商事習慣や判例は既にあるいは徐々に制定した成文会社法のなかに溶け込んでいる。

　法律形態から言えば，会社法の根源は各種の法的効力を有する法律形態を含むものであり，国の立法機関が制定する法律，法令を含み，国の行政機関

が公布する行政法規や部門の規則，条例等の各種の地方性法規，規則をも含む。さらに立法解釈，行政解釈及び司法解釈も含まれる。中国では，行政法規，規則及び条例並びに最高法院の司法解釈は会社法の立法と実務において重要な地位を占めている。会社の多くの具体的な行為に関する規則は行政法規に規定されており，多くの司法実務問題は司法解釈によって解決される。例えば，国務院が公布した《会社登記管理条例》，《中外合資経営企業法実施条例》，中国証券監督管理委員会が公布した《上場会社の社会に対する株式公募に関する暫定方法》，最高法院の法復［1994］4号《企業創設及びその他企業の解散あるいは廃業後の民事責任の引受の問題に関する意見》等がある。

第二章　会社の類型

第一節　会社の種類

　会社は，無から有へ発展した現代に至るまでその類型は多種多様である。規準や角度が異なれば会社の分類も異なり得る。会社の種類は法律上の分類であり，理論や学説上の分類でもある。同時に，国が異なり立法時期が異なれば種類も異なる。会社種類を理解すれば各国の会社法の立法精神の理解の助けとなり，各種会社の法的地位，会社と株主の間の法律関係が明確になる。それは法律規範が調整する必要性であると同時に，会社実務においても会社形態を十分に利用して投資経営を行うこと，法の執行や司法実務のなかで会社法の正確な実施並びに会社の法律紛争の解決などに対して重要な効果を有しているのである。

　世界の主要国の会社法の法律規定と一般会社法の学説を総合的に観察すると，会社は主に以下のように分類される。

一　無限会社，有限会社，株式会社及び合資・合名会社

　これは株主の会社に対する責任形式を規準として行う分類である。

（一）無限会社

　無限会社（unlimited company）は，無限責任会社の略称であり，2人以上の株主で構成され，すべての株主は会社の債務に連帯無限責任を負う会社である。無限責任会社は以下の特徴を有する。

　(1)　2人または2人以上の株主で構成されなければならない。2人以上の株主はすべて自然人でなければならず，会社は株主となることができない。会社が1人になった場合は解散または独資企業に変更しなければならない。

　(2)　株主は会社の債務に対する無限の連帯責任を負う。株主の会社債務に対する責任はその出資額を限度とするものではない。しかも，この種の無限責任は連帯性を有する。返済する会社債務が，自己が負うべき金額を超えた

株主は他の株主に対して求償する権利を有する。
　(3)　会社組織が安定している。無限会社中の株主の結合の基礎は，株主個人の信用の上に築かれており，信用と労務はいずれも出資に用いられる典型的な合名会社である。無限会社の株主の出資の譲渡，譲受は厳しく制限される。これらの特徴は会社の組織機構を安定化せしめることになる。
　(4)　株主は組合的であり会社は法人地位を有する。無限会社の株主の間の債務責任の連帯性は組合に類似しているが，会社の形式上独立した法人地位を有する。そのため商事組合とは区別される。
　無限会社は，組織機構は安定しており株主の信用は頼りになるが，株主のリスクが大きいためにその規模を発展させるのが難しく，無限会社の多くは中小企業である。英米では，株主が会社に対する責任を基準として会社を分類しないために，そこに規定されるのは普通の組合企業であり，ある面では大陸法の無限会社に類似している。

（二）有限会社

　有限会社（limited company）は2以上の株主が出資して構成される。各株主は引き受けた出資額をもって会社の債務に有限責任を負い，会社はその全資産をもってその債務に責任を負う。

（三）株式会社

　株式会社（stock corporation または company limited by share）は，一定人数以上の株主から構成され，会社のすべての資産は等額の株式に分けられ，株主はその引き受けた株式をもって会社に対する有限責任を負い，会社がその債務に対してすべての資産をもって責任を負う会社である。

（四）合資・合名会社

　合資・合名会社（limited partnership）は，無限責任株主と有限責任株主が共同して構成し，無限責任株主は会社債務に連帯して無限責任を負い，有限責任株主は会社債務に対してその出資額を限度として有限責任を負う会社である。合資・合名会社は大陸法の会社法のなかで規定された会社形態である。英米では一般にそれを有限組合とみなし，有限組合法で規範する。
　それ以外には，特殊な合資・合名会社，すなわち株式合資・合名会社がある。それは合資・合名会社の特殊な形態である。普通の合資・合名会社は無限会社と有限会社の特徴を有しているが，株式合資・合名会社は無限会社と株式会社の特徴を有している。株式合資・合名会社と一般の合資・合名会社

との相違点は，有限責任株主は株式を引き受けて株券を購入する形で出資することができるところにある。従って，社会から投資を吸収する上では一般の合資・合名会社より容易である。

現代の経済活動は日増しに複雑化しており，上述の会社形態中の無限会社と合資・合名会社の株主の投資リスクは一段と際立っており，これらの会社形式を採用する国は多くはない。そして株式合資・合名会社においては，その有限責任株主は会社の経営管理に参加する権利がないのでその地位は株式会社の株主に劣っている。従って，投資の魅力は弱く，この形式を採用する国はますます減少している。現在各国で普通に採用している会社形態は有限会社（日本は有限会社制度を廃止）と株式会社である。

上述の分類は，フランス，ドイツ連邦，スイス，日本等の大陸法系における会社に関する会社法の分類である。中国台湾地域の会社法もこの種の分類を採用している。この分類は会社法上の法定の分類であって単なる理論上の分類ではない。多くの国・地域の会社法ではこの種の分類体系に従い，会社の種類ごとに別々に規定を定めている。そして，通常は会社の名称は，「株式会社」または「有限会社」の文字を含まなければならず，公衆にその類型を明らかにしている。

中国会社法及びその理論体系もそれをもって分類基準を制定した。《会社法》第2条で次のように明確に規定した。「本法でいう会社は，本法に従い中国国内に設立される有限会社と株式会社を指す」。無限会社と合資・合名会社について規定すべきか否かについては，各国経済及び会社法の発展から見ると，この両種の会社はあまり現代的大中型企業に適合せず，中小企業が採用できるか否かについても学説上さまざまな主張がある。

二　閉鎖会社と公開会社

これは会社の株式が公開して発行されるか否か並びに株式の自由譲渡が認められるか否かを基準として分類される。

（一）閉鎖会社

閉鎖会社（private company あるいは closed company）は非上場会社，プライベートカンパニーあるいは株式非公募会社とも称する。その特徴は会社の株式は特定範囲の株主に対してのみ発行でき，証券取引所で社会向けに株式を公開発行できないことである。株主が有する株式または株券は条件付で譲渡でき

るが，証券取引所で公示売買や流通させることはできない。

（二）公開会社

公開会社（public company）は上場会社，公衆会社，または株式公募会社とも称する。その特徴は，閉鎖会社とは正反対である。証券市場で社会公衆向けに株式を公開発行でき，株主が有する株券は証券取引所で自由に売買，流通させることができる。

この種の分類は英米法系の会社法が採用している。その具体的な内容を見ると，閉鎖会社は大陸法系のなかの有限会社及び株式会社の非上場会社に類似しており，公開会社は大陸法系における株式会社の上場会社と類似している。ここで言う類似とは，多くの面で一致しているが規則が完全に一致しているわけではないという意味である。説明すべきことは，上述の名称は外国語の名称の翻訳をつなげたものであるということである。同じ名称のものであっても異なる中国語翻訳名であることもあり，書籍によっては，諸外国が出版した会社法で，英米法の閉鎖会社と公開会社が有限会社と株式会社と翻訳されている著作が含まれていることもある。

三　合名会社，合資会社及び合名兼合資会社

これは信用の基礎の相違によって行われる分類である。

（一）合名会社

合名会社は，株主個人を会社の信用の基本条件として構成された会社である。この種の会社が対外的に経済活動を行うときは会社自身の資本や資産状況いかんではなく，株主個人の信用状況によるのである。合名会社の株主は会社債務に対して連帯責任を負う。会社の債務が返済不能のとき，株主はそのすべての財産を持って会社債務を返済しなければならない。この種の状況下では，会社の株主間には相当の信頼関係がなければならず，そのためこの種の会社の多くは家族的な特徴を持っている。無限会社は典型的な合名会社である。

（二）合資会社

合資会社は，会社の資本と資産を基本条件とした会社を指す。この種の会社が対外的な経済活動を行うとき，頼るのは株主個人の信用状況いかんではなく，会社自身の資本が充実しているか否かである。この種の会社の株主は会社債務に対しては出資額の範囲内においてのみ有限責任を負う。そのた

め，会社の株主間は出資によってお互いに結ばれており，お互いに理解しあう必要はない。前述の有限会社は一定の合資会社的な特徴を有し，株式会社は最も典型的な合資会社である。

（三）合名兼合資会社

合名兼合資会社は，両合会社とも称し，信用の基礎を株主個人の信用と会社資本・資産の信用の両方を兼ね備えた会社であり，会社は合名の性質と合資の性質を有する。「両合」の意味は，「合名」と「合資」である。両合の原因は，会社が有限責任株主と無限責任株主の2種類の株主から構成されているところにある。前述の両合会社は，株式両合会社すなわち合名兼合資会社である。

この種の分類は大陸法系の会社法理論において行われる分類であって，学説上の分類であり法定の分類ではないが，会社法の立法の趣旨を明示しているからその意義は依然として重要である。会社法の具体的な規定の中では有限会社，株式会社及び無限会社に対してそれぞれ規定しており，それはかなりの程度，3種の会社の信用の基礎の相違に基づいている。従って，この種の分類は会社法の多くの規定と原理を理解するうえで重要な役割を有している。

四 国営会社，公営会社及び民営会社

これは会社の資本構成に基づいて行われる分類である。

（一）国営会社

国営会社とは，資本主義の国有化企業，この種の企業は「会社」と称するが，会社法上の意味での会社ではなく会社法の調整を受けない。その特徴は，資本のすべては国の投資によるものであり，国が株主として会社の利益配当に関わる。会社の経営管理は国に派遣された代表によって行なわれ，企業代表と労働者代表から構成される取締役会は責任を負わない。同時に，その資本を株主に分配することもない。従って，それは国の「独資」経営の会社と見なせる。資本主義各国では，特に第二次世界大戦後のフランスと英国において大量の国営企業が存在した。その後，英国では国有企業の私有化政策が始まり，その方法は国有企業の資産を株式に分割して民間に売却するというものであり，そこから会社法の意義における会社に変化した。中国の国営企業（会社）と資本主義国のような国営会社とは法律上の性質が基本的に類似している。

(二) 公営会社と民営会社

　公営会社と民営会社の両者は，会社法上の会社に属し，公営会社は政府資本が会社の総資本額の 50％以上の会社を指し，民営会社は民間資本が総資本額の 50％以上の会社を指す。公営会社と民営会社は相互に変更でき，公営会社は公衆に対して株式を売って政府資本を減少させて民営会社に変えることができ，そのまた逆も可能である。日本の NTT は，1985 年に民間にその株式の半分を売却して公営会社から民営会社に変わった。

　公営会社と民営会社の区別は，中国ではまだ法律の規定はないが，中国の市場経済の発展と国有企業改革とともに多くの国有企業が徐々に本来の単一の財産権構造が変化しており，民間の経済投資を吸収して，多くの会社が国有資産と非国有資産の共同投資企業になった。国有資本の買い占めあるいは民間資本の買い占めに対して，国は様々な法律規制と種々の政策を採用している。そのため，公営会社と民営会社の区別は重要な現実的な意義を有している。

五　親会社と子会社

　会社間の支配または従属関係によって行われる分類である。

　親会社と子会社は相互に対応する概念である。親会社は，他の会社の株式を一定比率以上有する会社であり，あるいは契約によって他の会社の経営を実質的に支配する会社を指す。親会社は持株会社とも称する。しかし持株会社の概念の範囲はかなり広い。それはあるときは株式コントロールのみ行いあるいは直接生産経営活動を行わない親会社，例えば投資会社などを意味する。それとは反対に，一定の比率以上の株式を他の会社によって所有されているかまたは契約によって他の会社に支配される会社が子会社である。親会社と子会社の間の法律関係の特徴は次の通りである。

　(1)　子会社は親会社に実質的に支配される。親会社は子会社の重要事項に対する決定権を有し，なかでも特に子会社の取締役会の構成を決定できる。

　(2)　親会社と子会社の間の支配関係は主に株式の保有に基づくのであり，行政権力により会社を直接支配するものではない。株式が分散するために親会社は 50％以上の株式を保有する必要はなく，一定比率以上（株券の支配数量）の株式を保有するだけで株主総会の議決権の多数を取得することができ，それによって支配的な地位を確保する。親会社が保有する子会社の株式は

50％から10％の比率であり，規定する基準は国によって異なる。契約関係によってできた親子会社は一部の国，例えばドイツ，イタリア等で認められている。

（3）親会社，子会社はそれぞれ独立した法人である。子会社は親会社から支配されるが，子会社は，法律上はやはり法人地位を有する独立企業である。それは自己の名称と定款を持ち，自己の名義で業務活動を行いその財産は親会社の財産とはそれぞれ独立の関係にある。財産上の責任においては，親会社と子会社もそれぞれ自己の有する財産で各自の債務に責任を負いお互いに連帯しない。

中国の《会社法》ではまだ親会社の概念は規定されていないが，子会社に対しては次のように簡潔に規定している。「会社は子会社を設立でき，子会社は法人格を有し，法により独立して民事責任を負う」。しかし，「付則」では，支配株主及び実際の支配者に対して明確に定義している。第217条で，「支配株主とは，その出資額が有限会社の資本総額の50％以上を占めるものまたは保有する株式が株式会社の資本総額の50％以上を占める株主であり，出資額または保有する株式の比率が50％に満たないが，その出資額または保有する株式を根拠として有する議決権が，株主会，株主総会の決議に重大な影響を与える株主を指す」と規定されている。実際の支配者は，会社の株主でなくとも投資，協議あるいはその他の措置により会社の行為を実質的に支配できる人である。この規定は実際上親会社の概念に対しても定義できる。支配株主あるいは実質的な支配者が他の会社であるとき，支配株主あるいは実質的な支配者は親会社の立場にある。

六　関連会社とグループ会社

これは，会社間の特殊関係に基づいてつくられる分類，定義である。

（一）関連会社

関連会社は関連企業とも称される。広義の関連会社は，二つ以上の独立した存在の相互間の安定した密接な業務関係あるいは投資関係にある会社を意味する。狭義の関連会社は，単なる持株関係であり支配という程度まではいかない会社を指す。通常，関連会社と称するのは広義の関連会社を指す。中国で特別な法律的意義を有するのは，上場会社の関連会社であり，親会社と上場会社の間の典型的な関連会社の関係である。証券法には関連関係あるい

は関連取引に及ぶ法律規則と要件が数多く存在する。例えば、中国証券監督管理委員会が公布した《上場会社管理準則》では、上場会社と関連会社の間の関連取引及びその取引の具体的な状況、取引価格の根拠などを含む従うべき規定を公表し、上場会社は関連会社のために担保を提供してはならないと規定している。

　中国《会社法》第217条では、「関連関係とは、会社の支配株主、実質的支配者、取締役、監査役、高級管理職及びその直接または間接的に支配する企業の間の関係、及び会社の利益移転を引き起こし得る等のその他の関係を指す。但し、国が株式支配する企業間の関係は国の支配を受けることだけで関連関係を有するものではない」と規定されている。

(二) グループ会社

　グループ会社は集団企業とも称し、統一管理の下、法律上独立した一部の企業または会社を連合構成させた団体を指す。グループ会社のなかで指導的地位にいるのが親会社または支配会社であり、グループ会社のメンバーはすべて関連会社に属し、あるいは従属会社とも称する。グループ会社自体は、親会社と多くの子会社の間のある種の特殊な関係であるだけであり、それ自体は独立法律主体ではなく法人地位を有さない。各国の会社法はグループ会社の全体的な問題を規定しているが、これはある方面、グループの会計や決算などに限られており、法律関係は主として支配会社と従属会社別々に規定されている。

　関連会社とグループ会社の急速な発展は、各国立法の関心と慎重な対応を呼び起こしている。ドイツ、ブラジルなどの国においては、法典化された関連企業とグループ会社制度がすでに制定されている。その他の国では多くの法律分野においてそれに対する法律調整が広く存在し、そのなかには経済法(特に、独占禁止法)、会社法、商業会計法、税法、労働法などが含まれる。その立法の根拠は関連企業に付随する利益相反と各当事者の利益擁護に対する要請である。伝統的な会社法が確立した会社の独立人格は、会社の経済的利益の面での独立を基礎としたものである。しかし会社間の関連関係とグループ関係は本来の会社の独立状態を変え、その結果、別の関連会社自身の利益を脅かすだけでなく当該会社が関連するその他の会社の利益にも損害が及ぶ。同時に、直接あるいは間接に少数株主と債権者の利益に損害を与え得る。そのため、関連企業とグループ会社の合法的な存在の承認の下で各種の法律手

段によって規制を加え，従属会社やその他少数株主並びに会社債権者の利益を保護し，関連関係のマイナスの影響や結果を最大限度抑制する必要がある。

各国はこの領域において共通あるいは特有の原則や制度をつくっている。主なものは次の通りである。

第一，公示あるいは通告制度。関連会社の状況を従属会社及びその株主，債権者に対して公示あるいは通告し，彼らに支配利益の存在と会社支配面でいかなる変化が起きたかを理解させる。

第二，不当な干渉の禁止と利益供与禁止の規定。例えばドイツの株式法の規定では，支配企業はその影響力を行使してはならず，従属会社に不利な法律行為や自己に不利な決定をさせない。支配契約を，締結した場合，支配会社は従属会社に対して強制的に指示する権利を有するが，従属会社の法定資金の分配を確保しなければならず，従属会社の欠損を受け継ぎ，少数株主の損失を補償しなければならない。

それ以外には，各国立法においては関連企業の報告と連結決算制度並びに「ベールをはがす原則」と「深石の原則」などがある。

中国《会社法》には，いまだに関連会社に対する専門的，包括的な規定はないが，関連取引の部分の問題については規定がある。⑴支配株主，実質的な支配者及び関連関係の範囲を明確化し，関連関係の取引の境界を定めた。（第217条）。⑵会社が株主または実質的支配者のために保証を提供するときは，株主または実質的支配者の議決権を排除する制度を規定した（第16条）。⑶関連取引に対する原則的な規定を設け，会社に対する大株主の誠実義務を確立し，大株主が関連関係を利用して会社の利益を損なうことを禁止した（第21条）。⑷上場会社の関連取締役の議決権排除について規定した（第125条）。⑸会社法人格否認制度を規定し，支配会社は特定の状況下では従属会社の債務に対して責任を負う（第20条）。

七　本社と支店

これは会社内部の管轄関係に基づく分類である。

多くの大型会社の業務は各地に分散し国が異なることもある。直接従事するそれらの業務の多くは，会社内部に設置した分支機構または付属機構であり，それらはいわゆる支店であり会社自身は本社と称する。

支店と本社の関係は子会社と親会社の関係に類似しているが，支店と子会

社の法的地位は全く異なる。支店は独立法人地位または資格が無く，自己の名称，例えば，営業所，支店などを持つことができるが，その名称はその本社との従属関係を反映していなければならない。支店は自己の独立した財産を持たず，実際に占有し使用する財産は本社の貸借対象表に計上され，同時に本社はその全財産をもって支店の活動によって生み出された債務を引き受ける責任がある。支店の業務，資金，人事はすべて本社の統一した管理と指導を受ける。その他には，支店の設立は一般の会社設立の多くの法的な手続きを必要とせず，ただその地域で簡単な登記や管理的な手続きを行えば可能となる。このことから分かるように，支店は実際上法律的意義の上での会社ではなく，本社の構成部分または営業活動機関に過ぎない。

中国《会社法》第14条第1項では次のように規定している。「会社は支店を設立できる。支店を設立するときは，会社登記機関に登記申請し，営業許可証を取得しなければならない。支店は法人格を有せず，その民事責任は会社が負う」。

八　自国会社，外国会社及び多国籍会社

これは会社の国籍による分類である。

会社の国籍の確定に対しては国際的に種々の立法や学説がある。その基本となる基準は，(1)会社設立準拠法主義。会社の国籍は会社設立のために適用する法律が自国法または外国法かによって基準を決める。(2)会社設立行為地主義。会社の国籍は会社の設立登記または登録所在地で確定する。(3)株主国籍主義。会社の国籍は多数株主または多数出資額の株主の国籍で決める。(4)会社住所地主義。会社の国籍は会社の住所がある国を国籍とする。会社の住所の確定については，2種類の基準がある。一つは，会社の管理の中心地を会社の住所とし，もう一つは会社の営業中心地を住所とするものである。

上述の各種の基準に対して，多くの国は設立準拠法主義と設立行為地主義の両方を採用して会社の国籍を決めている。中国もこの方法を採用している。中国国内で中国の法律に従って登記設立された会社は，外国の株主であっても，例えばどのような形態の外商投資会社であっても，中国の会社でありまた自国の会社でもある。

外国会社は自国の会社に対応して称するものである。外国会社は，所在国（進出国）の法律にも依らず所在国で登記，設立されていないが，所在国政府

の許可を経てそこで業務活動を行う機構である。一般的には，外国会社は外国の本社が他国に設立した支店であり，本社から見れば諸外国の支店であり，その業務活動から言うと外国会社と言える。例えば，米国のコダック社が中国に設立した業務機構は中国にとって見れば外国会社である。

外国会社は，所在国の認可を得て必要な登記手続きを行った後に国内で営業できる。各国では外国会社の設立と活動に対して会社法やその他の単行法中で多くの特別の規定を加えている。一般的には，各国は外国会社がその領内での業務活動を行い，通常の会社法を適用し自国会社に相応する権利能力と行為能力を有することを容認している。しかし，その業務範囲は制限されており，経済と人民の生活への影響が重大な特殊業界，例えば，軍事産業，航空産業，通信交通関係，酒類製造などは外国会社には経営禁止あるいは制限している。外国会社の活動は，国内の法律，法令を遵守し，風俗習慣を尊重したものでなければならない。外国会社はその国の関係機構の管理，監督を受けなければならず，その業務の状況については定期的に政府主管部門に報告し記録に留めておき適切な方法で公告しなければならない。

多国籍会社とは，本国を基地とし他の国・地域で設立される支店，子会社あるいはその他の投資により一定数の株式を有し，国際的に生産，経営及びサービス活動を行う大型の経済組織を指す。厳密に言えば，多国籍会社の「会社」の語は，会社法の意義の上での概念ではなく，実際上は国際的なグループ会社を意味し，会社間の特殊な関係を具現化している。各国会社法にはこの種の多国籍会社関係を専門的に調整する規定は存在しない。多国籍会社は独立した法律実体ではなく，その内部関係は実際には，親会社と子会社，本社と支店及び株主と会社の間のための法律関係であり，それぞれが対応の法律規範で調整される。

【本節実務研究】
●支店は自己の名義で契約締結並びに訴訟主体になれるか

支店は独立した会社ではなく，会社の組織形態を持たず，会社設立の条件に従う必要なく設立できる。支店は自己の株主会，取締役会，監査役会を持たず，自己の法定代表者もいない。ただ本社が任命した支配人が責任者となるのみである。しかし，支店は相対的に独立した会社の経営機構としてやはり経営能力と資格を有する。このため，支店は会社の登記機関で法に従い登

記手続きを行い，営業許可証の取得が必要である。支店は自己の名義で独立して契約を締結することができ，自己の名義で独立して訴訟に参加できる。

実務において，かつては支店が自己の名義での契約締結を許可せず，訴訟主体となることを認めないという実態があった。実際には，民事主体と実際の民事活動の主体及び訴訟主体は異なる法律概念である。支店は民事主体ではないが契約締結の主体及び訴訟の主体となることができ，その法律上の地位は独資企業や組合企業と類似しており，完全に自己の名義で契約締結や提訴，応訴ができる。ただ支店は独立して財産責任を負うことはできず，支店の債務の弁済，完済ができないときは本社が責任を負う。

●グループ会社の傘下企業はグループの債務に対して責任を負うか否か

民事の実務においては，グループ会社がもたらす論争，紛争の一つは，グループ会社の傘下企業がグループ会社の債務に対して責任を負うべきか否かということである。

例えば前述のように，グループ会社が法人資格を有する一部の企業によって形成される連合組織であり，グループ会社自身は決して法人資格を持たず，独立して民事責任を負うことはできない。実際には，グループ名義で行う民事行為あるいは契約の締結は，一般にグループを代表しかつ実際にグループ管理権を掌握する親会社またはグループ会社により法律的な結果に責任を負わなければならない。グループ会社の傘下企業は，グループの債務に対しては一般に責任を負わない。

しかし実際には，あるグループ会社は，一部の独立企業法人により構成されているが，グループ会社自身も独立法人として登記しているという個別状況があり得る。この種のグループは，その傘下企業がグループの株主として登記し，更にすべての傘下企業の登録資本あるいは総資産を登録資本として登記したが，傘下企業の財産はまだ移転手続きがされておらず，傘下企業の法人資格は依然として留保されている。この種のグループ会社の法人登記自身は会社法と法人制度の一般的規則に合致せず，その登記は法律上の錯誤または無効として認定しなければならず，この種のグループの法人資格は否定しなければならない。この種のグループが行う民事行為に対しては，まずその財産で民事責任を負わなければならず，財産が不足したら当該グループの傘下企業によりその弁済責任を補充しなければならない。その理由は，これらの傘下企業は当該グループの錯誤登記に対してある種の主観的な過失責任

を負うことになる。

第二節　有限会社

一　有限会社の概念と特徴

　有限会社は，法律の規定により一定人数の株主により構成し，株主はその出資額を限度として会社債務に責任を負い，会社はそのすべての資産をもってその債務に責任を負う企業法人である。

　他の会社類型と比較すると有限会社は以下の特徴を有する。

（一）株主人数に関する法定制限

　各国会社法において，他の各種の会社に対しては株主の最低人数を制限するのみであり，最大人数の制限はないが，有限会社に対しては大部分が最大人数を制限している。例えば，日本の旧《有限会社法》第8条では，「株主の総数は50人を超えてはならないが，特別の事由があり裁判所の認可を得たときはこの限りではない。承継あるいは遺贈によって株主の人数に変化が生じた場合は前項の規定を適用しない」と規定している。フランスの《商事会社法》第36条では，「有限会社の株主は50人を超えてはならない。50人を超えるときは2年以内に株式会社に変更しなければならない。さもなければ，2年の期限内に株主の人数を50人あるいはそれ以下に減らさない限りは会社を解散しなければならない」と規定している。中国台湾の「会社法」第98条では，「有限会社の株主は5人以上21人以下であり，株主の人数を承継あるいは遺贈により変更したときは，前項の21人の制限は受けない」と規定している。

　中国《会社法》第24条では，「有限会社は50人以下の株主の出資によって設立されるが，国有独資会社は国の授権投資機構あるいは国の授権部門の単独投資によって設立することができる」と定めている。

　一部の国の会社法は，まだ有限会社の上限人数を規定していないが，ドイツ，オーストリア，イタリア，スイスなどの国は，運用面で有限会社の株主数を制限している。有限会社が有する合名性のためにその株主数を多くできないのである。有限会社の株主の人数に関して，最高限度を超え会社形式を直ちに有限会社から株式会社に変更すべきか否かについては，中国の法律にはまだ強制規定がない。実際に，《会社法》第24条の株主数の要件を満足さ

せるために，多くの従業員持株で持株会をつくり持株会全体を1人の株主と見なし計算する会社も一部ある。この種の持株会の法的地位に関しては，いかに確定するか，いまだに明文の規定はない。しかし，現在の企業は従業員の持株の推進による労働奨励措置に力をいれており，実際にこの種の状況はかなり普遍的になってきており，これに対しては検討しなければならない。

その他，有限会社の株主資格に対する要件は無限会社のものとは異なる。有限会社の株主は，自然人であっても法人であってもよく，自然人であれば無行為能力者及び制限行為能力者も株主になれる。

(二) 株主の有限責任

有限会社の株主は，その引き受けた出資額を限度として会社に対して責任を負い，その出資額を超える範囲の会社債務には責任を負わない。会社の債権者も株主に対して直接弁済請求をすることはできない。この特徴が有限会社の株主が無限会社の株主と区別される特徴である。

(三) 会社設立手続き，組織機構の簡略化

有限会社は株式会社とは異なり，発起設立するだけでよく，募集設立方式ではない。会社の資本総額は設立時の株主の申込額がすべてであり，外部募集はできない。そのため，有限会社の設立手続きは相対的に簡単である。更に，有限会社の機関設置も株式会社と比べて簡単で柔軟である。例えば，中国《会社法》の規定によると，株主数が比較的少なく，規模も小さい有限会社は取締役会と監査役会を設置しなくともよく，1名の執行取締役と1ないし2名の監査役を置くだけでよい。その他，有限会社の株主会の招集方法と決議の形成手続きも比較的簡単である。

(四) 会社の合資性と合名性

会社法は有限会社に対して多くの規定を設け，合資性を体現する上に更に合名性を体現していることが特徴である。

有限会社の合名性の特徴は，次の点に示される。(1)株主数が一定数に制限される。(2)会社の資本は株主全員の払込引受金のみであり，社会に向けて公募はできない。(3)株主の出資証明書は流通譲渡できない。(4)株主の持分権譲渡は他の株主の同意を得なければならない。(5)有限会社の経営事項と財務会計を社会に向けて公開する必要がない。

有限会社の合資性の特徴は，次の点に示される。(1)株主は会社債務に対して有限責任を負うのみである。(2)資本制度面では，資本確定の原則，資本維

持の原則及び資本不変の原則を実行し，会社設立には最低資本金の要件がある。(3)株主の出資形態は法律の制限を受け，貨幣，現物，知的財産等であり貨幣により株価を評価し法により譲渡できる財産だけである。(4)会社の分配は利益なければ分配なしの原則で，剰余金はまず損失を埋め法定準備金を積み立てた後に初めて株主に分配する必要がある。

二　有限会社の評価と適用

　有限会社は，会社制度の発展の中で最も遅く出現した会社形態であり，それは無限会社と株式会社の両者の長所を兼ね備え，同時にそれらの欠点を克服したものであると言わなければならない。一面では，有限会社が無限会社の合名性の特徴を有したものであり，株主が相互に信頼し合い，これらの株主は無限会社の株主のように無限責任を負う必要もない。もう一つの面は，有限会社は株式会社の合資性の特徴を有し，株主は会社債務に対し有限責任を負い，株式会社の株主のように会社の業務に対する管理権を放棄する代償として，有限会社の財務状況を対外的に公開する必要もない。有限会社の合名性と合資性を兼ね備えた全体としてのメリットは別の合資・合名会社においても存在するが，合資・合名会社は同様に合名性と合資性を兼備しているが，その株主の構成はかなり複雑であり，責任形態もさまざまであり内部関係の調整がかなり困難である。

　しかし，有限会社もその合名性と閉鎖性による特徴があり，一般的に大型企業への成長は難しい。そのため，全体として言えば，有限会社は中小企業が求める会社形態に一致している。実際，各国でも大多数の中小企業が有限会社の形態を採用している。当然株主の人数は少ないが，企業の資本規模は決して小さくない。一部の有限会社は規模がかなり大きい。中国では，近年大量の国有企業が有限会社の形式で企業改革を進めており，国有株主の強大な資金力がそれらの有限会社の規模を大きくさせている。

　中国が20世紀80年代に制定した《中外合資経営企業法》では，中外合資経営企業の法律形態を有限会社と規定した。1988年に国務院が公布した《私営企業暫定条例》でも有限会社を私営企業の一形態として規定している。この条例によってその当時，多くの私営有限会社の設立が促進された。以後の企業連合において，多くの合弁企業が有限会社形式を採用した。国有企業の株式化の試行及び会社化改組において，有限会社の組織が簡易であり内部協

調性がよく，国は有限会社を国有企業の会社化の主要な形式とした。

第三節　株式会社

一　株式会社の概念と特徴

株式会社を中国では株式有限責任会社と称し，会社の資本が等額の株式に分けられ，株主はその引き受けた株式をもって会社に対して責任を負い，会社はその全資産をもって会社債務に責任を負う企業法人である。

他の会社類型と比較すると，株式会社は以下の特徴を有する。

（一）株主数の柔軟性

株式会社が生じた原因は，社会化された大量生産の巨額資本へのニーズにあり，株式会社は社会公衆に向けての株券の発行を通じて資本を調達する。いかなる投資者も株式を引き受け出資金を支払うだけで株式会社の株主になれる。このことが株式会社の株主数の柔軟性という特徴をもたせている。各国会社法も株式会社の株主数の最低限は定めているが，最大人数の制限はない。中国《会社法》第79条では，「株式会社の株主数は2人以上でなければならない」と規定している。

（二）出資の株式化

これが株式会社と有限会社を区別する特徴の一つである。株式会社のすべての資本は，金額同等の株式に分けられ，株式は会社資本の最小単位となる。このように資本の株式化を採用するのは，社会に向けて資本を公募する株式会社に特有の便利さのためであり，同時に，株主の株主権の確定と行使に便利だからである。有限会社の株主の出資は等額の株式に分けられず，実際の出資金額あるいは出資比率に応じて株主権を確定し，行使する。

（三）株主責任の有限性

株式会社の株主は，会社の債務に対して引き受けた株式のみをもって責任を負い，会社の債権者は直接会社の株主に対して債務の弁済を求めることができない。株主責任の有限性こそが，株式会社が無限会社と区別される主な法律的な特徴である。株式会社と有限会社の間は，株主の有限責任において両者は同じであるが，引き受ける有限責任の方法で区別される。株式会社の資本は株式に均等に配分されるので，株主は引き受けた株式で会社債務に対する有限責任を負う。有限会社の資本は株式に均等に分配されず，株主はそ

の出資額をもって有限責任を負う。

(四) 株式発行と譲渡の公開性，自由

　株式会社のこの特徴は，他の各種会社と区別される最も重要な特徴である。大量生産に適応する大資金のニーズのために，株式会社は通常，株券発行の方法は公募であり，この種の募集方法は株主数が多く広く分散している場合に使用できる。同時に，株式の融資能力と投資誘致のために株式は高度の流通性を持たなければならず，株券は自由に譲渡や取引ができなければならない。さもなければ資本の募集に不利となる。そのため，株式会社の株券は，一般の取引所で譲渡取引ができる他，証券取引所で上場取引を申請することができ，株式会社もこれにより上場会社に変わることができる。株式会社の株券の公開発行と自由流通は，会社資本の証券化を促進し，資本市場—証券市場の形成と発展をも促進することになる。

(五) 会社経営状況の公開性

　株式会社の株式発行の公開性及び株式譲渡の自由のために，株式会社の経営状況は株主に対して公開されるのみならず，社会に対しても公開される必要がある。社会公衆に会社の経営状況を理解させ，会社の株主，債権者及び社会の公衆の利益を最大限保護する。株式を公開発行する株式会社について言えば，社会性が極めて強くその経営状況公開は重要な意義を有している。証券法上，情報公開の原則は最も重要な法律上の原則であり，上場した株式会社にとっては最も重要な行動基準であり，上場会社は一切の重要経営事項，財務会計報告等を含めて適時に，正確に社会に向けて公開しなければならない。法定あるいは重大な事項について言えば，上場会社には秘密はない。この種の公開性が有限会社の閉鎖性と完全に異なる特徴である。

(六) 会社の信用の基礎—合資性

　株式会社の信用の基礎は会社資本と資産であり，これは株式会社の株主の有限責任と互いに関連している。会社資本と資産は会社が行う経営の基本条件であるだけでなく，会社が負う債務の基本的な保証でもある。そのため，株式会社は資本の確定，資本の維持及び資本不変の法律原則を厳格に実行する。法定資本制度を採用する国は，一般的に会社設立の際に法定資本の最低限度額が必要であることを求めている。株主は貨幣，現物等で出資できるが，信用あるいは労務で出資することはできない。会社の剰余金の分配は更に，利益なければ配当なしの法律原則を厳格に実行している。これらはいずれも

合名性の無限会社とは明らかに相反する。その他には，合資性と合名性の特徴を兼ね備えた有限会社との比較から言えば，株式会社は資本募集と株主分布の広範性，株式の流通性及び譲渡の自由性等の面のすべてにおいて更に十分で徹底した合資性を体現している。そのため，株式会社は最も典型的な合資会社である。

同時に，その他の企業あるいは社会組織との比較から言えば，株式会社は極めて典型的な法人組織でもある。会社と法人制度の発展の歴史から見れば，現代的な意義における会社概念，特に法人概念の形成は，株式会社の発生において始まった。株式会社の独立財産と責任，完備した組織機構は，法人組織が有する法律的特徴を完璧に体現している。そのため，各国会社立法と会社法理論において，無限会社，合資・合名会社が法人であるか否かの問題においては相違があるが，株式会社の法人地位を肯定する面においては完全に一致する。

二　株式会社の評価と地位

株式会社は，資本主義市場経済の典型的な組織形式であり，独占資本主義の出発点である。初期の資本主義は自由競争の時代であった。激烈な市場競争において有利な地位を占めるため，1人の所有者が単独では大型企業を創設する力がないため，経営リスク防止と分担のため，資金を集めて経営することである。これが日々拡大している社会の大量生産の要求であり，自由競争が推し進める資本集中，これこそ資本主義経済活動の過程における必然的な結果である。株式会社はこの過程における発展のための最も有効な組織形態である。

株式会社の発生によって，社会資本の集中のプロセスは非常に加速されており，「社会的蓄積の新たな強力なテコ」になった。その点において，世に出て以来，資本主義はそのピークの時期に入ったといえる。百年も経たないうちにかつてなかった強大な生産力を創造するであろう。そのため，諸外国の経済学者や法学者には，株式会社，新時代のこの偉大な発見はその重要性において蒸気機関や電力をはるかに超えていると主張する人がいる。それがなくては大規模な現代的な生産は想像もつかないものであった。マルクスもかつて次のように述べた。「もしも一部の単独資本が鉄道を建設できる程度まで増大・蓄積するのを待たなければならなかったのならば，おそらく今日の

世界中にまだ鉄道はないだろう。株式会社による集中がこのことを瞬く間に完成させるであろう」。

　株式会社の早期の形成と発展が，西洋帝国植民地政策の有力な手段であったことは否定できない。しかし，社会的大量生産の組織形式として，株式会社はまた生産力の発展という客観的な要請に合致し，資本主義が有する傑出した意義ある歴史的創造である。400年来，株式会社は諸外国において日々完成に向かって発展してきた。現代の市場経済において，株式会社の数は各国会社の総数のなかで占める割合は最も多いわけではないが，国民経済におけるその地位の面では重要な存在となっている。国民経済の重要部門の大企業の多くはこの企業形態を採用しており，大型の多国籍会社は株式会社を第一の形式としている。

　会社形式の一つとしての株式会社は，商事経営活動においてその他会社及び企業形式が比肩できないほどのメリットを有している。しかし同時に，それはまた一部の避けがたい欠陥や欠点を有している。そのため，株式会社に対する弁証法的な検討を行い，客観的に評価しなければならない。

(一) 株式会社のメリット

　(1) 資本を集める利点。株式会社は資本集中に最も有利な会社形態であり，これは単に対外的に株券や債券を公開発行できることによるだけでなく，その株式の金額が一般的にかなり少なく，社会に広く分散している少額の資金を吸収することができることである。

　(2) リスクの分散。株式の金額がかなり少ないので，株式会社の多くの個人株主が有する株式は会社総資本のごく一部を占めるだけであり，株主はまたその持っている株式金額をもって会社財産に責任を負うだけでよい。従って，投資者のリスクの分散に有利である。

　(3) 公衆性が強い。株式会社は最も公衆性を有し，公示主義の管理方法を採り，社会に向けて公開資金を募集し，いかなる人も株券の購入により株主となることができ，身分や個人のその他の条件による制限は受けない。

　(4) 株主の変更が容易。株式会社の株券は自由に譲渡でき，株主が急に金が入用となるかあるいは会社の経営がまずいと考えたとき，赤字または破産のとき，自己の意思により株式を適時譲渡することができる。

　(5) 科学的な管理。株式会社は，経営とは互いに完全に分離した生産方式のニーズに適応する。株式会社において，生産と経営の管理活動は取締役と

部門責任者を中心として専門的な管理機構で行われる。多くの株主は,「資本の単純な保有者」として株の配当金や割増配当金を受け取る。この種の管理の専門化は会社の管理レベルを上げるのに有益である。

(二) 株式会社のデメリット

(1) 株式会社の設立手続きは他の会社に比べて複雑であり,設立責任もかなり重く,会社管理機関が相当複雑で膨大であり,会社の活動も多くの束縛や制限を受ける。そのため,他の会社と比較すると若干柔軟性に欠け不便である。

(2) 少数株主が容易に会社を操作,コントロールないしは独占できる。会社の株式数が非常に大きいために,株主数が多く,一定比率(株券支配値)以上の株券を掌握するだけで会社の管理をコントロールできる。そのため,それが少数の大株主によって利用され多くの小株主の利益に損害を与えることになる。

(3) 株式会社の株主の流動性は大きく,コントロールや掌握が難しく,会社に対する株主の責任感が欠けており,往々にして会社経営に何らかの悪影響を与える。株主は株券を投げ売りしてリスクを移動させ,赤字から黒字に転換可能な会社が株価の下落により立ち直れなくなりうる。

(4) 株券の自由流通は,投機の場所として利用し易い。人によっては,企業の経営と合法的な株券の取引で利益を得るわけではなく,市場の操作やインサイダー取引などによって非合法的な行為による暴利をむさぼるのである。

株式会社の上述した長所と欠点に基づいて,諸外国の会社法は絶え間なく改正を重ねてきた。会社法の設立,経営,監督等に対する厳格な法律規定を通じて,また関連する証券管理法規の制定及び改正により長所を伸ばして短所を避け,社会経済の発展の要請に合致させてきた。

株式会社は,中国の社会主義の条件下での商業投資と資本連合の法律形態である。現代経済の特徴は,社会化された大量生産であり,融資ルートの拡大が求められ,資本連合の意義はかつてのいかなる時代に比べても一段と重要となってきている。株式会社は,資本連合の高度な法律形態であり,個別の遊んでいる資金を集めた生産用資金,小規模の商業行為を大規模な社会的経営に変える。それはまた,中国の長い間の単調な信用形態や融資ルートが狭いという実態を打ち破り,単一の銀行融資が他ルート,他形式の社会的融

資に変わってきた。そのため，株式会社は一つの経済組織の発生，発展として，資本連合の一定程度の法律上の表現であり，社会主義市場経済の絶え間ない発展，進化の結果である。

　株式会社は，社会主義公有制における新しい形の経営組織である。伝統的な国有企業，グループ企業及び私営企業とは組織形態が異なるが，株式会社はもはや単一の経済の構成要素ではなく，社会主義公有制における組織である。また，公民個人間及び公民制組織間，公民個人間の相互結合した経済形態であり，会社の株主，自然人のみならずグループ企業や国営企業も含めて参加する。そのため，株式会社の出現は，中国の企業組織を伝統的な社会主義経済構造モデルから抜け出させることになった。また社会主義公有制の多様性と公有経済形態の多様化が公有制経済に新しい活力を与えることになるのである。

第四節　一人会社

一　一人会社の概念と特徴

　一人会社は独資会社とも称し，株主（自然人または法人）がわずか1人で，その株主が会社の全出資を受け持ちあるいは株式を保有する会社であり，有限会社と株式会社を含む。

　一人会社の際立った法律的特徴は，その株主がただ1人である。すなわち一人会社の株主はただ1人であり，1人の自然人または一つの法人であり，すべての株式あるいは出資額を唯一の株主が保有する。一人会社は株主がただ1人であるが，会社のすべての法律的特徴，すなわち，独立法人格，独立の財産，独立の組織機構及び独立した民事責任などを有している。各国の一人会社は一人有限会社でもあり，一人株式会社でもある。中国の会社法は今のところ一人有限会社だけを規定しており，株式会社は2人以上の株主から構成されなければならない。

　一人会社は独資企業とは異なる。形式上から見れば一人会社はただ1人の投資者であるために独資企業と類似する。しかし法律的性質においては両者の存在は区別される。その一，一人会社は法に従って法人資格を取得でき，一人株主を一人会社と異なった主体として区別させる。独資企業は独立法人の地位を有さず，企業主は依然として自然人の身分で経済活動に従事する。

その二，一人会社の株主は出資額だけを限度として有限責任を負い，同時に一人会社の財産と株主個人の財産は厳格に分けることが求められる。一方，独資企業主は企業債務に対して連帯して無限責任を負う必要がある。その三，一人会社は会社法が規定する組織機関に従い，取締役会，監査役，部門責任者などの科学的組織モデルを採用して経営を行わなければならず，会社法の規範に従う。独資企業の組織機関は完全に企業主の自由裁量に任せる。一般には部門責任者を長とする経営管理機関だけを設置する。

二　一人会社の承認
（一）一人会社の承認に関する外国の立法

　一人会社の出現は，伝統的な会社の社団性に対する重大な挑戦である。伝統的な会社法によると，会社は社団法人の一種であり2人以上の株主によって構成される。かつてほとんどの各国会社法では会社の構成メンバーの多数性を強調することはなかった。これは会社が団体として従来の個人商業組織と区別される基本的な構成の特徴であると考えられるからである。この原則を放棄すると，会社は社団となることなく，その団体としての人格も組織的な基盤・基礎を失い，同時に，会社メンバー間の相互関係を調整するために確立する絶対多数の法律規則も適用の条件と意義を失うことになる。

　これと対立する意見は，法人制度は企業組織に独立人格を付与するに過ぎず，法律上の擬制の産物であり，個人もこの種の法律上の人格を有し会社の業務を経営することができると考える。合資会社の法人資格の承認は会社の構成員の人数に左右されるべきではない。それ故，一人会社も法人資格を有することができる。この視点はローマ法系の法人理論から来ている。経済の発展に従って，一人会社に対するニーズ及び法人の本質と一人会社に対する人々の認識が深まり，多数の学者は一人会社が法人性を有することを主張する。以下は，諸外国の主要な三つの学説である。

　(1)　株式社団説。株式会社の構造は，株主が複数であることに基づくのではなく，株式が複数であることに基づくと考える。株式の総数が複数であることにより一人会社は社団法人の性質を失わない。

　(2)　潜在社団説。一人会社の株式あるいは出資は1人の株主の手に集中するが，それを譲渡することにより再び複数株主とする可能性があると考える。それ故，一人会社には潜在的な社団性が存在している。

(3) 特別財産論説。法人資格は一定の法律関係を単純化，明確化させる一つの手段であると考える。会社は，一般財産（株主個人の財産）から分離した特定の営業財産によって構成され，その構成員の人数の多少によって左右されず，法律上独立して責任を負う単位である。これは，法人資格のポイントを「人的構成」から「物的構成」に変えたものである。この種の学説は，更に一歩進んで，一人会社の財産を営業による特別財産として法律上の認可を与えなければならず，一人会社の承認は責任を負うことのできる法律上の独立単位である。すなわち一人会社は法人性を有する。特別財産論説は，次第に当面の主導的な学説となってきている。

(二) 中国会社法の一人会社に対する承認

数十年来，各国会社法と理論学説は一人会社に対して三つの異なる立場を示していた。一つは，完全承認で，会社の成立時も成立後も一人会社の存在を認めるというもの。二つ目は，制限付き承認で，会社成立時は2人以上の株主が必要であり一人会社の設立は認めないが，その後ただ1人の株主となった場合は承認あるいは条件付きで承認するというもの。三つ目は，完全不承認で，会社の成立時も成立後も一人会社の存在を認めないというものである。中国の1993年の会社法は一人会社を認めないが，2005年の新会社法は一人有限会社を完全に認めている。この立法上の重大な変化は次の根拠による。

(1) 一人会社が客観的に存在しているという事実を尊重し，起業を促進し会社設立に便宜を図り会社の衝突や矛盾を減少させる。例え旧会社法がまだ一人会社を明確に承認していなくとも事実上一人会社は早くから既に各種形態で存在していた。その中には完全に合法的な存在や名実ともに一人会社も含まれていた。例えば，国有独資会社と外商独資会社である。名義上多数の株主がいるが真の株主はただ1人の実質的な一人会社も存在した。その合法的地位を否定することは，人々あるいは社会組織の投資行為を妨げるだけであり，名目上の株主等による法律を逃れる行為や会社によっては規範を守らない運営をもたらし，更に権利紛争を数多く引き起こすことになる。

(2) 世界的な立法の趨勢へ順応する。近年，次第に多くの国が相次いで承認または条件付きで一人会社の法的地位を認めてきており，これによって会社法改革の国際的な趨勢を形成している。中国はWTO加盟後，国内企業と外資企業の間の公平な競争をも実現しなければならなかった。その中には，

投資形式面で中外投資者に一人会社を設立させるという共通する機会と条件があった。

(3) 一人会社は，法人制度の本質と債権者の保護とは決して矛盾しない。法人制度の本質は会社の独立存在と活動にあり，会社法の目標は，会社の株主の権利乱用や個人財産と会社財産の混同並びに債権者の利益に対する損害の防止であり，その構成員の機構や株主の人数の多少によるものではない。同時に，有限責任の下で，会社の弁済能力と同様に債権者に対する補償の構成を決定するのは会社の資本と資産であり，株主の人数ではない。

三　一人会社の特別法規

一人会社は法律の承認が得られたが，株主が1人であるという特殊な構成であるために，権利がただ1人の株主に集中し，多数人の組織からなる会社と比べて，株主が会社の法人地位と株主の有限責任の濫用や債権者の利益に損害を与える状況が発生し易い。そのため，会社法は一面では一人会社の合法的地位を明確に肯定し，他方面ではその特殊性に的を絞って，第二章第三節で特別に適用する法律規則を規定した。

(1) 一人会社に対し，普通の有限会社と比べて更に大きな最低資本金基準と更に厳格な出資の払込要件を規定した。すなわち，「一人有限会社の登録資本最低限度額は，人民元10万とする。株主は会社定款で定める出資額を一度に全額払込まなければならない」（第59条）。

(2) 一人会社設立の制限を規定した。すなわち，「1人の自然人が設立できるのはただ一つの一人有限会社であり，その有限会社が投資して新たな一人有限会社を設立することはできない」（第59条）。

(3) 特別の公示と透明性の要件を規定した。他人に一人会社が有する性質を明確に理解させるために，また一人会社の信用とその取引に対して受け得る法的なリスクを周到かつ慎重に検討し判断できるように次のように規定した。「一人有限会社は，会社登記において自然人独資または法人独資と明記し，かつ会社営業許可証にも明示しなければならない」（第60条）。

(4) 更に簡便な管理方式を規定した。一人会社はただ1人の株主を有する特殊構成であることを考慮して，会社法は，「一人有限会社の定款は株主が作成する」（第61条），「一人有限会社には株主会を置かない。株主が本法第38条第1項に掲げる決定をするときは，書面形式を採用し，株主が署名した後

に会社に備え置かなければならない」(第62条) と規定している。

(5) 会計監査の要求を強調する。一人会社の財産の独立とその他の株主の財産の区別を保障するために、会社法は、普通の有限会社が行う会計監査規則以外に更に一歩強調して次のように規定する。「一人有限会社は一会計年度終了時毎に財務会計報告書を作成し、会計士事務所により会計監査を受けなければならない」(第63条)。

(6) 財産独立の挙証責任転換の法律規則を規定した。普通の会社に対して言えば、会社財産の独立は証明することなく自明の事実である。法に基づき登記さえすれば、会社は独立した法的地位と法人格を有し、その財産は当然独立している。例えその財産の独立を否定する場合、それを主張する者はその財産が独立でないことを証明する必要がある。しかし、一人会社は完全に1人の株主が支配するために、会社財産と株主財産を混同し、会社財産が株主に不当に占有され支配される状況が極めて出現し易いことを考慮して、会社法は一つの特別の規則を置いた。すなわち、「一人有限会社の株主は、会社財産が株主自身の財産から独立していることを証明できないときは、会社債務に対して連帯責任を負わなければならない」(第64条)。これは典型的な挙証責任の転換である。本来は他人が会社財産が独立していないことを挙証しなければならないが、挙証責任が株主に転換され、その会社財産の独立を証明しなければならない。さもなければ、法律は会社財産が独立していないと推定し、更に会社債務に対する株主の連帯責任を厳しく追及する。

中国の一人会社制度は、各国の会社法のなかで独自の特徴を有しており、21世紀の会社法の最も革新的な制度設計である。当然、一人会社の完全な承認それ自体は決して中国会社法の革新ではなく、それ以前に、多くの国の立法において一人会社は認められているが、一人会社に関する特別規定は中国会社法が独自に新設したものである。その中でまず立法形式の革新がある。多くの国は一人会社を認めるが、多くの場合は関連条文中で簡単に承認しているだけである。会社は1人あるいは2人以上で設立できると規定しているだけであり、根本的に直接規定したものはなく、条文の前後の相互関係から一人会社の承認を推定するものもある。中国会社法は、一人会社を明確に規定するだけでなく、有限会社の1章に専門の1節を設け、更に、「一人有限会社の特別規定」と題して、独立して7個の条文を加えて詳細に規定し、それによって一人会社の完全な規範体系を形成した。

【本節実務研究】
●持分権譲渡で形成される一人会社への法律適用

　中国会社法は，有限会社の持分権を株主の間で自由流通させることを認めており，株主が会社のすべての持分権を1人の株主に譲渡したとき，会社法の一人会社と普通会社の規定の間に相違があるために，持分権譲渡によって形成された一人会社は会社法の強行法規に違反する可能性がある。

　まず初めに資本制度の面について示す。新会社法で規定する普通会社は，分割して出資金を払込むことができるが，一人会社は一度に出資額の全額を完済しなければならない。普通会社の資本金の全額の完済前にすべての株式が1人の株主の下に移る場合，会社の資本額の不足が生じる。また，登録資本が10万元に達しない普通会社が一人会社を形成することになった場合は，会社資本は一人会社の最低資本金要件より低くなる。次に，会社法は，1人の自然人が多くの普通有限会社に投資することを認めているが，一つの一人会社への投資しかできない。持分権の譲渡によって1人の自然人が二つの一人会社の株主になり得ることになる。上述のような事情の下で，持分権の譲渡は有効か否か。有効であるとすれば，持分権譲渡によって形成された一人会社と会社法の強行法規との衝突はいかに処理すべきか。

　持分権の取引行為それ自体は法律の強行法規に違反せず有効である。取引の結果，権利の所属が変動した結果，会社法の強行法規に違反することになれば，通常は回復可能な瑕疵に属する。筆者は，会社の運営効率の向上，取引秩序保護の原則に基づき，株主に対し期限を定めて会社の瑕疵の回復を要件とするべきであると考える。持分権譲渡によって一人会社が形成されたとき，元の会社が分割払込方式を採用し，いまだに株金を完済していない状況ならば，株主に期限を定めて株金の完済，会社資本の未達という瑕疵の解消を要求することができる。その会社が10万元の法定最低資本金に達していないという状況である場合，一人会社の株主に対して期限を定めて不足額を支払うようにすることができる。持分権の譲渡を受ける株主が既に他の一人会社の株主である場合，当該株主に期限を定めてそのうちの一つの一人会社の持分権を譲渡するようにすることができる。会社がその成立の基本条件を喪失し，瑕疵がありそれが治癒できない場合のみ，会社法の関連規定に基づき会社を解散させ，会社人格を消滅させることができると考える。

第五節　国有独資会社

一　国有独資会社の概念と特徴

　国有独資会社とは，国が単独で投資し，国務院または地方人民政府から授権した主要人民政府の国有資産監督管理機構が出資者として職責を有する有限会社を指す。国有投資会社は，中国会社法が現代の各国で広く用いられている会社制度を参考にしたものであり，中国の特殊な国情に的を絞り，中国国有企業制度改革を促進するために専門的に設立した一種の特殊な会社形態である。

　会社法の規定により，国有独資会社の設立には二つの方式がある。一つは新設であり，国有資産監督管理機構が単独で出資し創設した国有独資の有限会社である。二つ目は改組であり，在来の国有企業を会社法の有限会社設立の条件に合致させて単一の投資主体となるものであり，会社法の規定に従って改組し国有独資会社になる。

　国有独資会社をその他の会社形態と比較すると，下記の特徴を有する。

（一）国有独資会社は特殊な「一人会社」

　まず初めに，国有独資会社は「一人会社」である。国有独資会社の株主はただ1人であり，すなわち国である。同時に，国有資産監督管理機構が出資者あるいは株主の職責を履行する。従って，国有独資会社は実際上会社法上の「一人会社」に属し，この点において，国有独資会社と普通の有限会社の区別が明確になる。

　次に，国有独資会社は特殊な一人会社である。この種の一人会社の特殊性はその株主の特定性である。会社法の規定に従えば，国有独資会社の株主になるための必須の前提条件は政府の授権が必要であることである。会社法は他のいかなる単位や個人の単独の投資でも一人会社の設立を認めていない。普通の一人会社は，株主が法人であっても自然人であってもよい。株主の人数に制約があることから，一般的には，普通の一人会社の規模は大きくはないが，中国の国有独資会社の規模は通常大きい。

（二）国有独資会社は特殊な有限会社

　1　国有独資会社は有限会社

　国有独資会社の資本は，株式に分割できず，一人株主の会社にも属さない。

国有独資会社は一般の有限会社と同じであり，会社はそのすべての財産をもって会社の債務に対して責任を負う。株主はその出資額を限度として会社に対して責任を負い，会社と株主は相互に独立であり，このように国と企業の財産権は明確になっている。

2　国有独資会社は特殊な有限会社

多くの国有独資会社は，有限会社の形態で規定されるが，それと一般の有限会社とは，株主数，株主の身分，会社の組織制度と株主権の行使等を含む多くの面で少しずつ異なっている。当然，ある特別の規定以外には，《会社法》が関連する有限会社組織と行為に関する一般規定も国有独資会社に適用される。

3　国有独資会社と一般の国有企業との区別

多くの国有独資会社は，特定の国有企業による会社化への改組の結果生まれたものであるが，国有独資会社は在来の国有企業とは異なる。その主な状況は次の通りである。

(1)　両者の設立の根拠が異なる。国有独資会社は会社法により設立され，会社法の適用を受ける。一般の国有企業は《全民所有制工業企業法》に基づき設立され，《全民所有制工業企業法》の適用を受ける。

(2)　両者の財産権の性質が異なる。国はその代表——国有資産監督管理機構を通じ，国有独資会社の株主として，会社財産について法により株主権を有しまた行使する。国有独資会社は会社の財産に対し法人財産としての所有権を有する。一般の国有企業においては，国は企業の所有者として企業の財産に対する所有権を有する。企業が法人単位として企業財産に対して有するのは経営管理権である。

(3)　両者の管理体制が異なる。国有独資会社は取締役会を設立し，その構成員は国有資産監督管理機構が派遣し，代表取締役，副代表取締役は，国有資産監督管理機構が取締役会構成メンバーの中から指名する。部門責任者については取締役会が任命または解任する。法定代表者は，代表取締役，執行役員あるいは部門責任者が務める。一般の国有企業は，工場長責任体制を採用しており，工場長または部門責任者が企業の法定代表者である。両者は内部管理機構等の面で多くの相違が存在する。

二 国有独資会社の適用と評価

　国有独資会社は，中国国有企業改革の産物であり企業形態である。中国の国有企業は，従来中国経済の主導的かつ中核的な存在であり，20世紀80年代以来の中国の経済体制改革にとって，その中軸となる重要なポイントは国有企業の改革である。国有企業の生命力と活力を奮い立たせるために，国有資産の経営利益と価値の維持・上昇を保証した。国は，国有企業に一連の徹底した改革措置を除々に採用させてきた。その結果，企業の自主権の拡大から経営責任制及び賃貸経営制，更には現代企業制度の提起と会社制の確立にまで，中国の国有企業改革は，局部的，表面的な財産関係と管理関係の漸進的な改革から全体的，実質的な法律形式の根本的な改革まで経験してきた。国有独資会社はまさにこの種の変革の成果であり採用した法律形態である。

　会社，この種の株式制企業はその明確な財産権，科学的に有効な管理方式，公平で合理的な利益，リスクコントロールによって現代企業の最も重要な組織形態となる。それ故，会社制あるいは株式制の採用は国有企業改革の必然的な選択となる。

　しかし，中国の全民所有制経済の絶対的な主導的な地位と国有企業財産と経営規模があまりにも巨大であり，非国有経済の財産の蓄積の時間が短いために，投資能力が不足し，投資主体の多元化や株主構成の多様化を多くの国有企業において樹立することが実際は難しかった。一般の有限会社と株式会社の形態は，すべての国有企業に普遍的に遂行させるにはまだある程度の条件と手続きが必要であった。このため，一種の特殊の会社形態として，《会社法》は国有独資会社を制定した。有限会社の基本形態と構造を採用しただけではなく，株主が1人であるという特徴に基づき，比較的柔軟で簡易な組織機構と管理方式を定めた。

　その他には，旧会社法の規定に従い，国有独資会社は国の独占経営の領域と業種において特別に適用しなければならない。国務院が確定した特殊産品を生産する会社または特定業種に属する会社は国有独資会社の形式を採用しなければならない。いわゆる特殊製品または特定業種とは，郵政，鉄道，軍需品，タバコ，レアメタル及び国家機密，先端技術の研究・生産に関する企業などのように，国民経済または国の専業の製品を意味する。その時々の産業政策と競争政策に基づき，国務院はこれらの製品や業種について独占または競争導入の程度を決定し，国有独資会社の具体的な範囲を決定することが

できる。国有独資会社の経営の目的は，それらの領域における国の集中コントロールを強化することである。しかし，国有企業が実行する会社化への改組に基づき，企業経営機構の転換，企業の各株主主体の利益の強化という相互の制約，企業の活力と市場競争力の強化の趣旨に基づき，新会社法はこの規定を削除した。このことの意義は，国有独資会社の形式をとるか否かについては，法律はもはや具体的に制限しないということであり，もう一つの意義は，国有独資会社形式の採用は徐々に減少させなければならないという立法上の誘導である。

【本節実務検討】
●国有独資会社は一人会社と併存すべきか否か

会社法改正の際にこの問題に対して二つの意見があった。一つは，「国有独資会社」の一つの節を保留し，各項目の具体的な規則を更に調整し細分化するというものである。二つ目の意見は，その節をなくし，直接国有独資会社を「一人有限会社」の一節に個別条文として加えて規定するというものである。前者の立法方式は，国有独資会社は普通の一人会社とは異なる特殊な類型であり，国有企業改革を支援するためにはやはり会社法で管理を強化しなければならないことを表している。後者の立法方式は，国有独資会社が普通の一人会社の特殊な形態とし，一人会社の規則を一体的に適用するというものである。立法方式の差異は，会社法の性質，機能及び立法目的に対しての理解の相違を明らかにしている。

会社法は本質的に私法に属し，個人という主体間の商事関係を調整し，西洋各国の会社法の調整対象も主に私有企業に限られている。このように，中国会社法は一つの節で，国有独資会社を具体的に規定し，会社法に国有企業改革の重任を背負わせることの意義と効果はいかなるものであろうか。国有独資会社にとっては，会社法の調整範囲の専門規定を受け入れ，その目的は，国有企業の組織機構と財産関係の改造や規範化によって，現代企業制度の市場主体に合致させることにある。しかし，現実の国情及び現有の会社法が管理する資源と環境では，国有企業を現代的な意味での市場主体として競争に参画させるために真に生まれ変わらせることはまだ難しい。会社法が完全に国有企業改革の重任を負えるか否かは，実務上の結果が最も良い回答かもしれない。もう一つの面は，国有独資会社は一人有限会社の中から分離して出

てきたものであり，特殊な対応と詳細な規定を与えることは，会社法のあるべき体系を破壊するばかりか会社法の中立性や安定性をも破壊してしまう。会社法は，市場主体の規範としての基本法であり，一定の安定性が必要である。しかしながら，国有独資会社の中の国有資産の管理保護，国有株の株主権の行使，国有資産の買い入れ等の問題についてはまだ模索中である。国有企業改革政策も絶えず改定変動の中にあり，会社法にはこの種の問題が尽きることなく存在し，変化するごとに改定することは不可能である。

　従って，長期的視点から考えると，会社の立法と国有資産の立法は別々に行わなければならない。会社法の中では会社が従わなければならない共通の規則のみが規定されなければならず，国有会社の特殊規定は国有資産の立法に置かれ完成している。現行の会社法で国有独資会社と一人有限会社は両者とも異なる類型の会社であるため，国有独資会社の設立と機関については，有限会社の第一，二節の規定が適用でき，第三節関係の一人会社の規則は適用できない。

第六節　上場会社

一　上場会社の概念と特徴

　株式会社が発行する株券が公開上場取引であるか否かにより，上場会社と非上場会社に分かれる。いわゆる上場会社とは，発行する株券が証券取引所を経て上場取引される株式会社を指す。

（一）上場会社は株式会社の一種

　会社が発行する株券が上場取引されることは，それが高度な公開性を有していることを表わし，株式会社だけがこの種の公開性の特徴を有する。同時に，各国の法律もすべて，株式会社のみが株券を上場取引する権利を有し，他のいかなる類型の会社，有限会社等を含め，株券を公開発行し更にその株券を上場取引する権利を持たない。同時に，すべての株式会社が株券を発行し株券を上場取引するのではなく，株券を上場取引できるのは株式会社の中の一部である。そのため，上場会社は必ず株式会社であるが，株式会社のすべてが上場会社ではない。

（二）上場審査制度

　株式上場は公衆の利益と公開市場の秩序に関わるので，各国政府は通常監

督・管理を行っている。中国会社法は，株式上場は関連法律，行政法規及び証券取引所取引規則に基づく必要があると規定している。中国証券法は証券上場の条件と手続きに対する具体的な要件を定めており，株券は国務院証券監督管理機構の審査を経て公開発行しなければならないと規定されている。証券取引所に申請し，証券取引所での法に基づく審査承認を経て，更に双方で上場の合意等の締結をしなければならない。

(三) 上場会社の上場取引

株券の公開取引は株券の上場とは異なる。公開取引は各種の異なる市場範囲と取引方式を有し，証券市場は発行市場，流通市場，店頭取引市場等に分かれる。これらの市場において取引される株券はすべて株式会社が発行する株券であり，これらの市場での取引はすべて公開取引に属する。証券取引所は公開市場における流通市場であり，証券の集中取引を行う特殊な市場である。証券取引所において行われる取引は上場取引とも称し，株券を証券取引所に上場した会社は上場会社に属する。

二 会社上場の目的と効果

株式会社発行の株券の上場取引は会社の上場とも称する。会社上場は，多くの効果を有し，会社は様々な目的によりあちこちで上場しようとしている。

(一) 会社の融資機能の強化

証券取引所が行う取引は，非常に集中した市場であり取引方式も手軽で迅速に取引が行われる方式である。現在の市場条件下では株券の上場取引は，株券に最強の流通性と換金性を持たせることによって，投資者に適し歓迎される普遍的な投資方法になっている。従って，会社の上場は，後日行われる増資や新株発行のために有利な条件を創造し，会社に資本市場での融資能力において実質的な増強を獲得させることになる。実際に，株式会社の融資機能は主に上場会社において表れる。特に中国の現在の状況では，国は会社の上場に対して厳格に管理しており，会社上場の数をコントロールし，上場会社は比較的稀な市場資源であり，貴重な融資の受け皿であり，多くの会社は融資への切迫したニーズに基づき上場の実現を目指して努力している。

(二) 株主の投資回収

他の会社と異なるのは，株主は株式会社に投資し，会社利益配当という収益を得るのみならず，株式市場における取引の価値上昇による収益の取得を

含んでいることである。多くの投資者は，取引市場での収益の可能性が投資の主要な目的であるとさえ述べている。会社の上場は，株主に取引市場において利益を得る機会を持たせ，それによって株主の投資回収の向上を図る。

(三) 会社の知名度と信用

　上場会社は厳格な情報公開制度を実行する。会社は一旦上場すればその一切の重要事項を社会に向けて公開しなければならない。証券法は上場会社の情報公開に対して全面的，具体的に規範化し，更に上場会社の情報公開は指定された媒体で公表しなければならない。現代の市場経済条件下では，証券市場は社会経済の重要な構成部分であり経済発展状況のバロメーターとなっている。証券取引相場は普遍的に関心を持たれる経済ニュースであり，上場会社は公衆の密接な関心の対象であり，上場会社はこれにより一般の会社が得難い市場認知度や知名度を有し，業績良好な会社はこれにより更に高い商業的信用と市場競争における優位性を高める。

(四) 会社の行為規範と管理

　上場会社の行為は，普通の会社に比べると多くの規範や制限を受ける。まず，会社法の規範を除いて，上場会社は証券法の調整と規範を特別に受ける。次に，上場会社は証券市場の監督管理機関と証券取引所の行政管理と市場管理を受けなければならない。第三は，上場会社は，公衆に対する情報公開により，媒体による世論の監督を含めて，社会大衆と広範な投資者の監督と制限を受ける。これらは上場会社の行為を更に規範化し更に法律の要請に合致させることになる。同時に，会社の管理者に高度な業務資質と管理能力を具備することを求め，管理者に対し，善管注意義務を果すことを求めている。

三　上場条件

　中国《証券法》第50条では，株式会社の株式上場の申請の法定条件について規定している。

　(1)　株券は，国務院証券監督管理機構の審査承認を経て公開発行。
　(2)　会社の資本金総額は少なくとも3,000万人民元。
　(3)　公開発行の株式は会社の総株数の25％以上で，会社の資本総額が4億人民元を超える場合は，公開発行株式の比率は10％以上。
　(4)　会社に最近3年間で重大な違法行為がなく財務会計報告に虚偽の記載がないこと。

それ以外に，証券取引所は上述の法律規定の上場条件を引き上げて規定でき，更に国務院監督管理機構の承認を受ける。

四　上場手続き

中国の会社の上場は，法定条件に合致した株式会社は上場申請することができる。中国《証券法》及び関連規定に基づき，上場の基本的な手続きを以下のように概括する。

(1) 証券取引所に対し，規定に従い各種申請文書とともに申請する。
(2) 証券取引所で審査承認する。
(3) 証券取引所と上場の合意契約を締結する。上場会社と証券取引所との間の基本的な関係は，市場提供者と証券発行者の間の契約関係であり，上場会社は証券取引所と上場の合意書を締結しなければならない。双方の権利と義務を具体的に取り決めた上場合意書は，典型的な特殊契約として，各取引所は自己の契約条件と上場会社に対する要求を有しており，それらは主に，取引所は上場会社の利益をいかに擁護するか，上場会社の情報公開義務の履行と取引所の監督を受けること等の規定である。
(4) 定められた期限内に株式上場の関連文書が公表され，当該文書は公衆縦覧に供するために指定された場所に保管される。
(5) 上場関連事項の公表。
(6) 公開上場。上述の手続き終了後，会社は上場合意で規定された期間，証券取引所で公開上場される。

第七節　外商投資企業（会社）

一　外商投資企業の概念と特徴

中国の外商投資企業は，中華人民共和国の法律に基づいて中国国内に設立され，一部または全部の資金が域外，外国からの投資者でありそれに対応した支配権を有する企業または会社を指し，国際的な民間資本が中国に対して行う直接投資方法である。

外商投資企業は，一般に会社の組織形式を採り大多数は有限会社に属する。このため通常は外商投資会社とも称し，最近は中国の有限会社の中でもかなり大きな比重を占めており，また会社法規範の重要な対象でもある。外商と

の共同投資あるいは外商単独投資によっても設立できるので，渉外企業または渉外会社とも称する。外商投資企業は3種類の類型に分かれ，三資企業あるいは渉外会社とも称される。

外商投資企業は以下のような法律的特徴を有する。

(一) 外国の投資者による設立

ここでいう外国投資者は，外国企業，その他の経済組織または個人を指す。外商投資企業は中国の投資者と外国投資者の共同投資で設立することができ，外国投資者が単独で投資設立することもできる。外国投資者の単独での設立は，外国の一方あるいは複数の投資者が共同で設立するものも含む。

(二) 中国の法律に従い中国国内に設立

外商投資企業は外資が参加しているが，中国企業または法人に属する。その国籍を確定するために依って立つものは，企業の設立が依拠している法律であり設立地である。この特徴は，それを中国域外で設立され中国領内で経営活動を行う外国会社と区別し，中国域外で外国の法律に基づき設立された中資会社とも区別される。

(三) 外国投資者による直接投資で設立

国際投資は多くの異なる方式がある。例えば，国際リース，貸付け，証券投資，共同開発，補償貿易，委託加工等である。個人が直接投資して設立した企業は外商投資企業に属する。外国政府あるいは各国政府を利用して共同で設立した国際経済組織の資金で創設する企業は外商投資企業には属さない。諸外国のリース，貸付け等の間接投資方式で創設する企業も外商投資企業に属さない。

外商投資会社は，20世紀70年代末の中国の改革開放の初期に出現し，外資の導入と吸収のために創設した企業法律の形式である。相継いで公布された《中華人民共和国中外合資経営企業法》(1979年7月公布)，《中華人民共和国中外合作経営企業法》(1988年公布) 及び《中華人民共和外資企業法》(1986年公布) 並びにその他の一連の法規と規則を通して確定し規範化した。外商投資企業法はこれによってかなり完璧な法律体系となった。

二 外商投資企業の法定類型

現行の外商投資企業法によると，外商投資企業は以下の3種の法定類型に分かれる。

(1) 中外合資経営企業（以下，合弁企業と略称する）は，中国合弁者と外国合弁者が《中外合資経営企業法》等の関連法律規定に従って，中国領内で設立した共同投資，共同経営，出資比率に応じて利益を分配しリスクと欠損の責任を負う企業を指す。

(2) 中外合作経営企業（以下，合作企業と称する）は，中国の一方当事者と外国のの当事者が《中外合作経営企業法》に基づき，中国領内に設立し契約により双方の権利義務を確立し，契約に基づいて生産経営に従事する企業である。

(3) 外資独資企業が《外資独資企業法》に基づいて中国国内に設立する外国投資の企業である。

上述の3種の企業形式中，外資独資企業の特徴が非常に際立っており，外国個人，企業，会社あるいは他の経済組織による単独投資，単独経営，単独でリスクを負う経営である。合弁企業と合作企業の間には多くの類似点があるが，両者には依然として本質的な差異がある。すなわち，合弁企業は株式組織であり合作企業は契約式の組織である。合弁企業は各当事者の種々の投資形式，現金，設備，工場，技術，土地使用権等について同一の貨幣単位によって株主権を計算し，利益配当とリスクの引受けは株主権に基づいて行う。共同経営期間も比較的の長い。合作企業は各当事者が提供した現金，設備，土地，技術，労務等を資本金として投資し，利益配当は各当事者が締結した合意に基づく。共同経営期間は一般に，合弁企業より短い。組織形態の面からみると，合弁企業は法人資格を有する企業であり，合作企業は法人資格がなくともよい組織である。

上述の3種の外商投資企業の他には，20世紀90年代以来，中国にはまだ，いわゆる中外株式会社が出現していた。それは一定人数以上の中外株主によって設立されたものであり，すべての資本は等額の株式によって構成され，外国の株主も外貨を自由に兌換購入でき会社の登録資本を一定比率(25%)以上持つ株主である。株主は，その引き受けた株式をもって会社に対する責任を負い，会社はすべての資産をもって会社の債務に対して責任を負う企業法人である。中外株式会社は新しい外商投資企業の類型であるかどうかについては，現時点では専門の法律規定はないが，その法的地位と発展の見通しについては今後検討しなければならない。

三 外商投資企業の法的性質
(一) 合弁企業の法的性質
　《中外合資経営企業法》第4条では「共同経営企業の形式は，有限会社とする」と規定し，同法実施条例第2条でも，「中外合資経営企業は中国の法人であり，中国の法律の管轄と保護を受ける」と規定している。合資企業法は有限会社の概念を中国の現行企業立法に導入した最初の法律であり，このときから中国は有限会社の名称を使い初めた。

　合資企業法における有限会社の規定は非常に単純であり，有限会社の具体的な特徴や条件は説明されていない。当該法律の実施条例では株主有限責任に対してもう少し進んで，「共同経営の各当事者の共同経営企業に対する責任は，各自が引き受けた出資額を限度とする」と規定しているが，全体として言えば，合資企業法はそれを有限会社の性質であると規定するが，当時は有限会社に関する立法がまだ少なく，この役割を果たすのはその後の会社法の完成に至ってからのことである。1993年に公布した会社法は有限会社に関して全面的に規定した。

　合資企業法は，合弁企業の性質を有限会社と定めた。合弁企業と有限会社の関係は明らかである。すなわち，合弁企業は有限会社の一種であり，普通の有限会社と異なる点は，株主が中国側の投資者と外国の投資者の両者で構成されるというところにある。

(二) 合作企業の法的性質
　合弁企業が有限会社の一種に属するということが充分明確にいえるのに対して，合作企業の法的性質は比較的曖昧である。《中外合作経営企業法》第2条では，「合作企業は法人条件の規定に関する中国の法律に合致し，法に従って中国法人の資格を取得する」と規定した。法人条件を具備しなければ中国法人の資格を取得することができないということである。すなわち，中国の合作企業は，法人型と非法人型に分類できる。実際の状況を見てみると，既に設立された合作企業の大多数は法人資格を有しており，非法人の合作企業は極めて少ない。

　法人型合作企業の具体的な法律形式は，《中外合作経営企業法》にはまだ規定されていない。理論面から言えば，規定がないからには法律形式としていかなる会社形態を採ることができるのであろうか。例えば，有限会社，株式会社ないしは無限会社など。しかしながら，合作企業法の具体的な規定によ

ると，法人型の合作企業は有限会社の形式を採用するしかなく，株式会社あるいは無限会社の形式を採ることはできない。それは，株式会社のように株式の公募によって資本調達することができないため，その株主の権利も自由譲渡の株式のように均等な金額として表わせず，その利益配当やリスクの負担も株式会社とは異なる。合作企業は無限会社の形式を採ることはできない。合作企業は自己の独立した財産をもって対外的に責任を負う。合作者は契約で定めた比率で有限責任を負う。これらは無限会社の特徴とは完全に異なる。

　非法人式の合作企業の法律形式については，《中外合作経営企業法》にはまだ規定がない。現在，理論上一般には，この種の企業は組合企業に属し，組合員の権利義務は契約で定め，企業の債務に対しては組合員が無限責任を負う。中国の法律は現在企業間の組合に対してはまだ統一した規定はなく，既に公布された《組合企業法》の法条の語意から見れば，公民個人の間で構成された組合企業にしか適用されない。その特性から言えば，非法人型合作企業は《民法通則》第52条で規定する組合型の共同経営組織と類似している。当該規定は，「企業間あるいは企業，事業単位の間の共同経営，共同経営は，法人条件を有さず，共同経営の各当事者による出資比率あるいは協議による約定に従って，各自が有しまたは経営管理する財産をもって民事責任を負い，法律の規定あるいは協議による約定に基づいて連帯責任を負う」と規定している。そのために，現時点では非法人型合作企業に対する法律規定はまだないが，その法律形式は組合型共同経営組織の規定を参考にして運用することができると主張する人もいる。

（三）外資独資企業の法的特徴

　外資独資企業の法律的性質については，《外資独資企業法》と《中外合作経営企業法》とにおいてほぼ完全に共通の規定を置いている。すなわち，「外資独資企業が法人条件に関する中国の法律に合致させて法により取得した中国法人の資格である」。これは，外資独資企業は，同様に法人式の外資企業と非法人式の外資企業に分けることができることを意味している。同時に，《外資独資企業法実施細則》でもまた次のように規定している。「外資独資企業の組織形式は有限会社とし，審査を経てその他の企業形式とすることができる。外資独資企業が有限会社である場合は，外国投資者の企業に対する責任はその引き受けた出資額を限度とする。外資独資企業がその他の責任形式で

ある場合は，外国投資者の企業に対する責任は中国の法律法規の規定を適用する」。

　これから言えることは，組織形式についてはかなり柔軟であり，法人資格を有する外資独資企業は組合企業となることが可能であるばかりか，独資企業形式を採用することも可能である。独資企業について言えば，1999年に公布された《個人独資企業法》では，外商独資企業には適用しないと明確に規定している。

四　外商投資企業の法律適用

　外商投資企業は法律的性質が多様である企業組織であり，その中の合資企業が疑問の余地なく有限会社に属することを除いて，合作企業と外資独資企業は法人型の有限会社の形式をとることができる上に，非法人型のその他の企業形式を採ることもできる。外商投資企業と会社の間のこの種の相互の錯綜関係がもたらす必然的な結果は，外商投資企業法と会社法の間の法律適用上の衝突である。すなわち，有限会社の性質を有する外商投資企業に対するその設立，組織機構及びその活動に関しては，外商投資企業法を，あるいは会社法を適用すべきか。これに対して，中国《会社法》第218条では，協調性についての原則的な規定を定めた。すなわち，「外商投資の有限会社及び株式会社には，本法を適用する。外商投資の法律に別の定めがあるときは，その規定を適用する」。しかし，合作企業と外資独資企業の会社の性質はあまり明確ではなく，外商投資企業法と会社法とには多くの面で差異がある。この原則的な規定は依然として法律適用上の衝突を完全に解決できるものではない。同時に，外商投資企業法それ自体に存在する問題が会社法公布後に顕著となった。このため，外商投資企業法の改革と会社法の協調，融合の可能性は多くの人が向かうところである。

【本節実務検討】
●外商投資企業法と会社法の衝突と融合

　外商投資企業法は特別企業形態の法律として，本来は，会社法の公布後に，会社，有限会社等における基本的法律概念や法律制度が完全に統一，確定された基礎の上に立って進めるべきであった。しかしながら，中国は対外開放と経済体制の改革，発展を決定し，企業立法は一般的な立法モデルに従って

順を追って進めることは不可能であった。これに反して，それらは完全に経済改革と対外開放の歩調に追随，同調して形成されていった。1979年には，いかなるその他の企業立法もまだなく，《民法通則》でさえなかった時期に，《中外合資経営企業法》が公布された。80年代中期に至って，1986年には《外資独資企業法》が公布され，1988年に《中外合作経営企業法》が公布された。これらの三つの外商投資企業法が基礎と前提とする《会社法》は，紆余曲折を経て1993年になって公布された。《会社法》の公布によって，外商投資企業法と会社法のつながりの問題が企業法立法及びその理論実務が直面する現実の任務となった。

　《会社法》の立法者は，この問題に対して早くから十分な関心を持っており，第218条に協調性の原則規定，すなわち「外商投資の有限会社と株式会社には本法を適用する。外商投資の法律に別の定めがあるときは，その規定を適用する」規定を加えたが，会社法がこの法律衝突に対して行う技術的な処理には，論理上及び法律上の重大な矛盾が存在した。外商投資の有限会社に会社法を適用すると規定しているが，同時に，外商投資企業法に他の規定があるときはその規定を適用すると定めている。ここで，「別の定めがあるとき」というのが，外商投資企業法の特有の法律制度と規則を指している場合は成立する。しかし，現行の外商投資企業法のすべての内容を含むと，上述したように，法律の統一性を破壊する局面が現れ得る。その他に更に困難なことは，外商投資企業法は体系面で不完全であり内容も片面的な企業立法である。外商投資企業法には，企業法として加えるべき規範や多くの関連事項が具体的な規定として加えられていない。例え内容が比較的充実している合資企業法でも，対応する標準的な企業法の規範から言っても不完全である。これは外商投資企業法が実際の運営の中で日常的に頼るべき法がないという状況に直面しているといえる。

　上述の問題を解決する法律的な手段は明らかである。外商投資企業法の改正によってその内容を根本的に調整し，外商投資企業法が規定するその特有の制度と規則だけを確定し，有限会社のその他の一般的な制度と規則を会社法の規定の基本立法の仕組みに基づいて，すべて削除して会社法の内容を適用しなければならない。その特有の制度と規則だけは保留し更に充実させる。

　上述の改正と改革の後は，外商投資企業と会社の関係は明確となる。なか

でも法人地位を有する有限会社には統一的に会社法が適用される。非法人の外商投資企業もその性質に従ってそれぞれ組合企業法あるいは別に制定された独資企業法が適用される。外商投資企業法と会社法の機能の分業も十分明らかとなる。前者は，外商投資企業特有の法律制度と規則を規定するだけであり，そのなかには投資の領域と経営範囲の奨励と制限，出資表示の要件，税収の優遇，財務，貸付，外貨及び労務管理等の産業政策と経済管理面の規定などを含む。後者は，外商投資企業を含むすべての有限会社に適用する。二つの法律の間の関係も徹底的に調整され，法律上の衝突はもはや存在しなくなる。

更に指摘しなければならないことは，外商投資企業法と会社法の融合も公平競争と国民待遇からの要請である。成熟した市場経済は公平な市場競争を呼び招く。市場経済の根本的なメカニズムは，公平競争であり公平競争が求める市場の統一であり，市場主体の平等と市場取引規則と規範である。中国はWTOに加盟し，世界が中国市場経済の発展の程度と発展の環境等を承認するのみならず，同時に，中国政府が国際社会の承認に対して，外国の商業組織に同様の「国民待遇」を与え，相応する法律規則の下での公平な競争を行わせてきた。公平な競争は当然投資領域の競争と投資行為の公平を含み，会社形式をもって商業競争に従事するときに同様な法律対応と相応する法律規則の適用することを含んでいる。

第三章　会社の設立

第一節　概　説

一　会社設立の概念と特徴
（一）会社設立の概念
　会社設立とは，一連の法律行為の総称であり，設立人が会社法の規定に従って会社成立の前に会社設立のために行い，法律主体の資格取得を目的とする活動を指す。
　設立の概念を正確に理解するためには，会社の設立と成立の違いを区別しなければならない。会社の成立とは，法律で規定した実質的な要件を具備し，設立手続きを完了し，主管機関による営業許可証が発行され，会社の法人資格を取得するという法律上の事実を指す一種の法律上の状態を示すものである。このために，会社設立は成立のための不可欠の手続きであり，会社の成立は設立の法的結果あるいは直接的な目的であると見ることができる。会社の設立と成立の違いは，主に下記のごとくである。
　(1)　発生の段階が異なる。会社の設立と成立は，会社の法人主体の資格を取得する手続き中の一連の連続した行為の二つの異なる段階である。設立行為は，法による許可登記，営業許可証発行前に生じ，成立行為は，法による許可登記，営業許可証発行のときに生じる。会社の成立は，実質上は，設立行為が法律で認可後，法に基づき存在する一種の法律効果である。注意すべきことは，設立行為は必ずしも会社の成立をもたらすものではないことである。設立行為が法定条件や手続きに適合しなければ，法律により承認することはできず，会社は成立するすべがない。
　(2)　行為の性質が異なる。設立行為は発起人の意思表示を要素とし，主として法律行為であり，平等，自発性，誠実信用等民商法の基本原則の指導を受ける。会社の成立には，政府の関連部門に対する登録登記手続を必要とする。成立するためには主管機関による営業許可証の交付が必須であり，会社

の成立行為は発起人と登記主管機関の間で生じる行政行為に属する。この行政行為がもたらすものは民法上の効果であり，設立する組織が取得する法人主体資格である。

(3) 法律効果が異なる。会社設立は成立の前提条件である。会社は，認可登記前は設立中の会社と称され，このときの会社はまだ独立主体の資格を有していない。その内部・外部関係は一般に組合と見做される。例え設立行為が完了していても，まだ営業許可証を取得していないならば，依然として会社の名義で対外的に営業活動を行うことはできない。そのため，設立段階の行為において，会社がまだ最終的な認可登記が終わっていない場合は，設立行為の後の結果については関連する組合の規定が類推適用され，設立行為に対して設立人は連帯責任を負う。会社が認可登記された場合，発起人が設立のためにした法律行為の結果は原則上会社に帰属する。会社の成立によって会社は独立主体となり，会社成立後に行われる行為の結果は原則上会社が引き受ける。

(二) 会社設立の特徴

会社の設立は手続きの問題であり，実体の問題でもある。手続き問題についていえば，各国・地域の会社立法は，会社設立の手順と法律効果を規定しており，すべての設立手続きは法律の規定に適合しなければならない。実体問題について言えば，会社の設立は，一定の信用を基礎として結合し一定の組織になることであり，各種の類型の会社はその信用の基礎が異なり，その設立も異なった特徴を有している。

(1) 設立の主体は発起人である。発起人は数人であっても1人であってもよく，一般に先行投資を伴い，設立を計画・推進するとともに会社の設立に対する責任を負う自然人，法人及び国等である。会社の設立過程においては，発起人は対内的な設立業務を行い，対外的には設立中の会社を正式に代表する。置かれている地位が重要であるばかりでなく，生じる効果も非常に重大である。

(2) 設立行為は会社成立の前においてのみ生じ，法定条件と手続きを厳格に履行しなければならない。各国・地域は関連する法律規範でもって会社の設立条件と手続きに関して規定している。設立行為がまだ完了していないか，設立行為は完了したがまだ法律規定の条件を満たしていない場合は，会社を成立させることはできない。会社が存在するためには，まず主体資格を

創設するための各種の具体的条件に関する法律に適合させなければならない。さもなければ設立行為によってあるべき法律効果を生じさせることはできない。例えば，設立時に設立申請書または関連文書，出資監査報告等を提出しないといずれの場合も会社設立の失敗となる。

(3) 設立行為の目的は，最終的には会社成立であり，法律主体の資格取得である。会社は会社の法人資格，すなわち法律上の主体としての地位を取得して初めて権利能力と行為能力を具備することができ，会社の名義で民事権利と民事義務を引き受けることができる。自然人はその出生に基づいて主体資格を取得し，会社は一連の設立行為を通して初めて主体資格を取得する。まさにこのために，設立人が設立段階において携わる当該目的と無関係の活動は，会社設立の範疇に入れるべきではなく，設立人自身にそれによって生じる結果に対して責任を負わせるべきである。

(4) 会社の種類が異なれば，設立行為の内容も異なる。各種の設立行為の共通内容は，主に発起人が会社の設立計画推進のために行う契約，会社定款の作成，会社の類型と名称の決定，経営範囲と資本総額の確定，会社の営業地域の選択，発起人または株主による株式引受，出資，設立会議の召集，会社機関の構成員の選任並びに会社の設立登記の申請等である。

相対的に言えば，各種の会社のなかで，株式会社の設立は，設立手続きであろうと設立行為の内容面であろうとにかかわらず他の会社に比較して複雑である。その理由は主に，株式会社の株主数が非常に多いということにあり，その資本の調達には特定の出資募集の手続きを通じて行わなければならず，また機関の構成員は往々にして創立総会にて選任する必要があるというところにある。その他の類型の会社の株主，出資及び組織の構成員は，設立の初期段階で定款にて確定でき，複雑な株式募集の手続きを履行する必要がない。

二 会社設立の原則

(一) 諸外国の会社設立原則の沿革

会社設立の原則とは，会社設立の基本的な拠り所及び基本方式を指す。会社は法人格を有する社会組織であるが，会社の類型が異なるので責任形態や組織機関面ですべて共通しているわけではない。しかも，国・地域によっては歴史の段階も異なり社会政治経済の条件，文化伝統，法律伝統等の要素の差異があるために，会社設立に対して各国ごとに異なる設立原則に則って行

われている。そのため，会社設立の原則は，決して単一ではなく，一度できたものも不変ではなく，会社類型の相違や時代の発展変化により違いがある。概括して言えば，ローマ社会から近代工業社会まで会社の設立については相次いで自由設立，特許設立，許可設立，単純準則設立及び厳格準則設立等の設立原則を経験してきた。

1　自由設立主義

自由設立主義は，放任設立主義とも称し，設立するか否か，どんな種類の会社を設立するか，どのように設立するか等の設立業務を完全に当事者の自由とすることを指し，法律はいかなる干渉もしない。ローマ社会から中世紀まで，商業社団は事実と存在に依拠し法により創設されるものではなかった。当時の法律は，商業社団が「法人」であることを承認しないうえに，商業社団の成立に対しても積極的に関与しなかった。従って，商業社団の成立のための法定条件の制限がなく，登録登記の手続きもなかった。この種の原則は，欧州における中世紀末の自由貿易時代にはかなり一般的であった。当時の商事会社は勃興したばかりであり，すぐにこの原則を採用した。しかし，この種の設立原則の下では設立手続きに制限がなく自由なので，組合企業との境界も区別し難く，基本的条件を欠いた多くの組織も会社の名義で出現することが免れられず，債権者に権益の保障ができなくなり，経済秩序に影響を与えるようになった。そのため，その後各国・地域の会社立法においてはこの種の設立原則は採用されなくなった。

2　特許設立主義

中世期後期，欧州大陸には多くの商業同業組合が発展してきて，組合内部には頻繁に衝突が生じ，次から次へと勢力範囲が確定された。各種の同業組合は，国家権力に頼って商品市場の独占を図ることを企て，封建国家はまた，これらの同業組合を通じてある種の共通した機能を引き受けある政策を普及させたいと希望する。そして，商業同業組合は行政的な独占を追求して，会社設立原則を自由設立主義から特許設立主義への転換を促進する。

いわゆる特許設立主義とは，会社の設立には，国の元首が特別に許可または国の立法機関が公布する特別法令で許可を与えることが必須であることを指す。特許設立制度は，国王の王権と議会の権威を体現し，中世期後期から近代工業社会までこの原則が普及していた。例えば，英国で1600年に設立された東インド会社は，英国王室を通して特許が成立したものである。英国

は早くから運河,船渠,鉄道,電力,石炭ガス及び水道等は,国会の各種の特別法案を通して成立したものである。

特許設立主義の原則の下で設立された会社は,通常,早期資本と絶対主義及び全体主義王権が相互に結合した産物であるとみなされており,国家権力の延長である。会社設立に対するこのような過度に統制されたやり方では会社の普遍的な発展のニーズに適合することができないのは明らかであり,更に濃厚な封建的な特権の色彩がみられる。それ故,近代の各国・地域の会社立法は,ある種の特殊な会社が依然として特許主義の原則を採用していることを除いて,一般的な会社にはほとんど採用されていない。

3 許可設立主義

特許設立主義の原則の手続きは煩雑であり,しかも市場地域分割,業種分割並びに行政的な独占が形成されており,自由競争や統一市場の形成が著しく阻害された。その結果,許可設立主義の原則が生まれた。許可設立主義は認可設立主義とも称され,会社設立には法律で規定された条件を具備すること以外には,行政主管機関が許可するか否かを通して成立する。1673年にフランスのルイ14世はこの制度について初めて商事勅令を発した。フランス,ドイツは18世紀にもこの種の制度を採用したことがある。例えば,ドイツ《民法典》第22条では,営利の目的をもった社団は,法律に特別の規定がないときは邦(州)の許可により権利能力を取得することができる,と規定されている。

特許設立主義は,会社設立の問題においては,権力機関に付与する一種の特権であり,許可設立主義は行政機関に一種の特権を付与するということができる。これが,許可設立主義と特許設立主義の違いである。しかし,国の行政部門による会社設立への関与は,会社の普遍的な発展に不利であるばかりか腐敗が繁殖し易くなる。それ故,現在は許可設立主義の原則は,銀行等国民経済に密接な関係がある業種の会社の設立に適用する以外には,様々の事情からもはや広く採用されることはない。

4 単純準則設立主義

許可設立主義の原則の下では,会社の設立には逐一行政主管機関の許可が必要であるために,いたずらに時間を浪費し実際の生活面での要請に充分に適合できない。その結果,単純準則設立主義がタイムリーに発生した。いわゆる単純準則設立主義は,会社の設立は国の法律規定の要件に合致しさえす

れば許可され，権力機関や行政機関の実質的な審査を必要としない制度である。1862年の英国会社法が初めてこの設立の原則を採用し，19世紀には多くの国が採用するようになった。例えば，日本の《民法典》第33条では，「営利の目的とする社団は商業会社の設立条件に基づいて成立する」と規定されている。この種の方法は，会社が大量に出現する状況の下では会社の普遍的な発展に役立った。

　5　厳格準則設立主義

　国は，統一的な会社法を制定し会社設立の要件を規定するが，結局，法律で十分詳細に規定することは不可能であり，様々な事情により会社設立時における具体的な解釈をまだ必要としている。さもなければ悪い結果を招来することになる。同時に，会社は社会的に重要な経済組織であるために，会社の乱造や会社を利用した詐欺等の弊害を防止するために，国は会社に対して適切な管理を行う必要がある。このような状況を考慮して，各国・地域は単純準則設立主義を基本とした厳格準則設立主義を採用した。すなわち，法律で会社設立の要件をもう一歩厳格に規定し，更に発起人の責任を重くした。同時に，会社を設立するには国の主管機関へ登記して初めて独立主体の資格が得られることを定めた。

　厳格準則設立主義は特許設立主義や許可設立の煩雑さがないばかりか，自由設立主義や単純準則設立主義の手続きが簡単過ぎることと管理面で不利であるという弊害を避けられる。そのため，現在の大多数の国・地域の会社立法で採用されており，現代の会社設立原則の主流となっている。注意しなければならないのは，厳格準則設立主義の原則下では，会社設立の手続きにおける最後の手続きは，登記機関に登記をしなければならないことである。登記の段階では，登記機関は会社設立が法律で規定した条件に合致しているか否かを審査する。法律の規定条件や手続規則に合致していれば，登記機関はそれをそのまま登記するだけであり，政策上またはその他の理由で登記を拒絶することはできない。これは厳格準則設立主義と許可設立主義の異なるところである。

（二）中国の会社設立の原則

　中国の会社設立の問題において，かつて長い間許可設立主義が実行されてきており，厳格な産業行政許可制度と独占前置審査主義を示すものである。この方法は，中国の会社法制がまだ不完全な過去の時代には肯定的な効果を

果たしたが，経済の発展に従ってその弊害が日増しに顕在化してきた。行政による過度の干渉，政治と企業の不分離，地域や部門の行政独占の形成，人為的な不公平競争の惹起などにより，会社設立手続きの繁雑化や乱れ，会社設立の効率が低下し，官僚の態度や腐敗現象を助長し易くなった。

中国の会社設立の実務面の総括を土台として，諸外国の立法経験を十分に参考にしつつ会社設立制度に対する大きな変革を行った。《会社法》第6条では，次のように規定している。「会社の設立にあたっては，法により会社登記機関に設立登記を申請しなければならない。本法で定める設立要件に適合するときは，会社登記機関は有限会社または株式会社としてそれぞれ登記する。本法で定める設立要件に適合しないときは，有限会社または株式会社として登記してはならない」。「会社設立にあたり許可を受けなければならないと法律，行政法規で定めている場合には，会社登記の前に法により許可手続きをしなければならない」。他に《会社法》は，有限会社と株式会社の設立時に対してそれぞれの登録資本の金額，払込方法及び会社の最初の株主，発起人の責任等についてかなり厳格に規定している。

上述の規定と中国の会社設立の実際とを結びつけてみると，中国の現行の会社法の規定の会社設立の原則は，厳格準則設立主義と許可設立主義の結合したものであることが分かる。具体的に言えば，一般の会社設立には，法律規定の要件に適合すれば原則的には厳格準則設立主義が適用され，そのまま登録登記手続きが行われる。しかし，国の安全，公共の利益及び国民経済と人民の生活に関わる業種や項目に対しては，会社設立にあたり許可を受けなければならないと法律，行政法規で定めているので，審査手続きを履行しなければならず，許可設立主義が適用される。例えば，銀行，保険，証券等の業種に対しては関連する法律で専門の審査手続きを定めている。率直に言えば，中国の市場経済体制の更なる発展に伴って，会社設立の原則も常に相応する変化を遂げてきたのである。肯定的に言えば，市場への参入の要件を緩め，会社設立の敷居を下げることが変化趨勢の一つである。

三　会社の設立方式

大陸法系の各国・地域の会社立法について見れば，会社の設立方式には発起設立と募集設立の2種類がある。大多数の国・地域の会社立法は両種の設立方式を認めており，フランス，イタリア，スイス及びオランダ等では発起

設立方式が一般的である。中国会社法は発起設立と募集方式のいずれをも規定している。ある株式会社について言えば、発起設立方式かあるいは募集設立方式を採用するかは発起人により状況に基づき自由に選択できる。設立規模が比較的大きくそれ自体の資金が不足するときは、社会に対して広く資金調達するかあるいは発起人が経営管理などの他の面を考慮したとき募集設立方式を採用することができる。

英米法系国・地域では、それらの会社法に発起設立や募集設立の概念がない。しかし、非開放性会社の設立も発起人によることができ、会社設立時の株主が不一致でもよく、法律上はその登録資本に対しても最低額の制限がない。各株主が1株の株式を引き受けるだけでも会社は登記成立し、成立後株式を再発行することができる。ただ公募ができず、この種の設立方式は、中国の《会社法》が公布される以前の試行的な《株式会社に関する規範意見》の中で規定された「特定募集方式」に類似している。

（一）発起設立

1　概念及び意義

発起設立は共同設立または単純設立とも称され、発起人がすべての株式の発行を引き受けて設立される会社を指す。原則的には、発起設立はいかなる会社の設立にも適合することができる。しかし、無限会社、合資・合名会社、有限会社の合名性が強いために、資本が閉鎖的であり、そのため設立方式はすべて発起設立である。株式会社は開放性会社に属し、社会に向けて株式を発行することができ、そのため株式会社の設立は発起設立方式が採用できるだけでなく募集設立方式も採用できる。

一般的に言えば、発起設立方式を採用した設立は、各発起人の資金が比較的豊富であるかまたは会社の資本総額を大きくする必要がないかであり、会社設立時は一般大衆に資金募集をする必要がなく、発起人の出資が会社の資本総額を構成する。このような状況下では、発起人は発起設立方式を採用して会社を設立し、会社設立の期間を効果的に短縮することができ、会社設立の費用を減少させ会社設立のコストを低下させることができる。しかし、発起設立方式は規模があまり大きくない会社にのみ適合する。必要とする資本が非常に大きい場合は、発起人は会社が発行すべきすべての株式を引き受けることは難しいのでこの種の設立方式は採用しない方がよい。

2 法律の制限

発起設立方式で有限会社または株式会社を設立するときに発起人が引き受ける株式は，会社成立時に全額払込む必要があるか否かの問題については，各国・地域の法律規定は必ずしも一致していない。国によっては，会社設立時に株式は引受購入されていなければならないが，必ずしも全額払込むことが要件とされているのではない。例えば，フランス《商事法》第75条では，資本はすべて引き受けられなければならない。貨幣株式は引き受け時に少なくとも額面価格の1/4の出資金を払込まなければならず，現物株式は発行の日からすべてを払込まなければならない。ある国の会社法では，発起設立方式で株式会社を設立するときは，発起人は会社成立時に引き受けた株式の全額を支払うことを要求しないのみならず，株式の分割発行も認められている。

中国の改正前の《会社法》の規定では，発起設立方式で設立した会社については，株式に関する分割振込みは認められていないので，引き受けた株式は会社成立のときに全額払込まなければならない。現行の《会社法》第26条，第81条では発起人が引き受けた株式について分割して払込むことを既に認めている。

(二) 募集設立

1 概念及び意義

募集設立は，漸次設立あるいは複雑設立とも称し，会社が発行すべき株式の一部を発起人が引き受け，その他の株式を一般社会に公募するかあるいは特定対象に対して募集して設立される会社を指す。各類型の会社のなかで，株式会社と合資・合名会社だけが設立の段階において対外的に株式を募集できるので，この種の設立方式は株式会社と株式合資・合名会社にのみ適用される。中国では，株式会社だけがこの種の設立方式を採用できる。発起人が募集設立方式を採用して会社を設立するのは，一般投資者または特定対象に向けた株式発行を通じて更に多くの資金を集めることを期待するからである。会社が一般投資者あるいは特定対象に向けて株式を募集することは，その結果として株式を所有する人は総じて会社の株主であるから，募集設立方式で設立した株式会社はその設立時からその株主は発起人を除いて一般投資者または特定対象である。

中国の国有企業株式制度の改革過程において，募集設立は特定募集と一般募集の両種類の方式を採用している。特定募集方式で設立するということ

は，会社が発行する株式は発起人の引受以外のその他の株式は一般に公開発行するのではなく，他の法人向けに株式を発行することができ，また審査を経てその会社内部の従業員向けに株式を発行することができることを意味する。一般募集方式で設立するということは，会社が発行する株式は，発起人の引受を除いたその他の株式は一般に向けて公開発行しなければならない。特定募集方式によって設立した株式会社は特定募集会社と称し，一般募集方式によって設立した株式会社は一般募集会社と称する。特定募集会社は成立後1年以後に増資・新株発行するときに，審査を経て一般募集会社に変えることができる。

特定募集方式には，発起設立方式や一般募集設立方式にないメリットが確かにある。特に，株式市場が未だ十分に開放されていないという状況の下では，会社は株式発行の割当額の制限を受けずにすみ，特定対象に対して株式を発行する形式を通して資金調達と企業の単一の財産権構成という目的を達成し，また支配会社の株主権の主導性を掌握することができる。同時に，条件を満たせば一般募集会社に転換することもできる。しかし，特定募集方式には弊害もある。その主なものは透明性が高くないことであり，会社内部の従業員の株と一般の個人の株の間の隔たりが大きいことであり，中国の会社形態と証券市場の混乱を招きかねず，審査権等の口実を数多く引き起こすことになる。中国の旧《会社法》では特定募集方式について定めていないが，新《会社法》ではこの種の設立方式を肯定している。そのため，中国の会社立法は，関連制度を更にもう一歩充実させ特定募集方式がもたらし得る問題をできるだけ回避することが望まれる。

2 法律上の制限

一般社会から広く資金募集する面においては，募集設立は発起設立に比べてメリットを有している。それは，株式発行の形態を通じて遊休資金を十分吸収することができ，短期間で会社設立に必要な資金を調達できるということである。発起人の出資への圧力が軽減され会社を設立し易くなる。しかし，この種の設立方式の採用には弊害もある。その一，この種の設立方式は対外的に株式を募集しなければならず，さらに創立総会を招集する必要があり，審査過程においても発起設立より複雑で，しかも国の金融政策等の面での制約を受け得る。その二，株主が高度に分散するために，発起人の会社に対する支配権の実現に不利である。その三，募集設立は一般に向けて株券を

公開発行するので，しばしば額面以上の額で発行し，それによって会社の創設利益が形成される。従って，発起人がこの部分の利益を不法に取得するために会社設立の名義を借りて詐欺的に金銭取得の実を取り，会社設立時にはごく少量の株式を引き受けあるいは会社成立後すぐにその株式を譲渡するということが可能である。これは一般投資者に対する利益保護にとっては極めて不利である。

　募集設立方式の上述の弊害に焦点を定めて各国・地域の会社立法の多くは一定の制限措置を加えている。例えば，募集方式により会社を設立するときは，発起人が引き受けなければならない株式が会社発行の株式総数に占める比率の制限を定めた。これは，ある程度発起人の出資からの逃避または単なる名目上の株式引受を防止することができ，すべて他人の資本を頼みとして会社を設立し，自己は財産責任を負わない投機行為を防止することができるだけでなく，一定比率の株式を一般投資者による引受の維持を達成することができ，それ故株式会社の公衆性の目的をも保持する。中国の《会社法》第85条ではこれに対して，募集設立方式で株式会社を設立するときは，発起人が引き受ける株式は会社株式総数の35％を下回ってはならないと定めている。しかし，法律や行政法規ではその規定に基づき別に規定している。

　ここで注意すべきことは，まず，発起人が引き受けた株式とは，すべての発起人が引き受けた株式の総額であり，1人の発起人が引き受けた株式の額ではないことを意味する。一人ひとりの発起人が引き受けるべき株式の総額に至っては，中国の会社法ではまだ明確に規定されていない。それ故，会社設立時に例えある1人または何人かの発起人が引き受けた株式がごく少なくとも，その他の発起人が引き受ける株式が多ければ，すべての発起人が引き受ける株式は総額において会社株式総額の35％を達成することになり，会社法が募集設立する株式会社の発起人が引き受ける株式に対する要件に適合している。また，中国の《会社法》が募集方式で会社を設立するときに発起人が引き受ける株式の比率に関する制限規定は一般原則であり，他に法律や行政法規が当該株主比率について別に規定されているときは関連する例外規定を適用する。

【本節実務研究】
●発起人が会社設立前に行う設立とは無関係の行為は有効か否か

　会社が成立すれば，発起人が設立過程において会社設立のためになした行為の結果は，原則として成立後の会社が引き受ける。その会社設立の名目で携わった会社設立とは無関係の行為の結果は，原則的には自己が負わなければならないが，これに対しては実際には論争はない。しかし，発起人が会社設立の名目で携わった会社設立とは無関係の行為のその効力はどのようなものなのだろうか。実際のところそれに対する主張は様々である。ある人は，この種の行為は一律に無効であり，発起人は無効の契約の法律責任を負わなければならないと考える。一部の人は，具体的な状況に基づき個別にその効力を確認すべきであると考える。

　筆者は，この問題は事実上一つの契約の効力の判断の問題であると考える。設立中の会社は未だその名義で経営行為に携わることができず，法律行為の観点から見れば，その経営行為は，規定外の主体による法律行為であるといえる。発起人の上述の行為に対して，行為自体が法律の強行規定に違反していない場合，相手側は故意または重大な過失がなければ当該行為の取消の主張ができるが，会社及び発起人は何ら主張することはできない。その理由は主に次の通りである。

　その一，法律が自然人の能力と法人の能力を規定するとき，その依拠する立法目的は異なる。自然人について言えば，法律上の未成年者や精神病者が単独で行った法律行為は有効とするわけにはいかないのは，主に未成年者や精神病者の利益保護のためである。法人について言えば，法律は法人が異なれば異なる法人能力を規定し，法人は経営範囲を超えることができないと規定することは，主に相手方の利益保護と社会経済秩序の維持のためである。そのため，第三者の利益保護の観点から出発すれば，当該発起人の行為に対して第三者に異議がなく，またその行為が法律の禁止事項に違反していなければ，それについて無効確認する必要はない。

　その二，実務上の観点からみれば，当事者が当該行為に対して争わない場合は，法院も無効確認行為を主導的には行わず，双方の財産の返還要件も行わない。当該行為が無効であることを確認する場合は，当事者は例え既に履行していても双方に返還しなければならない。このような措置の結果は関係する第三者の保護に不利になるばかりか社会経済秩序の維持にも不利とな

る。発起人または会社がひとたび自己の義務を履行できなくなれば、発起人が会社設立に向けて従事する行為が会社設立の行為と無関係であるということを口実として契約を履行せず、違約責任も負わなくなるであろう。

その他，発起人の行為が会社設立と関係するか否かの判断は，実際には難しい問題である。中国の会社法はこれに対して明確に規定していないが，2011年に公布した司法解釈においては言及されている。

第二節　会社の設立登記

一　会社登記の概説
（一）会社登記の概念

会社の登記とは，会社の設立，変更，廃止において申請人が法律に基づき会社の登録登記機関に申請書を提出することによって主管機関が審査，許可し法定の登記事項を記載する行為である。会社の設立に対して原則的に準則設立主義を採用する国では，一般に，会社の登記登録の進行に対する公示主義を採用する。その目的は主に次の点にある。一つは，会社設立という事実と会社の各種の状況を一般投資者に知らしめることによって取引の安全を保護すること。二つ目は，国が会社の状況を把握し，必要な管理を行い，合法的な経営を保障し，非合法活動を抑止し易くするためである。

会社の登記制度の出現は歴史的には比較的遅い。1844年に英国で公布された会社法は，会社設立に対して採用される準則主義の原則と同じ頃，登記制度の規定化が始まった。1861年の《普通ドイツ商法典》では，会社の登記制度を含めた統一的商事登記が規定された。20世紀の初頭に至って初めて，多くの国は会社の登記管理を普遍的に行なうようになった。現在，各国・地域の会社立法は会社の登記に関して多くの規定を定めている。

中国の《会社法》では関連条項中に会社登記に関する原則的な定めを置いている。1994年6月に国務院が公布し，2005年12月18日に改正した《中華人民共和国会社登記管理条例》(以下，《会社登記管理条例》と略称) では，有限会社と株式会社の設立，変更及び廃止については，当該法律に従って登記手続きをしなければならないと明確に規定している。それ以外には，1988年に中国で《中華人民共和国企業法人登記管理条例》(以下，《企業法人登記管理条例》と略称) が公布され，国家工商行政管理総局も一連の行政規範を公布し会社登

記に適用している。

 (二) 会社の登記と営業登記

　会社登記は営業登記とは異なる。会社登記は法人登記に属し、その目的は法人格の創設であり、会社に独立主体の資格を付与することにある。営業登記は商事登記、商業登記とも称され、その効果は、政府がある営業及びある屋号の合法性を承認し開業を許可することである。営業登記の歴史は比較的長く、西洋中世紀の同業者組合あるいは商人組織が設置した登記台帳に遡ることができ、商人または同業加盟者に対して登記を行う方法である。

　中国では、会社のこれら両種の登記は一括して行われ、同時に同一の機関が主管する。具体的な方法は、条件に適合し許可する会社に対し《企業法人営業許可証》を発給し、外商投資企業に対しては《中華人民共和国企業法人営業許可証》を、非法人企業には《営業許可証》を、外商投資の非法人企業、外商投資企業及び外国会社の営業分支機構には《中華人民共和国営業許可証》を発給する。

　諸外国の多くの国・地域でも会社登記と営業登記は一緒に行っている。しかし、ある国では両者を分けて行うかあるいは同じ登記主管機関内で登記簿を別に設置している。例えば、ドイツでは株式会社やその他の会社企業に対して設立登記簿を分けるかあるいは別の機関で別個に登記している。英国では、開放性会社に対しては、登記所で法人登記して登録証書 (Certificate of incorporation) が発給される以外に、工業・貿易部により発給される営業許可証 (Certificate of trading) が更に必要であり、そのようにして初めて開業できる。

 (三) 会社登記の類型

　会社登記は、通常設立登記、変更登記及び解散登記等に分かれる。設立登記は設立過程において行う登記であり、会社設立過程の最後の段階である。設立登記登録後、会社は成立を表明する。変更登記は会社の名称、住所、経営場所、法定代表者、業種、経営範囲、経営方式、登録資金、経営期限等の当初の登記登録事項の変更及び会社分支店機構の増設または廃止等を行う登記である。解散登記は会社の解散時に行う抹消登記を指す。

 (四) 会社登記の機関及び権限

　会社登記は国が定めた会社登録登記機関で行う必要がある。各国・地域の会社登録機関はそれぞれ多少異なる。ポーランドのように法院が登記機関である所、ドイツ、米国のように政府の登録官庁または州政府の業務機関で登

記する所，イタリアのように政府機関が登記を行うのと平行して法院から派遣して監督する所がある。中国では，《会社登記管理条例》及び関連法律文書の規定により，会社登記機関は国家工商行政管理総局と地方各級の工商行政管理局である。工商行政管理機関は法により独立して工商登記の職権を行使し，その関連部門内で別々に登記する管理制度である。上級登記主管機関は，下級登記機関の国の法律，法規及び政策に不適合な行為を是正する権限を有する。《会社登記管理条例》第5～8条の規定に依り，会社登記機関の具体的な職責区分は次の通りである。

(1) 国家工商行政管理総局は以下に列挙する会社の登記に責任を負う。①国務院国有資産監督管理機構が出資者として職責を負う会社及び当該会社が投資設立する50％以上の持株を有する会社，②外商投資の会社，③法律，行政法規または国務院の決定する規定に従って国家工商行政管理総局に登記すべき会社，④国家工商行政管理総局の規定によりそこで登記すべきその他の会社。

(2) 省，自治区，直轄市の工商行政管理局は以下に列挙する会社の登記に責任を負う。①省，自治区，直轄市の人民政府国有資産監督管理機構が出資者として職責を負う会社及び当該会社が投資設立する50％以上の持株を有する会社，②省，自治区，直轄市の工商行政管理局の規定によって登記する自然人投資で設立される会社，③法律，行政法規または国務院の決定する規定に従って省，自治区，直轄市工商行政管理局に登記すべき会社，④国家工商行政管理総局から授権登記されたその他の会社。

(3) 市，県の工商局は以下に列挙する会社の登記に責任を負う。①国家工商行政管理総局と省級工商行政管理局が登記の責任を負う以外のその他の各種の会社，②国家工商管理総局と省，自治区，直轄市の工商行政管理局から授権登記された会社。前述の規定の具体的な登記の管轄は，省，自治区，直轄市の工商行政管理局が定める。しかし，その中の株式会社は設立地の市（地域）工商行政管理局が登記に責任を負う。会社登記は，設立でも変更でも更に抹消であっても同一の登記機関で登記を行う。更に，例え企業が移転または地域に跨って分支機構を設立するときでも，その他の登記機関に登記する必要があるが，原登記機関にも変更登記しなければならない。

二 会社の設立登記
(一) 会社の設立審査

会社の設立審査とは,会社の設立登記前に法律,行政法規の規定に基づいて政府主管部門または政府授権部門に申請し審査承認を受ける必要があることを指す。中国の会社法の関連規定により,審査及び登記はいずれも会社設立過程において法に依ってなすところの行政行為であり,両者の区別は主に次の点にある。

(1) 発生の段階が異なる。審査の段階は登記の段階の前にあり,会社設立審査を通じて初めて会社設立ができるということ,まず,審査により許可を取得しなければならず,それから設立活動に着手できるということである。

(2) 主管機関が異なる。会社の設立登記は一律に法律によって規定された会社登記主管機関が行う。審査は,法律や行政法規により定められた政府主管機関または政府授権部門が行う。

(3) 要件と手続きが異なる。会社設立登記の要件と手続きは比較的統一されており,すべての会社は一律に《会社法》に定められた設立要件により,《会社登記管理条例》の規定の要件に従って工商行政管理部門に登記手続きを申請する。審査が依拠する法律,行政法規は,しばしば特定の企業あるいは特定の業種の企業だけに関わり,責任を負う政府部門も異なる。従って,個々の会社によって要件,手続き,審査部門も異なるという状況が生じ得る。このような理由から,会社の審査は要件と手続きの上での統一には限度がある。

(二) 会社設立登記の意義

会社の設立登記事項は,法律及び行政法規の規定に適合しなければならない。中国の《会社登記管理条例》第9条において,会社の登記事項が規定されている。それらは,名称,住所,法定代表者の氏名,登録資本,払込済み資本,会社類型,経営範囲,営業期限,有限会社の株主または株式会社の発起人の氏名あるいは名称並びに払込及び払込済み出資額,出資の時期,出資方式,などである。設立登記の意義は主に下記のものである。

(1) 設立登記により,会社設立の事実を法律上確認することができる。会社を設立して一度登記をすれば合法的な成立を告げ,生産経営と商業業務活動の資格を取得することになる。未登記または登記申請が未許可ならば会社の名義で経営活動はできない。そのため,設立登記は一種の権利の取得過程

とその結果であり，会社が行う経営活動の基本的な前提であり重要な要件である。

(2) 設立登記により，会社の登録地を確認することができ，さらに会社の住所と営業場所も確認することができる。

(3) 設立登記により，会社の法律形式が明確に記載され，それにより投資者の責任範囲の確定のための根拠を提供する。資産，経営範囲，法人代表，分支機構，名称等の審査・許可された記載を通じて，会社の取引相手に理解させるのに便利な比較的詳細な資料であり，取引の安全を保障する。

(4) 設立登記により，国に会社の業種分布，区域分布及びその他の資料を掌握させ,国によるマクロ的な経済政策や生産力配置の合理的調整に役立ち，経済の安定と持続的な発展を促進させる。更に，国に会社の活動に対するミクロ的な監督管理をさせることにより経済活動の秩序を維持する。

(5) 設立登記により，非合法経営活動（例えば，にせものや粗悪品の生産及び販売）に対する抑制または打撃を与えることができ，法に基づいて登記会社の各種の合法的権益を保護する。

三　会社設立登記の手続き

会社登記の手続きは，会社類型及び登記の種類により異なり，中国会社法は各種の登記それぞれに対して別々の章節の中で規定している。一般的に言えば，各種会社の設立登記において共通して遵守すべき基本的な手続きは，主に下記に列挙するものである。

（一）申請書の提出

いかなる類型の会社登記であっても申請が第一歩の手順である。一般的には，会社の設立登記はまず設立人により，設立する会社の所在地の工商行政管理機関に対して設立登記申請書を提出する。設立登記申請の際に，規定に従って会社登記機関に設立登記料を払込まなければならない。《会社登記管理条例》で登記料の徴収について具体的に規定している。

1　会社設立登記の申請者

中国の《会社登記管理条例》第18条と第20条の規定で会社設立登記の申請者を次のように区別している。

(1) 有限会社を設立する場合は，すべての株主が指名した代表者又は共同委託した代理人が申請者とならなければならない。

(2) 国有独資会社を設立する場合は，国務院または地方人民政府が授権した同級人民政府国有資産監督管理機構が申請者とならなければならない。

(3) 株式会社を設立する場合は，すべての発起人が指定する代表あるいは共同で委託する代理人を申請者としなければならない。

2 申請時に提出すべき法定の各種文書

例えば，中国の《会社法》第30条の規定によると，有限会社の設立登記の申請は，会社登記申請書，会社定款，資産証明書等の文書を提出しなければならない。登記申請は，会社類型によって異なり，法律が定める提出すべき文書の種類も異なる。法律や行政法規が関連部門による審査許可が必要であると規定するときは，設立申請時に許可文書を提出しなければならない。

会社名称の事前許可申請が必要なときは，その事前許可申請をしなければならない。

（二）**審査許可**

《会社登記管理条例》第52～55条の規定により，登記主管機関は設立登記申請の各種文書に対して審査しなければならず，形式審査に合格したときは速やかに《受理通知書》を発行する。不受理と決定する場合は，《不受理通知書》を発行し，不受理の理由を説明し，併せて申請者に対して，法により行政不服の申請あるいは行政訴訟を提起する権利を有することを伝える。

申請者が会社登記機関に提出した申請を受理するときは，その場で登記の決定をしなければならない。申請者が書簡により提出した申請に対して受理するときは，受理の日から15日以内に登記の決定をしなければならない。電報，テレックス，ファクシミリ，電子データ交換及び電子メール等の方法で申請するときは，申請者は《受理通知書》を受け取った日から15日以内に，電報，テレックス，ファクシミリ，電子データの交換及び電子メール等の内容と一致しかつ法定の形式に適合する申請文書，資料の原本を提出しなければならない。申請者が会社登記機関に申請文書，資料の原本を提出したときはその場で登記の決定をしなければならない。申請者が書簡の方法で申請文書，資料原本を提出する場合は受理の日から15日以内に登記認可の決定をしなければならない。

会社登記機関は，《受理通知書》発送の日から60日以内に申請文書，資料原本を受け取らないかあるいは申請文書，資料原本が，会社登記機関が受理した申請文書，資料と不一致の場合は登記の決定をしてはならない。

会社登記機関は申請文書と資料の事実確認を必要とするときは、受理した日から15日以内に登記するか否かを決定しなければならない。会社の設立登記の決定をするときは、《設立登記許可通知書》を発行し、申請者に対し決定の日から10日以内に営業許可証を受け取るべきことを知らせなければならない。登記主管機関は会社設立条件の事実確認を行うときに、登記登録審査の対象の会社の以下の状況を台帳に記録しなければならない。

(1) 会社の名称
(2) 会社の法律形式
(3) 住所及び営業地域
(4) 法定代表者個人の地位身分に関する資料及び署名
(5) 会社の経営範囲及び経営方式
(6) 登録資本額
(7) 経営機関と分支機構
(8) 隷属管轄
(9) 採算方式
(10) 有限会社株主あるいは株式会社の発起人の氏名または名称等

(三) 公告

登記主管機関が認可登記後、会社登記の公告を発布しなければならない。公告とは、既に登記機関に登記した事項を一般投資者向けに媒体を通して公表することであり、一般投資者に知らしめる行為である。公告の内容は、一般に、会社名称、住所、法人代表、会社類別、登録資本、経営範囲と方式、登録番号等である。公告を経た後、会社登記の手続きはすべて終わりを告げる。このときに、登記事項は第三者に対する対抗できる効力が発生する。中国《会社法》第6条第3項で次のように規定している。「公衆は会社登記機関に対し会社登記事項に関して問い合わせることができ、公知登記機関はそれに対応しなければならない」。

(四) 登記の変更と取消

中国会社立法でも会社登記の訂正と取消の制度が規定されている。《会社登記管理条例》第68条、69条の規定では、登記手続きの際に、登録資本を偽って報告し、虚偽の証明文書の提出あるいはその他の詐欺的な方法で重要な事実を隠し立てして登記したときは、登記主管機関は訂正を命ずるとともに相応の金額の罰金に処し、情状が重大なるときは会社登記の取消しあるい

は営業許可証を取上げなければならない。

その他，中国にはまだ企業に対する登記について年に一度の検査と免許管理制度があり，会社は登記主管機関が定める期間に従い定期検査報告書あるいは貸借対照表を提出しなければならない。登記主管機関は会社の登記の主要事項に対する審査を行って，監督管理の責任を果たさなければならず，規定に違反する行為に対しては状況に応じて処罰を加えることができる。

四　会社設立登記の法的効力

一般的には，会社設立申請が会社登記機関を通して登記登録が許可された後は，以下の法律効果が生じると考えられる。

(1)　会社は経営活動に従事するための合法的な証明書を取得する。《会社法》第7条で次のように規定している。「法により設立された会社については，会社登記機関が会社営業許可証を発給する。会社営業許可証の発行日をもって会社成立日とする」。「会社営業許可証には，会社の名称，住所，登録資本，払込済み資本，経営範囲，法定代表者の氏名等の事項を明記しなければならない」。「会社営業許可証の記載事項に変更が生じたときは，会社は法により変更登記手続きをしなければならず，会社登記機関が新しい営業許可証を発行する」。会社の証明はこの営業許可証に刻印された印鑑，銀行口座の開設, 納税登記申請である。会社は登記登録の範囲内で経営活動に従事し，さらに国の法律の保護を受ける。

(2)　会社が法人資格を取得する。会社の設立申請は，会社登記機関の審査，登記を経て企業法人の営業許可証を受領後，会社は直ちに企業法人の資格を取得する。

(3)　会社は名称の専用権を取得する。設立登記を申請しその名称を会社登記機関を通じて登記後，会社はその名称を使用し，さらにその名称で経営活動に従事することができ，権利を享有し義務を負う。

五　支店の設立登記
（一）支店設立の2種類の形態

(1)　会社設立と同時に支店を設立する。出資者あるいは株主は，定款に支店を設立できるような事項を規定しておくのが一般的である。中国《会社法》ではこれに対して未だ確定した要件がなく，当事者が任意に決定している。

中国台湾地域の「会社法」では，支店の設立は会社定款の相対的記載事項であり，支店を設立する場合株主があらかじめ定款で取り決めておくことができる。会社定款に記載されていないならば，会社成立後に支店の設立は株主全員の決議によらなければならない。

(2) 会社成立後の支店の設立。会社成立後は，株主は必要に応じて支店の設立を決定することができる。

(二) 支店設立に関する規定

支店に対する管理を強化するために，各国・地域の会社立法では，支店は法により登記を行うことが必要であり，それによって初めて支店の名義で合法的な経営活動に従事することができる。中国《会社法》第14条及び《会社登記管理条例》第七章の規定によると支店の設立には下記の要件を遵守しなければならない。

(1) 会社の設立と同時に支店を設立するときは，設立する支店につき支店の所在地の市，県の会社登記機関に登記申請し営業許可証を受領しなければならない。会社成立後に支店を設立する場合は，すべての株主が指定する代表者あるいは共同委託する代理人により一括して支店の所在地の市，県の登記機関に設立登記しなければならない。審査の後，登記機関は本社に対して《企業法人営業許可証》を発行し，支店に対しては《営業許可証》を発行する。

(2) 支店を設立するときは，決定の日から30日以内に会社登記機関に申請しなければならない。法律，行政法規の規定により関連部門の審査が必要なときは，認可の日から30日以内に会社登記機関に登記申請しなければならない。

(3) 支店の法定登記事項は主に，名称，営業場所，責任者及び経営範囲等を含む。支店の名称は，関連する企業名称管理規定に適合するものでなければならず，経営範囲はその本社の経営範囲を超えることはできない。

(4) 支店の設立に際して登記機関に提出しなければならない文書は主に，会社の法定代表者が署名した支店設立の登記申請書，会社の定款及び印鑑を捺印した《企業法人営業許可証》のコピー，営業場所使用証明，支店の責任者の職務証明及び身分証明，国家工商行政管理総局の規定が求めるその他の文書である。法律，行政法規または国務院の決定において，支店の設立には審査承認が必要であると規定されているかまたは支店の経営範囲で法律，行政法規または国務院決定で登記前に審査が必要な項目の場合は，さらに関連

する審査の文書を提出しなければならない。

(5) 支店が登記事項を変更するときは，会社登記機関に変更登記を申請しなければならない。会社登記機関は変更登記を許可するときは，《営業許可証》を新たに発行する。

(6) 支店が会社により解散，法による閉鎖命令あるいは営業許可の取消しをされた場合は，会社は決定の日から30日以内に当該支店の会社登記機関に対し抹消登記を申請する。抹消登記の申請には，会社の法定代表者が署名した抹消登記申請書と支店の《営業許可証》を提出しなければならない。会社登記機関は，抹消登記を許可した後は，支店の《営業許可証》を没収する。

【本節実務研究】
●会社設立登記の法律効果

諸外国の多数の国・地域の会社立法では，会社の設立に対して登記要件主義を採用している。すなわち，ドイツが規定しているように，登記しなければ成立しない。しかし，フランス，日本等の国では登記対抗主義を採用している。日本の《民法》第45条第2項の規定によると，会社は登記をしなければ，第三者に対抗することができない。中国《会社登記管理条例》第3条の規定では，「会社が会社登記機関を通じて法により審査登記し，《企業法人営業許可証》を取得して初めて企業法人資格を取得する。……会社登記機関による審査登記を経ていないときは，会社の名義で経営活動を行うことができない」。中国においては，会社設立登記は会社成立の必要条件であることが分かる。中国会社法の関連規定によると，不実登記あるいは虚偽報告や欺瞞により会社登記を取得したときは，会社と行為に関連したものは行政責任さらには刑事責任を負わなければならない。しかし，不実登記が登記機関によって訂正または登記取消の前，その登記事項の不実をもって第三者に対抗できるか否か。これに対して，中国会社法は未だ明確に規定していない。筆者は，中国は登記管理の権威と公信力を明確にすべきであると考える。その原則によると，会社の設立の実行に際しては次の三つの問題に注意しなければならない。

(1) 必須登記事項が未だ登記されていないか，または既に登記したが未だ公告されていない場合は，第三者に対する保護に注意を要する。これに対しては，多くの国・地域の法律規定は，必須登記事項が登記していないかまた

は登記履行したが未だ公告されていないときは，必須登記事項の申請者はその事項をもって事情を知らない第三者に対抗することはできない。しかし，事情を知らない第三者は善意であり，重大な過失がないことが必要であり，更に第三者は事情を知らないことにより生じた以前からある事実に対する信頼がその法律行為を引き起こす直接の原因である必要がある。この原則は二つの結果を直接引き起こす。一つは，未だ登記していない事項によって直接引き起こされる法律上の結果は，登記義務を負う申請者にとって有利であることはない。二つめは，未だ登記を経ていない事項は法律適用上第三者に有利でなければならない。

(2) 登記の間違いに関する事項は，正しい登記と公告の後の一定期間内は第三者の保護に対する注意が必要である。これに対して，一部の国・地域の法律規定によると，登記事項が既に登記，公布されていれば，当該事項の第三者に対する効力が生じる。しかし，登記事項の公布後一定期間内は，第三者は知るべき当該事項を知らない上にその責任もない。このような登記事項はその法律行為に対する効力が生じない。この種の効力が生じない有効期限に対しては，各国・地域の法律では期間を厳格に限定している。例えば，ドイツの《商法典》の規定では有効期間は15日である。

(3) 登記した事項の公布において間違いの事情が発生した場合，第三者の保護に注意を要する。これに対しては，一部の国・地域の法律規定では，登記事項の公布に誤りがあると，第三者が公布事実に誤りがあることを既に知っていない限り，第三者は登記義務を負う登記者に対して既に公布した事実に基づく法律行為において追及することができる。ここで，第三者は善意でなければならず，当該事項の局外者でなければならない。同時に，第三者が公布内容を信用したことが他の法律行為の直接的原因でなければならない。

第三節　会社成立の効力

　会社成立の効力は，会社設立行為の法律的な結果である。設立行為の結果には二つある。一つは，設立の過程を通じて，法定条件に適合すれば審査認可により登記され，会社が法人格を取得する。二つ目は，法定条件に適合しなければ登記認可されず，会社の不成立または会社の設立無効の確認あるい

は取消しとなる。しかし，会社が成立しようが成立しまいが，発起人はその設立行為に対して相応の法律責任を負う。これも設立行為の効力の重要な現れである。

一　会社の成立
（一）成立の一般的効力
　会社の成立が意味するところは，このときから法律上の人格を取得することであり，登記した経営範囲と経営方式により生産経営活動を開始することができる。会社の成立後は，その名称に対する専用権を取得し，その他の企業または個人は従事する行為にその名称を盗用することはできない。会社は法により他人にその名称を有償で使用を許可することができる。

（二）設立中の会社の法的地位
　発起人が会社を設立してから会社が正式に成立するまでは，一定の時間の経過が必要である。この期間において会社の発起人が会社成立を目的として人や物資等の資源を構成する。理論上はこの時期の会社は通常設立中の会社と称する。設立中の会社の法的地位は，理論上はいくつかの異なる視点がある。一般には，設立中の会社は権利能力を制限された一種の社団であり，発起人は設立中の会社の執行機関であると考えられている。設立中の会社は決して発起人間に債権債務の関係を発生させる目的ではなく，一個の独立主体の資格を有する法人を設立することである。すなわち，設立中の会社とその後成立する会社との間には密接不可分の関係がある。このため，設立中の会社が形成する権利義務関係は原則上成立後の会社に承継されるべきものであり，発起人の権限範囲は会社設立に関係する行為に限定されなければならない。設立中の会社名義で行う会社設立とは無関係の行為は，設立中の会社とその後成立する会社のいずれに対しても拘束力はなく，原則上は発起人自身が責任を負うべきである。

（三）発起人の責任
　発起人の設立行為は，株式引受人，設立行為により成立する会社のいずれにも直接的な影響を与える。発起人の責任感の高揚，会社の乱設及び会社名義での詐欺行為防止のために，各国・地域の会社立法ではいずれも発起人に対して比較的厳しい責任を規定している。

1 資本の充実責任

　発起人の資本充実責任は、「差額填補責任」とも称し、資本の充足と信頼を確保し、法人格の健全さを保証するために、発起人相互による出資義務の履行を担保し、それによって会社定款に規定されている資本と払込済み資本を互いに一致させる民事責任を意味する。資本の充実責任は、ドイツ会社法により確立された発起人の重要な義務である。多くの国・地域の会社法はこの種の規定を有している。例えば、日本の旧《有限会社法》第14条では、「金銭以外の財産をもって出資するときは、出資の対象財産が会社成立時の実際の価額が会社定款で定められた価額より著しく低い場合は、会社成立時の株主は会社に対してその差額を連帯して補填する義務を負う」。

　中国《会社法》第31条、第94条で、発起人の資本充実責任に関して明確に規定している。「有限会社の成立後、会社設立の出資とする非貨幣財産の実際の価額が会社定款で定める価額より著しく低いことが判明したときは、当該出資を引き渡した株主がその差額を補填しなければならず、会社設立時の他の株主は連帯責任を負う」。「株式会社の成立後、発起人が会社定款の定め通り出資を全額払込んでいないときは、差額を払込まなければならず、他の発起人は連帯責任を負う。株式会社の成立後、会社設立のために出資した非貨幣財産の実際の価額が会社定款で定めた価額より著しく低いことが判明したときは、当該出資を引き渡した発起人はその差額を補填しなければならず、他の発起人は連帯責任を負う」。注意を要することは、資本の充実責任は、厳格な責任であり、会社設立時の発起人が資本不実に対してこの事実を知っているかどうかあるいは当然知るべきであるか否かに関わらず、発起人は連帯して補填責任を負わなければならないことである。

2 損害賠償責任

　発起人が会社設立の名目を借りて会社及び第三者の利益を侵害することを防止するために、各国・地域の会社立法では、発起人が自己の設立行為に関する会社負債に対してなすべき多くの要件を設けている。中国《会社法》第95条第3項は、次のように明確に規定している。「会社の設立過程において、発起人の過失により会社の利益が損害を蒙ったときは、会社に対し賠償責任を負わなければならない」。この規定は、諸外国でも行なわれている通常の方法と一致している。

　会社が発起人に対して損害賠償請求できるのは、発起人により会社が負担

する設立費用を濫用して会社に損失を被らせること，発起人が会社設立により特別な利益や報酬を取得し，これにより会社の利益が減少すること，発起人が出資金を抵当にして過大評価して会社に損害を被らせる，等々である。注意すべきことは，発起人が会社に対して負う損害賠償責任は一種の過失責任であり，発起人は自己の過失行為に対してのみ責任を負う。

二　会社の不成立
（一）意義

不成立とは，会社の設立行為が未完成の状況を指す。会社の設立行為が未完成の原因は多くある。例えば，発起人の資金調達が未達あるいは投資環境に変化が生じたことなどにより，発起人が会社の登録登記の申請をする前に会社設立活動の停止を決める，また発起人が未だ出資方式，構成人員の選任等の内容で合意することができず契約が解消されもはや会社設立活動を継続できない等である。しかし，最も一般的な原因は，会社設立が条件面で法律規定に適合しないか手続き面で瑕疵があることである。会社登記機関は合法的な理由により登記を拒否し営業許可証の発給を拒絶する。それ故，会社設立行為は完結することができない。例えば，中国《会社法》第6条では，次のように規定している。「……本法で規定する設立条件に適合しないときは，有限会社あるいは株式会社として登記することはできない」。

（二）発起人の責任

不成立によって会社成立が不可能になると，通常は発起人の責任問題が生じることになる。

中国《会社法》第95条で次のように規定している。「株式会社の発起人は，次の責任を負わなければならない。（一）会社が成立できないときは，設立行為によって生じた債務及び費用に対して連帯責任を負う。（二）会社が成立できないときは，株式引受人が既に払込んだ出資金について，出資金に同期の銀行預金利息を加算して返還する連帯責任を負う」。これが会社不成立のときにおける発起人の責任の規定である。

1　連帯賠償責任

会社設立の過程で必然的に発生する一部の取引において，まさにこれらの取引に基づき発生する設立費用や債務の引き受けをいかに処理するかの問題である。設立費用や債務は原則上，成立後の会社が引き受けなければならな

いが，会社が成立することができないときは，その前に発生した設立に関する費用及び債務については，設立行為を実施する主体（発起人）が代わって責任を負うしかない。発起人の間の関係が組合関係に類似しているために，各国・地域の会社立法の多くの規定では，これに対して組合の関連規定を準用している。すなわち，発起人による設立行為で発生した費用及び債務については連帯して賠償責任を負う。

2 払込済み出資金の返還責任

株式会社の不成立においては，会社設立という期待目的が達成できない状況下で，株式引受人が既に払込みした出資金をいかに処理するべきか。中国会社法の関連規定によると，発起人は株式引受人が払込済みの出資金について，同期の銀行預金利息を加算して返還する連帯責任を負う。当該規定は，株式会社の設立に対して特に焦点を絞った事情であるが，実際上，有限会社の不成立にも上述の原則を同じように適用することができる。

発起人相互の間の責任の引き受けに至っては，契約あるいは投資比率に従って分担しなければならない。

三 会社の設立無効

（一）意義

会社の設立無効は，広義において2種類の状況がある。一つは，不成立であり，二つ目は，設立無効である。狭義の会社設立無効は単に後者を指す。すなわち，会社設立は形式的には既に完了しており営業許可証さえ取得しているが，実際には要件または手続き面での欠陥が存在するかまたは設立に瑕疵がある。それ故に法律上当該会社は取消され，会社の設立は無効と認定されなければならない。会社設立無効制度を実行する国・地域では，会社が既に登記成立していても会社設立行為が強行規定に違反するかあるいは民法で規定する他の無効または取消条件が存在すれば，設立登記後の法定期間内に利害関係者が法院に対して設立無効宣告あるいは設立取消の訴えを提起することができる。

各国・地域の会社立法における会社設立の瑕疵に対する規定には大きな相違がある。会社設立無効の規定がある国についてみれば，おおむね2種類の類型がある。一つは，二重形式であり，会社の設立瑕疵の無効と取消を同時に規定するものであり，例えば，フランス，日本，韓国等である。二つ目は，

単一形式であり，瑕疵設立無効制度だけを規定し，瑕疵設立取消制度は規定しないものであり，例えば，ドイツがこの形式を採用している。中国会社法では会社設立無効制度に関する規定はあまり明確ではない。中国《会社法》第199条で次のように規定している。「本法の定めに違反し，登録資本を偽って申告し，虚偽の証明資料を提出しまたはその他の詐欺的な方法で重要事実を隠匿して会社登記を取得したときは，会社登記機関が是正を命じ……情状が重い場合は，会社登記を取消しまたは営業許可証を取消し没収する」。一般には，当該規定は会社設立無効制度に関する規定であると考えられているが，もう一歩の改善が待たれる。

（二）設立無効の原因

会社は法により設立されなければならず，会社の種類，株主数，登録資本株主の出資，設立方式並びに設立手続き等のすべてが合法でなければならない。会社の設立無効は主に設立行為が法律の規定に違反するために引き起こされる。設立無効の原因は下記の三つに帰結することができる。

1　設立主体の瑕疵

設立主体に瑕疵があるとはすなわち発起人または株主主体の資格に欠陥またはその意思表示に欠陥があることであり，主に，次のようなものである。

（1）発起人または株主のなかに行為無能力者または行為制限能力者がいるとき，これらの人が行う設立行為は無効である。

（2）発起人または株主が実施する設立行為が真実の意思表示ではないとき，例えば詐欺や脅迫により意思表示させられた場合。

（3）発起人または株主がその行為が債権者の利益を侵害すると知っていて設立の意思表示を行う場合。

2　設立行為自身に瑕疵がある

設立行為自身に瑕疵があるとはすなわち会社設立時に法定条件や法定手続の要件に違反するか，あるいはその他の強行法規に違反することである。主に，次のようなものである。

（1）発起設立の発起人が法により発行しなければならない全株式のすべての引き受けがなされていないかあるいは募集設立で発行する株式が株主目論見書で定めた締切期限を超えても未だ募集完了していない。

（2）会社の設立が会社法で規定する条件に適合しないこと。例えば，発起人が法定資格に適合しないかあるいは法定人数が不足する。会社の名称また

は住所がないかなど機関が会社の要件に合致しない，会社定款の絶対的必要事項の記載が欠けているかあるいは違法な記載である。会社の発行株式に重大な欠陥または創立総会を開催しなかった等である。

3　その他の原因

例えば，創立総会自身で既に会社不設立の決議をした。

(三) 設立無効の提起

会社の設立無効は，会社の設立登記の後にしか生じない。会社に対する設立無効の提起は2種類の状況に分けられる。

(1) 会社の営業開始前。会社の設立登記後，営業開始前に，会社に対する設立無効の主張は誰であっても提起できる。

(2) 会社の営業開始後。一般的に言えば，会社の設立登記が完成し更に営業開始した後は，会社に対する設立無効の主張は，法定期間内に特定人により訴訟手続きを通して提起できるだけである。例えば，日本の旧《商法典》第136条で次のように規定している。「会社の設立無効は，その成立の日から2年以内に訴訟により提起し……前項の訴訟は会社の株主のみに限って提起することができる」。

訴訟提起の期間に関する制限の目的は，主に法律関係が長期間不安定な状態に置かれることを避けるためである。この期間は除斥期間であって，時効期間ではないので中止あるいは中断の問題は生じない。

同時に，多数の国・地域の法律では，瑕疵ある設立に対する無効訴訟の原告範囲に制限を加えている。例えば，ドイツの《有限会社法》，《株式会社法》では，訴訟提起する人は，会社の株主，取締役または監査役に限定されており，韓国の《商法典》の規定は，会社株主のみが会社の瑕疵設立無効の訴えを提起できる。

(四) 設立無効訴訟の法律効果

1　原告勝訴の法律効果

各国・地域の会社立法からみれば，会社設立無効の法律結果は，設立無効の原因により違いがある。

(1) 会社設立無効の原因が，強行規定等の客観的な瑕疵によって引き起こされたものである場合は，会社は清算手続きに入り，清算が終われば会社は即刻消滅する。

(2) 設立無効の原因が，設立者の主観的な瑕疵によって構成され，その無

効原因がある株主にのみ存在する場合は、他の株主との合意により会社を保つことができ、無効原因を有する株主は脱退したと見なす。

法院においてなされる会社取消または設立無効の判決の後は、会社は当該判決を公告し一般投資者に知らしめなければならない。同時に、会社は法により清算を行い登記を取消さなければならない。清算は、会社自身の組織によって行うことができる。会社が清算することができないかあるいは清算の障害が生じた場合は、法院は利害関係者の請求に基づき清算人を選ぶことができる。

注意を要することは、原告勝訴において法院が設立取消または無効の判決をした後は、その判決は遡及力を有しない。会社法上の設立無効・取消と民法上の無効・取消は異なる。会社法の設立取消と無効判決はその効力が第三者に及ぶがいずれも遡及力がなく、判決確定前の株主、第三者の間に生じた権利と義務に影響を与えない。従って、無効の効果は将来に限定される。例えば、ドイツの《有限会社法》、日本の旧《商法典》等ではこのように規定している。その目的は主に、取引の安全の保護と経済秩序の安定である。

2 原告敗訴の法律効果

会社設立無効訴訟の進行過程で、設立無効の原因としての瑕疵が既に補填されており、会社の現状と各種の条件に基づき、瑕疵設立無効は妥当でないと認定したときは、法院は原告の請求を棄却できる。法院の判決により原告が敗訴した場合、その他の利害関係者は依然としてまた訴訟を提起できる。原告の敗訴時、原告に悪意または重大な過失があれば会社に対する損害賠償責任を負わなければならない。これは原告に対しては重い責任であり、その目的は主に、原告がこの種の訴訟提起を慎重に行うよう導くことにある。

【本節実務検討】
●設立中の会社の法律的性質

設立中の会社とは、会社定款を定めてから会社の登記成立の前までに会社設立事項を行う組織体を指す。設立中の会社は会社法人の前の形態を有し、会社法人の成立には避けられない段階である。設立中の会社の法律的性質については以下にいくつかの学説がある。

(1) 無権利能力社団説。本説は、設立中の会社は未だ会社資格を取得していないので権利能力がなく、性質上無権利能力社団に属する。この説の顕著

な特徴は設立中の会社の社団性を承認することであり，設立中の会社がその構成員の個性から独立していることを承認する。本説によると，設立中の会社は一つの社団であり，発起人個人の単純な集まりではない。

(2) 同一説。この学説は，設立中の会社は成立後の会社と同一の主体であり，ただ両者は異なる段階にいるだけであると主張する。同学説は，設立中の会社と成立後の会社を厳格に区別せず，両者は組織形態上の実質的な違いはないと考える。両者の権利義務の承継関係上，本説では，成立後の会社の設立中の会社に対する行為の結果は，区別されないで総括的に継承されると主張する。

(3) 修正同一説。本説は，文字通り「同一説」の修正したものである。本説は，設立中の会社から成立後の会社までは一個の連続的な過程であると考えるが，同時に両者の間には厳格な境界があると考える。すなわち，成立後の会社は，登記を許可され主体資格を取得しているので，設立中の会社は逆に主体資格がない。両者の権利義務の帰属上，本節の主張は，設立中の会社の行為はただ単に会社設立のために必要なときにのみあり，成立後の会社は当然にこれを承継する。

「同一説」が主張する，成立後の会社の設立中の会社に対する権利義務は区別せずに承継されるというのは，会社発起人の権利乱用を引き起こし易いので，この説は「修正同一説」にとって代えられた。しかし，「同一説」であっても「修正同一説」であっても，設立中の会社と成立後の会社の関係を説明しているだけであり，設立中の会社自身の法律的性質を明確にしているわけではない。「無権利能力社団説」では設立中の会社の社団性を明確に示しており，設立中の会社は一個の社団的特有な価値があることを確認した。「無権利能力社団説」では依然として設立中の会社が独立主体の資格を有することを否定しているが，ドイツの司法判例からみれば，無権利能力社団に対する法人社団の規定の適用が徐々に多くなってきており，それ故一定の権利を享有することはできる。そして，「無権利能力社団説」は，設立中の会社の法律的性質についての通説となっている。

●会社の設立瑕疵制度

会社の設立過程において，設立が法定条件を満足していない場合は，その理由により取得した会社登記は瑕疵設立と見なされる。それは会社が成立した後に，会社は法律上不正常な地位及び状態に置かれている。法律がこの種

の会社にいかに対応するかは多くの法律関係の安定に関わる。そのために多くの国・地域の会社法では，会社の瑕疵設立の制度を規定している。しかし，国・地域により会社法のこの規定の違いはかなり大きく，理論面でも多くの争いがあり，以下の三つの内容に概括できる。

(1) 瑕疵設立は有効。会社設立には瑕疵があっても会社は有効に成立し，設立の瑕疵をもって法院に会社設立無効の訴えを請求することはできない。会社の設立手続きが比較的簡単で法律の現代化と自由化の程度が比較的高い国の多く，例えば，英国，米国等がこの種の方法を採用している。

(2) 瑕疵設立は無効。会社設立に瑕疵があれば会社設立行為は無効であり，株主またはその他の利害関係者は無効訴訟を提起できる。一部の大陸法系国，例えば，ドイツ，日本等はこの種の方法を採用している。

(3) 瑕疵設立は行政取消しできる。会社の設立において瑕疵がある時は行政機関により取消しできる。中国《会社法》第199条の規定によると，会社の設立に瑕疵があり，情状が重大なときは会社登記を取消すことができる。すなわち，行政取消理論を採用している。中国台湾地域もこの理論を採用している。

中国の現在の実際の状況からみれば，中国会社法は設立無効制度を確立しなければならない。まず，中国の法律の現代化と自由化の程度が未だ設立有効制度を選択するレベルに至っていないためである。会社の設立に対して法律が強行法規で規制し，瑕疵有効制度を確立することは，関係当事者の権利の侵害を容易に引き起こす。次に，中国は，行政取消制度を定めているが，一種の行政処罰措置に過ぎない。会社法上の設立無効の主張は，利害関係者が行使できる権利であり，私法自治の体現である。更に，中国の実務においてたびたび現れるのは，欠損企業が制度改変するときに，経営が苦境に陥ったその企業が債務から逃避する目的で元企業の主要人員，財産を元の欠損企業と切り離し，別組織を設立して元企業の債務を引き受けない新会社を別に組織設立するという状況である。この種の会社は，会社設立時には法定の会社成立要件を具備しているが，会社の有効設立を認定するわけにはいかない。そのため，会社設立時に，明らかに債務逃避，法律回避という非合法的な目的があれば，当該会社の設立無効を認定しなければならない。

当然，会社の瑕疵設立の無効制度の確立においては，いかに取引の安全を保護するかを考慮する必要もある。会社の設立行為は他方面の利害関係者に

まで影響が及ぶので，安易にそれを無効にすれば影響が他方面の利害関係者の利益に影響を与える。そのため，瑕疵設立無効制度の確立と同時に，無効訴訟に対して必要な制限を加えなければならない。

次に，会社設立の瑕疵は会社と債権者，発起人，株主等の他方面との法律関係や多種類の民事責任が関わる。それ故，その民事法関連事項に対する研究も制度研究の重要な内容である。中国の現行法の民事法関連事項に対する規定は比較的少なく，最高法院が個別案件に対応した司法解釈があるだけである。筆者は，中国会社立法にはこれに対する明確な規定が必要であると考える。実際上，下記の問題を考慮する価値がある。

（1）実際の出資が法定最低資本金に到達しても払込むべき資本額が未達成の状況の責任を明確にする。発起人の差額補填の責任は，依然として出資義務の履行の範囲に属する。取引の安全と債権者に対する債権保護を担保するために，中国では法定資本制度を実施しており，会社設立時に法により全部または法定比率の登録資本を払込まなければならない。発起人が法に従った払込みを未だしていない場合は，その実際の出資額と払込むべき資本額の差額に対して補填出資の責任を負わなければならない。

（2）瑕疵設立により法人格が否認される状況。①会社設立時に出資がないかあるいは出資が最低資本額に達しないときは，会社には法律上の主体資格がなく，実際上は組合であることを認定しなければならない。②会社設立時に出資がないかあるいは出資が最低登録資本に達しないときは，設立後に出資して初めて資格を有し，その日から会社が法人資格を有すると認定できる。しかし，その前には設立瑕疵のためのその他の責任を負わなければならず，その後の瑕疵の解消によって免責されることはない。③設立瑕疵の法律上の主体資格の否認は，その実施した法律行為の効力に影響を与えない。これは，取引の安全の保護の要請によるものである。それまでは会社は合法的な法人主体の資格の外観を有しているために，第三者はこの種の合法主体資格の信用に基づいてこれに対して取引行為を生じるから，取引の相手方の主体資格の瑕疵により第三者の利益に影響を与えるべきではない。

●設立中の会社の始期終期

設立中の会社は，会社成立前の一つの状態であるが，設立中の会社の始期終期については，実際には異なる見方がある。

（1）設立中の会社の始期。おおよそ四つの視点に概括できる。

①発起人の協議により契約したときから
②発起人が会社定款で合意したときから
③株式発行総数の申込みのときから
④発起人が1株以上の株式を引受購入するときから

　筆者は，設立中の会社の始期は，発起人が協議により合意したときに始まると考える。まず，設立中の会社の法的地位の確認の根本的な目的は，発起人により会社設立を目的として取得する権利義務の帰属の確認であり，発起人契約それ自身は会社設立のために合意したものであり，それ故このときから始まる。発起人は，会社設立を目的として取得する権利義務は当然設立中の会社に帰属するべきである。次に，会社定款の合意は，設立中の会社の起算時として不適当である。例えば，中国会社法は株式会社の会社定款は，創立総会を通さなければならず，承認されて初めて有効となる。このとき設立中の会社の起算時とする場合明らかに時期的に遅すぎる。最後に，株式の引受購入も設立中の会社の起算時としては不適当である。株式を全部引受購入しようが1株以上の株式を購入しようが，これにより設立中の会社の始期とする場合，発起人が引き受けた株式の前に発起人が会社設立の目的として取得した権利義務の帰属の問題を解決するすべがない。

　(2)　設立中の会社の終期。設立中の会社の終期は，設立中の会社の命運により異なる。会社が設立完了すれば，設立中の会社は会社の登記登録にて終了する。登記登録は，会社が成立し法人資格を取得した表示であるからである。会社が不成立となれば，法律は決して未だ設立中の会社の清算を求めないけれども，発起人間では当然清算に類似した手続きが必要であり，設立中の会社は自らこの種の事実上の清算手続きのときから終了したものとなるべきである。

第四節　会社設立の条件

　法律は，一般の取引安全の保障のために，国の管理機関が会社に対する監督と管理をすることを保証し，有限会社と株式会社の設立には法律が定めた設立条件を具備しなければならないことを求める。各国・地域の会社立法はこれに対して詳細に規定している。一般的には，主体要件，財産要件，組織要件，経営要件及び行為要件の五つの要素が含まれる。そのなかで，主体要

件は主に，株主あるいは発起人の人数と資格等の面に焦点を当てた規定である。財産要件は主に，会社資本に関する規定で，例えば法定最低登録資本の要件等である。組織要件は主に，名称や組織機構等の面を対象とした規定である。経営要件は主に，会社の生産，経営場所等の面に関する規定で，行為要件は主に発起人間の契約や会社定款に関する規定である。

会社の設立条件は，会社の類型により異なる。中国《会社法》では，有限会社と株式会社の設立に対する関連要件を別々に定めている。

一 有限会社の設立条件

中国《会社法》第23条で次のように規定されている。「有限会社を設立するときは，下記の条件を備えなければならない。(一) 法定人数に適合する株主がいること，(二) 株主の出資が法定資本最低額に達していること，(三) 株主が共同で会社定款を作成していること，(四) 会社が名称を有し，有限会社の要件に適合した機関であること，(五) 住所を有すること」。

(一) 主体条件

主体条件は，株主資格及び人数要件を指し，株主は法定人数と資格要件を適合させなければならない。

1 株主数の要件

(1) 各国・地域の会社立法からみると，法律は，有限会社以外の他の各種の会社に対しては一般に株主数の上限を定めてはいない。有限会社の株主数については逆に最高限度が多く規定されている。例えば，1948年英国の《会社法》では，設立する有限会社は50人を超えてはならないと規定し，日本の旧《有限会社法》と韓国の《商法》では，設立する有限会社は50人を超えることはできないと規定されている。しかし，これを規定していない国もあり，例えば，ドイツ，イタリア，オーストリア等の国である。しかし，実際にはその人数は株式会社より少ない。株主数に対して行う上限規定の理由は主に，有限会社が有する強い「合名的」性質にある。

中国《会社法》第24条の規定で次のように定めている。「有限会社は，50人以下の株主により出資して設立される」。当該規定から分かるように，中国では有限会社の株主の上限に対して50人を超えてはならないし厳格な規定を設けている。

(2) 有限会社の株主数の下限については，各国・地域の会社立法の規定は

同じではない。例えば，5人以上，あるいは3人以上，あるいは2人以上等々と規定している。一人会社の承認のために，多くの国・地域では既に有限会社の最低株主数の要件を削除している。

中国の改正前の《会社法》の規定では，原則上2人以上で有限会社を設立できるが，改正後の《会社法》では一人会社を承認した。もはや2人以上の要件はなく，「一人有限会社」と「国有独資会社」についてはそれぞれ別々に専門の規定がつくられている。それ以外には，《会社法》第218条では更に，「外商投資の有限会社と株式会社には本法を適用し，関連する外商投資の法律に別の定めがあるときはその規定を適用する」と規定している。《外資企業法》の規定に基づくと，中国国内に設立された外商投資企業は有限会社であることができ，一つの外国商人により単独で設立できる。

2　株主資格の要件

各国・地域の会社立法は，有限会社の株主の資格に対しては株式会社の発起人の資格に対する規定と基本的には同じである。中国会社法及び関連法規によると，有限会社の株主は相応する資格を有さなければならない。

(二) 財産要件

1　最低資本金要件

株主と債権者の合法的権益の保護，会社の乱設防止並びに会社の賠償能力と一般の取引安全の保護のために，各国・地域の会社立法の多くは有限会社の資本総額に対する最低限度額を規定している。例えば，ドイツの《有限会社法》では，有限会社の基本資本は5万マルクより少なくてはならないと定めている。英米会社法では，有限会社の登録資本に対しては比較的寛容であり，会社成立時さえ最低資本金を要求せず，有限会社の設立変更はかなり容易である。

中国会社法では，以前から一定の資本額は会社の対外的な債務引受の基本条件と見なしてきた。それ故，中国の法律では一貫して会社が一定額の登録資本を具備しなければならないことを強調してきた。《会社法》第26条第2項で次のように規定されている。「有限会社の登録資本の最低限度額は人民元3万元である。法律，行政法規の有限会社に対する登録資本の最低限度額が高く規定しているときは，その規定に従う」。《商業銀行法》，《保険法》，《証券法》等の法律では，各業種の会社に対して特別の要件を規定している。このことからみると，中国では会社資本は会社定款で明確に規定するのみなら

ず，法定最低資本金以上に到達する必要があり，さもなければ会社の成立は不可能である。

注意を要するのは，中国の改正前の《会社法》では，厳格な実納資本制を実施しており，会社成立時の実納資本が登録資本より少ないことは認められなかった。さもなければ，詐欺登記という違法行為を構成する。しかし，現行の《会社法》は一般の有限会社に対しては既に分割払込制を採用している。ただ一人有限会社に対しては，実納資本制を採用している。

2　資本構成の要件

一般的にいえば，有限会社の資本は株式として分割する必要はなく株券も発行できないが，一部の国の会社法では有限会社の資本は株式に分けることができると定められており，株主の出資及びその権利義務の計算に便利である。例えば，日本では有限会社の各株主の出資は均等でなければならない。更にある国の規定では，各株式金額は不均等でもよいが各株式金額の間は互いに倍数でなければならない。例えば，ドイツ《有限会社法》では，各株主の出資は最低500ドイツマルクであり，各株式に対する出資額は異なっていてもよいが，すべて100マルクの整数でなければならない。中国会社法では，有限会社の出資に対して株式に分割可とするか及び各株金額を等しくするか否かは未だ定めていない。実施のなかで会社自らが取り仕切っていくことができる。

（三）組織要件

組織要件は，会社名称，住所，定款及び法により樹立した機関等である。

会社名称は，会社の法定登記事項であり，会社の法人資格に特定性を備えさせることができ，会社が対外的に法律上，経済上の取引を行うのに便利である。

有限会社の設立には会社定款の具備が必須である。有限会社の会社定款は，会社組織規範及びその行動準則を記載した書面文書であり，株主全員の共同の意思を体現しており，更にすべての株主，会社の機関及び経営管理者に対する拘束力を有する。定款は，株主全員が共同で定め署名しなければならない。株主が特別の原因で自ら参加できない場合は，書面により代理人に委託して行わなければならない。当然，有限会社の設立の実際面において，株主は必ずしも自ら定款を作成せず，他人（例えば弁護士）が起草した後，株主が承認・署名，捺印することができる。中国《会社法》第25条では，会社定

款に明記しなければならない事項について明確に規定している。

　有限会社は，内部組織機構の活動を通して運営を行い，会社に意思能力，執行能力を備えさせることができ，対外的な実施行為に便利である。各国・地域の会社立法は一般に会社の内部機関を規定している。中国会社法の規定では，有限会社の内部機関は，株主会，取締役会及び監査役会等である。しかし，有限会社の具体的な形式，株主数，経営規模，資本の出所が異なるために，法律，法規が求めるその機関もすべてが同じわけではない。例えば，《会社法》第51条では次のように規定する。「株主数が比較的少ない有限会社では1名の執行取締役を設置し，取締役会は設けなくともよい。執行取締役は会社のオフィサー（中国語で「総経理」）を兼任することができる」。

二　株式会社の設立要件

　中国《会社法》第77条では次のように規定している。「株式会社を設立するときは，下記の条件を満さなければならない。（一）発起人が法定人数に合致していること，（二）発起人の引受と募集の資本金が法定資本最低額に達していること，（三）株式発行，調達事項が法律の規定に合致すること，（四）発起人が作成した会社定款は，募集方式を採用して設立するときは創立総会を経ること，（五）会社名称を有し，株式会社に適合する機関に合致させて樹立すること，（六）会社住所を有すること」。

（一）主体要件

　主体要件は，発起人数と資格要件であり，発起人が法定人数に合致しかつ法定資格を備えなければならない。有限会社に比較して，株式会社の資金調達と経営は開放性を有しており，株主数も比較的多く，流動性もかなり大きく，そのため株式会社を設立する発起人は，ある意味では会社成立時の一株主に過ぎない。発起人が設立過程で不正を働くことや他の株式引受人や公衆の利益に対する損害を防止し，社会経済秩序を保護するために，その主体に対する要件は，有限会社の株主に対する要件と比較するとことさら厳しい。

1　発起人の法定人数要件

　株式会社の発起人は，会社設立の合意のための協議，会社設立の申請を行い，会社に対する出資あるいは株式を引き受け，更に会社設立に対して責任を負う人を意味する。株式会社の発起人の人数については，各国・地域の会社立法規定は様々である。各国・地域の法律は発起人の数に対して下限を設

けている。例えば，フランス，韓国，英国，ベルギー等の国及び中国台湾，香港などでは発起人は7人以上でなければならない。ドイツでは発起人は5人以上でなければならず，ノルウェー，スウェーデンでは発起人は3人以上，イタリア，スイス，オーストリアでは発起人は2人以上でなければならないと規定している。米国《標準会社法》の規定は，発起人は1人以上でよいと規定している。例えば，株式会社の発起人の人数の下限を規定することは世界の会社立法の通例であることが分かる。

　中国の新《会社法》第79条では，株式会社は2人以上200人以下の発起人を有しなければならないと定めている。新会社法は，会社発起人数の下限について旧会社法で規定する5人から2人に変えた。これは主に，会社設立のしきいを下げるためであり，このたびの会社法改正が求めた起業促進の目標と一致している。中国の新会社法では，株式会社の発起人数の上限は200人である。その理由は次の通りである。募集設立方式の条件は厳格であり，設立過程が複雑であり，結果として会社設立時間が長くコストも高くなるために，株式会社の設立人は募集設立に対する法律の各種要件を避けるべく発起設立方式を採用することが多い。しかし，発起人の数が多いときはその設立はすでに公衆性を有することになるので発起設立の規定を適用すべきではない。そのため，発起人が悪意で法律規定を逃れることを防止し，会社設立行為を規範化するために，中国の新会社法は，発起人の人数は200人を上限と設定した。

　2　発起人の資格

　株式会社の発起人の資格に対しては，各国・地域の会社立法は通常，発起人は自然人であるばかりでなく法人でもよいと規定している。自然人は発起人として完全な民事行為能力者でなければならず，法人は発起人として法律上特別に制限されていない法人でなければならない。

　発起人の国籍，住所に対する要件がどうかということについては，国・地域の社会，経済及び政治等の多くの要素に基づき確定されるものである。一般的には，大多数の国・地域の会社法では発起人の国籍については制限していない。例えば，フランス，ドイツ，オーストリア等の国では，自国人でも外国人でも株式会社を設立できると規定されている。少数の国・地域ではこれに対して一定の制限があり，例えば，一部の国では自国公民または法人であって初めて発起人になれると規定している。例えば，スウェーデン会社法では，発起人はスウェーデンに居住のスウェーデン国民またはスウェーデン

法人でなければならないと規定している。一部の国では，外国人は一定条件を満たして初めて発起人になることができると規定している。例えば，イタリアでは外国人は自国会社の株式の35％以上を所有し，さらにイタリア財政部の承認を経て初めて自国の発起人となることができる。発起人の住所に対しては，一部の国・地域では制限的な規定がある。例えば，デンマーク会社法では，発起人中2人はデンマークに居住しなければならないと規定している。中国台湾地域の「会社法」でも，発起人の半数以上は台湾に住所を有する必要があると規定している。

中国《会社法》第79条では，株式会社の過半数の発起人は中国国内に住所を有する必要があると規定している。このような規定の主な理由は，主に会社の調達行為や会社設立の責任の引受に対する考慮に基づくものである。株式会社の設立過程において，一定数の発起人が実際に会社の各種活動を計画実行する必要があり，更に株式会社の設立にはしばしばかなり長い時間を要するためである。それ故，一定数の発起人が中国国内に住所を有してこそ各種の活動を行うのに便利である。それ以外には，発起人は，会社設立過程並びに会社成立後の一定期間内はかなり重い責任を負うので，中国国内に住所を有していることにより国が管理を行い，株式会社の設立を利用して一般投資者の利益に対する損害の拡大を防ぐのに有利である。説明を要するのは，現在，多くの国・地域の法律では既に発起人が領内に住所を有するという規定は廃止されていることである。自国に住所を有するという規定は，一種の差別的な原則であるとしばしば考えられるからである。

発起人は，中国国内に住所を有し中国公民であるということは，その公民の戸籍所在地の居住地またはその通常の居住地が中国国内にあるということを意味する。外国公民であるということは，その通常の居住地が中国国内にあり，法人について言えば，その主要な営業所在地が中国国内にあるということを意味する。

発起人の住所に対する制限規定を除くと，その他の面に対する資格制限は，中国《会社法》では定められていない。実際,《民法通則》及びその他の法規や関連規定が当然適用されるはずである。

(二) 財産条件

1　資本最低限度額の要件

株式会社は典型的な合資会社であり，会社の存在と対外的な信用の基礎は

まずその資本金で決まる。株主及び一般投資者の利益保護のために，大陸法系各国・地域の会社法は，一般的に株式会社の資本に対する最低限度を定め，他の種類の会社の最低資本金よりも高いことが多い。例えば，ドイツでは株式会社の最低資本金は10万マルク（有限会社は5万マルク），イタリアが規定する株式会社の資本金最低額は2億リラ（有限会社は2000万リラ）等々である。ルクセンブルク等の一部の国では，持株会社以外の一般の株式会社に対しては最低資本金の要件がない。英米法系の国・地域では，授権資本制度を実施しているために，法律上一般には会社資本の最低限度額を規定しない。

中国《会社法》第81条では次のように規定している。「……株式会社の登録資本の最低限度額は人民元500万元である。法律，行政法規が株式会社の登録資本の最低限度額に対して高く規定しているときはその規定による」。これ以外は，中国《保険法》，《商業銀行法》，《証券法》等で特殊類型の株式会社の最低資本限度額を特別に規定している。

2　資本構成の要件

これは，株式会社に対するもう一つの特別要件である。株式会社の資本は株式に分割しなければならず，更に各株の金額は均等でなければならない。

(三) 組織要件

組織要件は，主に会社名称，類別，住所，経営範囲等の選定並びに会社の機関等である。これらの内容はいずれも会社定款の主要内容であり，会社登記の主要事項でもあり，会社の経営活動に対して重要な影響を有している。

株式会社は，会社の機関を通じて運営を行うものである。中国《会社法》の規定によると，株式会社の機関は，株主総会，取締役会及び監査役会等である。そのなかで，株式会社は株主により株主総会を構成する。株主総会は，会社の権力機構であり，株式会社は取締役会を設置し，取締役会は株主総会に対して責任を負う。株式会社は監査役会を設置し，監査役会は株主代表及び適当な比率の会社の従業員代表で構成される。その具体的な比率は会社定款で規定する。

【本節実務研究】
● 中国の会社従業員持株会の法的地位

中国においては，従業員持株会は国有企業改革と密接不可分の関係にある。国有企業が会社制度に改組するとき，従業員持株会はしばしば改組後の会社

の発起人として会社に投資する。中国の従業員持株会の発生原因は，次の通りである。(1)中国の旧会社法は有限会社の株主の人数の制限に対して融通を利かせるためである。旧会社法は，有限会社は50人以下の株主により出資して成立すると規定していた。改組中は，従業員持株制度を実行することによりこの制限を超えることが容易にでき，従業員持株会が会社株主としてこの問題を解決することができた。(2)従業員持株会の設立をもって従業員に向けての資金調達とする。(3)従業員持株会は，従業員株を集中化できるので会社の成立に大きな影響を与える。

　従業員持株会の法的地位に対しては，中国は現在統一した認識はなく，実際以下のような形式をとっている。

　(1)　独立した社団法人形式であり，従業員持株会は社団法人として登記し，改めて株主として会社に投資するというもの。この形式は，従業員持株会の営利性の趣旨と衝突する。

　(2)　企業労働組合の内部機構として，労働組合社団法人の名義による活動であるというもの。この種の形式も問題がある。その一，労働組合持株会は自己の名義での活動ができず，その責任には労働組合による承認が必要である。その二，その営利性と労働組合の性質が一致しない。

　(3)　独立の企業法人であり，従業員持株会は有限会社として登記し，従業員は持株会の株主となるというもの。会社として登録された持株会は依然として株主数の制限を受けるために，根本的な問題解決になるわけではない。

　諸外国は信託形式を採用している。すなわち，持株従業員は，委託者と受益者として，従業員持株会は受託者として信託関係が成立するというもの。この種の方式は，従業員の人数制限を受けず，また営利の趣旨とも矛盾しない。そのため，この形式に対しては深く検討して中国の法律類型への適合性を模索する必要がある。

　中国の目下の従業員持株会の実際の状況からみれば，法律は，従業員持株会の法的性質と地位，権利義務及び従業員間との関係等の問題に対して明確に規定していない。これは，実際の従業員持株会の権力の過大化を引き起こしかねず，相応する制約が欠如している。持株会は株式を任意に処分でき，従業員は直接株主権を行使する方法がなく従業員の株主権を損なってしまう。従業員持株会の主要な趣旨は，国有企業改革中に設立される有限会社の株主数が制限を受けるというこの問題にある。新会社法は審査制を撤廃し，

登録資本額を下げる等の措置を通じて，株式会社の設立の条件と難度を既に大幅に下げた。それ故，株式会社の形式を用いて国有企業を完全に改組することができ，更に，多くの従業員を会社株主として吸収することによってこの問題を根本的に解決する。当然，その前に成立した従業員株主会に対しては，株式会社として改組できなければ，理想的なモデルを探索し各種法律関係に対して規範化して，各関係主体の合法的利益を保護しなければならない。

第五節　会社設立の手続き

　会社設立の手続きは，各国・地域が実施する立法制度及び各種会社が採用する設立方式により区別される。会社設立の法原則上，準則設立主義の原則を採用するときは，会社設立は国の行政機関の認可は不要であり，許可設立主義の原則を採用するときは，国の行政主管機関の許可手続きを経なければならない。設立方式面では，発起設立方式を採用すると設立手続きは比較的簡単であるが，募集設立方式を採用するとかなり複雑である。各国・地域の会社立法のこの問題に対する規定は異なっているが少なからず共通点がある。要するに，会社がいかなる設立方式を採用しようが，その設立手続きは多くの場合会社の定款の契約をもって開始し，設立登記をもって終了する。設立登記を通じて，会社は正式に独立主体の資格を取得し，すべての設立手続きを完了する。中国会社法は，有限会社と株式会社の設立手続きに対してそれぞれ別々に詳細に規定している。

一　有限会社の設立手続き

　株式会社の設立に比較すると有限会社の設立手続きは比較的簡単である。中国《会社法》及び関連法規によると，有限会社の設立は下記の手続きを経なければならない。

（一）発起人の発起

　有限会社は，発起人の発起によってのみ設立される。具体的には，発起人はまず有限会社の設立に対する将来性検討と予測を行い，会社設立の意向が確定する。発起人が数人のときは，発起人間の契約を締結するかまたは発起人会議での決議を行わなければならない。当該契約あるいは決議書は，会社設立過程における発起人各自の権利義務を明確にした書面であり，法律の性

質上組合契約と見なされている。その主な内容は，会社経営の主旨，項目，範囲と生産規模，登録資本，投資総額及び各当事者の出資額，出資方式，経営管理，利益配当リスク分担の原則等である。各国・地域の会社立法は発起人の資格に対して多くの制限規定を置いている。

(二) 会社定款の契約

会社定款は，主に会社成立後の各当事者の行為を規範するものであり，法律や規則の規定に厳格に従って定められる。会社定款には法定の絶対的記載事項を記載しなければならず，法定の全部または一部の相対的記載事項を記載することもできる。また，強行法規や公序良俗に違反しないという前提の下で一部の発起人が合意した任意事項を記載することもできる。中国会社法の規定によると，会社定款は株主全員が同意し署名捺印しなければならず，登記主管機関の認可後に正式に発効する。

(三) 会社名称の事前許可申請

《会社登記管理条例》第17条の規定によると，「会社の設立には名称の事前許可の申請をしなければならない」。「法律，行政法規または国務院決定で会社設立に対して認可を必須と定めているとき，あるいは会社経営範囲が，法律，行政法規または国務院の決定で登記前の認可を必須としている項目に属するときは，認可申請の前に会社名称の事前許可の手続きを行い，更に会社登記機関が許可した会社名称をもって許可申請しなければならない」。

会社名称の事前許可申請制度の採用は，設立登記前の申請において会社の名称を使って，合法性，確定性を具備させ，それにより会社名称の質と会社設立登記の円滑な進行を確保する。そのため，会社設立の過程で会社名称を使用する必要がある。例えば，会社定款や関連主管部門の審査文書のいずれにおいても会社名称を記載する必要がある。会社名称の事前許可申請をしなかった場合，開業登記の申請時に至って初めて会社の名称が不適当，非合法であることが見つかると会社の迅速な成立に影響を与える。

(四) 関連部門への審査の申請

一般的な状況の下では，有限会社の設立は，法律法規の特別の要件に関わらなければ直接登記ができる。しかし，中国《会社法》第6条第2項の規定によると，「法律，行政法規で会社設立には審査許可が必須と定められているときは，会社登記前に法により許可手続きをしなければならない。会社計画段階で経営範囲が国の許可証管理または国が制限すべきと考えている業種を

計画するときは会社の設立は行政許可の手続きを経なければならない」。中国の関連法規によると，許可手続きが必要な有限会社は主に2種類に大別される。

1　行政許可手続き

証券業務を経営する有限会社を設立する場合，事前に証券管理部門の許可を得なければならず，さもなければ申請登記できない。また保険業務を経営する有限会社を設立するときは，事前に保険監督管理機構の許可を得なければならない。

2　会社の営業項目における審査許可の事項

《煙草専売法》の規定によると，煙草売買に関する会社を設立するときは，国の煙草管理部門が行う審査を経て初めて設立できる。

(五)　出資払込み及び資産調査の実施

出資の払込みは，会社設立中に行う設立に係わる契約または会社定款に定めた出資義務のある行為である。いわゆる資産調査は，法により設立された資産調査機構が，全株主が出資した価値と真実性に対して行う検査であり，資産調査証明書を発行する行為を指す。有限会社は，比較的強い合名性を有している以外に一定の合資の要素も備えている。すなわち，会社の出資者は，自己の出資額を引き受けた後は所定の期間内に払込みをしなければならない。さもなければ，他人が被った損失に対する法的責任を負わなければならない。中国《会社法》第26〜29条で有限会社の株主に対する出資の払込要件，出資の方式並びに資産調査の問題等についてそれぞれ明確に規定している。

(六)　設立登記の申請

1　設立登記の申請の概念と目的

設立登記の申請は，設立者全員が指定した代表かまたは代理人が登記機関に対し設立登記を申請する行為を指す。設立登記の申請の目的は，行政主管部門の行政管理監督を通じて，設立した会社が法律で定める条件に適合し法人格を付与されることの確認のためである。

2　申請者

《会社登記管理条例》第20条によると，「有限会社の設立は，株主が指定した代表または共同委託した代理人により会社登記機関に設立登記を申請しなければならない。国有独資会社の設立は，国務院または地方人民政府により授権した同級人民政府国有資産監督管理機構を申請者として設立登記の申請

をしなければならない。法律，行政法規または国務院の決定が有限会社の設立に審査許可が必須であると定めるときは，許可の日から90日以内に会社登記機関に設立登記の申請をしなければならない。設立登記の申請の時期を過ぎたときは，申請者は許可機関に元の許可文書の効力を確認するかあるいは新たに申請するかしなければならない」。

3　申請登記するときに登記機関に提出する所定の文書

《会社登記管理条例》第20条第2項の規定によると，「有限会社を設立するときは，会社登記機関に対し下記の文書を提出する。(一) 会社の法定代表者が署名した設立登記申請書，(二) 株主が指定した代表または共同委託人の証明，(三) 会社定款，(四) 法により設立した資産調査機構が発行する資産調査証明，法律，行政法規が別に規定する場合を除く，(五) 株主の最初の出資が非貨幣財産のときは，会社設立登記時に提出しなければならない手続き済みの財産権移転手続き証明文書，(六) 株主の主体資格証明あるいは自然人の身分証明，(七) 会社の取締役，監査役，オフィサーの氏名，住所を明記した文書及び任命，選任または招聘に関する証明，(八) 会社の法定代表者の職位文書及び身分証明，(九) 企業名称の事前審査許可通知書，(十) 会社の住所証明。(十一) 国家工商行政管理総局の規定で求めるその他の文書」。

(七) 営業許可証の発給

各設立申請について，登記機関は法により審査を行わなければならない。審査内容は主に，設立する予定の会社が法律で定める実質的な要件を具備しているか否かであり，提出した文書の内容と形式が法律，法規の要件に適合しているかどうかである。会社法の規定する条件に適合していれば，登記を認め営業許可証を発給し，会社は即刻成立する。会社法の規定条件に適合しないときは，登記を認めない。設立登記の申請者は，登記機関の登記を認めない決定に対して不服があるときは法により行政訴訟を提起できる。

営業許可証の発行日が有限会社の成立の日となる。成立の日から会社は法人資格を取得し会社の名義で対外的に経営活動に従事することができる。登記機関が公布した企業法人営業許可証に基づいて，会社は印鑑をつくり，銀行口座を開設，納税登記の申請ができる。

二　株式会社の設立手続き

中国会社法の規定によると，株式会社の設立手続きには発起設立と募集設

立がある。募集設立手続きは基本的には発起設立と同じであるが，ただ，一般に対する株式の公募とその関連の手続きが更に必要である。

（一）発起人契約の締結

1　発起人間の契約内容

発起人間の契約は，発起人の間で書面形式で表わされる，共同で会社を設立し，各自が一定の設立義務を引き受ける意思を表示した一致した行為であり，発起段階の発起人間の権利義務関係を規範化するだけのものである。性質上，組合の契約と考えられる。発起人間の契約の主な内容は下記の通りである。

(1) 発起人及び法定代表者の氏名，住所，国籍，職務並びにそれらが設立する会社の名称，住所及び経営範囲等

(2) 設立方式

(3) 資本総数及び発行する株式総数，登録資本，各発起人が引き受ける株式の総額

(4) 出資方式，期限，各株の金額等

(5) 発起人の権利，義務及び責任

(6) 発起人内部の職責の分担

(7) 契約の適用法，紛争解決方法

(8) 契約の発効と終了時及び付帯条件

(9) その他記載が必要な事項等

2　発起人の義務と責任

株式会社の設立は，主に発起人の発起行為に依存する。そのため，各国・地域の会社立法は，発起人の設立過程における義務と責任を規定している。中国会社法でも，発起人の義務と責任に対して規定している。

株式会社の発起人の義務は主に下記の通りである。

(1) 会社定款の合意に責任を負い，募集設立時に合意した定款を創立総会に提出し承認させる。

(2) 責任をもって会社設立の審査手続きを行う。

(3) 会社法の規定に従い引き受けた株式を引き受ける。

(4) 募集設立時に，株式募集の審査手続き，目論見書及び株式申込書の作成，目論見書の公告，法による調達その他の株式発行業務に対して責任を負う。

(5) 引き受けた出資の払込みが定額に達すること,更に法定の期限内に各株式引受人に出資金の払込みを催促をする。

(6) 会社機関の選任。発起設立時に,発起人により取締役会及び監査役会を選任し,募集設立時に,発起人は法定期限に従い創立総会を招集し,会社定款を承認させ会社取締役会のメンバー及び監査役会のメンバーを選任する。

(7) 会社法で規定する状況以外,発起人はその資本を払戻すことはできない。

株式会社の発起人の責任は主に下記の通りである。

(1) 会社が成立できないときは,設立行為によって生じた債務と費用に対して連帯責任を負う。

(2) 会社が成立できないときは,出資者が既に払込み済みの出資金に対して,出資金に同時期の銀行の預金利息を加算して返還する連帯責任を負う。

(3) 会社設立過程において,発起人の過失によって会社の利益に損害をもたらしたときは,会社に対する損害賠償責任を負わなければならない。

(4) 発起人が虚偽の出資をするか,出資としての貨幣または非貨幣財産を未だ交付してないかまたは期限内に交付していないときは,会社登記機関により是正を命じられ,更に虚偽の出資金額の5%ないし15%の罰金に処せられ,犯罪を構成するときは法により刑事責任を負う。

(5) 発起人が会社成立後に出資を無断で引き出したときは,会社登記機関により是正を命じられ,更に虚偽の出資金額の5%ないし15%の罰金に処せられ,犯罪を構成するときは法により刑事責任を負う。

(二) 関連部門への申請

中国《会社法》第6条第2項の規定によると,「法律,行政法規に会社設立には審査許可が必要である旨定められているときは,会社登記前に法により許可手続きを行わなければならない」。株式会社の株式発行が一般資金の流れる方向や多くの株券が有している利益の点から考えて,有限会社の設立に比較すると,株式会社はより厳格な審査許可を経なければならず,そうして初めて成立するという事情が多く存在する。

注意を要するのは,《会社法》の改正前は,中国は株式会社の設立には厳格な行政審査制度を採用していたことである。具体的には,発起設立方式で株式会社を設立するとき,発起人は関連規定及び設立する株式会社の経営範囲

と規模に基づき，設立を計画している株式会社の状況について国務院授権部門あるいは省級人民政府に申請し，それらの機関の許可を経て初めて発起人は株式会社のその他の設立手続きができる。募集設立方式で株式会社を設立するときは，更に二重の審査許可，すなわち，省級人民政府及び国務院証券管理部門の許可が必要である。改正後の《会社法》ではこれらの規定を削除した。これは，現行会社法が会社設立時の行政審査の手続きを弱めたことを意味している。

(三) 会社定款の作成

中国《会社法》第77条の規定によると，発起人は会社定款を作成しなければならない。株式会社の定款は，会社設立に必須の文書であり，会社の発起人により作成される。更に，全発起人の署名捺印による同意を経て，定款は会社設立後株主間の関係及び会社の対外的関係に及ぶ。会社定款には，《会社法》第82条で規定する12個の事項を明記しなければならず，その他にも相対的記載事項及び任意的記載事項を記載することができる。

会社定款の作成は，両種の設立方式で明確な差異がある。発起設立は全発起人が共同で作成することができる。発起人は一般に少なく，発起人は十分な協議を通じて容易に認識を共通にすることができる。協議中に矛盾が生じ会社定款の内容に同意しない人は設立活動から退くことができる。そのため，実際には，発起設立中の会社定款の作成は，発起人全体による合意の基礎の上に共同で作成されるものであり，全発起人の共同の意思の体現である。形式上，当該会社定款が全発起人により署名されなければならないということに表れる。募集設立はまず発起人により十分な合意の基礎の上に共同で会社定款を作成し，設立する株式会社の基本的枠組みを設計し，設立前期の定款を作り上げる。募集出資金の全額払込み後に行う会社の創立総会において，創立総会に出席している株式引受人が有する議決権の半数以上の承認を経て，全株主に対して拘束力を有する定款が作り上げられる。募集設立において作成する定款は全発起人の意思を体現しているが，創立総会で会社定款に対して反対票あるいは棄権票を投票する他の株式引受人の意思も相手側の意思に服従するしかない。「資本多数決の原則」が会社成立前に体現されるということが分かる。

(四) 会社名称の事前許可申請

《会社登記管理条例》第18条の規定によると，株式会社の設立には審査の

申請の前に会社の名称を事前に許可申請する必要がある。
(五) 株式の引き受け
　株式会社の設立には発起設立と募集設立の2種類の方式があり，中国の会社法ではこの2種類の方式における株式の引き受けについては異なる規定を設けている。
　　1　発起設立方式による設立の引き受け手続き
　(1)　発行株式の全部を発起人が引き受ける。発起人は設立活動の進行において，まず会社の資本総額をいくらにするか，資本総額をいくらの株式に分割するか，1株の金額がいくらかを確定する必要がある。発起設立方式により会社を設立するとき，各発起人は書面をもって自己が購入する株式総数を承諾しなければならず，全発起人が購入承諾した株式の総額が発行株式の総額と等しくなければならない。さもなければ，発起設立方式で設立することはできない。
　(2)　発起人が払込む出資金。出資金を一度に全額支払う必要があるかどうかについては，各国は異なる規定を置いている。日本のような全額払込制の国もあれば，フランスとドイツのように分割払込みができる国もある。中国《会社法》の改正前は，株式会社に対しては法定資本制度を実施していた。すなわち，株式会社の登録資本は，会社登記機関が登記した実収株式資本総額であり，しかも全額払込みの必要があった。改正後の《会社法》ではこの規定を廃止し，全額払込みを要求しなくなった。《会社法》第81条第1項で次のように規定している。「株式会社を発起設立方式で設立するときは，登録資本は会社登記機関に登記した全発起人が引き受ける株式資本の総額とする。会社の全発起人の初回の出資額は登録資本の20%を下回ってはならず，その他の部分は発起人により会社成立の日から2年以内に全額を支払うものとする。投資会社の場合は5年以内に全額を支払うことができる」。
　　2　募集設立方式による設立の引き受け手続き
　(1)　発起人の引き受けは法定数額の株式。発起人は，会社設立活動を行うに際して資本金総額及び株式総額確定後，一定数の株式を購入しなければならない。中国《会社法》第85条で次のように規定している。「募集設立方式で株式会社を設立するときは，発起人が引き受ける株式は会社株式総数の35%を下回ってはならない，但し，法律，行政法規に別の定めがあるときはその規定に従う」。

上述の規定の目的は，主に，発起人の責任を重くし，投資者の利益保護を拡大するためである。会社の成立後は，特定の経済的な目的を達成するために一定の経営活動を行うのであり，経営活動を行うには一定の物質的な基礎があって初めて債権者の利益を保証できる。株式会社の経済能力は発起人及びその他の株主の出資から生まれる。発起人が一定の経済的能力を有していないと，出資ができないかまたは少なくなり，ただその他の他人の資本に頼って経営活動を行うしかない。そのような発起人は会社に対する責任を負えないかあるいは少ししか負えない。このように発起人について真剣な調査を経ずに会社を容易に設立させると，会社設立を利用して詐欺行為を行うことすらある。その他には，もしも発起人が出資しないかあるいは出資が少ないような場合は，会社に対して利害関係がなく会社の経営管理に全く関心がないので，会社の発展のためにならない。それ故，会社法は原則的には発起人が保有する株式は会社株式総数の一定割合でなければならないと規定している。しかし，他の法律，法規の許可がある場合は特殊事情に基づき例外規定を設けている。

　(2)　株式の公募。株式の公募は一般投資者の利益に関係し，社会経済秩序の正常性と安定に影響する。そのため，《会社法》第86条〜89条，第93条並びに関連法律，法規は，株式の公募に対して比較的厳格に規定している。

　まず，国務院証券監督管理機構による許可が必要である。発起人は，一般投資者に向けて株式の募集をするときは国務院証券監督管理機構に株式募集申請書を提出し，併せて会社設立許可書，定款，経営計画書，発起人の氏名または名称，発起人の引き受ける株式数と出資の種類及び資産調査報告書，目論見書，出資金の代理収受銀行あるいはその他の金融機構の名称と住所，委託販売または代理販売機構の名称と関連する契約書を提出する必要がある。国務院証券監督管理機構は，発起人が提出した文書に対して審査し，会社法が定める株式募集申請の要件に適合していたら許可し，会社法が定める株式募集申請の要件に適合していない場合は許可を与えない。それにより，株式発行と募集資金の投ずる方向を調整制御し，一般投資者を騙すような株券乱発を防止する。

　会社が必要と考えるときは，国務院証券監督管理機構に対し国外への株式の公募を申請することができる。国務院証券監督管理機構は，株式募集申請が既に許可された後で株式募集申請が法律規定の要件に適合しないことを発

見したときは，取消さなければならない。このとき，発起人が未だ株式の募集をしていない場合は募集を停止しなければならず，既に株式を募集しているときは，株式引受人は払込済みの出資金に同期の銀行の預金利息を加えて発起人に返還を請求することができる。

　次は，公開に係わる情報である。発起人が株式の公募をするときは，目論見書を公告する方式で一般投資者に関連する情報を公開しなければならない。これにより，一般投資者に関連する情報を理解させ，自己の行う行為を決めさせる。同時に，目論見書の公告方式による関連情報の公開はまた一般投資者に会社の真実の状況を理解させることにもなり，それにより一般投資者の利益を保護し，発起人または会社が不正当な手段で株式募集を行うことを防止する。目論見書は，発行者が不特定の人に対して発行する株式引受の申込の要請であり，株式募集申請のための必須文書である。《会社法》第87条によると，「目論見書には発起人が作成した会社定款に加えて次の事項を明記しなければならない。（一）発起人が引き受ける株式数，（二）各株毎の額面金額と発行価格，（三）無記名株券の発行総数，（四）募集資金の用途，（五）株式引受人の権利，義務，（六）今回の株式募集の始期終期及び期限が過ぎてもすべてが引き受けられなかった場合は，株式引受人はその引受株式を撤回できることの説明」。

　これ以外には，《会社法》第86条の規定に基づき，発起人は株式申込書もつくり，株式申込書には目論見書に規定した内容を明記しなければならない。株式引受人が株式引受を決めたときは，法に従い株式申込書上に引受株式数，金額及び引受人の住所を記入し，更に引受人により申込書上に署名，捺印をしなければならない。法律上は，引受人は一旦株式申込書に記入したら引受株数に応じて出資金払込の義務を負わなければならない。さもなければ契約違反となる。

　次は，証券経営機構による受託販売である。《会社法》第88条によると，「発起人が一般から株式の公募をするときは，法により設立された証券会社が受託販売し，受託販売契約を締結しなければならない」。

　最後に，銀行と代理引受契約を締結する。《会社法》第89条第1項によると，「発起人が株式の公募をするときは，銀行との間で出資金代理収受契約を締結しなければならない」。

　(3) 出資金の払込み。発起人及び一般投資者は株式を引き受けた後は，法

により自己が引き受けた株式のすべての出資金を払込まなければならない。《会社法》第89条第2項によると、「出資金を代理収受する銀行は出資金の代理収受と保管を行い、出資金を払込む引受人に対して入金伝票を発行し、更に関連部門に対し受領証明書発行の義務を負わなければならない」。

(六) 会社機関の設立と設立登記の申請

中国会社法は、発起設立と募集設立とを別々にして株式会社の設立登記について規定している。

1 発起設立方式による株式会社の設立

発起人が全出資金を払込みした後、会社の取締役と監査役を選任し、会社の取締役会と監査役会を設置しなければならない。取締役会により登記機関に設立の許可申請書、定款、資産証明書等の文書を提出し設立登記を申請する。

2 募集設立方式による株式会社の設立

中国会社法の規定によると、発起人は、出資金の全額払込み及び資産調査報告書の作成後、30日以内に会社の創立総会を招集しなければならない。株式会社の創立総会は、株式会社の成立の前に全株式引受人の参加により会社の設立の可否を決定し、更に会社設立過程及び設立後の重要事項の決議機関であることを意味する。従って、発行株式を引き受けて更に出資金を全額払込んだ人は、創立総会に参加する権利を有する。《会社法》第91条第1項によると、「発起人は、創立総会招集の15日前に会議の期日を各株式引受人に通知するか予め公告しなければならない。創立総会は、株式総数の過半数を代表する発起人、株式引受人が出席しなければ開催できない」。創立総会は全株式引受人の参加によるが、招集する創立総会において決してすべての株式引受人が創立総会に出席しなければならないことを意味するのではないことが分かる。法律で定める要件に適合しさえすれば、例え何人かの株式引受人が創立総会に出席しなくても創立総会は開催することができる。

会社の創立総会は、株主総会と類似した職務権限がある。《会社法》第91条第2項によると、「創立総会は次の職権を行使する。(一)会社の設立準備状況に関する発起人の報告を審議する。(二)会社定款を可決する。(三)取締役会の構成員を選挙する。(四)監査役会の構成員を選挙する。(五)会社の設立費用について審査する。(六)発起人が出資金に充当する財産の評価について審査する。(七)不可抗力の発生または経営条件に重大な変化が生

じ会社設立に直接的に影響するとき，会社を設立しないという決議ができる」。その他，《会社法》第90条第2項では更に次のように規定する。「発行する株式が目論見書で定める締切期限を過ぎても未だすべてが引き受けられないとき，あるいは発行株式の出資金が全額払込まれた後に発起人が30日以内に創立総会を開催しないときは，株式引受人は発起人に対して払込んだ出資金に同期の銀行預金利息を加えた額の返還を請求できる」。

株式会社の設立申請のときは，所定の文書を提出しなければならない。《会社法》第93条によると，「取締役会は創立総会終了後30日以内に，会社登記機関に次の文書を提出して設立登記を申請しなければならない。(一)会社の登記申請書，(二)創立総会の議事録，(三)会社定款，(四)出資監査報告書，(五)法定代表者，取締役，監査役の就任文書及びその身分証明，(六)発起人の法人資格証明あるいは自然人の身分証明，(七)会社の住所証明」。「募集方式で株式会社を設立し株券を公開発行するときは，このほかに会社登記機関に対して国務院証券監督管理機構の許可書類を提出しなければならない」。

登記機関は，法律規定条件に適合する設立申請に対して登記し，営業許可証を発行する。営業許可証の発行日が会社成立の日となる。

(七) 公告

会社の成立後は公告しなければならない。公告する設立登記の内容は，登記機関で許可された登記の内容と一致しなければならず，さもなければ登記機関はその是正を命ずる権利を有する。

三 一人会社と国有独資会社の設立手続き

《会社法》第58条と第65条の規定によると，一人有限会社と国有独資会社の設立と機関は，法律の専門規定の適用範囲外であり，一般の有限会社の規定が適用される。

現行法は一人有限会社の設立手続きに対して特別に規定していない。そのため，その設立手続きは基本的には前述の一般の有限会社と同じである。

国有独資会社に関しても，その設立の基本手続きは一般の有限会社とおおむね同じである。ただその投資主体に特殊性があり，その定款は株主が直接作成することはできない。そのため，《会社法》第66条で次のように定めている。「国有独資会社の定款は，国有資産監督管理機構が作成し，または取締

役会が作成し国有資産監督管理機構の承認を得る」。

【本節実務検討】
●株式引受人の引受行為の法的性質
　株式引受行為の法的性質については，理論上「契約説」と「共同行為説」に分けられる。
　「契約説」は，以下の4種に分けられる。
　(1)　組合契約。当説は，株式有限会社の設立行為は組合契約であると考え，株式引受は組合契約の構成要件であり，引受の結果，引受人と発起人との間で生じる法律関係であるのみならず引受人の間でも生じる法律関係である。実際には引受人の間の関係は発起人の間の関係と同等であるから，それ故この説は妥当ではない。
　(2)　売買契約。当説は，株式引受は売買契約であり，すなわち引受とは株式を買い受ける意思であると考えるものである。しかしながら，株式引受は引受人においては会社設立をもって株主権を所得することが目的であり，発起人においては資本を募集して会社を設立することが目的であり，売買契約のように単に一方に財産が他方に移転して金員を給付するという状況ではない。それ故この説は妥当ではない。
　(3)　委任契約。当説は，株式引受は引受人と発起人の間の一種の委任契約であり，発起人は受任者であり，株式引受人は委任者でありその委任される業務は会社の設立である。しかし，委任契約により処理される委任業務が必要とする費用は委任者が負担する。引き受け後会社が成立できなかったとき，その設立費用は発起人の負担である。これは明らかに委任契約には適合しないので，この説は妥当ではない。
　(4)　第三者のための契約。当説は，株式引受は引受人と発起人の間で成立する一種の第三者のための契約であり，第三者とは将来成立する会社である。第三者のための契約とは，第三者に利益を受けさせるだけで第三者に義務を負わせず，かつ第三者のためになるものである。その受益の意思表示によって確定する。しかし，会社成立時にすべての権利義務が会社に移転するのみならず，会社も利益を受けないという意思表示をすることはできない。これらの特徴はいずれも第三者との契約に合わないのでこの説も妥当ではない。
　「共同行為説」。この説は，株式引受人は各引受人が会社設立を目的として

なすところの共同行為と考えるものである。しかし、会社設立行為は共同行為であるが、それぞれ独立した性質を有しており、各当事者及び独立した内容を共同行為と同じとして論じることはできない。

通説は株主契約説を主張している。いわゆる出資行為は、会社の株主となることを目的とする行為であり、株主権という法律関係を設定することを内容とする行為でもある。この株主権という法律関係の設定を目的とする出資行為は、財産権に関する行為であり、株式引受人の引受の意思表示と会社が許可する意思表示とがお互いに結びついた契約である。株主と会社の間は、それにより生じる株主権の法律関係の種々の権利義務であり、双方がそれに拘束されなければならない。これと会社設立行為が新しい法人格を創造することを目的とする身分行為とは大いに異なる。それ故、株式引受行為は、株主権取得を目的とする一種の財産法上の行為であり、一種の契約に属する。

第六節　会社名称と住所

一　会社名称

自然人が世の中に出生して自己の氏名を有するのと同様に、会社の成立にも自己の名称が必要である。会社名称の意義は主に三つある。その一、会社の名称は会社が独立民事主体である重要な標識の一つであり、法人格を示す。その二、会社の名称も法人格の特定化の標識であり会社の名称をもって他の民事主体と区別することができる。その三、会社の名称も会社及び商品に対する信用の主要な構成部分であり一種の無形資産である。《工業所有権の保護に関するパリ条約》の規定に基づき、会社の名称は工業所有権保護の対象の一つである。

会社名称の社会経済生活に対する関係が大きいので、会社及び取引の相手方の合法的権益を保障、社会取引秩序の維持のために、各国・地域の法律は会社名称に対して相応する規定を置いている。

（一）諸外国の会社名称制度

各国・地域の会社名称の選択に関する立法原則は同じではなく、主として以下の3種類に概括される。

1　名称実態主義

名称実態主義は、法律が会社名称の選択に厳格な制限を加え、会社名称に

は会社の営業区分や経営範囲等の実態の反映が必須であることを求め，さもなければ使用を禁止される。名称実態主義の原則を採用する代表的な国はフランスである。フランスの合資・合名会社の名称は，会社自身の性質を具体的に表わす文字であることが必要である以外に，1人または数人の株主の名前を加えなければならない。株式会社は，「会社名称中に1人または数人の株主の氏名を含ませることができる。しかし，株式合資・合名会社に関しては有限責任株主の氏名は会社名称中に列記してはならない」。

2 名称自由主義

名称自由主義は，会社名称に関して原則上法律で制限せず，その名称は会社の営業種類，経営範囲等とは無関係であり自己決定にまかせる。大多数の国・地域における会社の名称に関する規定は，自由主義の原則を採用している。当然，この種の自由主義は実態主義との相対的なものであり，絶対的に自由というものではない。これに関しては，米国会社制度における会社名称に関する規定が代表的なものである。例えば，米国《標準会社法》では，次のように定めている。会社の名称は文字または略称を標記するものでなければならない。会社名称中には会社成立目的と適合しない文字あるいは会社が従事する業務と無関係の文字を含むことはできない。会社の名称は同一州内で既に登記設立あるいは許可された会社の名称とも同一または類似してはならない等々。

3 折衷主義

折衷主義は，会社成立時の名称が会社の営業区分，経営範囲等の実態を反映しなければならないと法律で規定するものであるが，譲渡や継承時には元の氏名を変えなくてもよい。ドイツが折衷主義を採用している。

(二) 中国の会社名称制度

中国の法律は，有限会社，株式会社の名称に対して明確に会社の営業区分を反映しなければならないと定めており，明らかに会社名称の実態主義を採用している。中国では，会社名称の法規定は，主に《会社法》第8条とその他の関連法規に存在する。例えば，1994年6月24日，国務院が公布した《会社登記管理条例》及び2000年1月に国家工商行政管理総局が公布した《企業名称登記管理実施方法》である。

1 会社名称の特徴

会社の成立前に会社名称を作成しなければならず，そうしなければ，登録

登記を進行させるすべがない。まさにこの理由で会社法は、会社名称は会社成立の条件の一つとして規定しており、同時に、会社定款の必須条項でもある。会社名称は会社成立の日から法定の効力を有する。中国の関連法規によると、会社の名称は次のような法的特徴を有する。

(1) 会社名称は唯一性を有する。一定の期間一つの会社が一つの名称のみ使用を許される。特に必要な場合、省級以上の登記主管機関の許可を経て規定の範囲内で一個の従属名称を使用することができる。しかし、株主が自然人としての有限会社及び外商投資会社は従属名称の使用は許されない。更に、従属名称は経営活動の展開や顧客開拓業務には使用できない。

(2) 会社名称は排他性を有する。一定範囲内で一つの会社だけが登録された特定の名称を使用できる。これは工業所有権の保護、不正競争の防止、商業上の詐欺防止のための一つの法律的な措置である。そのため、ある会社の名称が登録された後は、第三者が同一名称を自己の屋号、商標、サービスマーク、ビジネススローガンとして使用するとその会社に対する信用の侵害及び顧客に対する詐欺行為となる。さらに、同一名称の使用は、単に法律で禁止されているだけでなく、類似した名称も法律は許可しないのである。名称が類似しているか否かの判断に至っては、一般の客観的な取引の上で混同誤認させるかどうかをもって基準としなければならない。例えば、甲会社が「大方」という名称を先に使用しており、乙会社が「太方」という名称を後で使用すると、後者が使用する名称は前者の類似する名称を使用していると判断され得る。

注意を要するのは、《企業名称登記管理規定》に基づくと、中国では会社名称の排他範囲はかなり制限されている。第一に、同一の登記機関の管轄内において同じ業種の企業は同一または類似の名称を使用できない。そのため、二つの登記機関が各自の管轄内で同一の業種で同一または類似の名称の出現を制限することは難しい。これに対して、各国・地域ではこれとは異なる規定を有している。第二に、異業種の会社で同一または類似の名称を使用することができるか否かについては、中国の会社立法では未だ禁止規定がない。上述の問題に対しては、中国の台湾地域の「会社法」第18条の規定で次のように定めている。「同類の業種企業は、同一の種類か否か、同一の省（市）区域内であるか否かを問わず、同一または類似の名称を使用することはできない。互いに異なる業種の会社が同一名称を使用するときは、登記が後の会社

がその名称中に区別できる文字を加えなければならない」。これは参考になる規定である。

　(3)　会社名称は譲渡性を有する。会社名称は，法により譲渡することができるかあるいは他人が有償で名称中の屋号を使用することもできる。

　2　会社名称の構成

　各国・地域の会社法からみれば，会社名称の採択には3種類の方式がある。第一は，経営範囲とほぼ一致している名称の採用方式であり，例えば，米国のゼネラルモーターズ，ゼネラルエレクトリック，ゼネラルフーズなどである。第二は，1人あるいは数人の投資者の姓で命名する，例えば，デュポンなどの方式である。第三は，氏名を使用する上に業務内容も含むものであり，例えば，フォード・モーターである。中国の《企業名称登記管理実施方法》第9条で次のように規定している。「企業名称は，行政区画，屋号，業種，組織形態の順に従って構成しなければならない。法律や行政法規や本法に別の定めがあるときを除く」。当該規定によると，法律に別の定めがある場合以外は，会社名称は下記の四つの部分を含まなければならない。

　(1)　会社が所属する行政区画の名称，すなわち登録機関行政管轄級別及び行政管轄範囲である。中国の《企業名称登記管理規定》及び《会社登記管理条例》は，会社名称の前に企業所在地の省，市あるいは県の行政区画の名称を含ませなければならない。更に，国家工商行政管理総局において登録するときは，「中国」，「中華」，「国際」等の文字を，省工商局に登録するときは「××省」等の文字というように以下同様に相応の文字をかぶせることができる。しかし，外商投資企業，全国性企業，「歴史的に古く著名な」企業はこれらの制限を受けない。正当な理由があるときは，「北京」，「黄山」のような地名を屋号とすることができるが，「北京市」，「黄山市」などのような県以上の行政区域の名称は会社の屋号とすることはできない。

　(2)　屋号は，会社特有の名称であり，一般には二つまたは二つ以上の漢字あるいは少数民族の文字によって構成される。例えば，「鳳凰」，「紅塔山」等であり，これは会社名称の中核となる内容である。各会社が特有な名称を自由に選択する。これは，会社名称中で唯一当事者が自由に選択できる内容でもある。しかし，法律はこれに対してある種の禁止条項を定める。例えば，フランスの法律では，会社名称は他人に容易に誤解を生じさせるものであってはならず，またいかなる新規会社の名称も当地域の同一業種の現存する名

称と混同させるものであってはならないと定められている。中国台湾地域の「商業登記法」及び「会社法」では，商業の名称は他人に政府機関あるいは公益団体と関係あると容易に誤認させる名称を使用してはならないが，許可された外国会社または外国人は，法による投資審査を経て設立された会社で外国語の音訳を使用することができる。

　中国《会社法》は，会社特有の名称に対する制限規定は未だないが，関連する法律規定により，会社名称を採択するときは以下に列挙する事項に注意しなければならない。第一，会社名称には漢字を使用しなければならない。民族自治区の会社名称の場合は，同時に当該民族の自治区で通用している民族文字を使用することができる。外国語の名称を使用するときは，その外国語の名称を中文に一致させ，登記主管機関に報告し登記しなければならない。中外投資により設立する場合は，会社命名時に中文で命名し同時に外国語で命名することができる。しかし，会社名称が国あるいは地域の略称を並べた外国語の名称は単なる音訳であり，意訳することはできない。第二，会社名称は略称または外国語の名称のアルファベットの略称を確定し会社定款に明記することができる。会社名称を看板で簡略化するときは，その屋号を留めなければならず，更に登記機関に届けなければならない。第三，会社名称中には下記に列挙した文字，内容を含ませてはならない。国，社会の公共の利益を損なうもの，公衆に対して詐欺，誤解を招き得るもの，外国の国の名称，国際組織の名称，教会の名称，党政府機関の名称，大衆組織の名称，社会団体の名称，部隊番号（しかし，政府機関自身が行う主に内部のための宿泊施設，ホテル，娯楽場所は機関名称を使用できる），中国語のピンイン記号（外国語名称中で使用されるものを除く）と数字，その他法律，行政法規で使用を禁止しているもの。第四，一部の内容と文字に関しては，名称中で自由に使用することはできず，一定の条件に合致して初めて使用することができる。例えば，国務院が設立を決定した会社以外には，新たに設立する会社には，「中国」，「中華」，「全国」，「国際」等の文字は使用できない。会社は，「本社」，「グループ会社」と称することはできず，グループ会社の条件に合致するものに対して，その中核的な企業は「グループ有限会社」，あるいは「グループ株式会社」として登記できる。中国人民銀行の許可を得ていない場合は，会社名称中に「金融貸付け」に類する文字があってはならない。

　(3) 会社の名称に業種と営業部類を明記。会社の名称には会社の主要業務

と業種の特性，例えば，「研究開発」，「計算機（コンピューターの意義）」等を明記しなければならない。会社名称に営業部類を標記すべきか否かは，各国・地域の法律規定は異なっている。中国の《企業名称登記管理規定》及び《会社登記管理条例》では，会社名称は業種あるいは経営の特徴を明記しなければならない。こうすることは，一つは，公衆に会社の業務範囲を理解させ，業務の発展に有利にするためである。二つ目は，会社の特有な名称が一部同じ場合にこれを利用して区別するためである。

(4) 会社の形態を明記。例えば「株式会社」または「有限会社」である。会社の種類により株主が債務に対して負う責任の性質が明らかになる。株主責任の性質がこの種の会社の信用状況を明らかにし，信用状況を社会公衆に知らしめなければならず，それをその会社と取引するときに斟酌させる。それ故，会社名称には会社の形態を明記しなければならず，これは，取引相手の利益保護や社会の取引の安全に対して重要な意義を有する。一部の国・地域では，これに対して厳格に規定している。例えば，英国法では，有限会社以外はいかなる会社も「有限」の字句を使用してはならず，違反者は毎日5英ポンドの過料を取ると規定している。中国《会社法》第8条によると，「本法により設立される有限会社は，その会社名称中に有限責任会社または有限会社の字句を明記しなければならない」。「本法により設立される株式会社は，その会社名称中に株式有限会社または株式会社の字句を明記しなければならない」。

3 会社分支機構の名称

中国の立法では，会社の分支機構の名称に関する専門規定はないが，国務院が公布した《企業名称登記管理規定》によると，企業の分支機構を設立するときは，企業及びその分支機構の名称は下記に列挙する規定に適合しなければならない。

(1) 企業の名称中に「総（本部の意義）」の文字を使用するときは，三つ以上の分支機構を有しなければならない。

(2) 独立民事責任を負えない分支機構の場合は，その名称はその従属する企業名称を示して，「分」，「分工場」，「支店」等の字句を綴り，更に当該分支機構の業種と所在地の行政区分名あるいは地名を明記しなければならない。しかし，その業種とその所属する企業が一致するときは省略することができる。

(3) 独立民事責任を負える分支機構の場合は，独立した名称を使用しなければならない。

(4) 独立民事責任を負える分支機構が再度分支機構を設立するときは，設立する分支機構はその名称中に本部（本社）の名称を使用することはできない。

4 会社名称の許可と登記

中国の法律は，会社名称に関して強制登録制を実施しており，会社の名称権の取得は設立登記を要件とし，会社の名称変更には変更登記が必要となる。中国の会社登記機関は，各級の工商行政管理部門である。会社の名称は工商行政管理部門により区分管理され，市名または県名を冠するときはその市または県の工商行政管理局が管理し，省名または自治区名を冠して市名や県名を冠していないときは，その省または自治区の工商行政管理局が管理する。「中国」，「中華」の文字を使用するときは国家工商行政管理総局が管理し，外商投資企業の名称は国家工商行政管理総局が審査決定する。

会社名称は，登記を経た後に登記機関により《会社名称登記証書》が発給される。もしも会社名称を事前許可申請したならば，《会社名称事前許可通知書》が発給される。中国の《企業名称登記管理実施方法》第31条によると，「企業名称は，下記に列挙した状況の一つに該当するときは許可されない。（一）同一の工商行政管理機関で許可されたかあるいは登記登録した同じ業種の企業名称の字句と同一のとき。但し，資本関係があるときを除く。（二）同一の工商行政管理機関で許可され，本法第18条に適合する企業名称の字句と同じとき。資本関係があるときを除く。（三）名称変更後1年未満の他企業の元の名称と同じとき。（五）その他，法律や行政法規に違反するとき」。

5 会社名称の事前許可申請制度

会社名称における混同の発生を防止し更に登録の効率を高めるために，多くの国・地域は，会社名称の事前許可申請制度を実施しており，中国も同様である。中国の企業名称事前許可申請に関する最初の規定は，1988年11月3日に施行した《中華人民共和国企業法人登記管理条例実施細則》（以下，《企業法人登記管理条例施行細則》と略称する）における外商投資企業に対する規定である。1991年に国家工商行政管理総局が公布した《企業名称登記管理規定》において，開設する国内企業に対して企業名称の事前許可申請の要件を適用したが，強行規定ではなかった。1994年6月24日に国務院が公布した《登

記管理条例》第17〜19条では，新たに会社名称事前許可申請が定められた。該条例第17条で，会社設立には名称を事前登録申請しなければならないと規定した。会社の経営範囲のなかで法律，行政法規または国務院決定で登記前に審査許可すべき項目に属するものがあるときは，許可申請の前に会社名称の許可申請手続きを行い，登記機関によって許可された名称をもって審査認可を受けなければならない。それ以外には，国家商行政管理総局が2000年に更に《企業名称登記管理実施方法》を公布し，一部の具体的な事項を規定した。

　《企業名称登記管理実施方法》第22条によると，「会社を設立するには事前に名称を申請し事前に許可を得なければならない。法律，行政法規が企業を設立するには審査許可が必要であると定めているかあるいは企業の経営範囲に法律，行政法規で審査許可が必須であると定める項目があるときは，審査の申請前に企業名称の事前許可申請の手続きを行わなければならない」。このことから，名称の事前許可申請は既に中国の会社登記前に必須の一つの手続きになっていることが分かる。

　会社名称の事前許可申請のとき，会社は未だ成立していない。従って，会社名称の事前許可を申請するときは，設立者が指定する代表または委託した代理人だけができる。会社名称の事前許可の申請者は，会社の形式により様々である。これに対して中国の《会社登記管理条例》第18条で，有限会社の設立の申請者は全株主が指定する代表または共同委託する代理人であり，株式会社の申請者はすべての発起人が指定する代表または共同委託する代理人であると定めている。

　会社名称の事前許可申請には，指定した文書を提出しなければならない。《企業名称登記管理実施方法》第23条によると，「企業名称の事前許可の申請をするには，すべての出資者，組合員，社員（以下「投資者」と総称する）が指定する代表または委託する代理人により，名称の審査許可の管轄権を有する工商行政管理機関に下記の文書を提出しなければならない。（一）全投資者が署名した企業名称の事前許可申請書。申請書には設立予定の企業名称（選択中の名称の明記でもよい），住所，業務範囲，登録資本（または登録資金），投資者の名称あるいは氏名及び出資額等の内容を明記しなければならない。（二）全投資者が署名した指定代表または委託代理人の証明書。（三）代表または代理人の資格証明書。（四）全投資者の資格証明書。（五）工商行政管理機関が

提出を求めるその他の文書」。

会社登記機関は上記の文書を受領後10日以内に，許可するか却下するかを決定しなければならない。許可を決定したときは，《会社名称事前許可通知書》を発給しなければならない。会社名称の事前申請許可後，その会社の名称は6か月間保留される。保留期間中は，その会社名称で営業活動に従事することはできず，その名称を譲渡することもできない。保留期間が満了になっても会社設立登記の手続きがされていないときはその名称は自動的に失効する。

(三) 会社の名称権

会社の名称権とは，会社が法により取得した名称に対して有する独占排他権を指す。会社の名称は登記を経て取得する名称の専用権である。

1 会社名称権確定の原則

名称権の専属性の保障のために，会社名称は一定範囲の地域で混同しないようにさせる。申請登記時に2以上の会社が同一登記機関に同一の名称で登録申請した場合は，登記主管機関により申請が先の原則に基づき決定する。例えば，2以上の会社が異なる登記機関に同一名称の登録申請をした場合，登記主管機関は受理が先の原則に基づいて決定する。もしも2以上の会社が既に登録した名称が類似しているか同じであるとして紛争が生じたならば，登記主管機関は登録が先の原則に基づいて処理する。これはまさに，会社名称権確定上の登記対抗主義である。中国の現行法は登記対抗主義を採用している。

2 会社名称権の譲渡

会社の名称権は譲渡できるが，単独で譲渡できるか否かは各国・地域の規定は必ずしも同じではない。ドイツ，日本，スイス，イタリア等の国の規定は，会社の名称権は，営業とともに譲渡または廃業の状況下での譲渡のみが可能である。例えば，ドイツ《商法典》第23条では，「屋号は，営業者により用いられ，営業に付随せざれば譲渡できない」と定める。一般的には，買収，吸収，分割の状況下で初めて会社名称の譲渡が生じる。フランス等の国の規定は，当事者が別段の約定をしたときは単独で名称譲渡あるいは単独で営業譲渡が許される。

中国の関連法の規定によると，会社名称は会社または会社の一部に付随して譲渡できる。すなわち，中国では会社名称の単独譲渡は認められない。一

般的にいえば，会社名称を譲渡するときは，譲渡側と譲受側が署名した譲渡契約により，会社の申請手続きを行い原登記管理機関により審査し許可を受けなければならない。法律が一定地域範囲内での同業種企業名の重複を禁止しているために，会社名称権を譲渡後に譲渡人は譲渡済みの会社名称の使用は停止しなければならない。同時に，会社名称も一つの企業にのみ譲渡できるのであり，会社名称権の譲渡は登記しなければ第三者に対抗できない。

3 会社名称権の効力

会社の名称は登記後，その名称の専用権を取得し，法律上は排他的な効力を有する。中国の現行法はこの登記対抗主義を採用している。この種の排他性は主に二つの面において表れる。一つは，他の同一または類似した名称の登記，使用を排除する権利に現われ，もう一つは，他人の同一名称の不正な使用を停止させる権利に現われる。

中国においては，市名や県名を冠する名称は登記後に，同一市，県の範囲内で同業種の企業は同一名称で登記も使用もできない。省名や自治区名を冠して市名や県名を冠しない名称は登記後，同一省，自治区の範囲内で同業種企業は同一名称の登記も使用もできない。もしも同類業務ならば，例え会社種類が異なっていても（例えば，一つは有限会社で，他の一つは株式会社），同一あるいは類似の名称を使用することはできない。「中国」，「中華」等の字句を冠する名称は登記後，全国の範囲で同業企業は同一の名称を登記も使用もできない。他人が登記した会社名称を勝手に使用する行為は，他人の名称専用権の侵害であり，被害者は侵害者に対して所在地の主管機関に対して処分を請求することができる。また法院に対して直接提訴でき，侵害者に対して不法行為の停止を命じ，その不法行為によって生じた損害の賠償を請求することもできる。

二 会社の住所

(一) 会社住所の確定

会社の住所の確定に関しては，各国・地域の法律規定を3種に分けることができる。一つは，管理中心主義であり，登記時の常設管理機関の所在地を住所とするもの。この方法の長所は主に，容易に確定できることであり，欠点は主に，会社が管理の中心を海外に移転する方法によって法律の支配から逃避するのが容易であることである。二つ目は，営業中心主義であり，会社

の業務執行地を住所とするもの。この方法の長所は主に，会社の主要財産収入を支配するのに便利であることであり，その欠点は主に，営業中心が多い場合は会社の住所の確定が容易ではないことである。三つ目は，会社の定款で確定するものである。

中国《会社法》第10条と《民法通則》第39条は一致しており，会社はその主たる営業の所在地をもって住所とすると規定している。いわゆる主たる営業の所在地とは，会社業務を決定処理する営業の所在地であり，すべての組織を管轄する中枢業務機構でもあり，例えば本部や本社などである。一般的にいえば，会社区分の「主たる営業」と「従たる営業」は，会社の登記を基準として登記時に明記した主たる営業を基準とする。このことから，中国の会社法は実質的に管理中心主義を採用している。

(二) 会社住所の法律的意義

法人は権利主体として，自然人と同様に住所を有する。住所は会社の行為に一定の法律的意義を与え，それが関連する法律関係を一か所に集中させる。会社の住所は会社に対しては必要不可欠のものである。住所がないかまたは不明瞭ならば，正常の活動に携わることはできない。例えば，契約の履行，政府の監督の受入れ，訴訟参加等である。法律が住所を確定する意義は主に以下の面に概括できる。

(1) 訴訟管轄地の確定ができる。重要な民事主体として，経済活動において他の経済組織と各種の紛争は免れがたい。中国《民事訴訟法》第22条では，「法人あるいはその他の組織に対して提起する民事訴訟は，被告の住所地の法院が管轄する」と規定されている。なお《民事訴訟法》の規定により，契約の紛争，手形の紛争，あるいは不法行為等による民事訴訟の提起は，被告住所地の法院が管轄することができる。このため，会社の住所地の確定は，紛争の解決，社会経済秩序の維持，当事者の合法的権益の補償に関して重要な意義を有している。

(2) 法律文書またはその他の郵便物の送達場所が確定できる。会社はその経済活動において，外の世界との連絡が必然的に生じる。中国の《民事訴訟法》では，訴訟文書の送達は被送達人に直接手渡さなければならなず，訴訟文書を直接手渡すことが困難なときは，法院の代わりに他に委託するかあるいは郵送で送達することができると規定している。被送達人が訴訟文書の手渡しを拒絶するときは，留置送達の方法で送達できる。会社に関していえば，

直接送達，委託送達，郵送送達，あるいは留置送達であっても住所地が送達を受ける場所である。このため，会社の住所地を確定することは，他の組織が適時に迅速に連絡をとるのに有利であり，会社が自己の住所地を拠点として対外的な連絡を取るにも有利である。同時に，会社が明確な住所地を有することは，法院が適時に迅速に各種の法律文書を送達することができ，会社またはその他の当事者が法による自己の合法的権益維持を保障することになる。

(3) 登記，税収等その他の管理機関が確定できる。工商行政管理局において住所は通常主管当局の行政管理範囲と一致し，会社の設立（全国性の会社を除く）は住所地の工商行政管理部門に対して登記を申請しなければならない。中国《会社登記管理条例》の関連規定によると，法により国家工商行政管理総局または省，自治区，直轄市の工商行政管理局により審査を経て登記しなければならない場合を除いて，その他の会社はその所在地（すなわち住所地）の市，県（区）の工商行政管理局で審査許可のうえ登記される。このため，会社の住所地を確定することは，会社の登記管理機関を確定することにも等しい。その他，税法の規定により納税申告するときに，納税者により企業所在地の税務機関に申告し払込まなければならない。

(4) 債務の履行地が確定できる。中国《民法通則》と《中華人民共和国契約法》(以下，《契約法》と略称する)では，金銭を給付する契約で履行地が不明確なときは，金銭の給付を受ける一方の所在地を履行地とすると規定している。会社に対していえば，その義務履行地はその住所地でなければならない。このため，会社の住所を確定することは，相手方当事者に対していえば，自己のために債務者の履行地を確定することに等しい。

(5) 法的紛争の解決に資する。渉外民事法関係において，会社の住所はいかなる法律を適用するかの確認の根拠となり，準拠法を確定する根拠の一つである。例えば，属人法の原則に基づくと当事者の本国の法律を適用し，一般には会社の住所地に従って国内の法律の適用が確定されている。

(三) 会社の住所に関する法律規定

(1) 住所は，会社定款の記載条項の一つであり，会社定款は登記申請のための必須文書の一つである。それ故，会社成立前に制定された住所は登記を経て法的効力を有する。

(2) 住所は，登記を進めるための事項であり，住所は登記しなければなら

ず，登記しないかまたは住所変更しても変更登記しない場合はそのことをもって第三者に対抗できない。例えば，会社が事実上主要な営業の所在地を変えた場合，変更登記していないと第三者は営業地の変更を無視して元の主たる営業の所在地において会社に対して提訴できる。

(3) 一つの会社はただ一つの住所を有する。多くの営業地を有している場合は，すべての業務及び分支機構を統括する営業の所在地を住所とする。

(4) 支店を設立するときは，支店も営業場所を持たねばならず，営業場所の所在地の登記機関に登記手続きをしなければならない。しかし，中国の法律では，会社が多くの住所を持つことを認めていないので，支店は法人ではない。それ故，会社の営業場所は住所の地位と効力を持たない。

【本節実務検討】
●会社名称権の法的性質

会社名称権の法的性質に関する学説は概ね次の4種に概括できる。

第一，会社名称権は一種の人身権である。会社名称権は一種の氏名権であり，自然人の氏名権と同じであると主張する学説もある。また，会社名称権は一種の身分権であり，姓名権は一種の人格権であるから名称権は譲渡及び継承できるのであるから明らかに人格権ではなく，単なる一種の身分権であると主張する。

第二，会社名称権は，一種の財産権である。当該説は，まず，名称権はただの営業組織の表示であって営業者の人格を表示するものではない。それは人格権の範疇に属するものではなく財産権の範疇に属するものである。次に，名称権はある一地域だけで他人に対する効力を有することができ，氏名権のように他人に対する絶対的効力を有するものではない。なお，名称権は譲渡できるが氏名権は譲渡できない。

第三，会社名称権は，一種の工業所有権である。この説は次のように考える。名称権と商標，特許等の工業所有権は性質上同じであり，いずれも一種の無体財産であり，専用性と地域性を有している。関連する工業所有権の国際条約でも既に名称権を工業所有権として保護している。

第四，会社名称権は，一種の人身権であり一種の財産権でもある。この説は次のように考える。会社名称は，人身権として一貫して特定の会社に結びついており，主体資格取得の条件でありその表われである。財産権として，

会社名称権は財産として使用，収益並びに処分される。

　会社名称権は一種の商事人格権であると考える。それは会社が法人資格を取得し維持する必要条件であり，会社の主体性を明示し，更に会社に対していえば，不可欠の権利であるからである。会社名称権については，市場価値と譲渡性を有し，これこそその会社の営利性の必然的な産物でありその反映である。そして，その特徴を形成し自然人の氏名権と区別され，その特殊性をもってその人格権の属性を否定することはできない。それ故，会社名称権は，一種の権利として性質上商事人格権に属し，その市場価値と譲渡性は人格性を構成する部分である。

　会社名称の商事人格権の属性が会社名称の専用性を決定する。会社名称の専用性は，会社名称権の不法行為に対する認定の問題に関わる。会社名称権の侵害の認定に関しては，会社名称全体を具体的な状況と結びつけて確定しなければならないと考える。すなわち，中国の現状における会社名称は，不変的に，行政区域＋屋号（商号）＋業種特徴＋組織形式等の四つの部分で構成され，会社名称権の効力の及ぶ地域範囲は登記機関の管区に限られ，効力の及ぶ業種範囲も登記した業種に限られる。そのため，会社名称の専用権は，会社名称全体に対する専用権であり，「屋号」が会社名称中で最も特徴ある部分だからといって会社名称専用権の範囲を会社のその名称中の「屋号」が有する専用権にまで拡張することはできない。従って，管轄地域外の会社または異なる業種の会社が同じ屋号を使うことができ，他人の会社名称権の侵害にならない。

　当然，当面会社名称に対するこの種の区域ごとの保護方法は，全国に同じ屋号をもつ会社が多く現れることになる。会社屋号の商業的価値が日々顕著になるに従って，依然として今の規定のままであったら一部の会社は他人の著名屋号を自己の会社名称として地域で登記して使用し，消費者に産地を混同させ著名屋号の希釈化を起こすであろう。普通の屋号の保護に関しては現行法規の適用の継続を妨げないが，著名企業の屋号の保護に対しては著名商標の関連保護制度を参考にすることができると考える。

第四章　会社定款

第一節　概　説

一　会社定款の概念

　会社定款は，会社設立時の株主により制定され，会社，株主，会社経営管理職に対する拘束力を有する会社内部の組織関係と経営行為を調整するための自治規則である。

　会社人格の独立と株主の有限責任は会社制度の柱であり，更に会社の所有と会社の分離を促進するものである。このような状況下で，会社の組織と活動をいかに規範化するかは非常に重要な問題となる。国は憲法を有し，会社は定款を有し，会社に対する定款の影響力は国に対する憲法の影響力の如くである。そのため，会社定款は会社の自治規則として会社憲法の名誉を獲得しており，そのことからしても会社自治規則体系中の重要な地位を占めていることが想像できる。所有と経営の分離の程度は，会社において最も顕著に表われるので，会社にとって定款はとりわけ重要である。更にある意味においては，完全に会社と認めることができるのは定款を有する企業であると言える。

　会社の定款は会社設立の必須条件であり，会社の経営行為の基本原則でもあり，更に会社が定める他の規約の重要な根拠である。このため，会社定款は会社の設立と運営のいずれに対しても非常に重要な意義を有している。

二　会社定款の性質

（一）会社定款の性質に対する一般的な認識

　会社定款の性質に関しては，主に二つの異なる視点がある。それは契約説と自治法説である。契約説は，主に英米に代表される英米法系国で，自治法説は，主に独，日に代表される大陸法系国で採用されている。契約説は，定款の制定は発起人の共同意思に基づくものであり，更に定款の制定後は発起人に対する拘束力が生じ，このため契約的性質を有すると考える。自治法説

は，定款は定款制定の制定者あるいは発起人を拘束するのみならず，当然会社機関や新規加入の株主をも拘束するので，定款は自治法的性質を有すると考える。中国での学界や実務界の通説は，会社定款は会社自治的性質をもった基本規則であると考える。実際には，契約説であっても自治法説であっても自治性は両者の共通点である。会社定款は，投資者が会社の重要業務及び会社の組織と活動について規範性を有する長期計画をつくるためのものなので，その計画は強い自治性を体現している。

(二) 会社設立に係わる契約と会社定款の区別

会社設立に係わる契約または発起人契約は，会社設立過程において発起人によって取り決められた会社設立事項に関する契約である。会社設立に係わる契約と会社定款の間には密接な関係がある。それは主に，両者の目標のレベルが一致し内容も多くの類似するところがあるからである。例えば，会社名称，登録資本，経営範囲，株主構成，出資形式等の事項は，会社定款の絶対的記載事項であるのみならず，設立に係わる契約の主要内容でもある。設立に係わる契約のあるものは，上述内容の約定を通して各当事者の設立過程における権利・義務及び各発起人の設立行為への協力を取り決め調整するのみならず，将来の会社の組織機構，株式譲渡，増資，減資，合併，分割，廃業等の事項についても取り決める。更に，実務においては，設立に係わる契約の場合は，設立に係わる契約を会社定款の制定の基礎とし，設立に係わる契約の基本的な内容は通常会社定款の内容となる。

会社定款と会社設立に係わる契約は目標が一致しており密接に関連しているが，両者は結局は性質と機能面で異なっている。

(1) 中国では，会社設立過程における設立に係わる契約や会社定款に対する法律規定は，会社の組織形式の違いにより異なる。具体的に言えば，中国会社法と外商投資企業法は，株式会社と有限会社の形態をとる外商投資企業に対してそれぞれ別々に対応しており，設立に係わる契約に対しては設立に必須の法律文書として定めている。これ以外の通常の有限会社に対しては，会社設立に係わる契約は任意の文書である。設立に係わる契約の面では，中国会社法は株式会社や有限会社に対して区別して扱う。これは国の関与の程度の違いを表わしている。有限会社に対しては国の関与は緩く，株式会社に対しては国の関与を強めるというこの理念の明確さと一貫性が分かる。会社定款は必ず準備しなければならない文書であり，いかなる会社設立であって

も定款提出は必須の法定要件である。

(2) 設立に係わる契約は一般には，非要式法律文書であり，当事者間の契約として主として当事者の意思表示に基づき形成され，その内容は当事者の多くの意思や要求を具体化したものである。設立に係わる契約に関しては，会社発起人が会社設立過程において関連する権利や義務を具体化したものであり，契約法の一般規則を遵守する必要がある。会社定款は要式法律文書であり，会社法は定款の内容に対して明確に規定しており，会社法の会社の内外関係に対する強制的な要件を反映し具体化している。このため，会社定款は会社法の規定に従って制定しなければならない。

(3) 会社設立に係わる契約と会社定款は効力も異なる。効力の範囲から見れば，契約あるいは契約の相対性により決定され，設立に係わる契約は既に全発起人により定められ，各発起人の意志は反映されており，調整するのは発起人間の権利と義務の関係である。従って，発起人間においてのみ法的拘束力を有する。会社定款が調整するのはすべての株主間，株主と会社間，会社管理機関と会社の間の法律関係である。そのなかで株主は定款制定時の最初の株主と定款の発効後加入する会社の新株主を含み，いずれも定款の拘束を受ける。効力の期間から見れば，設立に係わる契約が調整するのは会社設立過程の法律関係であり，その効力期間は設立行為を開始したときからその終結時までであり，会社の成立は設立に係わる契約がその履行により終結することを意味している。会社定款の効力は，会社成立後及びその存続期間中，会社が完全に終結するまで及ぶ。

三　会社定款の特性

(一) 法定性

いわゆる法定性は，会社定款の制定，内容，効力及び改定がいずれも会社法により明確に定められているということを意味する。具体的に言えば，会社定款の法定性は以下の面に示される。

(1) 制定の法定性。会社定款は，会社が必ず備えなければならない法定文書の一つである。中国《会社法》第11条で，「会社設立には法により会社定款を制定しなければならない」と規定している。会社定款の制定は会社設立の段階であり，会社設立の根拠となり会社が成立し得るために欠かすことのできない法律文書である。

(2) 内容の法定性。各国の会社法では会社定款に対して記載すべきすべての事項を明確に規定している。更に，絶対的記載事項の欠落により定款が無効となる可能性がある。中国《会社法》第25条と第82条で，有限会社と株式会社の会社定款についてそれぞれ明記すべき事項を別々に規定している。同時に，中国《会社登記管理条例》第23条では，会社の定款が法律や行政法規に違反する内容であるときは，会社登記機関は会社に改定を命ずる権利を有すると定めている。

(3) 効力の法定性。会社定款の効力は会社法により付与されている。中国《会社法》第11条では，会社定款の会社，株主，取締役，監査役，高級管理職に対する拘束力を定めている。この規定が会社定款の法的地位を確定するものである。

(4) 変更権限と手続きの法定性。会社定款の変更には，会社法に明記された規定に従って行なわなければならない。例えば，中国会社法の規定によると，会社定款の変更は，株主会または株主総会の特別決議を経なければならない。

(5) 会社定款は登記を経る必要がある。登記手続きの設定は，定款内容の合法性と相対的な安定性を保証する措置の一つである。中国《会社法》では，有限会社，発起設立の株式会社及び募集設立の株式会社に対してそれぞれ別々に，第30条，第84条第3項，第93条で，会社定款は設立登記の申請に必須の提出文書の一つであると定めている。同時に，会社定款は内容の変更後も，相応する変更登記の手続きが必要である。

会社定款の法定性の特性は，国の会社の組織や行為に対する関与を反映している。会社法は，会社定款に記載すべき特定事項を明確に規定しており，これは会社定款の強制性と自治の境界のところでもある。法学説論の一般原理に照らして，私法の権利体系に対して言えば，法律は通常義務性と禁止性の規範をもって強制的規範の範囲を設定する。これ以外は任意性でなければならず当事者自治の空間でもある。そのため，会社法は会社定款の法定性事項を規定することにより，会社定款の側面において会社自治の範囲と空間を確定する。同時に，会社定款の法定性の目的は，会社の組織と行為を規範化し，会社，株主及び債権者の合法的権益を保護し，会社法の立法目標を実現することにある。

（二）公開性

　会社定款は秘密文書ではなく，記載されたすべての内容は公衆が知ることができるものである。更に，会社と会社登記機関は，株主と潜在的な投資者，債権者と潜在的取引対象者の便宜のために，様々な方式や種々のルートで会社定款の内容を理解させる措置を採らなければならない。会社定款の公開性の特性は重要な意味をもっており，会社定款に記載された会社資本，経営範囲等の事項は，会社が対外的に行う経営活動や取引の安全の保障に対して極めて重要である。定款上に記載された会社の実収資本や登録資本は，会社が既にあるいは将来到達する規模を明らかにするものであり，それは会社が引き受ける債務の信用の基礎である。記載された経営範囲に関する事項は，会社が従事する業種あるいは領域を表わし，それと取引する第三者が特に関心を持つ重要な内容である。同時に，経営範囲に関する事項は，国の行政部門が会社に対して監督管理を行う根拠であり，政府がマクロ経済調整を行うための重要な手段である。このため，会社定款の公示は，会社，公衆及び政府の三者間に築かれた一種のチャンネルであり，公示を通じて取引の安全を保障し，会社の運営が法律規範の制限を受け，同時に政府の経済生活の管理に対して透明性と合理性を与えることができる。

　中国では，会社定款の公開性の特性は，以下の方面に体現される。第一，会社定款が登記を経なければならないこと自身が一種の公開性の表れである。第二，会社の日常経営過程において株主は会社定款の閲覧権を有し，会社は定款を自社に備え置かなければならない。中国《会社法》第34条と第97条，第98条ではいずれも相応する規定を置いている。会社はその経営過程で取引の相手方の会社定款の閲覧要求にも可能な限り応じなければならない。更に，会社定款に対する認知度は債権者の決断にも影響を与え，それ故会社の経営活動にも影響を及ぼす。第三，会社定款は，会社が株券または会社債券を公開発行するときに公表しなければならない文書の一つである。例えば，株券を公開発行するとき，会社定款も提出が必須の文書の一つであり，目論見書には発起人が制定した会社定款を添付しなければならない。会社が会社債券の発行申請をするときは，投資者も会社定款の内容を知る権利を有する。

　中国《会社法》第6条第3項には，「公衆は，会社登記機関に対して会社登記事項の照会を申請することができ，登記機関は照会サービスを提供しなけ

ればならない」と規定されているが，公衆が会社定款に関する情報を得るルートや方法については相応する規定がない。更に，実務においては，会社登記機関も公衆が会社定款を閲覧するために多くの便宜を図っているわけではない。このため，実際の会社定款の公開性の特性は，あるべき姿を実現するに至っていない。

(三) 自治性

　会社定款は，会社自治の規則及び自治の手段であり，会社法には任意性規範が非常に多い。会社自治の空間は極めて広い。中国《会社法》では，80箇所以上の「……できる」を使用しているのみならず，例えば「会社定款は別に定めがあるときを除き」，「会社定款の規定により」等の表現が数多く表れ，会社定款を用いて会社自治の空間を実現することの一端を伺い知ることができる。会社定款の自治性の特徴は，会社が異なれば定款も若干異なって表れる。各会社は定款制定時に，会社法が認める範囲内で当該会社の設立目的，業種，株主構成，資本規模，株主権構成等の種々の特性に対応して当該会社の組織及び活動の具体的な規則を確定することができる。そのため，会社が異なれば当然違いが存在する。会社定款の自治性の特徴は，会社の経営自由の精神に体現される。

　会社定款の自治性の特徴は，まず強調するのは会社定款の対内的効力である。すなわち，会社，株主と取締役，監査役，高級管理職に対して拘束力を有する。会社定款の違反は内部の自治規則に対する違反として表れ，当然相応の責任を負い法的責任をも負うことになる。例えば，《会社法》第150条の規定に基づき，「取締役，監査役，高級管理職は，会社の職務執行において会社定款の規定に違反して会社に損害を与えたときは損害賠償の責任を負わなければならない」。同時に，会社定款の自治性の特徴は，会社定款の対外的効力にも体現化され，会社自身の効力に対し主に会社の権利能力と行為能力の面に表れる。例えば，《会社法》第12条の規定に基づき，「会社の経営範囲は会社定款で定め，法により登記する。会社は会社定款を変更し経営範囲を変えることができるが，変更登記の手続きをしなければならない」。

　中国の新会社法は，会社の自治精神を更に一歩広く発展させ，会社経営活動の拡大のための強固な法的基礎を築き，中国の会社自治時代を一定程度始動させることになった。新会社法は，会社の設立，運営並びに市場撤退等の節目において，会社と株主の自治を思い切って奨励し，内容は会社の資本制，

会社統治，株式発行と譲渡，会社の合併と分割，解散と清算等の面に及んでおり，会社自治に対する全面的な強化であると言える。

当然，会社定款の自治は，法律や行政法規に違反しないことが前提である。定款の法定性の特徴により，会社定款は会社法に基づき制定する必要がある。会社定款は会社登記に必須の提出文書の一つであるので，関連政府部門の必要な形式審査から更には実質審査を経ることになり，それ故，会社定款の自治性は相対的なものである。会社定款の法定性と自治性は，会社法の強行規定と任意規定の調和にかなり直接的に反映されている。同時に，会社定款の法定性と自治性の関係も，会社法上の強制と自治の関係の一つの縮図とみなすことができる。

会社定款は会社情報のための重要な媒体であり，そのため会社定款の制定者と会社は，定款に記載された内容の真実性を確保する義務がある。法定性は，真実性に対する要求と保障であり，公開性は真実性を基本とし，前提とするものである。しかし，真実性は会社定款の特性ではない。会社定款の真実性に対して，一部の国では，会社定款には真実を記載しなければならないことを明確に規定するだけでなく，会社定款に虚偽記載があったときは賠償責任を負わなければならないと規定している。例えば，ドイツ《有限会社法》第9a条では，「会社設立の目的で虚偽の説明がなされたときは，株主と会社の業務執行者が連帯債務者として出資の欠損を補填し，未入金，設立関係費用や生じた他の損失を賠償する」と規定されている。

【本節実務研究】
●株主の出資義務の追及は設立時の契約に依るのかあるいは定款に依るのか
　会社の成立後，出資義務を履行済みの当事者は，いつでも会社解散の提起や株主の出資が所定レベルに達していない責任の追及あるいは株主の株主資格を取消す等の訴訟請求ができる。この種の請求の提起は，一体設立に係わる契約に基づくのかまたは会社法あるいは会社定款の規定に基づくのか。

　会社の解散は，会社の法人格を停止させる重大な法律行為であり，会社の存続期間に関する最も重要な法律事項である。会社法の規定に基づくと，会社解散の原因は，会社の営業期間の満了，株主会の決議による解散，会社の合併あるいは分割による解散及び定款の約定による解散事由の発生等である。会社の解散は，会社法の規定に基づく理由によってのみ可能であり，そ

のなかには，会社法が承認する会社定款で規定する解散事由が含まれ，設立に係わる契約の約定によることはできない。

　株主の出資責任に対する追及は非常によく見られる訴訟請求であり，株主の出資責任は会社法でも極めて注目するところであり，設立に係わる契約には権限のない別の契約問題である。出資義務の未履行あるいは不完全履行の行為に対して，会社法は未出資株主の出資補填責任とその他の発起人の連帯払込責任を定めている。この種の責任の追及は，会社が株主に対して有する権利に属するのであり，株主が株主に対して有する権利ではない。そのため，相応する訴訟当事者は会社を原告とし，未出資の株主を被告としなければならない。出資責任の追及は，会社法の強行規定であり，会社自身あるいは会社の株主が権利を喪失するか断念するかしても，会社が追及しないならば，株主は会社を代表して訴訟を提起しなければならない。会社が出資の不履行行為を放任し続けるならば，会社法上の違法行為——虚偽の出資を構成する。

　株主資格と株主権に対する認定は，更にもう一歩立ち入った法律問題である。出資義務の未履行は，株主権を当然に喪失するのかあるいは本来的に株主権を享受できないのであるかは，専門的な研究が必要な複雑な問題であるが，少なくとも次の二つの点は是認できる。その一，出資義務の不完全履行という状況下では，株主は既に出資済みの金額の範囲内で株主権を有することは否定できない。その二，いかなる状況下でも，株主権の認定に関しては，株主権の譲渡や処分は会社法と会社の定款規定に基づいて可能となり，設立に係わる契約に基づくものではないことである。

　実務においては，当事者が会社成立後に設立に係わる契約を訴訟請求の根拠として提起する。発起人契約の無効確認を請求するかあるいは設立に係わる契約の終了または解除の判決請求を行うことがあるが，これらは設立に係わる契約の性質と効果に対する誤解である。設立に係わる契約の使命は，会社成立後は完了し，設立に係わる契約無効確認の訴えあるいは設立に係わる契約の終了または解除の変更の訴えも提起するすべはない。このような判決は，当事者間の実体的権利義務関係のいかなる実際的な意義の確認も変更ももたらし得ない。

第二節　会社定款の制定と変更

一　会社定款の制定

会社の定款は，会社の設立要件の一つである。

中国会社法の定めに基づき，会社定款の制定主体と手続きは会社の種類により様々である。具体的に言えば，有限会社と株式会社は異なり，発起設立の株式会社と募集設立の株式会社も異なる。当然，上述のようないかなる種類の会社であっても，発起設立会社の投資者は会社定款制定の重要な主体である。

会社定款は要式文書であり書面形式を採らなければならない。一部の国，例えばドイツ，日本では，会社定款は書面形式が必要であるのみならず，公証認証等の手続きも行わなければならない。

（一）有限会社の定款の制定

《会社法》第23条の規定に基づき，有限会社を設立するために備えるべき条件の一つは株主が共同で制定する会社定款である。《会社法》第61条は，「一人有限会社の定款は株主により制定される」と規定している。有限会社の定款の制定者は「株主」である。実際のところ，ここで使用する「株主」という語句はあまり厳密ではない。株主は会社に対して言う語句であり，それ故この時点ではまだ会社設立の過程にあるので，会社がないばかりか当然株主もいない。そのため，ここで言う「株主」は会社設立の投資に参画する投資者，すなわち発起人を指す。「共同で制定」は，会社定款のためには全発起人の意思，全発起人の共同意思が反映されていなければならないと理解すべきである。発起人は制定する定款に署名捺印し，受け入れる定款の内容に同意の意思表示をしなければならない。これは定款制定の手続きの終了を表している。「共同で制定」は，各発起人が積極的に会社定款の起草に参加することを必ずしも求めておらず，定款に署名または捺印しさえすればよい。これは意思表示の行為であり，制定に参画し同意したことを署名または捺印で確認する文書である。

《会社法》第66条で，「国有独資会社の定款は，国有資産監督管理機構が制定するかあるいは取締役会が制定し国有資産監督管理機構が承認する」と規定している。国有独資会社の定款制定主体には2種類あり，第一は国有資産

監督管理機構であり，第二は国有独資会社の取締役会であることが分かる。
（二）株式会社の定款の制定
　株式会社の定款に関しては，《会社法》第77条で，「株式会社が具備すべき条件の一つは発起人が制定した会社定款であり，募集方式を採用して設立するものは創立総会の承認を経なければならない」と規定している。これは，株式会社に対する一般的な要件である。株式会社には発起設立と募集設立の2種類の方式があり，会社定款の制定過程は完全に一致してはいない。
1　発起設立の株式会社
　発起設立の株式会社に関しては，会社成立後の会社株主としての投資者は発起人だけに限られ投資者は一般社会化されることはない。このため，発起設立の株式会社は依然として閉鎖的な特徴を有している。発起人が制定する定款は既に会社設立時のすべての投資者の意思を反映している。《会社法》第84条は，「発起設立方式で株式会社を設立するときは，発起人は初回の出資払込み後，取締役会と監査役会を選任し，取締役会が会社登記機関に対して会社定款を含む一連の文書を提出し設立登記の申請をしなければならない」と規定している。その際に，会社登記機関に提出する会社定款は，発起人が会社の設立過程で《会社法》第77条の規定に基づき「制定」した定款である。そのため，発起設立の株式会社に関しては，発起人が制定した定款文書は会社登記前の最後の文書である。有限会社と同様に発起設立の株式会社に対しては，発起人が制定した定款もすべての発起人の共同意思を反映していなければならない。発起人が，定款上に署名または捺印しなければならないことは，定款の内容を承認することを表わし，定款手続きの終結を示している。
2　募集設立の株式会社
　募集設立の株式会社に関しては，会社成立後会社の最初の株主である発起人のみならず多くの株式引受人がおり，会社の株主は社会化している。このため，募集設立の株式会社は公開会社に属する。このように，発起人が制定する会社定款は，必ずしも会社設立の全投資者，特に株式引受人の意思を反映できるわけではない。それ故，会社の設立登記の申請前に，創立総会を開催し，会社設立について決議する必要がある。《会社法》第91条第2項の規定によると，発起人や株式引受人からなる創立総会のその職権の一つは会社定款を成立させることである。創立大会で定款を成立させて初めて会社設立の段階に全投資者の意思を反映させることができる。

募集設立の株式会社に対しては，定款の最終文書が創立総会の決議により成立する。以上のことから，この種の会社に対しては，その定款の制定過程はかなり複雑であり，発起人が制定する必要があるばかりか創立総会の決議も必要である。当然，会社定款制定過程で発起人は同様にその制定した定款に署名捺印し定款の内容に同意する意思表示をする必要があるが，これは定款制定の手続きの終結を表わすものではない。

説明を要するのは，一部の国・地域では会社を設立し定款を制定するためには公証等の手続きが更に必要となる。中国にはこのような強行規定はない。

二 会社定款の内容
（一）会社定款内容の分類

会社定款の内容，すなわち会社定款の記載事項である。現代社会では，多くの国は会社設立に対する規制を緩和し，更に会社の経営に相当多くの自由を与えてきた。規制のモデルとして，会社法は会社設立及び組織機関に必須の事項を予め会社法に定めており，更に会社定款により的を絞って詳細化，具体化した規定を加えている。

会社法の会社定款の記載事項に関する規定は，その効力が異なり，絶対的記載事項と相対的記載事項及び任意記載事項に分かれる。

1　絶対的記載事項

いわゆる絶対的記載事項というのは，会社法が規定する会社定款に必須の記載事項を指し，会社法の会社定款に関する絶対的記載事項の規定は強行法規に属し，会社の強制と自治の関係における強制面を具体化している。法理の角度から言えば，記載しないかあるいは記載が違法であれば定款は無効となる。定款無効の法律効果の一つは会社設立の無効である。絶対的記載事項は一般に，会社設立あるいは組織活動に大きく関係する基礎的な事項である。例えば，会社の名称と住所，会社の経営範囲，会社の資本金，会社組織機関，法定代表者等である。

2　相対的記載事項

いわゆる相対的記載事項というのは，会社法の規定の内記載しても記載しなくてもよい定款の記載事項を指す。その性質は，会社法が関係する相対的記載事項の法律規範であり，授権性の法律規範に属する。これらの事項を記

載するか否かは，会社定款の効力に影響を与えない。ある事項を会社定款に一旦記載すれば，拘束力を生じる。当然，会社定款に記載しない事項は効力を生じない。例えば，日本の旧《商法》第168条では，株式会社の定款の相対的記載事項は次のような事項を含むと定めている。現物出資者の氏名，出資対象の財産，その価格及び与える株式の額面株，無額面株との区別，種類，数量，会社成立後の約定の引受譲渡する財産，その価格と譲渡人の氏名，発起人が受けるべき報酬額，返却すべき設立費用等。

3　任意記載事項

いわゆる任意記載事項というのは，会社法が規定する絶対的記載事項及び相対的記載事項の他に，法律や行政法規の強行規定及び社会の公共利益に違反しないという前提で，定款制定者の同意の下で自らの意思で会社定款に記載する事項を指す。任意記載事項の規定は，会社の自主経営を十分に尊重するものであり，会社法の強制と自治関係のうち自治面を具体化している。これは会社法の自治理念の貫徹の意思である。任意記載事項と相対的記載事項は類似してはいるが異なるものである。類似している点は，関連事項を記載するか記載しないかは自由な選択であることである。異なる点は，会社法が相対的記載事項を列挙しているが，任意記載事項に対して会社法は言及していない。

(二) 中国の会社定款の記載事項

1　中国会社法の規定

中国《会社法》第25条では，有限会社の定款に明記すべき事項として次のように定められている。「(一) 会社の名称と住所，(二) 会社の経営範囲，(三) 会社の登録資本，(四) 株主の氏名または名称，(五) 株主の出資方式，出資額及び出資日，(六) 会社の機関及びその選任方法，職務権限，議事規則，(七) 会社の法定代表者，(八) 株主総会が定める必要があると認めるその他の事項」。

中国《会社法》第82条で，株式会社の定款に明記すべき事項として次のように定められている。「(一) 会社の名称と住所，(二) 会社の経営範囲，(三) 会社の設立方式，(四) 会社の株式総数，1株の金額と登録資本，(五) 発起人の氏名または名称，引受株式数，出資方式及び出資日，(六) 取締役会の構成，職務権限，任期及び議事規則，(七) 会社の法定代表者，(八) 監査役会の構成，職務権限，任期及び議事規則，(九) 利益配当方式，(十) 会社の解散事

由と清算方法，(十一) 会社の通知及び公告方法，(十二) 株主総会が定める必要があると認めるその他の事項」。

　法律規範の性質の角度から検討すると，会社法第25条と第82条は強行法規に属し会社定款は当然守らなければならない。具体的に言えば，会社法第25条で列挙した (一) 号から (七) 号, 第82条で列挙した (一) 号から (十一) 号までは，会社定款の絶対的記載事項である。会社法第25条第 (八) 号及び第82条第 (十二) 号は，会社定款が株主会または株主総会が定める必要があると認めるその他の事項に関する規定を定めることを肯定している。株主会または株主総会が定める必要があると認めるその他の事項は，任意記載事項であると認めることができる。そのため，中国会社法で列挙する会社定款内容は絶対的記載事項と任意記載事項を含むが，相対的記載事項の規定が欠けていると考えることができる。中国で会社定款に対して普遍的に存在する意識は希薄であり，定款の運用能力は低下している。

　2　その他行政部門規定

(1)《上場会社定款手引き》。証券市場の健全な発展の維持保護のために，上場に相応しい会社の運用規範に対する実際の需要により，1997年12月16日，中国証監会が《上場会社定款の手引き》を上場会社の定款の起草あるいは変更の指針として制定した。上場会社は，具体的な状況に基づきその定款に《手引き》が含む内容以外の当該会社が実際に必要とするその他の内容を規定することができ，《手引き》の本文の趣旨を変えないという前提下で《手引き》の内容に対して文字や順序の調整あるいは変更もできる。

(2)《諸外国上場会社定款必須条項》。株式会社の諸外国に対する株式募集や外国での上場の需要に適応し，外国で上場する株式会社の行為を規範するために，国務院証券委員会及び国家体改委 (中国経済体制改革委員会) は，1994年8月27日《諸外国上場会社定款必須条項》を制定した。諸外国で上場する株式会社は，その会社定款に《諸外国上場会社定款必須条項》が求める内容を明記しなければならず，勝手にその内容を改正したり削除したりすることはできない。

三　会社定款の変更

　会社の定款は，会社の権利能力と行為能力を確定する重要な文書である。会社定款は静的であるが，会社の経営環境は変化する。経営環境の変化にう

まく適応するために，定款の内容を適宜改定する必要がある。法律や行政法規の強行規定に違反しないという前提下で，会社は絶対的記載事項，相対的記載事項及び任意記載事項を含めその内容を改定することができる。指摘しなければならないのは，会社定款の変更で株主固有の権利を剥奪してはならないことである。会社定款の変更は，多くの異なる主体の利益調整に及ぶために，会社法は会社定款の変更の規則を定めている。

(1) 会社定款の変更の権限は専ら会社の権力機構に属する。大陸法系国，例えば，ドイツ，フランス，日本，イタリア等の国においては，会社定款の変更の権限が株主会に属することは立法上の通例である。中国《会社法》第38条によると，有限会社の定款の変更は株主総会の職権範囲に属し，《会社法》第100条の規定に基づき，有限会社の株主会の職権に関する同法第38条第1項の規定は，株式会社の株主総会に適用される。また，株式会社の定款の変更は株主総会の職権範囲に属すると言うことである。会社法の定めにより，株主会は定期会議と臨時会議に，株主総会は定時株主総会と臨時株主総会に分けられるが，株主会または株主総会の種類に関わりなくいずれも法定手続きにより会社定款を改正する権利を有する。更に，有限会社や株式会社の定款を変更することは株主会,株主総会それぞれにおいてのみ可能である。

(2) 会社定款の変更には特別決議が必要である。会社定款の変更は，会社組織及び活動の根本的な規則の変更に関わり，会社に対する影響は非常に大きく,しかも他の異なる主体の利益調整にまで及ぶ可能性がある。そのため，会社法は，会社定款の変更は特別決議事項と定め，それ故定款変更に必要な議決権の割合を高めている。大陸法系国，例えば，ドイツ，フランス，日本，イタリア等の国では，会社定款の変更には特別決議が必須であることもまた立法上の通例である。中国《会社法》第44条では，有限会社の定款変更の決議は，株主の2/3以上の議決権を代表することが必要であり，《会社法》第104条では，株式会社が定款を変更するには株主総会に出席する株主が有する議決権の2/3以上の決議が必要であると定めている。

他の国・地域では，会社が特別株式を発行するような場合は，会社定款の変更には当該種類の株主総会の決議を経なければならない。例えば，日本の旧《商法典》第345条の規定によると，会社が数種の株式を発行する場合は，定款の変更がある種の株主の利益に損害を与えるときは株主総会にて決議する以外に当該種類の株主総会の決議が必要である。現在中国の会社が発行す

る株式は主に普通株式であるが，将来は株式の種類の多元化が避けられない趨勢である。このため，中国会社法は他の国の規定を転ばぬ先の杖として参考にしなければならない。

なお，会社が定款を変更するには相応する変更登記手続きをしなければならず，登記手続きの設定は，定款内容の合法性と相対的な安定性を保証することができる。中国会社法で規定する会社定款は，設立登記の申請に必須の文書の一つである。そのため，会社定款は内容の変更を経た後，相応する変更登記手続きが必要であり，さもなければその変更をもって第三者に対抗できない。これが定款変更の対外的効力である。定款変更の対内的効力，すなわち，会社，株主，取締役，監査役，高級管理職に対して言えば，定款変更が条件または期限を付さない限り定款変更は株主会または株主総会の決議を経てからその効力が発生する。

【本節実務検討】
●会社法と会社定款の会社自治における調整

会社法が確立するのは一般規則または原則であり，すべての会社に対して適用する規定である。各会社自身には特殊性が存在するために，会社定款で会社法が確立した一般規則または原則を詳細化し更に具体化することになる。内容的に見れば，会社定款の規定と会社法の規定の間の関係は大まかに3種類の形態がある。

第一，会社定款の規定は会社法の規定を詳細にしたもの。例えば，《会社法》第45条第3項では，代表取締役，副代表取締役の選任方法は会社定款の規定によると定めている。

第二，会社定款の内容は会社法の規定の補充である。例えば，《会社法》第44条では，株主会の議事方法と議決手続きは，同法に規定する他は会社定款の規定によると定めている。この種の規定は，会社定款による会社法の補充である。

第三，会社定款の内容は会社法の規定に代わるものであり，会社法の規定の適用を排除するものである。例えば，《会社法》第43条では，株主会の会議は株主の出資比率に基づき議決権を行使するが，会社定款に別の定めがある場合はこの限りでないと定められている。

会社の自治規則として，定款がその効果を発揮するかそしてどの程度発揮

するかが会社の運営に対して重要な意義を有する。新《会社法》は会社に更に大きな自治空間を付与し，会社法が会社の統治において体現する国の関与理念を希薄化させ，会社定款がその機能と効果を発揮できるよう希望を託した。しかしながら，かつての会社の運営のなかで中国の大多数の投資者や経営者の定款の意識は非常に淡白であった。そのため，会社定款に関して以下のような際立った問題が生じた。

一つ目は，会社定款が大量に簡単に会社法の規定をそのまま引き写され，自身の特徴や実際の状況に基づき実情に即した実行可能な定款の条項が制定されなかった。会社定款のほとんどが変化に乏しく，多くの重要事項に対しても詳細に規定せず会社定款の操作性がよくなく，制定後しばしば放置されている。

二つ目は，会社定款の一部の条項の内容が《会社法》の精神に適合しないということであり，株主固有の権利を剝奪あるいは実質的に剝奪するという状況すらあり，取締役，監査役及び高級管理職の誠実義務に対する強調が不十分であり，会社管理層の権限の境界が明瞭でなく小株主の権益保護を効果的に行うことができなかった。

上述の問題を解決するには，投資者や経営者の定款意識を涵養し，会社組織と活動の根本的な原則として定款は既に重要な権利抑制の機能であり，権利授与と救済の重要な機能でもあることを正確に認識させる必要がある。このようにして初めて，会社定款の制定と運用の際に会社法との関係を正確に処理することができる。会社法は一つの法律機能であり，会社定款は一種の自治機能である。会社法の規定はあらゆる会社に適用され，確立された一般規則である。しかしながら，各会社はそれぞれ独特であり，それは資本規模，株主権の構造，経営範囲，所在地等の面に表れ，個々の会社は当該会社の特徴に具体的に適合した自治規則でなければならない。そのため，会社定款の役目は，当該会社の上述した特徴を結合し，会社法の強行法規を含めた一般規定を詳細化し，法律，行政法規に違反しないという前提下で会社法の一部の授権性規範を利用し，焦点を絞って具体的な規定とすることである。そして当該会社の組織と経営活動の自治規則として，会社定款の規定に操作性を備えさせ，会社定款と会社法の有機的な結合を実現することである。具体的に言えば，会社定款は以下の面の機能において，更なる重視と十分な利用が特に必要である。

第一，会社の機関の選択において，会社法は会社統治に関する多くの事項について会社定款に権限を付与した。それによる自主決定，例えば会社の法定代表者の具体的な確定，代表取締役，副代表取締役の選任方法等である。会社は，実際の状況を選択結合し自身の会社統治機構に適合させることができる。

　第二，会社の機関の職権，職責及び義務において，《会社法》は会社が自身の特徴に基づき会社定款にその組織機関の職権と職責を詳細に定めることを認め，それにより会社統治機構の個性化を実現させる。例えば，《会社法》の株主会，取締役会，監査役会の職権に関する規定では，いずれも会社定款でその他の職権を定めることを認めている。

　第三，会社の機関の運営上も会社定款は機能を果たしている。会社法は会社定款に更に大きな自主性と自治空間を与えた。株主会の議決権は，会社定款により別の規定を定めることができるように，株主会，取締役会，監査役会の議事方法や議決手続きは，会社法で定める以外は会社定款の規定により，株主総会で取締役，監査役を選任でき，会社定款の規定により累積投票制を実行することができる。

第三節　会社定款の効力

　会社定款の効力範囲は，内容的に主に二つの側面を含んでいる。第一は，会社定款の時間的効力であり，第二は，会社定款の対人的効力である。

一　会社定款の時間的効力
（一）会社定款の発効

　会社定款の時間的効力とは，会社定款の発効時期と失効時期を指す。どちらかといえば，理論と実務面で特に意義があるのは会社定款の発効時期である。定款の発効時期に関しては，現在二つの異なる視点がある。一つの視点は，定款は会社の発起設立の株主が署名した時から発効すると考えるものであり，もう一つの視点は，定款は会社成立のときから発効するというものである。この二つの視点はいずれもレベルが異なる問題である。前者の視点は，実際上定款は会社成立前に発効するというものであり，この種の視点は定款と会社の直接的な対応関係が，定款の根本的な特性と機能は会社の自治

規則にあることを軽視するばかりか，会社設立と会社成立の違い，すなわち会社設立の行為は必ずしも会社の成立に至らないということを無視している。同時に，定款が発起人の署名時に発効する場合，政府部門が定款に対して法により審査する必要がない。後者の視点は，定款の内容の複雑さを無視しており，会社設立に係わる契約において会社設立の必須文書とならない状況の下，定款は会社成立後の関係を調整するのみならず会社設立過程の関係をも調整することになる。更に，《会社法》第28条第1項では，「株主は会社定款で定められた各自の引受出資額を期日通り全額払込まなければならない」と規定されており，いささかの疑いもなく，この規定の要件により株主の出資義務の履行は定款による会社設立段階における法的な拘束力が前提となる。定款が会社成立後に発効する，このような会社設立過程における発起設立会社の株主間の関係は定款の拘束を受けず，設立過程における秩序の維持は難しい。

　各国の会社定款に関する発効時期の規定は，必ずしも統一されたモデルはない。中国の会社法が定める会社設立の手続きと方法によると，会社定款の発効時期は更に複雑である。具体的な理由は次のとおりである。

　1．会社定款は会社成立前後の二つの異なる段階の民事関係を調整している。

　中国会社法は，会社設立に係わる契約については会社設立の必須文書として規定していない。このように，実際の運営においては，本来は設立に係わる契約によらなければならない多くの調整も定款に定められている。大多数の会社定款は内容的に二つの部分を含んでいる。一部は会社成立前の調整，会社の設立過程で発生する民事関係であり，一部は会社が成立してから発生し得る民事の調整である。《会社法》第28条第2項では，「株主が前項の定め通りに出資を払込まないときは，会社に対して全額払込まなければならないし，出資を期日通り全額払込んでいる株主に対して違約責任を負わなければならない」と規定し，引き受けの違約責任は当事者間に存在する有効な契約であることを前提にしている。以上のことから，有限会社の設立に関して，定款は設立に係わる契約の重任を担い続けていることが分かる。このように，拘束される内容が異なり，定款の発効時期は一層複雑に見える。

　2．会社定款の制定行為の性質と手続きが異なる。

　発起設立の株式会社は未だ一定の閉鎖性をもっており，会社登記の前も制

定する定款に対して行ういかなる形式の審査もない。しかし，募集設立の株式会社は異なり，会社定款の制定は発起人の起草と創立総会の議決の二つの部分を含んでいる。

以上まとめてみると，定款において発起設立会社の投資者を調整する内容は，会社設立に係わる契約に相当し，《契約法》の一般規則が適用でき，署名捺印により成立し発効する。発起設立会社の投資者は定款成立時からその拘束を受ける。定款，未だ成立しない会社，未だ選任されていない取締役，監査役，高級管理職及び将来加入し得る他の株主の調整に関する内容は会社成立時に効力を生じる。

(二) 会社定款の失効

中国《会社法》第 82 条によると，「会社の解散事由と清算方法」は，株式会社の定款の絶対的記載事項に属する。このため，会社定款は解散事由の発生により必ずしも失効しない。更に，会社の清算過程においては，やはり定款で規定する清算方法に従って清算しなければならない。そのため，会社定款は会社の終了時に失効する。当然，清算過程において，会社の能力，株主の権利及び高級管理職の行為はいずれも相応の制限を受ける。

(三) 会社設立過程における定款の拘束力

設立に係わる契約がなされていない状況の下では，設立段階における会社定款の効力は，主に発起設立による会社の投資者に対する制限として表れる。会社定款の拘束力は本来自力の機能に属するが，会社法は定款における関連株主の出資義務の合法性を強行規定の形で肯定している。例えば，中国《会社法》第 28 条，第 84 条では，会社の設立過程において有限会社の株主，株式会社の発起人はいずれも期日通りに会社定款に定めた各自が引き受ける出資額を全額払込まなければならないと規定している。このようなものばかりではなく，会社法は定款の規定を実現し得る法律の仕組みを一部打ち立てている。例えば，違約責任，現物出資の不実の塡補責任及び連帯責任等の責任の仕組みである。会社法のこのような規定は，まさに会社定款の発起設立会社の投資者に対する拘束力確保のためである。

二　会社定款の対人的効力

いわゆる会社定款の対人的効力とは，会社定款の誰かに対して生じ得る拘束力を指す。定款の対人的効力とは，人が定款に基づき取得することができ

る相応の権利を含み，同時に，これらの人の権利が会社定款の制約を受けなければならず，更には相応の義務をも引き受けなければならないことを意味する。

会社定款は，単に制定者間の一種の契約行為であり私法秩序であるばかりでなく，一種の第三者効力性の文書である。この種の第三者効力性は次のように具体化される。第一は，拘束の主体であり，第三者に対する効力性である。多くの国の会社法は，定款制定者が会社定款の拘束を受けなければならないこと以外に，会社定款の効力は拡張性を有し，制定者以外の特定範囲内の当事者の行為を拘束することができる。会社定款の制定者は，単に会社設立段階における投資者ではあるけれども，その効力は会社成立後の株主，会社自身及び会社管理層にまで拡張される。これらの会社定款の効力の影響を受ける人は，主に会社内部に限られ，会社内部の関係者と言っても構わない。実際には，会社定款の影響力ははるかに大きく，特定の状況下では債権者等会社の外部者ですらその拘束を受け得る。第二は，記載事項の第三者効力性である。会社定款の記載事項は，関連する会社の内部組織，構成員関係の事項及び関係する会社外部の業務事項の二つに分けることができる。前者は，例えば会社内部機構間の権限と責任及び区分等であり，後者は，例えば会社の合併・分割・解散などである。会社定款のこの種の第三者効力性は会社定款の対人的効力を決定することになる。中国《会社法》第11条では，「会社定款は会社，株主，取締役，監査役，高級管理職に対して拘束力を有する」と規定している。これは，会社，会社株主及び会社の高級管理職を含む会社定款の拘束範囲を十分明確に規定するものである。「高級管理職」の意味は，中国《会社法》第217条に，「高級管理職とは，会社のオフィサー，副オフィサー，財務責任者，会社の取締役会秘書及び会社定款で定めるその他の者を指す」と明確に規定されている。それ故，株主は会社定款に基づいて会社を提訴でき，会社は会社定款に基づき株主，取締役，監査役及び高級管理職を提訴でき，株主は会社定款に基づきその他の株主を提訴でき，株主は会社定款に基づき会社の取締役，監査役及び高級管理職を提訴することができる。

（一）会社に対する定款の効力

中国《会社法》第11条では，会社定款が会社に対して拘束力を有することを明確に定めている。会社に対する定款の拘束力は対内的な拘束力と対外的

な拘束力の両面に表れる。対内的な拘束力は，会社内部の組織や活動に対する定款の拘束力として集中的に表れる。対外的拘束力は，会社自身の行為に対する定款の拘束力，具体的には会社に対する権利能力や行為能力の影響，特に会社の経営範囲面に表れる。

定款は，会社の自治性の規範であり，会社は当然定款が定める経営範囲内で経営活動を展開しなければならない。会社が定款の経営範囲を超えて経営活動に従事したときは，それは越権行為である。この種の越権に対して法律は無効という結果を与える。これは会社法上の越権行為の原則（Ultra Vires）である。会社の越権行為に関しては，英国の一般法時代には絶対的に排斥されており，それ故その行為も絶対的に無効であった。しかし，会社の越権は会社，株主の合法的権益に影響を及ぼすだけでなく，会社が取引に従事する第三者の利益にも必然的に影響を及ぼす。会社の越権が絶対的無効の視点では第三者に対する保護は無視され，会社の利益の保護に不利であった。従って，国によっては，株主全員の追認，禁反言の原則（The doctrine of estoppel）等の規則により，会社と第三者の利益を保証し，会社の越権行為の無効化の適用範囲を厳格に制限した。

中国の状況をみると，《契約法》第50条では，「法人またはその他の組織の法定代表者や責任者が，権限を越えて契約を締結した場合，相手側がその越権を知り得たか知り得るべき場合を除き，当該代表行為は有効とする」。最高法院の《〈中華人民共和国契約法〉の適用に関する若干の問題の解釈》（一）第10条で，「当事者が経営範囲を超えて契約を締結したときは，法院はそれ故に契約を無効としない。但し，国の経営制限，特許経営及び法律や行政法で経営を禁止している規定に違反する場合を除く」。これらの規定も会社の越権行為の無効の適用範囲を具体的に制限している。

注意に値するのは，会社の越権行為無効の明確な廃止規定を定めている国も一部ある。例えば，EU《1968年第1号指令》の規定がある。「会社の取締役会が決定したすべての取引は，当該会社と取引した善意の第三者に関しては，すべて当該会社の能力範囲内の取引であると見なさなければならない」。

中国では，定款の会社に対する拘束力は，《会社法》第12条の規定に集中的に表れている。すなわち，「会社の経営範囲は会社定款で定め，法により登記する。会社は定款を変更し，経営範囲を変更することができるが，変更登記手続きをしなければならない。会社の経営範囲中，法律や行政法規の規定

に許可を受けるべきと定める項目は，法により許可を受けなければならない」。

　説明を要するのは，市場経済体制下と計画経済体制下においては，経営範囲の取得と機能は全く異なっている。計画経済体制下では企業の経営範囲は上級主管部門が審査・決定し，企業はいかなる選択の自由もなく，目的は国の計画の実現を確保することにある。市場経済体制下においては，法律や行政法規で制限されている項目を除いて，会社は経営範囲を自由に選択し，法により変更できる。経営範囲は依然として国が企業の経営行為に対してコントロールする手段の一つとすることができるが，もはや国の計画の実現を保証する手段ではなく，会社の中小投資者や会社の取引の相手が自身の権益を保護する重要な機能の一つである。会社法は，会社が定款に経営範囲を規定するようにし，このようにして，経営範囲をもって小株主を保護し大株主と会社の経営管理者を制限する重要な機能となさしめることができる。

　他に，会社に対する定款の効力は，「会社の解散事由と清算方法」が株式会社の定款の絶対的記載事項であり，特に，会社定款の解散事由と経営期限の契約に表れる。一旦，解散事由が発生するかあるいは経営期限が満了になれば会社は清算に入ることになる。

（二）株主に対する定款の効力

　株主に対する定款の効力を確定するには，まず最初に株主の範囲を定義する必要がある。厳密に言えば，会社定款の株主に対する拘束力は，会社成立時及びその後株主の身分を備えた投資者に対するものと言える。会社設立過程における投資者は厳密に言うと株主ではないが，一般的には会社成立時の株主と会社設立過程における投資者の範囲は一致している。

　会社は独立人格を有する実体であり，自治規則としての定款と当事者間の契約は異なる。会社成立後は，いかなる方式で株主の身分を取得しようが，会社定款を承認するという前提下では，加入行為それ自身会社定款の承認を意味しているというものもいる。

　会社制度，特に有限会社及び株式会社の制度において，一旦株主が出資義務を履行した後は，会社に対してそれ以外の積極的な義務を負わない。そのため，株主に対する定款の効力は，多くの場合は株主のためにいかに権利を行使するか，支配株主の株主権乱用の防止に表れる。株主固有の権利並びに会社法が明確に付与する権利に対しては定款といえどもそれを剥奪することはできない。株主は権利を濫用することはできず会社の利益を侵害すること

もできない。会社定款の重要な任務は，会社法が株主に付与する株主の権利について更に具体的に定めそれに操作性を備えさせることであり，株主が損失を受ける場合には定款の規定に基づき救済を受けることができるようにすることである。定款の株主関連の権利と義務の規定は，安易に会社法の条文と重複させるべきではない。

（三）取締役，監査役，高級管理職に対する定款の効力

取締役，高級管理職及び監査役は，会社機関の構成員であり，会社経営の決定，会社業務の執行及び監督に責任を負い，会社組織と活動において非常に重要な役割を演じている。そのため，中国《会社法》第148条では，「取締役，監査役，高級管理職は法律や行政法規を遵守しなければならないのみならず，会社定款も遵守し，会社に対して忠実義務や善管注意義務を負わなければならない」と定めている。

同時に，会社定款は会社の機関及びその形成方法，職権，議事規則に関する規定であり，取締役，高級管理職及び監査役が行使する職権の重要な根拠でもある。会社定款は会社経営者の職権の重要な根源の一つである。例えば，《会社法》第50条第2項及び第114条第2項では，会社定款が有限会社及び株式会社の経営に対して行使できる職権についてそれぞれ個別に定めている。会社は，定款を通して会社経営を授権されていることが分かる。会社定款の関連規定は，監査役会の具体的な構成を決定する。例えば，《会社法》第52条第2項の規定，第118条第2項の規定では，「監査役会は株主代表と一定比率の会社従業員代表を含んでいなければならない。なお，従業員代表の比率は1/3を下回ってはならず，具体的な比率は会社定款で定める」。会社定款は，監査役会が行使する職権の依拠する重要なものの一つである。例えば，《会社法》第54条第2項及び第119条では，「監査役は取締役及び高級管理職の会社職務執行における会社定款の違反行為に対して監督を行う」と規定している。更に，「会社は会社定款を通して監査役会にその他の職権を授けることができる」。

会社法は，会社定款がその目的の完璧な実現の効果的な確保のために，更に民事責任の仕組みを打ち立てた。例えば，《会社法》第150条では，「取締役，監査役，高級管理職が会社職務を執行するにあたり，法律や行政法規または会社定款の定めに違反し，会社に損失をもたらしたときは賠償責任を負わなければならない」と規定している。更に，《会社法》第113条第3項では，「取締

役は取締役会の決議に対して責任を負わなければならない」と規定している。取締役会の決議が法律，行政法規または会社定款，株主総会決議に違反しており，会社に重大な損失を被らしたときは，決議に参加した取締役は会社に対して賠償責任を負う。但し，議決時に異議を表明しており議事録にも記載されていることが証明されると，当該取締役は責任を免れることができる。

【本節実務研究】
●定款の雛型，定款ガイドと定款制定の自主性，個性の関係

　会社定款は会社設立と経営の必須文書である。会社定款は会社登記機構及び証券監督管理部門に提出し審査するための重要文書の一つである。理屈から言えば，会社定款は，会社発起人または株主の意思表示が一致した基礎の上に制定されたものであり，会社自治と当事者意思の自治の表現である。実際においては，会社登記機構は定款の雛型を提供し，証券監督管理部門はいわゆる「定款ガイド」を提供する。「雛型」や「ガイド」についてはさほど非難すべきものではないが，ある行政機関が会社定款はその提供した文書に従って起草すべきと規定しているので，定款の効果を必ずしも発揮できない。会社定款の制定は，行政機関が提供する文書を写すかあるいはせいぜい一部の枝葉末節の問題に対して補充を行なうことになった。このような行為を実務のなかで繰り返すことにより，会社定款は飾り物となり最も役に立たない文書であり放ったらかして省みないものになっている。

　会社定款の「雛型」や「ガイド」は，本質的な面から言えば会社定款が会社の自治規則であるというこの根本的な属性に対する十分な認識がないことである。会社定款は会社の自治規則であり，会社の組織と経営の基礎であり，この意味から言えばまさしく，会社定款は「会社憲章」と称せられるのであり，あたかも国における憲法のようである。現実の生活の中の会社は，千差万別であり，各会社の経営規模，経営範囲，経営目標等も顕著に異なっている。そのため，会社の成立と存続のよりどころとする会社定款には各会社の自主性と個性の体現が必須であり，それによって会社の経営目標の実現に便宜を図る。会社定款は必要的記載事項が漏れず，法律に違反しさえしなければ，会社登記機構やその他の会社監督機関が会社と当事者の自治の意思を十分に尊重し，むやみに干渉することはないだろう。

　会社定款の制定において，一部の会社登記機関は，ときには会社定款の標

準雛形を提供する。しかし，これらの雛形は必ずしもすべて強制するものではなく，当事者に会社の実情に基づき選択できるよう参考とさせるものである。この種の選択的，非強制的な会社定款の雛形は，一方では会社定款の起草経験のない当事者には便利なものであり，他方では会社登記機構の審査の効率を高めることができるものである。このため，会社自治に損害を与えないという前提下で定款の雛形も「定款ガイド」も積極的な効果を発揮することができる。

第五章　会社の能力

第一節　会社の権利能力

一　会社の権利能力の概念と意義

会社の権利能力とは，会社が享有する権利と負う義務に関する資格を指す。会社の権利能力の範囲とは，会社の有する資格が享有する権利範囲であり負う義務の範囲を意味する。

会社の権利能力とその範囲の概念は重要な意味を有している。

(1) 会社の権利能力及びその範囲の概念は，判断する会社がある種の特定の権利を有するか否かあるいはある種の特定の義務を負うか否かの最も重要な基準であり，会社の判断がある種の特定の権利を有するかあるいはある種の特定の義務を負うか否かの重要な基準でもある。

(2) 会社の権利能力及びその範囲の概念は，会社判断の法律行為(意思表示)の効力の最も重要な基準であり，会社の法律行為が会社の権利能力の範囲を超えた場合は，一般的には無効である。

二　会社の権利能力の開始と終了

会社の権利能力は会社営業許可証発行の日から始まり，会社が登記抹消しその公告の日に終了する。

《民法通則》第36条の規定に基づき，法人の民事権利能力と民事行為能力は，「法人が成立のときに始まり，法人が終了するときに消滅する」。《会社法》第7条では，「会社営業許可証発行の日が会社成立の日である」と定めている。

《会社法》第189条では，「会社の清算終了後，清算委員会は清算報告書を作成し，株主会(株主総会)または法院に確認を求め，会社登記機関に提出し，会社登記の抹消を申請し，会社の終了を公告しなければならない」と規定した。従って，公告において公表する会社終了の日は会社の権利能力の終了の日でなければならない。

三 会社の権利能力範囲の制限

会社の権利能力範囲の制限は主に，性質上の制限，法律上の制限及び目的上の三つの面での制限を内容とする。

(一) 性質上の制限

法律上の主体として会社は自然人とは異なる。会社は自然人が有する性質，例えば，身体，性別，種族等をもっていないので，会社は自然人がその自然の性質に基づいて享有する権利，例えば生命権，健康権，肖像権，婚姻権等の人格権を持たない。しかし，会社はやはりある種の特定の人格権，例えば名誉権や栄誉権を有する。

(二) 法律上の制限

1 再投資の制限

再投資の制限には再投資の対象と金額の両面の制限がある。

(1) 再投資の対象の制限。法律は一般に，会社が無限責任株主あるいは組合企業の組合員になるのを制限する。無限責任株主あるいは組合事業の組合員は，会社または組合債務に対する無限連帯責任を負うために，会社が無限責任株主または組合事業の組合員になれば，一旦投資した会社または組合企業が債務の完済ができなくなれば，それは巨大なリスクを負い会社資産を空にしてしまい，会社株主や債権者の利益に影響を与えることになる。従って，多くの国・地域の会社法では，会社が無限責任株主あるいは組合組織の組合員になることはできないと明確に規定している。例えば，中国台湾地域の「会社法」第13条第1項では，会社は他の会社の無限責任株主または組合事業の組合員になることはできないと定められている。しかし，一部の国・地域ではこの制限がない。例えば，米国《標準会社法》第三章「目的と権限」第3.02条第9項では，会社はいかなる組合，ジョイントベンチャー，信託またはその他の実体の発起人，組合員，構成員またはこれらの実体的な経営者になることができる。

中国の法律は会社の再投資の対象にも制限を設けていた。1993年《会社法》第12条第1項では，「会社は他の有限会社，株式会社に対して投資することができ，更に当該出資額を限度として投資会社への責任を負う」と定めている。しかし，この法条の表現には問題が存在する。立法の趣旨から見れば，この規定の趣旨は，会社が他の経済組織において無限責任を負う構成員または株主となることを禁止することにある。しかしながら，現実の経済生

活において，有限会社，株式会社の他の企業法人に対する投資は，必ずしも無限責任を負わない。それは，企業法人には会社企業法人と非会社企業法人の両類の形式が存在するためである。非会社企業法人は主に，全民所有制の企業法人，グループ所有制の企業法人，中外合作経営企業法人及び外資独資企業法人等である。再投資の対象が有限会社と株式会社のみに限られるならば，その他の企業法人を排除することになり，明らかに立法の趣旨と経済の現実に適合しない。

そのため，2005年《会社法》ではこの条項が削除され，第15条に次のように直接規定された。「会社は他の会社に投資できる。但し，法律で別途定める場合を除いて，投資企業の債務に対して連帯責任を負う出資者となることはできない」。この規定に基づき，無限会社と組合企業は会社再投資の対象範囲外となった。その根拠は次の通りである。

第一，無限会社への投資に関して。中国の会社法には無限会社というこの類型の会社の規定はないので，「会社が中国国内の無限会社の株主となる」という問題は存在しない。しかし，会社が諸外国の無限会社に投資するという状況は依然として存在するために，「諸外国の無限会社への投資」も当然《会社法》第15条における禁止範囲内あるはずである。

第二，組合企業への投資に関して。会社は《組合企業法》で定める「組合企業」に投資することはできず，会社は組合型のジョイントベンチャー企業に対しても投資することはできない。

ここでいう組合企業とは，中国の《組合企業法》で定める「組合企業」であり，更に《民法通則》で定める組合型ジョイントベンチャー企業をも含む。《組合企業法》第2条では次のように定める。「本法で称する組合企業とは，本法に基づき中国国内に設立された各組合員により締結された組合契約により，共同出資，組合経営，利益配分，リスク共有，更に組合企業の債務に対する無限連帯責任を負う営利性の組織を指す。組合企業の組合員は組合企業の債務に対して無限連帯責任を負う。《組合企業法》が定める組合企業は明らかに《会社法》第15条で定める禁止範囲内である。

その他の指摘すべきことは，《組合企業法》第9条も会社の組合企業への投資に間接的に関わっている。「組合員は当然完全な民事行為能力を有する人である」。そのなかで，「完全な民事行為能力を有する人」とはいかに解釈するか。長い間の論争がある。当然，中国の学界と司法界では一般に，本条で

実際に制限する組合企業の組合員は自然人のみであり，会社は含まないと考えられている。2005年《会社法》で，会社は投資企業の債務に対して連帯責任を負う出資者となることはできないと明確に規定し，上述の観点での解釈を支持した。

　中国の企業制度において，《組合企業法》で定める組合企業以外には，共同経営制度における組合企業がある。《民法通則》第52条は次のように定めている。「企業間または企業，事業単位間の共同経営が法人条件を有しないときは，共同経営の各自の出資比率または協議契約に従って各自が有するまたは経営管理の財産をもって民事責任を負う。法律の規定あるいは契約で連帯責任を負う約定があるときは連帯して責任を負う」。この規定に基づき，企業間あるいは企業と事業単位の間で半緊密型共同経営企業すなわち組合型の共同経営企業を成立させることができる。これは中国の法律に存在する一種の特殊な組合企業である。この種の組合型的共同経営企業の投資者は企業債務に対しても無限の連帯責任を負う。《会社法》第15条では，組合型の共同経営企業に対する投資も禁止範囲内として定めている。

　(2)　再投資額の制限。会社は再投資を通して会社の利益源を拡大することができるだけでなく，関連会社の形成，グループ会社の組織化，規模効果や共同効果を達成し，それにより資本の効果的配置や会社の迅速な発展を促進することができる。しかし，再投資行為は次のようなマイナスの影響をも生み出し得る。一つは，再投資は会社が直接支配する有形財産を減少させ，資産や証券の現金化を難しくし，そのため会社の実際の弁済能力を低下させて会社債権者のリスクを増加させる可能性がある。二つ目は，再投資の金額は親会社の資産（資本）として計上されるだけでなく，子会社の資産（資本）としても計上されるので，再投資は資産（資本）の重複計算となり，そのため資本の架空増加となって会社資本充実の原則に背くことになる。

　資本の架空増加を避け会社資本を充実させ，会社債権者のリスクを減少させるために，一部の国・地域の会社法では会社の再投資額に一定の制限を定めている。例えば，中国台湾地域の「会社法」第13条では次のように定めている。「会社が他の会社のために有限責任株主となるときは，投資を専業とするか会社定款で別に定めがあるかまたは左列の各項の規定によって株主の同意または株主会の決議を取得する場合を除いて，その投資総額は会社の実収資本金の40％を超えることはできない」。

中国の1993年の《会社法》第12条においても,「会社は他の有限会社,株式会社に投資するときは,国務院が定める投資会社と持株会社を除いて,累積投資額が会社の純資産の50％を超えることはできず,投資後,投資会社からの利益によって増加した資本の増加額は内部に含めない」と定めている。

しかし,新会社法では再投資に対する比率の制限を最終的に廃止した。主な理由は以下による。①現実の会社経営過程において,対外投資が50％を超える再投資を大量に生み出しているという事情がある。②企業の構造改革過程において再投資額が50％を超える状況が大量に生まれ,しかも,関連部門は再投資額の制限に関する旧会社法による阻止や制限を実行しなかった。③工商行政管理等の部門は,登記,年次検査等の活動のなかで再投資が50％を超える現象を発見しても基本的には一種の黙認の態度をとっていた。④50％の限度額を超える責任引受の問題に関して,法律的には長期間明確な定めがなく,これも再投資額の制限が現実には操作性を欠くに至った主要な原因である。実際上,会社の再投資に対する総額の制限が操作性を欠いていたということを証明している。

法理上は,会社の再投資は会社の正常な経営行為であり,会社の再投資は必ずしも会社の信用を損ないまた債権者の利益に害を及ぼすものではない。再投資によってもたらされるリスクに至っては,会社自身により判断すべきものであり,会社取締役会または株主会,株主総会が再投資に対する決議を行い,会社定款で投資総額に対して制限を加えることができる。従って,会社法がそれに対して強行性の制限を加える必要はない。

2　担保の制限

一般的な状況下では,会社資本の充実を保障し突発的な損失を避けるために,会社が担保提供することはできない。多くの国・地域の法律ではいずれも関連する規定を置いている。例えば,中国台湾地域の「会社法」第16条では,「会社は,他の法律または会社定款の規定で保証人とする者を除いては,いかなる者の保証人になってはならない」と規定している。フランスの《商事会社法》第106条では次のように規定している。「会社が経営する金融事業を除いて,会社が取締役,オフィサー,法人取締役の常任代理人及び彼らの親族が第三者に対して負う義務のために物的提供及び保証することを禁止する」。当然,会社の担保行為に対して制限はしていない国もある。例えば,米国《標準会社法》及び各州会社法では会社に担保の権利を付与し,いかな

る制限もない。中国の 1993 年《会社法》では，会社の担保問題に対しても一部定めた。第 60 条第 3 項では，「取締役，オフィサーは会社の資産を当該会社の株主またはその他の個人の債務のために担保として提供してはならない」と規定し，第 214 条第 3 項では，「取締役，オフィサーが本法の定めに違反し，会社資産をもって当該会社の株主またはその他の個人の債務のために担保を提供したときは，担保の取消を命じ，法により賠償責任を負い，違法に提供した担保で取得した収入は会社の所有に帰する。情状が重大である場合は会社を通じて処分する」と定めている。

　しかし，上述の条項は表現があまり明確ではなく，会社法の適用において一部の問題が生じた。

　(1) 取締役，オフィサーは会社資産を株主のために担保として提供することはできないが，会社取締役会の同意を経て株主のために担保提供することは有効か否か。これについては，最高法院の司法判決では次のように考えている。取締役会は会社取締役のグループとして権力を行使する法人機関であり，法律では取締役会に対する対外担保上の授権性の規定がなく，会社定款または株主総会が取締役会に授権していないときは，取締役会も当然法律上の各取締役に対する禁止規定により，会社財産を株主のために担保として提供することを決定する権利はない。それ故，会社法の禁止性の規定は会社の取締役を対象とするだけでなく，会社の取締役会をも対象にしている。

　(2) 会社が株主のために担保を提供することはいかなる状況下でも絶対無効かどうか。有効であるという状況は存在するのか。株主会（株主総会）の同意を経た担保は有効か。これに対して，中国証監会が 2000 年 6 月公布した《上場会社が他人のために提供する担保に関連する問題に関わる通知》第 6 条で，上場会社は会社資産を会社の株主，株主の持株子会社，株主の付属企業または個人債務のために担保を提供してはならないと定めている。この通知の精神に従い，会社が株主のために担保を提供することは，例え株主総会の同意を得ていても無効である。この通知の主な目的は，上場会社の小株主の利益を保護し，大株主が株主総会を操り小株主の利益侵害するのを防止することにある。しかし，中国証監会の通知は規則に属するものであり，法律上の効力を有しておらず司法裁判に対する拘束力がない。

　会社法の理念においては，会社が株主のために担保を提供することは株主会（株主総会）の同意を経たときは有効であるべきと多くの人が主張する。こ

のような状況において，2005年《会社法》は，会社担保問題に対して規定の大幅な改定と整備を行った。その第16条で次のように定めた。「会社が他の企業に投資しまたは他人のために担保を提供するときは，会社定款の定めに従い，取締役会または株主会，株主総会が決議する。投資または担保の総額及び1件の投資または担保の額について会社定款に限度額の定めがある場合は，所定の限度額を超えることはできない。会社が会社の株主または実質的支配者のために担保を提供するときは，株主会または株主総会の決議を経なければならない。前項で定める株主または前項で定める実質的支配者の支配を受ける株主は，前項で定める事項の採決に参加してはならない。本項の採決は，会議に出席する他の株主が有する議決権の過半数により可決する」。

これについて，新会社法は会社が担保の権利能力を有することを肯定し，同時に，会社の他人のための担保行為に対して手続き上の制限を加え，1993年《会社法》の「取締役，オフィサーは会社資産を会社の株主または他の個人債務のために担保を提供してはならない」という規定を廃止した。

3　貸借の制限

会社の資本充実の保護，会社の貸借行為の会社資本構成への影響の防止，株主と債権者の利益の保障のために，多くの国・地域の法律では一般に会社の貸借行為を制限している。例えば，中国台湾地域の「会社法」第15条第2項で，「会社の資金は，会社間の業務取引行為が有する資金融通の必要以外，他の株主または他人に貸借してはならない」と定める。日本の《商法》第265条では，取締役が会社から金銭を借入するときは取締役会の承認を得なければならないと定める。

中国では，当該借入行為が会社の正常な経営活動または会社の正常な経営活動に必要とするものであるか，あるいは会社定款に特別の定めがあるか，あるいは株主会の同意を経る場合を除いて，一般に取締役，オフィサーは会社資金を他人に貸出す権利はないと考えられている。中国の《深圳経済特区株式会社条例》第10条で，「会社の資金は株主または他人に貸出してはならない。但し，貸借専門業務の会社または会社が他の企業との間で経営活動の必要により関連規定に基づき融資する場合を除く」と定めている。

(三)　目的の制限

1　基本概念と問題

会社定款には会社の目的，すなわち会社が従事する事業範囲を記載しなけ

ればならない。この条項は目的条項（Object Clause）であり、中国会社法ではそれを経営範囲条項と称する。会社の経営範囲も会社の必要登記事項である。会社の権利能力が会社の目的範囲（経営範囲）の制限を受けるか否か。これは諸外国の会社法が直面する普遍的な問題である。

2　比較法的考察

(1)　英米法系の越権理論（ultra vire）及びその修正。英国の早期の法律と判例では、会社の活動はその目的範囲を超えることはできず、さもなければ無効であると考えられていた。これが有名な越権理論である。越権理論は、最初は19世紀前半期の法令会社（statutory company）に適用され、法令会社は政令により設立され、主に鉄道とその他の公共事業に従事した。しかし、1875年 Ashbury Rly Carriage and Iron Co Ltd v Riche の案件の判決で、越権理論はその他の類型の会社に拡大適用されることになり、しかも越権理論の意義を明確に述べた。

越権理論は実務において多くの弊害をもたらし会社の発展の制約となり、取引の安全に影響を与え第三者の利益に損害を与えるようになった。越権理論の適用を避けるために、多くの会社は定款に一般的な目的条項を採用した。例えば、「会社はいかなる合法的な業務も従事できる」等である。これは一定程度越権理論のマイナスの影響を制限した。英国の1985年《会社法》では越権理論の修正を開始し、善意の第三者は会社の能力外の行為を有効と主張することができると定めた。1989年の《会社法》第108条では、「会社の能力は会社定款の制限を受けない」と定め、越権原則を正式に廃止した。

米国は英国法の伝統的継承者として、越権理論を長い間採用してきたが、1984年米国の改定後の《標準会社法》第3.02条で、会社は自然人のように会社業務の運営と会社業務の処理のために必要あるいは有利なすべての事を行うことができると規定した。第3.04条では、会社が権利能力を欠くという理由でその行為に対する無効の訴はできないと定め、最終的には越権理論を放棄した。

(2)　大陸法系の学説及びその発展。大陸法系のスイス、ドイツ等の国の法律では、自然人の権利に専属するもの以外について、法人は自然人と同じ権利能力を享有し法人の目的範囲は法人の権利能力に対する制限とはならない。その他の一部の国・地域では、一旦は目的範囲により権利能力を制限する原則を採用したけれども、最終的にはこの原則を放棄した。例えば、1966

年のフランスの《商事会社法》第49条では，第三者との関係において，オフィサーはいかなる状況下においても会社の名義で行う活動のための広範な権限を有しているが，法律は明らかに株主に授与した権限を除外している。会社はオフィサーに対して会社の目的範囲に属しない行為に対してすら責任を負わなければならない。しかし，会社は，第三者が既に知っていることを証明するかまたは当時の状況に基づき当該行為が会社の目的範囲を超えることを知らないことはあり得ないという状況を除き，会社定款を公表するだけではこの証拠を構成するに値しない。

1968年，EU理事会第1号＜会社法指令＞第2節「会社の債務契約締結能力」において，第9条第1項にも次のように明確に定められている。「会社機関が実施する行為は，例えこれらの行為が目的範囲を超越していても会社に対して拘束力を有する。但し，これらの行為が法律が付与するものを超越する場合または法律がこれらの機関に付与することを許可した権限範囲を超越する場合を除く」。この指令は既にEUの加盟国に採用されている。

3　中国の制度

中国で，目的上の制限すなわち経営範囲の制限は，会社に対する権利能力の制限として成り立つか否か。会社法の理論上の重要な問題であるだけでなく，それが，会社が締結する契約の効力問題に関係するから実務においても重要な問題である。この問題に関しては，中国の法律や司法の実務は他の国と同じくかなり大きな変遷の過程を経てきている。

(1)　1993年以前の制度。1986年に公布された《民法通則》第42条では，企業法人は審査登記した経営範囲内で経営に従事しなければならない。《民法通則》には直接の定めはないが，会社が経営範囲を超えて締結した契約は無効な契約である。しかし，1984年の最高法院の《＜中華人民共和国経済契約法＞執行の貫徹に関する若干の意見》及び1987年7月最高法院の《経済契約紛争案件の審理における経済契約法の具体的適用に関する若干の問題の解答》第4条で，経営範囲または経営方式を超えて締結した契約は，無効な契約であると認定しなければならないと明確に規定している。中国の司法実務では会社の権利能力を経営範囲で制限する学説を完全に採用していることが分かる。

(2)　1993年の全国経済裁判業務会議。会社の権利能力を経営範囲で制限する学説の完全な採用は，大量の契約無効を引き起こし被害が非常に大きく

なることになった。この状況に対して，1993年5月，最高法院は全国経済裁判業務座談会を招集し，会議の紀要にて，法人が経営範囲を超えて契約を締結したときは一律に無効認定してはならず，個別に対応すべきであると指摘した。このことによって中国の司法機関はこの問題に関する態度を変えることになった。

(3) 1999年《契約法》及びその司法解釈。1999年12月19日最高法院《＜中華人民共和国経済契約法＞の適用に関する若干の問題の解釈》で再度この原則を明確にした。第10条で次のように規定した。当事者が経営範囲を超えて契約を締結した場合，法院はこのことにより契約を無効にしてはならない。但し，国による経営の制限，特許経営及び法律や行政法規で経営を禁止する定めがある場合を除く。

(4) 2005年《会社法》。1993年《会社法》では，《民法通則》を踏襲して会社経営範囲に対する基本的な態度を第11条第3項で，「会社は登記した経営範囲内で経営活動に従事しなければならない」と定めた。しかし，2005年《会社法》ではこの規定を完全に削除したために，《契約法》の関連する法解釈と会社経営範囲の問題における規定が一致した。

【本節実務研究】

●会社の対外投資または担保のとき，相手方は取締役会または株主（総）会決議を調査すべきか否か

新《会社法》第16条第1項では，「会社は他の企業に投資または他人のために担保を提供するときは，会社定款の規定に従い，取締役会または株主会，株主総会決議により……」と定め，会社の権利能力に対して緩和し，会社の再投資額の制限を撤廃し会社の対外的担保提供を許可すると同時に，会社の再投資及び担保行為のために一つの手続きの要件――取締役会または株主（総）会の決議を経ることを追加した。新法が登場する前は，多くの会社は上述事項に関する類似の決定手続きの規定を定款に定めていた。しかし，会社代表が契約締結の決定をする前であっても，《契約法》第50条の規定に従い越権代表行為は有効である。会社定款の規定内部の決定手続きは対抗力がなく，善意の相手方は越権かどうかの調査義務を負わない。このように新法が登場後，「越権代表」行為は有効かどうか，相手方は決議を経ているかどうかの調査義務を負うのであろうか。

会社が再投資または担保事項に対する定款の規定に従った内部決定手続きが法定の要件に達していないときは、第三者に対する拘束力はなく、定款は必ずしも対外的な公表や対抗できる効力を有しておらず、第三者に義務を課す権利もないと考える。しかし、一旦この種の決定手続きが会社内部の必要により会社法上の要件を充足したとき、その効力範囲には変化が生じ、法律が有する普遍的に適用される効力を有することになる。第三者が会社と契約締結するときは法律の既存の規定に注意しなければならない。法定の決定手続きは会社に対する制限と要求であるのみならず——会社の資本充実に対する自己の行為、株主利益及び債権者利益への影響に対して細心の注意を払うことの注意喚起であるとともに、第三者に対する制限と要求でもあり——自己の取引の達成のみを考え、越権行為相手の会社の資本充実、株主利益または債権者利益への影響に対するあり得る越権行為を顧みないということがあってはならない。担保は一方的行為であり、法律が、対価支払が不要な引受側には更に高度な注意義務を賦与していることは一般の法律原理に適合している。同時に、会社の対外的な担保や再投資はいずれも明らかに経営リスクを大きくし得るものであり、会社の経営能力を弱め会社の資本充実に害を及ぼす行為であり、会社法は資本維持の原則と会社の社会的責任の考慮に基づき、担保または投資を受ける側に対して手続き面での注意義務を分配していることも会社法の原則に適合している。また、会社の代表権の角度から検討すると、法定代表者または授権代表者は普遍的な代表権を享受するが、《会社法》第16条の規定では既に彼らの担保または再投資事項での代表権を制限している。取締役会または株主（総）会の決議を通じて初めて会社代表者の代表権は完全な状態に回復する。法定の制限は相手方が知っていると推定できる場合であり、相手方がまだ審査決定せず代表権に瑕疵があることを知っていると推定できるときは、再投資または担保行為は無効である。

第二節　会社の行為能力

一　会社の行為能力の概念と特徴

（一）会社の行為能力の概念

会社の行為能力とは、会社が自己の意思表示を通して法律関係の資格を構築することを意味する。

会社は行為能力を有するか否か。法学史上二つの異なる学説が存在する。Savignyに代表される法人擬制説は次のように考える。意思能力を備えた主体であって初めて行為能力を有し，会社は一種の組織であり意思能力はない。それ故，行為能力もない。会社はその代理人（自然人）を通してのみその意思を表現する。Kirkに代表される法人実在説は，会社は一種の組織であるが，会社は機関を有し，機関は会社の意思能力の体現であるから，会社は行為能力を有し，会社はその代表機関を通して意思表示を実施すると考える。

　《民法通則》第36条では，法人は民事権利能力と民事行為能力を有し，法により独立して民事権利と民事義務を負う組織であると規定している。中国の法律では実在説を採用し，会社法人が行為能力を具備することを承認している。

(二) 会社の行為能力の特徴

　(1) 会社は一種の組織であり，自然人とは異なり，会社の行為能力はその機関を通して実現しその機関は最終的には自然人が受け持つ。

　(2) 会社の行為能力と権利能力は同時に生まれ同時に消失する。更に，行為能力の範囲と権利能力の範囲は完全に一致する。自然人に存在するある種の権利能力は必ずしも行為能力の現象ではない。

二　会社の法定代表者

　会社の行為能力は法定代表者を通して実現し，各国会社法の会社代表者に関する制度の設計は多種多様である。例えば，日本の商法は単独代表制を採用し，各取締役は対外的に会社を代表できる。ドイツの株式会社は共同代表制を採用する。ドイツの《株式会社法》第78条第2項では，会社定款に相反する定めがない限り，すべての取締役会のメンバーはグループで会社を代表する。

　中国1993年の《会社法》第45条と第113条では，代表取締役は会社の法定代表者であり，本条の規定に基づき，ただ代表取締役のみが会社の法定代表者でありその他の人員はいずれも会社の代表者ではない。しかし，この規定はあまりにも硬直化しており，経済生活の要求に適合しない。実際にも多くの会社の代表取締役は必ずしも定常的に会社の経営や決定に参画していないので，会社の実際の支配者はオフィサーである。代表取締役が会社の法定

代表者であるという強行規定は，これらの会社の経営コストを増加させ，更には正常な経営に影響を及ぼし得る。

そのため，中国の2005年《会社法》は会社の法定代表者制度に対して改革を行った。2005年《会社法》第13条で，「会社の法定代表者は会社定款の規定に基づき，代表取締役，執行取締役またはオフィサーが担当し法により登記する。会社の法定代表者を変更するときは変更登記手続きをしなければならない」と定めている。この規定に基づき，会社の法定代表者は必ずしも代表取締役に限られず，代表取締役，執行取締役及びオフィサーのいずれも会社の法定代表者になることができる。会社はその実際の状況の要請に基づき，定款の段取りをつけ，代表取締役，執行取締役及びオフィサーを会社の法定代表者として選択できる。当然，強調すべきことは，この規定は必ずしも中国の一元化された法定代表者制を根本的に変えるものではなく，会社の法定代表者は依然としてただ1名であり，共同代表ではない。

三　代表取締役の代表行為及びその構成要件の検討
(一)　代表行為
1　代表行為と個人行為

会社の法定代表者は最終的には自然人が担当するが，会社の法定代表者としての自然人は日常多くの地位を有しており，彼が実施する行為はその個人の行為であり得るし，会社の代表行為でもあり得る。一つの行為が個人の行為と認定されたならば行為の法律的結果はその個人が引き受け，会社とは無関係である。一つの行為が代表行為と認定されるとその行為の結果は会社が引き受ける。それ故，会社の法定代表者のある一つの具体的な行為が個人行為かまたは代表行為かの認定は実務のなかでの重要な問題である。

2　代表行為の有効性と会社の意思表示の有効性との間の相違

代表行為の有効性とは，代表取締役の意思表示が会社の意思表示を構成することを表しており，会社の意思表示の有効性は代表行為が有効であるという前提である。更に意思表示（法律行為）の効力発生要件は法律的効力の発生と合致する。そのため，代表取締役の代表行為の有効性に関しては，必ずしも代表取締役が会社のすべての意思を代表することを明示しなくとも，契約は有効である。後者が有効であるかどうかは更にそれが意思表示（法律行為）の発生要件に適合しているか否かをみる必要がある。

しかし，会社法の実務においては次のような問題が容易に出現する。代表取締役の代表行為が無効であることと代表取締役が会社を代表して締結した契約が無効であることを混同して論じ，そのため責任規則を間違って適用し，本来代表取締役個人が負うべき責任が逆に会社により契約無効の過失責任を負うと認定されることである。

(二) 法定代表者の代表行為の一般的構成要件

法定代表者の行為は会社の代表行為を構成し，一般には以下の構成要件を備えなければならない。

1 代表者の身分を有すること

自然人は会社法と会社定款の規定の手続きに従って選任されて代表取締役になり，工商登記を経て公示されて法定代表者の身分を具備する。しかし，実際には次のような問題が生じる。すなわち，ある自然人が無効な手続きを経て代表取締役に選任され既に工商登記し公示された場合，あるいは，ある自然人が会社の法定代表者として既に工商登記し，その後会社の取締役会で罷免されたが未だ工商変更登記をしていない場合である。上述の２種類の状況下で，その自然人は会社の法定代表者の身分を備えているか否か。

この種の問題の処理には，会社法のある重要な原則を遵守しなければならない。すなわち，会社登記の公信力の原則であり，会社の法定代表者は一度登記を経たら，例えその任命手続きに瑕疵があってもその法定代表者の資格は善意の第三者に対して有効である。

EU第１号会社法指令第２節第８条でこれに対して明確に述べている。「会社機関のために会社代表を授権した人員の関連事項は公開手続き後に完成し，会社はその任命手続き中の瑕疵をもって第三者に対抗することはできない。但し，第三者が既にその瑕疵を知っていることを会社が証明できる場合を除く」。

中国会社法ではこれに対して明確な規定はないが，この原則は中国の司法実務において広く受け入れられている。

2 法人名義によること

代表取締役は会社の法定代表者の名義で活動を行わなければならない。もしも会社の法定代表者でなく個人名義で活動を行ったら，例えば，代表取締役が個人名義で家具を買ったら，当然個人の行為であり代表行為ではない。

3 権限の範囲内であること

法定代表者の行為が権限を超えていた場合には，その代表行為は無効である。但し，その行為が表見代表を構成する場合を除く。いわゆる表見代表とは，相手方が会社の法定代表者の行為が権限を超えていることを知らないかまたは知るはずがない場合には，法定代表者の代表行為は有効であることを意味する。例えば，中国《契約法》第50条では，「法人またはその他組織の法定代表者，責任者が権限を超えて契約締結したときは，相手方がその権限を超えたことを知っているかまたは知るべきであったときを除き，当該代表行為は有効である」。

しかし，会社の代表取締役の行為が権限を超えているという状況下で相手方が「知っているかまたは知るべきであった」ということをいかにして判断するのか。通常，代表取締役に対する権限の制限は一般的に3種類ある。一つは，法律法規の直接の制限，二つ目は，会社定款の制限，三つ目は，会社取締役会と株主会の決議の制限である。そのため，代表取締役の越権行為もそれぞれ三つに分けられる。一つは，法律法規の直接制限を超えること，二つ目は，会社定款の制限を超えること，三つ目は，会社取締役会と株主会の決議の制限を超えることであり，以下に筆者の検討を加える。

(1) 法律の直接制限。《会社法》中には代表取締役の対外的な権限に対して直接制限を定めた専門的な条項は存在しないが，《会社法》の株主会や取締役会に対する権限の授与は，実際上は《会社法》が代表取締役に対して権限を制限しているとみなすことができる。例えば，《会社法》第38条で，株主会が会社債券の発行，会社合併及び分割等の事項に対して決議を行う職権を有することが定められている。本条は，すなわち代表取締役が未だ株主会の同意を経ていないときは，会社の債券発行や会社の合併，分割の契約締結の権利がないことを示している。

このような事情の下では，代表取締役の越権行為は法律法規の制限に違反するので，いかなる相手方も代表取締役の越権行為を知るはずであり，それ故代表取締役の代表行為は無効である。

(2) 会社定款の制限。多くの会社は定款で代表取締役の権限に対して制限を加えており，定款は一般に会社登記機関に記録され更に公示される。しかし，取引の安全と第三者の利益の保護のためには定款の記録と公開それ自身も「相手方が知っていることと知っているはずであること」の証拠とするに

は不十分である。例えば，EU 第1号会社法指令第2節第9条第2項で，「会社定款または決定権を有する会社機関が会社機関の権限の制限をしているときは，会社により第三者への対抗に利用することはできない。例えこれらの制限が既に公告されていたとしても同じである」と明確に定めている。

ドイツ《民法》第 26, 64, 68 条では，法人は定款により取締役の代表権を制限でき，登記を経て第三者に対抗できると定めている。しかし，ドイツの《株式会社法》第 82 条，《有限会社法》第 31 条では，取締役代表権に対して定款で制限することができるが，第三者に対抗することはできないと定めている。中国の実務からみると，ある地方では会社定款の調査手続きが煩雑であり制限を受け，その上取引中に相手方がまじめに取引相手の定款の実情を調査することも一般的ではない。それ故，筆者は中国の司法実務においては定款の記録公開自身も「相手方が知っているかまたは知っているはず」の証拠とするには不十分であると考える。

(3) 株主会または取締役会の決議の制限。株主会と取締役会は決議の形式で直接代表取締役の権限を制限するが，決議も一般に公開性を有していないので，相手方は通常知らないかまたは知るべきであるとはいえず，善意であるといえる。例え株主会または取締役会の決議が媒体上に公開されたとしても，「相手方が知っているかまたは知るべきである」ことを証拠とするには不十分である。

四　代表行為と非代表行為の法的効果の相違

代表取締役が対外的に契約を締結する行為は代表行為を構成し，その締結行為の一切の法的責任は会社が負う。会社はこれにより負う責任には契約上の過失責任，契約無効の責任，契約履行の責任及び違約責任が含まれる。

代表取締役の対外的な契約締結行為が代表行為を構成しない場合は，非代表行為（個人行為）であり，その行為の法的結果と会社の関係は完全に個人が負う責任である。次に以下の2種類の状況に区分してこの種の責任の内容と性質を検討する。

(1) 個人名義の非代表行為。この行為は完全に個人の契約行為であり，個人が契約の主体であり個人が契約の責任を負う。

(2) 会社名義の非代表行為。このような状況下では，代表取締役個人が負う責任の性質はどのようなものか。契約責任または不法行為責任か。

契約責任のような場合，代表取締役の行為は個人の契約行為であり，その責任は締結上の過失責任，契約無効責任，契約履行義務，違約責任等である。しかしこれは契約締結の事実とは完全には適合していない。代表取締役が自己の名義で締結したものでないからである。第三者も代表取締役個人を契約の相手とは見なさず，それ故この説は成立しない。

そのため，代表取締役がここで負う責任の性質は不法行為責任であり，まさに代表取締役個人の過失により他人に締結させたものであり，代表としての効力のない契約で相手方に損害を与えたものであると考える。当然，代表取締役の非代表行為に対しては，相手方にも当然過失があり，彼は当然に知っているか知るべきであったために相応の責任を負わなければならない。

五　会社の意思表示の外形推定方式

一つの意思表示が以下の表現形態を備えている場合は会社の意思表示と推定することができる。但し，これに反する証拠をもってその推定を覆すことができる場合を除く。

(1)　代表取締役の署名捺印。代表取締役は会社の法定代表者として，会社の法定代表者の名義の署名捺印をもって当然に会社の意思表示の外形的な推定形式を構成する。注意を要するのは，上述の代表行為の構成要件理論によると，例えば代表取締役の締結行為の越権を証明する証拠があり，相手方が知っているか知るべきであるときは，推定を覆すことができ，代表行為は無効であり当該契約は会社の契約ではないことが確認される。

(2)　会社の印鑑。《会社法》中では会社の印鑑の性質については明確に規定されていないが，《契約法》第32条で，「当事者が契約書の形式を採用して契約を締結したときは，双方の当事者の署名または捺印したときに契約が成立する」と定めており，中国の法律では，印鑑は会社の意思表示の外形的な推定方式であることを示している。実際，取引の習慣において人々は通常印鑑が会社の意思表示の推定方法であることを認めている。

六　会社の対外代理行為

会社が対外活動において，代表機関を通じてその意思表示を実現できるのみならず，代理人を通して会社の意思表示を実現できる。代理人（商業代理人）を通して実現することは，通常取締役，オフィサー及び通常の従業員が会社

の法定代表者または取締役会の授権の下で，対外的に会社を代表して活動に従事できる。

【本節実務研究】
●法定代表者が会社を代表して不法活動を行ったときの代表行為の効力

　会社の法定代表者の行為が取締役会または株主会からの授権を獲得した場合，法定代表者の行為は越権を構成する可能性がないということができるかどうか。代表行為は必然的に成立するのか。ここで，2種類の状況に分けて検討を行う必要がある。

　(1) 授権された権限が合法であり，法定代表者の行為が権限範囲内ならば，その代表行為は当然有効である。

　(2) 授権された権限が法律法規に違反していた場合，例えば法定代表者が取締役会さらには株主会から授権され会社の名義でやみ取引に関連する契約を締結したとき，代表行為は成立するか否か。一般的には以下のように推定される。授権が法律法規に違反すると無効であり，法定代表者はやみ取引の契約締結の権限を有しておらず，そのやみ取引契約の締結行為は越権となる。法定代表者の行為は直接法律法規に違反するので，相手方は当然知っているはずであり，それ故代表行為は無効である。

　しかし，この種の推定の結果と司法実務における判断基準は同じではない。一般に，法定代表者の行為が取締役会や株主会の授権を得さえすれば法定代表者の代表行為は必然的に成立する。この種の授権の内容が違法であるかないかに関わらず，代表関係の成立と代表者の取得する権限の合法性は直接関係ないので，前者は事実問題であり後者は法律の効力の問題であり，両者を混同することはできないと考えられる。

●法定代表者の会社を代表した贈与行為は有効か否か

　前述したように，法定代表者の権限は法律法規，会社定款，取締役会及び株主会決議の制限を受けるが，もしも法律法規，会社定款，取締役会・株主会の決議がある特定の権限に対しては制限していないような場合，法定代表者がこの権限を行使することは権限の越権とならないのかどうか。例えば贈与行為を例に上げることができる。

　一般には，会社は企業法人であって営利が目的であり，法定代表者の行為は企業資産増加を目的とするはずである。株主会の特別の授権がない限り基

金会のように公益活動に従事することはできないと考えられている。そのため，例え法律法規，会社定款，取締役会・株主会の決議で法定代表者が会社を代表して贈与行為を行うことに対して制限していなくとも，法定代表者は勝手に会社を代表して贈与する権限を有しておらず，その贈与行為には株主会からの授権がなければならない。

　しかし，法定代表者の贈与は，会社の経営に関連するのか否か，経営の必要性に背くものか否かは，理論上も実務上も理解や把握が異なる。一部の人は，法定代表者の一切の贈与行為は株主会の授権を取得しなければならないと主張する。また一部の人は，一部の贈与行為は会社の社会的イメージの改善，会社の経営資源の開拓，従業員のインセンティブ，会社の市場競争の優位性の強化及び会社の信用力アップの目的や効果を有し，表面上は無償の贈与であっても実質上は無形の収益があると考える。このような贈与行為は，会社の正常な経営業務に属し，漠然と法定代表者の権限範囲外の行為とみなすべきではないが，贈与金額に一定の制限を加えることはできる。この種の贈与行為に対して，会社定款，株主会決議がこれについて特別の制限をしていないならば，法定代表者はこの種の権限を有する。

　以上の検討から分かることは，法定代表者の権限は法律法規，会社定款，取締役会・株主会の決議で明確に制限する以外は，会社法の基本原則――会社の営利性原則の制限を受けなければならない。例え法律法規，会社定款，取締役会・株主会の決議が法定代表者のある特別の権限に対して制限していなくとも，法定代表者が行使するこの権限は依然として会社の営利性原則の制限を受けなければならず，会社の営利性原則に違反した行為は，株主会の特別の授権がない限りやはり越権であるともいえる。

　このように，法定代表者が株主会の同意を未だ経ずに会社を代表して贈与を行うことを，相手方は知るべきか否か。一般には，会社の営利性は会社の基本的属性であり，贈与は会社の日常経営の当然の内容ではなく，相手方は法定代表者が贈与の権限を有していないことを当然理解するべきであると考えられている。

第三節　会社の不法行為能力

一　会社の不法行為能力の概念

会社の不法行為能力は，会社が不法行為によってもたらされ負うべき損害賠償の責任能力を指す。

法学史上，会社の不法行為能力に関しては，擬制説と実在説の2種類の理論がある。擬制説は，会社は法人として意思能力がないので不法行為能力がないと考えるものである。実在説は，会社は法人それ自身意思能力を有するので不法行為能力を有すると考えるものである。

会社が有する不法行為能力を承認するかどうかによって，もたらされる責任制度が異なる。もしも会社が不法行為能力を有することを承認すれば，会社はその不法行為に対して直接責任を負い，もしも会社が不法行為能力を有することを否定する場合，具体的な行為者により責任を負う。それ故，筆者は会社が不法行為能力を有するかどうかは，概念から出発するだけでは不可能であり，利益バランスの角度からこの問題を検討すべきであると判断する。

被害者の利益を保護し会社の責任を強化するために，大多数の国の法律は会社が不法行為能力を有することを承認しており，中国の法律も会社（企業法人）が不法行為能力を有することを認めている。《民法通則》第43条では，「企業法人はその法定代表者とその他の従業員の経営活動に対して民事責任を負う」と定めており，中国の法律の立場を反映している。

二　会社の不法行為の構成要件

会社は法人であり，会社自身は不法行為を実施するすべがなく，会社の不法行為は自然人の行為を通じて行われる。それではどんな行為が会社の不法行為であると認定されるであろうか。一般には，以下のような構成要件を備えているような行為は，会社の不法行為であると認定することができ，会社が被害者に対する責任を負うと考えられている。

（一）会社従業員の実施行為

中国《民法通則》第43条は，「企業法人はその法定代表者及び他の従業員の経営活動に対して民事責任を負う」と定めている。中国では，会社法の法定代表者及び会社のその他の従業員の行為は，会社の不法行為と構成するこ

とが可能であることが分かる。しかし，大陸法系の他の国・地域の民法及び会社法は，会社の不法行為の主体的要件は会社の代表機関のみに限られており，会社のすべての従業員ではない。例えば，中国台湾地域の「会社法」第23条は，会社責任者が会社業務の執行において他人に損害を与えたときは他人に対して会社と連帯責任を負う。そしてそのなかで，いわゆる会社責任者とは，中国台湾地域の「会社法」第8条で次のように規定している。経営代表者と職務代表者に区分し，いわゆる経営代表者は無限会社，合資・合名会社においては執行業務または会社代表としての株主を指し，有限会社，株式会社においては取締役を指す。職務代表者は職務を執行する会社オフィサーまたは清算人を指し，株式会社の発起人，監察人，検査人，再建人または再建監督人を指す。

韓国《商法》第210条，269条，389条，567条等の規定でも，会社を代表する社員または取締役代表が会社業務の履行において他人に損害を与えたときに，会社の不法行為が成り立つ。これらの国・地域では，会社の代表機関以外の取締役，監査役または使用人の不法行為が会社の業務執行に関連するときは，会社が使用人の賠償責任を負うが会社の不法行為責任ではない。

中国《民法通則》では，企業法人の不法行為の主体要件は，企業の全従業員に拡張しており，実務においては，会社の従業員をどのように認定するかという一つの問題が生じる。ある特定の会社に対して，そのために勤務している人員はすべて「会社の従業員」かどうか。認定の基準は何か。

一般に，会社との設立労働契約関係の人員であって初めて会社の従業員であり，会社と単に労務契約関係があるだけの人員は会社の従業員ではないと考えられている。

労務契約と労働契約は異なる性質の契約である。労働契約を通じて会社と労働関係を持ち，労働者は会社の構成員となり，従属性，行政管理性を備え，このような関係は労働法によって調整される。会社は，労働者に対する報酬の給付以外，更に法により労働者のために社会保険待遇及び法律規定に適合する労働条件や労働者保護用品を提供しなければならない。労務契約は契約法により調整され，会社は労務の提供に対してのみ報酬を一方的に支払い，その他の社会保険等のような義務を負わない。労務契約の履行により生じる紛争は仲裁または直接訴訟提起することができる。労働契約は労働関係の根拠であり，労働法の範疇に属し，労働契約の履行により生じる紛争は労働仲

裁を経て初めて訴訟手続きに入ることができ，仲裁前置が必須である。労働契約と労務契約は明らかに異なることが分かる。
　労働契約において，労働者が会社の職務を履行する際に他人の利益に損害を与えれば会社の不法行為が成立し会社が責任を負う。労務関係においては，労働者は契約を遂行する労務過程において他人の利益に損害を与えたならば，一般的な状況下では会社は無関係である。
　しかし，実際には，不法行為の実施者が上述分類したような会社の従業員ではないが，彼が会社の名義で不法行為を行い，かつ第三者が彼が会社の従業員であることを信じる理由があれば，その行為は会社の授権を経ており，本要件が成り立つべきであることに注意しなければならない。

（二）実施行為と会社職務が密接に関係

「会社の職務と密接な関係を有すること」とはいかなる意味か。この問題に関しては，「外観主義」理論が比較的合理的である。それは，第三者の利益を保護するためには，会社の従業員の行為とその職権が密接な客観的な関係を有しており第三者にそれを会社職務の執行であると信頼させさえすれば，会社が実際に授権しているか否かに拘わらず，会社従業員の行為が法律，法規，会社定款及び会社機関が定める権限を越えているか否かに拘わらず，会社の不法行為が成り立ち，会社が責任を負うと考えるものである。

（三）一般の不法行為の要件を具備

　会社の従業員の行為が不法行為の一般的要件，会社従業員が故意または過失により法律，法規に違反して他人の権利を侵害し，または故意に善良な風俗に反する方法で他人に損害を与え，従業員の行為と他人の損害の間に相当因果関係がある場合，すなわち過失，違法性，因果関係及び損害の四つの要件に符合していなければならない。

三　会社不法行為の法律責任
（一）会社の責任

　ある不法行為が会社の不法行為であると認定されると，その法律責任は自然と直接会社が負い，会社が被害者に対して賠償責任を負う。《民法通則》第43条でも，「企業法人はその法定代表者及びその従業員の経営活動に対して民事責任を負う」と定めている。

(二) 行為者（従業員）の責任

1　行為者（従業員）の会社に対する責任

　会社の不法行為は実質的には会社のために従業員が行うところのものであるが，一般的な状況下では必ずしも従業員が被害者に直接損害賠償責任を負わなければならないものではなく，従業員はその他の相応の責任を負わなければならない。これらの責任の主なものは，行政責任，刑事責任及び民事責任である。《民法通則》は法定代表者が負うべき相応の行政責任と刑事責任に対して規定している。それは第49条の規定であり，……法人が責任を負う以外，法定代表者に対して行政処分，罰金を課し，犯罪を構成するときは法により刑事責任を追及する。会社は賠償責任を負った後，行為者に対して追徴できるかどうか。行為者に会社が負う賠償の民事責任を追及できるか。《会社法》はこれに対して直接かつ明確な規定を定めていないが，《会社法》第150条は，「取締役，監査役，高級管理職が会社の職務を執行するに際して，法律，行政法規または会社定款の規定に違反して会社に損害を与えたときは，賠償責任を負わなければならない」と定めている。会社が第三者に対して負う賠償責任は会社が受けた損害であると認められなければならない。それ故，会社は《会社法》第150条の規定に基づき，行為者（取締役，監査役，高級管理職）に対し会社が負う賠償責任を請求することができる。

2　行為者（従業員）と会社の連帯責任

　概念と論理から推理してみると，一つの行為が会社の不法行為と認定されると会社が責任を負わなければならず，行為の直接実施者によるべきではなく，会社の従業員が責任を負うべきである。しかし，会社設計の責任制度においては，概念と論理の関係の一致を考慮すべきことを除き，更に重要なのは，一種の責任制度が及ぼす各利害関係者の利益バランスの公平性についても考慮しなければならない。

　会社不法行為の法律責任において，不法行為の直接実施者に強制する会社の従業員は一定の責任を負うことにより，会社従業員の意識をより慎重にさせ会社の不法行為の発生を抑止し，その上被害者も更に多くの賠償の機会を獲得することができる。例えば，中国の台湾地区の「会社法」第23条にこのような定めがなされている。「会社の責任者は会社業務の執行に対して法令に違反して他人に損害を与えたときは，他人に対して会社と連帯して賠償の責を負う」。

韓国《商法》第210条，269条，389条，567条等の規定では，「会社の社員または取締役代表が会社業務の履行において他人に損害を与えたときは，会社とその代表機関は賠償責任を負う」と定めている。

中国の《会社法》では，会社の従業員の連帯責任に関しては定めがないが，注意を要することは，一部の特別法では，特殊な状況下での会社従業員の会社の不法行為に対する連帯責任を規定している。例えば，《証券法》第69条では次のように定めている。「発行者，上場会社が公告する目論見書，会社債券募集方法，財務会計報告，上場報告書類，年度報告，中期報告，臨時報告及びその他の情報公開資料等に虚偽の記載，誤認を招く表現または重大な遺漏があり，投資者に証券取引上の損失を招いたときは，発行者，上場会社は賠償責任を負わなければならない。発行者，上場会社の取締役，監査役，高級管理職及びその他の直接責任者並びに推薦者，委託販売する証券会社は，発行者，上場会社と連帯して賠償責任を負わなければならない。但し，自己に過失がないことを証明できる場合を除く。発行者，上場会社の支配株主，実際の支配者に過失があったときは，発行者，上場会社と連帯して賠償責任を負わなければならない」。本条の規定に基づくと，上場会社の取締役，監査役，高級管理職及びその他の直接責任者は上場会社の虚偽情報公開の不法行為に対して連帯して賠償責任を負わなければならない。

第六章　資本制度

第一節　概　説

一　資本の概念と特徴

　会社資本（Capital）は，資本金あるいは株式資本とも称し，会社成立時の定款に規定された株主の出資で構成される財産総額である。資本は以下の特徴を有する。

　(1) 資本は会社が自ら保有する独立財産である。いかなる法人組織も独立財産を保有する必要があり，会社の独立財産こそがその資本である。会社が占有し使用する財産において，あるものは自己のものすなわち自己所有の財産であり，あるものは借入財産である。そのため，経済学及び会計学上はいわゆる自己資本と借入資本に分かれ，会社法上の資本は会社の自己所有で，他人の支配を受けない独立財産である。資本も会社の原始的財産であり，会社成立後は多くの財産の根源があるが，最初の財産こそが会社の資本である。

　(2) 資本は抽象的な財産の金額である。資本は常に資本額として表わされる一定の財産金額である。資本は抽象的な価値の金額であるが具体的な財産形態ではない。資本を構成する財産は常に種々の具体的な形態で存在し，例えば，貨幣，現物，知的財産，土地使用権等の具体的な形態で存在する。更に，これらの財産形態の間では頻繁に転換が生じているが，資本は具体的な財産形態の影響を受けない財産金額である。そのため，同じ資本が全く異なる具体的な財産を形成することができ，同じ財産構成でも全く異なる資本を代表することができる。

　(3) 資本は株主の出資を根源とする。会社資本は会社の全株主の永久的な投資であり，株主の出資によってのみ構成され，出資総額すなわち会社の資本総額である。経営による蓄積あるいは贈与を受けた財産などは，会社自ら有する財産であるが，出資には属さず直接会社資本に算入することはできない。資本の欠損後は，会社はそれを赤字の補填に使用でき，この種の補填は

資本の補填であるばかりでなく出資の補填でもあり，そのため，その性質は依然として出資に属する。会社は準備金を資本として増加させ，準備金は株主の持分に属するので，本来は株主に分配しなければならない。そのため，これをまた株主の出資として理解することができる。

　指摘する必要があるのは，資本は出資の総額であるが，特殊な状況下では例外がある。会社が株式を割増発行するという状況下では，発行価格は株式の額面価格より大きい。会社の資本額は全株式の額面金額に従って計算するものであるから，株主の実際の出資総額は大きくなって，会社の資本額よりはるかに高くなることすらある。また，超過資本額の出資は資本準備金の中に組み入れることになる。これは一般の会社資本概念の例外である。

　(4)　資本は会社成立時に定款で規定される。いかなる会社も成立時には定款を制定する必要があり，会社資本は定款の必須記載事項である。この種の資本金は会社の発起人または将来の会社株主の協議によって確定し定款に記載する。

　(5)　資本は確定した不変の財産額である。会社資本は一旦確定すると自然にも思いのままにも変更することはできない。会社成立後は利益がでるかもしれないし欠損がでるかもしれないし，その資本は価値の増加も低下もあり得る。それによってその資産額の変化をもたらすが，自然とその資本額が変わるわけではない。変更の必要があれば，法定の資本増加または資本減少の手続きによって株主総会の決議を経て定款を変更し更に登録手続を行って変更する必要がある。

二　会社資本の意義と形式

　資本というこの語句は種々の言語環境のなかで様々な意味を有している。経済学，会計学，及び法学等ではいずれも資本の定義に関わっている。会社法上は，国ごとの会社法立法，理論及び実務のなかで常に異なる意味で資本が使用される。資本は下記のような様々な意味と形態で表われる。

　(1)　登録資本（Registered Capital）は，額面資本あるいは認定資本とも称し，会社設立時の登記した資本の総額を意味する。登録資本の語句は各国会社法のなかにはあまり見られない。中国は登録資本に対して厳格に定義を定める数少ない国である。その他の一部の国では，会社法で同じように資本は登記の重要事項であると定めているが，明確に登録資本というこの専門用語を使

用していない。そのため，実質的にはこの種の登記の際の資本額が登録資本であると言える。しかし，登録資本は払込資本でなければならないのかどうか，授権資本または発行資本の登記であるのかどうか，各国の立法は異なっている。

(2) 授権資本（Authorize Capital）は，名目資本（Nominal Capital）とも称する。会社が会社定款に基づき授権され発行できるすべての資本を意味する。英米会社法によると，会社定款に明確に会社の授権資本を注記しなければならず，さもなければ登記されない。しかし，会社設立時にすべての授権資本を発行する必要はなく，部分的な発行だけでもよく，残りの部分は取締役会に授権して必要に応じて分割発行する。授権資本の概念は授権資本制度の下でのみ用いられ，法定資本制度の下では授権資本は認められない。

(3) 発行資本（Issued Capital）は，発行済み資本とも称し，会社が一括または分割して株式を発行するときの既に発行済みの資本総額を指す。会社に対しては当該資本を発行済み資本と称し，株主に対しては引受資本と称し，株主が払込みを承諾した資本金である。会社資本発行時，授権資本は部分的または全部を発行資本とすることができる。株主は発行済資本として全額支払う必要はなく，発行済資本は払込済み資本と未納資本から構成される。会社がすべての株式を発行するより前は，それは常に会社資本より少ない。

(4) 払込資本（Paid-up Capital）は，払込済み資本とも称し，株主が会社に対して既に払込んだ資本である。資本は既に発行したものと株主が既に実際に払込んだものとは同じではない。法定資本制度度の下では，株主がその引き受けた株式を分割して資本を払込むことも認められており，その実際に払込んだ部分が払込資本を構成する。発行資本が全部払込まれたならば払込資本と発行資本は等しくなる。

(5) 未払込資本（Uncalled Capital）は，払込催促資本とも称し，会社が既に発行し，株主が既に引き受けたが未だ払込まれていない資本である。払込催促資本に対しては，会社は株主に対していつでも払込みを催促する権利があり，株主は契約あるいは会社の要請に従って払込む義務がある。そのため，会社の未払込資本は実際には会社が取得するべき財産となっており株主の会社債務に対する担保を構成する。

(6) 保留資本（Reserve Capital）は，準備資本とも称し，会社の正常な経営状況下では，発行と未納の資本中の株主に対して支払い催促ができない部分を

指す。未納資本に対して会社破産のときに初めて払込催促ができるのが保留資本である。

　以上のことから，資本というのはかなり複雑な概念であり，各国会社法に普遍的に適用できる統一的な資本概念は存在しない。実際，国によっては，会社の類型が異なれば，法定資本制度及び授権資本制度の下では，資本は異なる意味を有しあるいは異なる形態で表われる。米国の会社法では統一的な資本概念の定義すらない。同一国でも時期が異なれば，会社法の改革や改正により資本の意味も変化が生じる。例えば，英国では初めの授権資本制度実施のときは，最低資本金の規定が全くなく，登録資本の概念もなかった。しかしその後，EU会社法統一の要求に適合させ，折衷資本制度に転換して会社の最低資本金を定めた。登録資本の概念もあり，その登録資本は払込資本でも授権資本でもなく発行資本でもって確定した。米国では登録資本の概念と規定は今でもない。

　中国会社法が実施するのは法定資本制度であり，有限会社であっても株式会社であっても，資本はすべて登録を通して有効であり，更に実際の払込みが必須である。そのため資本は登録資本である。登録資本は発行資本あるいは払込資本に基づき，2005年会社法と1993年会社法の規定ではかなり大きな変化がある。1993年会社法の登録資本は会社登記機関で登記した全株主が払込んだ出資額であり，そのため登録資本はまさに発行資本や払込資本と同一の概念であり，未納資本や保留資本は認められなかった。2005年《会社法》では有限会社の登録資本は，会社登記機関に登記した全株主が引き受ける出資額であると定めた（第26条）。発起設立方式で設立される株式会社の登録資本は会社登記機関に登記した全発起人が引き受ける出資金の総額である（第81条第1項）。募集設立方式で設立される株式会社の登録資本は，会社登記機関に登記した払込済み出資金の総額である（第81条第2項）。

三　会社資本と関連概念の比較
（一）資本と資産

　会社資産（Assets）は，会社の実保有財産とも称し，会社が実際に保有するすべての財産であり，有形財産と無形財産から成る。財産形態上，資産は流動資産，長期投資，固定資産，無形資産及び繰延資産などに分類される。貨幣，債権及びある種の現物は流動資産に属し，土地，建屋は固定資産に属し，

工業所有権は無形資産に属する。財産の根源において，資産は主に，株主の出資すなわち会社資本，会社の対外負債，会社の資産収益と経営収益の三つの面から生じる。資産と負債は会社の貸借対照表中の二つの項目として相互に対応する関係として存在する。負債は資産に由来するので，会社負債の増減は当然に資産の相応する増減をもたらす。

概念の範囲について言えば，会社資産は資本を上回り，資本は単なる資産の一部である。しかし，実際の状況について言えば，資本と資産の対応関係は会社の経営状況により大きく異なる。会社成立時にはいかなる対外的な負債もなくその資本はその全部が資産であり，会社の成立後は，会社の対外的な負債の発生に応じて資産は通常資本より大きくなる。しかし，会社の極度の欠損あるいは会社の資産価値の激しい変化により資産が資本より小さくなるという状況が発生する可能性は排除できない。

会社法人の独立財産責任とは，まさに会社が実際に有する全資産をもって債務に責任を負い，会社資産こそ会社の対外的に負う財産責任の実際の担保である。そのため，資産の総額と資産の構成及びその換金性と支払能力が会社法と会社実務において重要な意義を有する。

(二) 資本と資金

会社の資金 (Fund) は，解釈上はあまり明確ではなくあまり統一された概念でもない。実際上，会社の資金は会社法上の概念ではなく，会計学及び管理学等その他の分野の概念であるが，その他の分野で称する資金は実質的には会社法の資産に類似または等しく，いずれも会社が保有する財産を意味する。ただ会社法の資産の概念範囲がおそらく特に広く，会計学上は帳簿に記入できないある種の特殊な資産，例えば未だ換金されていない工業所有権やブランドなどを含み得る。いわゆる自己資金と借入資金の区別は資産あるいは資金の出所として表される。しかし，いずれにしても会社の資金は単に貨幣形式の資産であると理解すべきではなく，また貨幣価値で計算される資産と理解すべきでもない。その他のいかなる形式の資産も貨幣価値で計算される場合，決して資金と資産の区別を構成するものではないからである。

中国では慣習と観念意識の理由により，企業立法において過去長期間，資金と登録資金の概念を使用してきた。そこにおける資金と現在用いる資産の法的意義は基本的に一致しており，そのなかの登録資金と現在用いる登録資本とは法的意義は一致している。1993年《会社法》公布後，各種の会社法立

法と企業立法では既に基本的には資産と登録資本の概念を改めている。

(三) 資本と純資産

会社の純資産（Net Assets, Net Worth）とは，会社の全資産から全負債を減じた後の残高である。会社の資産は，実際上は自己資産と借入資産であり，借入資産は形式上あるいは暫定的に会社の所有となるが，債務が一度完済されると会社資産はそれに相応して減少する。真に会社が所有するものはそのなかの自己資産であり，純資産はまさに会社の自己資産の価値である。またその実質的財産能力と資産の信用の基礎でもある。会社成立時にはいかなる対外負債もなく，その資本はまさに全資産であり同時に純資産でもある。会社成立後は会社経営の利益または欠損，資本自体の価値上昇または低下等に従い，資産価値及び相応する純資産価値は不断の変化のなかに置かれ，純資産は資本より大きくなり得るが小さくもなり得る。会社資産が負債に等しいとき純資産はゼロであり，会社が債務超過のとき純資産はマイナスとなる。

(四) 資本と株主権益

株主権益（Equity）は，所有者権益とも称し，株主の会社の純資産に対して有する権利である。株主権益は四つの部分に別れる。すなわち資本，資本準備金，積立金及び配当可能利益であり，資本はそのなかの一部分である。そのため，一般的な状況下では，株主権益は資本より大きいが，会社の資本収益がないすなわちそれまでの利益がなく，今までの資本準備金や準備金の積立もなければ，株主持分はおそらく資本に等しくなる。会社が欠損を出し，配当可能利益がマイナスとなれば株主権益は資本より小さくなる。同時に，株主権益は株主の会社の純資産という抽象的な価値に対する権利に過ぎないのであって，いかなる具体的な形態の資産に対する権利でもない。株主権益はどんなに大きくとも会社の財産を直接支配したり処分したりする権利ではない。

(五) 資本と投資総額

会社の投資総額とは，会社設立と経営のためにそこに投資する財産の総額であり，株主が出資して形成される登録資本とそれ以外に会社に投資されるものを含む。投資総額の概念は主に外商投資企業法で使用されているが，国内において投資設立された有限会社では，会社の投資総額を約定あるいは規定するという実情もある。しかし，投資総額中の資本以外の投資部分の法的性質についてはまだ明確ではなく，統一された定義はない。それは株主の会

社に対する貸借であると考える人もいれば，出資性の投資あるいは資本性の投資として問題の性質を定めるべきであり，会社自らが所有する財産であって対外的な負債ではないと見なすべきであるという人もいる。

四　会社資本の法的意義
（一）会社成立の基本条件
　会社は法により設立される企業法人であり，会社が法人の人格と地位を取得するには一定の条件を具備する必要がある。中国《民法》及び《会社法》は，企業法人と会社法人のいずれに対しても具体的な成立条件を定めており，資本はそのなかの一つである。会社成立の一部の条件，すなわち，実体条件，手続条件，財産条件，組織条件のうち，資本はそのなかの実体条件と財産条件に属する。この種の条件を充足しない会社は会社の登記ができず，既に登記した会社でもこれにより取消されるかまたは法人格を否定される。
（二）会社経営活動の基本的な物質条件
　会社は営利性の経済組織であり，商業的経営に従事する権利能力を有する。この種の能力の実現は，固定された生産経営場所，生産経営と業務規模に相応する従業員並びに経営活動に相応する他の資金などの一定の物質的条件いかんにかかっている。そしてこれらの条件の形成にはいずれも一定の資本が必要である。さもなければ会社はいかなる財産関係にも関与できず，経営活動も展開できない。この種の条件を備えていない会社はしばしば「ペーパーカンパニー」とも称される。このため，会社法の会社資本に対する要件は，会社の経営能力の形成と維持に関して重要な機能を有している。
（三）会社の財産責任の基本的な保障
　会社は法人組織としてその全資産をもって債務に対する独立責任を負う。資産の範囲と大きさは会社の債務返済能力や債権者の保護の程度を直接決定する。そして資本は会社の資産形成の基礎であり根源であって，会社の最も原始的で基本的な資産である。資本の規模や大きさは会社資産の範囲と大きさに対して直接的な影響を有する。このため，会社の一定程度の資本の確定と維持は，会社の基本的な債務返済能力や債権者の利益の保障並びに取引の安全に資する。多くの学者は，会社資本は会社債権者の利益の財産的な担保あるいは総担保であり会社の対外的な取引の信用の基礎であり他人がそれを信用する判断のよりどころですらあると考えている。

(四) 株主の会社債務の引受責任の限度

いわゆる有限責任とは，会社債務に対する株主の責任であり会社それ自身の責任ではない。株主はその出資額を限度として会社債務に責任を負い，株主全員について言えば，実際上は会社資本を限度として会社債務に責任を負う。会社資本額は，全株主が負う債務責任の最大限度であり，株主が出資義務を履行したならば会社資本はあるべき形になり，既に出資した財産か会社債務の弁済に使用できることを除いて，株主はもはや更なる責任を負うことはない。

中国では，虚偽の出資，資本の偽りという状況の下では，資本は株主の責任の確定に対して十分に具体的な効果を有している。最高法院の司法解釈（最高法院1994年公布の《企業が創設した企業の解散あるいは廃業後の民事責任の引受の問題に対する回答》）の精神に基づき，会社の登録資本が不実であるが払込資本は法定の最低資本金に達しているときは，株主は登録資本が不実である範囲内，すなわち払込資本と登録資本の差額の範囲内において会社の債務に責任を負わなければならない。払込資本が法定の最低資本金より低い場合は会社の法人格が承認されず，株主は会社の債務に対して無限の賠償責任を負わなければならない。2005年《会社法》施行後，払込資本と登録資本の不一致をもって株主の責任を追及する必要はもうないが，法定資本の払込義務を履行しているかどうかということは依然として株主責任を追及するための重要な根拠である。

【本節実務検討】
●資本の信用と資産の運用

資本制度は会社法のなかで重要な地位を占めている。会社法の学説において，会社は合名会社と合資会社に分けられるが，合資会社のいわゆる「資」は結局のところ会社の資本あるいは会社の資産であり，会社の信用の基礎は結局は会社の資本または会社の資産であり，会社法の理論が現在関心を持ち研究を開始した重要な問題である。

立法から司法並びに会社法全体の学説に至るまで，一貫して資本信用の理念が徹底している。中国の1993年《会社法》では，会社資本制度から出資形式まで，更に会社権利能力と行為能力の制限まで，資本の信用の明確な観念と要求を例外なく示していた。資本制度上，会社法は資本確定，維持，不変

の基本原則を定め，会社設立の最低資本金の条件と資本の増加，資本減少の厳格な法的手続きを定めた。出資の制度上，会社法は厳格な出資形式法定主義を実行し，貨幣，現物，土地使用権，工業所有権及び非特許技術の5種の出資形式のみを定め，更に工業所有権等の無形資産の出資の最高限度を定めた。そして，労務，信用，株主権，債権等のその他の経営要素や条件の出資を排除し，当事者が出資形式の例外をつくることを認めていない。会社の行為規則の面では，会社法には会社またはその株主の行為に対する厳格な制限はないが，次のものがある。(1)会社の再投資の割合に対する厳格な制限，(2)株式の割引発行の禁止。但し，株式のプレミアム発行は認められる，(3)会社が自社の株式を買い入れることや自社の株式で抵当権を設定することを禁止，(4)厳格な会社減資手続きの設定，(5)株主の出資払戻しの禁止。

　資本信用の理念とそれに対応する法律制度体系の下で，資本の役割が神格化され，人々は資本に対する事実上の崇拝心が既に形成されており，信頼や依存を脱皮するのが困難な状態になった。しかし，社会生活の発展に従い，資本信用の弊害は既に明らかにさらけ出されている。資本信用自身も決してその期待した効果を生み出しておらず，債権者の保護はこのように軟弱無力である。そして種々さまざまの会社の破産が債権者に巨大な損失を被らせている。人々から資本信用に対する疑いが生じることは避けられず，更に資本信用の機能に対しても再検討がなされている。中国の2005年の《会社法》の改正は資本信用の盲目的な崇拝を克服する上で大きな意義を有するものであり，資本形成と維持の制度に対する大きな変革を行ったものである。資本の形成制度上，まず初めに，会社の登録資本の最低限度額を下げ，旧会社法の厳格な法定資本制度と払込資本制を法定資本制度下における分割払込制に変え法定資本制度を緩和した。次に，出資形式面では，過去には5種類の法定出資形式として具体的に列挙されていたものに包容性の規定を加え，「貨幣で評価でき法により譲渡できる非貨幣財産」はいずれも出資方式とすることができるようにした。それによって，資源の利用効率を大きく向上させ，実際の経営における多種類の資源の需要に対する会社の要求を満足させた。その次に，貨幣出資の最低額において，過去の無形資産の出資は会社登録資本の20%を越えることはできなかったのを，貨幣出資は登録資本の30%より低くてはならないと変え，会社資本の流動性を保証するだけでなく，多種類の出資方法の要請にも応え，会社の資本構成を合理化した。資本維持制度上

は，再投資の制限を取り止め，会社の担保に対して明確な規定を定め，特定の事情下における株式の買戻し制度を定め，同時に会社の株式買戻しに対する株主の異議申請を認めた。これらの規定はいずれも，資本の信用に対する偏った認識を矯正するという基本の上でなす重大な立法調整である。

会社の信用を決定するものは会社の資本に限られるものではなく，逆に，会社資産は会社の信用に対しても更に重要な効果を生じる可能性がある。会社は，株主の有限責任と会社自身の独立責任を根本的な法的特徴とし，会社の独立責任はまさに有する全資産をもってその債務に責任を負い，会社の対外的に負う責任範囲はその有する資産次第で決まるのであり，登録資本で決まるのではない。会社経営の時間が長くなればなる程資産と資本間の差額は大きくなり，やがて資産と資本とは完全に連関を失い，会社資本から会社の資産を判断できず，会社の資産からも会社の資本を判断できなくなる。会社が対外的な財産責任を負うためには会社の資産に依存するのであり，会社の資本ではない。実際の弁済能力から言えば，会社の信用は会社の資産をその基礎とし，会社の資本を基礎とするのではない。会社の責任能力は会社の資産により決定される。それ故，会社の資産の安定と安全の維持は重要な意義を有している。会社の財務会計制度の重要な役割と機能はまさにここにあるのである。

資本の信用から資産の信用へという観念の転換の法的意義は，現行会社法制度の変革においては，資本の信用によって決定されるもの，会社の発展を阻害する不合理で不必要な制度や制限を解消することにあり，現行の資本制度や出資制度を改革し，会社の財務会計制度の発展と整備することにある。それによって会社債権者の利益の全面的，根本的な保護を実現するのであり，新《会社法》の改正はまぎれもなくこの観念が立法上の成果として転換したものである。

●登録資本と投資総額の関係

投資総額の概念は主に，外商投資企業法で使用されているが，国内資本設立の有限会社でも会社投資総額を約定または規定するという実態がある。《中外合資経営企業法実施条例》第20条の規定によると，「共同経営企業の投資総額 (含企業借項) は，共同経営契約，定款規定の生産規模に基づいて投資の必要がある基本建設資金と生産流動資金を合わせたものである」。第21条では，「共同経営企業の登録資本とは，共同経営企業設立のために登記管理機構

に登記した資本総額を指し，共同経営のために各当事者が払込んだ出資額の合計でなければならない」と定める。すなわち，投資総額とは，登録資本との関係においてはまた異なる概念となる。

まず，中国では外商投資企業に対して定める投資総額と登録資本は一致していた。その後，両者の概念が区別されはじめ，同時に企業投資総額と登録資本の間の比率関係に対して制限が定められた。1987年3月，国家工商行政管理総局は，《中外合資経営企業登録資本と投資総額の比率に関する暫定規則》を公布した。同規則の第3条で，中外合資経営企業の投資総額は300万米ドル以下（300万米ドルを含む）のとき，その登録資本は投資総額の少なくとも7/10を占めなければならず，投資総額が300万〜1,000万米ドル（1,000万米ドルを含む）のとき，その登録資本は投資総額の少なくとも1/2を占めなければならず，そのうち投資総額が420万米ドル以下のときは，その登録資本は210万米ドルを下回ってはならない。投資総額が1,000万〜3,000万米ドル（3,000万米ドルを含む）のときは，その登録資本は投資総額の少なくとも2/5を占めなければならず，そのうち投資総額が1,250万米ドル以下のときは，その登録資本は500万米ドルを下回ってはならない。投資総額が3,000万米ドル以上のときは，その登録資本は投資総額の少なくとも1/3を占めなければならず，そのうち投資総額が3,600万米ドル以下のときは，その登録資本は1,200万米ドルを下回ってはならない。

投資総額中の登録資本以外の部分の法的性質については未だ明確ではなく統一した定義はない。一部の学者は，依然として株主の会社に対する貸借であると考える。一部の学者は出資性の投資または資本性の投資であり，会社自らの財産であるとみなすべきであり対外的な負債ではないと考える。出所からみれば，資本外の投資は，あるときは銀行等の第三者からの借入により，あるときには株主自身によるものである。第三者からの借入は，通常株主が協調して調達し，会社を債務者として貸借書類に署名する。会社が未成立のときの確定投資総額は株主各当事者が将来の会社のためになす融資計画に過ぎない。この種の資本外投資の性質は当然会社の対外負債に属する。

株主自身からの資本外投資のその性質はかなり複雑であり，ある人は依然として株主の会社に対する貸借と考え，ある人は出資性の投資あるいは資本性の投資であり，会社本来の財産と見なすべきであり対外負債ではないと考える。

各方面の要素検討に基づくと、株主の資本外投資の性質は出資性あるいは資本性投資であるという理由で十分である。その一、株主はその一部の投資に対して会社との間で決して明確な賃貸関係の意思表示や約定をしているわけではなく、特に投資の返済及び投資の貸借利息あるいは収益についてのいかなる約束もなしておらず、これはまさに賃貸関係の最も基本的な要素である。これに対して、一般の株主はその投資をもって資本内の出資と同様に会社収益の分配に参画する。その二、国の金融管理法制度の規定に従い、企業あるいは会社間の貸借を禁止している。株主が会社のために会社に対して貸借を承認許可するということは、同制度とは完全に衝突することになる。その三、習慣上、通常は投資と出資については共通した概念として使用しており、投資と貸借は対立する概念として比較が行われる。投資は通常経営リスクを負うと同時に利益配当にも参与する法律形式であると解釈される。

株主の資本外投資を出資性の投資と定めるならば、会社の貸借対照表中の負債の項目にそれを記入すべきでなく、それを株主持分中の資本準備金として記入する現在の株式会社のプレミアム発行の収益処理方法を参考にすることができる。

第二節　会社資本原則と資本形成制度

一　会社資本原則

会社法の目的と役割を実現し、株主と債権者の利益を保護し、会社の安定と会社の発展を促進するために、各国会社法は長期にわたる発展の過程で一連の基本的な法律原則を確立、形成してきた。これらの原則は、各国立法の指導思想として各国会社法における資本に関する具体的な規則のなかに体現されている。会社の資本原則は、会社資本制度の具体化である。各国の様々な資本制度の下では、資本原則は、会社法の基本目標及び役割により決定され、更に長期の発展のなかで、各国会社法が共通に実行する資本原則が形成された。その中で最も主要なものは、いわゆる「資本三原則」であり、会社法で会社資本に関連する多くの具体的な規定はこの三原則の具体化であり反映である。

（一）資本確定の原則

この原則は、会社の設立時、定款に会社の資本総額を明確に規定すること

が必須であり、更に全額引受となり募集完了が必須である。さもなければ会社は成立できない。会社成立後株式を発行するときは、増資の手続きを履行し株主会の決議を経て会社定款の変更を行わなければならない。

　資本確定の原則は会社の資本形成に関する基本原則である。この原則に従って会社資本を確定し全額を払込まなければならない。これはまさに資本形成制度における法定資本制度の内容であり、それ故通常、資本確定原則については法定資本制度と同じとみなすこともある。実質上、法定資本制度は資本確定原則の資本形成制度を体現するものである。しかし、一部の著書では、資本確定原則が強調するのは資本の確定性だけであって、必ずしも全額払込みを要求しているわけではないと考えている。従って、各国の資本確定原則の実現の程度は異なっており、法定資本制度、授権資本制度及び折衷資本制度のいずれにおいても資本確定原則の要求が体現される程度は異なっている。

　資本確定原則の確立の当初は、株式会社の設立に対する規範と制限に基づくものであり、その後この原則は有限会社にも適用された。資本確定の原則の目的は、会社設立時の資本の真実、信頼性を保証し、会社に堅固な財産基盤と健全な財務構造を形成させ、同時に会社の乱設を防止し経済秩序の安定と取引の安全を維持するためにある。しかし、それが不足すれば会社の設立が大きく制限され、会社資本はその金額が大きければ迅速に全額に達することが難しく、金額が少なければ後日煩わしい増資手続きを踏むことになる。同時に、会社成立の初期は業務活動が少なく、例え資本が充足していても会社の資金を遊ばせておくことになったり浪費したりすることになりかねない。

　資本確定の原則は伝統的な大陸法で採用されており、その初期の会社立法はいずれもこの原則を体現し維持していた。その後、多くの大陸法は授権資本制度の規則を吸収し折衷資本制度に改めたが、資本確定原則の基本精神を決して放棄したのではなく、折衷資本制度は依然として資本確定の原則の基本的な要求を保ち体現している。同時に、例え授権資本制度を実行する国においても資本確定の原則も一定程度反映されており、会社定款で資本額を明確に規定している。

　中国会社法が実施するのは資本確定の原則である。会社法は、有限会社や株式会社に対しては、最低登録資本額の規定（第26条、第81条）、有限会社の

定款では会社の登録資本，株主の出資方式及び出資額を明記しなければならないという規定（第25条），株式会社の定款では会社の株式総額を明記しなければならず，各株の金額と登録資本の規定（第82条）等，いずれも資本確定原則の要求を具体化している。その中で，登録資本はすべての株主の払込みが必須であるという規定は資本確定の原則の最も顕著な表現である。

（二）資本維持の原則

　この原則はまた資本の充実原則とも称され，会社がその存続過程においてその資本額相当の財産を常に保持しなければならないことを意味する。会社成立時には，会社資本は会社の実有財産を代表するが，会社経営がある期間経過した後はその実有財産は会社の欠損により会社の資産を下回わることがある。例え会社成立後に未だ経営活動を展開しなくとも，時がたち状況が変わり，財産価値が目減りし，資本の実際の財産価値がその本来の価値より低くなって，そのために会社の実際の財産能力とその明示された資本額と信用との食い違いが生じ得る。資本維持の原則の立法目的はまさに資本の実質的な減少を防止し，債権者の利益を保護し，同時に株主の利益配当に対する不当な要求を防止することによって，会社自身の業務活動の正常な発展を図るためである。

　資本維持の原則は会社の資本制度全体を貫いており，会社の存続期間全体に適用される重要な原則である。各国会社法は，資本制度を巡って打ち立てた絶対多数の法律規則は資本維持の原則を直接あるいは間接的に体現している。

　(1)　株主の出資の払戻し禁止。会社成立後，株主は出資を払戻すことはできない。

　(2)　発行株式を割引発行することはできない。会社株主は額面価格による発行あるいはプレミアム発行することはできるが，割引発行は認められない。

　(3)　非貨幣出資の条件を制限。非貨幣出資の財産価値の特殊性により，資本の虚偽を引き起こし易いので，会社法は通常非貨幣財産の出資に対して制限規定を設けている。

　(4)　発起人と株主は出資については連帯して払込責任を負う。そのなかには，株式が未だ全部引き受けられていないときの払込み担保責任，出資金が未だ全部払込まれていないときの払込担保責任及び現物出資が過大評価されているときの差額填補が含まれる。

(5) 規定に従って準備金をとり崩し使用する。会社の準備金の役割は，拡大再生産を除き，主に会社資本の充実と会社経営の欠損の填補に用いられることにある。

(6) 利益がないときは配当もない。「利益なければ分け前なし」は，会社の株式利息の分配の基本原則であり，会社の利益はまず欠損の補填に用いられる。会社が利益を得ている状態であって初めて株主に株式利息の配当ができる。そうでなければ会社資本を株主に分配するのに等しくなってしまう。

(7) 自己株式取得を制限。会社が自身の株式を買付けることは，株主の出資の払戻しに等しく，回収した株式は発行されていないに等しく資本の虚偽を引き起こすことになる。このため，法定の特殊事情を除いて，原則上は会社が自己の株式を買付けることは認められない。

(8) 自社の株式をもって担保提供を引き受けることはできない。同担保の実現は会社が自己の株式取得を引き起こすことになり，会社は自己株式を買付けできないという規則と相反する。

資本維持の原則は，一般的には株式会社の資本原則として解釈されるが，事実上それは有限会社にも基本的には適用される。同時に，この原則は大陸法が適用する法律原則であるばかりでなく，英米法においても適用され，英米法においてさえ大陸法に比べて更に重要な位置付けがなされている。英米法では決して大陸法のように完璧な資本三原則のような形態を呈していないが，逆に会社資本維持に対して十分な配慮をしており，更に法律実務のなかで資本維持に関する法律規範と判例が形成されている。例えば，減資に関する厳格な規定や制限及び他人が自己株式を買付けるための経済的な援助を禁止することに関する規則等である。資本維持はまさに英米会社資本制度の基本的な原則であるといえる。

中国会社法も資本維持原則に関して十分に具体化されている。会社法の非貨幣出資に関して必要なことは，「貨幣により評価しかつ法により譲渡できる財産」に限定する規定（第27条），有限会社の当初株主の非貨幣財産の出資に対する価値の担保及び差額の填補責任の規定（第31），株式会社は株券の額面金額より下回って発行することはできないという規定（第128条），合併及び会社登録資本の減少等の4種類の事情以外には会社は自社の株式を買上げることはできないという規定（第143条），会社が欠損の填補や法定準備金を取り崩す前に，会社株主に利益を分配することはできないという規定（第167

条）等いずれも資本維持の原則の要求を具体化している。
　(三) **資本不変の原則**
　この原則により，会社の資本が一度確定すれば，変更することはできず，増減の必要が生じたら法定の手続きに従って厳格に行わなければならない。ここでいう不変というのは，決して資本を絶対的に変えることができないのではなく，資本を勝手気ままに変えることができないことであり，資本を構成する具体的な資産価値の実際の変化や増減に任せるのではないことである。
　資本不変の原則の立法意思と資本維持の原則は同じものであり，資本総額の減少によって会社財産能力の低下と責任範囲の縮小をもたらすことを防止し，それにより債権者の利益を保護する。資本不変の原則は実質的には資本維持の原則の更に一歩踏み込んだ要求である。もしも資本不変の原則の制限がないと，会社は現有財産を一旦減少させ，それに見合って資本を減少させることができる。このような場合は，資本維持の原則もその実際的な意義を失ってしまう。そのため，資本維持の原則を維持することは会社資本の本質であり，資本不変の原則の維持は資本の形式であると考える。
　中国会社法の資本不変原則は，主に，会社の増減する資本に対する厳格な規定において具体化されている。すなわち，会社法の会社の資本の増減に対して厳格な条件と手続きを定め，株主会の決議を経て法により変更登記手続きを必須とすることを求めている。更に，資本減少に対しては，特別に債権者保護の手続きを定めた。すなわち会社の資本が減少したときには貸借対照表及び財産明細書を作成しなければならず，債権者に向けて通知し30日以内に新聞紙上に公告し，債権者は会社に債務の完済あるいは相応する担保の提供を要求する権利を有する。
　会社の資本原則は大陸法において形成され，同時に英米法においても程度は異なるが採用された。会社資本原則確立の根本的な理由は，現代会社法人制度の成熟と完遂にあり，会社の独立財産責任と株式有限責任から来る必然的な要請である。そして，その目的は債権者の利益保護と会社自身の正常な発展の保証にあり，取引の安全と維持並びに社会経済秩序の安定にある。同時に，これらの原則はまた硬直化した普遍のものでもなく，資本形成過程における法定資本制度から授権資本制度の発展並びに折衷資本制度まで，資本主義経済関係及び商業経営の絶え間ない発展に関する客観性及び社会情勢へ

の柔軟な対応性を反映している。

二　会社資本形成制度

会社資本は株式あるいは資本の発行を通じて形成され，会社設立時に一度形成され，会社成立後に何回かに分けて形成することもできる。各国会社法はその立法趣旨や社会背景，法律の伝統及び現実の需要など多方面の要素に基づいて資本の形成方式に対して様々な設計を行い相応する法律規則を制定した。これにより各国は比較的安定した資本形成制度あるいは形成方式を生み出した。これらを類型化すると，主に，法定資本制度，授権資本制度及び折衷資本制度の3種の類型がある。

(一) 法定資本制度

法定資本制度は，会社設立時に定款に会社資本総額を明確に規定しなければならず，1回だけの発行ですべての申込または募集を完了する。法定資本制度の主な内容は下記のものである。

(1) 会社設立時に，会社定款に資本総額を明確に規定しなければならない。

(2) 会社設立時に，資本あるいは株式を一度に全部発行し募集完了し，発起人あるいは株主がすべて引き受けなければならない。

(3) 資本または株式の引受完了あるいは募集完了後，各株式引受人は発行規定に従って出資金を払込まなければならない。出資金の払込には2種類の方法がある。その一，全額払込み，すなわち各引受人が引受額に従ってすべての出資金を一括して払込まなければならず，分割払込みはできない。その二，分割払込み，すなわち各引受人は時期を分けて出資金を払込むことができ，全額払込みは必須ではない。しかし，法律では株式引受人に対して初回及び毎回払込みの出資金及びすべての出資金を払込む期間に対して一定の制限を加えている。

(4) 会社成立後，経営あるいは財務上の必要により資本を増加させるには，株主会の決議により会社定款を変更して新株発行の手続きが必須である。

法定資本制度の主な特徴は，資本または株式の一度の発行であり，そのため発行資本と払込資本の概念や区別がない。分割払込制度はやはり法定資本の一つの形式であり，授権資本制度あるいは折衷資本制度ではない。法定資本制度を実行する大陸法のほとんどは，出資金の分割払込みを認めている。初めて払込む部分は資本総額の一定割合を下回らないという要件，例えばフ

ランスでは25％と規定している。同時に、分割払込みには一定の時間的制限があり、フランスの規定では5年である。その他のドイツ、スイス等は、現物出資に対して一般には分割出資は認められていない。各国の実務において、全額払込みの状況は比較的普遍的であり分割払込みは少数である。

　法定資本制度はドイツを代表とする大陸法系国が実行する会社資本制度であり、それは株式会社に適用するのみならず有限会社にも適用される。中国会社法で実施するのも典型的な法定資本制度であり、前述の会社法に具体化した資本確定の原則の規定は、同時に法定資本制度の具体的な表現である。また中国の法定資本制度も一つの改革の過程を経験してきた。1993年《会社法》では株式の一度の全額引受を要求するのみならず、全額払込みを実施した。当時、中外合資経営企業だけは多少例外であり、中外双方の出資の分割払込みが認められた。2005年《会社法》では全面的に改正され分割払込制が採用され，登録資本は引受資本であり払込資本ではないことを明確にしつつ、分割払込みを認めるという前提の下で相応する制限を定めた。すなわち「全株主の最初の出資額は登録資本の20％を下回ってはならず、法定の登録資本最低額をも下回ってはならないものとし、残りの部分は株主が会社成立の日から2年以内に全額払込むものとする。投資会社は5年以内に全額払込んでもよい」(第26条、第81条)。

　理論面から言えば、大陸法系の法定資本制度は以下のメリットがある。会社資本の安定と確定に有利。会社設立中の詐欺行為の防止に有利。会社の成立から債務を担保履行させる充分な資金を有する。市場取引の安全性を高めるのに有利である。しかしこの制度も、以下に述べるような弊害があり学者の批判を受けている。一部の大型の株式会社に対してはすべての資本の発行を強制し、その額が巨大なので会社の成立に影響を与える。各会社は従事する業種及び経営範囲が千差万別であり、設立の当初は決して巨額の資本を必要とするわけではなく、無理に全部を発行すれば会社資本を遊ばせておくことになりまた不要の浪費をもたらすことになる。会社が増資を必要とするとき、複雑な手続きの履行が必須であり、時間と金銭を浪費し会社の負担を予想外に増加させる。このため、大陸法系の少なからぬ国の会社法は、徐々に厳格な法定資本制度を放棄していっており、英米法系会社法のやり方を導入し、ドイツ、フランスなどのように折衷資本制度を採用している。

（二）授権資本制度

　授権資本制度とは，会社設立時，定款に会社の資本総額を明示しなければならないが，会社は資本のすべてを発行する必要はなく，資本総額の一部分だけ引き受けまたは募集全額になると会社が成立することを意味する。残りの部分は，授権された取締役会が必要と考えるとき，一括または分割して発行または募集する。授権資本制度の内容は以下の通りである。

　(1)　会社設立時，定款に資本総額を明記しなければならず，これは法定資本制度と同じである。しかし同時に，定款には会社が最初に発行する資本総額を明記しなければならない。

　(2)　会社定款で定める資本総額は，会社設立時にすべて発行する必要はなくその一部を全額引受または全額募集しておくだけでよい。英国では，各発起人が少なくとも1株を引き受け払込むだけでよく，米国では州によって規定が異なる。

　(3)　各株式引受人は，その会社設立時に引き受けた部分について全額払込むことができるが分割払込みもできる。

　(4)　会社成立後，例えば経営あるいは財務上の必要性により資本の増加を希望する場合，授権資本の枠内であるならば取締役会の決議によるだけで新株を発行し，株主会による会社定款の変更は必要ない。

　授権資本制度の主な特徴は，資本あるいは株式の分割発行であり，法定資本制度の一括発行でも分割払込みでもなく，まさに授権資本制度の下であってこそ授権資本と発行資本の概念と区別が存在する。会社定款が定めるのは授権資本だけであり，発行資本は会社が決定する発行額次第である。

　授権資本制度は英国と米国の会社法の長期の発展の産物である。初期の英国では，会社の設立には特許主義を採用し，会社の株式資本の発行も国の授権に基づき，その授権発行された株式総額は会社定款に記載しなければならない。授権資本総額として授権範囲内で株式を発行することは会社の特権であり，発行の制限でもあった。米国でも，独立戦争後，会社の設立には特許主義と授権資本額の規制を採用した。その後準則主義に改めたが，会社の防衛のために授権資本額は依然として会社規模を制限する手段として留保されてきた。その後米国では，授権資本額の上限は，絶えず変化してきたけれども制限する法律原則は一貫して維持されてきた。後になって，多くの州では授権資本額の上限の規定を廃止した。しかし，会社に特殊な権能を付与する

歴史的な観念と英米法変遷の連続性のために，会社定款に授権資本を明記するという方法は維持されてきた。このようにして英米法の授権資本制度は形成された。

授権資本制度には次のような優位性がある。その一，会社は一度にすべての資本または株式を発行する必要がなく，会社設立の難度を軽減する。その二，授権された取締役会自ら資本発行の決定を行うのであって株主会の決議により会社定款を変更する必要がなく，会社の増資手続きを簡略化した。その三，取締役会は具体的な状況に基づき資本を発行し，会社の経営活動の要請に適応させ，大量の資金が会社の中に凍結や遊ばせておくことを避け，財産の効率を十分に発揮することができる。しかし，授権資本制度にはその弊害もある。会社定款の資本は単に一種の名義上の金額であると同時に，会社で初めて発行する資本の最低限度額及びその発行期限に対して作った規定ではない。それ故，会社の払込資本とその実際の経営規模や資産の実力との大きな食い違いを引き起こし易く，詐欺的な商行為が発生し易く，債権者の利益に対するリスクとなる。

しかし，総じて言えば，授権資本制度は比較的成功した制度であり，基本的には市場経営の需要を満足させることができるばかりか，その固有の特徴により，多くの大陸法が続々と授権資本制度を採用あるいは元の法定資本制度を授権資本制度へと接近させるようになってきた。法定資本制度から授権資本制度への移行は現代の諸外国の会社法の発展の趨勢の一つと考える学者さえいる。

(三) 折衷資本制度

折衷資本制度は，法定資本制度と授権資本制度の基礎の上で派生し変化してできた資本制度であり，具体的には許可資本制度と折衷授権資本制度の2種類に分かれる。

1　許可資本制度

許可資本制度は認可資本制度とも称され，会社設立時に会社の資本総額を定款に明確に規定し，更に一度に発行し全額が引き受けられなければならない。同時に，会社定款で会社成立後一定期間内に取締役会に授権し，授権時の会社資本の一定比率の範囲内で新株を発行し資本を増加させることができ，株主会の特別決議は必要ない。当初から法定資本制度を実行する大陸法，ドイツ，フランス，オースリア等は，いずれも認可資本制度を実施している。

例えば，ドイツ《株式法》第202〜206条の規定では，会社定款は取締役会が会社成立後5年間は授権し，授権時の会社資本の半数の範囲内で監査役会の同意を経て新株を発行し，資本を増加させることができる。

　許可資本制度は，法定資本制度の基礎の上に，取締役会に対する株式発行の授権，制限の緩和及び会社の増資手続きの簡略化によって形成されるものである。この種の授権と緩和は会社成立後の増資行為に適用され，会社設立時の資本発行は依然として法定資本制度の要件が適用される。同制度は，法定資本制度の原則を維持しつつ授権資本制度の柔軟性を吸収するものである。しかし，認可資本制度の核心は依然として法定資本制度である。

2　折中授権資本制度

　折中授権資本制度は，会社設立時に定款に資本総額を明記する必要があり，更に発行及び引受部分の資本または株式だけで会社は成立できる。未発行部分は取締役会に授権し発行の必要に基づき発行するが，授権発行の部分は会社資本の一定割合を超えることはできない。折中授権資本制度と認可資本制度の共通点は取締役会が授権して発行することであるが，認可資本制度は資本総額外で発行するものであるが，折中授権資本制度は資本総額の範囲内で発行するものである。元来法定資本制度を実施する一部の大陸法・地域では，例えば日本や中国の台湾地域で実行するのはまさに折中授権資本制度である。日本の《商法》第166条では，会社設立時に発行する株式総数は会社の株式総数の1/4を下回ることはできない。中国台湾地域の「会社法」第156条では，株式総数は分割して発行しなければならないが，最初に発行する株式は株式総数の1/4を下回ることはできない。

　折中授権資本制度は，授権資本制度の基礎の上に取締役会に対する株式発行の授権の制限及び発行する株式の割合や期限を定めることを通じて成り立ち，この制限は会社設立のときから成立後のすべての株式発行行為に適用される。この制度は授権資本制度の基本精神を維持しつつ，法定資本制度の要求をも体現するものであり，その核心は授権資本制度である。

　指摘すべきことは，現在の各種の教科書の中での折中授権資本制度に対する理解と解釈が必ずしも一致していないことである。あるものは折中授権資本制度と許可資本制度とを同一の概念と制度として解釈しており，あるものは折中授権資本制度の下でそれが二つの状態に分かれたものとし，更にドイツの制度について許可資本制度と解釈するものもある。更に指摘すべきは，

本節で述べる法定資本制度，授権資本制度及び折中資本制は，一部の著述の中で，それを会社資本制度と称しているが，実際それらは会社の資本形成方式の制度に関するものであり，株式あるいは資本発行面に関する制度であり，会社資本に関する問題と所有面での制度に関するものではない。そのため，筆者はここで会社資本形成制度と称するものはすべての会社制度とは区別されるのが妥当であると考える。同時に，会社資本形成制度に対する分類は，決して各国会社法の具体的な条文規定ではなく学説上の総括であり帰結である。その他には，会社の資本形成制度は学説上通常は株式会社の資本制度に対する帰結に基づき形成し，有限会社の資本形成制度は多くの国においては株式会社に対するものと大同小異である。特有の規則を除いては，株式会社の資本形成制度は基本的にはいずれも有限会社に適用される。

【本節実務研究】
●従業員株式——ストックオプション計画と株式の事前確保
　従業員ストックオプション計画は中国では既に実行されている。株式のストックオプションは一種の特殊な取引方法であり，取引の双方が約定した価格で特定の時期に一定数量のある株式を取引する権利を有することを意味する。従業員のストックオプション計画はまさに会社とその管理者または普通の従業員がストックオプション契約を締結し，一定期限到来後，約定条件に適合する条件で会社が事前に確定した価格と方法でその管理者または普通の従業員に株式を発行する。その発行価格は通常かなり低く，その発行代金は通常会社が支払う。これは管理者や従業員に対する特別の奨励行為である。約定期間到来の前に管理者または従業員が享有するのは一種の株式ストックオプションである。
　この計画を実施する前提は，従業員の奨励に用いる株式の出所を整えなければならないことである。実務的にはこの問題の解決の手段は主に二つある。一つは，会社が株式を発行するときに事前に確保しておいた株式であり，二つ目は市場から発行済の株式を買戻すことである。旧会社法では，この二つの方法にはいずれも法律上の障害が存在していた。その一つは，旧会社法は会社が自己株式を買戻すことを厳しく制限していたことで，もう一つは，会社法は株式の一括発行を要件とし，株式を予め確保しておくことは許されなかった。これに対しては，2005年の会社法の改正で株式買戻しの条件が拡

大し，従業員に対する株式の奨励を目的とする株式の買戻しは許可され，この障害は取り除かれた。しかし，株式を予め確保することの障害は依然として存在する。

　株式を事前に確保することは一定数量の株式を備蓄しておくことであり，ストックオプションの享有者が権利を行使するときの使用に備える。諸外国の実務においてはこの方法は日常的に採用されている。これは，実質的には授権資本制度のやり方に属する。すなわち，会社が発行する株式総数は会社設立時に一括しての全額引受や払込みの必要がなく，会社成立後に取締役会により業務の必要に基づき随時新株を発行し，予め確保しておいた株式は授権された取締役会が発行できる株式である。米国の上場会社から見れば，株式ストックオプションの行使は株式を必要とする根源の一つであり，会社のために残しておく株式である。米国のハイテク会社は成立時に相当数の株式を事前確保しておき，この部分のストック株式は保存株式となり，従業員に与えるストックオプションの主要な供給源となる。

　中国会社法は法定資本制度に則っている。会社が発行する株式は一括して引き受け，払込まなければならず，株式の分割発行や引受は認められない。株式を事前確保する場合，この部分の株式は未発行未引受に等しく，会社登録資本の相応する金額の不足を引き起こす。そのため，株式を事前確保するには，中国会社法上の現実の法的障害が存在している。新会社法は株式の買戻しを認める条件を増加したが，株式の事前確保という現実の強いニーズが依然として存在する。株式ストックオプション計画の実行奨励のためには柔軟な規定あるいは手法を創出する必要がある。この障壁を取り除く根本的な法律手段は，法定資本制度を授権資本制度に変えることであり，会社が完全にニーズと状況に基づいて株式発行できるようにさせる必要がある。

第三節　最低資本金制度

一　最低資本金制度の意義

　本質から言うと，最低資本金制度の法律的意義と会社の資本それ自身の法律的意義は一致している。最低資本金の影響は同じように会社の経営活動の物質的条件であり引き受けた財産責任の基本的な保障である。しかし，最低資本金は資本の「質」の基礎の上で強調する「量」の要求であり，会社が保

有しなければならない資本の要求であるばかりか資本が達成しなければならない一定の金額である。一定の金額に達して初めて会社は独立法人格を獲得できる。

　有限責任制度の実行は最低資本金制度の重要な立法のよりどころである。有限責任制度は，株主の責任をその出資額の範囲に制限し，投資者の投資リスクを制限することである。しかし同時に，会社の取引の相手方の利益に潜在的なリスクを形成することでもある。株主と会社債権者の間の利益とリスクを均衡させるため，更に株主が有限責任を負うことを前提条件として，法律は会社資本に対して最低限の要件を定めた。また，市場経営活動への参入に対して必要なしきいを設定し，それにより会社債権者の利益に対する最低限度の担保を提供するものである。

　最低資本金制度は，資本確定の原則と法定資本制度のさらに一歩進んだ要求でもある。会社成立時に，資本総額を確定し更に全額引き受けされなければならないのみならず，その確定及び引受資本額が法定の最低資本金に達していなければならない。さもなければ会社は成立できないのである。

二　最低資本金の立法例

　最低資本金に関する上述の法律的意義に基づき，大陸法系の国・地域の会社法あるいは関連法において株式会社及び有限会社の最低資本金について規定しており，会社に経営能力と責任能力をもって基本的な限度を達成させている。例えば，フランスでは，株式会社の発起設立では25万フランを，募集設立では150万フランを，有限会社では5万フランをそれぞれ下回ってはならないと定める。ドイツでは，株式会社は10万独マルクを，有限会社は5万独マルクを下回ってはならないと定める。イタリアでは，株式会社は2億リラを下回ってはならないと定める。EUの第2号会社法指令は，加盟国の法律は実際の引受資本の最低額を定め，25,000欧州貨幣単位を下回ってはならないと規定した。日本の2005年改正前商法では，有限会社は300万円を，株式会社は1,000万円を下回ってはならないと定めた。中国台湾地域の会社立法は，株式会社に対しては業種によって必要な資本が異なるという根拠に基づき異なった最低資本金が定められている。例えば鉱業では200万台湾ドルであり，自動車製造業は1億台湾ドルである。

　英米会社法も最初は会社設立の最低資本金を要求していたが，経済と社会

の発展に従い，最低資本金制度を廃止する傾向が現れてきた。米国では，歴史的にすべての州の会社法は最低資本金について規定しており，当時の規定額は一般に 500～1,000 米ドルであった。20 世紀中期以降は，インフレの拡大が，既に元々の資本額が会社債権者に対する効果的な担保の提供としては役立たないものにさせてしまった。同時に，業種や経営規模ごとにすべての会社に同じ資本額の規定を適用することは，実際のニーズに適合しないばかりか英米法の柔軟な実務の歴史，伝統にも適合しない。そのため，米国では 1969 年に制定した《標準会社法》で最低資本金の規定を完全に廃止した。その後，各州は相次いで標準会社法の規定を採用し，現在は大多数の州の会社法において最低資本金の規定は廃止された。理論上，最低資本制がない州においては 1 米ドルの会社の設立も可能である。

当然，実際には英米の会社法には会社の最低資本金の明文の規定はないけれども，他の付随する法律制度では逆に会社が設立時に適切な資本額を調達せざるを得なくしている。例えば英国では，法律では決して明文の統一された最低資本金を定めないが，裁判所の判例あるいはその他の方法によって会社の資本額に対して求めている。例えば，英国で会社を設立するには保険金を支払わなければならず，保険金の最低額は 5,000 英ポンドである。そのため，会社の最低資本金は少なくとも 5,000 英ポンドである。会社の設立過程において，一部の基本的な費用，登記費等などは支出しなければならないものであり，例え最低資本金の要件がなくとも，株主は通常最低の費用支出をもって会社の資本額として考慮するであろう。

三　中国の最低資本金制度

中国の最低資本金制度は，20 世紀 80 年代に形成された。当時は《会社法》は未だ公布されていなかったが，関連法により既に最低資本金制度のひな型ができていた。1986 年に公布した《民法通則》では，企業法人に対して「国の規定に適合する資金額以上の財産を保有しなければならない」という要件を定めていた。国務院が承認，施行した《会社登記管理暫定規則》では会社自ら有する流動資金金額に対して，業種毎の経営的特徴の相違に基づき 4 種の類型によって別々に策定した。

1993 年公布の《会社法》で，中国において比較的完備した最低資本金の制度を確立した。同法第 23 条の規定は，「有限社の登録資本は以下に列挙す

る最低限度額を下回ってはならない。(一) 生産経営を主とする会社は50万人民元,(二) 商品の卸売を主とする会社は50万人民元,(三) 小売商を主とする会社は30万人民元,(四) 科学技術の開発,コンサルタント,サービス関係の会社は10万人民元。特定業種の有限会社の登録資本の最低限度額は,前項で定めたものより高いことが必要であり,法律,行政法規により別に定める」。同法78条の規定は,「株式会社の登録資本の最低限度額は1,000万人民元とする。株式会社の登録資本の最低限度額は,上記で定めた限度額より高くする必要があり,法律,行政法規により別に定める」。それ以外には,同法第152条では更に,「上場会社の資本金総額は5,000万人民元を下回ってはならない」と規定した。同法が確定した原則に基づき,一部の単行の法律,法規で特殊業種の会社に対して異なる最低資本金を定めた。例えば,《商業銀行法》では,「商業銀行を設立するときの登録資本の最低限度額は10億人民元とする。都市の信用商業銀行の登録資本の最低限度額は1億人民元であり,農村の信用商業銀行の登録資本の最低限度額は5,000万人民元とする」と定めた。2005年の《証券法》では証券会社業務の内容の違いに基づき,その登録資本を分けて規定し,それぞれ5,000万,1億,5億人民元である。

　2005年の新会社法は,現実のニーズの反映,条件緩和,起業の促進,会社設立と労働就業の促進,経済発展の推進等の立法目標に基づき,会社の最低資本金の規定を大幅に下方修正した。2005年《会社法》第26条第2項では次のように定める。「有限会社の登録資本の最低限度額は3万人民元とする。法律,行政法規で有限会社の登録資本の最低限度額に対してこれより高い定めがあるときはその定めによる」。同《会社法》第81条第3項では次のように定める。「株式会社の登録資本の最低限度額は500万人民元とする。法律,行政法規で株式会社の登録資本の最低限度額に対してこれより高い定めがあるときはその定めによる」。これらの規定は最低資本金に対する大幅な緩和であり,従前の会社経営内容の区分に従った最低登録資本額の立法規定を廃止するものである。

四　最低資本金制度の評価と改革

　会社法の理論において,最低資本金制度,とりわけ株式会社の最低資本金制度に対しては,以前から諸説まちまちであり意見が一致していない。概括すると,肯定説と否定説という主に二つの視点がある。

（一）肯定説

その主な理由は、(1)株式会社は合資会社であり、資本はその設立と存続の条件であり、取引の安全と債権者の利益の保護のために会社の最低資本金を用い規範として加えた。(2)発起人が勝手にかき集め、会社設立の氾濫で社会の公益に影響を及ぼすのを防止するために、株式会社は最低資本金の制限を有さなければならない。(3)経済発展の趨勢や貨幣価値低下の問題に応じて、また会社の財務構成に益するために、株式会社の最低資本金の制限を廃止すべきではないばかりか事情を考慮して額を上げるべきである。

（二）否定説

その主な理由は、(1)金融及び信用の手段が発達した今日において、自己資金は、企業が必要とする資金調達の唯一の手段ではない。それ故、企業経営の視点から言えば、会社経営規模の大小は資本の多寡と財務の応用であり、実際の需要に基づいて会社自ら決定しなければならないのであり、法律が押し付ける必要はない。(2)会社法が定める最低資本金は会社設立の条件の一つとして、一部の発起人が会社設立のために借金、貸付あるいは会計士に賄賂を贈り偽証明書をつくることによって会社登記機関を騙し営業許可証を騙し取っている。これは会社債権者の保護に不利であるばかりでなく、経済生活の混乱を引き起し易くもなる。(3)理論上、資本額が大きくなればなるほど、会社の財務構成はますます健全となり、会社債権者の保護に対しても大きな支援となる。しかし、実際には会社債務とその取引の総額は、必ずしも会社の資本の多寡の制限を受けず、実務的にはその資本額の数倍、更には数十倍にすら及ぶことがある。そのため、一旦債務紛争が生じると、会社資本額では債務返済をすることができない。また一般的に言えば、会社と取引するとき、会社の潜在的な債権者が注目するのは、会社の実際の資産の多寡あるいは信用の高低であり会社資本額の多少ではない。このため、会社資本額の会社債権者に対する保障というには必ずしも実質的な効果を有していない。(4)会社設立後の営業行為に伴い会社資産は早い時期から実質的に変化し、純額が最低資本金を下回るかあるいは赤字となって尽き果てる可能性すらある。従って、会社が提供する会社資本額の証明に頼って取引の信用の参考とする場合、容易にミスリードを引き起こす。

中国ではここ何年来、最低資本金制度についても幅広く注目され議論されてきた。その改革の実行に対する更に多くの意見主張により、2005年の会社

法で資本制度の理論研究の成果を吸収し，各国立法の先例と改革の経験を参考にして，社会各方面の意見を取り入れ，最低資本金制度を維持すると同時に，実質的な改革を行いその額を大幅に低くした。その具体的な理由と根拠は次による。

　第一，旧会社法で定める最低資本金額は高過ぎるので，多くの投資者の能力を越えており，会社設立に対して不必要な障壁を形成していた。諸外国の経済発展のレベルと比較しても，中国の最低資本金の要件は高過ぎた。

　第二，資本の需要量が大きくない会社に対して最低資本金がかなり大きいことは，資本を遊ばせておくことや浪費させることになりがちであり，設立コストが大きくなり資本価値発揮の制約となっていた。とりわけ一部のごく簡単な業務設備と少量の業務経費があれば経営活動が展開できる知識集約型の企業に対しては，その不合理性は特に明らかである。

　第三，高過ぎる最低登録資本額が会社設立の際の各種の法規違反の誘引となっていた。法定の最低登録資本額に達するために，発起人によっては偽装の出資を行い，資本を偽って報告するか，あるいは借金によって出資証明を行い会社設立後に出資の引上げを行った。その結果，債権者の利益を保護できないばかりか，逆に経済生活の混乱をきたし，社会全体の誠実さや道徳的リスクを誘発してきた。

　第四，実務面からの要請を反映して，中国の地域発展の不均衡という現実の実情を勘案した。会社法の改正前は，地方によっては投資の奨励と誘致という需要に基づき，既に実験区または開発区の特別規定を通して会社設立の最低資本金を下げていた。中国東部の発展地域と中西部の未発展地域との経済発展は不均衡であり，都市と農村の格差が大きいので，統一的な法定最低資本金を定めるには，経済不発展地域の経済発展の要因を特に考慮しなければならない。

　第五，資本信用制度と資本の効果を正確に認識し，それにより多くの手段によって債権者の利益を保障する。旧会社法で定める高過ぎる最低資本金と会社資本の信用の強調は直接関係している。会社の信用の土台は資本にあるのみならず，更に重要なのは現実の資産であるから，債権者の保障のためには最低資本の規定にすべてを頼る必要はなく，会社法の他の規則を通じて債権者の利益について保障し，最低資本金を低下させても会社の開業に対する最低限度の要求を十分に満足させることができる。

【本節実務研究】
●登録資本不実の民事責任
　実務においては，会社成立初期には登録資本が所定のレベルに達していないという問題が頻繁に生じ得る。このような場合に会社はその実際の財産をもって独立責任を負うことができない。最高法院が1994年に公布した「企業が創設した企業が取消されるかまたは廃業後の民事責任の引受の問題に対する意見」において，三つの状況に区分した。
　(1)　企業開設で企業が「企業法人営業許可証」を取得しかつ実際にも企業法人の条件を具備しているときは，《民法通則》第48条の規定に基づき，その経営管理または全財産をもって独立して責任を負わなければならない。
　(2)　企業が既に「企業法人営業許可証」を取得し，実際に投資する自己資金が登録資金に一致しないが，《企業法人登記管理条例実施細則》第15条第7項あるいはその他の関連法規で定める金額に達しており，更に企業法人のその他の条件を具備しているときは，法人資格を具備していると認定しなければならない。しかし，当該企業が取消されるかあるいは廃業した後にその財産が債務返済に不足するときは，開設企業は当該企業に実際に投資した自己資金と登録資金の差額の範囲内で民事責任を負わなければならない。
　(3)　企業を開設する企業は「企業法人営業許可証」を取得することになるが，実際に自己資金を投資しないかまたは投資した自己資金が《企業法人登記管理条例実施細則》第15条第7項あるいはその他の関連法規が定める金額に達しないとき，並びに企業法人としてのその他の条件を具備しないときは，法人資格を有しないと認定しなければならず，その民事責任は当該企業を開設する企業法人が負わなければならない。
　上述の意見の内容を検討すると，会社法の実務においては，登録資本は当事者の民事責任を確定するときの効果は次のように結論づけることができる。会社の登録資本が所定のレベルに完全には達していないが会社法の規定の最低資本金のレベル達しているときは，会社の株主は差額の範囲内の補充責任を負わなければならず，会社の実有財産だけを責任を負う限度とすることはできない。ここでいう責任とは依然として有限責任である。会社株主の出資額が会社定款に記載された登録資本に達しないうえに法定の最低資本金にも達しないときは，会社の法人格及び法人の地位を否定しなければならず，株主は無限の連帯責任を負わなければならない。ここで，会社の最低資本金

は会社の法人格を承認するか否定するかの基準となっている。

第四節　会社資本の募集と株式の発行

一　会社資本の募集

　会社資本の募集とは，資本の発行とも称し，一定の条件で投資者に向けて資本を発行し，投資者が出資を引き受け株券または株式を取得し，会社が相応の資産を獲得することを意味する。会社の投資者とは，発起人及び普通の株式引受人あるいは株主を含む。会社の資本形成には募集手続きを経なければならず，会社設立の主要行為はまさに資本の募集であり，会社設立が成功するか否か及び最終的に成立できるかどうかの重要な条件は，その期待する資本募集の目標を達成するか否かであり，法定あるいは定款で確定する資本金額に達することである。

（一）資本募集の方法

　有限会社と株式会社の両者の会社の性質と類型は異なり，その資本の募集の方法が全く異なる。有限会社の閉鎖性，合名性により決定されるその資本募集は，通常発起人募集，非公募，一回募集及び内部募集の方法が採用される。株式会社の開放性と合資性により決定されるその資本募集は，通常株式引受人の募集，公募，分割募集及び外部募集の方法が採用される。

　(1)　発起人募集と引受人募集。会社設立過程における投資者は，発起人と引受人に分かれ，会社発行の全資本を発起人が引き受けるならば発起人募集である。発起人はただ一部の資本を引き受けその余の部分を普通の引受人が引き受けるならば引受人募集である。有限会社は人数が多くないので，通常は発起人と引受人を区別せず，最初の株主が実質的に発起人である。このため，通常は発起人募集の方法を採用する。株式会社を発起設立するときは，発起人募集に属する。

　(2)　公募と非公募。公募は一般大衆と不特定のいかなる人をも対象とした資本募集を意味する。非公募は特定の投資者に向けて資本募集するものである。公募は開放性の株式会社特有の権利であり，有限会社は資本の公募はできない。

　(3)　一回募集と分割募集。一回募集は会社資本を1回の発行によって募集完了するものであるから，すなわち1回だけの発行である。分割発行は何回

かに分けて発行して会社資本の募集を成し遂げるものであるから，すなわち分割発行である。有限会社は通常一回募集である。株式会社は，法定資本制度の下では一回募集であり，授権資本制度の下では分割募集である。

(4) 内部募集と外部募集。これは会社成立後の募集方法の区分である。内部募集は会社現有の株主の範囲内で資本募集するものである。外部募集は会社の現有の株主以外の投資者に向けて資本募集するものであり，この募集は新株主の受入あるいは吸収とも称される。有限会社と株式会社は内部募集でもあり外部募集でもある。外部募集するときは，現有の会社株主は通常優先的に引き受ける権利を有する。このため，内部募集と外部募集は同時に採用されることが多い。

(二) 資本募集の法律形態

(1) 発起人契約の締結。発起人募集方法を採用するときは，その採用の法律形態は全発起人によって締結された発起人契約あるいは会社設立に係わる契約とも称され，各発起人が引き受ける資本の義務と具体的な割合または金額を契約する。

(2) 引受契約の締結。引受人募集方法の採用のときに，その採用の法律形式の一つは全引受人による引受契約の締結であり，各引受人が引き受ける資本の義務とその具体的な割合または金額を約定する。引受契約と発起人契約は類似しており，ただその締結の主体が引受人であって発起人ではないだけである。

引受書への署名は引受契約締結の特殊な形態である。引受書は引受人がその引き受ける資本の義務及びその具体的な割合あるいは金額を承諾する法律文書であり，それは各引受人の単独署名であるが，その前提は設立中の会社は既にそれに向けて資本引受の申込の意思表示であり，引受書に署名することはそれを承諾することである。そのため，引受書に既に署名されていれば引受契約は成立したことになる。

(3) 会社定款の署名。発起人契約または引受契約は決して会社設立の法定書類ではない。発起人契約または引受契約がない場合は，その採用する法律形態はすべての発起人または引受人による会社定款の署名・捺印である。会社定款に各自の引受義務とその具体的な割合または金額が定められる。定款は会社成立の法定書類であり，通常発起人契約と定款は資本の引き受けに関してはいずれの場合も規定を定める。

（4）株式募集案内と株式引受。これは株式会社が公募するときの特有の法律形態である。会社により対外的に公開して出資募集，株式の公衆引受及び会社の株式引受結果の確認の三つの行為から構成される。そのうちの対外的に公開して出資募集することは契約法上の申込の要請行為であり，公衆が株式引受書に記入することは株式購入の申込行為である。会社が引受状況に基づき一定の方法あるいは比率に応じて最終決定し引受結果を通知する行為は株式引受の承諾行為に属する。株式引受人の引受義務及びその具体的な金額は会社の株式引受結果により確定する。

要するに，資本募集の法律形態は基本的には契約である。また関係する当事者間の契約締結と履行を通じて資本募集が完成する。定款を一種の特殊な契約であると解釈する場合，定款の署名・捺印は契約締結の法律行為に類似している。

二 株式発行の分類

広義の株式とは，会社資本の構成単位であり資本の構成部分でもある。株式会社が発行する株式や有限会社の持分権などがある。狭義の株式は単に株式会社が発行する厳格な意味での株式である。本節で称する株式発行は狭義の厳格な意味での株式発行を指す。

有限会社の資本募集は，発起人または株主が持分権に対する引受を通じて行い，株式会社の資本募集は，株式の引受を通じて行われる。法律の性質と原理からいえば，株主権の引受と株式の引受には決して法律的な根本的な差異があるわけではなく，ただ株式会社による株式発行条件には厳格さと発行手続きの複雑性がある。各国会社法は通常株式会社の株式発行条件の部分において株式発行の法律規則を詳細に定めているが，有限会社に対しては単に簡単な規定をおいているだけである。通常，会社法は株式発行に関する多くの規則を，矛盾のないように直接あるいは参照の形で有限会社に適用している。本節においては株式会社の株式発行の内容について論述する。

（一）設立発行と新株発行

これは株式発行の時間あるいは進行段階による区分である。

設立発行は，会社が設立過程で発行する株式を指す。会社の設立方式は発起設立と募集設立の2種類がある。この両種の方式による株式発行はいずれも設立発行に属する。設立発行の主体は設立中の会社であり，設立発行の目

的は会社設立に必要な資本の募集である。

　新株発行は，会社が成立後に再度株式を発行することを意味する。新株発行の主体は既に存続している会社であり，新株発行の目的は会社資本の増加であり，株式保有あるいは株主構成の変更である。新株発行については設立発行の準備の一般的な条件以外に，会社法は通常更に厳格な条件を定めており，その主なものは経営業績面での厳格な要件である。

（二）直接発行と間接発行

　これは株式発行が仲介機構を通じて行われるかどうかの区分である。

　直接発行は，会社が投資者に向けて直接株式を発行することを指すものであり，証券委託販売機構による代理販売や専売ではない。直接発行は発行費用を下げることができるが，通常発行時間が比較的長くて発行のリスクが大きく，実際に採用されることはかなり少ない。直接発行は主に私募発行に使用される。

　間接発行は，会社が証券受託販売機構に委託して株式を発行することを意味し，更にそこが関連業務手続きを扱いまた相応する発行のリスクをも負う。間接発行は，株式受託販売方式により行われ，具体的には更に株式代理販売と株式の専売に分かれる。間接発行は，公募発行のなかで比較的普遍的な発行方式である。中国《会社法》では次のように定める。株式会社が株式を公募するときには間接発行方式，すなわち「法により設立された証券会社が受託販売し，販売受託契約を締結しなければならない」(88条)。間接発行では証券受託機構を充分に利用でき，発行ルート，資金支援及び発行業務面で優位であり，株式発行のタイミングと成功を確実に保証するが，このために会社の株式発行のコストが増加する。

（三）公開発行と非公開発行

　これは株式発行が社会に向けるか否か，投資者が特定されるか否かによって区分されるものであり，公募発行と私募発行とも称する。

　公開発行とは，社会に向けて不特定のいかなる人にも向けて発行する株式を指す。公開発行は，資本の募集規模において大きな優位性を有し，同時に募集速度も速くコントロールし易いというメリットがある。そのため，公開発行は極めて普遍的な発行方式となっている。その欠点は条件が厳格であり手続きが複雑であり発行費用が高いことである。公開発行は，公衆や社会の利益に影響を及ぼすために，各国立法はそれに対してかなり厳格な条件と比

較的複雑な手続きを定めている。その中には特に主管機関による審査許可が必要であることなどがある。中国会社法の規定によると，株式の公募には国務院証券管理部の許可を必須とする。

　非公開発行とは，特定の投資者に向けて特定の方法で発行する株式を意味する。非公開発行の特定の対象には個人投資家と機関投資家を含む。個人投資家とは，通常会社の従来からの株主や会社の管理者，通常の従業員等である。機関投資家とは，通常投資の背景の知識を備え発行会社の関連情報を理解している金融機構または会社と親密な付き合いがある他の会社を意味する。非公開発行は一般に，広告または公開勧誘的な方法，例えば公告，ラジオ，テレビ，インターネット，郵便，電話などの形式での宣伝は認められない。非公開発行は取扱いが手軽であり，発行コストが小さく，条件が柔軟である等のメリットがあるが，投資者の数に制限があり，株式の流通性が劣るなどのデメリットもある。

　各国では非公開発行に対して，通常は特別の法律規範を定めており，米国の非公開発行の規範の顕著な特徴は発行登録の免除である。中国の1993年《会社法》では非公開発行の制度や規範に関する明確な規定はなかったが，実務的にはかつて行った特定募集，内部の従業員株の発行，現有株主に対する株式の割当，法人に対する株式割当並びに会社資産の再編における株式交換等の方法はいずれも非公開発行の性質や特徴を備えている。2005年《会社法》では，現実に存在する各種の私募現象並びに法規範の要請に基づき，合法募集と非合法募集の境界を合理的に区別し，特定の対象に向けた募集で会社を設立する私募発行の承認を立法上初めて明確にした（第78条）。

（四）増資発行と非増資発行

　これは，株式発行によって会社の資本が増加するか否かによる区分である。

　増資発行とは，会社が資本増加の状況下で発行する株式であり，会社定款で定める資本総額の発行完了後に，資本増加させるために再度株式を発行することを意味する。この種の発行のためには資本増加の手続きに従って行わなければならない。すなわち，株主総会決議により会社定款を変更し変更登記手続きを行う。中国は法定資本制度を実施するので，新株発行はいずれも増資発行である。

　非増資発行とは，会社の資本総額の範囲内で，会社資本を増加させずに株式を発行することを意味する。非増資発行は一般に授権資本制度の下におい

て生じる。会社の株式は分割発行することができ、会社設立時の最初の株式発行以外のその後に行われる株式発行は非増資発行に属し、この種の発行は取締役会の決議だけで実施できる。しかし、発行済み株式に対して行われる株式分割や株式併合も非増資発行であると認められる。株式分割とは、元の株式の額面金額を小さくすることによって更に多くの株式に分割することを意味する。株式併合とは、元の株式の額面を大きな金額に合わせて少ない株式数にすることを意味する。株式分割や株式併合の目的は会社株式の流通性の増加あるいは減少にある。

(五) 通常発行と特別発行

これは、新株発行の目的によって行う区分である。

通常発行とは、資金募集を目的として新株を発行することであり、一般的に言えば新株発行はいずれも通常発行を指す。通常発行の結果会社の資本が増加する上に会社資産も増加する。

特別発行とは、資金募集を目的とするのではなく、ある種の特殊の目的によって新株を発行することである。例えば、株主に対して会社利益を分配するため、準備金を資本に転化するため、社債を株式に転換するため、他の会社と合併して株式を置換するなどの目的で発行する株式である。他社との合併による株式の置換の状況を除いては、特別発行の結果、会社の資本総額が増加することになるだけであり、会社の資産総額が増加するわけではない。そのため、新株の引受に使用する資金は会社が既に実際に占有支配する財産をもって給付するものであり、このような発行は会社資産の性質や構成を変えるだけであり、その価値総額を変えるものではない。しかし、会社の利益あるいは貸借資金は会社に留まるか、会社資金の減少防止という観点からみれば、特別発行は資金募集の間接的な効果をも備えている。特別発行は中国では広く採用され、実際には、株主に向けた無償増資、株式割当という方法での会社利益の配当は、既に多くの上場株式会社の手法となっている。

(六) 定額発行、割引発行及びプレミアム発行

これは、株式の発行価格によって行う区分である。

定額発行は、額面発行とも称し、株式の額面の価額によって株式を発行することである。定額発行は私募発行に多く適用されている。中国の実務においては、国有株、法人株の発行は一般に定額発行であり、定額発行の費用は、あるときは投資者から一定比率を手続き費用として付加徴収する方法で補填

している。

割引発行は，株式の額面価額より低い価格で発行する株式を指す。割引発行は，会社が実際に獲得する出資金がその発行する資本総額より低いのである。これは資本確定と資本維持の原則に違反している。それ故，各国会社法では一般に株式の割引発行を禁止している。中国会社法でも明確に禁止している。

プレミアム発行は，株式の額面の価格より高い価格で発行する株式を指す。プレミアム発行は広く採用されている発行方式であり，上場株式会社が発行する普通株はプレミアム発行である。会社が株式を公開発行するときの高額の費用は，通常株式をプレミアム発行するときの収益によって支払われあるいは補填される。会社の財務処理上，株式発行の超過収益は会社の株主全員の共有利益に属し，会社資本の法定準備金に入り，更に生産経営の拡大あるいは資本に組入れることができるが，会社の欠損に使用することはできない。

中間時価発行は，株式額面の価額と市場価格の間にある中間価格で発行する株式を指す。株式発行または上場後はその市場価格は通常発行価格より高くなり，中間時価発行は投資者に与える利益の一種である。中国の実務では，上場した株式会社は現有の株主に対する新株発行は，通常中間時価発行方式を採用している。

(七) その他の発行分類

上述の分類の他に，理論と実務において，未だ他に一部の分類がある。例えば，発行地域範囲の違いにより国内発行と外国発行に分かれ，発行条件の確定方式の違いにより協議価格発行と入札価格発行に分かれる。また，株式が実際の株券を採用するか否かで株券発行か無株券発行に分かれ，発行者の地位及び発行の前後の順序により初回発行と二次発行に分かれ，取引を支援する発行システムによってペーパー発行とペーパーレス発行に分かれ，取引支援システムによりネット発行か非ネット発行に分かれる等である。

三　株式発行の原則

中国《会社法》第127条で，「株式の発行は，公平，公正の原則を実行し，同一種類の1株は同等の権利を有していなければならない」と定めている。これが株式発行の基本原則となる。

(一) 公開の原則

公開の原則とは，発行会社は法定の要件に基づきその発行株式に関連する一切の重要な情報と事情を公にしなければならないことである。公開原則の目的は，詐欺行為の防止にあり，投資者の利益を最大限度で保護し，投資者に会社及びその株式の真実の情報を知ることができるような状況下で投資判断や決断させることにある。同時に，公開原則の実行によって，投資者の会社の行為に対する監督となり，一定程度会社の発起人または管理者並びに会社自身の行為に対する抑制効果となる。

株式発行に関して公開されている具体的な内容はかなり他方面にわたり，概ね二つに分類される。一つは，会社及びその発行株式の基本概況であり，発起人の状況，株式発行の経済性，募集資金の用途，会社の経営上の業績，将来の効果と利益の予測等である。もう一つは，株式に関する発行数量，方式，対象，価格，条件，手続き等である。《会社法》第86条及び第135条で，会社の目論見書の公告，財務会計報告書の制定に関して具体的に定められている。

株式発行の公開は法律の要件に適合しなければならない。内容的にも真実，全面的，正確でなければならず，虚偽あるいは誤解させる陳述を行ってはならず，重要な遺漏があってはならない。方式上，株式発行関連文書は指定された刊行物に掲載されなければならず，投資者が合法的な手段でタイムリーに効果的に情報や関連資料を入手することができるよう保障する必要がある。

(二) 公平の原則

公平の原則とは，株式発行がすべての投資者に対して平等に対応し差別せず同じように扱い，区別してはいけないことである。その一，投資者は平等の投資機会を有する権利があること。その二，同時に発行された同種類の株式は発行の条件と価格が同じでなければならない。その三，会社が発行する同種類の株式は同じ権利または利益を有し，同株同権，同株同利でなければならない。

株式発行の公平原則は，民商法の自主，公平，等価有償の一般法律原則が株式発行において具体的に体現するものである。また投資者の利益保護と株主の法的地位の平等が株式発行のなかで具体的に表現されている。公平は法律上の原則であるばかりか，投資者が追及する目標でもある。公開と公平の

間では，公平は目標と結果であり，公開は手段と方法である。公平原則の確立のためには,法律による調整手段は更に臨機応変性を備えるものであって，株式発行制度が絶え間なく変化する現実に適応できるように，各種の具体的な規則をタイムリーに策定や改正をしなければならない。また，執行機関や司法機関が株式発行において発生する各種の複雑な論争や紛争に対して適切な処理を行うことができるようにもしなければならない。

(三) 公正の原則

公正の原則とは，株式発行活動の監督と株式発行の論争または紛争の処理に対して正しく法律が適用され，当事者を公正に扱い，処理結果が客観的に公正であることを意味する。公正の原則と公平の原則は従来から区別し難いものであり，両者は確かに密接に関係している。しかし，公平の原則は当事者の間の取引関係に適用すべきものであり，その実体的権利義務を確定する法律原則である。公正の原則は，法律の執行及び司法機関が，当事者の行為を監督し権益紛争の際に適用する法律上の原則である。このような観点からは，公正は手段と方法であり，当事者間の実体である公平は追及する目標と結果である。

公正原則の確立は，株式発行において正確に適用される法律の必然的な要件である。株式発行において虚偽の陳述，インサイダー取引，相場操縦，顧客に対する詐欺等の法規に違反する行為の存在は客観的な現実であり，当事者間の利益衝突と権益紛争も避けがたい。行政機関の株式発行活動に対する監督と司法機関の発行に関する紛争の処理の過程においては，法律を正確に適用し各種の不正当行為を制止かつ防止し，投資者の合法的権益を保護し各種の矛盾と衝突を取り除き，投資に対する信頼を強化し市場の安定を維持することができる。

四　株式公開発行の条件

株式の公開発行は，会社発起人と会社に対して巨大な融資利益を持たせるが，投資者の利益と社会機構の調整と経済秩序の安定にも関わる。同時に，中国資本市場の発展の初期段階では，社会的な資金資源に限りがあり市場の成長も未成熟で，投資者の理性意識も未だ育成が必要であり，国の社会経済の発展に対する一定程度のマクロ的な調整を欠かすことはできない。そのため，現段階においては，会社法は株式発行に対して一定の要求と制限を加え

ることは極めて重要である。
　中国では株式の公開発行に対する条件は，現在のところ主に《会社法》，《証券法》及び《株式発行と取引管理暫定条例》に定められている。《会社法》では発行条件に対する原則的な規定を定め，《株式発行と取引管理暫定条例》と《証券法》で更に具体的に規定している。これらの法律，法規はそれぞれの株式発行に対して別々に発行条件を定めている。

（一）設立発行の条件

　《証券法》第12条の規定に基づき，株式会社の設立のために株式を公開発行するには，会社法で定める条件と国務院が承認した国務院証券監督管理機構が定めるその他の条件に適合しなければならない。中国会社法は，会社の設立の際の株式発行に関する具体的な条件を集中的に規定しているわけではないが，その関連規定に基づいて，株式の設立発行には，第一に，株式会社の設立条件に適合させなければならない。次に，募集設立会社の発起人が引き受ける株式は会社の株式総数の35％を下回ってはならない。それ以外には，株式発行価格の確定に際しては，同一種類の株式は同一価格，割引発行は不可などの会社法の規定を遵守しなければならない。

　国務院が公布した《株式発行と取引管理暫定条例》第8条によると，株式会社の設立のための株式公開発行の申請には下記の条件を満たさなければならない。

　⑴　その生産経営が国の産業政策に適合していること。
　⑵　その発行する普通株が1種類に限られ，同株同権であること。
　⑶　発起人が引き受ける株式資本金額が会社の発行予定の株式資本総額の35％を下回らないこと。
　⑷　会社の発行予定の株式資本金総額中，発起人が引き受ける部分は3,000万人民元を下回らないこと。但し，国が別に定めるときを除く。
　⑸　一般大衆に向けて発行する部分が会社発行予定の株式資本総額の25％を下回らないこと。そのうち，会社従業員が引き受ける株式資本総額が一般大衆向け発行予定の株式資本総額の10％を超えることはできない。会社の発行予定の株式資本総額が4億人民元を超えるときは，証監会は規定に基づき事情を考慮して一般大衆向け発行部分の比率を下げることができる。但し，最低でも会社の発行予定の株式資本総額の10％を下回ってはならない。

(6) 発起人は過去3年間に重大な違法行為がないこと。
(7) 国務院証券管理委員会が定めるその他の条件。

設立発行中の非公開発行に対しては，中国会社法及び証券法では未だその発行条件について規定されていない。

(二) 再編設立発行の条件

既存の企業を改組して設立される株式会社は，中国国有企業改革の重要な形態である。中国会社制度設立の歴史において，国有企業の単一の投資構造の改革，財産関係の明確化，権力の分業と制限の実行に対して非常に重要な意義を有している。国有企業経営構造の改革の要請により，中国では株式制企業を試行的に模索した。中国現有の株式会社は，基本的にはすべて既存企業（大部分は国営企業）の株式制への改変により設立したものである。従って，改変設立の株式発行の条件を明確にすることは重要で実際的な意義を有している。《株式発行と取引管理の暫定条例》第9条の規定では，既存の企業を改変し設立する株式会社が株式の公開発行を申請するときは，上述の設立発行の条件に適合する上に，下記の条件に適合しなければならないと定める。

(1) 発行の前年末の純資産が総資産中に占める比率が30％を下回らず，無形資産が純資産中に占める割合が20％を超えないこと。但し，国務院証券管理委員会が別に定める場合を除く。
(2) 過去3年連続の利益。

国有企業を改変設立した株式会社が株式を公開発行する場合，国が有する株式の会社が発行を計画する資本金総額中に占める割合は，国務院または国務院が授権した部門の定めに従う。

(三) 新株発行の条件

新株発行条件に対しては，1993年《会社法》が有していた規定は，2005年《会社法》でそれを取消し，会社が発行する新株発行の条件は証券法によって改正規定された。中国《証券法》第13条は，会社が新株を公開発行するときは下記の条件に適合しなければならないと定める。

(1) 完備しかつ運営も良好である組織機構を具備している。
(2) 持続的な利益獲得能力を有し，財務状況が良好である。
(3) 最近3年の財務会計文書に虚偽の記載がなく，その他の重大な違法行為がない。
(4) 国務院の承認を経た国務院証券監督管理機構が定めるその他の条件。

同時に，証券法の当該条項では，上場会社が新株を非公開発行するときは，国務院が承認する国務院証券監督管理機構が定める条件に適合しなければならず，更に国務院証券監督管理機構に届けて許可を経なければならない。

(四) 特定募集会社の新株発行条件

特定募集会社とは，《会社法》施行前に《株式会社規範意見》により設立された特殊な株式会社である。《株式発行と取引管理暫定条例》第11条では，株式公開発行の申請に対する条件は，前述の設立発行と改変発行の条件以外に，下記の条件に適合しなければならないという専門規定を定めた。

(1) 特定募集で得る資金の運用とその目論見書で述べる使途が一致しており，更に資金の運用効率が良好である。

(2) 最近の株式特定募集のときから少なくとも12か月経ていること。

(3) 最近の特定募集から今回の公開株式発行の間に重大な違法行為がない。

(4) 内部の従業員の株主資格証明書は規定に基づき放出され，更に国が指定する証券機構が代行管理する。

(5) 国務院証券委員会の規定するその他の条件。

五　株式発行の手続き

類型あるいは形式により株式の発行手続きは異なる。新株発行の手続きは設立発行とは異なり，公開発行の手続きは非公開発行の手続きとは異なる。ここで紹介するのは新株発行の手続きである。公開発行の手続きは非公開発行に比べて複雑であるため，ここでは主に公開発行手続きを概括的に紹介する。

(一) 発行決議

新株発行の決定権は，会社資本形成制度いかんによって決まる。法定資本制度の下では新株の発行はまさに資本増加であり，会社の重大事項に属しその決定権は会社の株主総会にあり，株主総会による決議がなされる必要がある。取締役会の権限は，新株発行の計画策定あるいは資本増加の企画策定である。中国《会社法》第38条及び第100条において，株主総会は「会社の登録資本の増加または減少に関する決議をなす」職務権限を行使し，第47条及び第109条で，取締役会は「会社の登録資本の増加または減少並びに社債の発行計画を策定する」権限を行使すると定めている。

授権資本制度あるいは折衷資本制度の下では,従来の資本範囲内で新株を発行する権限は取締役会に与えられ,この種の新株発行は取締役会の決議のみが必要である。しかし,授権資本が既に発行完了していたならば,従来の資本範囲外での資本の増加であり株主総会の決議を経なければならない。

新株発行の決議は法定事項を含まなければならず,中国《会社法》第134条で次のように定められている。「会社が新株を発行するときは……株主総会あるいは取締役会は下記事項について決議しなければならない。(一)新株の種類と額,(二)新株の発行価格,(三)新株発行の始期と終期,(四)既存の株主に対して発行する新株の種類と額」。

(二) 審査許可

株主総会が新株発行の決議を行った後,取締役会は国務院証券監督管理機構に対して関連書類を送付し新株の公開発行申込をする。《証券法》第22条の規定によると,国務院証券監督管理機構は発行審査委員会を設置し,法により株券発行の審査を行う。発行審査委員会は,国務院証券監督管理機構の専門家と招聘した同機構以外の関連専門家から構成され,投票方式で株券発行の申請に対する議決を行って審査意見を提出する。《証券法》第24条の規定によると,国務院証券監督管理機構あるいは国務院から授権した部門は,証券発行申請書受理の日から3か月以内に,法定条件及び法定手続きに従って許可あるいは不許可の決定をしなければならない。許可しないかあるいは意見があるときは説明をしなければならない。

諸外国では,株式発行の自由主義及び登録主義を実施しているために,株式の発行には政府の特別の許可は必要ではない。中国では株式発行の審査制度を実施しており,証券監督管理機構に株式発行に対する審査及び許可の法定の職務上の責任を与えている。但し,この種の審査は単に国に代って株式発行に関する行政管理を行っているだけであり,決して発行者が発行する株式の貨幣価値及び収益に対して実質的な判断や保証をなすものではない。発行の許可後,発行者が経営活動,財務等の面で生じる変化やこれによって投資者にもたらされるリスクの責任も負わない。

(三) 公告文書

《会社法》第135条の規定によると,「会社は国務院証券監督管理機構が新株の公開発行を許可したときは,新株の目論見書及び会計報告書並びに株式申込書を公告する必要がある」。目論見書の内容と様式は関連規定に従って

制定しなければならない。《証券法》第25条では次のように定めている。「証券発行申請が審査許可を経た後，発行者は法律，行政法規の定めに従って証券の公開発行の前に公開発行募集を公告し，更に関連書類は公衆の閲覧に供するために指定された場所に備え置かなければならない。証券発行の情報は法により，内情を知っているいかなる者も，公開前には情報を公開あるいは漏洩してはならない。発行者は公開発行募集文書の公告前に証券を発行してはならない」。

(四) 証券委託販売契約の締結

《会社法》第88条の規定に基づき，会社は社会に向けて公募するときは，法に基づき設立した証券経営機構に委託販売しなければならない。新株を公開発行する発行者は，法により委託販売する証券経営機構を自らの意思で選択する権限を有する。委託販売の方法は主に代理販売と専売の2種類に分けられる。《証券法》第30条の規定によると，証券会社が証券を委託販売するときは，発行者と代理販売あるいは専売引受協議書を締結し，下記の事項を明記しなければならない。(1)当事者の名称，住所及び法定代表者の氏名，(2)代理販売，専売する証券の種類，数量，金額及び発行価格，(3)代理販売，専売の期限及び始期と終期，(4)代理販売，専売の決済方法及び期限，(5)代理販売，専売の費用と決算方法，(6)違約責任，(7)国務院証券監督管理機構が定めるその他の事項。

(五) 登記と公告

新株発行の終了後，会社の登録資本の変化が生じる可能性があり，会社管理機構にも変化が発生する可能性がある。そのため，中国《会社法》第137条の定めによると，会社が発行する新株出資金の募集完了後，会社の登記機関に向けて変更登記を行い公告しなければならない。

【本節実務検討】
●株式の私募発行の意義と法律上の制限

いわゆる株券の私募発行とは，特定対象に絞って特定の方法により特別の規範を受ける株券の発行方式である。公開発行に対する私募発行の優位性は，操作が簡便であり，発行者の発行効率を高め融資のコストを下げるのに便利である。私募発行制度は，「均衡と協調」の理念を包含し，資金調達の便利さと投資者保護の促進，効率の向上と公平の保障，市場の発展と管理監督

の強化の間の均衡と協調を旨とする。

　各国の証券私募に対する法律規制の内容には証券私募発行と私募証券の転売が含まれている。証券私募発行の中核基準は発行対象と発行方式である。発行対象は特定対象であり，一般に，相当の資産あるいは収入を有する機関または個人であり，充分な投資経験を有し，発行者関連の情報を理解し，自分を保護できる人を指す。その中のある対象に対しては人数制限がある。発行方式は特定の方法でなければならず，一般的な広告や公開勧誘的な行為，例えば，公告，広告，ラジオ，テレビ，インターネット，信書，電話，訪問，発表会，説明会あるいは其の他の方法を採用することはできない。

　一般投資者の利益保護のために，各国証券法では，私募発行の拡大と同時に私募証券の転売に対してそれぞれの程度により制限を加えている。主として，譲渡の対象，時間及び数量の制限である。一般的に言えば，金融機関の間の私募証券の取引は制限を受けず，その他の機関あるいは個人間の譲渡時期と数量に対してはいずれも一定の制限がある。

　証券の私募の簡便で迅速な特徴を十分に発揮するために，各国は一般に，証券私募前には監督管理機構への登録または許可を要求せず，会社が証券私募を行った後，規定に基づき監督管理機構に届け出る必要がある。

　2005年，中国の新《会社法》と《証券法》は証券の私募発行と譲渡のための規定を設けた。これは中国資本市場機構の整備や証券市場発展の促進にとって重要な意義を有するものである。新《会社法》と《証券法》は証券「私募」の表現を直接導入していないが，中国証券私募制度の事実上の基本骨格が既に描き出されている。証券私募の法律制度が成熟した諸外国と比較すると，中国の関連証券私募制度の法律規定は比較的簡単であり，多くの問題に対してもう一歩明確にする必要がある。発行制度面においては，「特定対象」の意味が明確に説明されておらず，「特定対象」の資格も限定されていない。これは発行者が「特定対象」の意味の不明確さを利用して形を変えた公開発行をすることを防止するのに不利である。同時に，「公開勧誘」及び「変形公開」の方式に対する明確な定義がなく，法律上の基準に明確さが不足している。

　私募証券の譲渡の面においては，社会大衆の投資者の利益保護の視点を出発点として譲渡制限をしているが，証券の私募発行に十分な流動性を与え，非公開証券発行制度の優位性を十分に発揮させることの考慮に欠けている。

また，諸外国の関連制度をあまり参考にしていない。例えば，金融機関の間の非公開発行証券譲渡制限の免除制度，委託代理譲渡システムによる譲渡の許可，その他の非公開発行証券の一対一方式による譲渡等である。

同時に，改正後の《証券法》は上場会社の特定対象向けに行う非公開新株発行について，証監会の許可が必要であると規定する。これは私募発行制度の簡便で迅速な特徴を喪失させるものであり，効率を優先する私募制度の本意に背くものである。

中国の証券私募発行制度は始まったばかりであり制度は不完全であるが，公開発行の効果的な補完として証券私募発行制度は，中国証券市場の重要な構成部分となる根拠がある。

第五節　資本の増加と資本の減少

会社法は資本確定，維持，不変の原則を確立したが，会社資本は決して絶対的に不変であるわけではない。実際上，会社の経営活動の発展，業務範囲及び市場の状況の変化に伴い，客観的にもそれに応じて会社資本の増加あるいは減少を求められる。同時に，会社成立後，その保有資産及び純資産は日常的な変動の中に置かれ，会社資本に会社の純資産の状況を反映させるため，会社資本にも相応の調整が必要となる。このため，会社法は会社資本の増加や減少に対しても法的規定を置いている。

一　資本の増加
(一)　増資の目的と意義

資本の増加は増資と略称する。これは会社が調達した資金に基づき，経営拡大の目的で法定の条件と手続きに従い会社の資本総額を増加させることを意味する。会社の増資は通常下記の目的と意義を有している。

(1) 経営資金の調達，新しい投資項目あるいは投資領域の開拓，現有の経営規模の拡大。会社が経営資金を獲得するには多種多様の方法がある。例えば，社債の発行，借金等，資本増加はその中でも重要な方法の一つである。

(2) 現有の運営資金の維持，株主への収益配当の減少。会社が大量の準備金や未処分利益を形成する状況においては，会社は株主が提起する配当要求に直面することになり，資本増加により株主への収益配当を停止あるいは減

少させることができる。そうして会社に保有資金を継続して占有させ，現状の経営規模を維持させる。

(3) 現有の株主構成と持株比率の調整，会社管理機構の構成の変更。新しい株主を取り込むことによって株主の構成員や構成を変えることができる。現有の株主の範囲内の増資においては，新株引受の比率の調整により現有株主相互間の持株比率を調整することができ，大株主は増資により小株主となり得る。株主構成と持株比率の変更後，会社は，取締役，オフィサー，法定代表者の交代を含めて，その管理機構や管理人員の再配置及び調整を実施することができる。

(4) 会社の吸収合併。会社と他の会社が合併するときは，合併される会社の資産は合併するもう一つの会社のものと同時に，当該会社の純資産の大幅な増加をもたらし，合併される会社の所有者も当該会社の株主権の取得を要求することができ，このため会社に資本増加させることができる。

(5) 会社の実力増強と信用力アップ

資本規模は会社の資産力と経営規模を直接反映するものであり，増資はこのための商業的信用のアップとなる。更に競争上の優位性を獲得するための重要な方法でもある。

(二) **増資の方法**

有限会社と株式会社は，その資本と株主の出資の構成形態が異なり増資の方法もまた形式上異なる。有限会社は資本あるいは株主権の引受により増資し，株式会社は株式の発行と引受により増資するが，基本は実質的には同じである。会社の増資方法は次のように分類される。

(1) 内部増資と外部増資。内部増資とは，既存の株主が増加する会社資本を引き受けることである。外部増資とは，株主以外の投資者が新たに増加した会社資本を引き受けることをいう。内部増資と外部増資は同時に採用することができる。

(2) 同率増資と非同率増資。同率増資とは，内部増資の場合，各株主が原出資に比例あるいは持株比率で同時に出資を増加させることであり，増資後の各株主の株主権の比率あるいは持株比率は変わらない。非同率増資とは，内部増資の場合，各株主が原出資の比率あるいは持株比率を変えて出資を増加させることであり，ある株主は出資を増加させないことも可能であり，増資後は各株主の株主権の比率あるいは持株比率は変化が生じる。

(3) 追加性の増資と配当性の増資。追加性の増資とは，現有の株主あるいはその他の投資者が会社に新たに投資し資本増加させることである。その結果，会社の資本が増加する上に会社の資産あるいは運営資金も増加する。配当性増資とは，内部増資の一種であり，現有株主が新たな投資をしない状態で未処分利益を用いて出資引受あるいは準備金を資本に転換する方法によって資本増加させることである。その結果，会社資産の性質と構成が変わるだけであり，その全体の価値額は変わらず，会社の資本総額が増加するだけであり会社の資産総額は変わらない。

(4) 株式数量の増加と株式金額の増加。これは，株式会社が採用する増資方式である。株式数量の増加とは，会社が最初に予定した株式総数の他に新株を発行することである。増加する株式は，当初の株主が優先的株式を引き受けることもでき，社会に向けて公開発行することもできる。株式金額の増加とは，会社が最初に予定した株式総数を変えない状態で，1株の金額あるいは額面を増加させることである。この種の増資は内部増資でのみ可能であり，当初の株主が自己の株式出資を増加させる。会社は同時に両種類の増資方法を採用することができ，株式の数量増加も各株の金額を増加させることもできる。

(5) 株式割当増資と無償割当増資

これは上場会社が広く採用する増資方式である。株式割当増資は，増資割当とも称し，上場会社が現有の会社株主の持株の数量に基づき一定比率で株主に対し株式を販売することを指す。株式割当の対象は会社の現有株主に限られ，その条件は通常会社が対外的に発行する条件より有利である。無償割当増資は，無償割当株あるいは優先株とも称し，上場会社が現有株主の持株比率に基づき一定比率で株主に無償で株式を分配することを指す。その実質は，株主に対する収益の分配であり，分配が貨幣でなく株式であるというだけである。そのため，これも会社の現有株主に厳格に制限される。無償割当増資は分配性の増資に分類される。

(6) 社債転換増資と債務の株式化。社債転換増資とは，上場会社特有の増資方式であって，会社が発行する譲渡性の社債が規定された条件に従い会社の株式に転換されることである。譲渡性社債の期日到来時に，債権者はそれの株式への転換を選択する権利を有し，それに応じた株式金額が会社の資本に転化し，これにより会社の資本は増加する。社債転換すなわち，銀行は債

務者の会社に対して有する債権を約定の方法に従って当該会社に対する一定金額の株主権として換算することになる。銀行はこれにより債権者から当該会社の株主に変わるので会社資本の増加をもたらす。この種の債権の株式への転換方式は現在未だ統一された立法規定はなく，単に実務のなかで発生した一つの状況である。

（三）増資条件と手続き

　資本増加によって会社の体力を増強でき，信用が上がり，債権者の利益と取引の安全に有利となる。このため，各国の立法では，通常，有限会社の増資条件に対する強制的な要件はなく会社自身が決定するものとなっている。但し，株式会社はその公衆性の特徴により，法律はその増資に対して必要な制限を加えている。授権資本制度あるいは許可資本制度の下では，株式を分割発行したならば，法律では通常，会社は定款で定める株式総数を発行し終える前には資本を増加させることはできないと定めている。それは株式が未だ発行が完了していないときは，会社は剰余株式を発行して自己の需要資金を増加させることが充分できるからである。同時に，会社が増資する場合，その増資後最初に発行する株式は，新増株式の一定割合，例えば1/4等，より低くてはならない。中国の証券法等の関連法規では新株発行条件に関する規定であると同時に株式会社の増資条件でもある。

二　資本の減少

（一）減資の目的と意義

　資本の減少は減資と略称し，会社がある種の状況あるいは必要に基づき，法定の条件及び手続に従い会社の資本総額を減少させることを指す。資本不変の原則に基づき会社の資本は思いのままに減少させることはできないが，決して絶対的に変えられないものではなく，法定の手続きによって減資することができる。減資の目的と意義は下記の通りである。

　（1）経営規模の縮小あるいは経営項目の停止。

　（2）過剰資本の減少と財産効率の向上。もしも最初に決めた会社の資本額が資本過剰となり，保有資本が変わらなかった場合，資本の会社中での停滞と浪費を引き起こし，社会的財産の経済効率の十分な発揮に役立たない。

　（3）株式配当の実施による株主利益の保証。「利益なければ配当なし」の利益配当の原則の下で，会社の利益はまず始めに欠損を補填しなければなら

ない。会社の欠損が厳しいものであれば株主は長期間株配当を取得できず，株主の積極性を引き出し会社の求心力を維持することが難しくなってしまう。減資によって会社の欠損状態を速やかに変えることができ，会社に対して株主に株式配当させる条件を具備させられる。

(4) 資本と純資産のギャップの縮小による真の会社の資本信用状態の反映。会社の欠損が深刻であれば資本とその資産の差額が過大となり，会社資本はそのあるべき会社信用状態の法的意義の表示が失われてしまうので，減資を通じて両者を基本的に一致させ続けることができる。

(5) 会社の分割。存続分割あるいは解散分割という状況下では，元の会社の主体としての地位は変わらないが資産が減少し資本の相応する減少が求められる。

(二) 減資の方法

(1) 同率減資と非同率減資：同率減資とは，各株主が元の出資の比率あるいは持株比率に従って同時に出資を減少させることであり，減資後の各株主の持分権の比率あるいは持株比率は変わらない。非同率出資とは，各株主が元の出資または持株比率と異なる比率によって出資を減少させることであり，株主によっては出資を減少させないことも可能であり，減資後の各株主の持分権の比率あるいは持株比率には変化が生じる。

(2) 出資返還による減資，出資義務の免除による減資及び株式消却あるいは株式の減資。出資返還による減資とは，既に出資額を払込済み株式に対して，出資金の一部を株主に返還することであり，この種の減資の結果会社の資本が減少する上に，会社の資産または運営資金も減少する。これが実質的な減資である。出資義務免除による減資とは，未だ出資額を払込みしていない持分権あるいは株式に対して株主の全部または部分的に出資払込みの義務を免除することである。株式消却あるいは株式の減資とは，会社が欠損により減資するとき，一部の持分権あるいは株式を直接消却するか，あるいは1株の金額を直接減少させて，当然補填しなければならない会社の欠損を埋めることである。後の2種類の減資の結果は，ただ会社の資産の性質と構成が変わるだけであり，そのすべての価値金額は変わらない。単に会社の資本総額が減少し会社の資産総額は変わらず，これは形式上の減資である。

(3) 株式数の減少と株式金額の減少。これは株式会社の減資方式である。株式数の減少とは，各株の金額は減少させずに株式の総数だけを減少させる

ものである。その具体的な方法は株式消却と株式併合に分かれる。株式消却とは一部あるいは特定の株式を取消すことを指し、株主の同意を得るかどうかの必要性により強制消却と任意消却に分かれる。株式併合とは2株または2株以上の株式を1株とすることを指す。株式金額の減少とは、株式の総数を変えずに各株の金額だけを減少させることである。会社は同時に2種類の減資方法を採用することができ、株式価額の減少も各株の金額を減らすこともできる。

（三）減資条件と手続き

資本の減少は、株主の持分権の利害に直接関連すると同時に、実際上会社の資産を減少させて会社の責任範囲を縮小することもできる。それ故、会社の債権者の利益に直接影響を及ぼし、それ故法律は資本の増加に比べて更に厳格な手続きを定めている。中国《会社法》第178条とその他の関連規定によると、会社の減資の条件と手続きは以下の通りである。

(1) 株主総会による減資決議及び対応する定款の改定。有限会社は減資決議を行い2/3以上の議決権による承認を経ることが必須である。同時に、会社は減資後の登録資本が法定の最低限度額を下回ってはならない。

(2) 会社は貸借対照表及び財産目録を制定しなければならない。

(3) 債権者への通知と対外的な公告。会社は減資決議を行った日から10日以内に債権者に通知し、並びに30日以内に新聞紙上に公告しなければならない。

(4) 債務の弁済または担保。債権者は通知書を受け取った日から30日以内に、未だ通知書を受け取っていないときは公告の日から45日以内に会社に債務の弁済あるいは相応する担保の提供を要求することができる。

(5) 減資の登記手続き。資本は会社が登記すべき主要事項の一つであり、会社成立時にその資本総額を登記し、資本減少は登記の主要事項の変更となる。そのため減資の登記手続きが必要であり、登記の日から減資は有効となる。

【本節実務検討】

●会社の増資における株主利益の衝突と保護

会社の増資は、現有株主の利益に直接影響を与え重大な利益衝突を引き起こし得る会社の重大事項である。株主によって立場や要求は異なり、その増

資における立場や態度も全く同じではない。外部増資や非同率増資では現有株主の持株比率に変化をもたらし，そのため会社の管理監督権に変化が生じる。同率増資や追加性の増資では，財力が豊富であり投資能力が大きい株主は投資を支持するが，財力が薄弱で投資能力が小さい株主は増資に反対する可能性がある。同時に，外部増資であるならば現有株主の会社の現有資産に対する権益の範囲に影響を及ぼす。実際には，これにより引き起こされる株主持分の争いや増資紛争が既にしばしば生じており，これは増資制度における考慮や検討が必要な重要な問題である。

第一，増資は単に一種の権利なのか，あるいは一種の義務なのか。

《会社法》第35条は次のように定める。「株主は払込出資比率に応じて配当を受け取る。会社が新たに増資するときは，株主は払込出資比率に応じて優先的に出資を引き受ける権利を有する。但し，全株主が，出資比率による配当の受取をしない旨あるいは出資比率による優先的出資引受をしない旨を約定している場合は，この限りではない」。そのため同条の定めにはいささかの疑問もなく会社が増資するときは，現有の株主は自己の出資の権利を優先的に増加させる権利を享有する。しかし同時に，増資の義務を負うのであろうか。ある株主が増資を拒絶したならば出資義務違反を構成する行為であるとして相応する法的責任を負うべきであるか否か。これに対しては一般に次のように考えられている。増資は株主の権利であり義務ではなく，各株主自身の財産能力や状況が異なるので，株主に会社への追加出資を強要することはできない。株主が会社に参加することや在来の出資は自発的なものであり，その後の増資時の出資も自発的であるはずである。しかし，一部の学者は次のように考える。増資が株主会の決議であるからには，会社全体の株主に対して拘束力を有するべきであり，株主は元の出資比率に基づく追加出資の義務を負っている。さもなければ,会社の決議は執行するすべがなくなる。例えば，会社が財務困難により差し迫って増資すべきときなどである。

第二，増資時の旧株主間の持分範囲。

《会社法》第35条は，会社が新たに資本を増資するときは，原則上旧株主は払込出資の比率に応じて優先的に出資を引き受けるが，全株主の約定があるときは出資比率による優先的な出資の引受をしないことができる。これは一面においては，旧株主の持分の維持と承諾を具体的に表しており，もう一つの面では，株主の増資時における意志の尊重を体現している。

第三，増資時の旧株主と新株主の持分の範囲。

　増資時，会社は利益がある状態であり大量の準備金，資本準備金及び未処分利益を保有することができる。そのため，その純資産は会社本来の資本をはるか大きくすることも可能である。しかし，会社は欠損状態になることもあり得る。いかなる経営上の蓄積もなく，純資産は早くからその資本を下回り，債務超過ですらあり得る。このような状況下では，合理的な増資方法は，まず初めに会社の現有資産に対して全面的な評価を行い，会社の純資産あるいは株主持分の真の価値を確定し，更にこの基礎の上に原株主の持分権の比率及び新株主の出資金額と持分権比率を確定する。利益がある状態では資本を高めることによる株主利益は原株主が共有すべきであり，増資後のすべての新旧株主に当然に帰属させるべきではない。同時に，欠損状態の下では新株主の相応する比率での出資も当然に原株主の出資額に応じて確定すべきではない。そうでなければ新株主は旧株主の持分を不当に占有するかあるいは旧株主が不合理に新出資の利益を獲得することになる。

第七章　出資制度

第一節　概　説

　出資とは，株主（発起人と引受人を含む）が会社設立あるいは資本増加の際に，株式または株主権を取得するために，契約た約定及び法律や定款の規定に基づき会社に向けて財産を払込むかあるいはその他の給付義務を履行することを意味する。出資は株主の基本的義務であり，出資に関する各種の法規や要件によって出資制度が構成されている。

一　出資と会社資本

　出資制度と会社資本制度は密接に関連しており，会社資本は株主の出資から生まれ，全株主の出資の総額が会社の資本総額である。会社法が厳格な資本制度を有しているからにはこれと一体化した出資制度が必要であり，会社法が裁定資本額の規定を有しているからには出資義務と配当の要件が必須である。法定資本制度の下では，資本の確定，維持及び不変の原則とは，まさに株主の出資行為の規則をもって実現するのである。株主は出資を一度に払込まなければならないという規則が会社資本の確定を保障することになる。株主が出資金を無断で引き出すことができないという規則が資本維持の要件を実現させている。厳格な出資制度がないと，真の会社資本制度確立の方法がなくなる。これについて言えば，会社資本制度の価値と機能は同時に出資制度の価値と機能でもある。

二　出資と有限責任

　会社法上の有限責任と無限責任は，株主の出資額をもって境目とし，有限責任は株主がその出資額を限度として会社の債務に責任を負う。無限責任は株主がその出資額によらずにその全財産をもって会社の債務に責任を負う。実際上，株主は出資義務を履行しさえすれば会社に対してそれ以上の財産責

任を負わない。その責任というのは既に払込んだ出資が回収できないだけである。このため，出資はその引き受けた有限責任が前提条件となり，全株主の出資総額が会社の法定最低資本金に達することが，会社が独立法人格を取得し独立責任を負う必要条件ともなる。

三　出資と株主権

出資は株主の義務であり，株主権取得の事実上の根拠であり，法律上の根拠でもある。民商法の権利義務一致の原則に基づき，株主は権利を享有し義務を負わなければならない。株主は株主権を享有するからには出資の義務を負わなければならない。出資は実際上株主権の対価である。会社株主の地位と資格は誰でも取得でき，会社に対する出資の承諾を前提として実際の株主の持分を獲得する。これは出資義務の実際の履行を前提としなければならない。同時に，株主が享有する株主権の大小はその出資の比率または金額いかんで決まる。有限会社の株主は通常出資比率に応じて株主権を有し，株式会社では出資の金額に従って株主権を有する。

四　株主の出資義務

出資は株主の最も基本的で最も重要な義務であり，この義務は一種の約定義務であり，同時に一種の法定義務でもある。株主は一般に会社設立に係わる契約（または発起人契約）への署名あるいは株式引受書形式を通じて各自の出資比率または金額を取り決める。この出資条項は会社設立に係わる契約の主要な内容の一つであり，同時に，出資は会社法が定める株主が負わなければならない法定義務でもある。会社成立の条件として，定款の制定が必須であり，出資義務の割当は会社定款の必須事項であり，株主間に何らかの約定がなくとも株主の出資義務を免れることはできない。

行為内容の違いにより株主の出資義務違反行為は，完全不履行，不完全履行及び不適切履行の3種の形式がある。

完全不履行とは，株主が全然出資しないことであり，具体的には出資拒絶，出資不能，虚偽出資，出資の無断払戻しに分けられる。出資拒絶とは，株主が設立に係わる契約あるいは株式引受契約の成立発効後に規定に基づく出資を拒絶することである。出資不能とは，株主の客観的条件の変化により出資義務の履行が不能となることである。例えば，出資する非特許技術が漏洩し

第一節　概　説　*289*

たり，出資する不動産が財産権の移転手続き前に毀損または滅失したりすることである。虚偽出資とは，出資済みであると公言するが実際には出資していないことであり，その性質上詐欺行為である。例えば，実際に貨幣なしで銀行の計算書を取得するかあるいは虚偽の現物出資により出資監査報告書を騙し取って会社登記手続きを行うことである。出資の無断払戻しとは，会社成立あるいは出資監査報告の後で払込済みの出資を引き出すことでありその性質上詐欺に属する。上述の行為のなかで比較的複雑なのは，出資の無断払戻し行為の認定であり，実務上，出資の無断払戻しは下記のような種々の形態で表われる。(1)資金が会社の口座に入り出資監査報告の後再び出て行く，(2)会社成立後，株主が根拠なく会社資金あるいはその他の財産を移転させる，(3)法に依らず法定準備金を引き出すかまたは年間の損失を補填する前に利益を配当する，(4)会社が赤字状態で利益を水増しした虚偽の財務報告書を作成し配当する，(5)会社が株主の株主権を買い戻したが未だ減資手続きを行っていないかまたは株主が依然として株主の権利を行使している，(6)株主が支配する他の民事主体と会社との間の取引関係，取引経費の水増しによって形を変えて会社の財産を取得するなどである。

　不完全履行は，額面不足履行とも称し，株主が履行した出資義務の部分が規定額に満たずに払込むことを指し，貨幣出資の不足や現物出資並びに知的財産権等の非貨幣出資の価値が定款で定める価額より著しく低いことなどである。

　不適切履行とは，出資の時間，形式または手続きが規定に適合しないことであり，出資の遅延，瑕疵ある出資などを指す。遅延出資とは，株主が定められた期限に従わずに出資金を払込んだり現物等の財産権の移転手続きをしたりすることを指す。瑕疵出資とは，株主が払込みした非貨幣出資の財産に何らかの権利が存在するかまたは瑕疵があることを指す。

　行為発生の時期の違いにより，株主が出資義務に違反する行為は会社成立前の不履行と会社成立後の不履行に分けられる。会社成立前の不履行は会社不成立となる可能性があり，会社成立後の不履行は会社の登録資本の変更あるいは解散をもたらす可能性があり，甚だしい場合は会社の取消しとなることがある。《中外合資経営企業における経営各当事者の出資の際の若干の規定》によると，共同経営の各当事者は，所定の期限に従って出資を払込むことができないときは，共同経営企業は解散したものと見なされる。共同経営

各当事者の第一期の出資後にその他のいずれかの期の出資が3か月を超えても出資しないかまたは出資不足のときは，工商行政管理機関は原審査機関と共同で2か月以内の完済を通知し，期限までに完済しないときは，審査機関はその許可証を取上げる権限を有し，登記機関はその登記を抹消し営業許可証を没収することができる。

五　株主の出資責任

株主の出資責任とは株主が出資義務に違反したときの法律的な結果である。株主が出資義務に違反する行為は，会社成立の前では契約法上の契約違反行為に属し，出資を全額払込済みの株主が採用できる違約救済手段である。更に自身が受けた損失について出資未納の株主に対して賠償請求ができる。会社成立の後では，株主間の違約責任以外には，株主の出資義務違反行為は同時に会社法上の違法行為及び会社利益に対する損害を与える行為となり，会社はそれに対する責任を追及する権利を有する。会社法の学説及び各国会社立法では一般に株主の出資責任は，出資違約責任と資本充実の責任とに分かれる。

（一）出資違約責任

出資違約責任は一般株主の出資責任の追及に適用される。具体的な救済手段の主なものは次の通りである。

(1) 出資の追徴。これは出資義務違反に関して，会社がまだ履行可能な株主に対してその出資義務の履行継続を要求することである。会社の追徴によっても株主が依然として出資義務不履行の場合，会社は強制履行を請求する権利を有する。出資の追徴は救済手段の一種として非貨幣出資の状況下でよく用いられる。例えば，不動産会社設立のためにある発起人が土地使用権をもって出資することが確定したならば，当該出資は会社の目的実現のための必要条件であり，当該発起人が出資義務不履行ならば会社は成立不能となる。このような状況下では，他の発起人または会社は当該発起人を被告として強制履行の訴えを提起しその出資を追徴し会社の成立を確保する。

(2) 失権の催告。失権手続きとも称する。会社は出資義務不履行の株主に対してその一定期限内の履行を催告することができ，期限内に履行しない場合はその株主の権利が喪失し，その株主が引き受けた株式は別に募集することができる。この種の失権は当然権利を失うことであって，失権後例え引受

人がその後出資金を払込んだとしてもその地位を回復することはできない。そのため，失権催告は引受人に出資義務の速やかな履行を催促する効果がある。

(3) 損害賠償。株主の出資義務は，一種の負債の義務であり，株主が出資義務に違反して会社及びその他の株主に損失を与えたときは損害賠償責任を負わなければならない。会社が成立している状況下では，出資義務に違反した株主は会社に対して損害賠償責任を負わなければならない。株主が出資義務に違反し会社が成立不能あるいは取消，解散を招く状況下では，違約した株主はその他の約束を守っている株主に対して損害賠償責任を負わなければならない。大多数の国の会社法ではいずれも損害賠償は他の救済手段と併用される救済方法であり，その他の救済手段ではその受けた損害の補填に不足するときは，会社あるいはその他の約束を守っている株主は，株主が受けた損害の賠償を請求することができると定めている。

(二) 資本充実責任

資本充実責任は会社発起人の出資責任の追及に際して適用される。それは発起人の自己の出資義務違反行為に対する出資責任の要求であるだけでなく，会社資本の充実に対して相互に負う出資担保責任の要求でもある。それは会社発起人の間で樹立した一種の相互催促，相互に約束した出資担保関係を通じて資本充実の目的を達成するものである。それらの具体的な責任は次のように分かれる。

(1) 引受担保責任。株式会社を設立して株式を発行するとき，その発行株式が引受前または引受後に取消されたならば，発起人は共同して引き受けなければならない。

(2) 払込担保責任。出資担保責任とも称し，株主が株式を引き受けたが未だ出資金を払込まないかまたは非現金出資の対象物を引き渡さないとき，発起人は連帯して出資金を払込むかあるいは連帯して非現金出資の財産価額を払込む義務がある。会社発起人が担保の払込責任を履行後，会社は出資義務に違反した株主に対し失権手続きをとるという救済手段を採らない限りは、履行を代行した部分の株主権を当然に取得することはできず，出資義務に違反した株主に対して追徴賠償権を請求できるだけである。

(3) 差額填補責任。会社設立時に，出資する非貨幣財産価額が定款で定めた価額より著しく低いときは，発起人は不足する差額に対して連帯して填補

する責任を有する。差額填補責任を履行する発起人は，出資不履行の株主に対して求償権を行使することができる。

（三）出資責任の内容

中国《会社法》第28条，31条，84条，94条は，出資責任に関して個別に定めた規定である。

第28条では，有限会社の「株主が前項の規定通りに出資を払込まないときは，会社に対して全額払込むこと以外にも，出資金を期限通り全額払込んでいる株主に対して違約責任を負わなければならない」と定めている。

第31条では，有限会社の「成立後，会社を設立するための非貨幣財産の実際の価額が会社定款で定める価額より著しく低いことが判明したときは，当該出資を引渡した株主がその差額を填補しなければならず，会社設立時の他の株主は連帯責任を負う」と定めている。

第84条では，株式会社の「発起人が前項の規定通りに出資を払込まないときは，発起人契約に従って違約責任を負わなければならない」と定めている。

第94条では，株式会社「成立後，発起人が会社定款の定め通りに出資を全額払込んでいないときはこれを補充納付しなければならず，その他の発起人は連帯責任を負う。株式会社の成立後，会社設立のために出資する非貨幣財産の実際の価額が定款で定める価額より著しく低いことが判明したときは，当該出資を引渡した発起人はその差額を補填しなければならず，その他の発起人は連帯して責任を負う」と定めている。

以上の規定に基づくと，中国会社法上の出資責任とは，内容上主に以下の四つの責任からなる。

(1) 貨幣出資の払込責任。有限会社の株主が未だ規定通りに出資を払込んでいないときは，会社に対して全額支払わなければならない。株式会社の発起人が定款の規定通りに出資を全額払込んでいないときは不足額を払込まなければならない。

(2) 非貨幣出資の差額補填責任。会社成立後，会社設立のための非貨幣財産の実際の価額が会社定款に定められた価額より著しく小さいときは，当該出資の株主または発起人がその差額を補填しなければならない。

(3) 違約賠償責任。有限会社において未だ出資金を払込んでいない株主は，既に期限通り全額出資した株主に対して違約責任を負わなければならず，株式会社の発起人は発起人契約に従い違約責任を負う。

(4) 出資の連帯責任。貨幣出資未納または価値が不足している非貨幣出資に対しては、有限会社設立のときの他の株主、株式会社の発起人は連帯して払込むかまたは補填の責任を負わなければならない。

他の国と比較すると、中国会社法では株主が出資義務を履行しないときの催告失権制度や株式会社の発起人の株式引受担保責任をいまだに定めていない。その他の関連法規には催告失権の内容が定められている。例えば、《中外合資経営企業共同における経営各当事者の出資の際の若干の規定》によると、「共同経営の片方が共同経営契約の規定に従って期限内に払込まないかあるいはその出資を全額払込まないときは契約違反となる。契約を履行している他の当事者は、違約者に1か月以内の払込みまたは出資の全額払込みを催告しなければならない。期限を過ぎても払込まないか全額支払われないときは、違約者は共同経営契約中の一切の権利を放棄したものと見なされ、自動的に共同経営企業から脱退する。契約履行側当事者は、期限後1か月以内に原審査機関に対して共同経営企業の解散の許可申請を行うかあるいは違約者の共同経営契約における権利と義務を引き受ける他の共同経営者を探すことの許可を求める。契約履行側当事者は、法により違約側に出資の未払込あるいは全額支払いしないことによってもたらされた経済的損失に基づく賠償を請求することができる」。

(四) 出資責任に関する検討

出資責任は会社法の理論及び実務において極めて重要な問題であり、会社の紛争の多くは出資責任の紛争あるいは出資責任が直接または間接的に関連する紛争である。これらに対する中国会社法の規定はかなり分散しており、あまり整備されていない。このため中国会社法上の出資責任に対しては、会社法理と学説を結合して、以下のような角度から総合的に検討及び確認を加える必要がある。

(1) 有限会社の出資責任と株式会社の出資責任。会社法は有限会社と株式会社の両章においてこの2種類の会社の出資責任に関して別々に規定している。両種の会社の出資責任は基本的には同じである。株式会社に対しては、発起人間の出資の連帯補填責任を定め、有限会社に対しては明文の規定がないけれども、法理上は株式会社のこの規定は有限会社設立時の株主の間にも適用すべきであると考えなければならない。

(2) 会社設立中の出資責任と会社成立後の出資責任。会社法の出資責任に

対する規定は，会社設立過程から会社成立後の二つの段階について規定している。そこで焦点を当てている出資の不履行行為はいずれも設立過程において発生するかあるいは設立過程において承諾した出資義務に属する。しかし，法理上この規定も会社成立後発生する出資または承諾した出資義務の不履行行為にも適用されるべきであると考えられる。

(3) 発起人の出資責任と一般株主の出資責任。株式会社の出資責任に関しては，会社法は発起人の責任を定めるのみであり，一般の株主の責任については規定がない。法理上は，株式会社の一般株主の責任と発起人の責任は異なるべきであると考えられ，発起人の間では連帯責任を負わなければならない。但し，この責任は当然その他の一般株主に拡大するべきではなく，設立過程での株式引受人と会社成立後加入した一般株主にも出資の連帯責任を求めるべきではない。同時に，会社法の規定する有限会社設立時の株主間の連帯出資責任も設立後の株主の間に拡張適用するべきではない。株式会社の発起人あるいは有限会社の設立時の株主は，会社設立過程における特殊な地位に置かれ，通常その他の株主に比較して多くの機会や権利を享有できる。このため，更に重い連帯責任を設定することによってその責任を強化しなければならず，相互に効果的な制約を課すことによって投資者間の実質的な公平を図っている。

(4) 会社に対する出資責任と株主に対する出資責任。会社法上の出資責任は株主の会社に対する責任を含みまた株主に対する責任をも含む。会社設立過程における出資責任の追及は，通常は出資済みの株主が出資義務を果たしていない株主に対する追求であるが，会社成立後の出資責任の追及は主に会社から株主に対する追及である。しかし，同時に出資済みの株主の未出資株主に対する違約責任の追及も存在する。株主の株主に対する出資責任は違約責任に属し，株主の会社に対する出資責任は，学説上は違約責任という解釈もあり，不法行為責任であるという解釈もある。

(5) 貨幣出資の責任と非貨幣出資の責任。会社法は貨幣出資の責任と非貨幣出資の責任について別々に規定しており，非貨幣出資の価値が著しく不足しているときの差額の補填責任について特別に定めている。しかし，有限会社に対しては会社成立後の貨幣出資責任については未だ規定されていない。法理上からの検討によると，貨幣出資責任と非貨幣出資責任は決して本質的な区別があるのではない。出資形式の違いによって出資責任の有無を決める

べきではなく，会社法の非貨幣出資責任に関する規定は当然貨幣出資責任の確定にも適用するべきである。そのため，有限会社の成立後に貨幣出資の不足が発見された場合は同様に未出資株主がその差額を補填するべきであり，会社設立時のその他の株主は連帯して責任を負わなければならない。

(6) 出資払込責任と違約賠償責任。株主が出資義務に違反した場合，まず第一の責任は出資の払込責任である。すなわち継続履行義務であり，約定あるいは規定に従って会社に対して払込む出資の貨幣あるいは出資する非貨幣財産の給付である。履行継続ができないときは，出資形式の変更や引受賠償責任等の違約救済措置を採らなければならない。違約賠償責任は，履行ができないときにも適用することができる上に履行継続のときにも適用でき，会社に対する違約賠償にも出資済みの株主に対する違約賠償にも適用できる。未履行行為が会社あるいはその他の株主への受け入れ難い損失をもたらせば，約定あるいは法律の一般規定に基づき出資の違約賠償責任を追及することができる。

(7) 出資責任と連帯出資責任の区別。法律の明文の規定がないときは，株主の出資責任は連帯出資責任とは区別されるべきである。すなわち，各株主は自己が未出資の部分にのみに出資責任を負うだけである。法律の明文の規定があって初めて株主は連帯出資責任を負うべきである。上述の会社法の規定によると，有限会社設立時の株主と株式会社の発起人は，設立過程で生じる未出資行為や出資引受承諾などの行為に対して連帯責任を負う。この種の連帯には，出資済みの他の株主（または発起人）相互間の連帯でもあり出資済みの他の株主（または発起人）と未出資の株主（または発起人）間の連帯でもあるべきである。会社法で規定する「当該出資を払込む株主がその差額を補填しなければならない」とは，その他の株主のために該出資に対して単に補填責任を引き受けるだけであると理解すべきではなく，株主内部相互間の出資責任の概念を定めたものと理解しなければならない。

【本節実務研究】
●出資の不実の責任は訴訟時効の制限を受けるか否か
この問題に関しては，中国の現行法では明確に規定していないが，学説上の検討から出資不実の責任追及は訴訟時効の制限を受けるべきである。理由は，以下の通りである。

第一，会社が株主の出資不実の責任を追及しようが，他の全額出資の株主あるいは会社の債権者が出資不実の責任を追及しようが，またこの種の責任の性質は違約責任であろうが不法行為責任であろうが，いずれも会社，他の全額出資株主及び会社債権者の出資不実の株主に対する一種の債権請求権として表される。民法の基本原理に基づき，債権請求権は訴訟時効の制限を受ける。

　第二，株主の出資不実の法律関係において，会社，会社債権者並びに他の全額出資株主の権利は保護する必要があるが，この種の権利者が長期にわたって権利行使を怠ったならば，一定期間法律関係は不安定な状態に置かれることになる。原株主が既に譲渡してしまっていたならば会社の法律関係に複雑な関係が生じ，既存の法律関係の安定に影響を与えることになる。そのため，かなり長期間にわたって継続することによる社会的信頼の利益からの要請の両者を配慮して，株主が負う出資不実責任の時効による制限の承認が必要である。

　第三，長い目で見れば，出資不実責任の時効による制限を承認することは，会社債権者の利益を損なうことにはならない。出資不実責任の追及に対して訴訟時効を適用することの最も大きな懸念は会社債権者の利益に損害を与えるか否かである。実際のところ，債権者について言えば，会社が実際に自己の名義で担う民事責任の財産的基礎は所有者持分であって登録資本ではない。会社の成立当初は所有者持分あるいは純資産規模と登録資本は基本的には一致しているが，会社をある程度の期間運営した後は，純資産と会社設立当初の投資登録資本の関係がごく僅か変化する。そのとき会社の債権者が会社の債務返済能力を調査し，依然として会社設立当初の登録資本に依存するのみであり，依然としてすべての株主が出資を払込済みか否かの観点に限られているのならば，会社に対するイメージに戸惑いが生じがちとなり，市場の取引で必要とする基本的な理性を具備しないことになり，会社債権者の利益の保護に対してはあまり大きな実質的な意味がない。出資不実責任の追及をすることが訴訟時効の制限を受けなければならないと法律中に定めるならば，会社債権者に対し，長期間存在する会社と取引するときは，その登録資本の調査だけではなく，マクロ的な側面からその資産，管理，評判等各方面を調査しなければならないと警告することになる。会社債権者の基本的な「権益保護」の意識の養成は，長い目で見ると債権者自身の利益の維持及び取

引環境全体の健全で秩序ある発展に対して有益である。

　要するに，出資の不実責任の追及は訴訟時効の制限を受けなければならない。会社及び会社設立時の株主が瑕疵出資の株主に出資の補填を要める訴訟の時効は，いずれも会社成立の日から起算しなければならない。会社債権者の瑕疵出資の株主に対する賠償請求権の訴訟時効はそれを知った日または権利侵害の日から計算しなければならない。同時に，《民法通則》第137条中に定められた20年の最長の訴訟時効期間並びに《民法通則》中の訴訟事項の中止と中断に関する規定を適用しなければならない。

●出資義務違反時の株主の権利，責任及び法的地位

　出資義務違反が会社の利益に損害を与えることは言うまでもないことであり，全く出資していないか，出資額が足りないかあるいは不適合な出資であろうがいずれも会社の財産に対する実質的な占有であり侵害を構成する。当事者が特に関心を持つのは，出資義務違反が意味するものはどのような利益やリスクであるかということである。会社の経営が成功し効果や利益が良好で資産が急速に増加し株価も大幅に増殖したならば，未出資の株主は会社の利益配当に関わる権利があるかどうか，例えその追加補填が出資すべき財産であっても，相応する収益を追加享受できるかどうか。それと同時に，会社経営が失敗し収益が低下し資産の深刻な損失や株価が大幅に低落したときは，未出資の株主は会社経営の欠損を分担しその他の株主と同じ投資リスクを負うべきか否か，これらはいずれも株主と会社，更には債権者の利益に関わる重大な問題である。はっきり言えることは，全く未出資の株主と出資額不足の株主あるいは不適切出資の株主の法律効果は当然に異なる。後者は，既に出資した範囲内で享有する株主権を否定することはできない。ここで検討する必要があるのは株主の未出資部分あるいは全然出資していないときの権利義務と法的な地位である。

　(1) 株主の権利。権利と義務の統一，利益とリスクの一致は民商法の永久不変の原則であり真髄である。株主が出資義務に違反したら，当然のことながら株主の相応する権利を享受すべきではない。会社に対して未だ何らの出資もしていない場合は，約定の出資比率に従って会社の業務管理権や会社の利益配当権を享有することを認めることは不思議である。会社運営のメカニズムから言えば，会社経営活動はその資本が基本的な物質条件であり経営手段である。資本の由来は株主の出資であり，会社の経営活動は実質的に株主

の投資に対する支配であり，会社の経営収益は実質的には株主の出資財産がもたらす収益である。その結果，それは当然に実際の出資者に帰属する。そのため，出資義務を完全に履行していない株主に対しては，その株主権の行使は一定の制限を受けなければならない。この種の制限は，具体的な株主権の性質によって定められ，出資比率によって株主の権利が確定する。例えば，配当請求権，残余財産分配請求権，議決権等は，実際の出資比率に基づいて行使すべきであり，出資比率で確定しない株主の権利，例えば，株主会への出席権，提案権，株式譲渡権等は制限を受けずに享有することができる。

(2) 株主の義務と責任。未出資株主は，相応する権利を享有しないけれども株主として負うべき義務と責任から免れることはできない。出資義務は具体的な株主の権利をもって対価とするのではなく，会社設立に係わる契約の約定と会社法ならびに会社定款の規定によって生じるものである。会社設立過程においてそれは契約義務に属し，会社成立後においては法定義務となる。いかなる株主も実際に出資していなければこの種の義務が免除されることはない。この義務に違反した場合は相応する法律上の責任が生じる。それは全額払込みした株主に対する違約責任と会社債権者に対する出資範囲内での債務完済責任である。後者は，まさに株主有限責任制度の本質的な内容である。中国新《会社法》は分割払込み制度を導入した後も，期日までに全額出資しないときは全額出資済みの株主に対しては依然として違約責任を負わなければならない。更に，注意すべきことは，新《会社法》では，株式会社の発起人の連帯払込責任と差額填補責任を増設し，中国の出資義務違反に対する責任体系を整備した。

(3) 株主の資格と地位。会社法において株主は常に会社の出資者として定義される。厳密に言えば，株主は出資義務を負っている人であるが，必ずしも実際に出資した人ではない。株主が出資義務を履行しない場合でも決して負っている株主資格が変わるものではない。この資格は会社定款や株主名簿の記載いかんで決まるものであり，更に重要なのは工商行政管理部門の登記の確認であり，この文書では当該株主の出資義務の履行は証明できないが，その資格の基本的なよりどころを証明することはできる。中国《会社法》第33条第2項では，株主は株主名簿に基づき株主の権利を主張することができると規定している。以上のことから，新会社法は株主名簿に株主資格の確認の根拠を付与したと言える。第3項では，「会社は株主の氏名または名称並

びに出資額を会社登記機関に登記しなければならない。登記事項に変更が生じたときは変更登記手続きをしなければならない。登記または変更登記をしていない場合は第三者に対抗できない」と定めている。これらの規定に基づき，会社登記機関の登記は対外的な公信力を具備し，例え株主名簿の記載と工商登記が一致していないときは，株主名簿の記載で第三者に対抗できない。当然，株主が確実な証拠をもって自己の出資義務履行を証明し株主資格を有することを排除しない。未出資株主の株主資格を否認することは，それと会社の間のいかなる法律関係をも否定することに等しく，その出資責任の追及もその根拠が失われてしまう。実務上，当事者が権利を享受しないが義務を負うことに対しては説明がつかないし，受け入れがたい論理矛盾もまさにこの点にある。

●出資義務違反の救済方法

株主が出資義務を履行しない場合は，その他の株主及び会社は自身の合法的権益を守り資本の不足を補うために，以下の救済手段を採ることができる。

(1) 資本の減少，株主権の取消し。すなわち株主が未出資の部分について会社資本の中から減額することであり，会社資本と株主の実際の出資額を一致させ，当該株主の株主権及び株主の身分を取消すことである。この救済方法の採用は，会社の財産規模や範囲を直接縮減することになり，会社の債務返済能力を低下させる。そのため，法定の縮減手続きに従って厳格に行う必要があり，現有債務に対して返済するかあるいは債権者に対して適切な担保を提供した後でのみ，未出資株主の会社退出が有効となる。

(2) 代替出資，債務弁償。他の株主が未出資の株主の代わりに出資義務を履行することであり，当該株主の資格は引き続き存続し株主権についても問題がない。同時に，代替出資の株主は当該株主に対して追徴の権利を取得する。追徴がうまくいかないかあるいは当該株主に完済能力がない場合は，代替出資の株主は引き続き追徴するか又は当該株主権を出資履行の担保として取得するかを選択しなければならない。

(3) 株主権の譲渡，株主の変更。未出資株主の株主権を直接他の株主または株主以外の投資者に譲渡することであり，譲受人が相応する出資義務を履行する。これと前述の方法との違いは，代替履行，出資金の追徴の中間の手続きであり，株主権の譲渡により直接当該株主権を取得する。

未出資株主と既出資株主は上述の方法において立場が全く異なるのは明ら

かである。例えば、会社の経営が良好であれば、未出資株主は出資を補填し完全な株主権取得を選択するであろう。会社の経営が不良である場合、出資せずに会社から退出するであろう。そしてその他の株主は全く反対の立場をとるであろう。民商法の原則は従来から善悪や過失の帰属を見分けており、上述の方法の選択権が無過失の既出資株主に帰属するのは疑いの余地がない。過失のある未出資株主はこの点においては受動的な不利な結果を負わなければならない。しかし強調する必要のあるのは、株主権の譲渡は株主固有の権利であって、株主債務の清算のための訴訟手続きにおける強制執行以外には、株主権は強制的に譲渡させることはできない。既出資株主が株主権の譲渡を選択したならば、未出資株主の同意を前提とすることが必要であり、実務において現れる強制的な脱退あるいは株主の除籍はいずれも会社法の基本法理と相反する。

第二節　出資の形式

一　出資形式の法定性

　出資制度において、会社法が実行するものは出資形式法定主義である。すなわち株主はいかなる種類の財産を出資するかについて、株主自身が保有するいかなる種類の財産または資源かをおおまかに取り決め、また会社経営で必要とする財産または資源はいかなる種類のものかをおおまかに取り決め、法律でいかなる財産を株主として会社に出資できるかを直接定めることである。出資形式の法定主義及び制限は会社法が実行する法定資本制度とは相互に補完関係にある。出資が会社資本の根源であるからには資本信用について更に踏み込めば出資の信用となる。そのため出資条件に対して法定の制限を加えることは必要である。さもなければ法定資本制度の機能は実現するすべがなくなる。

　1993年《会社法》では貨幣、現物、土地使用権、工業所有権及び非特許技術等5種類の出資形式のみを想定。更に工業所有権等の無形資産を出資するときの最高限度を規定し、持分権、債権等その他の経営要素や条件での出資は排除されていた。2005年《会社法》では出資形式に関して大きな改正を行った。依然として法定主義を採用しつつも出資形式についてはもはや簡単に列挙するのみであり、列挙と抽象的な出資基準を互いに結合させる方法に

変更した。すなわち，一方では貨幣，現物，知的財産，土地使用権の4種類の最も普遍的な出資形式を列挙し，他方では「貨幣により評価し法により譲渡することができる」と非貨幣財産を評価して出資するという抽象的な基準を規定した。出資の財産範囲を大きく緩和することになった。

二　法定出資形式の要件

　法律は，出資形式は会社資本の信用により決定する。会社資本を構成する株主の出資は，会社のために使用でき得るものであって経営の機能を具備するという要件があるだけでなく，債務返済能力の機能をも具備する必要がある。旧会社法で規定する5種類の出資形式はこの要件を具体化しており，新会社法ではこの要件を株主の出資形式のための法定要件として直接規定した。

　《会社法》第27条では次のように定めている。「株主は貨幣で出資することができ，現物，知的財産権，土地使用権等の貨幣により評価し法により譲渡することができる非貨幣財産を評価して出資することもできる。但し，法律，行政法規で出資することができないと定めている財産はこの限りでない」。この規定によると，貨幣出資以外に，株主は非貨幣財産でも出資することができる。但し，非貨幣財産の出資には以下の法定要件を具備する必要がある。

（一）貨幣での価値評価

　価値の面での確定性を有するということは，出資する財産が財産価値を有するだけでなく，その価値が具体的に確定あるいは評価できることである。貨幣による価値を用いることは会社資本の確定，真実性の要求であり，出資比率あるいは金額的根拠を確定することであるのみならず，その財産をもって会社債務を清算するときの計算根拠でもある。価値評価できない財産では，株主が出資の義務を履行しているか否かを確定することができず，会社債務の清算にも使用することができない。

（二）法による譲渡

　譲渡性は，会社株主により会社に財産を出資し，これを会社の経営のために使用できるばかりでなく，会社が対外債務を清算するときに会社から会社の債権者に有効に移転でき，更に債権者が有効な財産として利用できることである。財産が法により譲渡できるということは，その客観的な性質をもっ

て法による譲渡ができることであり，出資財産として法律により譲渡を禁止あるいは制限されていないことでもある。同時に，財産の譲渡は出資財産のすべての権利の譲渡でなければならない。例えば，現物財産の所有権の譲渡及び特許権や商標権の譲渡などである。もしも現物財産がその用益物権のみを譲渡するか，特許権や商標権の使用権のみを譲渡した場合は，現物出資または特許権や商標権自身の出資に属さず，その他の相応する財産権の出資となる。

上述の要件に従い，現物や土地使用権は価値面で定量化し易く，知的財産権は無形資産に属するが現有資産によって技術評価を行うことも十分客観的合理的な価値評価もできる。同時に，この３種の財産は客観的にも法律的にも完全に移転性を備えており，会社法で明文列挙する３種の最も普遍的な非貨幣出資形式となる。これ以外には，株主権，債権，経営権等のその他多くの財産権も上述の要件を備えることによって出資とすることが充分にできる。労務，信用等の一部の財産あるいは経営資源は，経営面での機能を有しており，株主から会社に譲渡し会社のために用いることができるが，将来債務を清算するときに会社から債権者に対して有効な移転を保証できないときは債務清算機能を有さず出資形式から排除される。

三 会社法列挙の出資方式

（一）貨幣出資

貨幣出資は法律関係が最も簡単であり，当事者間のもめごとや紛争が最も少ない出資形式であり，当事者が約定に従った金額と時期に貨幣を会社または徴収会社の設立口座に払込みしさえすれば出資義務の履行となる。その理由は貨幣出資における直接的な表現は貨幣の金額であり，財産的価値を評価するに及ばない。同時に，一般的に等価物として貨幣出資は払込みするだけで簡単であり，特別な権利移転を必要としない。

貨幣出資は会社設立実務において最も必要なものであり，株主が最も歓迎する形式である。貨幣は最も柔軟性のある財産形態であり，会社の経営においてある特定の物品を必要とすることがあるが，発達した市場経済条件の下では十分な貨幣支払い能力がありさえすれば会社経営で必要とするいかなる物品でも市場を通じて獲得することができる。そして競争が十分な市場では物品の選択や対価の確定面において会社を有利な地位に保持させることにな

る。

　しかしながら，中国における貨幣出資は，多くの当事者に対して言えば最も困難な出資形式である。大量の現物，土地，工業所有権等を保有するが，貨幣資金に欠ける投資者がいる。とりわけ，ある国有企業は資産が豊富で規模が巨大であるが，キャッシュフローが著しく不足しており，給料の支給すらもかなり困難な状態が生じている。その対外投資，会社改変及び上場の主要目的は，社会に向けて資金募集して資金的な困難から脱出することにある。そのため，実際には大型企業の巨額出資であればある程貨幣出資が占める割合は小さく，小型会社の少額出資であればある程貨幣出資の占める割合は大きくなる。

　貨幣出資に特有の法律問題は，借入資金をもって会社の登録資本とすることができるか否かである。資本は全株主の出資総額であり，借入資金をもって登録資本とすることの可否は，借入資金をもって貨幣出資とすることができるか否かということでもある。いわゆる借入資金をもって資本または出資とすることには二つの状況がある。第一は，会社が負債者として対外的に借金し会社が返済責任を負うもの，第二は，株主が負債者で対外的に借金し株主が返済責任を負うものである。前者は，株主関連の手配による借金で会社に資金を獲得させるものであるが，同時に会社に対外的な負債を形成させるものであり，決して会社が構成資本の純資産を獲得するわけではない。株主も実際に出資の責任を負うのではなく，会社資本の基本原則及び制度に違反することになる。そのため,借入出資は法律が禁止するものである。後者は，株主に対して言えば借入資金であるけれども，会社に対しては借入資金ではなく株主にとっては自己資金を出資するのと同じである。会社の自己財産を構成するのであって，決して会社の負債となるのではない。株主にとっては完全に出資義務を履行することになり，ただ単にこの種の履行条件が対外的な負債を通じて獲得されるに過ぎない。会社に対して言えば，株主が出資に用いる財産の出所が，自己保有かあるいは借入かによっては特別の法律問題は生じない。財産自体が現物でもなく権利上の瑕疵もないので，その出資は法律の要件や目的を達成することができる。

(二) 現物出資

　現物出資とはすなわち民法上の物の出資であり，建物，車両，設備，原材料，製品あるいは半製品等を意味する。出資に用いる現物は，まず初めに財

産価値を有していなければならず，そうして初めて出資額や資本額を定義することができる。次に，出資する現物は会社の経営に必要なものでも，また会社の経営に無関係のものでもよい。株主が現物出資を使用する目的物が会社において換金でき，その財産価値を実現することができれば認められる。現物が出資に用いられるか否かは株主の協議によって決められなければならない。

現物出資は，実務において非常に普遍的な出資形式であり，直接的な現物出資は会社経営にとっても必要な状況も多くある。会社成立後に自ら購入する煩雑さを回避することもでき，更には合理的な評価をする場合，会社の購入コストを下げることが可能である。中国では，多くの国有企業やグループ企業は組織改革した会社であり，国有あるいはグループの投資主体はしばしば元の国有あるいはグループ企業の現物資産を出資することになる。多くの会社においてそれは出資総額のかなりの部分を構成している。

現物出資は外商投資企業においての認定はかなり複雑な状況がある。中外合資会社によっては，契約と定款に外国投資者が外貨で出資すると規定したが，実際には外国投資者が外国で購入した設備や生産ラインを合資会社に投資することが往々にしてある。資金の流動や支払いによって貨幣出資か現物出資かを確定する必要がある。中国の外国為替管理の規定によると，合資会社が外国投資者の出資を直接諸外国で支払うことは認められていない。設備購入資金が合資会社の口座に未だ入っておらず，外国投資者が直接支払った場合，現物出資として認定すべきである。資金が合資会社の口座から支払われた場合，例え外国において外国投資者が手配して購入したとしても貨幣出資として認定される。

(三) 知的財産出資

知的財産権出資には工業所有権出資や著作権出資を含む。工業所有権に対しては，狭義と広義の二つの異なる解釈が存在する。狭義の工業所有権とは商標権と特許権を指す。広義の工業所有権の範囲はかなり広範であり，《工業所有権の保護とパリ条約》第1条の規定に基づくと，工業所有権の保護対象は少なくとも特許，実用新案，意匠，商標，サービスマーク，商号，出所表示，原産地名称等を含まなければならない。通常の意味及び実務において普遍的に採用される工業所有権出資は商標権と特許権の出資である。しかし，法定出資形式の条件によると，出所表示と原産地名称はそれ自体の性質

から出資に供することができないので，サービスマークと商号は，理論上は出資上の障害は存在しないので，出資形式として許可されるべきである。

　工業所有権出資について一般的に言えば，工業所有権の条件に適合しさえすれば出資とすることができるが，特殊な条件下ではこれに対して法律は特別の要求あるいは制限を行っている。例えば，外商投資の有限会社に対しては，《中外合資経営企業法実施細則》第28条の規定に基づき外国の共同経営者（すなわち外国株主）として出資する工業所有権またはノウハウは下記の条件の一つを充足しなければならない。

　(1)　中国で差し迫った需要がある新製品または消費者のニーズに合って輸出できること

　(2)　現有製品の性能，品質，生産効率の向上を顕著になし得ること

　(3)　原材料，燃料，動力を顕著に節約できること

　著作権出資に対しては，1993年《会社法》には規定されておらずただ工業所有権だけが定められていた。2005年《会社法》でそれが知的財産権出資と変わり，著作権も法定出資形式の一つとして含まれるようになった。実際のところ，著作権は完全に法定の出資形式の要件を具備しており，それは財産価値を見積もれる財産でもあり完全に法により譲渡もできる。商標権，特許権に対するのと同様に，著作権には譲渡でき得る財産権の内容が含まれている。そのため，著作権の財産的な権利を使って出資することは十分にできる。特に，コンピュータ技術の発展に伴ないコンピュータソフトの著作権はますます重視されるようになり，知識経済時代の重要な無形財産となってきた。コンピュータソフトの著作権が出資として認められることは，知識経済時代の要件に適合するものであり，科学技術の進歩を推進し科学技術の生産力への転換の要請を加速するものである。

　知的財産権は無形資産に属し，特許権，商標権あるいは著作権であるかに関わりなく，いずれもそれ自身が財産的価値を有している。同時に，それは多くの会社が経営の重要な手段や条件として頼り，特にある種の知識集約型のハイテク企業に関しては，工業所有権というこの種の無形資産に対するニーズは，貨幣や現物等の有形資産に対する以上のものですらある。ある種の技術の開発のために会社を設立することができるし，ある種の商標やブランドの優位性を拠り所として会社を経営することもできる。一つの作品が出版会社の重要な経営目標であり，一つのコンピュータソフトも会社の経営の

最重要な資源として依存することもできる。社会的な生産力の発展と生産方法の変革に伴って，無形資産の会社経営における効果と地位は日ごとに明らかとなってきている。そのため知的財産権は重要な法定出資形式の一つとなった。

知的財産権出資は，投資者の資源の補完と科学技術要因の特殊な投資ニーズにうまく役割を発揮してきた。現代企業制度の下では，知的労働者は被雇用者として労働収入を取得することには満足せず，投資者として会社の管理や経営収益の分配に参画することを望んでいる。工業所有権出資は，技術保有者や開発者間の資源補完や利益とリスクの矛盾を具合よく解決し，技術成果の開発利用のための法律的なルートを切り開いた。

（四）土地使用権出資

土地使用権は会社法の法定出資形式となり，客観的な理由と十分な根拠を有している。まず，土地は民事主体が所有できる最も重要な財産である。民事主体の財産構成において土地は昔から重要な位置を占めている。公有制社会においては土地公有制度を実行しているが，土地の有効利用のために設定した土地使用権や請負経営権等は，同様に民事主体が満足して生活に必要な重要な物質を生産する条件と財産的な権益を構成する。土地開発あるいは不動産経営に従事する会社について言えば，土地使用権は特に欠かすことや代替することができない経営条件である。株主が土地使用権をもって出資することが認められることは，土地資源を株主から会社に利用させる効果的な道筋であり，土地経営の効率を十分に発揮することができる。

次に，土地に対するニーズは会社経営活動の最も普遍的な要件である。会社の経営活動には相応する生産活動の拠点と必要な生産経営の条件が欠かせない。土地は疑いもなく会社経営拠点の最も基本的な形式である。会社の経営拠点は借用あるいは賃貸によって確保できるが，更に自ら有する土地に経営拠点を設置することは，経営の安定性と経営コストのコントロールや低下のニーズに基づき，会社が自己の土地を保有することは多くの場合より望ましい選択である。

最後に，土地は自然資源として，財産価値上通常は一般の動産より抜群の高価値があり，その他の財産とは比較し難い価値の保証や増殖性がある。土地も会社法が要求する貨幣評価可能性及び譲渡性の要件と完全に合致する。それ故，いかなる国でも土地は当然に会社財産の重要な構成部分となり，会

社出資の最も重要な目的物である。

中国では歴史と現実の複雑な原因により，多くの国有企業経営の効果と利益においては劣っているが，保有し支配する財産における最も価値がありかつ金額が巨大な資産はまさにその保有する土地である。20世紀80年代以来，外資の誘致と外商との合作のために創設する中外合資企業において，土地は中国側投資者の最もよくある普遍的な投資形態となっている。中外合作企業に関しては，中国側は土地を合作条件として投資し，外資側は資金投資を合作条件とすることがこの種の企業の重要な法律的特徴となっている。多くの状況のなかで，外商と中国側の合資あるいは合作は明らかに資源補完的な性質を帯びている。外国投資者が中国側を見るのは，まさに中国側が提供できるその公開市場より更に土地条件のメリットあるいは土地の開発価値である。

土地使用権は会社の実務においてかなり普遍的で重要な出資の目的物であり，中国土地制度と土地使用権それ自身の特徴によって定められるものであり，また土地出資に対する特別の法律的な要件が形成される。要約すると，土地使用権出資の法律的要件と条件は以下の通りである。

(1) 土地の出資は使用権の出資であり，所有権の出資ではない。中国では土地はかなり特殊な財産である。土地の国所有と集団所有は公有制の基礎であり，国と集団組織だけが土地所有権の主体となることができる。そのため，いかなる企業または会社の土地の占有であってもそれは所有者としての占有ではなく，使用者としての占有である。企業や会社が土地に対して享有する権利は使用権であり所有権ではない。企業が土地を出資するときは，出資の目的物は土地の使用権であって土地の所有権ではない。

(2) 出資に用いる使用権は国有地の使用権であって，集団の土地の使用権ではない。土地使用権による出資は，実際上は使用権が出資者から会社に譲渡されることである。現行法の定めにより，財産権として譲渡できるのは国有地の使用権に過ぎない。集団組織が，集団が所有する土地を対外投資したい場合は，まず集団の土地を国の収用の手段を通じて国有地に変え，再度国から土地譲渡の方式により国有地の使用権を獲得する必要がある。

(3) 出資に用いる土地使用権は払い下げられた土地の使用権だけであり，割当てられた土地の使用権ではない。中国では，国有地の使用権は割当て地の使用権と払い下げ地の使用権に分かれる。前者は，各種の社会組織がその

特定の社会的な職能に基づいて国から無償で取得するものであり，後者は国に土地の譲渡金を払込んで取得するものである。土地使用権による出資は，土地使用者の営利的な投資行為であり，それ故有償で取得した払い下げ地の使用権をもってのみ出資することができる。割当て地の使用権は元の使用者のみが自己使用できるのであり対外投資に用いることはできない。

(4) 出資する土地使用権は権利負担を負っていない土地使用権でなければならない。使用者の経営行為により土地使用権は抵当権のような権利負担を背負っていることがある。この種の土地使用権は権利の行使や処分する上で法律や抵当権者等の権利者からの制限を受けるばかりか，そのために他の権利者から請求されることによって財産価値上の評価ダウンが生じ，投資価値を完全に失うことすらあり得る。瑕疵のある権利を出資に用いれば，投資者や株主の出資を実体と異なるものに変えることになり，会社法で定める資本確定の原則に違反する。内部的には他の投資者の利益に損害を与え，外部的には会社債権者の利益に損害を与えることになる。

四　その他の出資の方式

会社法で列挙する4種の典型的な出資方式以外には，その他各種の財産も法定出資方式の抽象的要件に適合する。そのなかでも比較的普遍的なものは株式（持分権），債権，非特許技術及び企業全体の資産である。

(一) 株式出資

株式（持分権）出資とは，株主が別の会社に対して保有する株式をもって投資することであり，更に会社が株主として取得し会社に対して株主権を行使することである。この種の出資は本質的には株式の譲渡に属し，株主が保有する他の会社の株式を会社に譲渡することである。

株式は，会社の発展に従って日ましに普遍的な存在になった民事的権利であり，公民や法人の財産構成において日々重要となってきたものである。株式をもって対外投資することは民事主体が財産を処分し投資運用する基本的なニーズである。特に，企業改革，資産再編などの上場会社の再構築の過程において，株式交換による新会社への出資は，多くの投資者が優先的に選択する出資形式であり，現在の会社実務においてはその範囲は異なるが既に採用されているものである。

しかし，株式はそれ自体特殊性を有しており，株式の価値は決してそれ自

身で決まるわけではなく、また株主が株式を取得したときに最初に投資した出資額によって決まるものでもない。株式が会社の総資産から総負債を減じた残高、すなわち会社の純資産あるいは株主持分によって決まるものである。同時に、株式の価値があまり安定していないのは、その会社の経営結果や資産変化によってその時々で変動するからである。そのため、株式による出資をするには、その財産の性質と特徴を十分に知らなければならない。その財産に対する価値の客観的な評価を行うとすれば、通常は会社の全面的な資産評価や財務監査を行う必要がある。株式出資後は、各種の情況変化により、株式価値の変化や最終的には価値実現が不能となったときは、それによって出資の真実性を認定するべきではない。株式出資の真実性は、出資時の株式の実際的な価値と情況によって認定するべきである。

(二) 債権出資

債権出資とは、株主が第三者に対して有する債権を会社に投資し、そして会社が株主に代わって債権者として第三者に対して債権を有することである。債権出資は本質的には債権譲渡に属し、第三者の債権が株主から会社に譲渡されることである。

債権は投資者が有する重要な財産であり、法定の出資形式の要件を充足している。中国の会社実務においては債権出資の形態が比較的多く見られる。国有企業改革における上場企業の中の一部の企業は債権をもって出資としている。商業銀行改革と資産のリストラの過程において実行される「デット・エクイティ」も一種の債権出資の形態である。この種の「デット・エクイティ」は銀行が債務者の会社に対して有する債権を約定の方法によって会社の一定金額の株式に転換することである。銀行はこれにより債権者から当該会社の株主に変わり、会社の債務は消滅する。

債権出資の特殊性は株式出資に類似している。債権の価値あるいは債権額は疑問の余地がなく確定されるが、債権の行使にはかなり大きな不確定要素があり、債務者の商業的信用あるいは支払い能力がそれに決定的な役割を果たしている。債務者は債権自身の存在と金額に異議がある場合は、司法あるいは仲裁手続きで解決することができるのみならず、例え既に司法あるいは仲裁で勝訴判決を獲得した後の債権であっても、また既に法院の強制執行の下におかれている債権であっても、いずれも債務者が客観的にみて返済能力を喪失しているかあるいは破産に陥っていれば行使することができない。債

務者が悪意で借金を踏倒すようなビジネス環境下では，債権はふいになる大きなリスクを有している。株主が既に行使の望みのない債権やさらには連帯債務者のいずれもが跡形もなく見当たらないような不良債権で故意に偽って出資するときは，それに相当する部分の資本は虚偽の資本となってしまう。そのため，債権出資の価値評価に対してはその行使できないというリスクを十分に考慮しなければならない。債権出資後の各種の状況による変化で債権が最終的に行使できないようになった場合には，それによって出資が虚偽であったと認定するべきではない。

(三) 非特許技術の出資

非特許技術はノウハウとも称し，まだ公開も工業所有権取得による法的保護もされていないある種の製品の製造あるいはその技術の応用並びに設計，製造手続き，配合方法，品質制御及び管理方法などの技術知識を指す。非特許技術には，未申請の特許の技術成果，未授与の特許権の技術成果及び特許法で定める不授与の特許権の技術成果を含んでいる。非特許技術による出資形式の特徴と工業所有権出資は基本的には一致しており，関連する工業所有権出資の法的要件と規則が非ノウハウの出資と同じように適用されなければならない。

非特許技術は実質的な条件の上では特許技術と類似しており，違いは非特許技術が特許局に特許申請していないかあるいは特許権または特許法の保護を取得していないかにある。しかしこの種の技術は会社に対して同様に経営に利用できる財産価値を有し，同様に当事者間で有効な移転を行うことができる。1993年《会社法》で非特許技術は工業所有権等と列挙された5種の出資形式の一つとして規定に加えられた。2005年《会社法》では，その実際の応用が決して十分なものではないことを考慮して単独列挙されなかった。しかし，それがもはや出資の形式に属さないことを意味するわけではなく，むしろ非特許技術も新会社法の規定の法定出資形式の要件に完全に合致するものである。知的財産権に類似した出資形式として当然承認されなければならない。当然，この種の技術は権益の占有や権益の維持の面において困難さがあるために，技術貿易に占める比重は高くなく，出資の形式中における意義は決して大きくはない。

(四) 全資産出資

全資産出資は，包括出資とも称し，企業の全財産を株主の出資として会社

に移転させることである。法律面から見ると，企業は法律関係の主体であるとともに，法律関係の客体でもある。主体としては，企業は民事的な権利義務の享有者であり引受者である。客体としては，企業は物的要素と人的要素により構成された経営単位であり，取引の対象であり，譲渡交換が可能な特殊商品と全体的な財産である。企業請負，企業レンタル，企業の買収，併合などいずれも企業を取引対象とする経営行為である。企業の全資産を会社に投資することは，実務的に行われている出資形式である。

　全資産出資は，実際には4種類の情況に分けることができる。その一，出資する資産は企業の全財産で，すべての資産と負債を含む。その二，出資する資産は純粋な資産だけであり負債は含まない。その三，企業のある一部。つまり一部分の資産と一部分の負債で出資する。その四，企業のある一部の純資産だけで出資する。これらの出資はある単独の資産形式として表わすことはできず，同時に貨幣，現物，知的財産権，土地使用権，株式，債権などの企業の資産を構成する多種の形式を含み，企業の負債も含む。それゆえ，全資産出資としてみなされる。

　全資産出資は，それぞれの情況に従って相応しい評価を行い価値算定や履行をしなければならない。全資産が負債を含むときは，その出資額は純資産とすべきであり，すなわち資産総額から負債総額を除外した後の残高とするべきである。資産の評価に関しては，各具体的な資産の類型に基づく相応する評価要件に従って行わなければならない。不動産などの出資の交付には，個別の権利帰属の変更登記が必要となり法により手続きを行わなければならない。その他の資産の移転には，会社が登記管理機関の登記記載をしなければならない。

【本節実務検討】
●労務出資の法律問題

　労務出資とは，会社に対して既にまたは間もなく提供する労働あるいは業務を株主の出資とすることである。労務には簡単な肉体労働や複雑で高度な技術あるいは管理的な業務をも含んでいる。諸外国の立法において，イタリアなどの大陸法の中には，合名会社と合資・合名会社に対して労務出資を認めている国・地域があるが，それ以外の大部分の国は有限会社や株式会社に対して労務出資を否定している。フランスでは労務出資の完全許可から条件

付許可に変わった。すなわち，労務出資は会社権益の分配と損失の分担への関与としての計算根拠に過ぎず会社資本には計上していない。あるいは，経営内容と技術的労務が直接関係ある会社だけが技術的な労務の出資が認められるだけである。

中国《会社法》の規定によると，非貨幣の財産が「貨幣により評価できまた法に基づき譲渡できる」の条件を満足して初めて出資方式とすることができる。労務が人身の属性を持つために独立の譲渡性に欠け，一般等価物の商品性と現実的な財産価値を持たず，さらに評価上の随意性と不確定さがある。そのため，中国の会社法で労務は出資方式から排除されている。

有限会社と株式会社の出資として労務出資は多くの国で認められていない。中国会社法でも未だ承認していないが，実務においては確かに株主が会社に対して労務の投資を行い相応する持分を要求するという状況が存在する。ここ数年来日増しに広まっている経営層の持株，従業員持株，ストックオプション計画などの企業の奨励方法は，いずれも管理者や従業員の会社の労務あるいは業務の投資に対して存在する会社株式を取得させる処置でありニーズである。このため，労務出資の問題は会社法理論において研究する価値のある現実の問題でもある。

労務出資に関しては現在異なる意見が存在する。

肯定的な意見は，労務の本質が一種の人的資本であることを立論の出発点にしている。労働力の資本商品化は市場経済に内在する要求だと考える。労働者は，その他の物質材料を持つのと同じように労働力によって剰余利益配当に参画すべきである。それ故労働力財産権制度と収益の分配制度を確立し，労働者に労働者と投資者の二重の身分を持たせるべきであると考える。同時に，労務出資は経営の機能を有しており，強力な経営機能を有することもある。いかなる会社も労務のニーズを不足させることはできず，人的な業務や管理から離れることはあり得ない。労務は，通常の情況下では，給料，報酬などの形で会社のコストの支払いを通じて獲得するのであるが，これによって体現される労務の経営機能は疑うべくもない。一部の会社に対して言えば，経営への従事や経営で優れた業績を取得するためには，決して多大な資金や現物を必要とするわけではなく，特に必要とするものはおそらく人材と管理能力と技術である。会社の対外債務返済のニーズは言うに及ばず，労務は本来会社資本に組み込むことができ，株主がこれにより投資手段とする

ことは認められ，株主の間でも労務出資の価値評価に関するいかなる契約でも全く成立可能である。

　否定的な意見は，会社は資本の連合を基礎とし，資本の信用の原則を精神とする企業であり，資本企業の特徴や精神を理解する場合，株主は労務をもって出資することはできないと考える。さらに，労務出資については，否定も肯定も簡単にはできないという意見もある。それは，労務それ自身の特徴と出資する労務の実際の状況を結び付けて斟酌しなければならないと考えるからである。労務と人身が密接不可分であり労働者の人格と尊厳の尊重並びに労務移転の限界と債務返済機能の欠如等により，通常は労務出資を認めるべきではなく，将来の労務による出資も認められない。しかし，労務が実際既に提供され，かつ金銭財産として換算可能であって実際に財産に転化することができるならば，出資としてあるいは出資金の抵当として認めることができる。この時既に発生した労務についていえば，実際は一種の債権であり，つまり労務提供者は引き受けるその労務の会社に対して有する報酬請求権である。この種の請求権の価値は，株主権の対価として会社に対する出資に用いることができる。

●信用出資と名義借り企業の財産権の認定

　信用出資とは，ある種の方式により株主の商業的信用を会社の利益のために用いることである。その利用方法は，通常，会社が株主の名義を使用して取引に従事することを認める，名義を直接会社に移転する，株主が会社の発行する為替手形に対して支払保証か裏書きする，あるいは株主が会社の債務のために担保を提供するなどである。

　労務出資と同様に，信用出資は，それを貨幣で株価を評価し難いことと有効に移転できない，債務の清算機能の実現が難しいことなどから現行の会社法では認められていない。しかし，信用という経営機能は明らかであり容易に分かるものであり，一種の商業的な評価として，信用は商事主体が持つことができる無形資産であるだけではなく，更にその営業活動展開の重要な条件である。いかなる資産能力もほとんどない状況下で，その卓越した抜群の信用に頼って経営資源を獲得することができる会社もある。ある種の特殊な経営に従事する会社についていえば，良好な信用は資本の充実よりもさらに重要である。合名会社や組合は信用出資に対して，実際には信用が有する経営価値及び相応する財産価値を既に肯定的に認めている。

中国では，信用の利用は未だ法律で明確に認められず理論的にも肯定されていないが，現実の経済生活の中では出資としての信用の需要と必要性が確実に存在する。その中で，普遍的に表れそして広く議論されるのは名義貸し関係の財産権の認定である。名義借り企業の名義貸し団体に対する信用の利用と評価の問題並びに名義貸し団体の相応する財産権を承認するべきかどうかという問題が存在している。

　名義借り企業の財産権の認定は，中国会社法と企業法の実務の中における独特な非常に複雑な法律問題である。「誰が投資して，誰が所有するか」は，関連法規範や政策で確定する基本的な認定の原則であるが，投資とは何か，投資の形式は何か，信用の利用は投資として認定することができるのであろうか。また名義借り企業の投資関係を認定するための重要な問題でもある。

　名義借り企業の財産権の認定については，確かに信用の利用と評価の問題が存在している。実際上，多くの名義貸し団体は名義借り企業に対し有形資産の投資を行っていないけれども，名義借り企業がその信用を実際に利用しており，多くの名義貸し関係はまさに名義借り企業が名義貸し団体の信用を利用するために発生する。名義借り企業の財産権の関係は，非常に複雑な法律問題である。完全に個人投資で，そして完全に個人の有形投資と個人投資者の経営管理によって，企業資産を転がし価値を増加させて企業を大きく成長させている名義借り企業が一部ある。この種の企業はその私営企業としての本性を回復し，個人投資者の企業の財産権（株主権）に対する所有を確認するべきである。これは企業財産権の概念に関する疑いの余地のない原則である。

　しかし，多くの名義借り企業はこのように単純ではない。名義借り企業によっては，資産を個人投資したけれども資産額が少なすぎて話しにならず，数万元あるいは数十万元に過ぎず，虚偽の出資や資本を偽って報告して会社登記し，資産の投資が全くないこともある。しかしこの種の企業はスタート資本あるいは資産能力が微弱であるが，決して営利能力が低いとか成長性が不足していることを意味していない。一部小型企業は，ごく短期間のうちに資産規模が数千万元，更には数億元の大型の企業に成長する。「誰が投資し，誰が所有するか」という財産権の概念の原則に従えば，この種の企業は決して厳格な意味の上での伝統的な出資形式の投資者ではなく，企業経営のすべての条件を後天的に獲得し，企業設立後の融資と管理に依存して創造されて

いくということができる。この発展の過程において，名義貸し団体の何らかのルート，便宜あるいは影響力をうまく利用することによって，名義貸し関係が生み出す地位やバックグラウンドを通じて，他人が獲得できない経営資源や条件をうまく獲得する。名義貸し団体がこれにより管理費等の名目の収益を取得するとともに更に一歩進んで投資者権益を主張することはまさに道理にかなった論理である。その投資の方式はまさに信用出資でしかない。現行の会社法における出資形式の緩和の趨勢の下で，信用出資も立法面でも十分に重視して相応する規定が確かに必要である。

●デット・エクイティとその適用

　デット・エクイティとは，銀行が債務者会社に対して有する債権を約定の方法に従って当該会社のために一定の金額の株式に転換することであり，これにより債権者はこの会社の株主になり，この会社の債務は消滅する。

　歴史的な理由により，中国の国有企業の負債率は高過ぎて，銀行における巨額債権の回収が難しいだけではなく，国有独資会社の発展に対しても厳しい制約となっている。このため，中国共産党の第15期第4回中央委員会全体会議では，《国有企業の改革と発展の若干の重大な問題に関する決定》を採択して，「国有銀行の不良資産を集中処理する改革を行い，金融資産管理会社などの方式を通じて一部でも市場があり発展の見込みがあるものに対して，負債が過重で苦境に陥った国有企業がデット・エクイティを実行することによって，企業の負債率が過重であるという問題を解決する」ことを求めた。

　この趣旨に沿って，中国信達資産管理会社，中国華融資産管理会社，中国長城資産管理会社及び中国東方資産管理会社が創設され，それぞれ中国建設銀行，中国工商銀行，中国農業銀行並びに中国銀行の不良資産を買い上げて管理を行った。そこにおいてこれらの資産の管理方法の一つが，これらの不良資産の中の一部の国有企業の債権を持分権に変え，資産管理会社が債権者から企業の株主あるいは投資者に変わった。デット・エクイティを実施することによって企業の元本金利の返済の軽減の効果があり，企業の資本構成を改善し，銀行の貸し倒れも減少し金融リスクを取り除くことになる。

　デット・エクイティは債権を持分権に変えることであり，株主が債権で出資することに実質的に等しい。しかしデット・エクイティと通常の債権出資とは適用範囲の上でも，実際の法律効果の上でもいずれも重要な違いがある。まず，適用範囲の上では，デット・エクイティは現在一部の国有銀行と国有

企業の間の債権に適用されるだけであり、その目的は主に国有企業の債務負担を軽減して銀行資産の質を改善するためである。その前提条件は、国が無償で行う政策的な支援であり、それ故法律で規定する普遍的に適用できる法律形式とすることはできないのである。次に、デット・エクイティとすることにより、債務者会社の相応する債務は消滅し、それに応じて株主の持分が増加し、債権出資の財産の価値はただちに実現する。デット・エクイティには通常の債権出資の価値の実現における障害とリスクが存在せず、通常の債権出資の法律効果とは明らかに異なっている。

●専用権または使用権による工業所有権出資

　特許権や商標権などの工業所有権は比較的特殊な民事的な権利である。株主が出資に用いるときに特に注意しなければならないのは、現行法が要求しているものは特許あるいは商標の専用権の出資でありその使用権の出資ではない。

　特許権は国の特許機関が特許法に基づき、発明者あるいは設計者の発明創造に対して法定期間内で与える占有権である。商標権の正確な名称は商標専用権であり、商標登録者が国の商標の主管機関の審査認可を経て享有する占有使用権である。権利範囲と権能の上では、特許権と商標権は所有権に類似する権利であり、特許と商標の所有権と称する人もいる。それは特許と商標に対して有する全面的な権利であり、占有、使用、収益及び処分などに関する権利である。

　特許権や商標権行使の形態としては他人に使用を認めたり使用権を許諾したりすることが多い。この種の使用権と、特許権者と商標権者の使用権とは混同し易い。特許権あるいは商標権で会社に出資するとき、会社が取得するものはいったい専用権なのかそれとも使用権なのか？　特許権または商標権を出資に用いた後は、元の特許権者あるいは商標権者はそれらの権利を引き続き同時に使用することができるのだろうか？　答えは否定的である。

　会社法の非貨幣出資に対する要件に基づき、工業所有権出資するときは財産権の移転手続きを行わなければならない。この種の財産権は単なる使用権ではなく占有権でなければならない。使用権の許諾には財産権の移転の手続きを行う必要はない。もちろん、学問上は、工業所有権の使用権出資が認められないわけではない。使用権で出資する場合、その評価額は専用権のそれとは当然異なる。実質的には工業所有権の一定期間の使用料として出資する

ことになるが，現行法上その種の出資方式は未だ認められていない。出資者は占有権で出資するからには，出資後占有権は会社の所有となり，出資者は当然その特許あるいは商標を使用することができない。そうでなければ会社の財産権の侵害となる。出資者が使用したければ会社の許可を得る必要がある。

　実務においては，株主と会社が同時に特許と商標を使用するという状況が頻繁に存在する。結果として，株主が特許や商標を使用して会社の財産や利益を不当に取得するということが生じ易くなる。このような状況に関して，出資済みの特許や商標の株主の使用を制限すべきだと主張する学者もいる。

●抵当権設定済み財産の出資の可否
　所有権の上に担保設定されている財産を出資の対象とすることができるか否かは，中国会社法では未だ明確に規定されていないが，2005年12月改定された《中華人民共和国会社登記管理条例》第14号では，株主は担保設定された財産をもって出資することはできないと定めている。この改正を行ったのは次の理由による。抵当権を設定済みの財産の出資を許すならば，抵当権者がひとたび抵当権を行使したら，当該出資の効力が影響受け資本確定の原則に反することになる。そのため会社と会社債権者の利益を損ない，会社の創立ができなくなることすらある。

　しかし，依然として抵当権設定済みの財産で出資することができると考える学者もいる。その理由は，抵当権の内容は，抵当権者が抵当物の交換価値を直接支配できることにあり，抵当物の使用価値を取得するのでも制限するのでもなく，抵当者は抵当物に対して依然として処分権を有するというものである。例えば，フランスとイタリアの民法に規定されている滌除制度と代価弁済制度は，抵当権の負担解除という融通を利かせた方式を採用して抵当物の流通を達成している。

　筆者は，「抵当財産で出資すること」を完全に禁止することも完全に放任することもいずれも実際的ではないと考える。

　まず，「抵当財産で出資すること」を完全に禁止することは，物の十分な利用という観点からは有益ではない。実際の活動においても会社の各種リソースに対する多様なニーズを満足させるすべがなくなる。

　次に，「抵当物の譲渡」と「抵当物を用いた出資」は，同等の概念とみなすことはできない。抵当物の譲渡は，通常，抵当設定者，譲受人及び抵当権者

の三者の利害が関わるだけだからである。しかし、「抵当物をもって会社に投資すること」は、関係する抵当設定者、譲受人としての会社並びに抵当権者の利益以外にも、会社の債権者や会社の他の株主等の利害関係者に影響が及ぶことにもなる。その際には、会社内外関係の安定と抵当権者の利益保護を総合的に考慮しなければならない。それ故、「抵当設定者は抵当物を譲渡する権利がある」ということから、「抵当設定者は抵当設定した財産をもって出資することができる」ということを導き出すのは、論理的な推理の同一性と連関性が欠如しており、その結論も客観性に欠けている。

以上の論述に基づき、抵当設定された財産で会社設立の出資をすることは認められるべきであるが、それを相応の保障措置で補う必要があると筆者は考える。

第一、抵当登記処理済みの抵当物による出資。

《担保法》第49条及び最高法院《＜中華人民共和国担保法＞の適用に関する若干の問題の解釈》(以下、《担保法解釈と略称する、)第67条の規定により、抵当登記済みの抵当物は流通性を有する。流通性を有する抵当物で出資するときの位置付けを定めるために、資本維持の原則をもって、相応する制度を設計してこの種の出資方式の安全性や実効性ある実施を支援しなければならない。

(1) 出資者の資本補充責任。抵当権設定済みの財産をもって出資するときは、その抵当物が抵当権者に優先的な弁済権を行使された後であっても、出資者は資本充足の責任を負う。

(2) 出資者の提供する担保。抵当設定者が抵当設定済みの財産をもって出資するときは、会社に対して他の財産を担保としてあるいは保証人として提供することができる。一旦出資した抵当物を抵当権者に優先弁済すると、会社はいつでも担保財産を換金処理するかあるいは会社が保証人に対してそれによる抵当権者の出資の不足を主張することができる。

(3) 会社設立時のその他の発起人が負う連帯責任。出資者が抵当権者の抵当権の行使により処分した出資財産を補填する能力がない場合は、法律は会社設立時の他の発起人に連帯して出資責任を負うことを要求できる。

(4) 出資者の損害賠償責任。抵当権設定済みの財産をもって出資するとき、抵当物が抵当権者によって優先弁済権を行使され会社及び会社の債権者に損害を与えたときは、出資者は損害賠償責任を負わなければならない。

第二，抵当登記未処理の抵当物による出資。
《担保法司法解釈》第67条第2項の規定によると，「抵当設定者が抵当登記未処理の抵当物による出資をするときは，例え抵当権者に通知しないかあるいは譲受人に告知していなくとも，抵当権者は会社に投資する抵当物に対して優先弁債権を主張することはできない」。

従って，このような状況下では，抵当設定者は事実上抵当物をもって出資する自由を与えられている。

第三節　出資の法定要件

一　出資の価値評価

貨幣出資以外のその他の形式の出資ではいずれも価値評価を行う必要がある。《会社法》第27条では，有限会社の株主に対する出資規定を次のように定めている。「出資とする非貨幣財産は評価し，財産を確認しなければならず，過大評価や過小評価をしてはならない。法律，評価換算について行政法規に定めがあるときは，その定めによる」。《会社法》第83条では株式会社の発起人の出資については，第27条と同様の規定が準用されている。

現物等の非貨幣出資に関する特殊な法律問題は，その価値評価において存在する。貨幣出資とは異なり，非貨幣出資の財産価値は直接それ自身で客観的に表現することができない。人による主観的な評価に依存しなければならず，人が異なれば，立場も異なり，使用する方法も異なり，同じ出資に対しても異なった判断を行い，極めて大きな価値判断の差が生じ得る。出資者はその出資に対して肯定的で過大評価しがちであり，他人は反対に過小評価しがちである。同時に，非貨幣出資の価値にはかなりの変動性がある。それ自身での価値増加や低下，添加あるいは毀損以外にも，時間，場所及びその他の要因や環境の変化によって，非貨幣出資の価値の大きな変化を引き起こし得る。これらはいずれも，貨幣出資に必須の特定の期日を定めた上で行われる客観的な価値評価で決定される。

非貨幣出資の価値評価には，客観性，真実性，正確性が必要であり，過大評価や過小評価のいずれの傾向や方法も避けなければならない。出資の過大評価は，出資の不実と会社全体の登録資本の虚偽を構成する。一面では，会社が本来保有すべき財産利益を減損させ，もう一つの面は，株主が比較的大

きな権利を有するが負う出資義務が比較的小さいと，他の真実の出資をした株主の利益を損なうことにもなる。出資の過小評価は，会社の財産は実質的に増加し，会社とその他の株主の利益にとっては有利であるが，その出資者の利益を損なうことになる。会社の実務においては，発起人あるいは大株主は会社の設立過程で主導的な地位を占めるために，現実には発起人または大株主の非貨幣出資に対して過大評価をしがちである。同時に，国有資産の管理体制と管理機能が有する欠陥と所有者不在という問題のために，国有資産が過小に評価されるという情況が頻繁に生じる。これも国有資産の流失の特殊な形態の一つである。

　非貨幣出資の評価の客観性，真実性及び正確性を保証するため，非貨幣出資は通常中立の専門資産評価機構により行う必要があり，資産評価機構は公認あるいは専門の評価規則・方法に基づき評価を行なわなければならない。評価の不実により，会社あるいは他の株主の利益を損なった場合は，詐欺あるいは過失の民事の責任を負うべきである。

　非貨幣出資の評価について，法律，行政法規に特別にあるいは具体的に定められているので，厳格に執行しなければならない。例えば，《中外合資経営企業法実施細則》第27条では，「外国との共同経営の出資としての機器設備またはその他の資材についての評価は，同種の機器設備またはその他の資材のその当時の国際市場価格より高く評価してはならない」と定めている。また，また《外資企業法実施細則》第27条では，「外国投資者が機器設備をもって出資しそれを価値評価するときは，名称，種類，数量，価値等を含めた詳細な出資価値評価の明細を列挙しなければならない」と定めた。同法の第28条では，「外国投資者が工業所有権やノウハウで出資するとき，その評価は国際的に通常の価値評価の原則と一致させなければならず，出資する工業所有権，ノウハウの評価に関しては，権利者証のコピーを含め有効な状態及びその技術特性，実用価値，価値評価の計算根拠や基準等の詳細な資料を用意しなければならない」と定めている。また例えば，《株式制実験企業土地資産管理暫定規則》では，「土地使用権の価格は，県級以上の人民政府の土地の管理部門により評価し，さらに県級以上の人民政府がそれを審査許可した後に，査定された土地資産の残高とする」よう求めている。国有資産が過小に評価されて流出し得ることを考慮して，《国有資産評価方法》第18条では，国有資産評価については，「同級の国有資産管理行政主管部門からの資産評価結

果の確認」が必須であると定めている。

二　出資の比率構成

　出資の比率構成は出資の構成とも称し，株主の出資総額中の各種の出資が占める比率の状況である。会社の資産構成の合理性と会社の正常な経営活動の要請とを保証するために，会社資産の流通性と換金性を保証し，会社の対外債務の実効性ある完済能力を保証し，会社法は出資の比率構成について統一した要求と制限を行っており，当事者の完全に自由な契約を認めていない。

　各国の会社法は，通常貨幣出資に関する最低割合の要件を定めている。例えば，ドイツ，フランスは株式会社の貨幣出資は会社の総資本の25％以上でなければならず，イタリアでは貨幣出資が会社資本の30％以上，スイス，ルクセンブルクでは20％以上と定め，オーストリアでは株主資本の半分は現金で支払うことを要件としている。

　中国の1993年《会社法》では，貨幣出資の割合に対して固定した要求を行っておらず，工業所有権やノウハウに対する出資比率についてのみ規定している。すなわち，工業所有権やノウハウでの出資の金額を評価するときは，会社の登録資本の20％を上回ってはならないと定められた。その後ハイ・テクノロジーの成果の開発と利用を奨励し促進するために，ハイ・テクノロジーの成果の出資比率は登録資本の35％にまで緩められた。このような出資比率の制限は，一方では会社の正常な経営のために必要な有形資産の確保にあり，一方でこれらの無形資産の価値上の不安定性と換金面での不確実性により，無形資産の割合が高過ぎると会社の債務返済能力が弱まることになり，社会の取引の安全に危害が及ぶというところにある。しかし，生産面における科学技術の役割が日ましに重要になるに従って，このような厳格な比率制限は既に経済生活の需要を満たすことができなくなってきた。多くの会社では，技術出資が会社の経営要素の中で際立った影響を及ぼしており，技術出資の当事者は会社経営の中でさらに大きな権益を有して主導的な地位を占めている。20％あるいは35％の割合制限がこれらの技術開発を主要な内容とする会社の設立と発展を大きく妨げていた。そのため，2005年《会社法》では，徐々に比率制限を緩めるという方式を採用せずに，工業所有権等の無形資産の出資比率の制限を完全に撤廃した。

　これと同時に，会社の開業と経営に必要な貨幣資金の基本的な需要を保障

し，非貨幣資産の換金の困難さや障害を取り除くために，諸外国の会社法の経験と事例を参考にして，2005年《会社法》では，貨幣出資の最低割合を増加させる規定，すなわち第27条の規定，「全株主の貨幣出資金額は有限会社の登録資本の30％を下回ってはならない」と定めた。このため，新会社法は無形財産の出資の最高割合の制限を取り消したが，最低の30％の貨幣出資を求めるため，非貨幣出資（無形財産出資）の最高割合は実際上登記資本の70％を上回ることができない。

三　出資の履行

出資の履行とは，株主が出資する財産を会社に払込みするかあるいは会社に対するその義務を履行することである。出資の特徴によりその履行方法も異なる。《会社法》第28条では，有限会社の出資の履行方法について特別に定めている。すなわち，「株主が貨幣で出資するときは，貨幣出資の全額を有限会社が開設した銀行口座に預け入れなければならない。非貨幣の財産で出資するときは，法律に基づいてその財産権の移転手続きを行わなければならない」。株式会社の出資の履行については，《会社法》第84条に定められている。すなわち，「一括払込みするときはただちに出資を全額払込まなければならない。分割払込みするときはただちに初回出資を払込まなければならない。非貨幣財産で出資するときは，法律に基づきその財産権の移転手続きをしなければならない」。募集方式で株式会社を設立するときの出資金の払込みについては，《会社法》第89条で次のように定める。「発起人が株式を一般から公募するときは，銀行との間で出資金代理収受契約を締結しなければならない。出資金を代理収受する銀行は，契約に従い出資金を代理収受して保管し，出資金を払込みした株式引受人に対して受領証憑を発行し，関連部門に対して受領証明書を発行する義務を負う」。

国家工商行政管理総局が1995年12月18日に公表した《会社登記資本管理臨時規定》第8～10条では，現物，工業所有権，土地使用権の権利帰属変更登録に対してさらに個別に規定を定めた。現物の名義変更手続きを行うとき，会社は成立後半年以内に変更手続きを行わなければならない。工業所有権で出資するときは，会社は成立後半年以内に法により工業所有権譲渡の登記手続きを行わなければならない。土地使用権で出資するときは，会社は半年以内に法律，行政法規により土地変更登記手続きを行わなければならない。

その他，当該規定は会社が上述の手続きを成し遂げた後，会社登記機関に登録し記録に載せることを要件としている。

貨幣出資の履行方法は最も簡単でありただ貨幣を払込みするだけでよい。すなわち，出資すべき貨幣を設立中の会社が開設した銀行口座に預け入れる。現物等の非貨幣出資の履行方法は比較的複雑である。それは現物あるいは無形財産の実際の交付が必要であるのみならず，更に相応する権利の帰属変更をすることが必要である。

現物出資は現物の所有権が株主から会社に移転することであり，物権変動の法律原則に従わなければならない。動産物権の移転は一般に給付を要件とし，不動産物件の移転は一般に登記を要件とする。《民法通則》第72条では，所有権の移転時期に関して，「契約あるいはその他の合法的な方法によって財産を取得したときは，財産の所有権は財産を給付したときから移転する。法律で別の定めがあるか当事者が別途約定したときを除く」と規定している。土地や家屋等の不動産の使用権あるいは所有権の移転については，各国の民法あるいは物権法で専門の法律規則を定めており，一般的には，権利の帰属変更登記手続きをしなければ移転の法的効力は生じないと定めている。同時に，ある種の動産，例えば自動車等については国が登録管理を行い登録によって権利を取得するときは，その所有権の移転は登録が要件となる。

知的財産権の中の特許権と商標権は権利証で表現される特殊な民法上の権利である。特許技術あるいは商標の実際の使用状況からその権利の帰属を判断することができないので，その出資には特許技術あるいは商標の実際的な移転を求めるだけではなく，更に重要なのは特許あるいは商標の登録管理機関における変更登録及び特許証あるいは商標証書中の権利者の変更が求められるのである。非特許技術は，特定の権利の形態として表れないため，単に当事者の一種の特殊利益であり，その出資方法と普通の動産の出資とは類似している。実際に有効な技術が給付されていればよく，この種の給付は通常図面，データ，模型，プログラムなどの技術資料や技術者の育成訓練などが引き渡す際に採用されるものであり，会社にこれらの技術を効果的に利用させ得る形態である。著作権には具体的な権利表現形式がなく特定の権利証明もない。そのためその出資の履行は，原稿や映像資料の給付，作品利用権の明確な授権などの具体的な情況によって出資の要件を確定しなければならない。

非貨幣出資の形態において，工業所有権（特許権，商標権）と土地使用権はいずれも一種の財産権であり無形財産に帰属する。この種の財産は有体物と同じように物理的な形で移転させることは不可能であり，それらの給付譲渡と物の給付譲渡とは完全に異なっている。完全に有効な権利の給付は権利の帰属変更と権利能力の移転の両者を含んだ内容でなければならない。各種の権利はそれぞれの権利の帰属証明形式があり，権利譲渡を実現するにはまず各権利を特定する帰属証明書の形式に基づき相応する変更を行う。同時に，権限の移転は権利給付のもう一つの重要な面であり，権限の移転とは権利者が有する各種の権利が実際に譲受人によって行使できることを意味する。権利の帰属変更は法律上の権利の給付であり，権限の移転は事実上の権利の給付である。両者が共同で構成する権利の移転は，分けることが出来ない二つの側面を有している。すなわち，権利の帰属変更の価値は法律上の権利認定と法律上のリスクの防止にあるので，権限の移転の価値は会社株主の出資する財産の実際の利用とその収益の実現にある。当事者は，実際には財産権の出資に対して常に権利帰属の変更や権限の移転を完璧に行っているわけではなく，権利の帰属変更手続きを行っただけで権限を未だ移転していないかあるいは権限を移転しただけで権利帰属変更の手続きを未だしていないという状況はよく発生している。これが出資に関する紛争発生の原因の一つである。

四　出資監査

出資監査とは，法定機関が法律に基づき会社の出資情況に対して検査を行いそれに応じて証明書を発行することである。出資監査制度は法定資本制度の要請であり保障である。《会社法》第29条は，有限会社では「株主が出資を払込み後，法に基づき設立した出資監査機関による出資監査と証明書の発行を受けなければならない」と定め，第90条で，株式会社では「発行株式の出資金が全額払込まれた後は，法により設立された出資監査機関による出資監査と証明書の発行を受けなければならない」と定めている。

法定の出資監査機関は，通常条件に適合した公認会計士で構成され，中国《工業企業財務制度》の規定に従い，企業が資本調達するときは，中国の公認会計士を招聘して出資監査し出資監査報告書を発行して，企業から投資者に出資監査証明書を交付しなければならない。《中外合資経営企業法実施細則》第32条では，「各共同経営者が出資後に，中国の公認会計士により出資監査

し検証報告書を発行しなければならない」と規定している。出資監査の内容には株主の出資が法律，行政法規及び会社定款の規定に適合しているか否か，虚偽を弄する行為が存在するか，非貨幣出資の評価は公平，合理的かどうか，貨幣出資の場合は定額が会社の臨時口座に預け入れられているかどうか，非貨幣出資の場合は権利移転手続き等がなされているかどうかを含んでいなければならない。

　出資監査の結果，検証機構は出資監査証明書を発行しなければならない。検証証明書は客観的で真実のものでなければならず，検証機構あるいは検証者は虚偽の証明書を提供してはならない。さもなければ，相応する法的責任を負う。《会社法》第208条は次のように定める。「資産評価，出資監査または証明書確認を担当する機関が虚偽の資料を提出したときは，会社登記機関により違法所得を没収し，違法所得の1倍以上5倍以下の罰金を科すものとし，あわせて関係主管部門が法により当該機関の業務停止を命じ，直接責任者の資格証明書を取消し，営業許可証を取消すことができる」。「資産評価，出資監査または証明書確認を担当する機関が過失により重大な遺漏ある報告書を提出したときは，会社登記機関が是正を命じ，情状が重いときは，得た収入の1倍以上の5倍以下の罰金を科すものとし，あわせて関係主管部門が法により当該機関の業務停止を命じ，直接責任者の資格証明書を取消し，営業許可証を取上げることができる」。「資産評価，出資監査または証明書確認を担当する機関が制定した評価結果，出資監査または証明書確認証明が事実と異なったために，会社債権者に損失をもたらしたときは，自己に過失がないことを証明できる場合を除き，その評価または証明が事実と異なる金額の範囲内で賠償責任を負う」。

　出資監査の民事責任は会社法の理論と実務のなかでますます重要な問題となってきており，出資監査機関の民事責任を確定するには，特に以下の主要な問題を明確にしなければならない。

　(1)　請求の主体は会社債権者。債権者は出資監査行為の利害関係者であり，不実検証の被害者である。出資監査を受ける会社と債権債務関係のない人は出資監査の民事責任の請求権者となることはできない。

　(2)　出資監査機関の民事責任は過失責任に属する。出資監査機関に対する過失の認定はできる限りの注意を払うかどうかを規準としなければならず，単に会計士業界が定めた監査準則に従って判断するだけであってはならな

い。会計士についていえば，同業界の合理的で慎重な会計士が類似の環境下で払うであろう注意義務に至らないときは過失があるものとされる。公認会計士が出資監査時にあるべき職業上の注意義務を最大限払うか否かを判断するときは，公認の監査準則を規準として参照することができ，被告が公認の監査準則の要件に従ったことは職業上の注意義務を尽くしたという一応の証拠とすることができるが，原告はこれに対して反駁を提出することができる。同様に，公認会計士は出資監査時に，監査準則の要件に従わなくとも，必ずしも会計士としての職務怠慢を意味しないが，それが職務上の怠慢の初歩的な証拠とすることができ，被告はこれに対して納得させ得る弁駁を提出すれば責任を免れることができる。

　(3) 出資監査機関の民事責任は賠償責任に属する。いわゆる賠償とは，不実の出資監査を会社に提供することによって引き起こされる債権者の実際の損失の賠償である。このような賠償責任は，出資監査機関が単独で負う責任かあるいは出資者と共同で負う連帯責任かであるが，現在の関連司法解釈と司法実務においてはまだ明確に統一されていない。

　(4) 出資監査機関の民事責任は限定責任である。その証明が不実の範囲内であるときは賠償責任を負わなければならならない。そして出資監査資本は債権者のすべての損失あるいは出資者のすべての出資に責任を負うことを求めるべきではない。

【本節実務研究】
● 土地使用権出資の履行が不適切のときの法律効果
　(1) 名義変更手続きは済んでいるが未だ渡していない土地。土地使用権移転の主要な法律形式は土地の名義変更登録であるが，土地の明け渡しが依然として土地使用権出資の重要な要件である。単に土地の名義変更登記だけを完遂して実際に土地を明け渡さなければ，依然として出資義務に違反するものである。土地は移動ができないため，それは会社債権者に対して会社財産の償還請求の障害とはならないが，それでは会社に実際の有効な占有や利用ができなくなる。そのため会社の利益と株主の権益に対する事実上の侵害を構成することになる。このため，出資者の会社に対する出資の違約責任が生じることになり，会社あるいはその他の株主は，当該出資者に土地の明け渡し義務とそれによって生じた会社への財産損失の賠償を請求する権利を有さ

なければならない。同時に，会社債権者は会社の財産がその債務の全額弁済によっても不足するときは，その土地に対する強制執行の権利を有するべきである。

(2) 土地を明け渡したが名義変更登記手続きをしていない。このような情況下では，会社は土地の占有と利用の実際的な財産上の利益を獲得するが，しかしこのような占有と利用は法的な承認と保護を得ていないので，極めて不安定であり不安全である。土地使用権は依然として出資者の名義であるため，会社は土地に対する法律上の支配を取得したわけではなく，逆に，いつでも出資者の仲たがいあるいは出資者が土地を勝手に処分するかあるいはその他の土地権利者から土地に対する請求権を行使されて土地の占有を喪失することがあり得る。そのため，この種の出資は事実上の出資に過ぎず法律上の出資ではない。当然，出資義務の不履行となる。

そこで，会社あるいはその他の株主は当該出資者に対して土地の名義変更の登記義務の履行を求める権利を有する。出資者が登記を拒み，名義変更登記をしていないことをもって土地の回収を要求する行為などはいずれも典型的な悪意の違約であり，当事者は同様に訴訟手続を通じて，名義変更の強制登記を請求する司法の救済を受けることができる。

(3) 土地を明け渡してもいず，土地の名義変更手続きを行っていない。これは完全に土地の出資義務の不履行行為であり，この行為は会社法上の違法行為を構成し，さらに相応する法律責任が生じる。それは当該株主が継続して出資する責任，その他の株主あるいは会社の発起人が連帯引受責任ならびにそれによって会社にもたらした損害の賠償責任である。当然，このような状況下では，会社は出資者が出資に使用することを約束した土地に対して実質的な支配がなされておらず，いかなる物権的な意味での権利をも有していない。それゆえ，物権に基づく訴訟上の追及で当該土地の使用権を獲得することは不可能であり，債権に基づく訴訟上の救済が得られるだけである。

上述の土地使用権の出資義務の違反行為については，土地の名義変更登録済みで土地を明け渡していない状況，会社が物権の請求権を行使して出資者に土地の明け渡しを要求できること除いて，ほかの状況下では会社が出資者に土地の明け渡しを要求する権利を有するかどうか，出資者がその他の形式でその出資義務を履行することが許されるかどうかは，債権法の一般原理に基づいて確定する必要がある。

第八章　株主と株主権

第一節　株　主

一　株主の意義と構成
（一）株主の意義
　株主とは，会社を構成するとともにその中で株主としての権利を享有する人である。会社に対する投資に基づくかあるいはその他の合法的な理由によるかいずれの場合も，会社資本の一定割合を所有し株主の権利を有する主体はすべて会社の株主である。しかし，会社の類型，投資者が投資する時期及び株主権取得の方式の違いにより，株主の意義の説明は異なる。一般的に言えば，有限会社の株主は，会社設立のとき会社に資金投資するかあるいは会社存続中に法により株主権を継承取得し，会社に対する権利を有し義務を負う人である。株式会社の株主は，会社設立時あるいは会社成立後に合法的に株式を取得し会社に対する権利を有し義務を負う人である。
　中国会社法で，株式会社の規定においては発起人の概念を使用しているが，有限会社の規定においては「発起人」の概念は使用しておらず，「株主」の概念を統一的に使用している。厳密に言えば，発起人と株主を同じとすることはできず，両者は実際上相互に関連している異なる概念である。通常の状況下では，発起人とは，発起人契約を，会社設立の申請書を提出し，会社の出資または株式を引き受け会社設立に責任を負うものをいう。発起人は，設立過程において発起人契約に拘束され，会社が成立してはじめて株主の身分を有することになる。
　しかしながら，会社の株主は発起人に限るものではない。発起人以外には，会社設立段階や会社設立後も会社への出資や株式を引き受けるものはいずれも株主となることができる。このような意味からすると，株式会社であっても有限会社であってもいずれも発起人と株主の区別は存在する。但し，株式会社においては法律の規定により発起人は一定割合の株式を引き受けなけれ

ばならない。このため発起人は会社成立後当然に株主となる。同じ理由から有限会社においても法律の規定によりいずれの発起人も出資義務を負うので，発起人は会社成立後の最初の株主となる。

(二) 株主の構成

会社は下記の3種の類型の株主構成が可能である。

(1) 会社設立への参画あるいは会社が最初に発行する株式または出資を引き受ける原始株主。会社法で定める条件に適合し会社の最初の設立活動に参画し会社定款に署名・捺印しかつ実際に出資を引き受ける発起人，あるいは最初に発行する株式を引き受けるその他の人のいずれであっても会社の原始株主となることができる。原始株主は会社に対して相当重要な意味を持っている。一つは，原始株主は会社定款の策定を通じて会社の基本的構成を決定することである。もう一つは，原始株主も会社資本が真実であることを保証する担保責任があることである。

(2) 会社成立後に継承した株主。継承株主は，会社存続期間中法により出資または株式を承継取得した人を意味し，一般的には会社成立後に法に基づく譲渡，相続，贈与または法院の強制執行等の理由で株主の地位を取得したものである。相続株主も会社定款の拘束を受ける。この種の株主が取得する株主権は，前任の権利状態の影響を受け，取得者は株主の権利を得るだけではなく，前任の株主の義務をも受け継がなければならない。

(3) 会社成立後に会社が資本を増加するために参加する新株主。会社が増資によりその経営規模を拡大することは通常よく見られる資本運営方式である。会社の増資は元の株主に向けて調達することができるが，会社株主以外の投資者から調達することもできる。会社が後者の方式をとって増資する場合，元の株主以外の投資者は，会社へのその投資により当然会社の株主となる。

二 株主資格の取得，制限及び喪失

(一) 株主資格の取得

投資者は会社の出資あるいは株式の引き受けにより株主資格を獲得する。出資あるいは株式の引き受けは，主に発起人の引き受け，発起人以外のものの引き受け，会社成立後投資者の会社の新増資の引き受けなどを含む。株主資格の取得の時間と原因について言えば，株主資格の取得方式は原始取得と

承継取得に分けられる。
　(1) 原始取得。一般に会社設立の際に，会社を創設するかあるいは会社の最初の出資や株式を引き受けることによって株主となることが株主資格の原始取得であり，これらの株主が会社の原始株主に属する。有限会社及び発起設立の株式会社においては，原始株主は主に会社の発起人あるいは創立者であり，募集設立の株式会社においては，会社設立時に会社の株式を引き受けたその他のものをも含む。その他，会社成立後に新たな増資を引き受けて株主資格を取得したときも株主資格の原始取得に属する。
　(2) 承継取得。
　一般に譲渡，承継，会社合併などの方式により会社に出資するか株式を取得して株主になることが，株主資格の承継取得であり，これらの株主は承継株主である。承継株主は主に原始株主の出資あるいは株式を譲授したものやその他の事由により他人の出資や株式を承継した人を含む。
　(二) 株主資格の制限
　各国・地域の多くの会社立法の規定では，自然人と法人のいずれも会社株主になることを認めている。しかし，各国・地域の立法規定では自然人または法人に対して株主としての具体的な資格を制限している。一般に，承継株主に対する資格制限は少なく，発起人株主の資格に対する要件は比較的厳しい。これらの制限は主に以下の面に表われる。
　1　自然人の完全な民事行為能力
　例えば，英国では，未成年者が引き受けた株式譲渡契約を取消すことができる。会社の定款中で未成年者が株主になることを制限するか禁止し，あるいは未成年者の議決権を制限することもできる。中国会社法では，これに対してはまだ制限性の規定はないが，設立行為の性質上法律行為に属し，発起人に対して直接実態上の権利義務関係が生じることになる。このため自然人の民事行為能力について定める《民法通則》を適用しなければならず，民事行為能力がないものや民事行為能力が制限されたものの会社設立への参画は制限される。一部の特殊な業界においては，発起人は特殊な民事権利能力や民事行為能力を備えなければならない。
　それ他，法律で会社設立を禁止した自然人も会社の株主になることはできない。例えば，中国の関連法で定める公務員，検事，裁判官等も会社の株主となることはできない。

2 発起人としての会社法人

例えば，中国台湾地域の「会社法」では，発起人としての法人は会社のみに限られると規定している。中国でもどのような法人が会社の発起人となることができないのかについては，社会経済，政治などの要素に基づいて確定するべきである。例えば，中国の法律，法規は党・政府機関，軍隊などが会社をつくって商業を営むことを禁止している。そのため党・政府機関や軍隊は会社の発起人となることができない。そうでなければ権力を利用して商売したり，強制的売買や独占的経営の現象が現れる可能性があり，社会主義市場経済体制の形成に役立たない。当然，このような規定は国が授権した関連主管部門が国有資産を運用するという役割を排除するものではない。国が授権した国有資産管理機構が必要に応じて発起人としてある種の会社の設立活動に参画することを排除するものでもない。

3 原則上自己株取得禁止

中国《会社法》第143条第1項で，「会社は自社株を買い上げてはならない。但し，下記の状況の一つに該当するときはこの限りでない」と定めている。この規定に基づき，中国では例外的な状況下でのみ会社は自社の株式を買うことができる。しかし，これらの例外的な状況は実際上，減資や合併等の実務における特殊な問題の解決手段に過ぎず，会社が最終的に自社の株主に成ることを目的としたものではない。法律でこのような制限をする立法目的は，主に会社と株主という対立物の法的地位の合体を防止することにあり，会社と株主の法律関係の混淆が，会社が対外的に公表した会社の内部構成と条件が実際の状態との不一致を生じさせ，会社の他の株主や債権者の利益を損なうことになる。

4 株主に対する定款制限

有限会社を例にすると，会社の合名性を保持するために，会社定款は株主資格に対して厳格な制限を加えることになる。例えば，会社定款で取締役会の全員一致の同意を得たものでなければ会社の株主となることができない。約定がある場合には，株主の約定を尊重し，会社定款の内容の効力を優先しなければならない。但し，この約定が法律の強行規定に反する場合を除く。

5 発起人の国籍と住所に対する制限

発起人が会社設立を利用して社会の利益に大きな損害を与えるのを防止するために，国・地域によっては会社法で発起人の国籍と住所に一定の制限を

加えているところがある。中国の現行立法では，主に発起人の住所に対して制限している。

(三) 株主資格の喪失

正常な状況下では，株主資格は維持できるが，下記の状況が生じると株主はその資格を喪失する。

(1) 所有する株主権が既に合法的に譲渡されたとき。
(2) 会社定款で定める株主義務を履行しないで除名処置を受けたとき。
(3) 政府から違法として処罰を受け株主権を剥奪されたとき（例えば，財産没収）。
(4) 法律で定めるその他の事由。

三 株主の法的地位

投資者が会社の株主になる動機について言えば，理論上は，いわゆる投資株主，経営株主及び投機株主の3種類に分けられる。投資株主が会社に出資または株式を取得する目的は，資本を投資して配当金等の収益を稼ぐことにある。経営株主の投資目的は，会社を経営する権利を取得することにある。当然営利目的を排除するものではない。投機株主は一般に短期投資であり，暴利をむさぼる機会を待つことにある。株主の投資の動きが異なることにより，その株主権の内容にもある程度の相違（例えば，投資株主の多くは優先株の株主であり，経営株主の多くは普通株の株主）があるが，各種の株主の法的地位はすべて平等である。株主の法的地位は株主と会社の間の法律関係の中に表われ，また株主の相互の間の法律関係の中においても表われる。会社の具体的な法律関係に立たないと，株主の法的地位は論じようがない。

(一) 株主の株主権

株主は株主権を有しており，これは株主と会社の間の法律関係であり株主の法的地位の集中的な体現である。会社は出資により構成される法人組織である。株主は自己の財産を会社が行う経営に託し，その投資の割合に応じて会社に対する一定の権利を有し一定の義務を負う。このような権利と義務の総称が株主権である。株主権は株主の法的地位の具体化であり，株主に対する具体的な権利と義務の抽象的な概括である。

会社の類型が異なると株主権の内容は異なり，株主権と所有権の関係の緊密さの程度も異なる。一般的に言えば，無限会社は所有と経営が一体である

ため，株主権と所有権は比較的緊密である。株式会社においては，所有と経営の分離が生じるため，株主はもはやその投資した会社の財産を支配する権利を有しない。株主権と所有権の関係も比較的疎遠となり，株主権は所有権とはまるっきり違った新しい権利となってしまう。しかし，株主権の具体的な内容は，種々の類型の会社のなかでいかに表現されようとも，株主として会社に出資する「対価」としての株主権は，各種の類型の会社の株主権が普遍的に有する権利である。株主はまさに株主権を行使する過程で，その会社の中における法的地位が表われ，それと会社の間の法律関係が示されている。

（二）株主平等の原則

株主平等の原則とは，会社のなかで株主の資格に基づき生まれる各権利や義務は平等でなければならないことである。各株主の有する株主権の比率あるいは株式に従って平等な権利を有し，同等な義務を負い，いかなる株主に対しても差別してはならない。現代の各国・地域の会社法において，株主平等の原則は会社の内部関係を維持する主要な原則である。例えば，米国のCommon Law の規則，EU の1976年12月13日第2号指令第42条及びドイツ《株式法》の第53a などでは株主平等の原則を明確に規定している。

株主平等の原則はこのように2つの側面の意義を有する。(1)株主の身分さえ有すれば，株主個人にいかなる相違があろうとも，例えば株主（総）会への参加など,この身分は会社の中で平等な権利を有する。この意味から言えば，株主平等の原則は絶対性を有する。(2)株主平等の原則は決して株主権の具体的な内容の不一致を排除しない。まさに反対であり，株主権は普通株と優先株に区分されるだけでなく，株主の出資額や保有する株式の多寡により，大株主はその株式あるいは出資額により多数を占め更に多くの支配権を持っている。しかしこれは決して株主平等の原則に違背するものではなく，更に株主平等の原則を否定するものでもない。それは,会社法における株主平等は，一種の資本平等の基礎の上における平等であり，あるいは比率に基づく平等であって，それは各株主が有する株主権あるいは株式の割合を評価基準とするものである。「1株1議決権」の制度はこのような比率上の平等を集中的に体現している。この意味の上からみると，株主平等はまた相対性を有するものでもある。このことから，各国・地域の会社立法は株主平等の原則に対していずれも例外の規定があり，中小株主と大株主との間の事実上の不平等に対して一定の保護措置をとって中小株主の利益保護を図っている。中国《会

社法》にも株主平等の原則を体現する規定がある。例えば，同株同権と同株同利（第127条），1株1議決権（第104条），出資比率あるいは株式の保有比率によって残余財産（第187条）などを割り当てる等である。

四　株主の権利と義務
（一）株主の権利

　株主の権利は，通常株主権あるいは持分権と略称し，株主のその出資に基づく会社に対する法律上の権利である。各国・地域の会社立法は，株主の権利のすべてを具体的に明確には列挙しないが，一般的には株主に最も核心の権利，例えば，議決権，情報を得る権利並びに訴訟の権利を与えている。株主の権利の具体的な内容は，会社の類型と株主権の性質により異なりすべて一致するものではない。中国の会社法でも株主が有すべき権利を詳細に集中的に列挙していないが,《会社法》第4条で株主権の主要な内容を概括的に定めている。すなわち会社の株主は法に基づき資産の収益，重要な決定への参画及び管理職の選任等の権利を享有する。株主のその他の権利に関する規定が会社法の条文中に散見される。総じて見れば，会社法は，株主権，特に中小の株主権に対して完全な規定を定めている。その規定における株主の権利には下記の内容が含まれる。

　1　株主（総）会への出席あるいは議決権の代理行使

　株主は，株主（総）会の議決事項に対して同意あるいは不同意の意思表示を行う権利を有する。これは株主の固有の権利である（優先株の株主は例外）。株主は，直接会社を管理しないが，議決権を通して意見を表明する。議決権は株主が株主（総）会を通じて会社の管理に参画する重要な手段である。株主が行使する議決権の原則には，株主平等の原則と多数決の原則等がある。

　持分権平等の原則は，通常状況下では「1株1権利」あるいは出資比率によって議決権を行使することに表われる。例えば，中国《会社法》第43条の規定によると，会社の定款に別途定めがある場合を除いて，有限会社の株主は出資比率によって議決権を行使する。すなわち，株主の出資の大きさにより議決権の大きさが決まる。当然，株主平等の原則にも例外があり，例えばある国の法律では「1株複数権利」,「複数株1権利」あるいは「有株無権」等が認められている。

　多数決の原則は，一般に一つの決議には多数の株主の出席を必要とし，出

席株主の多数の同意を経て形成されることを意味する。多数決の原則は単純多数決と絶対多数決に分けられる。通常法律で定める一般的な事項の決議は単純多数決で採択することができる。特別な事項については絶対多数により採択する必要がある。

それ他，ある種の状況下では法律は株主の議決権に対して制限を加える。(1)会社が自分の株式を有するときは議決権がない。例えば，中国《会社法》第104条の第1項には次のような規定がある。「株主が株主総会に出席すると，1株につき1議決権を有する。但し，会社の保有する自己株式には議決権がない」。(2)法律は利害関係株主の議決権に対しても制限を加えている。例えば，中国《会社法》の第16条では次のように定める。「会社が会社株主または実質的支配者のために保証を提供するときは，株主総会の決議を経なければならない」。(3)相互保有の場合，法律は通常議決権の行使について一定割合の範囲内に限定する。

2　選任権と被選任権

株主は株主（総）会を通じて会社の取締役あるいは監査役を選任する権利を有する。同時に，株主は，会社法で規定する会社の取締役や監査役に適格であるとなれば，法定の議事規則に従って会社の取締役または監査役として選任されることができる。選任権と被選任権は，株主が株主（総）会を通じて会社の経営管理に参画できる一つの重要な権利である。中国《会社法》では株主の選任権に対して規定を定めている。株主は，自分の出資額あるいは株式保有の割合に従って，選任する取締役，監査役に対する自分の意思を表明することができ，その決定は賛成票，反対票あるいは棄権票の投票でなされる。

選挙権を行使する方法の面では，中国の新会社法では中小株主の利益を保護するため，株式会社においては累積投票制度を導入した。これも伝統的な投票規則を変えたものである。新《会社法》第106条では，会社の「株主総会が取締役，監査役を選任するときは，会社定款の定めまたは株主総会の決議に基づき，累積投票制を実行することができる」と定めている。いわゆる累積投票制とは，株主総会において株主が取締役や監査役を選任するとき，議決権を有する1株式は選任すべき取締役または監査役の人数と同数の議決権を有するものであり，株主が有する議決権は集中して使うことができる。累積投票制を採用すれば，中小株主がその利益を代表する取締役，監査役を

選任する機会が増加し、その合法的権益の保護に有利となる。

3　法律に基づく出資または株式譲渡の権利

出資または株式の譲渡は、会社の株主が自己の所有する出資額あるいは株式を他人に譲渡することであり、他人が会社の株主になる。資本維持の原則により、法律は株主が会社に出資して株主権を獲得した後に出資を払戻すことを禁止している。しかし、法律は、株主が投資のリスクを転換するかあるいは元金を回収するためにその出資または株式を譲渡することは認めている。一般的に言えば、有限会社の株主が出資を譲渡するときは、株式会社の株主が株式を譲渡するときに比べると比較的多くの制限を受ける。

4　知る権利

知る権利、すなわち株主が会社の情報を得て、会社の状況を理解する権利である。株主は会社の重要事項の決定に参画する前提として、会社の経営状況や関連情報を理解することが必要である。そのため、各国の会社法では株主に知る権利を与えている。それによって、いつでも全面的に会社の経営管理の状況を知り、判断を下すことになる。中国の新《会社法》第34条では次のように定めている。有限会社の「株主は、会社定款、株主総会議事録、監査役会議事録、監査役会決議及び財務会計報告を閲覧、複製する権利を有する。株主は、会社の会計帳簿の閲覧を求めることができる」。新《会社法》第98条では、株式会社の株主は、会社定款、株主名簿、社債原簿、株主総会議事録、取締役会決議、監査役会決議、財務会計報告を閲覧する権利を有する。旧会社法と比較すると、新会社法では株主の知る権利の範囲が大幅に増加した。有限会社においては、会社定款、取締役会決議、監査役会決議を閲覧し複製する権利が大きくなり、株主は会社の会計帳簿の閲覧することもできる。株式会社においては、株主の株主名簿、社債原簿、取締役会決議、監査役会決議を閲覧する権利が増大した。

有限会社の株主の閲覧権が増大するなかで、最も重要なのは株主が会社の会計帳簿を閲覧する権利を認めたことである。株主が知るべき情報の中で、会社の財務情報は最も重要な側面であるからである。会社の財務情報は、一般に会社の会計報告、会計帳簿のなかに記載されている。しかし、中国の会社全体の信用のレベルにはかなり格差があるために、財務会計報告の偽造が深刻であり、株主は会社が公開する会計報告の閲覧を通して真実の状況を完全に知ることは不可能である。そのため、新会社法では、株主が会社財務報

告の閲覧を認めるだけではなく,株主が会社の会計帳簿を閲覧することも認めたのである。ここにおける会計帳簿とは,会社の経営活動を記載したオリジナルの証拠,領収書などを含むかどうかについては,管理監督機構の行為の有効性や株主権益の保障の確実さのニーズ及び立法目的から出発して肯定的に理解しなければならないと思う。

同時に,株主が閲覧権を濫用して会社の正常な経営活動に影響を与えるか,あるいは株主により会社の商業秘密が漏洩して会社の利益を損なうことを防ぐために,国・地域によっては,会社法で株主に対する閲覧権に何らかの制限を加えている。例えば,閲覧の時間,場所及び閲覧の目的などに関する規定である。中国新会社法でも,株主の会社の会計帳簿の閲覧にはある程度の制限がある。新《会社法》第34条では,閲覧する株主は会社に書面で請求しその目的を説明しなければならないと定めている。会社が株主の会計帳簿の閲覧に不正当な目的があり会社の合法的利益に損害を与える可能性があると考える合理的な理由があるときは,閲覧の提供を拒絶し,株主が書面で請求した日から15日以内に株主に書面でその理由を説明しなければならない。会社が閲覧を拒絶するときは,株主は法院に対して会社への閲覧の提供を請求することができる。

5 提案及び質問権

株主がある種の方法が更に会社の経営に利益があると考えるとき,会社に更に大きな利益をもたらし得るとき,直接会社に対して自分の意見を述べることができる。会社がある種の方法を採択するかあるいは従来の方法を放棄するように提案する。株主が会社のある種の行為に対して疑問を持つかあるいは会社の経営状態がよくないと考えるとき,口頭または書面で取締役会,監査役会,社長などに対して自分の疑問を呈し,回答を要求することができる。中国新《会社法》第98条では,株式会社の株主は会社の経営に対し提案し質問する権利を有すると定めている。新《会社法》第151条の規定により,株主会あるいは株主総会が,取締役,監査役,高級管理職に会議への列席を要求したときは,取締役,監査役,高級管理職は列席し株主の質問を受けなければならない。このため,有限会社の株主も,会社の取締役,監査役,高級管理職に対して質問する権利を有する。

6 利益配当請求権

利益配当請求権とは,株主が出資または株式比率に基づき株式利息の配当

を受ける権利を有することである。株主が投資する目的は営利のためであり，会社の利益配当を通じて配当金を獲得する。配当金分配請求権は，実質的には株主が自己の投資に対する報いの取得を期待する権利である。このため，配当金分配請求権は株主権の核心をなすものである。

株主のその利益配当請求権が実現するか否かは，事実上会社経営において既に利益を生んでいるかどうかによって決まる。もしも会社に利益がなければ，配当金分配の価値がない。しかも，各国・地域の会社の立法は，配当金の分配に対して厳格な制限を加えることが多い。言いかえると，例え会社に利益があるとしても，必ずしも配当が必要なわけではない。例えば，中国《会社法》の第167条第4項及び第6項では次のように定めている。会社が欠損を補填し，準備金を積み立てた後の税引後利益は，有限会社の場合は，株主が全員一致して出資比率による配当をしないことに賛成する場合を除いて，株主の出資比率によって配当する。株式会社の場合は，定款で持株比率によらずに配当すると規定されている場合を除いて，株主の有する株式の割合によって配当する。会社が有する自己株式に配当してはならない。

7　会社の新株発行時の新株の引き受け優先権

会社成立後，法定の条件と手続きに従い会社資本の総額を増加することがある。これに対して，多くの国・地域の会社立法では，会社の元からの株主の新株優先的引受権を定めている。中国《会社法》の規定によると，新株優先引受権とは，会社の元からの株主に確定価格でその持株比率に基づき優先的に会社が発行する新株を買い取る権利を与えることである。会社の新株発行は，既存株主の利益に影響を与え，既存株主の経済的利益や議決権に対する希釈となる可能性がある。既存株主に新株の優先引受権を与えることは，株主の保株比率を保護し，会社に対する支配権を維持することができる。当然，会社が新株を発行する時の新株が優先的引受権は実際には一種の選択権であり，株主は行使することも，行使しないこともできる。

注意を要するのは，新株優先権は，引受上の優先性のみに限られ，発行価格あるいはその他の引受条件上の優先あるいは特殊な権利ではない。

8　臨時株主（総）会の招集提案権

有限会社の株主会の定会は，会社定款に規定されている時期に招集され，株式会社の株主総会は毎年1回年次例会を開かなければならない。そのため，会社権力機関としての株主総会は，定期的に会議を招集して会社業務を

決定するものではないが，それと性質は互いに一致している。しかし，会社に重大な状況が生じた場合，株主総会を即刻開くことができないかまたは可能だが時期的に妥当でないような場合は，臨時の会議開催が認められる。株主は会社の重要な利害関係者として，臨時株主総会の招集提案権を持つべきである。中国の新《会社法》第40条第2項の定めによると，「有限会社の1/10以上の議決権を代表する株主は，臨時株主総会の開催を提案する」ことができる。新《会社法》第101条第3項の定めによると，「株式会社においては，単独または合計で株式の10％以上を保有する株主は臨時株主総会の招集権を有する」。

9　株主（総）会の招集権及び開催権

株主会の招集権と開催権は，関連する権利主体が株主会の招集や開催の業務に具体的な責任を担う手続き的な権利である。それには，株主会開催の時期，場所，株主への通知と関連公告，議案提出の責任，決議の実施，会議に関連する事項の記録等の一連の業務を含む。招集権と開催権は，一種の手続き的な権利として，会社株主会の正常な招集と進行に対して重要な意味を持っている。招集権の行使がなければ，期日通りに招集を開始することができない。開催権の行使がなければ，株主会は正常な手続きに従って行うことができなくなる。以上のことから，株主会の招集権と開催権は，株主会を正常に進行できるかどうかに関わっており，株主の権利の保護，会社経営に対しても重要な意義を持っていることが分かる。

一般的には，株主会は取締役会により招集され，代表取締役が開催する。取締役会が規定された株主会の招集や開催という職責を遂行しないときは，監査役会も適宜に株主会を招集し開催することができる。会社の取締役会あるいは監査役会が適宜に株主会を招集しないときは，株主会のタイムリーな開催や関連する決議が遅延する。それによって株主が法により行使する権利が妨げられる。株主は株主会の招集権と開催権を享有しなければならず，更に招集権と開催権は統一性を有するべきでありタイムリーに株主会をスタートさせる必要がある。さもなければ，取締役会が招集しないで，代表取締役が開催せずあるいは監査役会も招集も開催もしないときは，株主の臨時株主会招集の権利はまったく意味のないものとなる。

これにかんがみて，中国新《会社法》第41条では次のように定めている。有限会社においては，取締役会あるいは執行取締役が株主会招集の職責を履

行できないかあるいは履行しないときは，監査役会，監査役会を設置していない会社の場合は監査役が招集し開催する。監査役会あるいは監査役が招集せず開催しないときは，1/10以上の議決権を代表する株主が株主会を招集し開催する。新《会社法》第102条は次のように定める。「株式会社においては，取締役会が株主総会の招集の職責を履行できないあるいは履行しないときは，監査役会が適宜招集し開催しなければならない。監査役会が招集し開催しない場合，連続90日以上単独あるいは合計で10％以上の株式を保有する株主は株主総会を自ら招集し主宰することができる。

10 臨時提案権

株主の臨時提案権とは，株主が株主会に議題あるいは議案を提出する権利を意味する。中国新《会社法》第103条では，「株式会社の株主は株主総会に対する提案権を有する」と定めている。当該規定によると，単独あるいは合計して会社の3％以上の株式を有する株主は，株主総会において開催の10日前までに臨時の提案を取締役会に書面で提出することができる。取締役会は提案を受け取った後2日以内に他の株主に通知し，この臨時提案を株主総会に提出し審議に付さなければならない。臨時提案の内容は株主総会の職権範囲に属し，議題が明確であり具体的な決議事項でなければならない。株主提案権の確立によって，株主にその関心ある問題を株主総会に付すことにより，会社の意思決定や経営への参画，監督を実現せしめることができる。それによって，株主の株主総会への参加の積極性を高めることができる。

中国の旧会社法では株主の臨時提案権の規定がなく，新会社法では，条件に合う株主の臨時提案権を明確に認めた。これは旧会社法の重大な改善である。当該規定は株主の権利を豊かにし，少数株主の利益保護に有益であり，会社統治における制約均衡のニーズの実現である。

11 株式買取請求権

中国の新会社法で新たに設けた株主の権利である。いわゆる異議株主の株式買取請求権とは，株主会が株主の利害関係に実質的な影響を生じる決定を行うとき，その決定に対して異議がある株主は，会社に対して公平な価格で株式を買戻すよう請求する権利を有することを指す。それによってこの会社の権利関係から脱退する。会社は，株主の投資後，自己の合理的な判断により会社経営過程における重大事件に対して特に自己の実質的な利益に影響を与える事項に対して決定する権利を有する。しかし，株主会が少数株主に

よって操縦されているときは，多くの中小株主は実際上自己の意思を表明する機会はない。例え資本多数決の原則によっても，中小株主はかなり弱い。それ故，会社の各方面の利益を均衡させ，中小株主の利益を保護するために，会社の中小株主が特定の状況下で会社に対してその株式の買取を請求し，そして会社から退出することを認めるべきである。支配株主は異議を有する株主の株式を単に買戻しさえすれば自己の経営方針を順調に推進できる。これは会社と支配株主にとって最良の選択である。

いかなる状況下において異議株主が買取請求権を提起できるかは国によって規定が異なる。日本の《商法典》では，会社合併，株式の譲渡制限，営業譲渡の3種の状況において異議株主は買取請求権を行使できると定めている。中国の新《会社法》第75条第1項の規定によると，有限会社においては，下記の状況の1つが生じたとき，株主会の当該決議に反対票を入れた株主は会社に対して合理的な価格でその株式を買取るよう請求できる。(1)会社が連続5年株主に利益配当せず，会社がこの5年連続して利益を上げかつ会社法で定める利益配当の条件に適合しているとき。(2)会社の合併，会社分割，主要財産を譲渡するとき。(3)会社定款で定める営業が期限満了するかあるいは定款で定めるその他の解散事由が生じ，株主会が決議により会社存続の変更を行ったとき。《会社法》第143条では，株式会社の異議株主の株式買取請求権について定めているが，株主総会が行った会社合併，または分割の決議に対して異議を有する株主が行使できる。

12 特殊状況下で裁判所に会社解散を請求する権利

《会社法》第183条の規定によると，「会社の経営管理に著しい困難が生じ，引き続き存続すると株主の利益に重大な損失を被らせるおそれがあり，その他の方法によっても解決することができない場合，会社の全株主の議決権の10％以上を保有する株主は，法院に会社の解散を請求することができる」。1993年《会社法》ではこれに対して定めがなく，2005年《会社法》で初めてこの特別規定が置かれた。

13 残余財産分配請求権

会社が解散するとき，株主は，会社の債権債務の整理後の残余財産に対して分配を請求する権利を有する。中国《会社法》の定めによると，株主は自己の出資額あるいは株式比率によって会社の残余財産の分配を受ける権利を有する。これで分かることは，会社の残余財産の分配請求権の発生は，会社

がその全債権者に対する債務を完済した後にまだ残余財産があることが実質的な要件でなければならない。会社の残余財産の分配請求権は，株主が会社に対して主張できる最後の権利である。

14　訴権

株主は訴権を有する。すなわち，当事者が法院に対し提訴または応訴し，法院に裁判権の行使を請求しその権益を保護する権利である。訴権は法律が公民，法人及びその他の組織に与える一つの救済的権利である。株主の権利と会社の利益を適切に保護するため，会社法は株主に相応する訴権を与えたのである。

株主の訴権は直接訴訟と代表訴訟の2種類の類型に分けられる。直接訴訟は，株主が株主権に基づいて，権利侵害者に対してその個人の範囲内で被った損害に対して提起する訴訟をいう。代表訴訟は，派生訴訟とも称し，会社の権利が侵害されたとき，種々の理由により訴権の行使ができないかまたは怠たるとき，株主は会社の利益のために，会社を代表して更に自己の名義で加害者に対して訴訟を提起することを指す。中国1993年《会社法》では直接訴訟のみを規定していたが，2005年《会社法》では更に一歩進めて代表訴訟を規定した。

新会社法で規定する株主の直接訴訟は主に下記の場合に生じる。

(1)　株主会または株主総会，取締役会の会議招集手続き，決議方式が法律，行政法規あるいは会社定款に違反するか，あるいは決議内容が会社の定款に違反するとき，株主は決議がなされた日から60日以内に法院に取消の訴えをすることができる。

(2)　株主が会社の会計帳簿の閲覧を請求し，会社が閲覧の提供を拒絶したとき，株主は法院に会社が閲覧を提供するよう訴えることができる。

(3)　法律が定める条件下で，株主会のある決議に対して反対票を投じた株主は，会社に対して合理的な価格で株式買取を請求することができる。株主会の決議の日から60日以内に，株主と会社の買取協議が合意に至らないときは，株主は株主会の決議の日から90日以内に法院に訴訟を提起することができる。この規定は，実際上，有限会社の中小株主が特定条件下の退出のメカニズムを確定するものである。

(4)　取締役または高級管理職が法律，行政法規あるいは会社定款の定めに違反し，株主の利益に損害を与えたときは，株主は法院に訴訟を提起するこ

とができる。
(二) 株主の義務
　権利と義務はいつも相対するもので，株主は権利を享有するとともに義務をも負う。各国・地域の会社立法における株主の義務に関する規定は大同小異であり，基本的にはいずれも以下の主要な義務を負わなければならないことが確認できる。
　1　会社定款の遵守
　会社の定款は株主に対して拘束力があり，株主は会社定款の定めによって権利を享有し義務を負う。そのため，会社定款の遵守は株主の最も基本的な義務でなければならない。
　2　会社への出資金の払込み
　株主は出資または株式を引き受けた後,出資金の払込義務を負う。それは，定款による方法，条件，比率及び期限に従って行う。株主は出資または株式を引き受けた後で，出資金の払込義務を履行しないで会社に損失をもたらしたときは賠償責任を負わなければならない。出資義務と株主資格の関係の上から見ると，出資義務引き受けは株主資格の前提条件である。投資者はただ出資契約の締結または会社定款の承認をして出資義務を引き受けると，会社の株主になることができる。そして，株主資格を有するものは，その出資義務を既に履行しているかもしれないし，まだ履行していないかもしれないが，いずれも株主が元々引き受けた出資の義務は変わらない。
　3　会社に対する債務引き受けの責任
　この義務は会社の類型によって異なる。無限責任及び合資・合名会社における無限責任株主は，会社が負う債務に対して株主の出資額を限度としない無限責任を負う。有限会社と株式会社の株主は，会社の債務に対して原則的には単にその出資額あるいはその引き受けた出資金を限度とする有限責任を負う。その他の財産については責任を負わない。
　4　出資払戻しの禁止
　株主は会社成立後に出資金を払戻してはならない。これについては，中国《会社法》第36条，第92条並びに第201条において次のように明確に規定している。「株主は，会社成立後，出資の払戻しを受けてはならない」，「発起人，株式引受人が出資を払込み，または出資金に充当する出資を行った後は，期間内に全株式の引受が完了しなかった場合，発起人が期限通りに創立総会を

招集しない場合または創立総会が会社を設立しない旨の決議を採択した場合を除き，その資本を払戻してはならない」，「会社の発起人もしくは株主が会社成立後にその出資を払戻した場合，会社登記機関が是正を命じ，払戻した資金額の5％以上15％以下の過料に処する」。

5　出資補填

中国《会社法》第31条において次のように明確に定めている。「有限会社の成立後，会社設立の出資とする非貨幣財産の実際な価額が会社定款の定める価額より著しく低いことが判明したときは，当該出資を行った株主がその差額を補充するものとし，会社設立時のその他の株主はこれについて連帯責任を負う」。この規定によると，株主がある種の原因で出資を払込みできないときは，その他の株主はこの株主の納めることができない部分に対して互いに連帯責任を負う。

(三) 支配株主の義務と中小株主の保護

中国会社法の規定によると，いわゆる支配株主というのは，その持分権額が有限会社の資本総額の50％以上を占めるか，あるいは保有する株式が株式会社の株式総額の50％以上の株主を指す。あるいは持分額または保有株式の比率が50％に足りないが，その持分額あるいは保有する株式が有する議決権が株主会または株主総会の決議に重大な影響を及ぼす株主を指す。

いかなる会社の株主の構成もすべてバランスが取れていることはあり得ない。大株主の会社に対する支配はいかなる会社においても存在し得る状態である。会社の支配そのものは過ちではないが，過ちとなるのは会社に対する過度の支配と支配権の濫用である。支配株主が支配権を行使するとき，自身の利益だけを重視し，会社の利益を顧みず，自己の利益を重視する一般的な傾向が存在する。それ故，支配株主が支配権を濫用することによって，会社や中小株主の合法的権益を損なう現象が常に発生する。中国においては，会社の支配株主が支配権を濫用し，会社や少数株主に対して思うままに損害を与えることはとりわけ深刻である。特に，関連取引，資産のリストラ，保証の違反，資金の逃避，少数株主の臨時株主会招集の阻止などの事件はそれらの代表的なものである。

そのため，各国会社法では，中小株主の保護制度の構築過程において，支配株主は特殊な義務を負わなければならないという理念が次第に形成されてきた。すなわち，支配株主は，一般の株主が負うべき義務を遵守することに

加えて，更に，会社とその他の株主に対して誠実である義務を負わなければならない。その理論的根拠は，支配株主は事実上会社に対する支配権とその支配による利益を享受することにある。当然，会社の支配株主は会社とその他の株主に対して誠実義務を負うかどうかは，理論界では認識に不一致がある。伝統的な会社法の理論では，株主は会社の取締役とは異なり，会社とその他の株主に対してこのような義務は必ずしも負わないと考える。しかし，支配権の濫用によって，支配株主が会社と少数株主に損害を与える事件が絶え間なく増加していることは，支配株主が負う誠実義務の理論は既にあるいは今まさに受け入られつつある。

支配株主の義務は主に注意義務と忠実義務の二つの側面がある。注意義務は，支配株主が会社に対して管理権や決定権を行使するときには善意をもって行うことを要求するものであり，適切なやり方で会社の管理決定に参画し，慎重に義務を履行しなければならない。忠実義務は，主に詐欺行為の禁止，関連取引の制限並び競業避止などである。

中国の上場会社の支配株主の濫用現象に対しては，中国証券監督管理委員会《上場会社統治準則》第19条で次のように定めている。「支配株主は，上場会社及びその他の株主に対して誠実義務を負う。支配株主は，その支配する上場会社に対して出資者の権利を法律に基づき厳格に行使しなければならない。支配株主は，資産のリストラなどの方法を利用して上場会社やその他の株主の合法的権益を損なってはならない」。《上場会社買収管理方法》第8条第1項では，「上場会社の支配株主とその他の実質支配者はその支配する上場会社及びその他の株主に対して誠実義務を負う」と定めている。

中国の新《会社法》第21条では，支配株主の義務に対しても規定を置いている。すなわち，「会社の支配株主，実質支配者，取締役，監査役，高級管理職並びにその他の者は，その関連関係の地位を利用して会社の利益を損なってはならない。前項の規定に違反し，会社に損害をもたらした場合は，賠償責任を負わなければならない」。ここで，会社法は誠実義務の概念を使っていないが，そこで定める支配株主の義務は，会社に対する義務であり，その他の株主に対して負う義務は定められていない。

同時に，会社法は支配株主の上述の規定を会社の「実質支配者」に対しても適用する。それは，会社の株主ではないが，投資，契約あるいは他の方法を通じて会社の行為を実質的に支配できるからである。両者のいずれも会社

を支配する能力を有しているために,その支配関係あるいは能力を利用して会社の利益に損害を与えてはならない。

五 株主代表訴訟
(一) 代表訴訟の意義

代表訴訟,または派生訴訟とも称し,会社の取締役,監査役,高級管理職などの主体が会社の権益を侵害したときに,会社がその責任追及を怠った場合,法定条件に合う株主は自己の名義で会社を代表して訴訟を提起することができることを意味する。

株主代表訴訟制度は,現在各国・地域の会社法上の重要な内容である。会社の統治機構の不備や他の救済方法の不足を補うための必要な手段と考えられており,中小株主の権益保護などの面で重要な効果を発揮している。中国の改正前の《会社法》では,株主代表訴訟制度に対する明確な規定はなかったが,中国証監会,国家経済貿易委員会,最高法院など関連部門は,情勢の発展と会社統治において存在する際立った問題に基づき,各国・地域の経験を結び付けて,この方面における有益な検討を行った。

中国の改正後の新《会社法》第152条で,中国でははじめて法律形式で株主代表訴訟制度を正式に定めた。株主代表訴訟の主体,訴訟提起の理由,訴訟手続き並びにその例外等について規定した。

(二) 株主代表訴訟の原告資格の制限
　1　株主代表訴訟における原告資格

株主代表訴訟において,株主の濫訴を防止するために,各国・地域の法律は一般に提訴する株主の資格について持株の期限上の制限を加えている。例えば,米国は「同時株式保有」の原則を採用している。代表訴訟を提起する株主は,被告が当該会社に対して不法行為を行ったときから訴訟の判決のときに至るまで継続して会社の株式を保有していなければならない。一部の国・地域では,株主の持株の数量に対して規定している。例えば,中国台湾地域の「会社法」の第214条では,「代表訴訟を提起する株主はその会社の発行済株式総数の5%以上の株式を保有しなければならない」と定めている。

中国の改正後《会社法》では,原告資格の制限に対しては比較的明確な規定を定めている。現行《会社法》第152条では次のように定めている。株主代表訴訟を提起できる原告適格は次の2種類に分類できる。(1)有限会社の株

主。(2)株式会社で連続して180日以上の期間株式を保有し，単独または合計して1％以上の株式を有する株主。

2　株主代表訴訟における会社の法的地位

株主代表訴訟において，株主は自己の名義で会社を代表して提訴するので，訴訟において，会社自身は微妙な地位に置かれる。株主代表訴訟における会社の法的地位の問題に対して，中国の現行会社法では明確にしていない。ある国では，会社は原告とし，ある国では被告とし，更に第三者と定める国もある。

筆者は，会社はこのとき訴訟に参加が必要な第三者であるから，法院は会社に対して第三者として訴訟に参加することを通知すべきであると考える。中国の以前の会社法の実務から見ると，会社は独立した請求権を持たない第三者として訴訟に参加することが多かった。それはいかなる実体的権利を主張しないこともでき，ただ証拠を提供し，法院の事件の事実解明に協力するだけである。会社が訴訟に参加する目的は主に訴訟のために証拠を提供し，会社に訴訟の過程や訴訟の結果を知らしめ，同時に原告株主の不適当な訴訟行為を防止することにある。

(三) 株主代表訴訟の被告及び訴訟行為の範囲

1　株主代表訴訟における被告の範囲

株主代表訴訟は，取締役の会社に対する不法行為から始まるために，取締役会は各国・地域の株主代表訴訟立法が焦点を絞る主要な対象に属する。例えば，日本の商法では，株主代表訴訟の被告は取締役とし，それ以外の他の会社の利益に害を及ぼした者も一般に株主代表訴訟の被告とすることができる。米国の現行法では，株主代表訴訟の被告は違法行為に従事して会社に損害を与えた者である。そのため会社の取締役だけでなく，取締役以外のいかなる人，会社外の人を含み，その行為が会社に損害を与えるとすべて代表訴訟の被告とすることができる。

中国の改正後の《会社法》第152条の規定によると，株主代表訴訟の被告適格は，取締役，監査役，高級管理職及び「他人」である。立法で「他人」の範囲が明確ではないが，会社の支配株主，その他の株主，実質的支配者等も「他人」のなかに含まれると解釈するべきである。そのため，会社に対して不正当行為を行い，民事責任を負う人に対してはすべて，会社がそれに対して訴権の行使を怠る状況下では訴訟の被告にすることができる。この種の

幅広い解釈は株主代表訴訟制度の効果を十分に発揮させるのに有益である。

2　株主代表訴訟における訴訟行為の範囲

中国現行会社法の規定によると，株主代表訴訟の訴訟範囲は会社の利益に損害を与えるすべての行為が対象となる。具体的には次の2種類の状況である。(1)取締役，監査役，高級管理職が会社の職務執行時に，法律，行政法規あるいは会社定款の定めに違反して会社に損失をもたらし賠償責任を負わなければならないとき。(2)他人が会社の合法的権益に損害を与え，賠償責任を負わなければならないとき。

(四) 訴訟手続き

株主代表訴訟は一種の代位訴訟であり，もともと会社の内部監督体制の設計の欠陥を補充救済するためのものである。そのため，その適用の前提は，会社内部の救済手段が使い尽くされることである。すなわち，株主が会社で違法行為により損害を被った後，すぐには直接訴訟を提起できない。まず先に会社の監督機関に会社が前面に立って訴訟することを請求し，その請求の目的が達成できないかそれが決定的になったとき，あるいは救済が失敗するか失敗が決定的となったとき，株主ははじめて会社を代表して訴訟を提起することができる。これが株主代表訴訟の手続きである。この原則に対して，各国・地域の法律は，一般に株主が会社に訴訟の請求をするときは書面形式で会社の特定の機関になさなければならないと定めている。各国・地域の会社の統治機構は異なっており，会社内部の主に監督責任を負う機関，すなわち救済手段をとる対象も異なる。例えば，米国の大多数の州の会社法では，代表訴訟で提訴する株主はまず先に会社の取締役会に提訴するように要求しなければならず，この要求の効果がなくなってはじめて代表訴訟を提起できる。また一部の州の会社法では，株主総会が救済手段をとる対象になっている。しかし，日本と中国台湾地域では，株主が代表訴訟を提起前にまず会社の監査役会に訴訟を行うことを要求しなければならない。

中国の現行会社法の規定によると，株主代表訴訟の手続きは次の通りである。(1)まず原告株主が書面で監査役会あるいは監査役（有限会社が監査役会を置かないとき）に法院に訴訟を提起することを要求する。もしも監査役が会社の権益を侵害している場合は，取締役会あるいは執行取締役（有限会社が取締役会を設けないとき）に上述の要求を行う。

(2)　監査役会，監査役，取締役会，執行取締役が前述の書面請求を受け取っ

た後に訴訟提起を拒絶するかあるいは請求を受け取った日から 30 日以内に訴訟提起をしない等 2 つの条件が合致したとき，株主は代表訴訟を提起できる。しかし同時に，硬直化した手続きによってマイナスの影響が生じることを避けるため，法律は手続きの免除条件を定めている。すなわち，「状況が差し迫っていて,すぐに訴訟提起しないと会社の利益が回復し難い損害を被る」ときは，株主は前述の前置条件の制限を受けずに，直接訴訟を提起できる。「状況が差し迫っている」とは何かに至っては，司法の実務経験を蓄積することによって徐々に整備していくと考えられる。

(五) 株主代表訴訟の法律効果

1　一般原則

株主代表訴訟において，株主個人の利益は決して直接損害を受けず，会社の利益が損害を被ることによって間接的に損害を受ける。このため株主は会社の利益のために個人の名義で直接訴訟を提起する。当然のことながら，勝訴後の利益は原則上は会社に帰属する。

2　具体的効果

それ以外に，株主代表訴訟の制度の出発点での狙いは小株主の利益を保護しかつ濫訴を防止することである。そのため，訴訟終結後，損害を受けた片方に対して，法律は原告と被告の両者の利益のバランスをとる必要があるために，一定の賠償あるいは補償を与える規定を置いている。各国・地域の立法はすべてが一致しておらず，中国《会社法》ではこれに対してまだ明確にしていない。各国・地域の会社法実務においては，一般に原告の勝訴と敗訴によってそれぞれある程度異なっている。

(1) 原告が勝訴。株主代表訴訟において原告が勝訴した場合は，会社が確かに損害を受けたことを意味しており，被告が賠償義務を履行する直接の対象は会社でなければならない。これは各国・地域の法律の大部分において異なるところはない。しかし，訴訟において金銭を費やしたのは原告の株主だけである。そのため，各国・地域の法律は，この場合原告の株主に対して賠償あるいは補償を行わなければならないと定めていることが多い。但し，補償主体上における規定が多少異なるだけである。

(2) 原告敗訴。株主代表訴訟において原告が敗訴する状況下では，被告の取締役などは当然原告に損害賠償請求をすることができる。各国・地域の法律の違いは主に規定された賠償の前提条件が異なるところにある。中国の台

湾地域の法律では，原告が提訴の事実が明らかに虚偽であったときは，取締役に対して賠償責任を負うべきことを要求している。米国では，訴訟担保制度を設けている州がある。例えば，株主代表訴訟の原告が敗訴した場合，提供した担保は被告が訴訟において支払ったすべての費用の賠償に用いなければならない。メリーランド州とコラロド州以外の大部分の州では，被告の弁護士費用も原告の担保のなかから支払うことを求めている。

　それ以外に，ある国の規定では，原告敗訴の状況下では，会社は原告の株主に対して賠償を請求することができる。例えば，日本の商法の規定によると，株主の代表訴訟提起が悪意によるものであるときは（訴訟が不適切であり会社に有害であることを承知している），株主が敗訴すると，会社は原告株主に対して賠償を請求することができる。

3　原告の挙証責任に関して

　株主代表訴訟において，訴訟を提起する株主と侵害者の間の法律上の地位は平等である。一般の民事訴訟手続に従い，株主は提起した訴訟の侵害事実と結果に関して法廷に対する挙証責任を負わなければならない。しかし，株主代表訴訟においては，訴訟を提起した株主自身は，利益を損なった中小株主であり，会社の中で比較的弱い立場におかれている。しかも，中小株主の訴訟代表権は，会社の利益が損なわれたとき，支配株主あるいは会社の高級管理職が訴訟提起を望まないので会社に代わって提訴することになる。従って，訴訟の発生と手続きにおいて，中小株主は守勢の状態に置かれる。訴訟を提起した株主が挙証責任を負うと規定された場合，これは明らかに不公平である。このような状況下では，会社は大株主あるいは高級管理職に支配され，多くの証拠を握っている。それ故，中小株主は自由に重要な情報を得ることができない。例えできるとしても支配者に移動や改ざんされ，甚だしきに至っては廃棄されるかもしれない。従って，筆者は，挙証責任の転換を適用すべきであり，被告に自分が不法行為をしていないこと，あるいは侵害結果と自分との間に因果関係がないことを証明する挙証責任を負わせるべきであると考える。

【本節実務研究】
●匿名投資と名目持株の合法性と株主権の確認
　会社における匿名投資は，一面では（匿名株主）実際に出資を引き受けるが，

会社の定款，株主名簿あるいは工商登記資料には他人（名目持株人）が記載されていることを指す。匿名投資と名目持株の法的効力並びにこの場合の株主権の帰属をいかに認定するかについては，以前から法律の規定はなかった。法院の司法裁判では，その有効性を認定することもあり，無効と認定することもあった。有効と考えるのは，代理，委託，信託，貸借等を類推適用する関連訴訟案件裁判であり，利害関係者の権利義務の認定についてはそれぞれ異なっている。

　匿名投資と名目持株の法的効力に対しては，個別事件の状況をみて議論するべきである。

　もしも匿名投資が法律，行政法規の強行規定をうまく回避するためであるならば,無効であり匿名投資者には株主の資格がないと認定するべきである。例えば，一部の党と政府の幹部が暴利を貪るため，「影の株主」の身分で炭鉱の経営に資本参加することである。匿名投資が決して法律，行政法規の強制規定に違反せず，匿名株主はただ単に何らかの理由により名前を明らかにしたくないだけならば，有効と認定するべきである。匿名株主と名目株主の関係について，法律は本人の自治意思を尊重するべきであり，契約を通して双方の権利と義務を約束することを認めるべきである。

　匿名投資と名目持株における株主権の確認については，新会社法が登場する前にはかなり大きな論争が存在した。ある人は実質的な要件を規準として採用すべきであると考え，実際の出資者が株主であると考える。ある人は形式的な要件を規準をとして採用するべきだと考え，出資証明書，株主名簿，会社定款または工商登記書類の記載をもって株主を確認すべきであると考える。新《会社法》第33条の第2, 3項で次のように定める。「株主名簿に記載されている株主は，株主名簿を根拠として株主の権利の行使を主張することができる。会社は株主の氏名あるいは名称と出資額を会社登記機関に登記しなければならない。登記事項に変更が生じたときは変更登記手続きをしなければならない。登記または変更登記をしていない場合は，第三者に対抗できない」。明らかに新法では形式的な要件を規準として採用している。会社の内部の株主資格の確認の争いを処理するときは，会社の株主名簿で株主権の根拠を確認し，株主名簿の変更は株主権の変動の効力発生要件である。会社外の第三者との紛争が発生して株主の資格を確認するときは，工商登記をもって株主権の根拠を確認し，工商登記の変更が株主権の変動の対抗要件で

ある。

　株主資格は，対内的には株主名簿を規準とし，対外的には工商登記を規準とする。このように，匿名株主は当然に株主権を有しないかどうか，名目持株者との契約によってしか請求できず，会社に対しては権利主張することができないのであろうか。答えは否定的である。株主権の形式認定と実質認定は二つの異なる側面の問題であるからである。会社法が株主名簿及び工商登記をもって株主資格確認の問題を解決するのは，単に株主権の形式認定の問題であり，法律上形式上の株主資格に対する推定である。これと株主権の実質認定とは矛盾しない。匿名株主は契約書等の証拠をもって自己の株主身分を証明することができる。従って，法院に対して自分の株主身分を実質的に認定することを要求し，法律の形式上の推定を覆し，株主名簿を変更し，株主権を行使することができる。

●株主の会社会計帳簿閲覧請求時の目的の正当性の認定

　中国《会社法》第34条の第2項で，「……株主が会社の会計帳簿の閲覧を要求するときは，会社に対して書面による請求を提出し，目的を説明しなければならない。会社は合理的な根拠をもって株主の会計帳簿閲覧に不正な目的があり，会社の適法な利益を損なう可能性があると判断したときは，閲覧に供することを拒絶することができる……」と定めており，疑いをはさむ必要がない。法律は，株主が有する会計帳簿閲覧権の主な目的は株主の利益保護にあることを認めているが，株主と会社の間の利益上の衝突も存在し得る。そのため，会社法では株主が会社の会計帳簿閲覧権を行使するときは，「正当な目的」に制限されることを前提としている。そこで，実務においては，株主の会社会計帳簿閲覧の目的が正当であるか否かをいかに認定するかという問題が現れてきた。

　一般的には，情報の取得の目的と株主利益の保護に直接的な関係がある場合，この目的は正当である。例えこのような行為が管理職に対して友好的ではないとしてもである。例えば，株主の会社会計帳簿閲覧の目的が，会社業務の遂行・意思決定の根拠の取得の目的であるか，あるいは管理職の誤った行為に対する訴訟提起のため，あるいは議決代理権募集の都合のため等である。これらの目的のいずれも正当性を有すると考えるべきである。それに反して，株主の会社会計帳簿閲覧の目的が，会社の商業秘密を取得し会社と競争するかあるいは競合会社に提供するため，あるいは好奇心を満たすために

単に会社の管理職がその請求に対して応対することを望むだけ等，いずれも不正の目的に属すると認定されるべきである。

それでは，閲覧権があるか否かのこの問題の紛争が生じたとき，正当性があるかどうかを証明する義務は誰にあるのであろうか？　これに対して，中国の現行立法は明確にしていない。それ故，実務においては裁判官にこの問題に関してのかなりの裁量権が与えられている。各国・地域の会社立法から見て，規定はすべてが一致しているわけではない。株主の挙証責任を定める法律があれば，会社の挙証責任を定める法律もある。実際には，誰が挙証責任を負うかにかかわらずいずれの場合も相当難しい問題である。筆者は，会社の会計帳簿によって分類することができると考える。会社法上会社が公表する財務会計報告などの文書に対しては，株主は自己の正当な目的を証明する必要はなく，すべて閲覧の権利を有する。株主会決議が必要な利益衝突取引に関連する帳簿文書に対しては，会社によって株主が正当な目的でないことを証明しなければならない。さもなければ株主の閲覧に同意すべきである。これ以外には，株主が自己の正当な目的を証明してはじめて閲覧の権利を有する。

第二節　株主権

一　株主権の分類

株主権は株主の有する権利であり，株主権の法律関係は，実際には株主がその地位に基づき会社との間に形成される法律関係である。類型の異なる会社の株主，あるいは同一の会社における類型の異なる株主，その株主権の内容及び表現形式にはある程度の相違がある。

（一）自益権と共益権

これは株主権の行使の目的と内容により標準的に行われる区別であり，会社法理の株主権に対する最も基本的な分類である。一般に，株主が自分の利益の目的のために行使する権利が自益権であり，出資証明の発給あるいは株券の交付請求権，株式の譲渡名義書換請求権，配当金分配請求権並びに会社剰余金請求権等は概ねこの類型に帰属することができる。一般に，株主が自分の利益とともに会社の利益の目的のために行使する権利が共益権である。株主（総）会での議決権，取締役など会社の管理職の任免請求権，法院への株

主（総）会決議の無効請求権及び会社の取締役等の役員に対する訴訟提起権などが大体この類に繰り入れられる。

　自益権と共益権の内容をみると，前者は主に財産権であり，株主投資の本来の目的が存在する。後者は主に管理権であり，実際上は株主の会社の経営管理への参画の具体化である。自益権と共益権はお互いに補完関係にあり，共に株主が享有する完全なる株主権を構成している。当然，自益権と共益権の間の境界は絶対的なものではない。これは，ある種の共益は自益権の手段として行使するためであるからである。それ故，それは共益権と自益権を有していることが特徴である。例えば知る権利である。

（二）固有権と非固有権

　これは株主権が受ける法的な強制の程度を規準として行う区分である。固有権は，剥奪不可権とも称し，会社法が株主に付与したものであり，会社定款あるいは株主（総）会の決議をもって剥奪や権利の制限をしてはならない。非固有権は，剥奪可能権とも称し，会社定款あるいは株主（総）会決議によって剥奪するか制限することができる権利を指す。共益権の多くは固有権に属し，自益権の多くは非固有権に属する。

　株主権を固有権と非固有権に分ける意義は，主に会社の発起人と株主にどんな権利が会社定款あるいは決議によって制限できるか，いかなる権利が会社定款あるいは決議によって制限できないかを明確にさせるためであり，それによって権利意識を高めることにある。

　一般に固有権に対して制限を加える行為はすべて違法行為であり，株主は法律に基づいてその権利を主張することができ，相応する救済措置をとることができる。

（三）単独株主権と少数株主権

　これは株主権の行使に必要な株主数を規準として区分するものである。単独株主権は，株主が1人単独で行使できる権利であり，例えば，株主の株主（総）会における議決権，株主（総）会決議無効宣告の請求権等である。この権利は通常は1株保有しさえすれば享有することができ，各株主はいずれも自分の意思に従って単独で行使することができる。少数株主権は，すでに発行株式の一定割合以上の株主になってはじめて行使することができる権利を指す。例えば，中国《会社法》第101条で規定する単独または合計して会社株式の10%以上を持つ株主が臨時株主総会の招集を要求できる請求権である。

少数株主権を有する少数株主は，1人でもよく，数人でもよい。具体的な人数は法律または会社定款の規定によって定められる。少数株主権設定の目的は，主に「資本多数決の原則」の濫用を防止するためである。

(四) 一般株主権と特別株主権

これはその権利行使の主体を規準として行う区別である。一般に株主権は，会社の一般株主が行使できる権利を指すが，特別株主権は特定の類型に属する株主の権利である。例えば，会社発起人または特殊株主（例えば優先株の株主，劣後株主）が有する株主権は特別株主権に属する。説明を要するのは，特別株主権も決して株主平等の原則に違反するわけではないことである。これは次の理由による。その一，特別株主の権利と義務は対等であり，ある面における利益は他の株主より有利であるが，他の面での利益では他の株主より劣っている。その二，特別株式の設定は会社定款に基づいており，これは自治の原則に合致している。その三，同一の特別株主間は依然として株主平等の原則が適用される。

二　株主権の法的性質

(一) 主要学説

各国・地域の会社法の株主権の内容に関する規定は大同小異であるが，株主権の性質に対する学説上の認識には大きな隔たりがある。大陸法系の初期の会社法理論上は，株主権に対する認識の通説は，株主権は物権でもなく債権でもなく，株主の地位に基づき形成される多数の権利義務の集合体である。株主権については，株主地位説と債権説等の種々の異なる認識がある。中国の法学界は株主権の性質に関して検討しているが，下記のものが比較的影響力のある視点である。

1　所有権説

当該学説の主要な視点は，次のように概括できる。

(1) 株主権の性質は，物権の中の所有権に属する。出資者の所有権とも称し，株主の会社へ投資した財産に対して享有する支配権である。

(2) 会社に共存している二つの所有権，すなわち株主が有する所有権であり，会社法人も有する所有権である。「所有権の二重構造」と称することもできる。

(3) 会社法人の所有権であり株主所有権を否定するものではない。ただ株

主所有権を収益権と処分権で表現しただけである。

(4) 株主の出資引き受け，株式保有は所有権の喪失ではなく，更に有利な所有権の行使や実現のためである。

(5) 株主権の所有権の性質は，財産所有権における持分共有とすることができる。会社財産はすべての株主の持分共有であり，各株主は自己の持分比率に応じて会社財産に対する所有権を共有する。

この学説を支持する学者は少なくない。このような視点を支持する学者は，同時に所有権の性質を持つ株主権と民法中の典型的な所有権との比較を意識することがその特長である。それ故，前者は変態所有権と称し，後者は常態所有権と称する。両者は主に次のように区別される。一つは，伝統的な所有権において所有者の物的な直接支配権が株主権に表現されているものは間接支配権である。すなわち，株主により授権された取締役会財産に対して行使する権利であり，所有権の権能と所有権の分離である。もう一つは，伝統的な所有権の客体が有形物であることである。株主権の客体は会社である。

2 債権説

この学説では，会社が法人資格を取得したときから，会社は実質的に財産所有権の主体となると考える。株主が出資の引き受けや株式を保有するわけは，ただ単に株式配当の取得のためである。それゆえ，株主権の実質は民法における債権であり，株式配当を目的とする債権あるいは付帯条件付債権である。株主と会社の関係も債権者と債務者の間の関係であり，株券は債権債務関係の証書である。特に20世紀後期以来，現代の会社の発展に伴って株主の会社に対する権利が継続的に弱化し，取締役及び管理職の権利がいっそう強まってきた。株主と会社の間の関係は既に退化し，単純な債権債務の関係になってきた。これは株主の所有権の債権への転化である。この転化の完成によって会社は所有権の唯一の主体として，完全に自己の意思に従って会社の財産を占有，使用，収益，処分することができる。株主の影響やコントロールを受ける必要がなく，株主もただ期限が到来し配当金の取得に関心を持つだけであり，会社の経営管理あるいは決定への参画に口出しする意思はない。

この学説が直面している問題は主に，債権は純粋な財産権であり，当事者の契約あるいは法律の定めによって生まれるものであり，財産の移転関係を

反映しているところにある。株主権は財産権以外にもかなり重要な管理権を含んでおり，投資行為に基づいて生まれ，財産の支配と帰属の関係を反映している。両者の間の本質的な区別は極めて明確である。しかも，たとえ会社の取締役と管理職の権限が強化され株主の権限が弱くなるのが事実であるとしても，この種の量的変化の要素は株主権と債権それぞれの本質的属性に影響を与えることはない。さらに，取締役と管理職の職権濫用の防止，株主権益とりわけ中小株主の権益は，既に各国・地域の会社立法の共通認識となっている。

3 社員権説

この学説は，株主権は株主がその営利性社団のなかにおいて社員の身分に基づき享有する権利であると考えるものである。社員権の一種であり，財産権と管理参画権を含む。株主は出資することにより会社というこの社団法人を創設し，当該法人のメンバーとなり法人内部において権利を享有し義務を負う。ドイツの学者であるレナウド Renaud は 1875 年にこの学説を首唱して以来，現在この学説はドイツや日本の学界での通説となり，中国でも多くの学者がこの主張を維持している。しかし，この主張を支持する学者も，株主権は一種の社員権として公益社団法人中の社員権とは極めて大きな区別があることを認識するに至っている。一つには，前者の主な目的は，あるべき投資回収を獲得することを確認し保護することにあり，逆に後者の主な目的は，公益社団法人の定款で定める公共の利益の追求にあって，社員に経済的利益を獲得させるためではない。もう一つは，前者が比較的高い流通性を有するのに対し，後者は一般に譲渡性を有していない。

4 株主地位説

この学説は，会社は株主からなる企業法人であり，株主は自分が引き受けた出資または保有する株式に応じて一定の権利を享有し一定の義務を負うと考えるものである。株主権は，株主が持っている株式あるいは出資により会社で取得する各種権利の基礎となる法的地位であり，この法的地位を基礎として獲得する権利と義務の集合体が株主権の内容である。そのため，株主権は株主の具体的な権利と義務の抽象的な概括であり，決して単一の具体的な権利ではない。

5 独立民事権利説

この学説は，固有の伝統的学説と本質的特徴に対する深い検討を基礎とし

て，株主権に対する新しい定義づけを行い，株主権は一種の自らなる一体的な独立した権利類型であると考えた。独立した民事上の権利としての株主権は，目的としての権利と手段としての権利の有機的な結合であり，団体の権利と個人の権利特徴を統一的に検討し，請求権と支配権の属性を兼ね合わせ，資本性と流動性を具備する。

　結局，いかに株主権の性質を認識するかによって，中国における国と会社の財産の関係の境界の区切りに重要な影響を与える。上述の4種の学説はいずれも会社法人の財産所有権を承認しており，いずれも一定の合理的な要素がある。しかし，自説をうまくこじつけることができない理論上の欠陥が存在しており，そしてそれが株主権の本質の反映に影響している。株主権の具体的な権能から見ると，株主権は財産権を基本的な内容とするが，また債権や所有権とは異なり，それは会社内部の業務管理権等の非財産権の内容をも含んでいる。そのため，一面では，株主権は，株主として会社に財産所有権を譲渡出資して対価を取得することによって，株主と会社の間の法律関係を体現している。もう一面では，株主権は，株主として出資に基づく会社の構成員の資格取得の印であり，株主相互の間の法律関係を体現している。

　筆者は，株主権が独立した民事上の権利であるという観点に賛成する。株主権のこの新しいタイプの権利の性質に対する基本的な検討が必要であるのみならず，実行可能である。しかし，現行の法律が定める伝統的な権利の中から株主権の性質を研究するべきではなく，株主財産と会社財産の相互の分離，株主人格と会社人格のそれぞれの独立，株主と会社の間の財産権の分化の実際の状況及びニーズの発展を出発点として株主権の性質を検討しなければならない。

(二) 株主権と会社法人の財産権

　中国《会社法》第3条第1項で，「会社は企業法人であり，独立の法人財産を有し，法人財産権を有する」，「会社はそのすべての財産をもって会社の債務に対して責任を負う」と定める。会社の法人財産権の性質については，理論上経営権説，結合権説，二重構造説及び所有権説の4つの視点がある。経営権説は，会社の法人財産権は法人経営権であると考える。結合権説は，会社法人財産権は経営権と法人制度の結合したものと考える。二重構造説は，会社の財産は二重構造，すなわち会社財産は会社が享有し，会社自身は株主の共有であると考える。所有権は会社法人の財産権は所有権の性質を持っ

た物権であると考える。筆者は，会社法人の財産権は，会社が物的財産に対する所有権とその他の財産に対する所有権を享有する財産権であるべきであると考える。

株主権と会社法人の財産権は，会社成立後に株主と会社がそれぞれ有する法定の権利である。両者は相伴って生まれたものであり，それらは出資行為の完遂と会社の正式成立により同時に生まれるものである。株主権の存在がなければ，会社の法人財産権については語りようがない。株主が株主権を持つと同時に会社も法人の財産権を持つことになる。しかし，株主権と会社法人の財産権の間は互いに独立しておりまた互いに牽制し合っている。両者の分化は商品経済が長期にわたって発展してきた必然的な結果であり，近代的企業制度の重要な印である。株主権の享有者は株主のみであり，会社法人財産権の享有者は会社のみである。両者は法律と会社定款の規定の範囲内でそれぞれ独立した内容と排他的な性質を有している。株主は，株主権を持っているからといって直接会社の法人財産権の行使に対して干渉することができず，会社も法人財産権を有するからとって株主の株主権の行使を妨害することはできない。会社は株主が直接投資して形成される法人組織であり，株主が株主権を行使する客体である。

そのため，株主は会社に自分の意思を反映させるため，更に多くの経済的利益を得るため，株主権の行使により，特に会社の管理職の選択権と会社の重大な問題に対する決定権を行使し，会社に対して牽制を行うのである。株主から独立した会社として，市場ニーズによって自主的に生産経営を行い，科学的に管理活動を展開し，法人財産権を行使することによって，株主の会社の経営管理活動への直接干渉や会社に対する不当な要求を拒絶することもできる。

三　株主権の法律関係

株主権は株主の直接投資から生まれる。発生の方式からみると，株主権は原始取得でありまた承継取得でもある。原始取得においては，株主権は株主が引き受けた出資を全額支払うかあるいは株式の直接投資行為によって発生する。承継取得においては，株主権は一般に譲渡や承継などの理由により原株主の出資あるいは株式を取得して形成されるものであり，他人の既出資あるいは株式を前提条件としている。いかなる種類の方式で株主権を取得しよ

うとも，取得過程においてはすべて会社法に規定された手続きによって行わなければならない。いかなる人も会社法の規定から背離して，株主権を自ら創設し，取得しまたは他人へ授与することはできない。

(1) 株主権の主体。株主権の主体は株主権を有する者，株主権を有する者のみが株主である。

株主権の主体は一人であってもよく，複数であってもよい。いわゆる株式の共有である。中国台湾地域の「会社法」第160条は次のように規定する。「株主は数人の共有者であり，その共有者は1人が行使する株主の権利であると推定するべきであり，株式の共有者は会社に対して連帯して出資金払込みの義務を負う」。しかし，株式は共有することができるが，「甲が半株有し，乙が半株有する」ということはできない。いわゆる「株式不可分の原則」である。

(2) 株主権の内容。株主権の内容は総合性を有する。内容からみると，株主権は財産権の一面を有し，また非財産権の一面も有する。前者は例えば配当金分配請求権や残余財産分配請求権等であり，後者は議決権や会社に対する提案権，質疑権や訴訟権等である。これは株主権の内容が有する総合性を決定するものであり，決して単一性の民事権利ではない。各国・地域の会社法において，株主権に関しては多くの明確な規定がなされている。中国の会社法もこれに対して明確な規定がある。

(3) 株主権の客体。株主権の客体は株主権の行使対象である。一般的に言えば，株主権は会社に対して株主が行使する権利であり，会社が行使の対象である。そのため，株主権の客体は会社自身である。当然，会社も一種の権利主体であるが，権利主体は状況によってはその他の権利の客体となることもできる。

四 株主権の委託行使

一般的に言えば，自然人株主の株主権は，その本人自ら行使することができる。本人がある理由で自ら行使することができないとき，他人に代理行使を委託できる。法人株主の株主権は法定代表者が行使することができる以外は，通常指定代理人が行使できる。特に株式会社においては，株主人数が多い上に株主が分散しており，投資もわずかであるから，実際には時間と金があるかあるいは趣味でごくわずかの株主が株主総会に参加する。このことに

よって，代理人に株主権を委託行使させることが既に株式会社の株主が会社の意思決定手続きに参画する重要な形式になっている。

(一) 代理人の資格

各国・地域の会社立法からみると，代理制度は大体2種類に概括することができる。一つは，会社の経営者あるいはその他個人が代理人となるもので，実務上大部分が取締役に代理人を委託している。英米の会社立法では多くこのような代理制度を採用している。一般的には，この種の制度を実際の運用結果は，取締役会が権力を一手に握ることを助長することになり，立法者の初志とは遠く隔たりがあると考えられている。二つめは，代理権をある組織の仲介人，通常は銀行に委託するもの。ドイツの会社法はここのような代理制度を採用している。銀行は会社と株主の仲介人として，株券を預ける時，株券預託人と預託契約を締結して，契約書中に特別の授権条項を設け，株主権の行使に対して特別の指示を行う。もしもこのような契約がなければ，銀行は株主の最大の利益のためにいかなる株主権行使の決定もできる。しかし株主(総)会開会前には，代理権は取締役会に渡さなければならない。このような制度は実際には取締役会の権限を拡大することになる。

諸外国の株主権の運営実務において，上述の2種類の委託代理方式はいずれも批判を受けている。その共通した欠陥は，いずれも株主の会社意思決定における地位をある程度弱め，取締役会の権利を強化することになる。特に，銀行を代理人とする方式は更に厳しい批判を受けている。一つには，このような制度は小額株主に効果を発揮させる余地がなく，銀行は投資せずに実際上の権利を持つことになるので不公平であると考えられている。二つめには，銀行は多くの場合決して利害関係のない第三者ではないので，銀行の利益と株主の利益は時には完全に相反する可能性があり，両者の間で利益衝突の場合が生じ株主の利益に危害が及ぶ恐れがあると考えられている。このため，諸外国の会社法の理論と実務において，今なお継続的に株主権の委託代理行使の検討と整備を行っている。

中国《会社法》第107条で，「株主は，代理人に委託して株主総会に出席させることができ，代理人は会社に株主の委任状を提出し，かつ授権範囲内で議決権を行使しなければならない」と定めている。現在，中国の会社立法ではまだ代理人資格に対する制限規定はない。上述の2種類の代理方式の弊害という見地から代理人の資格を確定するとき，取締役会の代理権限と代理地

位を特に強調すべきではなく，仲介組織の専任代理人を選定するべきでなく，株主個人の意思と都合を尊重して代理権を行使することを原則とするべきである。一連の代理理論を結び付けて，筆者はつぎのように考える。すなわち，一般に完全に民事行為能力を有する者であれば，当該会社の株主であるか否かによらず，株主の委託を引き受ける者はすべて株主の代理人である。当然，会社定款で代理人は当社の株主に限ると約定していれば，法律はこれに対して約定の効力を肯定しなければならない。

（二）代理権勧誘制度

代理権の勧誘とは，株主が有償でその他の株主の株主権の行使の委任状を勧誘することを指す。これに対して，一部の国・地域では契約自由の原則に基づいて，委任状の勧誘を認めている。一部の国・地域では，代理権勧誘の結果分散している小株主の株主権を最終的に一人で実質的に行使することができ，大株主に匹敵するようになるので，代理権勧誘を禁止している。無制限の代理権勧誘は，私益上会社や株主の利益を損なう可能性があり，また公益上も社会に害を及ぼす可能性があることは疑いの余地がない。委任状を集めた小株主に会社の将来を決定させるよりは，会社の大多数の株式を保有する株主に会社を支配させる方がよい。リスクと利益の一致する原則に基づき，後者は少なくとも前者よりは会社の発展の前途に関心を持っている。

中国では，一部の学者は，中国の会社法では代理権勧誘行為を明文で禁止し，例え株主権の代理行使を認めるにしても，一人代理株主の総額に対して必要な制限を加え，代理権勧誘行為の発生を防止するべきであると主張している。これに対して，中国台湾の「会社法」では，「信託事業を除いて，1人が同時に2人以上の株主の委託を受けるときは，その代理する議決権は発行済み株式総数の議決権の3％を上回ってはならず，超過した部分は計算しない」と規定している。

五　株主権の救済

（一）救済の必要性

法律が確認する権利と当事者が現実に享有する権利は決していつも一致しているわけではない。中国《会社法》は株主の権利を保護することをその立法の目的としている。

《会社法》第4条で次のように明確に規定している。「会社の株主は，法に

従い資産の受益，重要な意思決定への参加及び管理職の選任などの権利を享有する」。これは株主の権利に対する高度な概括である。それ以外に，《会社法》のその他の各章で具体的な規定により株主の有限責任の原則と株主平等の原則の条項を具体的に表わしている。株主総会，取締役会及び監査役会の相互に牽制しあうメカニズムの確立並びに取締役，監査役及び高級管理職の会社に対して負う義務等の制度を強調することによって株主の権利を保護する。しかし，それでも，株主の権利は依然として政府部門，大株主，会社経営者，仲介機構など各方面からの侵害に直面する可能性はある。

株主権の救済は，実際上株主の株主権が実現する方法がないかあるいはその合法的権益が侵害されるときに株主に対して救済するものである。会社法の株主権の救済方式は大きく二つに分類できる。一つは，株主は，会社法が付与した権利を使用して自己の株主権を実現することができること。もう一つは，上述の権利を行使後，依然として効果的に保護できないとき，株主は司法の救済を求めることができることである。前者は株主権の事前予防救済であり，後者は株主権に対する事後保護救済であるといえる。立法と実務の両方の面から中国の株主の権利は保護される。特に，中小株主の権利の保護は重要な意義を有している。

(二) 株主権の濫用防止

中国は株主権に対する事前予防救済の面で，各国・地域の会社立法の経験を参考にして，会社法において株主権の保護を図っている。会社法上に定められた救済の方式は主に下記のものである。

1 支配株主の議決権制限制度

支配株主の議決権の制限とは，株式会社の一定比率以上保有し効果的に影響を与えられ，更には株式会社の意思決定を支配する株主が保有する株式の議決権に対して行う制限を指す。この制度の効果は主に大株主の株主（総）会の操縦の防止にあり，小株主と大株主の間の利益関係を一定程度調整することにある。株式会社に対しては投資する株主が経済的利益を共通の目的として，この種の共通利益を実現するために各自がそれぞれに議決権を与えられている。もしも支配株主が自己の利益を得るために資本の多数原則を主張する場合，その他の多くの小株主あるいは債権者の利益が大きな損害を受けるであろう。

中国《会社法》は，支配株主の議決権の制限に関しては，まだ具体的に規

定をおいていないが，支配株主の小株主の利益に対する影響については既に注意を払っている。《会社法》第21条では次のように定めている。「会社の支配株主，実質的支配者，監査役，高級管理職はその関連関係の地位を利用して会社の利益を損なってはならない。前項の規定に違反し，会社に損害をもたらした場合は，賠償責任を負わなければならない」。

2 株主議決権排除制度

株主議決権排除制度はまた株主議決権回避制度とも称し，ある株主と株主(総)会で討論する決議事項とが特別な利害関係があるときは，この株主あるいはその代理人はいずれもその有する株式の議決権を行使することはできない。この制度は大陸法系国・地域で広く適用されている。中国は2005年の《会社法》の改正を通じてこの制度を最終的に確立した。

《会社法》第16条では，会社が株主のために担保を提供するときは，担保される株主の議決権は回避あるいは排除される。すなわち，「会社が会社の株主あるいは実質支配者のために担保を提供する場合は，株主会または株主総会の決議を経なければならない。前項に定める株主または前項に定める実質支配者の支配を受ける株主は，前項に定める事項に関する議決に参加してはならない。この議決は会議に出席するその他の株主が有する議決権の過半数をもって採択する」。同時に，《会社法》第125条ではまた取締役の議決権排除制度も定めている。この条項によると，上場会社の取締役は，取締役会の決議事項に関わる企業と関連関係を有する場合，当該決議事項について議決権を行使してはならず，またその他の取締役の議決権の行使を代理することもできない。この取締役会は，過半数のその他の関連関係のない取締役が出席して開催することができ，取締役会の決議は，関連関係のない取締役の過半数により採択することを要する。

それ以外に，会社法の改正の前に，中国証券監督管理委員会は2000年5月18日改正の《上場会社の株主総会規範意見》の中で早くから関連取引議決権排除制度を確立していた。その第34条では，「株主総会が関連取引について決議するとき，関連取引に関わる各株主は議決を回避しなければならない。上述の株主が有する議決権は株主総会の出席者が有する議決権の総数に算入してはならない」と定めている。

3 株主の特別調査権

ある国では，少数株主は，会社に対して特別な調査，会社の財務状況，会

社の所有権，会社の株式の取引等の調査を行うことを要求する権利があることを規定している。例えば，フランスの《商事会社法》第226条では，「会社資本の1/10以上を代表する1名あるいは数名の株主は，単独あるいはいかなる形式の組織体であっても，法廷に1名あるいは数名の専門家を指定し，一つまたは数個の経営活動に関する報告書を提出させるよう請求することができる」と定めている。

 4 取締役解任請求権

会社と株主のために利益を追求しない経営者を適宜に淘汰するため，また経営者のその影響力を濫用することを予防するために，株主に取締役解任請求権を付与するべきである。更に，職務執行過程における株主の利益を侵害する不適任な監査役，管理職，清算人なども解任される対象となっている。

(三) 株主権の司法救済

株主の実体法上の権利が侵害されたときに，合理的な司法の手続きに基づき救済することができないならば，実体の権利は空論となる。それ故，株主権の救済は，株主の実体的権利の構築を重視するだけでなく，また株主権の司法救済の手続きも設計しなければならない。各国・地域の会社立法は，いずれも株主権に対する司法救済の手続きを規定している。

中国の会社法改正前，中国の会社法実務において，法院はすでに株主代表訴訟案件を受理しはじめていたが，多くの法院では依然としてこれに対して傍観の態度をとっていた。新会社法では，株主権に対する司法救済の条項を増設し，株主代表訴訟や直接訴訟の制度のいずれも明確に規定した。株主代表訴訟は比較的特殊で，複雑な訴訟類型であり，この制度を適切にまた十分に適用できるようにするために，会社法の原則的な規定以外に，司法機関が代表訴訟の提起に必要な具体的な条件や，代表訴訟の具体的な法律効果などの問題に関してさらに規定する必要がある。

【本節実務研究】

●凍結された株主権は株主総会の招集権，投票権，新株引受権を有するか

株主は出資に基づき株主権を有する。株主権は一つに集約された多種の権利の束であり，自益権と共益権とから構成される。株主の株主権が権利帰属の紛争により法院で凍結となったとき，株主は保有する株主権の権能を喪失するのかどうか。

筆者は，株主権の凍結は，主に株主が会社から収益を得ること並びに株主権を処分することを制限し，それによって株主権の収益の不当な流失を防止し，財産保全の目的を達成することであると考える。そのため，株主権凍結の効力は，主に配当金や利益の取得並びに株主権の処分権（譲渡あるいは質権設定）に及ぶ。株主権の凍結は，株主の資格を否定するものではなく，株主の共益権の行使を制限する必要もない。株主は株主の身分に基づいて正常に共益権を行使することができる。しかも，株主が共益権を積極的に有効に行使してはじめて会社の経営の健全な発展がうまく進められ，更に多くの物質財産が創造されるのである。会社の効率と利益の向上は，株主が自益権を通じて更に豊かな報酬を獲得するのに有益であり，法院が株主権の凍結によって保全し得る財産価値の更なる保障ともなる。

そのため，共益権としての臨時株主総会の招集権，投票権，参加権，選挙権と被選挙権，知る権利，株主代表訴訟権などいずれも株主権が凍結されるために行使できないということはない。取り上げる価値があるのは，自益権中の新株引受権は決して凍結される範囲には属さないことである。新株引受権は，会社の経営過程における株式の発行，割当の優先的買取権であり，株主は株主資格に基づき非株主より優先的に会社に投資する権利である。株主権の凍結は主に株主権の収益，譲渡に対する制限であり，そのためその効力は自益権中の新株引受権を含むべきではない。同時に，株主権に対する司法凍結は現存の株主権に対する凍結であり，株主が新株を引き受けて新たに取得する株主権及びその収益はもともと凍結の範囲内ではない。

●有限会社の株主権譲渡に善意取得制度が適用されるかどうか

善意取得制度は，処分権のない動産占有者が動産所有権の移転あるいは他の物権の設定を目的として占有を第三者に移転し，善意の譲受人が占有公信力に基づいて動産の所有権あるいは他の物権を取得することができる制度である。しかし，有限会社の株主権は登録することが公示要件であり，普通の理解によると，登記公示の権利者と実際の権利者とは一致するはずである。そのためある人は，株主権譲渡には，不動産物権の移転の規則を適用するべきであり，権利者が譲渡する所有権あるいは他の物権を登記すれば有効となり，善意取得は適用できないと主張している。これは登記公示の必然的な論理的帰結であると考える。このような観点は通常の状況下では正しいが，株主権の特殊性に基づくと，特定の状況下での善意取得制度の適用を考慮すべ

きである。

　まず，株主権の所有権の帰属には形式認定と実質認定の相違がある。形式認定とは，株主権を文書で証明することができる株主権の帰属であり，実質認定とは，証明文書以外のその他の証拠により証明でき実際の株主権の帰属である。例えば，合法的な匿名投資に関する法律関係において，名義上の株主が形式的に認定される株主であり，匿名投資者は実質的に認定される株主である。次に，株主権の証明文書は唯一性を有しておらず，株主権認定の衝突を誘発し易い。不動産の権利帰属証明文書は，不動産登記機関の登記文書及び当該機関が公布する権利証書であり衝突は生じえない。有限会社の可能な株主権の証明文書には，出資証明書，会社定款，株主名簿及び工商登記などがあり，関わる機関と変更手続きはいずれも異なる。会社の株主権は何度も人の手に渡ることができ，株主の名簿を変更してもまだ工商登記を変更していなければ，公示株主と実際の株主の不一致状況が生じる。名義上の所有者あるいは工商機関登記公示の株主が善意の第三者に株主権を譲渡した場合，実際の株主も同時に株主権を主張し，第三者と実際の株主の権利の衝突が必然的に発生する。そのため，動産の無権処分において第三者と動産の所有者の権利の衝突の解決方法から類推して，株主権の下記に特定した状況下でも善意取得制度の適用を考慮すべきである。

　第一，匿名投資の場合，匿名株主と名義株主の合意などの証拠に基づき自己の株主の身分を証明することができる。それにより株主資格を推定する法律形式を覆し，法院に自己の株主の身分の実質的な認定を行うよう請求できる。名義上の株主が株主権を会社法の規定に基づき善意の第三者に譲渡し，更に株主名簿を変更し，善意の第三者は工商登記の記載の合理的な信頼に基づき，合法的に株主権を取得する。株主名簿の変更は，株主権の移転の効力発生要件であり，その法的効力は動産取引の"給付"に匹敵する。匿名株主も，善意取得制度の適用によりもはや株主権の再主張はできず，ただ名義持株人が過失責任による損害賠償責任を負うのみである。

　第二，株主権証明文書の衝突の場合は，《会社法》第33条の規定により，会社の株主権確認の規準は内部的には株主名簿であり，外部的には工商登記である。会社の株主権が何度も譲渡されて，ただ株主名簿だけを変更し工商登記を変更しなかった場合，工商登記の株主は会社法により善意の第三者への株主権の譲渡は有効となる。株主権が転々とし誰の手に渡ろうが，株主名

簿がいかに変動しようが，第三者が株主に対して識別し依拠するものは工商登記である。

株主権の譲渡において，善意取得が適用され得る状況は上述の二つの形態に限られず，個別事件の中で具体的に検討する必要がある。しかし，ある株主権の譲渡は善意取得が適用できるようにみえるが，実はそうではない。例えば，有限会社の株主がその他の株主の優先買取権を侵害して第三者に株主権を譲渡し更に工商登記を変更する状況である。その他，株主権譲渡の複雑さ，多様性により，株主権善意取得制度の法律要件について更に検討する必要がある。

●株主代表訴訟後の利益と関連責任の引き受け

株主代表訴訟は，株主が会社の利益のために提起する訴訟であり，訴えた後の利益と費用責任を明確にすることは，代表訴訟制度のあるべき効果を発揮できるか否かに関係する。株主代表訴訟において，多くの場合原告は自然人の株主であり，高額の弁護士費用やその他の費用を引き受ける力がない。しかも，例え株主が訴訟のコストを負担して最終的に勝訴しても，会社が利益を享受し株主個人は利益が得られない。各国ではこの矛盾を解決するために，株主が株主代表訴訟を提起する積極性を高めるために次から次へと何らかの措置を講じている。例えば，日本の商法では，株主が勝訴すると，弁護士報酬は会社に支払うよう請求することができる。米国では，もし株主代表訴訟に勝って会社に対して実質的な利益（金銭利益に限らない）をもたらしたときは，この株主は会社から合理的な補償を受ける権利を有すると考えられている。この補償は支払った弁護士費用だけでなくその他の費用も含むべきである。

筆者は，株主が勝訴すると会社に対してその合理的な費用の補償を要求することができること，これが株主代表訴訟制度の効力を発揮させるのに有益であると考える。しかし補償には限度額があり，それは会社が取得した利益の範囲内であるべきである。このように，一部の株主が小額訴訟のために膨大な訴訟及びその他の費用をもたらす訴権の濫用を防止することができる。

訴訟はリスクである。米国，日本及び中国台湾地域の会社法では，いずれも株主代表訴訟が失敗し会社の利益が損害を受けたときは，原告株主は会社に対して損害賠償の責任を負わなければならないと考えている。同時に，日本の商法では，「悪意」が，敗訴株主が会社に対して責任を負う主観的要件で

ある。いわゆる「悪意」とは，会社の利益を損なうことを明らかに知っていながら会社を代表して不適当な訴訟を提起することと理解しなければならない。米国及び中国台湾地域の「会社法」には，主観的要件の明文規定はないが，米国のある州の会社法では敗訴株主が会社に対して責任を負う前提は，その訴訟提起に対する正当な理由が欠けていることであると考える。

　筆者は，株主の濫訴を防止するために，法院が株主代表訴訟の請求を認容しないときは，訴訟費用は株主が負担すべきだと考える。一部認容のときは，比率に応じて費用を負担する。不必要な訴訟を減らし，会社の利益が不必要な損害を被らないためには，株主が提起する代表訴訟の訴えの前の手続きを整備しておかなければならない。中国の裁判実務において，江蘇省高級法院《会社法案件の審理適用の若干の問題に関する意見（試行）》第78条では次のように規定している。「法院が株主代表訴訟の請求を認容するときは，訴訟請求の利益は会社に帰属し，訴訟費用は被告が負担する。訴訟により生じたその他の合理的な費用，例えば弁護士費用，交通費等は会社が負担する。法院が株主代表訴訟の請求を認容しないときは，訴訟と関連する費用はいずれも訴訟提起した株主が負担する。一部認容のときは，比率に応じて上述の費用負担を確定する」。

第三節　有限会社の株主権

一　株主権と出資の概念

　中国会社法上，出資の概念の使用に関してはあまり統一されていない。ときには有限会社の株主が会社に対して直接投資した後に形成される相応の資本割合を指し，ときには株式会社の株主が引き受ける株式を指し，またときには各種の会社（株式会社を含む）の株主が会社に対して行う直接投資などを指している。例えば，中国《会社法》第33条，第94条，第200条における「出資」の表現がそれぞれこの3種類の異なる意味に対応している。特に指摘しない限り，この節では出資と称するものはすべて第一種の意味であり，株式会社の株式の概念に対応する。

　筆者は，株式会社の株式に比較的適応する概念としては，「出資」を用いて多義を生じるより，「株主権」を代わりに使う方がよいと考える。その理由は主に下記のとおりである。

第三節　有限会社の株主権　*371*

　(1)　「株主権」を「出資」の代わりに用いることは更に文法上の要求にも合う。出資は名詞として使うことができ，動詞あるいは動名詞としても使うことができる。株式会社の株式に対応させるときは名詞のはずであるが，この種の表現は常に動詞または動名詞として表現される「出資」と混在してしまう。例えば，出資義務のように。会社法で動詞または動名詞の意味だけで出資を使用する場合，その名詞での使用法を「株主権」に代え，混淆を免れることができる。
　(2)　有限会社の株主が株主の権利を譲渡するとき，法律実務上は一般に「株主権」をも使用し，更に改正後の会社法でもこのような用語を採用している。
　(3)　株式会社の株券と区別することができる。株式会社は通常会社資産を等額の株式に区分し，有限会社は通常等額区分によらないので，両者は区別する必要がある。
　(4)　諸外国の立法例においては，類型が異なる株式に対しては区別しており，異なる表現を使っている。株式会社の株式と有限会社の出資はいずれも各自の会社資本の金額単位を構成するが，両者には大きな違いがある。まず，両者の発行主体が異なる。株式は株式会社が発行するものであり，出資は有限会社が発行するものである。株式会社の株主は株式を引き受けることしかできず，有限会社の株主は出資を引き受けることができるだけである。次に，両者の表現形式は異なる。有限会社の株主の出資は出資証明書として示され，株式会社の株式は株券として表わされる。第三に，出資証明書の譲渡は厳格に制限されるが，株式の譲渡は比較的自由である。

二　出資証明書
（一）概説
　出資証明書は有限会社の株主の出資の証拠であり，有限会社の成立後株主に発行しなければならない文書であり，一種の権利証明書である。
　1　法律の特徴
　有限会社の株主としての出資あるいは持株の法律形式であり，出資証明書の法律的特徴は主に次のとおりである。
　(1)　出資証明書は有限会社の株主の株主権の証明書である。
　(2)　出資証明書は出資の証明文書であり，それは出資の主体を証明するだけではなく，出資金額と出資比率をも証明することができる。

(3) 出資証明書は要式証書であり，法定条件に沿って作成しなければならず，法律に規定された事項を記載し，更に会社の印鑑を押さなければならない。

(4) 出資証明書は商業取引や流通に用いることはできない。

(5) 出資証明書は会社設立後にはじめて株主に発行することができる。

2 出資証明書と株券は違うものである。

(1) 額面金額の表現が異なる。通常の状況下では，出資証明書の額面金額は必ずしも同じではないが，株券の額面金額は同じであり統一されている。株券は額面株と無額面株に分かれ，出資証明書は額面に金額が記載されないことは絶対にあり得ない。

(2) 出資証明書はすべて記名されるが，株券は分類上記名株と無記名株に分けられる。

(3) 株券は有価証券として上場取引ができるが，出資証明書は，株主が法により株主権を譲渡するときにはじめてその株主権とともに譲渡される。

3 出資証明書と資産調査証明書の違い

株主の出資は，会社成立の前に既に払込まれ資産調査を経ているが，出資証明書は株主と会社の投資と被投資の関係を確定し記載するものであり，会社成立前には会社はまだ主体資格を得ていないため，出資証明書は会社成立後にはじめて株主に発行することができる。資産調査証明書は，株主がすべて出資を払込んだ後に，法定の資産調査機構が発行する資産調査証明書である。この資産調査証明書がなければ会社を成立させることはできない。

(二) 記載事項

中国《会社法》第32条の規定によると，出資証明書には下記事項を明記しなければならない。会社の名称，会社成立日，会社の登録資本，株主の氏名または名称，払込出資額及び出資期日，出資証明書の整理番号及び交付日。

(1) 会社の名称。会社の名称は会社定款の絶対的記載事項であるだけではなく，会社の出資証明書の必須記載事項でもある。会社の名称がないと，当該出資証明書がいかなる会社の出資証明書かを説明できない。出資証明書のなかの会社名称の記載は，株主が株主権を行使するのに有利であり，会社が株主を管理するにも有利である。

(2) 会社の成立日。会社の成立日は会社が営業許可証を取得した日である。会社成立時から，会社の株主は会社に対して株主権を行使することがで

きる。会社の成立日がないと，株主が株主権の行使を開始できる日を表明することができず，株主は株主権の行使が困難になる。

(3) 会社の登録資本。会社の登録資本は会社の登記機関に登録したすべての株主が引き受けた出資の総額である。出資証明書には会社の登録資本を明記する。

(4) 株主の氏名または名称，株主が引き受けた出資額と出資期日。有限会社は一種の合資と合名が相結合した会社であるが，人的要素が大きく，紛争が生じると，出資証明書上に株主の氏名または名称がなければ，訴訟の困難をも引き起こして，株主あるいは債権者の利益の保護にも不利である。中国の関連法規によると，出資証明書上に記載された氏名は住民身分証あるいはパスポートと一致しなければならない。株主が国から授権された投資機構または法人である場合，出資証明書上に当該機関または法人の名称を記載しなければならない。別の名称や代表者の氏名を記載してはならない。出資証明書は，株主が引き受けた出資額と出資期日を明記しなければならない。株主がその出資額が会社の登録資本中で占める割合を明確に知ることができれば，会社の権益分配に便利であり，株主権行使にも資する。

(5) 出資証明書の整理番号と交付日。出資証明書の交付日は，極めて重要な法律事実であり，株主の持分の計算にも非常に重要な意義を有している。

(三) 効力

出資証明書には必ず会社の印鑑を押さなければならず，また代表取締役の署名が必要である。相反する証明がない状況下では，出資証明書の効力は主に下記のとおりである。

(1) 出資証明書は，株主資格を証明する効力を有する。出資証明書は有限会社の成立後に株主に発行する証明書であり，その出資の証明である。会社への出資者は会社成立後に会社株主となる。そのため，出資証明書は，設立者が引き受けた出資を払込み出資義務を既に履行したことを表明することができる。それを所有する人は当該有限会社の株主となり，当然株主権を有することになる。株主が株主権を譲渡する場合は，同時に出資証明書も譲渡しなければならない。

(2) 出資証明書は，株主の権利義務の範囲を証明する効力を有する。株主は出資証明書の記載事項によって相応する権利を有し，相応する義務と責任を負う。有限会社の株主の権利と義務は，株主の出資比率によって決められ，

出資証明書に株主の払込額と会社の登録資本が明記されている。そのため，株主は出資証明書を所有することによって，出資比率によって配当金を受け取ることができ，株主会に出席するときは，出資比率によって議決権を行使することができる。同時に，株主もその出資額で会社に対して有限責任を負う。

三　株主名簿

株主名簿は，有限会社が会社法の規定に基づき必ず備え置かなければならない株主及びその持株数，種類等の事柄を明記した帳簿である。株主名簿は会社の信用と資金調達状況を反映しており，株主と債権者は自ら閲覧することができ，弁護士あるいはその他の人に閲覧を委託することもできる。中国《会社法》第33条で，有限会社は株主名簿を備え置かなければならないと定めている。会社が株主名簿を備え置く効果は，主に，会社が問い合わせを受ける場合，株主に配当金を給付する場合，株主が株主権の譲渡を登記する場合，株主と連絡し関連部門の調査や監督を受けるときなどに発揮される。

（一）記載事項

有限会社の株主名簿の記載事項は法定主義の原則をとっている。中国《会社法》第33条によると，有限会社の株主名簿には下記の事項を記載しなければならない。株主の氏名または名称及び住所，株主の出資額，出資証明書の整理番号。

（二）効力

相反する証明がない状況下では，会社の株主名簿の効力は主に以下の四つの面で表わされる。

(1)　株主身分確定の効力を有する。株主名簿に記載された株主は，株主名簿により株主の権利行使を主張できる。会社は株主名簿上に記載された株主だけが会社に対する各権利を享有すると認定できる。

(2)　株主と会社の関係を推定する効力を有する。会社は株主名簿上に記載された株主だけを株主とする。そのため，例え出資証明書譲渡が行われても，譲受人の氏名または名称と住所が株主名簿にまだ記載されていないと，その譲渡をもって会社に対抗できない。

(3)　公示の効力を有する。株主名簿は公示の効力を有する。中国《会社法》第33条の規定によると，会社は株主の氏名または名称とその出資額を会社

登記機関に登記し，登記事項に変更が生じたときは，変更登記をしなければならない。登記または変更登記をしていないと第三者に対抗できない。

(4) 会社の免責の効力を有する。株主名簿上には株主の氏名または名称と住所が記載されている。そのため，会社は法により株主名簿上に記載された株主に対して通知，送達，配当金支払い，会社剰余金の分配等の義務を履行した後はその相応する責任を免除することができる。

四　株主権の譲渡
(一) 概念と法律の特徴
　株主権譲渡とは，有限会社の株主が法律あるいは会社定款の規程により自己の株主権を他人に譲渡する行為である。その主要な法律の特徴を以下に概括する。

(1) 株主権譲渡は一種の株主権の売買行為である。有限会社における株主権とは，株主が出資して形成される会社に対する一種の支配権であり，株主権の譲渡側が譲渡するものはまさにこの種の支配権である。

(2) 株主権譲渡は会社の法人資格を変えない。株主権譲渡が完結後，会社の株主が変化し，株主権の全てが譲渡される状況下では，譲渡した元株主の地位が譲受された方に取って代わり，譲受方が会社の株主となる。しかし会社自身にとって，株主変更による若干の登記事項の変化以外には，会社法人の資格にはいかなる変化もない。

(3) 株主権譲渡は要式行為である。これは主に株主権譲渡のためには実体条件に適合する必要があること以外に，法律で定める株主権譲渡の法定手続きを完結しなければならないことを表している。

(二) 譲渡の方式と制限
　株主権譲渡には二つの方式がある。一つは会社の内で発生する株主権譲渡であり，株主は株主権を現有の株主に譲渡する。二つ目は会社の外部に対して株主権の譲渡を行うことである。すなわち株主は株主権を現有の株主以外のその他の投資者に譲渡する。

　1　各国・地域の会社立法の一般的な制限
　各国・地域の会社立法の規定から見ると，いかなる類型の会社であっても，株主の株主権はいずれも譲渡することができるが,会社の性質の違いにより，法律による株主に対する株主権の譲渡の制限は異なる。通常，各国・地域の

立法は無限会社の株主に対しては，株主権の全部あるいは一部分の譲渡であっても，いずれも厳格な制限条件が定められている。すなわちその他の株主全員の同意を経なければ株主権は譲渡できない。このように厳格な規定を定めているのは，無限会社は合名を基礎としており，株主が株主権を譲渡するにはその他の株主が信用する譲受人を探すことに難しさがあるためである。同時に，無限会社の株主が会社の経営状態がよくないときに株主権の譲渡によって連帯無限責任から逃避することを防止するためでもある。有限会社は性質上合資会社に属するが，株主数が多くないため，株主は相互の関係を重視し，合名会社の要素を有しており，会社の株主を維持するために株主相互の信頼が必要であり，株主権の譲渡も比較的厳格な制限を受ける。例えば，ドイツの《有限会社法》第15条では，株主の株主権譲渡には契約での契約あるいは公証方式で行うと定められており，同時に一定の条件を付けて，株主が株主権を譲渡することを制限している。例えば，会社の同意を経て更に，譲渡する株主権はその独立性を維持しなければならないと定めている。

会社内で行われる株主権譲渡は通常第三者の利益とは関係しない。そのため，合名要素を重視する有限会社に関しては，その存在の基礎は株主間相互の信頼が変化しないが，会社外部に向けて行う株主権譲渡は，新株主を吸収して会社に参加させるので株主間の信用の基礎に影響を与える。それ故，各国・地域の会社法は，会社内で行う株主権譲渡に対する制限は比較的に緩く，非株主に向けて行う株主権譲渡に対する制限は比較的厳しい。一般的には，株主の非株主に対する株主権譲渡には株主会による一定割合以上の株主の同意が必要である。このような制限の目的は，主に新株主の参加により株主間の関係に影響を与えることを防止することにある。例えば，日本の《有限会社法》第19条では，「株主はその株式の全部または一部をその他の株主に譲渡することができる。株主がその株式の全部または一部を非株主に譲渡するときは，株主の承認が必要である」と規定した。

2　中国《会社法》の制限

中国《会社法》第72条と第73条で，有限会社の株主間の株主権の譲渡の制限条件について規定している。これらの規定によると，中国の立法は有限会社の株主権譲渡は，会社内部で行なわれる譲渡，会社外部に向けて行われる譲渡及び法院が法律で定められた強制執行手続きにより行われる譲渡に区分される。

(1) 会社定款で株主権譲渡について特別の定めがあるときはそれに従うことを除いて，中国の現行立法は会社内部で行う株主権譲渡に対しては自由主義の原則を採用し，株主が会社のその他の株主にその全部または一部の株主権を譲渡するときは，法律はいかなる特別の制限も設定していない。譲渡人と譲受人の協議が一致しさえすれば譲渡は成立する。

(2) 会社定款で株主権譲渡について特別の定めがあるときはそれに従うことを除いて，中国の現行立法は会社の外部に向けて行う株主権譲渡に対しては厳格な制限を加えている。この種の制限は主に下記の三つの面で具体化されている。

その一，株主が非株主に株主権を譲渡するにはその他の株主の過半数の同意がなければならない。注意を要するのは，いわゆる「その他の株主の過半数の同意」は，株主数の多数であって持株金額の多数ではない。株主数で議決数を計算するのであり，株式の金額で議決数を計算するのではない。

その二，株主はその株主権譲渡の事項を書面でその他の株主に通知し同意を求める。その他の株主が書面通知を受け取った日から30日以内に回答しないときは，譲渡に同意したものとみなす。その他の株主の半数以上が譲渡に同意しないときは，不同意の株主は当該譲渡の株主権を買い取らなければならない。買い取らないときは譲渡に同意したものとみなす。会社法は有限会社の株主が外部に株主権を譲渡することに対して制限する主な理由は，その合名性の考慮に基づくが，この種の制限は決して禁止するのに等しいわけではない。そうでなければ，株主会決議で株主の第三者への株主権譲渡に不同意であり，不同意の株主が買い取らないならば，株主の出資は実質上会社に固定されてしまう。これは財産譲渡の特性に背くものである。そのため，会社法は，もしも不同意の株主が当該譲渡の株主権を買わない場合，譲渡に同意したものとみなすと定めている。

その三，株主の同意を経て譲渡される株主権は，その他の株主は同等の条件下でこの株主権を優先的に買い取る権利がある。2人以上の株主が優先買取権を主張するときは，協議によって各自の買取割合を確定する。協議が不成功のときは，譲渡時の各自の出資比率に基づいて優先買取権を行使する。当然，この種の優先買取権は一種の選択権であり，元の株主は行使することができるが，放棄することもできる。

株主は他の株主が譲渡する株主権に対する優先買取権を有する。会社のそ

の他の株主が買い取りを望まないとき，買取の能力がないかあるいはそのオファーが非株主のオファーより低い時にはじめて，非株主は譲渡される株主権を取得することができる。このような規定によって，実際上譲渡する株主の利益を保護し，同時に優先買取権を通じてその他の株主の利益をも保護することになる。

(3) 法院の法律に定められた強制執行手続きによる譲渡株主の株主権の状況については，中国会社法の規定は，会社とすべての株主に通知すべきことを定め，その他の株主は同等の条件下での優先的買取権を有する。その他の株主は法院が通知した日から20日以内に優先買取権を行使しないときは，優先買取権を放棄したものとみなす。

(三) 株主権の譲渡手続き

1 会社内部の株主変更の登記

株主権譲渡は，譲渡方と譲受方による株主権譲渡契約の締結により行わなければならない。有限会社の株主権譲渡に関しては，中国《会社法》第74条で規定している。株主が法に基づきその株主権を譲渡した後に，会社は元の株主の出資証明書を取消し，新株主に対して出資証明書を発行し，そしてそれに応じて会社定款と株主名簿中の株主及びその出資額に関する記載を変更しなければならない。更に会社定款の当該条項についての変更は株主会の決議を要しない。これは通常の会社内部の株主変更登記である。

中国の会社法では，会社内部の株主変更登記をしないことへの法律責任は明確ではない。株主権譲渡契約は必ずしも会社の知るところではない。それ故，譲渡方が会社に変更登記の申請をしなければならない。もしも譲渡方が錯誤によりまだ申請しておらず，会社内部の株主変更登記手続きがまだされていない場合，譲渡方は株主権譲渡契約に従い違約責任を負うべきである。会社が登記を拒絶する場合，以下の状況に分けてそれぞれ対応しなければならない。

(1) もし株主権譲渡が会社法及び会社定款の規程に適合しないときは，会社はそのため登記を拒絶し，株主権譲渡は無効であると考えなければならない。会社はいかなる法律責任も負わず，譲渡方と譲受方の間の紛争は株主権譲渡契約により処理される。

(2) もし株主権譲渡が会社法と会社定款の規程に適合するのに会社が変更登記を拒絶する場合，会社は株主が法に基き株主権を譲渡する権利を侵害す

ることになる。会社に責任をもって変更登記をするよう命じなければならず，更に会社は相応の法律責任を負う。

2　株主変更登記

《会社登記管理条例》第 31 条で，「有限会社が株主を変更するときは，株主の変動が発生する日から 30 日以内に変更登記の申請をしなければならず，更に新株主の法人資格証明書あるいは自然人の身分証明書を提出しなければならない」と定める。これを通常工商変更登記と称する。一般的に言えば，会社変更登記は，譲渡方（元の株主）から取締役会あるいは会社定款で定める会社内部の組織・機関（以下，会社内部の登記機関と略称する）に株主変更登記を申請しなければならず，更に会社内部の登記機関から《会社法》と会社定款の規程に従って審査を行う。譲渡が《会社法》と会社定款の規程に適合する場合，会社内部の機関は変更に同意し名義書換え後，工商行政管理部門で工商変更登記手続きを行わなければならない。

注目する価値があるのは，会社の株主が法により株主権を譲渡するとき，株主権譲渡契約が有効に成立して株主変更登記が完成するまでに時間差があることである。会社における出資証明書と株主名簿変更手続きの過程で株主権の真空状態が生じることを避けるために，会社法は，株主権譲渡後の株主の身分確認制度の設計上，新旧株主の権利の交接点を明確に規定しなければならない。

【本節実務研究】

● 株主の優先買取権における「同等条件」の規準の確定

「同等条件」は，有限会社の株主が優先買取権を行使するための実質的な要件である。実務における「同等条件」の規準確定に対しては議論がある。

「同等条件」の規準確定に関して，実務においては譲渡方と第三者（非株主）とが締結する譲渡契約に規定される条件が「同等条件」でなければならないという主張がある。この主張は，「優先的に他人が買う」立法の本来の意図に合うようであるが，相当の弊害を生み出し易い。なぜならば，優先買取権者はこの規準に従って優先買取権を行使する結果，譲渡方と第三者，譲渡方と優先買取権を行使する株主の間において，内容が完全に同じ二つの契約がそれぞれ別々に成立する。譲渡方はこれにより二重売買という異常な境地に陥らざるを得なくなる。譲渡方は第三者と取り決めた譲渡契約中の約定を通じ

て，この合意は株主が優先買取権を行使しない条件で，あるいは株主優先買取権を行使するという状況下で約束することができるが，譲渡方は当該契約に対する解除権を留保するという方式でこの種の異常な状態を免れる。しかし，もし株主が優先買取権を行使して譲渡方と第三者の間の合意を履行不能とするかあるいは解除されるかに至った場合，双方が取り決めた合意のために支出した費用と行った努力は徒労となる。

上述の問題を解決するキーポイントは，譲渡方と第三者の譲渡契約締結の前，すなわち株主が買い取りたいか否かを明確にする方法を捜すことである。これにより「同等条件」の規準を確立することができる。

実務からみると，譲渡方が譲渡する条件の提起には2種類の状況だけがある。

(1) 譲渡条件は譲渡方が提起する。

このような状況下では，譲渡方はその条件を事前にその他の株主に知らせなければならない。その他の株主はもし買いたくないならば，その後で第三者がこの条件あるいはこの条件より高い条件で譲渡方と合意するときは，優先買取権を主張することはできない。当然，譲渡方は買うべき人がいないため条件を下げるときは，やはりその他の株主にそれを買うかどうかを確定させるために通知するべきである。

(2) 譲渡条件は第三者が提起する。

このような状況下では，譲渡方は承諾を用意する前に，その条件と承諾の意思をその他の株主に知らせ，それを買う意思があるかどうかを確実に知るために通知しなければならない。もしも株主が購入を決定する場合，直ちに譲渡方に通知しなければならない。その後譲渡方は他人がさらに良い条件であることを理由として拒絶することはできない。

●夫婦の家庭財産分割及び株主権贈与のときのその他の株主の優先買取権の問題

有限会社の株主権の譲渡において，ある株主は離婚により所有する株主権を配偶者と分割しなければならない。またある株主は所有する株主権を子女などの親族に贈与する必要がある。もし配偶者または親族が会社の株主ではないならば，他の株主の優先買取権保護の問題にいかに関係し得るのであろうか。

会社法がその他の株主に優先買取権を与えていることは，有限会社の合名

性の考慮に基づくものである。有限会社の株主間には相互の信頼と協力関係があり、この関係は会社の効果的な活動展開の基礎でもある。株主権譲渡においては、会社の株主はこのように具備する特殊な関係のグループと会社外部の不特定の第三者を比較すると、利害関係者を優先的に考慮するという角度からあるいは会社の調和と安定的発展の角度からのいずれであっても、会社法は会社のすべての株主に同等条件下での優先的買取権を与えなければならない。しかし、特定の身分関係に基づき発生する夫婦共通の財産の分割並びに近親への株主権贈与は、通常の株主権譲渡とは異なる。まさにこのような株主権の変動の特殊性により、《会社法》第72条が通常の株主権譲渡のために設計した優先買取権制度は当然に適用することはできない。

　まず、夫婦共通財産の分割と近親への株主権贈与は、親族の身分関係に基づいて発生する特定対象に向けた株主権譲渡であり、不特定の第三者に株主権を譲渡するものではない。法律は会社の株主間の合名性を保障する必要があるだけでなく、更に特定の血縁関係に基づいて発生する財産分割と自由流動性を考慮しなければならない。両者に衝突が生じるときに、特定の親族関係に対する優先的配慮は法論理性とヒューマニズムの表れであり、必然的な選択である。この一点において、この種の株主権譲渡は承継と完全に同じ法理の基礎を有している。《会社法》第76条の規定によると、会社定款に別段の定めがある場合を除いて、株主資格は相続することができる。承継により発生する株主権の変動に直面すると、法律は株主の優先買取権の保護に対しては二の次になることが分かる。会社定款が株主資格の承継に対して特別な制限を加えているときだけは、株主の意思を尊重や自治を優先し会社の合名性を保障する。類推は開放型法律の抜け穴を補う基本的な方法である。株主権承継原理を類推すれば、株主が夫婦家庭の財産の分割や近親へ株主権を贈与するとき、会社のその他の株主は優先買取権を有するべきではなく、株主権の譲受人は当然株主資格を取得することができることになる。会社定款で予め特別の規定を定めて初めて会社のその他の株主は株主資格に対して定款で譲受人を制限することができる。

　この問題について、フランス《商事会社法》第44条では、有限会社の株式は承継によりあるいは夫婦間の共有財産の清算のときには自由に移転され、更に夫婦間で及び直系親族間においても自由に譲渡される。しかし,定款で、配偶者,承継者は定款で定める条件に従って同意を得た後にはじめて株主に

なることができると定めることができる。これに対して定める会社定款の条件は，会社外の第三者に株式を譲渡する条件より高くしてはならない。そうでなければ当該条項は無効である。

●強制執行と株主権譲渡の問題

新会社法の実施前の実務においては，株主財産をもって債務弁済ができないときは，債権者の利益を保障するために法院が株主の株主権に対して採り得る執行方式は主に4種類ある。第一は，その出資を強制的に引き戻して債務返済に充てる。第二は，会社の成立を取消すか会社を解散させるかにより，その出資を回収して債務返済に充てる。第三は，株主の株主権の収益をもって債務返済させる。第四は，その株主権を譲渡させて債務返済させる。これらの方式を比較すると，第四の方式がより合理的である。

上述の第一の方式は，有限会社の株主が会社設立後に「資本を引き上げてはならない」という会社法の関連規定の精神に反することになり，その他の株主の利益を損なうことになる。また，この会社の発展にも役立たず，明らかにこのような方法は採用できない。第二の方式は，会社法の関連する会社設立，取消，解散の規定に違反する。会社の設立，取消及び解散は一つの法定手続きであって，会社の運営において法定の取消，解散の事項と理由がなければ，思うままにそれを取消，解散させることはできない。この種の方法は他の株主及び会社の利益に損害を与え，更に社会資源の巨大な浪費を引き起こすことになる。第三の方式は，株主が会社において，確定しているが未配当の収益を有し，しかもこの収益は債務返済に十分足りるときは採用に値するが，問題は確定しているが未配当の収益がないかあるいはその収益が債務弁済に足りないとき，執行しても通常債権者を真に保護するのは難しい。会社が年末になってはじめてその出資比率に応じて利益の配当を行うことができるので，経営リスクの影響を受け，配当金の額を確定することができず，同時に執行期間も長過ぎ，債権者の利益をタイムリーに満足させることができない。

株主は出資に基づきその会社の株主権を有するのであり，会社は株主が投資して形成する法人財産権を享有する。株主は出資後にその元の出資財産に対する占有，使用，処分などの権利を喪失することになるが，その会社における財産権は確実に存在する。そのため，法院がこの株主自身の財産に執行してもまだその債務をすべて弁済するに足りないとき，その株主権譲渡の方

式により債権者の利益を満たすよう強制することができる。新会社法は，実務において存在する規範に合わない方法に対しては，もっぱら株主権に対する強制執行手続きを定めている。新《会社法》第73条は次のように定める。「法院が法律で定める強制執行手続きにより株主の株主権を譲渡するときは，会社及び全株主に知らせなければならず，他の株主は同等の条件において優先買取権を有する。他の株主が法院の通知の日から20日を過ぎても優先的買取権を行使しないときは，優先買取権を放棄したものと見なす」。このように，債権者の利益及び会社の株主の利益のいずれも配慮を加えられる。

● 株主権の強制競売手続きにおける株主優先買取権の保護

会社法の規定では，有限会社の株主は株式の優先買取権を有する。しかし，株主権に対して強制競売手続きを採るときは，法院は取引条件を確定することができなくなった後に，会社と全株主に通知し，株主が優先買取権を行使するか否かを決定する。競売法の規定により，競売は現場落札方式で行い，取引条件が同様なときは，最高のオファーの者が競売の目的物の買受け人として現れるまで競売を継続しなければならない。このような規定の下では，どのようにして有限会社の株主の優先買取権を保護するべきか。

一つの視点は，会社法は実体法として，その保護する優先買取権を適用する市場経済において当事者の双方が譲渡に合意した場合，譲渡合意において確定した条件が「同等条件」として権利者が優先買取権を行使できると考える。しかし競売手続きにおいては，法院は国の強制力によって債務者の財産に強制執行し，債務者の地位に取って代わって被執行財産の処分権を行使する。このように国の強制力の債務者の財産を処分する行為は，もはや通常の市場取引行為ではなく，法院が被執行財産を競売するときは，優先買取権者の利益を考慮する必要はない。もう一つの視点は，優先買取権は法定の権利であり，当事者の譲渡合意においても，法院の強制競売手続きにおいても，すべて保護を与えるべきであると考えるものである。問題は保護するべきか否かの問題ではなく，いかにして保護する問題かのである。優先買取権の保護が執行手続きに対して一部影響をもたらすからといって，有効な制度を設計せずに，関係当事者の実体的権利を保護しないということはできない。

後者の視点は，当面の法院の職務執行において徐々に同意を得つつある。法院が株主権に強制執行する競売手続きにおいて，優先買取権の保護に対して二つの方法が存在する。一つは「価格法」であり，もう一つは「引合法」

である。

　「価格法」は，法院が優先買取権者に通知して競売の買い手として直接参加し，競売手続きを通じて価格の高い者が取得する方法である。しかし，ここにおいて必ずしも高価格の者が最高価格者としてただ一人勝ち残るわけではない。他の人が応札した後で，最高応札があったとき，競売師は3回大きな声で叫ぶ，この時優先買取権者はその最高価格で引き受けることができる。もしも他の競売人がまだ更なる高値を申し込んでいないならば，優先買取権者に売ることになる。もしも他人が更なる高値を申し込むならば，優先買取権者はもはや「同調」できず，競売の目的物は最高応札者に帰属する。このような方法は優先買取権者を一般の競売人と同一視するものである。優先買取権者がその優先買取権を行使し実現するには，他の競売者と同じように競売公告の要件に従って，競売登記を行い競売保証金を納め応札することになる。さもなければ優先買取権を放棄したものと見なされる。

　「引合法」は，法院から優先買取権者に競売の現場に来るよう通知するが，優先権者は直接競売に参加しない方法である。競売手続きにより最高応札者が現れるのを待ち，競売師から優先買取権者に購入する意思を尋ねる。もしも買う意思がない場合は，競売目的物は最高応札者が買うことができる。もしも買う意思があるならば，競売師は最高価格者に更に価格を上げる意思があるかどうかを尋ね，値上げしたくなければ，競売物は優先買取権者が落札することができる。もしも値上げの意思があれば，値上げした後で更に優先買取権者に尋ねる。これを繰り返して，その中の1人が退出するまで続けられ，その時点で競売は成立する。

　2005年1月1日施行の最高法院《法院の民事執行における財産の競売，換金に関する規定》が採用するのは「価格法」であり，当面の実務においては，この種の方法が強制執行手続きにおける優先買取権保護の通常の方式である。

第四節　株式会社の株式

一　株式の概念と特徴

　新《会社法》第126条第1項で,「株式会社の資本は株式に分け,1株の金額はそれぞれ等しいものとする」と規定している。株式は,株式会社の株主が所有する会社資本の基本構成単位であり,株主の権利義務を区分する基本構成単位でもある。

　株式の主要な法的特徴は次の通りにまとめることができる。

　(1)　株式は会社の資本構成の最小単位であり,不可分性を有する。いかなる株式会社の資本もすべて株式に分けられる。資本は株式に分けられるが,株式はもはや分けることはできない。株式の不可分性は決してある株式を数人で共有することを排除しているわけではない。株式を数人で共有しているときは,株主権は一般に共有者が推薦する一人が行使しなければらない。しかし共有者の株式利益配当は株式自身の分割ではない。例えば,法律関係の承継により生じる数名の相続者が1株を共有する現象である。この時の共有者は株式の分割を主張することはできず,株主権を行使するために1人を推薦することしかできない。この1株式とその他の株式の金額上の同等性を保持するためである。

　(2)　株式は会社資本の等額区分であり,金額の等額性を有する。各1株が代表する資本額は一般にいずれも同じである。中国《会社法》第126条は,株式会社の1株の金額はいずれも等しいと規定している。額面株については,株式金額は同等であることを示し,無額面株については,資本総額中に占める割合は同等であることと示している。このような区分のメリットは,株主の権利義務の計算に便利であることである。しかし,株式の金額は必ずしも同等である必要はないと規定する国もある。当然,株式金額が相等しいことは株主が取得する同種の株式の価格に対していかなる状況下でも相等しいことを意味しているわけではない。しかし株主権の平等の具体化として,法律は一般に同時期に発行する株式はいずれの株式も発行条件や価格は同じでなければならないと定める。

　(3)　株式は株主権の基礎であり,権利上の平等性を有する。株式は株主の法的地位の表現形式であり,株式が包含する権利義務は一律に平等であり,

すべての株式は1株の株主権を代表している。株主の権利義務の大きさは，その有する株式数の大きさによって決まる。法律で特別に規定している場合を除いて（例えば，特別株に対する株主の権利の制限など），会社はいかなる理由であっても株主の固有の権利を剥奪してはならない。

(4) 株式は有価証券として表現され，自由譲渡性を有する。株式は株券の形態で表されることが多い。株券は株式会社の成立後に会社名義で発行され，株式を代表する一種の有価証券である。株式が株主権を表すため，株券も株主権を代表する有価証券である。法律が特定の株式の譲渡に対して制限性の規定を定めている場合を除いて，株式は自由に譲渡し流通させることができる。株式の譲渡と流通は通常株券の取引形式により行われる。合法的に株券を取得する者は合法的に株式を取得し，それによって株主権も取得する。

二　株券

株式の表現形式は株券である。株式と株券は表裏一体であり，株券は会社の株式と離れて存在し得ない。中国《会社法》第126条第2項で，「会社の株式は株券の形式をとる。株券は会社が発行する株主の持つ株式を証明する証拠である」と規定している。株券の主な法的特徴は次の通りまとめることができる。

(1) 株券は株式会社の成立後に会社の名義で発行するものである。会社が正式に登記成立する前はまだ法人資格はなく，株券を発行する権利はない。しかし，会社設立過程において，会社が正式に登記成立する前には，株式を発行して引き受けなければならない。まだ株式を引き受けていないかあるいは株式を引き受けても一定の金額に不足する場合，会社は成立することはできない。この説明は，株式は会社が正式に登記成立する前に既に存在しているということであるが，その時点で株券が存在しているということではない。株式を引き受けるとき，払込みの証拠としては，会社設立機構（発起人）は領収書を交付することしかできない。

(2) 株券は一種の権利証明証券である。権利証明証券と権利設定証券は相対応している。両者の違いは主に，権利証明証券は権利の存在を証明することを目的にし，権利設定証券は権利の設定を目的とすることにある。株券は権利設定証券ではなく，既に発生した株主権を代表する証券に過ぎない。すなわち，株主権は株券の発行により創設されるものではなく，実際は株式の

引き受けによって発生するものであり，株券は単に株式の一種の表現形式に過ぎない。発行すべき株式のすべてが引き受けられた後であって初めて，株式は株券に変えることができる。当然，会社成立後発行される株式は，同時に株券で表示されることが多く，株式譲渡も株券譲渡を通じて行われなければならない。この時，株式と株券は結合して一つになる。まさにこのために，人々は習慣上両者を同一視しがちである。

(3) 株券は一種の有価証券である。株券の価値は株式の価値であり，その株式が代表する資本金及び株主権の大きさでもある。株券と一般の有価証券の違うところは主にそれが単純な財産権の証券ではないことにあって，当然更に単純な人格権証券でもなく，それは多種の権利の集合体である。一般に有価証券，その代表する権利と証券に対する占有は一般に分離することはできないので，証券の移転は権利もそれにともなって移転する。株券もこのようなものであり，株券保有者はこの株券に表示された権利を取得する権利を有する。

(4) 株券は一種の要式証券である。株券には一定の事項の記載が必須であり，会社の法定代表者の署名，会社の捺印があってはじめて発行することができる。そうでなければ法的効力が発生しない。中国《会社法》第129条及び第130条の規定によると，株券は紙面の形式あるいは国務院証券監督管理機構の定めるその他の形式を採用する。株券には会社名称，会社成立日，株券の種類，額面金額及び代表する株式数並びに株券の番号を明記しなければならない，発起人の株券は，「発起人株券」である旨の文字を明記しなければならない。会社が発行する株券は，記名株券とすることも，無記名株券とすることもできる。会社が発起人，法人に対して発行する株券は，記名株券でなければならず，かつ当該発起人，法人の名称あるいは氏名を記載し，他人の名義または代表者の氏名で記載してはならない。

(5) 株券は一種の流通証券である。株券は公開発行することができ，自由に譲渡できる。

(6) 株券は一種の永遠証券である。株券には固定された期限はなく，会社が終了しない限り存在する。株券の保有者は，法によりそれを譲渡できるが，期限が到来するまでは元金の利息を要求することはできない。株券には期日がないからである。

三 株主名簿

株式会社は株主が多く，株主の基本的な状況を把握し株主の権益を保障するために，各国・地域の会社立法では，株式会社は株主名簿を備え置かなければならないと定めている。

（一）株主名簿の記載事項

中国《会社法》第131では次のように定めている。「会社が記名株券を発行するときは，株主名簿を備え置き，下記の事項を記載しなければならない。(1)株主の氏名あるいは名称及び住所。(2)各株主の持つ株式数。(3)各株主の持つ株券の番号。(4)各株主がその株式を取得した日。無記名株券を発行するときは，会社はその株券の数量，番号及び発行日を記載しなければならない」。

（二）株主名簿の閉鎖

株主名簿の閉鎖とは，会社が株主権を行使する株主を確定するために一定期間株主名簿の記載を停止することを意味する。

(1) 株主名簿の閉鎖は，特定の時期に株式取得者の株主権行使を禁止する必要があるためである。中国《会社法》第140条第2項では，「株主総会を開催する前の20日間あるいは会社が配当金分配を決定する基準日前5日間は，前項で定める株主名簿の変更登記をしてはならない……」と定める。

(2) 株主名簿の閉鎖後，閉鎖時の株主名簿上の株主は株主権を行使できる株主として確定される。株式会社の株式譲渡は頻繁に行われ，株主権には随時変動が生じ得るので，例え株主の権利行使の過程であっても株主権の変動は発生し得る。そのため，一定期間株主名簿の記載を停止する必要があり，それによって会社は株主権利の行使者を確定する。

四 株式の分類

各国・地域の会社立法は株式の分類について比較的融通性があり，そして実際的な需要に基づき変化し発展してきた。そのため，中国《会社法》第132条は次のような規定を置いている。「国務院は，会社が本法で規定するもの以外の種類の株式を発行することについて，別に規定することができる」。しかし，株主が享有する権利と引き受ける義務は保有する株式の種類によってそれぞれ異なるため，各会社が何種類の株式を発行するかは，いずれも会社定款，目論見書の中で必ず明記しなければならず，株券上にも当該株式の種類を明記しなければならない。その目的は各種株式の保有者に権利義務関

係を明確にして，紛争が発生することを防止するためである。
（一）普通株と特別株
　これは株主が負うリスクと享有する権益の大小を規準として行われる分類である。
　普通株は，株式会社の最も基本的で最も重要な株券の種類であり，発行量も最大の株券種である。普通株の株主は一般にすべての議決権，すなわち会社の重大問題の意思決定に参画する権利を有する。普通株の株主は，配当金分配時に，特別な利益を享有せず，いずれも当年の営業年度終了時の配当に応じて分配に参加する。しかもその分配割合も不確定であり，完全に当年の会社の利益の状況によって確定され，更に会社が債務の利息を支払い優先株の株主の権益を満足させたのちに初めて分配に参加することができるだけである。会社が破産などの原因で清算するときは，普通株の株主は会社の余剰財産の分配を受ける権利があるが，普通株の株主は会社の債権者，優先株の株主の後で財産の分配を受けなければならない。
　特別株は，ある種の特別な権利あるいはある種の特別な義務を負う株式である。優先株と劣後株の２種類がある。優先株は権利を享有する面では普通株より優先されるが，劣後株は普通株より劣る。特別株には主に下記の類型がある。
　1　会社の利益配当時の特別株
　会社が配当可能な利益があるとき，まず優先株に配当しなければならない。剰余があるならば更に普通株に配当し，更に剰余があれば劣後株に配当する。会社利益の優先株への配当はその優先の内容によって，累積性優先株と非累積性優先株に分けることができる。前者は，会社が当年度の配当利益が優先株への配当に不足するとき，次年度の剰余から補充して，会社は数年来滞納した優先株の配当金を分配して初めて，普通株に配当することができるものである。後者は，会社は当年度利益が優先株への配当金支払いに不足するとき，その残高を次年度まで累積できず，当年度の利益を限度とするものである。中国の現行の方法によると，優先株は累積性優先株である。
　2　会社の残余財産配当時の特別株
　これは会社が解散清算するとき，これらの特別株は普通株に優先して会社の残余財産の分配を受けることができるものである。しかし，一部の国はこれらの残余財産の分配について，各種の株主が同等な権利を有するべきであ

ると規定している。中国の会社法では，会社は債務完済後の残余財産を，優先株に優先的に配当しなければならないと規定されている。

3　議決権行使時の特別株

これは一部の株式議決権を付与することを指す。ドイツではかなり早くから議決権行使株を実行しており，この種の株式を会社の取締役，監査役に売り，その各1株に多数の議決を持たせる。英国でもいわゆる管理株を有する。この種の特別株は取締役の特権増加の弊害があることを考慮して，各国・地域の立法では採用するところは少なくなってきた。米国は20世紀初めに議決権制限または取消の株式を発行する方法を採用したことがあった。このような方法は多くの株主に受け入れられた。単に手厚い配当金だけを求め会社の管理に参加する意思がない大量の株主が会社の管理の外に排斥され，少数の大株主が会社業務を操縦するのに都合よいという局面をもたらした。それ以外にも多くの国で規定されており，一部の株主が特別の利害関係を有することについて，この一部の株主により決議しなければならないときは，この種の規定を含む特別株を発行し，それによってそれらの特定事項に対して議決権を行使できる。中国の会社立法には現在議決権行使の特別株はない。

4　買戻し可能の特別株

普通の株式は発行後に会社は自由に買戻すことはできない。しかし会社は買戻し可能な特別株を発行することができる。会社はこのような株式を発行後の一定時期，それを買戻すことができる。例えば，英国の会社法では，このような買戻し可能の優先株を発行するときは，会社定款の中で認められていなければならず，買戻し株式に必要な費用の出所及びその他の条件並びに方式が会社条例の規定に適合しなければならない。買戻しあるいは旧株の買戻しを準備するときは，会社はその旧株券の額面金額を超えない新株を発行することができる。中国では当面買戻し可能株の発行の方法は採用しない。

5　発起人株

これは会社がそれを会社設立中に提供した役務に対する対価として創設者に発行する一種の特別株であり，通常発起人株あるいは経営者株と称される。この種の株式は，会社の配当金の分配の面で，劣後株の有する権利と同じである。すなわちこの二つの株式はいずれも必ずその他の各種の株式への配当金を分配した後になって初めて分配を受けることができる。しかし，すべての各種の株式への配当金分配の後の剰余利益に対して，この種の株式はすべ

てまたはかなりの部分を享受することができる。しかし，議決権の面では，発起人株と劣後株とは異なり，発起人株はしばしば多くの議決権を有することがある。中国の会社法では，発起人株はあるが，その権利義務に対しては特別の規定はない。

（二）記名株と無記名株

これは株券の額面と株主名簿上に記載された株主の氏名を記載するかどうかを規準として行う分類である。記名株は株券の額面と株主名簿上の株主の氏名が記載された株券である。そうでなければそれは無記名株である。記名株のメリットは，会社の株主の状況の把握に有益であり，会社の株式の流通状況の理解に便利であり，株券の投機行為を効果的に防止することができる。無記名株の最も顕著なメリットは株式の流通に都合がよいことである。各国・地域の会社立法では通常記名株と無記名株の譲渡方法に対して異なる規定を置いている。

中国《会社法》第130条及び国務院の関連規定で下記のように定められている。

(1) 会社が発起人，法人に向けて発行する株券は，記名株券とし，当該発起人，法人の名称あるいは氏名を記載しなければならず，別名義または代表者の氏名で記名してはならない。

(2) 諸外国で上場する外資株も記名株券の形式をとらなければならない。

(3) 会社が社会公衆に向けて発行する株券は，記名株券とすることも無記名株券とすることもできる。

（三）額面株と無額面株

これは株券の額面に一定の金額が記載されているか否かを規準として行う分類である。額面株は，株券の額面に一定金額が表示された株式である。多くの国・地域の会社法は，会社の株券の最低の額面金額をいずれも規定している。例えば，ドイツの会社法では，株式会社の株券の最低額面額は50マルクであり，100マルクとすることができ，あるいは100マルクの整除数にすることもできると規定されている。フランスの会社法では，株式会社の株券の額面の最低額は100フランであると規定されている。中国では株券の額面の最低額に対する規定はない。

無額面株は，株券の額面に一定の金額が表示されておらず，それが会社の資本総額の一定割合を占めると表示されているだけの株式である。この種の

株式の価値はその会社の資本総額に占める一定割合を占めていることを確認することにより，会社の財産が増減に増減を重ねても，その実際上会社の資産総額に占める割合の価値もその変数となる。この種の株式のメリットは主に，会社が増資するとき，再発行や新株の増加をさせる必要がなく，実際上各株が代表する資本額を増加させることが可能である。その弊害は主に，株式が代表する金額はいつも不確定な状態であり，株式譲渡や取引の難度が増加することにある。ドイツでは19世紀後半の時期に無額面株を発行したことがある。現在，会社法で無額面株の発行を認めているのは米国，カナダとルクセンブルクなどのごく少数の国だけである。

中国《会社法》第128条では，「株券の発行価格は額面金額と同額でも，額面金額を上回ってもよいが，額面金額を下回ってはならない」と定めている。更に第168条では次のように規定する。「株式会社が株券の額面金額を超える発行価格で株式を発行して得た差益及び国務院財政部門が資本準備金に算入すると定めているその他の収入は，会社の資本準備金に算入しなければならない」。

(四) その他の特殊類型の株式（株券）

　1　国有株，法人株，普通株及び外資株

これは投資主体を規準とする株式に対する分類である。

(1) 国有株。国が国有資産で株式会社に投資して形成される株式である。中国の株式制度改革の過程において，地域により様々な方法があり，かつては主に次のような国有株を代表する何種類かの形態があった。第一は，政府の国有資産管理部門が国を代表する。第二は，国から授権したその他の政府部門が国を代表する。第三は，国が特別に設立した国有資産経営会社が国を代表する。第四は，元の国有企業の経営スタッフが国を代表するというもの。後の二つの状況下では，形式上法人株が現れたが実際上の株主は国である。

(2) 法人株。法人資格を有する社会組織が株式会社に投資して形成される株式である。

(3) 普通株。社会の個人の投資者が株式会社に投資して形成される株式である。中国の会社法の実務において，普通株は，一般社会の公衆株と会社の従業員持株を含む。一般社会の公衆株は，株式会社を採用する募集設立方式で設立するとき社会公衆（非内部従業員）に向けて募集する株式である。会社従業員持株は，株式会社が社会に株式を公開発行するとき，会社の従業員が

発行価格で引き受ける株式である。説明が必要なのは，会社従業員株と内部従業員株は全く異なる二つの概念であることである。中国で株式制の試行の初期に，社会に公開発行しないで，会社内部の従業員に対してのみ株式を募集する株式会社が出現した。これは内部従業員株と称される。1993年国務院は，正式文書で内部従業員株の審査許可と発行を停止することを明確に規定した。

(4) 外資株。外資株は広義と狭義のものに分けられる。狭義の外資株は，外国の投資者が保有する中国の株式会社の株式であり，広義の外資株は，中国の香港，マカオ，台湾地域の投資者の保有する中国株式会社の株式である。

注意を要するのは，上述の分類は規準が混合されて採用しているため，国有株と法人株，法人株と外資株，普通株と外資株の間には交錯関係が存在する。

2　流通株と非流通株

以上に分類したように，中国の上場会社の株主構成は非常に複雑で，国有株，法人株，普通株及び外資株などがある。これらの株式の中で，株券の二級市場において自由譲渡できる株式は流通株に属する。そうでなければ，非流通株に属する。

流通株と非流通株の取扱いと価格の区別により同株同権，同株同利の原則での兌換ができなくなることを考慮して，中国証券監督管理委員会，国務院国有資産監督管理委員会，財政部，中国人民銀行及び商務部は，2005年8月に《上場会社の株主権分置改革に関する指導意見》を公布した。当該意見の規定によると，流通株と非流通株の区別は，中国経済体制の軌道修正の過程において形成された特殊な問題であり，株主権の分置は当面の資本市場の改革開放と安定的発展の要請に沿うことができず，株主権の分置改革を通じて非流通株と流通株の流通制度の相違を取り除かなければならない。このため，証券監督管理部門は必要な制度の整備と技術的な新機軸の打出しを通じて，流通株が流通する規模やタイミングを効果的に制御し，株主権分置改革の過程と市場全体の状況に基づきタイムリーに「新老画断」を実行し，はじめて公開発行した会社に対してはもはや流通株と非流通株の区別をしない。

3　A株，B株，H株，N株，S株等

これは株式を引き受ける貨幣の違いを基準として行う分類である。

(1) A株。人民元株とも称し，人民元で株券の額面価額を明示する。中国

領内大陸の投資者が人民元で引き受けて取引する株券であり，中国香港，マカオ及び台湾地域の投資者は売買することができない。

(2) B株。人民元特殊株とも称し，国務院は，当初はB株は人民元で株券の額面価額を明示，外国と中国香港・マカオ・台湾地域の投資者が引き受けて売買する株券（外国為替で売買）であり，中国領内大陸の投資者は購入することができないと規定した。しかし，国務院の承認を経て，中国証券監督管理委員会は，既に大陸の住民が合法的に所有する外貨で開設したB株の口座でB株の株券を取引して，B株の株式を持つことを認める決定を行った。

(3) H株，N株，S株等。H株は香港共同取引所の上場の承認を得た人民元の特殊株券である。すなわち，人民元で株券の額面価値を明記し，香港ドルで引き受けて取引を行い，もっぱら外国と中国の香港・マカオ・台湾の投資者の購入に供する株券である。これにより，N株はニューヨークで上場を承認され，S株はシンガポールで上場を承認されたものであると類推される。これらはいずれも外貨で引き受けて取引をする株券である。

五　株式譲渡

株式の譲渡は，株式会社の株主が一定の手続きにより自分の株式を譲受人に譲渡し，譲受人が株式を取得して会社の株主になることである。

(一) 株式譲渡の意義

株式会社は最も典型的な合資会社である。投資者は株式会社に投資した後で，株主をやめて会社に財産の返還を要求することはできず，自己が投資して構成される会社の財産を直接支配することもできない。このような状況下で，株主は自分が有する株式を処分することが株主が自己の利益を保護する有力な手段となる。投資者が自分の判断に基づいてその保有する株券を随時処分できないならば，その利益を保障することができないため株券を買って会社に投資する方式を放棄し，転じて他の投資方式を追及することになる。株式会社はそのためにもはや存在しなくなる。このため，株式会社の株式が自由に譲渡できるのは，各国・地域の会社立法の一貫した一つの基本原則となっており，これもまさに株式会社の重要な特徴でありメリットの一つである。中国《会社法》第138条で，「株主の有する株式は法に基いて譲渡できる」と定めている。

株式は自由に譲渡でき，更に株式取引制度が設立され発達した後において

は，株式譲渡は非常に便利になってきたために，株主がその他の原因であるいは急に元の投資を回収する必要が生じるか，あるいは株式を購入した元の資金を他の用途に流用するために，株式譲渡により非常に都合よくその目的を達成することができる。このように，投資者は株式を購入した後でも，依然としてその資金の流動性を維持することができる。

それ以外にも，株式は自由に譲渡できるため，株主の株式に対する処分が会社の行為に対する制約となるので，会社の管理の向上を促進させる。株式は企業の発展状況により種々の生産部門や業界の間で移転し，また社会の資金が各会社と各業界の部門，各地域において流動するのを促進し，市場メカニズムの「無形の手」として投資構造と経済構造を調節する条件を創造する。

(二) 株式譲渡の制限

株式譲渡の自由を原則にするのは各国・地域の会社立法の通例である。株式の譲渡は，会社財産の安定に影響する可能性があるため，一部の株主の株式の処分は別の一部の株主の利益を損なうかもしれない。更に，株式譲渡はまた株券の投機をももたらす可能性がある。そのため，会社，株主及び会社債権者の全体の利益を保護するため，多くの国・地域の会社法，証券法は株式譲渡に対して必要な制限を数多く加えており，それによって株式譲渡から生じ得る弊害を可能な限り小さい範囲内に制限しようとしている。例えば，英国の1947年《外国為替管理法》第3部で，一般に株式は指定地区以外に居住する人またはこのような人が指定する人に発行または譲渡することはできないと規定している。中国《会社法》第138—146条の規定によると，株主が有する株式は法により公開，公平，公正に譲渡することができるが，下記の制限を受ける。

1 株式譲渡の場所に対する制限

中国《会社法》第139条で，「株主がその株式を譲渡するときは，法律により設立された証券取引所で行うかあるいは国務院で定めるその他の方式で行わなければならない」と規定している。ここでいう証券取引所とは，全国的な証券の集中取引組織，地方の証券取引センター並び証券の店頭取引に従事する機構等を含む。中国の上海証券取引所と深圳証券取引所は最も代表的な証券取引所である。

上述の証券取引所以外の場合は，株主がその株式を譲渡するときは，国務院が定めるその他の方式によって行うことができる。例えば，現在多くの非

上場会社の株式は，個人的に取り決めた方式で譲渡が行われている。
　2　発起人の保有する株式に対する制限
　株式会社の発起人は会社の成立と会社の成立初期の財産の安定と組織管理に対して重要な影響を有している。それ故，その他の株主と公衆の利益を保護し，発起人が会社設立を利用して投機活動や発起人の責任逃れをすることを防止し，会社成立の一定期間は順調に経営できることを保証するために，各国・地域の会社立法は一般に発起人が保有する株式の譲渡に対して一定の制限を加えている。例えば，中国《会社法》第142条の第1項で，「発起人の有する当該会社の株式は，会社成立の日から1年以内に譲渡してはならない。会社が株式の公開発行の前に既に発行していた株式は，会社の株券の証券取引所における上場取引の日から1年以内は譲渡することができない」と定めている。
　3　会社の取締役，監査役，高級管理職が保有する自己株式に対する譲渡
　　制限
　会社の取締役，監査役，高級管理職の行為は会社の経営管理に対する影響が極めて大きい。会社の取締役，監査役及び高級管理職が保有する自己株式の譲渡制限は，実際は取締役，監査役及び高級管理職に対して行う利益制限の一方法である。この制限は，一方では，これらの職務を担当する高級管理職がインサイダーの情報を利用して株券取引に従事して暴利をむさぼることを防止するためであり，もう一方では，会社の経営状況をこれらの人員の利益と結びつけるためである。中国《会社法》第142条第2項でこれに対して具体的に次のように定めている。「会社の取締役，監査役，高級管理職は，その保有する自社の株式及びその変動状況を会社に申告しなければならず，在任期間中に毎年譲渡する株式はその保有する自己株式総数の25パーセントを上回ってはならない。保有する自己株式は，会社の株式上場取引の日から1年以内は譲渡してはならない。上述の人員が退職してから半年以内は，その保有していた自己株式を譲渡してはならない。会社定款で，会社の取締役，監査役及び高級管理職がその保有する自己株式を譲渡することに対してその他の制限的規定を置くことができる」。
　4　各国・地域の自己株式取得に対する制限
　会社が有する自己株式について，各国・地域の会社の立法はすべてが同じではない。米国では，会社は自己の株券を自由に買戻すことができる。オラ

ンダでは，会社が保有を許される自己株式に限度がある。会社定款に反しない条件下で，会社はその利益で出資金がすでに全額払込み済みの自己株式を購入することができる。購入額は授権資本の1/2を占めることができる。フランスでは会社が自己株式を保有することを認められた場合以外は原則的に禁止されている。会社は原則上自己株式を取得することはできない。但し，下記の場合は購入することができる。第一，資本減少方法として株式を取消す。第二，利益の配当案に従って株式を従業員に配当する。第三，証券取引所で既に登録されている会社が，関連する支払い価格を遵守するといういくつかの制限条件の下で，自由準備金をその資本額の10%以下に相当する自己株式に用いることができる。

　通常の状況下，大多数の国・地域では会社が自己株式の保有を禁止している主な理由は下記の通りである。

　(1) 株式は会社の資本の構成単位であり，会社に自己株式の取得を許すならば，財務面で実際には，会社の資金を株式の買上げの対価として認めることであり，これは出資の払戻しに相当し，その結果資本の事実上の減少を招き，会社の債権者の利益を損なうことになる。

　(2) 会社の自己株式の取得を許すと，会社は自己の財務情報を適宜把握することができるため，新株の買付け発行という二つの手段を交互または同時に使用することによって，自社の株式価格を操縦することができる。会社の責任者は，株式の買戻しを利用して会社を支配し自分の地位を強化して，更にインサイダー取引を行うことができる。これは明らかに証券取引の安全に影響を与え，また公開，公平，公正の原則に違反する。

　(3) 会社が自己資金を使用して自己の株式を取得すると，その結果形式上会社はそれの自身の構成員になり，同時に二重の身分を有することになる。会社と株主の権利，義務の関係の曖昧化をまねくことになり，会社の責任者が会社を支配して会社の利益を着服することが極めて容易となり，更に株主の利益に損害を与える違法行為である。

　5　中国の自己株式取得に対する制限

　中国《会社法》第143条の第1項では次のように定めている。「会社は自己株式を取得してはならない。但し，次のいずれかに該当する場合はこの限りではない。(一) 会社の登録資本を減らすとき，(二) 自己株式を保有するその他の会社と合併するとき，(三) 株式を自社の従業員にインセンティブとし

て与えるとき，(四) 株主が株主総会で行った会社合併または分割の決議に異議を有し，会社にその株式の買取りを求めるとき」。第2項では次のように定める。「会社が前項第（一）から第（三）までの原因により自己株式を買取る場合，株主総会の決議を経なければならない。会社が前項の規定により自己株式を買取った後に第（一）に該当するときは購入の日から10日内に取消さなければならない。第（二）及び第（四）に該当するときは，6か月以内に譲渡または取消さなければならない」。第3項では次のように定める。「会社が第1項第（三）の規定により自己株式を買取るときは，当該会社の発行済み株式総額の5％を超えてはならない。買取りに用いる資金は会社の税引後利益の中から支出しなければならず，買取る株式は1年以内に従業員に譲渡しなければならない」。この規定によると，中国では，会社が保有する自己株式に対する姿勢は原則禁止であり，例外的に認められる。具体的にいえば，会社が自己株式を買取るときは下記の制限を守らなければならない。

(1) 会社が登録資本を減少させるため，あるいは当該会社の株式を保有する他社と合併または株式を当該会社の従業員にインセンティブを与えるため自社の株式を買取るときは，株主総会において資本減少，会社合併あるいは株式を自社の従業員にインセンティブを与える旨の決議を経なければならない。会社が登録資本を減らす場合は，会社は株主に対して公開買付を行っている。一般的に言えば，買取条件はすべての株主に対し持株比率に応じた一定数の株式を譲り渡す機会を持たせている。会社合併の場合には，合併に反対の株主は会社にすべての株式を買取るよう請求する。

(2) 会社が登録資本を減らすために自己株式を買上げるときは，会社は買上げ完成後，取得日から10日以内に当該部分の株式を消却しなければならない。会社が自社の株式を保有する他社と合併するとき，あるいは株主が株式買取請求権を行使したために自社の株式を買戻すときは，6か月以内に譲渡または消却しなければならない。

(3) 会社が株式を自社の従業員にインセンティブを与えるために自己の株式を取得するときは，会社の発行済株式の総額の5％を上回ってはならない。買上げに使用する資金は会社の税引後利益の中から支出しなければならない。買上げる株式は1年以内に従業員に譲渡しなければならない。

6　株式に対する質権の制限

中国《会社法》第143条第4項では，「会社は自己株式を質権の目的物とし

て受け入れてはならない」と定めている。会社の株式は一種の権益として，株券は一種の特殊な不特定物として，このような権利の外面に現れた証であり，質の対象として質権を設定することができる。しかし，会社法上は会社が自社の株券を質権設定の対象として受け入れることは許されない。一般に，この制限の理由は主に次のように考えられる。まず，会社が自己株式を質権の目的物として受け入れたならば，自分の財産で自分の債権を保証することに等しく，明らかに不適切である。次に，会社の債務者が返済の時期になっても返済の能力がなくて会社が抵当の株式を競売に供しても応札する人が居ないときは，会社は自然に抵当の所有者となり，これもまた会社は自己株式を保有してはならないという一般原則に違反することになる。

7　株主の法定の「名義変更停止期間」における株式譲渡の禁止

中国《会社法》第140条第2項では，「株主総会が開催される前の20日間あるいは会社が配当を決定する基準日の前の5日間は，前項に定める株主名簿の変更登録を行ってはならない」と規定している。注意を要するのは，いわゆる法定期間内は株券の名簿変更の登記を行ってはならないということは，決してこの期間に株式の譲渡を行ってはならないことを意味しているわけではない。すなわち，株式譲渡は依然として自由であるが，譲受人がこの期間中に株主名義変更登記の申請をする場合，会社は拒絶しなければならず，会社がその申請を受け入れて名義書換え手続きを行うならば，それは無効となるべきものである。

（三）株式譲渡の方式

株式会社の株式譲渡は株券が異なれば手続きも異なる。

1　記名株の譲渡

中国《会社法》第140条第1項で，「記名株券は，株主による裏書方式あるいは法律，行政法規で規定されたその他の方式により譲渡される。譲渡後，会社が譲受人の氏名または名称及び住所を株主名簿に記載する」と定めている。関連法規定や中国の実務における方法を結び付けると，中国では，現物の株券についてはそれを譲渡するときは裏書による必要がある。そして譲渡時には譲受人の氏名及び住所を会社の株主名簿上に記載してはじめて効力が発生する。こっそり譲渡して会社を騙すことはできない。帳簿式の株券の譲渡については裏書方式が採用できず，通常はまず証券登記会社に委任管理し，更に証券登記会社が株券を証券取引所に渡して二次委託する。すべての株主

の持株数は証券取引所の中央コンピュータの電子情報として表され，株主本人は株主の口座の帳簿あるいは口座のカードを有するだけであり，券面には株主が有する種類の株式総数と増減の状況について記載されている。

2　無記名株の譲渡

中国《会社法》第141条では，「無記名株券の譲渡は，株主が当該株券を譲受人に交付した後，直ちに譲渡の効力が発生する」と定めている。当該規定によると，無記名株の譲渡は，株式の保有者が株券を譲受人に交付すると法的効力が発生する。裏書の必要も名義変更の必要もない。

3　上場株の譲渡

中国《会社法》第145条では，「上場会社の株式は，関連の法律，行政法規及び証券取引所の取引の規定に従って取引所において取引される」と定めている。中国の関連立法規定によると，上場株式に対しては，通常株券を委託し，株券売買の受け渡しは証券仲買人を通じて行われ，決して譲渡の双方が会うことはない。証券と資金は帳簿上から振り替えが行われる。上場株の譲渡も裏書の必要がないのは明らかである。

六　記名株券の盗難，紛失または減失の処理

中国《会社法》第144条では，記名株券が盗難にあい，紛失し，または減失した場合は，株主は，《中華人民共和国民事訴訟法》(以下，《民事訴訟法》と略称する)に規定する公示催告手続きにより処理すると定められている。

(一) 公示催告手続きにより株券の無効宣告

《民事訴訟法》で定める公示催告手続きは次の通りであること。

(1) 裏書をもって譲渡された手形を保有する者が，盗難，紛失または減失により手形支払地の地方法院に対して公示催告の請求をすることができる。申立者は法院に額面金額，受取人等手形の主要な内容と申立理由及び実際に起きた事柄を明瞭に記載した申請書を提出しなければならない。

(2) 法院が申請の受理を決定したときは，同時に支給者に支払いを停止することを通知し，3日内に公告しなければならない。これは利害関係者に権利を申告させるためである。公示催告の期間は，法院が状況により決定するが，60日より少なくてはならない。

(3) 支給者は法院の支払い停止の通知を受け取った後，公示催告手続きが終結する前には支給を停止しなければならない。公示催告期間中の当該株券

の譲渡行為は無効である。

（4） 利害関係者は公示催告期間中に法院に届け出なければならない。法院は利害関係者の申告を受け取った後，公示催告手続きの終結を裁定し，申立者と支給者に通知しなければならない。

（5） 申告者が居ないときは，法院は申立者の申請に基づき，判決を行い株券が無効であることを宣告する。判決は公告し支給者にも通知しなければならない。判決公告の日から申立者は支給者に支払いを請求する権利を有する。

（6） 利害関係者が正当な理由により判決の前に法院に申告することができなかったときは，判決公告を知ったあるいは知るべき日から1年以内に，判決した法院に対して訴えを提起することができる。

（二）株券再交付の申請

公示催告手続きにより，法院が当該株券の無効を宣告した後，株主は会社に株券の再交付を求めることができる。

【本節実務検討】
●株主権の分置改革及びその法律問題

株主権の分置とは，中国の株式市場は特殊な歴史的原因と特殊な発展の変遷のために，中国のA株市場の上場会社の内部には，通常「2種類の異なる性質の株券」（非流通株と社会的流通株）が形成されていることを指す。この両種の株券は，「株が異なれば価格も異なり権利も異なる」市場制度と構造を形成しており，そのため中国資本市場の特有な株主権分置問題を形成している。株主権分置は多くの面で不利的影響が存在する。第一，証券市場の価格決定メカニズムを歪曲化する。第二，会社の管理における共通の利益的基盤の欠乏を招く。第三，国有資産の管理体制改革の深化に不利となる。第四，上場会社の買収再編に不利となる。第五，資本市場の国際化手続きや製品の刷新の制約となり，安定市場形成の期待に役立たない等等である。

そのため，株主権分置の解決は全体の流通問題の解決でもあり，資本市場にとって回避することができない緊急の課題になってきた。株主権分置の問題を解決することによって，一面では資本市場の固有の機能を大幅に回復させることができる。すなわち，価格発見機能と上場会社の行為に対する制約機能，資源配置の最適化である。もう一面では国有資産管理体制改革の深化，

安定の市場の期待，資本市場の国際化の過程を推進することに有益である。

　株主権分置問題の解決は三つの段階を経験してきた。最初の国有株所有削減から全流通にわたる株主権分置改革の段階。株主権分置改革のマクロ的な目標は安定市場の期待であり，価格形成の基礎の改善である。また，その他の各改革の深化と市場革新のための条件の創出を目指し，資本市場の長期的な安定した発展を追求することである。ミクロ的な目標は会社の統治構造と資本運営の構造の改善である。

　2004年初頭，国務院の公布した《資本市場の改革開放と安定発展の推進に関する若干の意見》で，「積極的かつ確実な株主権分置問題の解決」を初めて明確に提起し，それによって株主権分置の解決を資本市場の基盤制度建設の重要な内容としてスケジュール化した。2005年4月29日には，中国証券監督委員会が《上場会社の株主権分置改革試行に関連する問題に関する通知》を公布し，株主権分置改革が正式にスタートした。2005年8月23日，中国証券監督委員会，国有資産管理委員会，財政部，中国人民銀行，商務部は共同で《上場会社の株主権分置改革に関する指導意見》を公布した。その後，パブリックコメントの段階を経て改正整備した後に，中国証券監督委員会は9月4日に，《上場会社の株主権分置改革管理方法》(以下，《管理方法》と略称)を正式に発表した。これは，株主権分置改革の手順を置いて具体的な改善の規定を置いたものである。

　株主権分置改革はすでに急ピッチで展開しているが，株主権分置改革に関連する以下の一部の主要な法律問題について明確にすることが依然として必要である。

　第一，非流通株が流通株を取得する法律上の基礎は何か？　これに対して，大部分の学者は契約変更の観点に賛成する。非流通株の株主は，株式会社が株式を公開発行するとき，非流通株に対する「暫定非流通」を承諾する。それ故，非流通株は「暫定非流通」である。考えられるのは拘束力を有する契約条項である。非流通株の株主が契約を変えて流通の権利を獲得するには，契約のもう一方の流通株の株主と協議で合意して契約を変更し，非流通株の流通を実現しなければならない。

　第二，流通株と非流通株で議決が分かれることは法律の規定に合致するか否か？　《管理方法》第16条では，流通株と非流通で議決を分類するメカニズムを確立した。しかし中国の現行法ではこれに対して触れていない。非流

通株と流通株は，法理の意義の上での株式の分類に属しないが，事実上非流通株と流通株の間には確かに権利の違いが存在する。流通株は流通の権利を有するが非流通株は有しない。このため，非流通株と流通株は異なった権利を有する株式に類別される。現在の株主権分置改革は，流通株の流通権にまで影響を及ぼし，理論上当然に単独で流通株の株主総会を行い議決を行うべきである。

　第三，株式改革の対価方案をいかに形成するか？　どのようにして流通株主の利益を保護できるのか？　現状の関連株主権分置改革の法律規範に従えば，上場会社の株主権分置改革方案は，会社の取締役会が非流通株の株主の書面委託を受けた後，保証推薦機構の協力を得て制定し，その後株主総会を通じて議決を行う。会社の取締役会が非流通株の株主と流通株の株主との意思疎通と協議を行うように協力すべきことを定めるが，価格方案制定の主導権は依然として支配株主である非流通株主が握っている。このように，いかにして合理的な価格方案のメカニズムを形成させるか，流通株の株主の利益を保護し，非流通株の株主と流通株の株主の間の利益を調整させるかが，今後の研究課題となっている。

●株主権証明文書が相互に衝突したときの効力の認定
　有限会社の株主権の所有権の帰属は，出資証明書，株主名簿及び工商登記文書の３種類の形式で表現される。上述の文書の株主の身分に対する記載は同じであるべきであるが，実際には頻繁に衝突が生じる。例えば，株主権譲渡の後に，株主名簿中には既に記載されているが，まだ工商変更登記手続きをしていないか，あるいは既に工商登記の変更済みであるが株主名簿を変更していないか，あるいは出資証明書に新たな捺印がされていない等等である。それでは，一体出資証明書，株主名簿それとも工商変更登記文書で株主の身分認定の根拠とするのか？　新《会社法》第33条第2，3項によると，株主名簿に記載された株主は，株主名簿を根拠として株主権の行使を主張することができる。また，株主を変更したときは，工商変更登記の手続きをすることによって第三者に対抗できる。上述の条項は有限会社の株主名簿と工商登記は，株主権の証明文書が衝突したときに効力を発揮することを明確にしている。株主名簿は，会社内部の株主権確認の根拠であり，株主名簿の変動は会社の株主資格の変動に対する認可と受理を意味しており，会社と株主にとって直接的な効力を有している。株主名簿が株主権の権利の帰属を確認す

る根拠として，また名簿の変更が株主権の変動の発効要件として，国際的に通用している方法とも一致している。しかし，外部の第三者に対しては，会社の株主を識別し確認する根拠はより強い公示力と信頼性を有する文書であるべきであり，このようにして初めて取引時の合理的な信頼を保障することができる。そのため，工商登記は株主権の変動の対抗要件となる。上述の証明文書が衝突するときは，第三者が関わらなければ名簿を規準とし，第三者が関われば工商登記を規準とする。出資証明書は，会社が株主権を有する株主に対して発行する証明文書に過ぎず，単に株主の会社に対抗する証明文書であり，会社や公的機関に対して直接株主権変動の確認を明示することはできない。

　有限会社の株主権の帰属の表現形態とは異なり，株式会社の株式は必ずしも株券，株主名簿あるいは関連機関の登記による形式で表現されるものではない。株券は記名株と無記名株に分かれ，無記名株には株主の名称が記載されていない。株主名簿の記載について言えば，記名株であって初めて株主名簿の中で株主を記載する必要があり，無記名株については，会社は数量，整理番号及び発行日等を登記するだけでよい。関連機関の登記には一種の権利帰属の表現形式が存在するだけであり，株主権の証明文書の衝突は存在しない。同時に，中国の上場会社の株券の発行と取引はいずれもペーパー・レスで実行され，株券売買の過程は完全にコンピュータ・ネットワークを通じて完結されている。株券のペーパー・レスの発行と取引は，上場会社の無記名株式はいずれも記名方式の管理を採用することになり，株券あるいは株主名簿の記載が存在しなくなり，証明文書の衝突は問題外である。株式会社の株券あるいは株主名簿の株主の記載の意義と効果は有限会社の場合よりかなり小さいので，株券登記機関の登記はこのような状況下では更に大きな統一性と信頼性を有することが明らかである。最高法院の経済審判部は1997年7月4日に中国証券監督管理委員会への回答書簡の中で「株式の所有権の移転は名義変更登記手続きをもって有効とする」の原則を確認した。このため，株式会社の株主権の証明文書が互いに衝突したときは，登記機関の登記を規準とすることに統一しなければならない。実務においては，会社の類型により，株券の類型が異なれば登記機関も異なる。上場会社の流通株の登記機関は証券登記決算会社である。上場会社の非流通株は，《上場会社の非流通株の譲渡協議に対する活動規範管理の強化に関する通知》によっても証券取引

所と証券登記決算会社の管理の下で行わなければならない。そのため，上場会社の非流通株の登記機関も証券登記決算会社である。未上場会社の非流通株は，委託株式と非委託株式に分けられ，委託株式は委託機関に登記する。非委託株式については，記名株券，株主名簿，工商登記文書の衝突が生じる可能性がある。その時は株式会社に対する規範管理と工商登記の強力な信頼性を考慮して，前述の最高法院の経済審判部の回答書簡を参考にし，登記機関の登記を規準として株主権の権利の帰属を確認しなければならない。

●株式譲渡は会社定款で制限できるか否か

　株式会社の株式譲渡に対して，各国・地域の会社法では多くの規定を置いている。法律の制限あるいは禁止している場合以外は，会社定款で制限するか禁止することはできない。例えば，中国台湾地域の「会社法」第163条でこの規定を置いている。しかし，会社定款で株式譲渡を制限するかあるいは禁止することはできないという原則は既にある国では緩和する兆しが表われている。例えば，韓国の商法では1995年の改正の前に，その第335条第1項で，「株式の譲渡は定款で禁止または制限できない」と規定されていたが，改正後は，この規定は，「株式有限会社の株式は原則上自由に譲渡できるが，同時に会社定款で制限を加えるかまたは禁止することもできる」と定められた。

　中国《会社法》第138条で，「株主の持つ株式は，法により譲渡することができる」と規定している。会社定款で株式譲渡に制限を加えられるかという問題に対しては，《会社法》は会社の取締役，監査役，高級管理職に対してのみ第142条第2項でこのような規定を置いている。「……会社定款で，会社の取締役，監査役，高級管理職が持つ自己株式の譲渡について，その他の制限性規定を設けることができる」。これ以外には，会社定款で株式譲渡についてその他の制限を設けられるかどうか更に明確なものはない。筆者は，株式会社がその定款の中で株式譲渡に対して制限的な条項を定めることを許すべきであると考える。しかし，この種の制限的な条項は主に非上場株式に適用し，上場株式には適用しない。主に記名株主に適用し，無記名株主には適用しない。主な理由は次の通りである。

　まず，実務においては，かなりの部分の株式会社は非上場会社であり，かなりの部分の株式会社は発起設立を採用しており募集設立方式を採用していない。すなわち，株券を公開発行しておらず，公衆の株主もいない。家族式の株式会社においては，状況は更に顕著である。この意味から見れば，株式

会社にも合名性が存在するのは明らかである。もしも有限会社の株主権譲渡に対して制限を加えるならばその主な理由は，合名性にあるのである。合名性を有する株式会社においてもその定款で株式譲渡を制限することを許すべきである。

次に，会社定款はすべての株主の合意によるものであり，もし会社定款で株式譲渡に対する特別な制限を定めるならば，すべての株主がこのような設置に賛成していることを証明している。自治の理念から考慮すると，このような制限は法律の禁止性規定に違背しない限り，効力を認めるべきである。

最後に，法律で，株式会社が会社定款により株式譲渡制限の条項を設けることが許されると，それは主として株式会社も一定の合名性を持っているからである。この制限は閉鎖性の会社，すなわち株式を公開発行していない株式会社にしか適用できない。同時に，無記名株主はその保有する株券で権利を行使することができるために，性質上会社定款の制限を受けないことが決定づけられる。

第九章　会社の機関

第一節　概　説

一　会社統治
（一）会社統治問題

　会社統治（Corporation Governance）という概念は，20世紀の30年代に米国のBerleとMeansにより初めて提起された。会社統治は，諸外国の会社法学者の注目を浴びている。但し，会社統治の問題は，会社の発生に伴って生じたものである。19世紀の末，20世紀の初めに，西洋の資本主義は全世界に向けて拡張し，現代企業制度のイニシアティブと大型株式会社が管理機構において益々取締役会中心主義体制へ移行し，会社の所有者と管理者の間，大株主と小株主の間における権力分配と牽制し合い，衝突し，訴訟が頻繁に行われている。

　20世紀に入ってから，市場が複雑化し，株主は国際化と分散化という特徴を有している。これは，会社に対する経営者の支配を加速化し，経営者に対する株主の監督が無視され，会社に対する株主の支配は益々弱くなっている。それによって，会社の権力の中心は自然と取締役会に移行している。こういう状況の下で，独立した利益を享有する経営者がいかに所有者の利益を保護するようにするかの問題が明らかとなっている。この問題に注目している経済学者，法学者は，新たな機関と制度の設計をもって，会社の各利害関係者間の利益均衡をはかり，最終的に株主の根本利益を保護することを検討しているので，会社統治の理念と制度のイニシアティブが始まっている。

　会社統治の実質的価値は，合理的な権力分配，会社管理運営及び監督支配権の配置を整備し，良好な運営を図り，それによって，会社の経営目標を最終的に達成し，株主利益の最大化を実現することにある。もちろん，会社自身も一種の制度的構造物として，その統治活動は，法律に認められた規定と会社の機関によるものである。

(二) 会社統治と会社の機関

現代企業制度の中で，会社統治の良し悪しの良好な判断基準は，会社の機関の整備を図ることにある。そこで，会社の統治は，分権を前提に，会社の機関をその物的基礎としている。会社の統治は，各種機関が会社の経営目標を全体的に効果的に運営し，各機関はその各自の職権行使時に相互に牽制し，最終的に各利害関係者の利益を共に考慮した上で，会社と株主の利益を実現することにある。会社の機関は，会社統治の中で核心的な位置を占めている。

(1) 会社の機関の設置及びその基本的権限と職責の分配については，会社法が規定し，これらの規定は強制力をもっており，会社の存在と運営における普遍的な基準となる。

(2) 会社は法人格を有し，機関の存在は法人が成立する必要条件であり，法人の内部的業務処理には，各機関の協調及び運営が必要となり，外部業務の処理には，明確な代表機関が必要となる。

(3) 会社の統治には，いくつかの企業管理理論が浸透し，個々の会社の個性を表しているが，個人会社では各機関による分権牽制が見られない。会社統治というのは，ある意味で会社の権力決議機関と監督機関の間における権限分配と調整であるといえる。

(4) 実務の角度からいうと，会社の統治は，法律が認める範囲内における会社の機関に対する改革とイノベーションである。会社の監督管理の強化を例として，英米法系の国では，取締役会の中に独立取締役を設置して常に職権と人数の比率をもって監督システムを構築している。大陸法系の国は，監査役に多くの職権を与えると同時に，英米法系の国のやり方を真似て独立監査役を設置して強化している。

会社の統治理論は，静態的会社の機関が株主の権限濫用と取締役の忠実義務，善管注意義務の違反を効果的に阻止できなかったと批判している。その改革措置は，会社の機関に活気を与え，投資者が期待する機能と役割を果たす機関こそ会社の健康的な運営のための制度上の保障であると主張する。

会社の機関は，事実上社会の発展とともに調整と変遷を経てきており，会社の統治の理論と実務も特定の歴史的段階においてその発展と変遷を加速化したといえる。会社の統治におけるいかなる措置の実施も会社の機関の改善に起源を有し，そのイノベーションの内容も会社の機関の新たな確立により

完成される。会社の統治機構の整備という言い方は，会社統治を強調する角度から会社の機関に対する職責を区分し，相互の機能を考察，評価しかつ調整したものである。

二　会社機関の設置

会社の機関の設置は，会社がいかなる機関を設置し，各種の機関の職責をいかに区分するかという会社の運営における各機関の相互牽制関係に関わる。会社の機関の設置は，必ず会社統治の中心問題を解決するので，会社統治の基本理論も会社の機関の制度設計に理論的基礎を提供している。下記において，会社統治に関する主要な理論を取上げ，更に会社の機関設置の原則について検討することにする。

(一) 現代会社統治の基礎理論

1　委託代理理論

当該理論は，非法学的理論であり，経済学における管理理論の一種である。その基本的な構想は，下記の通りである。

(1) 会社の株主は，会社の所有者である。株主は，代理理論の体系における委託者であり，オフィサーは会社の経営者である。すなわち代理人である。株主はオフィサーに授権して会社を経営し，株主の利益は代理人であるオフィサーの行為に依頼し，会社の経営リスクは株主が負担する。

(2) 代理人は，通常委託者利益の最大化を図るのではなく，自己利益の最大化を図っている。両者の利益が一致していない場合，代理人は，自己利益を優先して委託者の利益に損害を与える。

(3) 代理問題が生じた原因は，情報のアンバランスによる。委託者が把握している代理人に関する情報は限られているが，代理人は会社経営におけるすべての情報を把握している。しかし，委託者は直接代理人の行為を監督することができないのが実情である。そこで，経営者は情報の優勢を利用して自己利益を図り，株主の利益に損害を与えている。

(4) 会社統治の中心問題は，代理問題の解決による。すなわち，代理人がいかに委託者を保護するかの問題である。具体的にいうと，いかに有効なインセンティブ及び牽制のメカニズムを構築し，経営者が株主利益の最大化を実現するように促進させるかである。

委託代理の理論は，株主とオフィサーに適用されるだけではなく，株主と

取締役，株主と監査役，取締役とオフィサーの関係にも適用される。委託代理理論は，効果的な機関の設置は，委託者の利益保護を旨とし，代理人に対する監督及び牽制のメカニズムとインセンティブ制度を結合することを強調している。他に，情報の公開は，情報のアンバランスをある程度改善することができると認識している。

2 利害関係者理論

当初，委託代理理論は委託者の資格を株主に限っており，会社は出資者のものであると認識していた。しかし，利害関係者理論は，これに対して見直し，会社は投資スキームであり，株主は資本の提供者である。他に，会社の従業員，金銭貸付者，仕入先などは会社に対し，一種の特殊な投資をしたものであり，会社の経営が彼らに与える影響は，株主に与える影響と同様であるので，会社の統治権を持つべきであると主張している。

近時，各国の会社法は会社の機関の設置において利害関係者を重要視し，ドイツでは従業員代表を会社の決議に参加させている。日本はメインバンクによる会社行為に対する監督を重視し，各国の会社法では，会社の社会的責任を強調している。

(二) 会社の機関設置の原則

会社の機関設置の原則は，会社法及び会社の定款の下で会社の機関を設置し，各自の職権範囲を明確にし，相互に運営する関係であり，それによって良好な会社統治を実現し，基本精神及び規則性を徹底することを求めている。これには，伝統的な商法における意思自治理念の支配の下で形成された商人機関及び活動のルールも含まれている。なお，現代企業制度の構造における会社の統治理論が創設した重要な規範も含まれている。

実際，会社統治の理論指導の下で派生した会社の機関の設置原則は，依然として伝統的商事法人制度の土壌に植えられ，これはそこに込められていたものが発散してグローバル化し会社法制度の現代化の深い息吹となっただけである。諸外国の会社立法の改正はいずれも会社統治の基本理念を吸収し，会社機関設置の原則を充実し，発展させるものである。例えば，1999年の5月に，29カ国により構成された欧州経済聯盟は，《OECD会社統治構造原則》を通して，各国の統治機構の構築に法的及び監督管理の枠組みを提供している。中国証券監督管理機構は，2002年1月7日に《上場会社の統治準則》を公布して，上場会社が良好な会社統治構造を構築したか否かの考量の基準と

している。これらの統治準則をみると，会社の機関の設置が重要な部分を占めている。なお，2005年に改正した中国会社法は，上場会社に独立取締役を設置し，さらに取締役会に秘書を設置することを規定しており，更に会社の機関を整備し，牽制と効率を図る原則を体現している。

国が違えば会社発展の歴史は異なり，統治のモデルも異なっている。但し，会社統治問題が生じた基礎が異なるが，会社の機関の設置においての原則は大体同様である。

1 株主権力原則

当該原則は，会社の機関の設置において，株主の会社の所有者としての地位を重視し，それによって株主が充分権利を行使するようにする原則である。具体的に下記のように解釈することができる。

(1) 株主会は最高権力機構である原則。各国の会社法は株主会を会社の機関における最高の権力機構とし，会社の一切の重大事項，例えば会社定款の変更，取締役の任免，会社の合併と解散，会社の重大な経営案の認可事項を株主会の決議事項としている。

(2) 株主平等扱いの原則。同原則によると，会社機関の設置は，あらゆる株主を保護し，特に，中小株主は平等な権利を享有し，同時に相応の義務を負う。会社法における同種類の株式が有する権利は同様の権利を有する原則によって，中小株主の累積投票制，大株主による関連取引における議決権制限制度などの原則を実施している。

(3) 株主権利救済の原則。株主の権利を保護するために，各国の会社法は株主の権利が侵害を受けた場合に，法的救済を図っている。当然各国の株主訴訟制度は異なっているが，各国の会社法はいずれも株主会，取締役会の決議が法規定に違反した場合，または取締役，監査役，オフィサーが職務の執行時に法律または会社の定款に違反して株主または会社に損害を与えた場合，株主は訴訟を経て救済を得ることができる。例えば，フランスの会社法によると，会社の定款または株主会決議をもって株主の権利保護を制限する条項は無効になると規定している。

2 インセンティブと牽制を併用する権力均衡の原則

会社の機関における各利害関係者は，理性的経済人であり，その行為は，コストと収益を考量した上での自己利益の最大化を図った結果となる。仮に，収益と支出が正比例していない場合，いかに牽制しても会社の代理人が

会社及び株主の利益を忠実に保証することができないだけではなく，勤勉に会社及び株主の利益を保護することは望めない。そこで，良好な会社の統治は，インセンティブメカニズムを充分重視し，会社の取締役，監査役，オフィサーが積極的に職責を果たすようにすることである。その中でも，オフィサーは，会社の直接的な経営者であるので，オフィサーに対するインセンティブの設計は，会社のインセンティブメカニズムにおいて核心的な地位にある。例えば，ストックオプションをあげることができる。

しかしながら，会社の株主間，株主と取締役，オフィサーの間の利益は完全に一致しているわけではないので，会社の各種の利害関係者が自己利益の最大化を追求する場合に，株主及び利害関係者の権利に損害を与えることを避けなければならない。そこで，牽制メカニズムをもって均衡を図る必要がある。牽制メカニズムには以下の内容が含まれる。

(1) 大株主に対する牽制。株主権が集中している会社においては，中小株主の持分は比較的少なくかつ分散している。そこで，大株主は，会社において支配的，独占的地位にいるので，支配的地位の濫用，中小株主権利に損害を与えることを防止するために，会社法には大株主を制限する規定を置いている。例えば，米国の会社法では，累積投票制度をもって中小株主及びその代理人が取締役会に入るように保障し，会社の決議における中小株主の影響力を高めている。現代会社法は，中小株主に対する大株主の忠実義務及び勤勉義務を規定し，大株主の権力範囲を画定しており，小株主または債権者の権利救済を図る根拠としている。他に，中国の《上場会社統治準則》は「支配株主と上場会社」という一つの章を設けて支配株主を牽制している。

(2) 取締役，取締役会に対する牽制。まず，取締役，取締役会に対する牽制は，株主，株主会による。例えば，株主会は取締役の任免権を有し，取締役会提案に対する認可権限，違法行為を犯した取締役に対する訴権などについて規定している。次に，取締役，取締役会に対する牽制メカニズムは，会社の監督機構としてもそれに対する牽制として体現される。監督機構も国によって異なる。例えば，中国は監査役会，米国は取締役会，ドイツは監査役会，日本は監査役会あるいは委員会設置会社など。各国の会社法は監督機構に大きな独立性を付与し，取締役，高級管理職に対する効果的な監督を実現することを企図している。そこにおいて，通常会社法では会社に対する取締役の忠実義務と勤勉義務を規定している。更に，取締役会決議に対する取締

役の責任，決議が法規定または会社の定款，株主会決議に違反して会社に重大な損失を与えた場合，決議に参加した取締役は会社に対し賠償責任を負うと規定している。

(3) オフィサーに対する牽制。所有と経営の分離により，各国には，「オフィサーの会社」現象が生じた。すなわち，会社の実際的な支配権をオフィサーが握っているので，会社法は，オフィサーに対する牽制制度を重視し，会社の株主会，取締役会，監督機構のいずれもオフィサーについて牽制することができると規定している。なお，会社法の規定によって，オフィサーは当然忠実義務と勤勉義務を負っている。

3　情報開示及び透明度原則

会社統治における問題の根本は，情報のアンバランスによる。会社の株主は取締役，オフィサーなどの代理人の行為に関する情報を充分得ることができないので，取締役，オフィサーの行為に対する評価と監督をタイムリーに行うことができない。そこで，会社の機関の効率を高めるためには，必ず情報を開示し，会社の透明度を維持し，それによって株主が真実，正確，完全，即時に会社の経営情報を得るようにしなければならない。これは，会社の機関を有効に運営させる基本的前提となる。

4　利害関係者と会社統治の原則

近時，企業理論の発展により，株主以外にも会社法は様々な利害関係者の利益を調整しなければならない。例えば，ドイツの会社法は一定の人数の従業員を会社の監査役会に入れる。《OECDの会社統治準則》では，「会社統治構造の枠組みは，利害関係者の適法的権利を確認し，会社及び利害関係者にインセンティブを与え富を創造し，雇用の機会及び企業財務の健全性を維持し積極的に協力し合わなければならない」と規定している。

他に，会社の機関の設置は，分権牽制原則，効率原則，経済民主的原則をも考慮しなければならない。

三　会社機関の基本的構成

政治，経済，法律及び歴史文化などの要素の影響を受けて，各国の会社統治モデルには比較的大きな差異が存在している。証券市場の成熟，株主権の高度の分散は，米国を代表とする「外部的監督モデル」である。ここでは，市場における情報開示を強調しており，会社の統治に問題が生じた場合，株

主は株式を売却する「足で投票する」方式で会社の機関を牽制している。しかし、ドイツと日本は株式構造が比較的に集中しており、銀行と法人による相互持合いが普通に存在しており、会社統治において、株主、取締役が会社の内部機関を通して直接支配を牽制することを強調しているので、「内部的監督モデル」といわれている。

会社統治モデルの差異により、各国の機関の類型及び具体的権力、職責について異なる規定を置いているが、各国の統治組織には共通点が存在している。通常、以下のような四つの機構が存在している。

(1) 権力機関、通常は株主会となる。株主は、会社の出資者及び所有者として、会社において最高の権力を有し、株主が権限を行使する機関である。特殊な状況以外、各国は、株主会は必ず設置する機関として規定し、更にその権利行使を効果的に保障している。

(2) 決議機関、通常は取締役会となる。取締役会は株主会により選任された取締役により構成され、経営の決議権と管理権を行使する会社の機関である。

(3) 監督機関、通常は監査役会となる。監査役会の主な職責は、取締役、取締役会及びオフィサーの経営行為を監督し、その違法及び不当な経営行為と他に会社の利益、株主の利益に損害を与える恐れがある行為を牽制している。

(4) 執行機関、すなわちオフィサー。オフィサーは、実際上、会社の日常経営について管理を行う会社の機関である。

以上、四つの機関の4種類の機能は、各国の会社機関において体現されているが、具体的にはそれぞれ差異が存在する。米国は、監査役会を設置せず、取締役会において独立取締役を指名して監督機能を果たしている。ドイツは、二層制システムをとっており、株主会が監査役を選任して監査役会を設置しているが、その職権は強大であり、決議権と監督権を共にもっている。監査役会が取締役を選任して管理委員会を設立し（Management Board）、取締役会は監査役会の決議を執行し、日常業務の運営を執行する機構として、オフィサーと共に執行機能を果たしている。

他に、会社の性質が異なっている場合、会社の基本的機関の具体的形態にも差異が存在している。例えば、中国の法規定をみると、小規模の有限会社において、取締役会及び監査役会は必ず設置する機関ではなく、執行取締役と監査役がその職権を行使している。国有独資会社においては、株主会を設

置する必要はなく，国有資産監督管理機構が株主会の職権を行使し，または取締役会に授権して株主会の部分的職権を行使させる。

四　会社機関と会社の代表機関

　会社は法人企業であり，法人は擬制したものである。その意思と行為は特定の機関をもって実現し履行しなければならない。会社の統治構造において，株主会，取締役会，監査役会，オフィサーはいずれも会社の基本的機関であり，その職権は，会社法及び会社の定款に定められている。但し，これらの会社の内部運営機関はいずれも対外的に会社を代表するものではない。会社の対外代表権限は，一つの機関のみ有することができる。同時に，この機関は，決議権を有する常設機関でなければならない。各国の会社法では，通常取締役会を会社の対外代表機関としている。法定代表者の面から，中国は1993年の会社法において，唯一の代表権制度を規定した。株式会社と有限会社の代表取締役を会社の法定代表者とし，有限会社は取締役会を設置せず，執行取締役を会社の法定の代表者として規定した。但し，実際には，こういう規定は当事者の意思を無視しているので，対内的に投資者が自己利益及び実際の必要に応じて権限を画定するのに不利となり，対外的には，法人の適応能力と競争能力を低下させる恐れがある。そこで，2005年の改正《会社法》では，「会社の定款をもって，代表取締役，執行取締役またはオフィサーのいずれかが会社の法定代表を務めるようにすることができ，法により登記を行うものとする」規定を置いた。

　会社の対外活動の一部の重要な事項については，その決定権は株主会に属しているが，会社が他の会社と合併し，または会社の定款において一定の金額を超える投資プロジェクト及びパートナーとの合作は株主会の審査を通す必要がある。但し，対外的ビジネス活動及び契約の締結権は依然として取締役会の権限となる。会社の法定代表者が対外的に会社を代表して権限を行使するのは，無制限なものではない。会社法と会社の定款に関する理念によると，その代表権限の区切りは，会社の通常業務に限られる。定款または株主会，取締役会の特別決議によって，法定代表者の権限を拡大するか縮小する規定を置くことができるが，これらの規定は，善意の第三者に対しては対抗する効力をもっていない。

　オフィサーは会社の経営活動を行う。会社の日常営業範囲内において，会

社を代表して契約の締結，適法的な行為を行う権限を有する。フランス会社法の規定によると，「オフィサーは，会社の正常な業務においては代表取締役と同様な代表権限を有している」が，これは，会社の経営に有利となる。例えば，オフィサーの行為は明らかに会社の正常な営業範囲を超える場合，取締役会の単独の授権なしには，第三者は会社に対抗することができない。

【本節実務検討】
●中国における会社の統治構造の現状と問題
　中国の統治構造の現状と問題は主に以下の一部の方面において現れている。
　第一，内部統治機構における問題。
　(1)　株式構造のアンバランスが深刻であり，国有株の単独株主支配（一株独大），絶対的支配地位にある。株式構造のアンバランスは，支配株主の頻繁な変動をもたらし，株式構造が不安定となり，更に経営陣が影響されるようになる。政府干渉が比較的多く，株主総会における国有株主の出席率が最も高く，中小株主はあまり株主総会に参加しようとする意思がなくなる。
　(2)　取締役会の独立性が非常に弱いので，自主的に決議を行う機能が制限されている。これは，内部取締役の比率が高く，独立取締役の役割も限界があり，取締役会は支配株主により操縦されているのが明らかである。取締役会の主要なメンバーは支配株主により選任され，新たな候補者の指名も主に支配株主が決定している。取締役の選任基準は，支配株主の意向により体現され，取締役の罷免についても主に支配株主が提起し，代表取締役は取締役会が決めるが，取締役会は支配株主によりコントロールされている。独立取締役の指名は主に代表取締役により決定される。
　(3)　従属的地位にある監査役会の監督職務機能は形骸化しており，事前監督的な役割を果たしていない。監査役会は期待通りの役割を果たしておらず，大多数の会社には監査役会という常設機関がなく，その規模も小さく，構造も不合理的であり，監査役会のメンバーの大多数は専門知識を具備していない。そのうえ，監査役会は支配株主によりコントロールされている。
　(4)　オフィサーのインセンティブメカニズムは非常に歪曲化され，非報酬インセンティブの役割が報酬的インセンティブの役割より大きいので，高級管理職の年度報酬と会社の経営業績とがあまり関連しない状態である。

第二，会社の外部統治機構の角度からの検討

伝統的な会社の統治機構は，およそ分権牽制の会社統治構造理論に止まり，主に会社の株主会，取締役会，監査役会及び高級管理職員の間における牽制相互の牽制研究に集中し，会社の内部統治構造に偏っていた。しかし，科学的決議の角度から見ると，会社統治構造理論では会社統治におけるいかなる問題も解決できない状態である。科学的観念に基づく会社統治には完璧な有効なシステムが必要となり，更に構造を超えた外部統治のメカニズムが必要となる。しかしながら，中国の外部統治環境とメカニズムはまだ整備されておらず，具体的には下記のような問題がある。

(1) 支配人市場がまだ整備されておらず，支配人などの会社の経営陣は主に非市場化的ルートにより生まれている。中国の資本市場の現状及び株式構造は経営者を制限する役割を果たしておらず，経営者に対する有効なインセンティブメカニズムも欠けている。

(2) 会社の支配権市場が整備されていない。中国の資本市場は長期的に株式種類が二分化されており，市場価格の評価体系が歪曲化されていた。そのため，支配権の価値も支配権市場の有効な形成を妨げていた。しかし，成熟型の支配権市場における買収，代理権争奪などの脅威の存在は，外部環境により会社の経営効率を効果的に促進し，執行役の能力低下及び株主利益と背馳する行為を防止する役割を果たしている。

(3) 利害関係者による統治メカニズムが欠けている。現代の会社法の理論において，債権者，従業員などは，会社と密接な利害関係を有しているので，法律及び定款をもって会社統治の権利を与えている。中国では，現在債権者統治メカニズムがなく，債権者は会社統治においてあるべき役割を果たしていない。労働者の統治メカニズムが弱化し，労働者が全面的に会社の統治に参加できるようになるにはまだ一定の期間が必要となる。

第二節　株主会[1]

一　株主会の概念及び地位

株主会は，株主総会ともいう。株主会というのは，法により株主全員によ

---

[1] 株主会：中国では有限会社は「株主会」という名称を使い，株式会社では「株主総会」という名称を使っている。

り構成された会社の権力機構である。これには三つの内容が含まれている。
(一) 会社の最高権力機関としての株主会
　株主会は会社の機関の一つとして，会社の最高権力機関である。これは，会社の機関における株主会の地位を示している。中国《会社法》37条によると，「有限会社の株主会は，株主全員により構成され，株主会は会社の権力機関であり，本法によりその職権を行使する」と定めており，なお第99条によると，「株式会社の株主総会は株主全員により構成され，株主総会は会社の権力機関として，本法により職権を行使する」と定められている。
　法律は，株主会に比較的に大きな職権を与え，株主会は取締役，監査役を選任し，罷免する権利を有し，会社の定款を修正し，会社の経営方針及び投資計画を決定する権限を有している。なお，取締役会及び監査役会は株主会に対して責任を負う。しかし，株主会もあらゆる重大な決議について独占的権限を有しているわけではなく，各国の会社法は，株主会及び取締役会の職権の分配が異なり，株主会も法定の範囲内において職権を行使する必要がある。
(二) 法定の機関としての株主会
　会社形態をとっている企業は，法により株主会を設立しなければならない。しかし，特殊な類型に属する会社については，会社法は柔軟に特殊な規定をおいている。例えば，外国商人が投資して設立した有限会社は，取締役会のみを設立し，取締役会が株主会の権限を代行できると定めている。また，国有独資会社も株主会を設置しなくてもよいとし，国有資産監督管理機構が株主会の職権を行使するかまたは取締役会に株主会の部分的職権を授権して行使する。
(三) 株主全員により構成される株主会
　株主会はいかなる株主をも排除しない。例え1株をもっていても株主としている。ここで，会社の機関としての株主会と会議体としての株主会を区分する必要がある。習慣的に両方とも株主会と称しているが，両者の意味は異なっている。前者は株主全員により構成されており，会社の権力機関である。後者は，株主が権力を行使し，統一的意思を形成する方式である。その会議は，定時総会と臨時総会に分けられ，株主全員が必ずしも出席しなくてもいいように規定されている。

二　株主会会議の種類

　株主会は株主全員により構成されるが，一つの機関として，統一的な意思形成が必要となる。そこで，株主会は，会議体の形態をとり，こういう形態を通して，株主も支配権を行使している。

　株主会の会議の形式は，定時総会と臨時総会の二つに分けられる。

(一) 定時総会

　定時総会というのは，法律及び会社の定款の規定により一定の期間内に必ず開かれる会議である。定時総会は株主会の職権の内，最も重大な事項について決定する。

　定時総会に関する期間について各国の規定は異なっている。中国の会社法は毎年1回開くと規定しており，英国の会社法は，会議の期間が前年度に開かれた日より15か月を超えてはならないと規定した。米国の多くの州は，13か月を超えてはならないと規定している。

　定時総会の具体的な時期については会社の定款において規定している。中国では，有限会社は，1会計年度の終了後即時に開かれる。株式会社の定時総会は，1会計年度の終了後6か月以内に開かれる。

(二) 臨時総会

　臨時総会は，特別会議ともいう。定時総会以外に必要とする場合，例えば，法定の事由または法定人員，機関の提議により開かれる総会である。

　各国の会社法は，通常下記の状況において臨時会議を開くことができると規定している。

(1) 一定の比率の株式を保有している株主の申請による。中国の会社法の規定によると，有限会社は1/10以上の議決権を有する株主の提案により臨時会議が開かれる場合がある。株式会社は単独または合計10%以上の株式を保有している株主の請求があった場合，2か月以内に臨時総会を開かなければならない。

(2) 取締役の提案または取締役会により必要があるとする場合。中国の会社法では，有限会社の1/3以上の取締役が臨時総会を提案し，株式会社は取締役会により必要があるとした場合，2か月以内に臨時総会を開かなければならない。

(3) 監査役の提案または監査役会により必要があるとした場合。中国の会社法では，有限会社の監査役会または監査役会を設置しない会社の監査役は

臨時総会の提案権を有すると規定した。株式会社においては，監査役会により臨時総会招集の提案がある場合，2か月以内に開かなければならない。

(4) 法定の事由が発生した場合。法定の事由について，各国の会社法の規定は異なっている。例えば，英国の1967年会社法の規定によると，臨時に取締役を解任・選任するとかあるいは70歳以上の取締役を任命するとか，新たに会計監査人を任命するとかの場合に，いずれも臨時総会を開く必要がある。中国《会社法》第101条によると，「株式会社の取締役の人数が本法で規定した人数または会社定款の所定した人数の2/3に至っていない場合，あるいは会社が補填できなかった損失が実際払込まれた株式資本総額の1/3に至った場合，2か月以内に臨時総会を開かなければならない」と規定している。中国会社法は有限会社についてはこのような規定を設けていない。

(5) その他。英国の会社法の規定によると，裁判所は当事者に適当な方式及び時間をもって招集するよう命ずることができると規定した。中国会社法によると，株式会社は定款においてその他臨時総会を開く状況を定めることができると規定しているが，有限会社についてはこうした規定を置いていない。他に，中国の会社法ではまた会社法及び定款により会社譲渡，重要資産の譲受，または対外担保提供などの事項については必ず株主総会の決議によると規定しているので，これらの事項について取締役会は株主総会をタイムリーに招集しなければならない。

三　株主会の職権

株主会は会社の最高権力機構であるので，株主会が行使する職権は通常会社の重大な事項に限られる。株主会は法定の職権及び定款の規定により職権を行使する。会社は定款を通して法定の職権以外の他の職権について規定することができる。

法定職権について各国の会社法の規定は類似している。中国の会社法では，株主会の職権について下記のように規定している。

(1) 会社の経営方針及び投資計画を決定する。
(2) 非従業員代表が任ずる取締役，監査役の選任及び更迭，報酬事項について決定する。
(3) 取締役会の報告について審議・認可する。
(4) 監査役会または監査役の報告を審議・認可する。

(5) 会社の年度財務予算案，決算案を審議・認可する。
(6) 会社の利益配当案及び欠損補填案を審議・認可する。
(7) 会社の登録資本の増加あるいは減少について決議する。
(8) 社債の発行について決議する。
(9) 合併，分割，会社の組織形態の変更，解散及び清算などの事項について決議する。
(10) 定款の変更事項について決議する。
(11) 会社の定款が規定した他の職権。

中国会社法では，株式会社における株主総会の職権に関する規定と有限会社の株主会に関する規定は同様である。2005年の改正後，会社法では上記の法定の職権以外に他の職権については定款で定めることができると規定した。しかし，定款の定めによる規定は法定の職権と衝突してはならない。すなわち，関連法律，法規の規定に違反してはならず，株主の権利を剥奪してはならない。違反する場合は無効となる。

他に，上記の9種類の職権の内，会社の形態の変更は，理論上は株式会社から有限会社に変更することができるが，こういう状況は会社運営の実務において多くないし，極稀なケースとなる。英国，米国，フランス，ドイツの会社法上，株式会社（上場会社）が有限会社（閉鎖会社）に変更するケースもあるし，実務上も生じている。

四　株主会の招集
（一）招集者

各国の会社法によると，取締役会が株主会（定時総会・臨時総会）を招集すると規定している。一部の国は，他の主体も特殊な状況の下で株主会を招集することができると規定している。中国会社法によると，有限会社の最初の株主会の会議は出資を最も多くした株主が招集し主宰し，法によりその職権を行使する。他の定時総会及び臨時総会については，取締役会が招集する。同時に，代表取締役が職務を履行できないかまたは履行しない場合は，副代表取締役が主宰する。副代表取締役が職務を履行できないかまたは履行しない場合，半数以上の取締役が共同で1名の取締役を推薦して主宰する。取締役会または執行取締役が株主会を招集する職務を履行できないか履行しない場合，監査役会または監査役会を設置しない会社の監査役が招集及び主宰する。

監査役会または監査役が招集及び主宰しない場合，1/10以上の議決権を有する株主が自ら招集及び主宰する。

　株式会社の発起人は，引受資本を払込んだ後30日以内に発起人，引受人により構成した創立総会を主宰し開催する。会社の成立後，株主総会の会議については取締役会が責任をもって招集する。中国《会社法》102条は，招集者について具体的に規定している。すなわち，「代表取締役が職務を履行できないかまたは職務を履行しない場合は副代表取締役が主宰する。副代表取締役が職務を履行できないまたは履行しない場合は，半数以上の取締役が共同で1名の取締役を推薦して主宰する。取締役会が株主総会招集の職務の履行ができないかまたは履行しない場合，監査役会は即時に招集し主宰しなければならない。監査役会が招集及び開催しない場合，連続90日以上単独または合計10％以上の株式保有する株主は自ら招集し主宰することができる」。

　（二）**招集時期**

　中国《会社法》によると，定時総会は定款の規定により招集される。臨時総会は法定の人員の提案により招集されるが，具体的な時間についてはまだ規定していない。株式会社の定時総会は定款により招集されるが，臨時会議は法律で定めた状況が発生した後2か月以内に招集される。

　（三）**招集通知**

　株主会は，会社の常設機構ではなく，株主は従業員ではないので，株主は会社が審議しようとする事項について熟知しているわけではない。株主会の効率及び株主の出席率を高めるために，取締役会あるいは支配株主による株主会の操縦を防止するために，各国の会社法はいずれも株主会の招集手続きについて規定している。

　中国《会社法》によると，有限会社は株主会の開催の15日前に株主全員に招集通知を出さなければならない。しかし，定款に別途規定ある場合または株主全員による別途約定がある場合は除く。株式会社による株主総会の開催は，開催の20日前に審議事項について株主全員に通知し，臨時総会の場合には15日前に各株主に通知しなければならない。無記名株式を発行した場合，開催日の30日前に会議の開催時間，場所及び審議事項について公告しなければならない。単独または合計3％以上の株式を保有している株主は，株主総会開催の10日前に臨時提案をし，書面により取締役会に提出できる。取締役会は書面による提案書を受け取ってから2日以内に他の株主に通知し，

臨時提案を株主総会に渡して審議する。臨時提案の内容は株主総会の職権範囲に含まれており，明確な議題及び具体的な決議事項でなければならない。株主総会は，通知に明記していない事項について決議してはならない。無記名株式の保有者は株主総会に出席する場合，開催日の5日前から株主総会の閉会までの間に株式を会社に預ける。

五　株主会の決議

　株主会の会議の手続きには，通知，登記，提案の審議，投票，投票計算，議決の結果の公開，会議の決議の形成，会議記録及びその署名，公告などが含まれる。その内，最も重要であるのは議決権手続きである。株主総会の公平，かつ効率的な決議をはかり，中小株主が積極的に会社の統治に参加できるように，なおかつ大株主が支配的地位を利用して中小株主の権利を侵害することを防止するために，各国の会社法はいずれも議決の手続きを重要視している。有効な決議は，法定の比率の株主が出席したことを前提に，法が定めた投票の方式を通して，法定の比率が求めている支持率に達した決議でなければならない。

(一) 定足数

　株主は，法の定める出席率により適法かつ有効な株主会を開催し，出席した株主らが代表する会社の議決権の株式数は法定基準に適合しなければならない。会社は，通常複数のものの投資により形成された商業経営組織であり，株主会は法により会社の重要な権力を行使する。株主会に参加する株主が少ない場合，株主の意志反映に不利となり，少数株主により株主会が操縦される場面が生じ，更に他の株主の利益に損害を与え，会社成立の基盤が揺らぐ結果をもたらすおそれがある。そこで，相互の協力及び監督が企業の健全な運営において必要となる。定足数に関する規定は，こういう相互関係の調整に対し重要な意義を有している。各国は，株主会に参加する株主の出席比率が，法に定められている基準に達して初めて株主会が有効に開催されることができ，採択された決議も有効であるとしている。例えば，米国の《標準会社法》によると，会社の定款に別途定めがある場合を除いて，議決権を有する多数のものが自ら出席するか代理人により出席する場合でも，株主総会の法定の人数に達しなければならない。但し，いかなる状況であっても法定人数は会議に出席した議決権の1/3を下回ってはならない。

中国《会社法》は，定足数について規定していないが，これは健全な会社の法人統治構造の構築には明らかに不利である。1994年に《国務院は株式会社による諸外国株式募集及び上場に関する特別規定》を公布した。これによると，諸外国に上場した株式会社は，株主総会を開くときに，株式総数の1/2以上の議決権を代表する株主が出席しなければならず，その定足数に至らない場合，会社は5日以内に会議の審議事項，開催日，場所を公告にて再度株主に通知して初めて株主総会を開くことができる。同規定は，非常に合理的である。ただ，少数株主の申立により，裁判所の命令あるいは許可により招集される株主会は司法機関の厳格な司法手続き等でコストが高いので，同制限規定を受けるべきではない。

(二) 投票方式
1　本人投票制及び委託投票制

本人投票制というのは，株主が自ら出席し投票を行うことをいう。委託投票制というのは，会社の株主が代理人に委託して株主総会に出席し投票を行うことをいう。株主権の分散化によって，中小株主は益々会社の経営に参加する意思がなくなるので，株主総会の「空洞化」をもたらしている。しかし，委託投票制度はむしろ中小株主に積極的に投票権を行使させて，ある意味で株主総会の「空洞化」を効果的に防止することができる。株主は投票議決権を他の株主に委託することもできるし，取締役会に委託することもできるし，なお仲介機構に委託することも可能である。それによって会社に対する支配権を行使させる。買収，再編などが生じる場合，会社の支配権は移転されるが，こういう場合，委託投票制度がその制約の役割を果たすことになる。

2　現場投票及び通信投票制

科学技術の発展，電話，ファックス，インターネットなど現代通信設備の発展は，投票コストの削減，中小株主の積極性を呼び，多くの国は立法により現代通信設備を使用した投票の有効性を認めている。

3　直接投票制と累積投票制

直接投票制は，会社法における会社の決議の過程及び結果において伝統的な多数決原則によるものであり，大株主が会社を支配する権利・義務対等の理念を徹底した。株主総会において会社の重要な事項について具体的に議決を行う場合，議決の内容が大株主及びその子会社との関連取引と係わりがあ

る場合に限り，大株主は投票を回避するかあるいは法律または会社の定款において大株主の投票権を制限するという場合を除いて，株主総会決議の結果は大株主の意見と一致している。但し，株主総会は常設機構ではなく，株主総会の閉会期間に，会社は完全に取締役会により支配されている。大株主が取締役を選任する権利を制限しないと会社のすべての取締役が大株主の利益を代表することになる。制限する方式としては，直接大株主の投票権を制限することもできる。例えば，1989年米国のペンシルベニア州会社法改正案の規定によると，いかなる株主であれ最大で20％の議決権しか有することができない。もう一つの制限方式として使われるのは累積投票制度である。中国《会社法》第106条によると，「本法でいう累積投票制度とは，株主総会が取締役あるいは監査役を選任する時に，株式1株当たり選任する取締役あるいは監査役の人数と同数の議決権を有し，これらの議決権を集中的に使用することができる」。累積投票制度は，19世紀の米国で創設され，20世紀に他の国に普及した。当該制度は取締役の選任に限り適用され，中小株主がその代理人を取締役会に送り込むことに有利となる。直接投票にしろ，累積投票にしろ，いずれも「1株1議決権」，「同種類の株は同様な権限」を有する理念に基づく。但し，議決権数及び具体的な投票において根本的に差異が存在する。直接投票制度は，株主会において議決権を行使する場合，一つの決議事項に対しており，株主もその有する議決権を直接同決議事項に使用することができる。累積投票制度は，株主が取締役，監査役の選任においてその有する議決権を合わせて使用することができる制度である。すなわち，株主が取締役，監査役を選任する場合の総投票数は，有する議決権の数に選任する取締役，監査役の人数を乗じた数と同様である。株主は，有する株式を集中的にある取締役候補者に使うこともできるが，分散して数人に使うこともできる。

　上記の何種類かの投票方式の中で，中国の1993年の《会社法》は現代的通信投票制度と累積投票制度について規定しなかった。但し，中国証券監督管理委員会，国家経済貿易委員会が2002年に公布した《上場会社の統治準則》には規定していた。すなわち「上場会社は株主総会が適法，かつ有効を保証することを前提に，各種の方式及びルートで，現代的情報技術を運用することを含み，株主が株主総会に参加する比率を拡大しなければならない」と規定した。なお，株主総会において取締役の選任に当たり，累積投票制度を積極的に進め，支配株主の持株比率が30％以上である上場会社においては，累

積投票制度を採用しなければならないと規定した。2005年に修正した《会社法》では累積投票制度を確立した。

(三) 決議における法定比率

株主会の決議についてはいずれも多数決原則を採用している。すなわち，決議は必ず株主会に出席した多数の議決権を通して初めて有効となる。但し，異なる決議事項については，各国の会社法は異なる多数の基準を定めている。

1 普通決議

株主会会議は適法な招集を通して，会議に出席した株主による議決権の1/2以上が同意して初めて有効な普通決議となる。特別決議事項以外に，株主会において通常簡単多数決を適用している。

2 特別決議

株主会の会議は，適法に招集され，必ず多数者の議決により有効な決議となる。特別決議における多数というのは2/3以上でなければならない。特別決議を必要とする事項は下記のとおりである。

(1) 定款の改正
(2) 増資または減資
(3) 会社の分割，合併または会社形態の変更
(4) 会社の解散

(四) 株主会決議の無効及び取消

株主会の決議は，「資本多数決」に基づき，少数株が多数株に従う制度である。そこで，決議の内容及び手続きは必ず適法かつ公正でなければならない。決議の内容及び手続き上瑕疵があると，その効力は影響を受ける。決議瑕疵の原因により決議無効の訴え，決議取消の訴えに分けることができる。一部の国では決議不存在の訴え及び変更の訴えについても規定している。中国の新会社法は決議無効の訴え及び決議取消の訴えの二つの訴訟について規定している。

1 株主会決議の無効

会社の運営及び管理決議は，必ず法律及び行政法規の認める範囲内において行わなければならない。決議の内容が法律または行政法規に違反した場合，このような違法行為は一方において株主の権益に不利な影響を与え，他方その違法の程度が重大であるので，社会の公益などの利益にも消極的な影

響を与えている。そこで，各国の立法はこのような決議の効力に対し無効と規定し，中国《会社法》第22条では，「会社の株主会の決議の内容が法律，行政法規に違反した場合は無効となる」と規定した。ここでいう法律，行政法規というのは，法律，行政法規の強制的な規定に違反することを指している。強制的法規というのは，必ず遵守しなければならず，さもなければ無効となり，それに違反した株主会の決議も無効となる。

(1) 会社の定款に違反した決議の法的効果。以前，日本の商法，韓国の商法及び台湾地区の会社法は，決議が定款に違反した事由を無効の理由としていたが，現行法では取消しの理由として改正している。中国の会社法も同じく定款に違反した場合を決議取消しの理由として規定した。決議取消しの提訴については期間の制限がある。法律が定める期間内に提訴しなかった場合は，再び提訴することができない。決議の安定性を法的に考慮したのである。決議無効の訴えについては制限規定を置いていないので，決議の内容が長期的に不安定な状態に置かれることになる。そこで，重大な瑕疵のみが決議無効の事由となる。仮に，決議の内容が定款に違反すると同時に法律，行政法規に違反した場合は当然無効の事由となる。

(2) 無効の訴えを提起する条件。中国の1993年《会社法》は，無効の訴えについて規定している。同法によると，決議の内容が法律，行政法規を違反した場合以外にも，株主の適法な権益を侵害した条件を満たしたときには救済すると規定した。このような規定では，実際株主の権益を保護する救済の役割を果たすことができなかった。特に，株主の権益が侵害を受けるという条件であるが，株主が提訴する場合に必ず裁判所に権益が侵害を受けた事実を証明しなければならないが，中小株主にとってこういう事実の証明は容易なものではない。結果のいかんとは関係なく，提訴した場合の株主の負担は大きく，他の株主も様子をみる心理が強いので，最終的には救済の空洞化をもたらしている。そこで，新《会社法》は，決議が株主の権益を侵害したという条件を廃止し，決議の内容が法律，行政法規に違反する場合，株主は無効の訴えを提訴する権利を有すると規定を改めた。

(3) 無効の訴えを提訴する主体。中国《新会社法》によると，株主は決議無効の訴えを提起することができると規定している。しかし，明らかにこれだけでは足りないのである。監査役会は会社の監督機関として，株主会の決議無効の訴えについて，監査役会も提訴する権利を有している。これは監査

役会の監督職責と適応しているだけではなく,同時に会社及び株主の利益を保護する需要にもよる。そこで,会社法の理論からいうと,株主会の決議が法律,行政法規に違反した場合,会社の株主は監査役会に提訴を求めることもできるし,自ら提訴することもできる。

(4) 決議無効の訴えの法的効果。株主会の決議無効とは,株主会の決議が最初から効力を生じなかったことを意味しているので,無効確認訴えの判決効力は対世的な効力を有する。すなわち,第三者にもその効力が及んでおり,絶対的な遡及力をもっている。

　株主会の決議内容が無効であれば,決議自体も無効となる。ただ,株主会の決議内容における一部内容が無効である場合,決議全体が無効となるか。決議内容に不可分性があれば,決議内容全体が無効となるが,もし決議内容が分離できるなら必ずしも無効とはならない。無効決議事項を除いて,株主会の決議が成立できるのであれば,他の決議は依然として有効となる。

　他に,会社が株主会の決議によって変更登記を行った場合,法院は決議無効の決定を下し,会社は会社の登記期間にて変更登記取消の申立をしなければならない。

2　株主会決議の取消

　前述したとおり,中国《会社法》第22条では株主会決議無効の訴え以外にも決議取消について規定している。株主会会議の招集手続き,議決の方法が法律,行政法規または会社の定款に違反した場合,または決議の内容が会社の定款に違反した場合,株主は決議をした日より60日以内に法院に決議取消の訴えを提起することができる。

(1) 決議取消の事由。決議取消の事由及び原因に関する各国と地域の会社法の規定は様々である。中国台湾の「会社法」によると,招集手続きまたは決議方法が法律または会社の定款に違反したことを決議取消の原因とし,日本,イタリアは,招集手続きまたは決議方法が法律または定款に違反した場合を決議取消の事由としており,決議内容が定款に違反した場合も決議取消の事由としている。中国《会社法》の規定によると,決議取消の事由は下記のようである。

　一,招集手続きが法律,行政法規または会社の定款に違反した場合。例えば,招集権がない者が招集,一部の株主に招集通知をしていないか,または招集時間,通知の方法が不適法であるか内容が完全でない場合がある。

二，議決方式が法律，行政法規または会社の定款に違反した場合。例えば，決議を通した株式数が法定の基準に至らない場合あるいは決議の計算が違法である場合または特別決議事項が普通決議で議決された場合がある。

三，決議内容が会社の定款に違反した場合。支配株主が議決権を濫用した場合，会社の定款が付与した会社及び小株主の利益に侵害を与えた場合，取消の原因となる。他に，決議の内容が分離不可のときに，一部決議の取消は決議全体取消の結果をもたらす。仮に決議の内容が分離できる場合，一部決議の取消は必ずしも決議内容の全体取消の結果をもたらさない。言い換えれば，株主が株主会決議取消の訴えを提起した場合，一部取消を選択して，他の決議を保留することも可能である。

(2) 決議取消の提起。中国の会社法により，株主は決議取消の訴えを提起することができるが，同決議が株主全員の同意を得て通った場合に，議決に参加した株主が決議の取消権を有しているか否かについては明確に規定していない。学界ではこういう場合に，決議の取消権を認めるべきであると認識している。それによって，議決事項について同意はしているものの，その招集手続き及び議決方法に瑕疵がある場合を知らない株主の利益を保護するためである。なお，その取消権を認めることによって，会社の株主会が法により正確に招集され，議決方式も厳格に行われるよう促すことができる。他に，会社法の理論からいうと，会社の監査役会は，同様に株主会決議取消の訴えを提起することができる。このような場合，決議取消の訴えが提起された場合，被告は決議を通した株主であるかそれとも会社であるかが問題となる。通説は，会社が被告になると認識している。理由としては，資本多数決原則による株主の意思が会社の意思として擬制されている。会社の意思として体現されると，会社は当然決議取消訴訟の被告となる。

(3) 決議取消に関する訴えの提起期間。決議取消の訴えの事由はそれ程重大なものではないので，法定の期間内に提訴しなかった場合は，決議の安定性を保護するために，改めて提訴することができない。各国または地域では，決議取消の期間について規定している。例えば日本は3か月である。中国の新《会社法》は60日と規定し，決議が出された日より計算する。会社法の理論の角度からいうと，この60日は除斥期間となり，これには中止，中断，延長の状況が存在しないのである。もしこの期間中に株主総会決議取消の訴えがなければ，株主総会の決議は有効となる。

(4) 決議取消訴えにおける担保。株主が権限を濫用して決議取消の訴えを提起することを防止するために，新会社法は原告に担保提供義務を課している。すなわち，会社の請求により法院は株主に担保提供命令を出すことができる。同法により，正当な事由なしに訴権を濫用する場合のコストを抑制し，もし原告が悪意または重大な過失で敗訴した場合は会社に対し損害賠償の責任を負う。

(5) 取消の訴えの法的効果。一般の法律行為制度により，取消された法的行為は行為開始のときから無効となる。従って，決議取消判決の効力は決議時より無効となり，特に取消された決議が会社の内部にのみ及んでいる場合は特にそうである。しかし，取消す前の株主会決議が善意の第三者に及ぶ場合，法的安定及び取引安全の角度を考慮して，決議取消の遡及効力を否定することにより善意の第三者を保護する必要がある。

取消された総会決議により実施した変更登記事項に基づいて，裁判所により決議取消の訴えが効力を生じすると，会社は会社登記機関にて変更登記取消の申立をしなければならない。

【本節の実務研究】
●株主総会，取締役会決議効力に対する手続き上の瑕疵の影響

中国《会社法》第22条によると，株主会または株主総会，取締役会の会議の招集手続き，議決方式が法律，行政法規または会社の定款の規定を違反した場合，株主は法院に決議取消の訴えを提起することができる。言い換えると，手続き上の瑕疵は，株主会または取締役会会議の決議を取消すことができるという意味である。こういう決議は性質上取消可能な一種の法的行為である。ここで，検討しなければならないのは，株主会または取締役会の手続き上のいかなる瑕疵でも必然的に決議取消の結果をもたらすかである。

法理上からみると，手続き上の正義は，法律の命といえ，有効な決議となるためには法定形式及び手続きを遵守しなければならず，手続きの正当性は株主の権益及び会社の権益に関わっている。実務において，株主会及び取締役会の会議の手続きにおいて，支配株主が故意に会議の内容を混同させるかまたは正式に会議を行う時に，元の通知内容範囲を超えて，自分の目的を達成する状況も生じる。このような手続き上の瑕疵に対しては，多数の国では決議無効あるいは取消の結果をもたらすと規定している。

しかしながら，手続き上の瑕疵は一概に決議無効または決議取消の結果をもたらすと規定するのは適切でない選択だといえる。それは，一面では，決議無効及び取消は法的関係の不安定をもたらし，株主，会社及び第三者に損害を与える恐れがあるからである。もう一面では，法理上からいうと，手続き上の正義の意義というのは，正当な手続きにより実体の権利を保護し，正義の実現を保障するが，手続き上の違反は必ずしも実体権利の損害及び正義の実現に影響するとはいえないのである。一部手続き及び実体の正義の間には関係がない場合もある。そこで，手続き上の瑕疵が会社の実体の決議の効力に実質的に影響しているか否かに基づいて，効力のいかんを論じなければならないと考えられる。すなわち，決議が実体に対して実質的な影響を与えない場合は，関連する当該決議の無効または取消の訴えを提起するのは適切ではない。例えば，書面による通知を出すべきであったのに，口頭で通知し，10日前に通知すべきであったのに，3日前に通知したが，株主または取締役全員が出席して決議を行った場合は，会議及び決議の効力を否定するのは適切ではないといえる。

近時，中国の関連規定及び実務では，手続き上の瑕疵の効力に対し，上記のような認識及び尺度によって処理している。瑕疵通知は，株主会または取締役会会議の手続き上の瑕疵の一種として，具体的にいえば，通知対象の瑕疵，通知時間の瑕疵，通知方式の瑕疵及び通知内容の瑕疵などがある。ただ，これらの瑕疵は必ずしも株主会決議無効の結果をもたらすとはいえない。例えば，中国証券監督管理委員会の《上場会社定款手引き》第167条，《諸外国に上場する会社定款の必需条項》第58条などによると，「上場会社が突発的な原因によりある有権者に会議の通知を出していないかあるいは通知をもらっていない場合には，会議及び会議の決議はそれにより<u>無効</u>とはならない」と規定している。

他に，最高法院の《会社紛争案件における若干の問題に関する規定》（一）（意見聴衆稿）第35条及び第37条によると，株主会議の招集手続き及び決議の方式が違法または会社の定款に違反した場合，法院が法的手続きまたは会社の定款に適合せず違反している情状が明らかに軽微である場合，決議の結果に影響しないので，株主の決議取消の訴訟請求を却下することができる。株主が株主会議に参加して会議の招集手続きについて異議なしの場合，または会議の招集手続きについて異議はあったが決議事項に賛成した場合，また

は反対票を投じているが実際の株主会の決議を履行した場合には，その株主による決議取消または無効の訴えについて，法院はその訴訟請求を却下すべきである。

第三節　取締役会

一　取締役会
（一）概念及び特徴

　取締役会は，法により株主会により選任され，会社を代表しかつ経営の決議権を行使する会社の常設機関である。

　以上の定義から取締役会は以下の特徴を有するといえる。

(1) 取締役会の構成員は株主会により選任され，取締役会が株主会に対し責任を負い，株主会の決議を執行する。

(2) 取締役会は，会社の法定の常設機関である。取締役会は会社の成立日から存在するものである。そのメンバーは随時更迭される可能性があるが，取締役会自体は一つの組織体として取消すことができない。

(3) 取締役会は会社の対外代表機関である。取締役会の活動は対外効力を有し，代表取締役，執行取締役またはオフィサーのいずれかが会社の法定代表者となることができる。

(4) 取締役会は会社の経営決議機関である。取締役会は株主会の決議を執行し，責任をもって会社の経営を決議する。取締役会は，自己の独立した職権を有し，法律及び定款規定の範囲内において会社の経営管理に対し決議する権限を有している。なおかつ，オフィサーを任命して会社の日常経営業務を執行し，オフィサーは取締役に対し責任を負う。

(5) 取締役会による会社の経営事項に関する決議は，1人1票の議決権を経て決定される。そこで取締役の構成員の人数は奇数である。中国の会社法によると，有限会社の取締役会は，3～13人により構成され，規模が小さい有限会社または一人会社は取締役会を設置しない選択をすることも可能である。但し，代わりに執行取締役を設置するが，その執行取締役の職権は取締役会に相当し，執行取締役は会社の法人代表となる。株式会社の取締役会は5～19人により構成される。

(二) 職権

　取締役会に関する各国の立法規定は異なっている。列挙式をとって職権を取締役会に授与する国もあり，排除式をとって株主会が必ず行使する重要な権限を規定し，他の権限は取締役会が行使すると規定する国もある。また一部の国のように，取締役会の職権について具体的に規定しないで，定款にて規定する場合もある。通常，会社の経営効率を高めるために，各国の会社法は取締役会に比較的に広い職権を与えている。

　中国《会社法》は取締役会の職権について列挙式をとっている。同法第47条及び第109条によると，取締役会は株主会に責任を負い，下記の職権を行使する。

　(1)　株主会を招集し，経営状況を株主会に報告する。
　(2)　株主会の決議を執行する。
　(3)　会社の経営計画及び投資案を決定する。
　(4)　会社の年度財務予算案，決算案を作成する。
　(5)　会社の利益配当案及び欠損補填案を作成する。
　(6)　増資，減資及び社債発行案を作成する。
　(7)　会社の合併，分割，会社形態の変更，解散案を作成する。
　(8)　会社の内部機関の設置を決定する。
　(9)　会社のオフィサーの招聘または解任及び報酬事項，およびオフィサーの指名に基いて副オフィサーの招聘，解任，財務責任者を決定し，報酬事項を決定する。
　(10)　会社の基本管理制度を作成する。
　(11)　会社の定款で規定した他の職権を行使する。

二　取締役

(一) 取締役の種類

　取締役は，取締役会の構成員であり一般に自然人である。法人は取締役になってはならないと規定する国もある。取締役は，取締役会の職権の実際の行使者である。

　取締役に関する主要な分類は下記の通りである。

　(1)　内部取締役（執行取締役とも称する）。会社の職務を担当する取締役を内部取締役という。内部取締役は，会社において経営管理などの職務に任して

おり，会社の情報を全面的に把握することができるので，取締役会がタイムリーに，正確な決議をすることに資する。なお，オフィサーとの関係をよりよく調整することにより執行にも有利となる。但し，内部取締役及びオフィサー（兼任現象が多い）等の経営陣は直接的な利害関係があるので，独立性及び客観性に欠けている。

（2）　外部取締役（非執行取締役）。取締役の職務を担当する会社において，同時に他の職務に就かない取締役を外部取締役という。外部取締役は，通常他の会社の経営陣，社会の専門家及び機関投資者の代表より構成される場合がある。米国の大手会社において外部取締役の比率は内部取締役より高い。

但し，外部取締役は真に独立しているわけではない。英国では「グレー取締役」と称している。外部取締役の内，独立性がある取締役を「独立した外部取締役」と称している。外部取締役は，会社において業務執行に関する職務に就かないだけではなく，会社及び主要な株主に関わりがなく，客観的な判断に影響を受けない取締役をいう。独立取締役は，一般取締役の権限以外にも特別な権限を有している。例えば，関連取引に関する事項及び情報公開事項に関する特別の認可及び独立意見の公表などがある。

（二）取締役の就任資格

取締役は株主と異なる。いかなる者でも株式さえ保有していれば，株主となり，株主総会に参加する権限を有する。取締役は株主会により選任され取締役会を形成し，会社の経営管理について決議を行う会社の業務執行機関である。そこで，各国は取締役の就任資格に関する制限規定を設けている。

1　取締役の就任に関する諸外国の制限規定

（1）　国籍制限，一部の国では，取締役または多数の取締役は必ず本国の国籍を有しなければならないと規定している。

（2）　年齢制限，未成年者は取締役に任ずることができないと規定し，政府が支配する会社においては取締役の退職年齢について制限している。

（3）　株式保有制限，一部の国においては，取締役は会社の株主でなければならないと規定している。

（4）　兼職制限，一部の国では，取締役は他の会社の取締役または実際の管理者を兼任することはできないと規定するか，あるいは取締役は会社外の他の機構における兼職数の上限を規定し会社経営の職務遂行との衝突を避けている。

(5) 適格性の制限，破産企業の取締役，未清算債務者，刑事責任を追及されている人は会社の取締役に成れない。

(6) その他の制限，例えば，一部の国では政府職員は会社の取締役を兼任することができないと規定している。

2 取締役適格に関する制限

中国《会社法》第147条で，下記の状況の一つに該当すれば会社の取締役に就くことはできないと規定している。

(1) 民事行為能力がないかまたは民事行為能力が制限されているとき。

(2) 汚職，賄賂，財産の横領，財産の流用または社会主義市場経済秩序の破壊により刑罰に処され，執行期間が満了してから5年を経過していないとき，または犯罪により政治的権利を剥奪され，執行期間満了から5年を経過していないとき。

(3) 破産清算した会社・企業の取締役または工場長，オフィサーを務め，当該会社・企業の破産について個人的責任があり，当該会社・企業の破産生産完了の日から3年を経過していないとき。

(4) 違法行為により営業許可証の取消し，閉鎖命令を受けた会社・企業の法定代表者を務め，個人的責任があり，当該会社・企業の営業許可証取消の日から3年を経過していないとき。

(5) 個人で負っている多額な債務を期限が到来しても弁済していないとき。

会社が前項の規定に違反して取締役を選任したときは，当該選任は無効となる。取締役が在任中に上述の状況の一つが生じた場合，会社はその職務を解かなければならない。

公務員が会社の取締役に就けるかどうかについて，中国の旧《会社法》では本条中第6項で就任を明文で禁止していたが，2005年《会社法》でこれを削除した。しかし，中国で2006年1月1日から施行された《公務員法》の定めにより，公務員は営利性の活動に従事または参加すること，企業あるいはその他の営利性組織の職務を兼任することはできなくなった。そのため，公務員は原則的に会社の取締役の職務を兼任することはできない。しかし，国有独資会社においては，その取締役会メンバーが国有資産監督管理機構から任命されることにより，公務員は国有独資会社の取締役を兼任することができるかどうかは，法律規定の解釈が必要である。

(三) 取締役の任免

　取締役は一般に株主会が任免する。中国《会社法》は，株主会（株主総会）が取締役の選任と更迭を行うと定めている。

　通常，株主会の招集前には立候補者の詳細資料を公表する必要があり，それにより，株主が投票時に立候補者に対して十分理解することを保証し，そのうえで招集した株主会で採決を行う。株主の取締役選挙の手続きは一般に会社定款に規定されるが，法律でも一部の法定手続きを定めている。例えば，中国《上場会社管理準則》第31条では，「支配株主が30％以上の持株を有する上場会社は累積投票制を採用しなければならない」と規定しているが，その他の上場会社に対しては強制していない。

　外商投資の有限会社の取締役は，投資契約の約定により各投資者が任命して生まれる。国有独資会社の取締役会メンバーは，国有資産監督管理機構が任命する。国有独資会社の取締役会のメンバーの中には従業員代表が含まれ，従業員代表の選任，更迭は会社の従業員全員により民主的に決定されなければならない。

　通常，取締役が法定手続きを通じて株主会で選任された後，会社と招聘契約を締結し，会社と取締役の間の権利義務，取締役の任期，取締役が法規や会社定款に違反したときの責任並びに会社が契約を繰り上げ解除したときの補償などの内容を明確にしなければならない。取締役が任命された後は，すぐに職権を行使し任期の計算も始まる。取締役の任期は会社定款に規定され，任期は3年を上回ってはならない。取締役の任期満了後，再任されることができる。中国《会社法》では，取締役の任期満了後直ちに改選されないかまたは取締役が任期内に辞職して取締役会のメンバーが法定数以下となるに至ったときは，改選取締役が就任する前に，元の取締役は依然として法律，行政法規と会社定款の規定によって，取締役の職務を履行しなければならないと明確に規定している。

　その他，1993年《会社法》の規定では，株式会社の取締役は任期満了前に株主総会で理由なくその職務を解除してはならないと規定していたが，2005年改正の《会社法》でこの規定が削除された。これは，株主総会はその任期の満了いかんに関わらずいつでも取締役を解任できることを意味している。もちろん，法理上から言えば，もし取締役は株主総会で理由もなく職務を解除された場合，契約関係に基づき違約責任の法律上の救済を求めることがで

きる。

三　代表取締役の地位と職権

　取締役会は代表取締役1人を任命し，更に副代表取締役を置いて代表取締役の仕事を補助させることができる。代表取締役と副代表取締役は取締役会から全体の取締役の過半数の選挙で生まれる。

　一般的な状況下では，代表取締役が会社の法定代表者となり，対外的に会社を代表する。1993年《会社法》では，代表取締役は内部に対して下記の職権を行使することができると定めていた。(1)株主会（株主総会）を開催し取締役会を招集し主宰する，(2)取締役会決議の実施状況を点検する，(3)会社株券，社債に署名する。1993年《会社法》では，代表取締役が会社の法定代表者であることを明確に規定し，それにより代表取締役に上述の職権を与えることになった。2005年《会社法》で法定代表者に対して重要な改正を行ったため，会社の法定代表者は代表取締役に限定されず，代表取締役，執行取締役あるいはオフィサーの中から1名を選任することができる。それ故，代表取締役の具体的な職権についてまだ規定されていない。

四　取締役会
(一) 取締役会の種類

　取締役会は，一つの機関として会議を招集し決議を行う方式によって職権を行使する。取締役会は一般に通常会議と臨時会議の2種類に分けることができる。この両種類の取締役会の議事方式と採決の手続きは，法律による規定がある場合を除いて，会社定款の規定によらなければならない。

　(1)　通常会議。通常会議は会社定款で規定された固定された時期に開催する定例会議である。中国《会社法》では，有限会社の取締役会の開催回数を定めていないが，株式会社は毎年度少なくとも2回の取締役会を開催すると規定している。

　(2)　臨時会議。会社経営の中で取締役会のタイムリーな方策決定するべき事項がある場合には，取締役会は臨時会議を開くことができる。株式会社については，会社法では，1/10以上の議決権を代表する株主，1/3以上の取締役または監査役会は，取締役会臨時会議の開催を提案することができると規定している。有限会社については，会社法ではどのように取締役会の開催を

提案するかを規定していない。その理由は，有限会社が強い合名性の特徴を有することにあり，必要に応じていつでも取締役会臨時会議を開催することができ，具体的な規定を明確に定める必要がないからである。

(二) 取締役会の招集と開催

取締役会は代表取締役が招集し開催する。代表取締役が特別な理由により職務を履行できないときは，副代表取締役が招集し開催する。副代表取締役が職務を履行できないかあるいは職務を履行しないときは，半数以上の取締役が推挙する1名の取締役が招集し開催する。株式会社の取締役会の臨時会議に関して，中国《会社法》では，代表取締役が提案を受け取ってから10日以内に招集し開催しなければならないと規定する。代表取締役の選任する前の第1回の取締役会については，習慣上は通常票数の最も多い取締役が招集する。しかしある立法では別の規定もある。例えば中国香港地域では，取締役会はいかなる取締役からも直接または秘書を通じて通知招集することができる。

取締役会会議を招集するときは，一定の通知手続きを履行しなければならない。中国《会社法》では，株式会社の取締役会の毎回の会議開催の10日前に全部の取締役に通知しなければならないと定める。取締役会が臨時会議を開催する場合は，会社が取締役会招集の連絡方式と通知期限を定める。

(三) 取締役会の決議

法定割合に達した取締役が出席し法定割合の取締役の採決によりなされた決議は有効な取締役会決議である。各国の会社法では，一般に取締役会の法定の最低出席割合，出席方式（本人が出席するか代理人に委任して出席するか），議案決議の採択の比率等の事項を定めている。

中国の《会社法》では具体的な取締役会の議事規則について会社定款に規定を委ねており，ただ一部の必須の基本的な法定議事手続きだけを定めている。例えば，株式会社における規定は下記の如くである。

(1) 取締役会は，過半数の取締役の出席により開催することができる。

(2) 取締役会は，取締役本人が出席しなければならない。取締役が事情により出席できないときは書面で他の取締役に委任して代理出席させることができるものとし，委託状には授権範囲を明記しなければならない

(3) 取締役会決議は，全取締役の過半数により採択しなければならない。

(4) 取締役会は，会議議事の決定について議事録を作成しなければならず，

会議に出席した取締役は議事録に署名しなければならない。

　取締役に議事録に署名を要求することは重要な法的意義を持っている。(1)取締役の署名を通して取締役会の会議の取締役数が法律規定に適合しているか否かを見ることができる，(2)株主は取締役会の会義の議事録を調べる権利があり，署名することにより株主に取締役の職務履行の状況を理解させることができる，(3)取締役は取締役会決議に対して責任を負う。取締役会決議が法律，行政法規あるいは会社定款，株主総会決議に違反して会社に損失を被らしたときは，決議に参加した取締役は会社に対して賠償責任を負う。しかし採決時に異議を表明しそれが議事録に記載されているときは，この取締役は責任を免れることができる。署名を通じて，取締役の採決時の意見を確認することができ，それによってその責任の範囲を確定することに役立つ。

　有限会社の取締役会の議事方式と採決手続きに対しては，中国《会社法》では具体的に規定しておらず，会社定款に具体的な状況に基づき規定するに留める。これは主に有限会社自身の規模が株式会社より小さく，社会的関心も強くはなく，会社の状況による違いも大きいことを考慮したものであり，強制性規定が効果的に各会社の具体的な状況に適応することができないとかえって会社法の権威を損なうことになるであろう。そのため，立法はその取締役会の活動方式を柔軟に規定し，会社の投資者に定款に規定させることが必要であるだけではなく，投資者の権利意識の醸成と規則意識の効果を期待することにもなる。

【本節実務検討】
●取締役会秘書制度
　取締役会秘書は，英米法国に特有な比較的整備された法律制度であり，この制度は英米の会社統治と経営管理の中で重要な役割を発揮している。取締役会秘書は会社の高級管理職の身分を持っている。会社の機関の中で，取締役会秘書は取締役会に従属し，取締役会の業務執行に協力する補佐機関である。初期の段階における取締役会秘書の職責は，主に会社の内部業務の管理に限られていた。例えば，会社の年次報告の作成，署名，会社の年度会計報告等の署名である。それから取締役会秘書の権力は拡大の傾向が現れ，一定条件下での会社の対外代表権を取得した。英国では，取締役会秘書が会社の代理人となるときは他の会社の代理人と同じ法律上の地位を有する。その代

表権は主に二つの面で体現される。一つは日常の経営管理面の業務において会社を代表する権利、もう一つは会社の代表として会社登記機関と監督・管理機関との橋渡しを行ない、対外的な行政業務の代表権を行使する。中国の現行会社法では、取締役会秘書は会議の準備、文書保管などに責任を負うと規定しているだけであり、対外的代表権についてはいかなる説明もされていない。《上場会社定款の手引き》、《上海証券取引所株式上場規則》でもその対外的代表について明確に規定していない。学界では取締役会秘書についての研究はまだ十分に展開されておらず、対外的代表権の研究に関しては更に関心が少ない。しかし、対外代表権を付与するか否かは、その代表の法的効力はいかなるものか、会社のその他の代表者といかに調整するか等の問題は軽視してはいけない問題であり、掘り下げた研究が待たれる。

　取締役会秘書の権力の拡大には、その制度推進に応じた抑制メカニズムが必要である。諸外国の一部の学者は、取締役会秘書は会社に対して取締役と類似する忠実義務と勤勉義務を負うと主張している。具体的には、忠実義務は会社の利益と衝突する取引の場合の忠実義務、競業避止義務等である。勤勉義務とは、取締役会秘書が理にかない、普通の人が同様な状況下で示すような慎重、勤勉及び技能をもって職責を果たすべきことを指す。法律の原理の上から言えば、取締役会秘書は会社経営の中で広範な権利と重要な職責を有し、その役割は決して取締役などの高級管理職に劣らない。その職務は会社の統治と経営に対して重要な影響をもたらし、それ故、権限と責任の相応原則に基づき、それに対して厳格な義務と責任を課す必要がある。中国の現行会社法と中国証券監督管理委員会の関連規定によると、取締役会秘書は会社の高級管理職の範疇に属するので、《会社法》第148, 149, 150条の規定を適用するべきである。それ故、中国における取締役会秘書も法律に基づき忠実義務と勤勉義務を負う。中国の実際の状況から見れば、取締役会秘書の権力は非常に広範であり、その上相応する制約機能が不足しており、このような権限と責任の状況は会社の統治と経営に対して非常に不利である。この制度の積極的な役割の発揮を制限することによって、取締役など他の高級管理職と同じ義務と責任を引き受けさせる必要がある。

●会社の対外行為には取締役会決議が必要か否か

　会社法の理論において、代表取締役は、会社の法定代表者として対外的に会社を代表する職権を有する。一般的に言えば、代表取締役の対外的な会社

代表権は法律が直接付与したものでありいかなる制限も受けない。しかし会社法の実務において，筆者は，多くの会社は定款あるいは内部決議の形式で，代表取締役に対して会社の対外的な代表行為に制限を加えているのを依然として見かける。例えば，会社定款に，「会社の対外的な取引が一定の金額に達した場合，代表取締役は取締役会による関連決議を経て初めて対外的に会社を代表する権限を有する。さもなければ，代表取締役の代表行為は会社に承認されない」。

　代表取締役が対外的に会社を代表するのは会社法が与えた法定の職権であり，筆者がここで検討する問題は，会社が内部契約の方式で会社法が定める代表取締役の法定の対外代表権を変えることが実質的にできるかどうかである。会社法の会社の機関に関する職務権限の規定は決して強制的意義を有する法律規範ではなく，会社は内部契約の形で会社の機関に関する法律の設計を変える権限がある。すなわち，もし会社が定款あるいはその他の内部契約の形である機関の権限を拡大または制限することが法律規定に違反しないならば，上記で検討した取締役会決議で会社の対外的行為の法定状況を制限することになる。しかし問題は，会社の上述の制限はその期待した法律効果を得ることができるかどうかである。当該制限は内部的には明らかに有効であるが，対外的には二つの相反する状況が存在する。第一は，会社のなす制限は体外的な効力を有し，会社は第三者に対抗できる。第二は，会社のなす制限は体外的な効力がなく，会社は第三者に対抗できない。

　この問題を検討するには第三者の主観的な状態，すなわち善意，悪意を考慮せずには不可能である。第三者が，会社が代表取締役の対外代表行為に制限を加えたことを知らずしかも知りえなかった場合は，会社代表取締役の行った対外行為は一種の表見代理行為が成立することを認めなければならない。このような状況下では，会社は代表取締役の代表行為の責任を負わなければならない。もしも何度も取引しているなどの理由により，第三者が，会社が代表取締役の対外行為に対して制限を加えていることを知っているかまたは知り得たと判断することができるならば，代表取締役の対外行為に表見代理は成立しない。

第四節　監査役会

一　監査役会の概念と特徴

　監査役会は法に基づき，取締役やオフィサーの経営管理行為及び会社の財務に対して監督を行う常設機構である。それは全株主を代表して会社の経営管理に対して監督を行い，監督機能を行使する会社の監督機構である。
　監査役会は次のような特徴を有する。
　(1)　監査役会は法律に基づいて選任された監査役により構成される。監査役は一般に株主会により選任される。しかしある国の会社法では監査役のその他の法定の発生ルートを規定している。例えば，中国の会社法では，監査役会は株主代表と一定割合の従業員代表とから構成され，監査役会中の従業員代表は会社の従業員から民主的に選挙される。
　(2)　監査役会は会社の業務に対して監督を行う機関である。監査役会の監督機能は一般に二つの側面を有する。一方では取締役，オフィサーの経営行為に対して監督を行い，もう一方では会計監査であり，専業監督とも称する。各国の会社法ではいずれも会計監査は監督機構の職権の重要な部分としており，これは会社の財務状況が会社経営情報を直接反映するためであり，しかも上場会社については，財務状況は情報公開の最も重要な部分であり，株主が会社の状況を理解する直接のルートである。
　(3)　監査役会は独立して職権を行使する。独立性の十分な維持は実効性のある監査の重要な前提となる。このため，各国会社法はいずれも監査役会の職権行使の独立性に対する保障を重視している。
　(4)　監査役個人と監査役会は並行して監督の職権を行使する。取締役会は政策決定機関であり，統一した意思を形成する必要がある。そのためそれは一種のグループ審議であり，少数は多数に従う原則である。取締役会と異なり，監査役会の職責はできるだけ会社の違法行為，規則違反あるいは株主の利益に反する行為を見つけ出すことにある。会社の情報を十分に掌握するため，法律では監査役が会社の業務と財務資料に対して対等の監督監査権を定め，一般的な状況下ではグループでの決議を形成して職権を行使する必要はない。中国の会社法では監査の職権の主体は監査役会あるいは監査役である。

二 監査役会の設置

いずれの国も会社統治において監査機能を行使する会社組織を設立しているが，株主会，取締役会，オフィサー等の会社の機関と比較すると，各国会社法の監査役会に関する規定は相違が大きくまた変化もかなり大きい。

(一) 一層型：米国モデル

米国は一層で，すなわちただ取締役会を設置するだけであり監査役会を設けない。しかし，米国の会社統治機関において監督機関がないわけではない。米国の内部監督メカニズムのモデルは，下記の通りである。

(1) 独立社外取締役制度の確立。

(2) 取締役会における委員会の設立，特に独立取締役から構成される取締役会の委員会。監査委員会，指名委員会，報酬委員会などを含む。

(3) 取締役会と委員会の指導機関の改善。独立取締役が取締役会議長に就任し，取締役会議長はCEOと分離する。

(二) 二層型：ドイツモデル

ドイツの株式会社の内部監督は主に監査役会により行われる。《ドイツの株式法》第111条の規定により，監査役会の職責は企業の経営と管理の監督であり，ドイツの監督機関はその地位から見ても機能から見ても，いずれも監督対象より高いレベルの―経営管理機関である。

ドイツの監査役会（監督取締役会とも称する）は，株主総会及び従業員により選任され，監査役会は管理委員会（管理取締役会とも称する。略して理事会と呼ぶ）を公開招聘する。監査役会は株主を代表して理事会を監督し，理事会は企業の日常の経営管理活動に責任を負う。このため，ドイツの監査役会は決して本節でいう意味での監査役会ではなく，米国の取締役会に類似しており，政策決定と監督の強大な機能を兼ね備えている。その他，ドイツモデルのもう一つの特徴は，監督機能における従業員の役割の重視である。ドイツの監査役会は株主が選任した監査役のみならず従業員の監査役もおり，一定の人数を越える会社は，従業員監査役が監査役全体の半数を占める必要がある。

(三) 並列型：日本モデル

日本の会社機関は，株主総会，取締役会，監査役から構成される。このモデルは，基本的には本章で論じる会社機関である。しかし，2001年に日本では初めて立法形式で米国式の社外取締役制度を導入し，更に立法は企業経営の自主性と柔軟性を尊重し，「画一的」な強制性の統一規定は採用せず，二つ

の方法を提供して企業に自主的に選択させることにした。一つは，監査役会制度を踏襲し依然として3人以上の監査役により監査役会を構成する。もう一つは，いわゆる委員会設置会社の規定の増設である。会社が定款で監査役会の不設置を規定することを認め，取締役会の下で別個に3人以上の取締役からなる監査委員会，指名委員会及び報酬委員会を設置する。

　日本の監査制度においては監査役以外には会計監査人がいる。会計監査人の職権は，一般に財務計算文書及び付属明細表の監査に限られる。監査役と監察人の関係では，通常会計監査人の監査範囲は会計の合法性に限定され，具体的な業務監査は監査役により履行されるものと考えられている。

(四) 選択型：フランスモデル

　フランスは混合型統治モデルを実行するヨーロッパ国の典型であり，一元制を採用するか二元制を採用するかは会社に選択権がある。一元制は，取締役会だけを設置し監査役会を設けない。中小企業に適用されることが多く，取締役会は会社を代表する充分な権力を有し，代表取締役は取締役会を代表してほぼすべての権力を有し，会社内部の監督も取締役会により行われる。二元制は，取締役会と監査役会を同時に設立する。大企業に適用されることが多く，会社の内部監査は主に監査役会が責任を負う。全般的に見れば，フランスの二元制の下での監査役会の権力はドイツに及ばない。それ以外に，フランスの株式会社では別のもう一つの監査機関——監査員（あるいは会計監査人とも称す）を設置している。1名あるいは数名の監査員が会社の財務会計に対する監査・監督を行う。

　フランス法で採用する会社が自由に選択するメカニズムは，柔軟性と会社自治を十分具体化している。フランスのこのような弾力的な一元制と二元制の共存制度は，既にヨーロッパの一部の国で採用している。

　中国が受け入れる会社監督体制は，基本的に日本の2001年法改正前の統治モデルである。監査役会は会社の必須機関としての会社の監督機関である。しかし，ここ数年来，各種の会社統治モデルの間でお互いに参考にしあう傾向が現われ始めた。中国の会社（特に上場会社）の統治は絶えず混乱の状況が現われており，監査役会がまだ効果的にその監督機能を発揮していないことが原因の一つであるである。そのため，中国では，会社監督制度について，理論と実務の両方の面から深く反省しているところである。非上場会社の監督制度は従来からの体制の基礎の上に整備する必要があり，上場会社はその

他の国のモデルを参考にして現状の監督体制を改造し,独立取締役を配置し,会社の監督機能は,監査役会と独立取締役で共同して行うというものである。

三　監査役会の構成

監査役会は監査役により構成される。監査役の構成に関して中国《会社法》では,監査役会は株主代表と適当な割合の会社従業員代表とから構成され,その中の従業員代表の割合は1/3より低くてはならず,その具体的な割合は会社定款で定めると規定している。監査役会中の従業員代表は会社の従業員から民主的な選挙で生まれる。

監査役会の監査役数に関して,中国《会社法》では次のように定める。有限会社で経営規模がかなり大きいときは監査役会を設立し,その構成員は3人を下回ってはならない。株主数が比較的少なく規模も小さいときは1ないし2名の監査役を設けることでもよい。株式会社は監査役会を設けて,そのメンバーは3人を下回ってはならない。

監査役就任の資格については,中国《会社法》では監査役就任資格は取締役に対するものと同じである。それ以外にも,更に取締役,高級管理職及び財務責任者は監査役を兼任してはならないと規定されている。これは監査役の職責は,会社の取締役会の政策決定と取締役,高級管理職の経営活動及び会社の財務状況を監査することにある。それ故,監査役の独立性を保証し,監査人が被監査人との利害関係を避けるために,各国会社法ではいずれも以上のような類似した規定をおいている。国によっては,会社の一部の特殊な出資者,特殊受益者を監査役の対象から除外している。

四　監査役会の職権

中国《会社法》第54,55,119条の規定によると,監査役会または監査役は下記の職権を行使する。
(1)　会社の財務の検査
(2)　取締役,高級管理職の会社職務執行行為に対する監督,並びに法律,行政法規,会社定款または株主会の決議に違反する取締役,高級管理職に関する罷免意見の提出
(3)　取締役と高級管理職の行為が会社の利益に損害を与える場合における取締役と高級管理職に対する是正の要求

(4) 臨時株主会会議招集の提案，取締役会が本法に定める株主会会議の招集及び開催の職責を履行しない場合の株主会会議の招集及び開催
(5) 株主会に対する意見の提出
(6) 本法第 152 条の規定に基づく，取締役，高級管理職に対する訴訟提起
(7) 監査役の取締役会への出席の権利，並びに取締役会決議事項に対する質問権または提案権
(8) 監査役会，監査役会を設けない会社の監査役は，会社の経営状況に異常を見つけた場合には調査を行うことができる。必要な場合は，会計士事務所等を招聘してその作業の協力を仰ぐことができ，費用は会社が負担する。
(9) 会社定款に定めるその他の職権。

その他，上場会社の監査役会は，会社取締役，オフィサー及びその他の高級管理職，内部及び外部の監査人に対して監査役会会議に出席して関心のある問題に対して回答を要求することができる。

中国《会社法》の施行以来，監査役会は監督機能発揮の効果においてはなんとか満足できるが，全体としては効力がなく名ばかりという状況であった。学界ではこれは一般に次のような原因によると考えられている。第一，中国の「一株独大（国有株の保有率が高い）」の株主権構造の現状の下で，監査役と監査役会に必要な独立性が欠けている。大株主は株主総会や取締役会を支配するだけでなく，監査役会が組織上有するべき独立性に欠けていた。監査役会は，大株主の代弁者である取締役会あるいはオフィサーの支配に従わざるをえなかった。第二，監査役会の職権の内容も不完全であり基本的な保障も欠けていた。1993 年《会社法》で中国の監査役会の職務権限を規定するときに多くの不足点が存在した。例えば，会社の監査機関として持つべき権限，会社を代表して取締役に対する訴権のような権限を付与されなかった。付与された権限は実質的には内容のないものであり，ただ紙上の権限に留まるだけで，更に職責や義務に対する多くの要求には権限の概念が欠けていた。第三，規定された職権には制度上の保障が欠けていた。例えば，監査役会と経営管理層の情報が非対称であり，監査役会が得る情報は経営管理層からのものだけであり，選別された情報であり経営情報は全く提供されず監査役としても効果的な監督の術がなかった。以上の検討に基づき，学界のなかには，根本的な話として監査役会がその機能を発揮できないのならば監査役会を廃止し独立取締役に取って代えるべきであると考える視点があった。

2005年改正の《会社法》では，監査役制度に対して多くの改正を行った。監査役会の構成の独立性の強化，議事方式と採決手続，監査役会の会議招集回数及び会議記録の規定の整備，最も主要な変化として監査役会と監査役の職権の拡大である。また，会社と取締役やオフィサーとの間の訴訟において，監査役会と監査役会を設けない会社の監査役は会社を代表することができる。監査役は職責を履行する過程で，会社を代表して関係する専門機関を招聘してその業務の支援を受けることができ，費用は会社が負担する。

第五節　独立取締役制度

20世紀60，70年代以来，英米を代表とする英米法国は，「一層制」のモデルを変えることなく独立取締役制度を設立することによって，会社統治の改善を達成し，監視抑制機能を高め，更に代理コストを下げる目的で会社価値と株主利益の最大化を実現した。多くの国は次々と独立取締役制度を模倣し，会社統治における「独立革命」を誘発することになった。

一　独立取締役の概念と特徴
（一）独立取締役の概念

独立取締役の概念は，最も早くは1992年の「Cadbury報告」において現れた。それは，会社が担当する取締役職務以外のその他のいかなる職務でもなく，そして招聘された上場会社及びその主要株主とは独立客観的な判断を行う特定の取締役である。

独立取締役の概念と類似しているのは外部取締役と非執行取締役であり，いずれも現在会社に勤める取締役ではない。社外取締役は米国の呼称で，非執行取締役は英国の呼称である。社外取締役あるいは非執行取締役に対応するのは取締役会メンバーであり，同時にまた会社内部の取締役である。これらの取締役は内部取締役あるいは執行取締役と称される。社外取締役あるいは非執行取締役は独立しているわけではなく，上述の独立取締役の条件を満足する社外取締役あるいは非執行取締役であって初めて独立の取締役に属する。非独立の社外取締役あるいは非執行取締役は関連外部取締役と称され，これらの取締役は会社に常勤として勤務しないが，会社とは完全に独立していない。例えば，会社の大株主，供給業者と販売店の代表，定年退職して間

もない高級管理職あるいは代表取締役,オフィサーの親族などである。
(二) 独立取締役の特徴
　独立取締役が内部取締役あるいは執行取締役と異なる最も根本的な法律的特徴はその独立性にある。その独立性は主に以下の三つの面で具体化される。
　(1) 法的地位の独立性
　独立取締役は会社の株主総会で選任されるものであり,大株主あるいは会社の高級管理職層が任命するものではなく,大株主あるいは会社の高級管理職層の代弁者でもない。
　(2) 意思表示の独立性
　独立取締役と会社の間にはいかなる業務関係も物質的利益関係もない。それ故,会社の利益の角度から出発することができ,取締役会の決議に対して独立の意思表示ができる。
　(3) 機能の独立性
　独立取締役は,会社の取締役,高級管理職の推薦,任免,報酬,審査事項並びにその他の中小株主の権益に損害を与える可能性のある事項について独立の意見を述べることができる。会社の関連取引,会計士事務所の任用または解任などの重大な事項について審査し独立した意見を述べる。

二　独立取締役制度の形成と発展
　独立取締役制度は社会経済発展の客観的なニーズに適応してきた。それは会社の内部矛盾が激化した結果であり,会社の利益原則が民法の公平原則の体現に屈したものでもある。20世紀60,70年代以降,諸外国,特に米国では各大衆会社の株主権は徐々に分散して,取締役会は次第にCEOを初めとする経営責任者に操縦されるようになり,CEOを初めとする経営責任者に対する監督はかなり効率に欠けるものとなってきた。人々は理論面から現有制度の支配下での取締役会が運営する独立性,公正性,透明性及び客観性に普遍的な疑いを持ち始め,続いて取締役会の機能,構成及び効率に対する深い研究の起爆剤となった。ある研究において,取締役会の中に独立した非執行取締役を導入することにより取締役会の客観性と独立性を高めることができ,それにより経営責任者らが結託する可能性を低くすることができると考えられた。理論研究成果と現実的なニーズの二重の推進力により,米国の立

法機関と媒介組織は 20 世紀 70 年代から急速に独立取締役制度の過程に入り，独立取締役制度の最終的な完成に至った。

米国証券取引委員会は上場会社に 2 名の独立取締役を置くことを要求し，ニューヨーク証券取引所の上場規則も，上場会社は 2 名の独立取締役が必須であると明確に要求している。全米の会社取締役連合会は，大多数の上場会社の取締役会はすべて独立取締役が多数の構成にするべきと考えた。英国では，20 世紀の 80 年代後期から 90 年代初めまでに，取締役会の制度改革が重要な議事日程に入れられ，英国では相前後して登場する会社統治機構の改善関連を研究する一部の委員会の報告において，米国と同様に独立取締役制度の創設を核心とした取締役会構造の独立性の改善を行うことを特に強調した。

独立取締役制度は英米で創設された後，世界の多くの国・地域であまねくこの制度が受け入れられた。大陸法系の国・地域，例えば，イタリア，フランス，日本，ベルギー，韓国，中国台湾地域などでこの制度が普及し発展した。英米法系国・地域，例えばカナダ，オーストラリア，インド，南アフリカ，シンガポール，中国香港地域も相次いで独立取締役制度を導入した。それによって独立取締役は 20 世紀 90 年代以来の会社統治の特徴となった。

中国が独立取締役制度を導入する主な理由は，株主権の構造が極めて不合理で，支配株主が権利を乱用し，内部者の支配現象が深刻であり，監査役会は名ばかりの存在であったことにある。中国で初めて独立取締役制度に触れた立法文書は，1997 年 12 月 16 日の中国証券監督管理委員会公布の《上場会社定款の手引き》であり，「会社は必要に応じて独立取締役を設置することができる」と規定した。2001 年 8 月 16 日，中国証券監督管理委員会は，《上場会社における独立取締役に関する指導意見》を正式に公布して，2002 年 6 月 30 日までに，上場会社の取締役会メンバーの中に少なくとも 2 名の独立取締役を含めるべきで，2003 年 6 月 30 日までに，少なくとも 1/3 の独立取締役を含むことを要求した。2005 年改正《会社法》では，上場会社は独立取締役を設置すべきものとし，具体的な方法は国務院の規定によると明確に定めた。これにより独立取締役制度は更に高い位置づけの立法として規定された。

三　独立取締役の独立性と職権

独立取締役の独立性を保障するため，中国証券監督管理委員会は《上場会

社における独立取締役の設置に関する指導意見》の中で，取締役の独立性に関して独立取締役に就任できない「重要な関係」を具体的に規定した。具体的には次のものである。(1)上場会社あるいはその付属企業に勤める人員と直系親族，主な社会関係（直系親族とは配偶者，両親，子女等を指し，主な社会関係とは兄弟姉妹，岳父母，息子の嫁の娘婿，兄弟姉妹の配偶者，配偶者の兄弟姉妹等を指す），(2)直接あるいは間接的に上場会社の発行済み株式の1％以上を保有するかあるいは上場会社の上位10名の自然人株主及びその直系親族，(3)直接あるいは間接的に上場会社の発行済み株式の5％を保有する単位または上場会社の上位5名の株主の単位で勤める人員と直系親族，(4)最近1年内に前3項に列挙した状況にあった人員，(5)上場会社あるいはその付属会社のために財務，法律，コンサルティングのなどサービスを提供した人員，(6)会社定款で規定するその他のもの，(7)中国証券監督管理委員会が認定するその他のもの。

　法律が取締役に付与する職権以外に，更に職権を行使し易くし，会社と中小株主の株主権を保護するために，法律は一般に独立取締役にいくつかの特別な職権を与えている。中国の独立取締役の特別な職権は次のものである。(1)重大な取引（上場会社が行おうとする総額300万元より大きい取引あるいは最近純資産額の5％より大きい関連取引を指す）は，独立取締役の認可後に，取締役会に提案しなければならない。独立取締役が判断を下す前は，仲介機構に独立の財務顧問報告を発行するように招聘することができ，その判断の根拠とする。(2)取締役会に対して会計士事務所の任用または解任を提案する。(3)取締役会に臨時株主総会の開催を提案する。(4)取締役会開催を提案する。(5)単独で外部監査機関とコンサルティング機関を招聘する。(6)株主総会の招集前に株主の委任状を集めることができる。

　それ以外に，独立取締役は，上場会社の取締役の任免及び中小株主権への損害発生の可能性等の重大な事項に対して独立して意見を発表しなければならない。

【本節実務検討】
● 中国の監査役会監督機能の形骸化の問題

　いかなる制度の設計も特定の目的の実現のためであり，それを達成する「有益性」のためである。会社における監査役会の設置は会社の監査制度化と規範化の意義と価値を体現するものである。しかし，中国の会社の監査役会は，

全体として効果がなく機能が形骸化する状況が一般的に存在した。中国の1993年の《会社法》における監査役会の規定はあまりにも簡単で操作性が不足し、制度上の抜け穴が存在した。ある立法規定には真に効果的な徹底性が欠け、多くの会社の監査役会は役割を果さず、多数の監査役は全く「監査役」の活動を行わなかった。監査役会と取締役会の地位は法律上同格であるが、実際には、多くの会社特に上場会社においては、主に労働組合指導者、党委員会副書記、紀律検査委員会書記、財務課長から構成される監査役会は、取締役会から独立することはできなかった。一部の会社の監査役会指導者と監査役は、基本的な財務の知識が全くなく、財務報告を監査する時いつもお茶を濁していた。更にある上場会社は始めから監査役会を設けず、その理由は設けても役に立たなかったからである。中国の会社の現有の機関において、監査役会は疑いもなく最も具合が悪い機関であり、多くの場合、監査役会は単なる一つの装飾品に過ぎなかった。それ故、中国のある人は監査役会を遠まわしに「聴覚障害者の耳」とすら述べている。

監査役会の機能の形骸化をもたらした原因は多くあり、その主なものは以下のものである。

一、中国の「一株独大」の株主構成の現状下で、監査役と監査役会には必要な独立性が欠けている。二、監査役会の権限内容が不完全であり基本的な保障が足りない。監査役会と管理層の情報が非対称であり、監査役も効果的な監督を行うことができない。三、監査役に対する必要なインセンティブメカニズムと相応するコントロールメカニズムが欠けている。一面においては、中国の会社は一般的に監査役の業績に対する評価体系が不足しており、更に監査役の監督権に対するインセンティブ措置がなく、監査役の報酬は管理層よりかなり低く、監査役は仕事の積極性がなくなる。もう一つの面では、会社法には、監査役が職責を怠ったときの法律責任について基本的な規定が欠けている。ある監査役は消極的にサボタージュし、ある監査役は管理層と結託して悪事を働き、不正当な取引に従事して私利をむさぼることさえあるが、法律責任の追及を受けることは少ない。

現在、中国の会社の監督制度は理論と実務の両方の深い検討を経験しており、2005年の新《会社法》で監査役会に対する改革を行い、監査役会に更に多くの職権を与え、監査役の義務を増やし監査役の責任を強化した。

●独立取締役制度の評価と整備

独立取締役制度の価値，効果の上で，学界と実務界には二つの明確に異なる観点が存在する。

(1) 肯定説。独立した取締役は「代理人費用」と解決費用の低下の問題の主たる手段であり，独立取締役は企業の株券の価値を高めることに役立つと考えるものである。特に企業が合併や買収に直面する状況下で，独立取締役は株主の利益を守ることができる。中国における,独立取締役制度の導入は,取締役会改善の促進に有益であり，独立取締役制度を通じて取締役会の監督機能を強化し,監査役会の監督の死角を効果的に補えると考える学者もいる。

(2) 否定説。大多数の独立取締役はいずれも相応する効果を発揮することができないと考えるものである。独立取締役は限られた情報しか入手できず，会社の運営を効果的に指導することはあまりできない。すなわち，独立取締役は職責履行の面で投入できる時間に限りがあり，せいぜい会社統治の装飾品に過ぎない。中国の一部の学者は,「一株独大」の株主構造の下では,独立取締役により内部統制はできないと主張している。現有の会社法の枠組み内で外国の独立取締役制度に接木をすることは，制度の混乱をもたらす。会社法ではすでに監督機能を監査役会に与えており，もしも独立取締役が更に監督機能を履行する場合，必然的に機能の重複と衝突が存在することになり，それは結局資源の浪費でありあるいは互いに責任をなすりつけあうことになる。

独立取締役制度に対して様々な異なる意見が存在するが，その実際の効果は全てが意に添うわけではないが完全否定する根拠もない。総じて言えば，独立取締役の特殊な勤務の要求と有する特別な権利により，確かに一般の取締役や監査役では発揮し難い効果を発揮することができる。しかし独立取締役制度に対して過度の期待はできず，独立取締役制度だけに頼って上場会社の所有権と経営権の高度の分離が生み出す「代理問題」を徹底的に解決することは現実的ではない。上場会社の統治の改善には，監督メカニズムの構築に依存するだけではなく，インセンティブメカニズムとコントロールメカニズムの整備が極めて重要である。

独立取締役制度に存在する一部の不十分な点はそれ自身がまだ十分成熟した制度ではないことを表しており，また実務の深化に伴い各方面からの整備を待たねばならない。それらは次のものである。(1)独立取締役の独立性を高

める，(2)独立取締役の職権を強化する，(3)独立取締役の義務を明確にする，(4)独立取締役の知る権利を保護する，(5)独立取締役の実施のための委員会制度設置を進める，(6)独立取締役と監査役会の関係を適切に処理する，(7)独立取締役の社会的信用のメカニズムを改善する，(8)独立取締役の責任保険制度の導入などである。

第六節　オフィサー

一　オフィサーの概念と地位

オフィサーは，取締役会により任命され，会社の日常の経営管理の責任を負う会社の常設の業務執行機関である。株主会，取締役会，監査役会とは異なり，オフィサー機関は会議形式の機関ではなく，その行為は会議を通じて多数の原則で意思と決議を形成する必要がなく，オフィサーを担当する高級管理職の最終意思をもってよしとする。会社は副オフィサーも置くが，それはオフィサーがその業務に協力させる補助人員を指名するだけでよい。

証券市場の発展に伴い，会社の株主権は日増しに分散化し，それ故株主は会社管理に対して軽視するようになり，しかも経済的分業による細分化や競争の激化に伴って，会社管理は日増しに専門技能化し，株主も会社経営に対して全方位の管理を行う能力はなくなってきた。そのため，各国の会社法では一般にオフィサーは会社定款で任意に設置できる機関であると規定されているが，実務においては，オフィサーは会社の組織・機関の中で不可欠な常設機関になっているだけではなく，更にその権限は絶えず膨張の趨勢にある。例えこのような状況であっても，オフィサーの基本的な性質と地位には根本的な変化が生じたわけではなく，オフィサーは依然として会社の業務執行機関である。会社のオフィサーは，取締役会により任命され，取締役会に対して責任を負い，株主会と取締役会の決議を具体的に実行し，会社の生産経営管理活動を取り仕切り会社の運営を維持する。

二　オフィサーの設置

会社のオフィサーは，会社の取締役，監査役と異なり，選挙で生まれるのではなく，取締役会から任命されて生じる。多くの国の会社法でオフィサーの任命は取締役会の職権であると定めており，取締役会は投票によりオフィ

サーの人選を行う。米国では，ある会社は取締役会がまた指名委員会を設置してオフィサーを探し取締役会に推薦するなど会社の重要な職務に適する人選を行っている。取締役会の決議で採択するオフィサーは，任用契約を締結し任用手続き終了後会社のオフィサーとなる。

　オフィサーは取締役会が任命するため，その権限は会社法で規定する一般的な内容と範囲であるが，その職務の獲得は取締役会に源を発しており，取締役会はその権限に対して拡大あるいは縮小の決定をすることができる。そのため，もしもオフィサーが経営に反するかあるいはその能力，素質が会社管理に不足する場合，取締役会はそれが当該会社の管理に適しないと考え，法により招集する取締役会会議にてオフィサー解任を決定することができる。

　中国会社法も同様にオフィサーは取締役会が任命または解任すると規定している。

三　オフィサーの任用資格

　オフィサーは会社の日常経営の実際的な管理者であり，会社の高級管理職である。そのため，オフィサーの資格（すなわちどのような条件を具備する人員がオフィサーとして選任採用されるか）は会社の運営における重要な問題となる。オフィサーの資格には二つの側面がある。一つは，積極的な条件であり，つまりオフィサーが具備すべき各種の能力と素質，主に，品格，知識，管理能力などである。もう一つは，消極的な条件であり，つまりオフィサーの持ってはならない条件，犯罪者は会社のオフィサーを担当することはできない等である。

　オフィサーの積極的な条件は，その学歴，品格，業績などの要素を考察して総合的に認定するが，統一的な規準が難しく，完全に各会社の内部業務に属するものであり，取締役会が自由に決定すべきであり，法律が強制的に関与すべきものではない。そのため，各国の会社法は，主に消極的な条件についての会社オフィサーの任用資格に対して相応の規定をおいている。中国の立法も同様である。中国《会社法》第147条では，オフィサーに対する消極的な面の資格条件の制限と取締役，監査役の資格条件の制限とが一致している。

四 オフィサーの職権

　オフィサーは，取締役会により選任され取締役会に対して責任を負う。会社が異なればオフィサーの実際の職権は全て同じなわけではないが，会社の運営を効率的に継続させるために，多くの会社の運営実務からオフィサーの一般的な職務範囲を総括，抽出し，会社法上で規定することが極めて必要なことである。これは会社の権限を公平に配置し監督メカニズムのバランスをとるのに有益であり，部署の職責を明確にし，運営能率の向上促進に有益である。会社の対外的な取引関係における不確定性を減らし，会社と取引するときの代理権識別のコストとリスクを提言させる。一般に会社の経営責任者は，会社の通常業務の範囲内で対外的に会社を代表する。これはビジネス社会に通用する慣例であり，会社法のオフィサーの権限に対する規定は決してこのような慣例に背いてはならない。各国の会社法で規定するオフィサーの職権は，主に会社管理の日常経営活動であり，更に取締役会の授権範囲内で対外的に会社を代理して各種の業務を処理することである。具体的には，取締役会の経営計画の実行，会社の高級管理職と専門人員の任免，会社の日常業務の取り仕切り，対外的な契約の締結などである。

　中国《会社法》第50，114条でオフィサーが行使する職権を次のように定める。

（1）　会社の生産経営管理活動を主宰して，取締役会決議を組織し実施する。
（2）　会社の年度計画及び投資計画を組織し実施する。
（3）　会社の内部管理機関設置計画を制定する。
（4）　会社の基本的な管理制度を制定する。
（5）　会社の具体的な規則を制定する。
（6）　会社の副オフィサー，財務責任者の任命あるいは解任を申請する。
（7）　取締役会により任命あるいは解任しなければならない管理職以外の管理職の任命あるいは解任を決定する。
（8）　取締役会の授与するその他の職権。

　オフィサーは取締役会会議に列席する権利がある。それ以外には，会社定款でオフィサーに対して定めることができるその他の職権。

【本節実務検討】
●会社統治における内部統制の問題

　内部統制の問題は米国の学者からソ連，東欧の社会主義国に特有な状況に対して提起したものである。かつての国有企業のオフィサーあるいは労働者が企業の会社化の過程で獲得したかなり大きないくつかの統制権の現象を指す。一般的に言えば，企業のオフィサーは従業員について事実上あるいは法律に基づいて企業の統制権を持ち，会社の方策に彼らの利益を充分に具体化せしめる現象を内部統制問題と称する。内部統制問題は，現代の会社制企業において普遍的に存在する現象である。体制変更中の経済において，内部統制問題は特に際立っている。実際上，広義の意味から言えば内部統制問題は代理問題である。内部統制問題の発生は，具体的には以下の原因による。(1)代理人が独立した利益と行為目標を有する経済人であり，彼の行為の目標と依頼人の利益目標を完全に一致させることができない。(2)代理人は経済人として代理の過程において，その行為に日和見主義の傾向が存在し，依頼人の要求から逸脱する恐れがあり，特に政府の企業に対する財産権上の制限が弱くなると，内部統制が多くの問題を引き起こす。(3)市場環境に不確定な面が存在し，代理人の行為の努力を正確に判定しにくい。(4)依頼人と代理人の間に深刻な情報の非対称が存在し，ここから依頼人は代理人が日和見主義の行為があるかを正確に判定し難い。

●会社オフィサーの法的地位とオフィサーの権限の法的性質

　会社オフィサーの法的地位とは，オフィサーが会社において享有する民事権利と民事義務を引き受ける資格を指す。オフィサーの権限は，会社オフィサーが法律，定款あるいは契約で規定される範囲内で会社業務執行の補助に必要なすべての権利である。オフィサーの法的地位とオフィサーの権限は，密接に関連する問題である。

　伝統的な会社法の理論は，委託─代理理論に基づきオフィサーの法的地位を解釈する。すなわち，取締役会が会社の経営管理に責任を負い，会社の経営において核心の効果を発揮し，オフィサーは通常取締役会の補助者として位置付けられ，取締役会から委託を受けて会社に対して経営を行い，それ自身は会社の機関ではなく，更に独立した会社の業務執行機関でもないと考える。それ故，伝統的な会社統治において，オフィサーは一種の代理人の法的地位にある。

委託―代理理論によると，オフィサーは会社の代理人の身分で対外的営業活動に従事し，その権限の由来は会社定款と取締役会からの授権である。この理論には，委託者とオフィサーの法律関係が明確ではなく，オフィサーの雇用地位とその現実的な強力な職権の状況が一致しないなどの弊害が存在しており，取引秩序の安定と取引の安全に役立たない。そのため，多くの学者の議論と挑戦を受けている。その中の法定機関説では，オフィサーは任意の常設の業務執行機関または業務補助機関に属すると考える。その理由は，オフィサーは会社内の権利体系中で重要な位置を占めており，会社機関としての法的地位が承認され，業務執行機関の補助だけではなく，経営の機能の発揮にも有益であり，効率，効果と利益の最大化の原則に符合し，更に機関の行為は直接会社自身の行為に属するため，それによって第三者の取引の安全保護に対して積極的な効果を有することにある。その他に，会社機関は会社の権限の分化の必要によると考える観点もある。会社内の権限の分化は今日に至って，既に伝統的な三権分立とは遥かに遠い存在となってしまい，オフィサーの職権拡大は疑いの余地のない事実である。そのため，伝統的な会社分権の枠組みの下でオフィサーという機関を分化することは必然性を有している。それは，会社代理人説はまだ相対的に主流の観点であるが，法人機関説等の理論も確かにその合理性がある。それ故伝統的な会社代理人説を見直し，オフィサーの法的地位の理論に対して検討と整備を行うことが当面の中国会社法学研究の重要な課題である。

　伝統的な会社法は雇用理論と代理理論により，オフィサーが会社の名義で営業行為を行うときは会社の代理人であると考える。そのため，対外的な法律関係の角度から言えば，オフィサーの権限の実質は，商法上の代理権である。しかし，同代理権は民法上の代理権を基礎とはするが，自己の特殊性も有している。多くの国では，民法関連の代理権の一般条項をオフィサーの権限に適用する以外に，商法，会社法等による形式で，オフィサーの権限授与の方式，権限範囲，行使方式等の問題に対して特別の規定を置くことが多く，それによって手厚い法的権利を与える傾向がある。会社内部の法律関係の角度から言えば，オフィサーの権限は一種の職責と義務でもあり，放棄することも譲渡することもできない。オフィサーとその管理を受ける人の間に存在する上下間の管理と服従関係はまたある種の公権力の特徴と性質を備える。そのため，対内的関係においては「職権」の性質を有している。

●CEOの法的性質と法律調整

　CEOの概念は完全に諸外国から来ており，中国では一般にそれは最高経営責任者と翻訳する。国際的な大会社のほとんどは既にCEOを設置しており，中国でも多くの会社は諸外国にならってCEOを設置している。現在，CEOに対する法律上の概念はないが，会社統治と管理実務上の概念がある。CEOは会社実務において確かに広く存在するが，各国会社法にはCEOに関してあまり規定されておらず，中国の法律でもCEOの明文規定はない。そのため，CEOの法的性質とその会社統治機構中の法的地位，更にそれに対して相応する法律規範と調整を明確にすることは，会社法の理論と実務の現実的な任務であるはずである。

　(1)　CEOと中国の会社オフィサーの比較

　会社統治機関の発展に伴って，プロフェッショナル・マネジメントとしてのCEO制度はオフィサー式の資本主義の発祥地の米国が発端となって，20世紀90年代に中国の一部大会社で取り入れられた。CEOと中国の会社のオフィサーは主に以下の違いが存在する。まず，両者は語源上相違が存在する。最高経営責任者CEO，その正式名称はChief Executive Officerで，中国の会社のオフィサーの対応する英文の呼称はManagerである。次に，両者は発生の上で一致性がある。CEOは選任されるのではなく，取締役会が任命と解任を行う。中国会社法の規定によると，オフィサーは取締役会が任命あるいは解任を行う。最後に，両者には職権の上に違いがありまた関連もある。CEOは通常会社の主要なコーディネータ，政策制定者及び推進者である。CEOの権利は基本的にはほぼ中国の会社のオフィサーの権利に類似しているが，取締役会の本来の一部の意思決定権，例えば会社の年度経営計画や財務予算案の制定などは既にCEOに譲渡されている。

　(2)　CEOと会社代表取締役の比較

　米国の全米会社取締役連合会ブルーリボン委員会の《模範的代表取締役の役割の説明》によって明確に知ることができる。代表取締役の主要な職責は，取締役会の招集と主催であり，取締役会を順調に招集し取締役会のその職責の効果的な履行を確保する。すなわち，代表取締役は会社全体の計画のマクロ管理に責任を負い，CEOは取締役会から任命され，会社の日常の意思決定と経営管理に全面的に責任を負う。

　両者の違いは極めて明確である。

(3) CEOの法的地位

CEOは会社の取締役会が任命あるいは解任し，CEOの権利と義務は会社定款と取締役会の委任状により具体的に取り決められる。会社の内部関係について言えば，会社と取締役会は委託者で，CEOはそれらのプロの「代理人」でなければならない。CEOは法律，会社定款並びに取締役会が授権する範囲内で権利を有し義務を負い，CEOの第三者に対する職務活動は，会社と取締役会の名義で行うべきである。このような範囲内でのCEOの職務活動の結果も会社と取締役会が責任を負う。それ故，その地位はプロの「代理人」である。総体的に見たところ，CEOは中国の会社のオフィサーに類似しているが，それはまた中国の会社における取締役会と代表取締役の部分の一部の職権をも有する。

(4) 中国の会社におけるCEO設置上の法的障害

中国の会社法は，会社の取締役会，代表取締役の職権を定めており，これらの規定はすべて強行性の規範である。会社法は会社のオフィサーが「会社定款と取締役会が授与するその他の職権」を有することを定めているが，会社定款と取締役会は会社法の強行法規を突破することができない。すなわち，オフィサーに授与するのは，もとの取締役会の一部の決定権と元の代表取締役の一部職権をオフィサーに授与する。「会社の年度経営計画と財務予算案の策定，取締役会決議の実施状況の調査等」はまさにCEOの職権である。このように，現在中国で設置するCEOと会社法の規定はまだ抵触しており，法律上の障害が存在している。この障害を取り除くには，会社法上の取締役会とオフィサーの制度あるいはその強制性と任意性の規定に対して相応する変更あるいは調整をなさなければならない。

第七節　国有独資会社の組織・機関

国有独資会社は特殊な有限会社として，その株主の身分と構成の特殊性のために，その組織・機関の設置及び職権範囲は，普通の有限会社とは多くの違いがある。現代会社統治制度の核心の内容は，株主会，取締役会，監査役会の三権分立とバランスであり，国有独資会社は一種の特殊な有限会社として，普通の会社と比較して独自の特徴を有している。第一，国有独資会社は財産権の主体の空席の問題が存在する。国有資産監督管理機構が出資者の義

務を履行するが,国有資産監督管理機構は真の財産権の主体ではない。第二,国有独資会社の投資主体は単一性を有する。そのため普通の会社のように三権がバランスよく分立する会社統治機関を打ち立てることはできず,会社経営に必要な独立性と出資者の監督機能を効果的に調和させるのが難しい。これらの特徴は典型的な法人統治機関が効果を発揮することができないことを決定づけるものである。そのため必ず国有独資会社の特性の考慮を基礎として,国有独資会社に適合する特殊な統治機関と法律・規則を打ち立てた。

会社法及び《国有企業の監査役会の暫定条例》などの規定により,国有独資会社の組織・機関の法律制度の基本的な特徴は,国務院あるいは地方人民政府により授権された当該人民政府の国有資産監督管理機構,取締役会,オフィサー,監査役会がそれぞれ国有独資会社の意思決定権,経営管理権,業務執行権及び監督権を別々に実行する。

一　国有資産監督管理機構

会社法の規定によると,国有独資会社は国が単独で出資し,国務院あるいは地方人民政府から授権された当該人民政府の国有資産監督管理機構が出資者の職責を履行する有限会社である。それ故,国有独資会社の出資者は各級政府の国有資産監督管理機構である。それが国有独資会社の唯一の株主であり,それによって国有独資会社の中には株主会設立の必要がなく,国有資産監督管理機構を最高の権力機構として,普通の有限会社中の株主会職権を行使する。普通の有限会社の株主会と異なるのは,国有資産監督管理機構は法律に基づき会社の取締役会に株主会の一部の職権の行使を授権し,会社の重要事項の決定を授権することができる。

会社法の株主会の職権に関連する規定に従い,国有資産監督管理機構は下記の職権を行使しなければならない。

(1) 会社定款の制定,変更あるいは取締役会が制定,変更した会社定款の承認

(2) 会社の経営方針と投資計画の決定

(3) 国の株主を代表して国有独資会社の取締役会への派遣,任命した取締役の交代または罷免,更に取締役会メンバーの中から代表取締役と副代表取締役を指定し,取締役会が株主会の一部の職権を行使するための授権

(4) 会社の増資,減資及び社債の発行

(5) 会社の合併，分割，解散の決定
(6) 取締役会，監査役会の業務報告の審査・承認
(7) 会社の年度財務決算案，利益配当案及び損失補填案の審査・承認
(8) 会社の資産を法により譲渡するとき，その審査・承認と財産権移転の手続きの処理
(9) 会社財務の検査，取締役，オフィサーの行為に対する監督，必要なときには会社に監査役を派遣する。

国有資産監督管理機構は，法に基づき会社の取締役会に株主会の一部の職権の行使を授権することができるが，国有独資会社の合併，分割，解散，登録資本の増資，減資及び社債の発行は，国有資産監督管理機構の決定によらなければならない。そのなかで，重要な国有独資会社の合併，分割，解散，破産申請については，国有資産監督管理機構が審査した後に，当該人民政府の承認を経なければならない。

国有独資会社にはこの種の特有な株主と取締役会の職権の区別があり，国と国有独資会社の関係を比較的うまく解決し，株主としての国の会社における最高権力機関の地位を効果的に維持し，更に最大限度に取締役会の職権を強化し，企業の管理者の積極性を発揮し，国有資産の価値増加と維持の目的を実現することができる。

二　取締役会

取締役会は，国有独資会社の常設の経営管理機構であり，必ず設置しなければならない機関である。国有独資会社の取締役会メンバーは二つの部分から構成されている。一つは，株主が任命，すなわち国有資産監督管理機構が取締役会の任期により任命あるいは交代させる。もう一つは，会社の従業員から民主的に選挙されて生まれるもので，普通は国有独資会社の従業員代表大会により選挙される。これが国有独資会社の取締役会の構成の一つの特徴である。取締役会は代表取締役を1人設け，必要に応じて副代表取締役を設けることができる。代表取締役と副代表取締役は国有資産監督管理機構により取締役会メンバーの中から指定される。取締役会の毎期の任期は3年を上回ってはならない。

国有独資会社の取締役会の職権範囲は，会社法の有限会社の取締役会関係の規定で定める職権以外に，更に国有資産監督管理機構が授与する株主会部

分の職権を含む。

　国有資産監督管理機構の同意を経て，国有独資会社の取締役はオフィサーを兼任することができる。一般の有限会社と異なるのは，《会社法》第70条は，国有独資会社の責任者に対して規定された専用の制度である。すなわち，「国有独資会社の代表取締役，副代表取締役，取締役，高級管理職は，国有資産監督管理機構の同意を経なければその他の有限会社，株式会社あるいはその他の経済組織で兼職してはならない」。会社法のこの特殊規定の目的は，国有独資会社の管理職層が会社の管理に十分に注力することを保証し，国有資産の安全を維持することにある。

　しかし，《会社法》第70条の規定は，国有独資会社の代表取締役，副代表取締役，取締役，オフィサーがその他の経済組織で兼職することを決して完全に禁止しているわけではない。国有独資会社は子会社あるいは支社を設立し，またその他の経済組織と共同投資して会社を設立することができる。そのため，国有独資会社は法人株主として取締役あるいはオフィサーとして代表を投資会社に派遣する必要がある。その他に，国有資産監督管理機構はいくつかの国有独資会社あるいはその他の企業を設立することができ，国際慣例に従って，国有独資会社の取締役あるいはオフィサーが同時にそれらの企業の取締役あるいはオフィサーに就任することを認めなければならない。国有資産監督管理機構の同意を得た場合，上述の人員がその他の経済組織で兼職することを禁止することはできない。当然，このような状況下では，兼職者も競業避止義務を履行しなければならない。すなわち，国有独資会社と競争関係にある経営機構において兼職することはできない。それによって，その業務が当該会社と競争が生じるかあるいは当該会社の利益に損害を与えることを避ける。

三　オフィサー

　国有独資会社はオフィサーを設置し，オフィサーは会社の生産経営の管理に責任を負う。オフィサーは取締役会の補助機関であり，取締役会が任命あるいは解任する。国有資産監督管理機構の同意を経て，国有独資会社の取締役はオフィサーを兼任することができる。

　国有独資会社のオフィサーの職権は，一般の有限会社のオフィサーと同じである。

四　監査役会

　中国の1993年公布の《会社法》第67条では，国により授権された投資機構あるいは部門は，法律，行政法規の規定により国有独資会社の国有資産に対して監督管理を行うと規定しており，会社法において国有独資会社に対する専門の監督機構を規定していなかった。1999年《会社法》改正時，この条文中に国有独資会社が監査役会を設けることを明確に規定し，同時に，監査役会は主に国務院あるいは国務院の権限を授けた機関，部門が任命する人員で構成され，更に会社の従業員代表が参加し，監査役会のメンバーは3人を下回ってはならないと定めた。監査役会は会社法で規定した職権と国務院が規定するその他の職権を行使し，監査役は取締役会に列席し，取締役，オフィサー及び財務責任者は監査役を兼任してはならない。2005年改正の《会社法》では，国有独資会社の中の監査役会の規定に対して更に具体的に，第71条を置いて，国有独資会社の監査役会のメンバーは5人を下回ってはならず，そのうち従業員代表の割合は1/3より低くてはならず，具体的な割合は会社定款により定めると規定した。監査役会のメンバーは，国有資産監督管理機構が任命するが，監査役会の中の従業員代表は従業員代表大会にて選挙で選ばれる。監査役会の主席は国有資産監督管理機構が監査役会メンバーの中から指定する。監査役会は本法第54条の第1項〜第3項に規定する職権と国務院が定めるその他の職権を行使する。

　その他，国務院が2000年に公布した《国有企業監査役会暫定条例》は，旧《国有企業財産監督管理条例》を廃止し取って代わったものである。《国有企業監査役会暫定条例》は，国有独資会社を含めた国有重点大型企業と地方の国有重点企業に適用する。《国有企業監査役会暫定条例》の規定に従い，国務院が派遣する監査役会の企業名簿は，国有企業監査役会管理機構から提案を行い国務院が決定する。国務院が監査役会を派遣しない国有企業，国有独資会社に対しては，省，自治区，直轄市の人民政府がこの条例の規定を参考にして監査役会の派遣を決定する。国務院は国有の重点金融機構に監査役会を派遣し，《国有重点金融機構監査役会暫定条例》を適用する。

　会社法の規定から，国有独資会社の監査役会と一般の有限会社の監査役会とはある程度異なることが分かる。一般の有限会社の監査役会は，株主代表と従業員代表から構成される。株主代表は株主会から選挙で選ばれ，従業員代表は会社の従業員から民主的に選ばれる。すなわち，監査役会は会社の内

部機関である。国有独資会社の監査役会メンバーにおける株主代表は主に国有資産監督管理機構が任命するものである。監査役会と国有独資会社の株主は——国有資産監督管理機構と同様に，会社の外部の機関であり，会社の内部に対して監督機関を設置しないことにより会社の財産価値の維持と増大を監督する措置である。

第八節　取締役，監査役，オフィサーの義務と民事責任

一　取締役，監査役，オフィサーの義務

　取締役，監査役，オフィサーは，会社の決定権，監督権，執行権を有し，会社の実際の運営を非常に大きく支配している。しかし，株主とは異なり，彼らは会社の所有者ではなく，株主会の選任あるいは株主会から選任された取締役会から任命されるのであり，会社の「代理人」である。一面では，彼らと会社及び株主の利益はかなり一致しており，そのため十分な職権を与えられている。しかしもう一つの面では，彼らはまた彼ら独自の利益を有する。その利益は会社及び株主と必ずしも相容れるものとは限らなく，ときには互いに衝突することもあり得る。そのため，各国の会社法は取締役，監査役とオフィサーの義務に対していずれも規定を置いている。

（一）忠実義務

　忠実義務は信義義務とも称し，取締役，監査役，オフィサーが会社の業務を管理経営するときは，ただひたすら会社の最大利益のために最善を尽くし，自身の利益と会社全体の利益が衝突したときは，会社の利益を優先しなければならない。中国《会社法》第148条によると，「取締役，監査役，高級管理職は，法律，行政法規及び会社定款を遵守し，会社に対して忠実義務及び勤勉義務を負う。取締役，監査役，高級管理職は，職権を利用して賄賂またはその他の不法な収入を得てはならず，会社の財産を横領してはならない」。忠実義務は，実際は会社の経営権行使の主体のために設置した一つの「道徳規準」である。この義務の生じた由来は，会社経営権行使の主体と会社の間の委任関係であり，同時に会社法における民法の誠実と信用の原則の具体的な表現である。

　取締役が忠実義務を履行するかどうかを一体いかに判断するかは非常に困難であり，オーストラリアの会社法の専門家Clark教授はかつて一つの規準

を提案した。「もし取締役が会社の利益を考慮しないならば，その忠実義務に背き，もしも取引が会社の利益のために行われるならば，義務に背く結果とはなり得ない」。英国の司法実務においては，裁判所は「誠実」と「努力」の2つの条件が忠実義務の最低の要件とする。ドイツ《株式会社法》第93条は次のように定める。「取締役は，業務執行のときは，正直な責任感がある業務指導者の注意深さを持たなければならない。会社の機密データや秘密事項，特に業務の中で知った経営あるいは営業秘密については，秘密を厳守しなければならない」。日本《商法》第254条の三では，「取締役は，法令及びと定款の規定並びに総会決議を遵守し，会社のために忠実にその義務を実行しなければならない」と規定している。各国では，取締役の忠実義務の判断規準をいかに定めていようが，たいていは忠実義務の具体的な内容は以下のような何種類かに概括することができる。

1 自己取引の禁止

取締役などは対外的に会社を代表しており，会社と取締役が取引をする場合，民法における代理人に相当し同時に両当事者を代理することになり，当事者双方の利益の対立と衝突が存在する。会社の利益と取締役，監査役，オフィサーなど個人利益は一致せず，取締役，監査役，オフィサーはその個人的利益を会社の利益に優先させがちであり，忠実義務に背くことになる。

伝統的な会社法では，一般に取締役，オフィサーと会社間の取引に対しては絶対禁止の態度を維持しているが，現代の各国会社法ではいずれも条件付許可の態度をとっている。ある種の手続きを通じて承認された後では，取締役と会社の間の取引は有効となる。各国の許可手続きはすべて一致しているわけではないが，概括すると主に以下の2つである。一つは，取締役はその取引における利益の性質を適宜公表しなければならない。もう一つは，会社の権限がある機関の許可を経ること。取締役と会社のある種の重大な取引については株主会の承認を得なければならない。中国《会社法》第149条では，「取締役，高級管理職は会社定款の規定に違反してはならず，また株主会，株主総会の同意を経ずに当該会社と契約を締結するかあるいは取引をすることはできない」と定めている。

2 会社のビジネスチャンスの利用や纂奪の禁止

会社のビジネスチャンスとは，取締役が会社の職務執行過程で取得し，かつ会社に公表する義務のある会社経営活動と密接に関係する各種のチャンス

を指す。会社機会理論の基本的な理念は、ある一つのビジネスチャンスが当然会社に属するかあるいは会社のために期待するべきものであるならば、会社が所有し、取締役は自己のために取得あるいは簒奪してはならないというものである。会社のビジネスチャンスは会社にとっては会社の財産に等しく、取締役、監査役及びオフィサーは会社におけるその地位に基づいて大量のビジネス情報に接触することができる。もしも取締役が会社の利益に反して会社のビジネスチャンスを奪い取るならば、忠実義務に違反することになる。会社のビジネスチャンスについては、米国の判例の定義には三つの規準がある。第一、既得利益または期待利益の規準、会社のチャンスが必然的に会社の有する既得利益としての財産あるいは会社が有する既得権から生じる期待収益に及ぶことを指す。第二、経営内容の規準、会社のチャンスが会社の現在または未来の経営活動と密接に関係しなければならないことを指す。第三、公平の規準、会社のチャンスの判断に対して、公正、公平などの道徳的な尺度をもって評価することができることを指す。

中国《会社法》第149条では、「取締役、高級管理職は、株主会あるいは株主総会の同意を経ずに、職務上の便宜を利用して自己または他人のために会社に属するビジネスチャンスを獲得し、自営または他人の営業のために就任している会社の同類の業務を経営してはならない」と定めている。

3　競業避止義務

競業避止義務は、理論上忠実義務に属するべきであり、取締役、監査役、オフィサー（主に取締役、オフィサー）は、勤務している会社と競争関係にある業務を経営してはならないことを意味する。取締役、監査役、オフィサーは、その有する会社の権限と地位を利用し職権を使って私利をむさぼり会社の利益に損害を与える可能性がある。その上会社経営における重要な情報を掌握しており、もしそれが会社と同じあるいは類似している業務に従事する場合、会社の営業秘密が漏洩し易くなり、会社との不公平な競争を招くことになる。そのため、各国会社法ではいずれも、取締役、オフィサーなどの高級管理職が就任する会社と競争関係にある業務に従事することを禁止している。取締役、オフィサーが競業避止義務に反した場合、会社は法律に基づき返還権を行使して、取締役、オフィサーの違法収益を回収して会社の所有となる。

《会社法》第149条の規定によると、「取締役、高級管理職は、株主会あるいは株主総会の同意を経ずに、自営または他人のために、在任する会社と同

類の業務を経営してはならない」と規定した。

　それ以外にも中国の新会社法は次のように定める。「取締役，高級管理職は会社の資金を流用してはならず，会社の資金をその個人名義あるいは他人名義で口座を開設し預金してはならず，株主会，株主総会あるいは取締役会の同意を経ないで，会社の資金を他人に貸し付けまたは会社の財産を他人のために担保として提供することはできない。他人と会社の取引のコミッションを受け取り自己のものとしてはならず，また無断で会社の秘密を開示することやその他忠実義務に違反する行為をしてはならない」。これらの規定は，取締役，監査役及び高級管理職の忠実義務の範疇に属する。

（二）善管注意義務

　善管注意義務とは，注意義務とも称し，取締役，監査役，オフィサーは，誠実に会社の職責を履行し，慎重で合理的な注意義務であり，会社の最大の利益のために努力をもって業務を遂行することである。善管注意義務は，大陸法系では「善良な管理者の注意義務」と称され，英米法系では「注意義務」，「勤勉，注意及び技能義務」と称される。善管注意義務は，経営権の主体が経営の方策を決定するときに，その行為の規準が会社の利益を出発点とし，適切な方式で最も合理的な注意をもって職責を履行しなければならないというものである。

　米国各州の会社法は，取締役の善管注意義務に対して比較的同じ規準を採用している。米国《標準会社法》第8.30条で，「取締役がその職責を履行するときは次のようにしなければならない」と定める。(1)善意，(2)通常の知識人が同様な状況下であるべき慎重さで職責を履行する，(3)会社の最大利益に適合すると合理的に考える方法に基づいてその職責を履行する。英国では既に，徐々に多くの学者が取締役の注意義務の評価に対して客観的な規準をとることを主張しているが，法廷では取締役の会社法の注意義務の違反に対して責任を負う決定がほとんどない。英国の多くのコモンローの判例の中で，いわゆる「合理的な注意」は通常3種類の判断基準を採用していることが分かる。ある種の専門資格と経験を持たない非執行取締役に対しては，主観的な規準を採用するべきであり，それが自己の最大の努力を尽したかどうかによって決まる。業務の専門資格あるいは経験を有する非執行取締役に対しては，客観的な規準を採用するべきであり，専門能力を有し雇用契約に基づき招聘された執行取締役に対しては，通常更に推定認識の原則を厳格に適用し，

契約中のある種の黙示の条項が推定される。その職務に相応する知識と技能を有する招聘された取締役に対しては，客観的規準を適用する。

大陸法系の国・地域では，取締役の会社に対する善管注意義務の規準は異なっている。ドイツでは，《株式会社法》第93条で，取締役がその管理する会社業務に対して，「通常の正直で厳格な業務指導者の注意」を尽くすべきであると規定し，中国台湾地域では，報酬付きの取締役は会社に対し善良な管理者の注意義務を尽くさなければならず，無報酬の取締役は自己の業務の処理と同一の注意を払うだけでよいと規定する。日本では，取締役は報酬があるなしに関わらず，いずれも会社においても善良な管理者の注意義務を負わなければならない。

取締役の善管注意義務の違反に対して言えば，違約責任の可能性がある上に，不法行為責任もありえるが，それらはいずれも会社が取締役の行為によって損害を受け取締役に過失があることがその責任の構成要件である。取締役に過失があるかどうかは，会社の業務の性質，会社の定款，管理の通常の手続き，取締役の人数，経歴，知識及び経験などの要素を参考にして決定するべきである。取締役に過失があるといったん判定されると，取締役はその過失行為について会社，株主または第三者に対して賠償責任を負わなければならない。その賠償範囲は前述の人員がそのために被った損害に限られる。

取締役の善管注意義務と密接に関係しかつ善管注意義務の重要な補足として，もう一つの規則が米国裁判所の長期の司法実務の中で一歩一歩発展してきた。それは「経営判断の原則」である。この原則の本質は誤った経営上の決定によるだけでは取締役に責任を負わせることができないというものである。この原則は，経営者の経営上の決定は司法の干渉を受けないという原則を確立したものである。当然，取締役が忠実義務に違反した場合，例えば詐欺，自己取引，重大な過失等の行為があるときはこの規則の保護を受けることができない。

中国《会社法》第148条と第149条で善管注意義務を定めており，取締役，高級管理職は誠実の原則を守り，慎重で，まじめに，勤勉にその職権範囲内で職責を履行し，会社の利益最大化の実現のために合理的な注意義務を尽くさなければならない。

二 取締役，監査役，オフィサーの民事責任

　違法行為は懲罰の抑止があってはじめて抑制することができる。義務は責任の自覚があってはじめて履行することができる。救済がなければ，権利もない。そのため，株主と会社の合法的権益保護の効果的な方法は，違法または不当行為が発生したときに，取締役，監査役，オフィサーが法により被害者に対して民事責任を負うことである。取締役，監査役，オフィサーは会社の高級管理層であり，権限を濫用する傾向があり，その違法コストの増加と不正行為の発生防止のために，各国の会社法ではいずれも取締役，監査役，オフィサーが法律あるいは会社定款に違反して職務を行使するときは，会社あるいは株主に対して民事責任を負わなければならないと規定している。

（一）民事責任引受けの方式

　1　行為無効の確認

　米国の会社法では「宣告」（declaration）と称して，取締役，監査役，オフィサーが法律あるいは会社定款に反して決議するかあるいは行為を行った場合，会社または株主の権利を侵害したときは，会社または株主はその行為が無効であることの確認を法院に請求する権利がある。

　2　侵害の停止

　米国の会社法では「差止」（injunction）と称して，取締役，監査役，オフィサーが違法行為を行うかあるいは行おうとしている状況下では，法院は権利者の請求に基づきその行為の停止を命じる権利がある。中国《会社法》の規定によると，株主総会，取締役会の決議が法律，行政法規に反し，株主の合法的権益を侵害するときは，株主は法院に当該違法行為，不法行為の停止を求める訴訟を提起する権利を有する。

　3　損害賠償

　もし取締役，監査役，オフィサーの違法または不適切な行為によって会社または株主に損害をもたらしたときは，会社または株主に対して賠償しなければならない。中国《会社法》では，取締役，監査役，高級管理職が会社の職務執行の際に法律，行政法規あるいは会社定款の規定に反して会社に損害を与えたときは，賠償責任を負わなければならないと規定している。

　4　財産の返還

　会社の財産が取締役，監査役，オフィサーによって本人あるいは第三者に占有された場合，会社の財産返還の責任を負う。

(二) 民事責任引受けの構成要件

1 主体要件

主体は違法決議を行う取締役，監査役，オフィサーである。関連取締役，監査役が，違法行為を実施するかどうかの決議を行うときに，反対あるいは保留の意見提起が明確であり，会議記録に記載されていれば，取締役会あるいは監査役会が行う決議による損害に責任を負わない。中国《会社法》は，会社に対して賠償責任を負うときは，議決時に異議を表明し会議記録に記載された取締役は免責されると規定している。

2 客観的要件

客観的要件とは，取締役，監査役，オフィサーが法律または会社定款が規定する義務に反する行為を実施したかあるいは実施しようとしていることが必要である。ここで，会社または株主は，既に発生した行為に対して訴訟を提起する権利があるだけでなく，まだ実施していないが間もなく実施し，その実施により会社または株主の利益に重大な損害を与え得る証拠があるときも，会社または株主は当該行為の停止を求める権利がある。

3 主観的要件

主観的要件とは，取締役，監査役，オフィサーの実施行為に重大な過失がなければならない。経済の複雑性と競争の激化に伴い，会社経営における不確定要因が絶えず増加し，経営の意思決定において永久にミスをしないでいることは誰もできない。そのため，取締役，監査役，オフィサーに対して過度に厳しく責めたてると，その積極性や創造力を止めてしまうことになる。そのため，各国の会社法では取締役，監査役，オフィサーに重大な過失があって初めて責任を負うと規定することが多い。

4 免責事由

免責事由は主に下記の通りである。

(1)「経営判断原則」

取締役が意思決定を行うときに，合理的な資料に基づき合理的な行為を行うならば，例えこの決定の結果が会社に対して非常に有害であったとしても，取締役は責任を負わない。

(2)株主会の追認

米英の会社法では，取締役のある不適切な行為は株主会による決議を経て追認を行い，その責任を免れることができる。しかし取締役の悪意の行為に

対しては追認することができない。
　(3)取締役会の赦免
　これも米国の取締役の責任免除の重要な方式である。すなわち，取締役会は一定の手続きによる決議を通じてある取締役の行為に対して追認することによって，取締役の責任は免除することができる。

（三）民事責任追及訴訟
　1　直接訴訟
　直接訴訟とは，会社または株主自身の権利が取締役，監査役，オフィサーの法律または会社定款に反する行為により侵害されたとき，自己の名義で侵害者に対して提起する訴訟である。このような訴訟は，個人訴訟とグループ訴訟に分けることもできる。直接訴訟は各国の会社法と訴訟法で会社と株主に与えている権利である。
　2　代表訴訟
　代表訴訟とは，会社の利益が損害を受けたとき，株主は会社の利益を保護するために会社を代表して法院に訴訟を提起することができることを指す。代表訴訟の主な対象は会社の取締役，監査役またはオフィサーである。会社の利益に対する不法行為が取締役，監査役及びオフィサーによりなされたとき，会社の権利は，訴訟提起の権利を含めてこれらの管理者にコントロールされるために，侵害者に対して対して提訴する人がいない状況が生じ易い。そのため，株主代表訴訟は取締役，監査役とオフィサーの責任追及の重要な方式となる。
　中国《会社法》では，直接訴訟と間接訴訟のいずれについてもかなり全面的な規定を置いている。

【本節実務検討】
●会社経営行為における経営判断の原則
　現代の会社経営管理における最も顕著な特徴は，会社の所有と経営管理の分離である。この状況は，株主は取締役を選任して間接的に会社の資産の運営に影響を及ぼすことしかできず，会社の経営権は主に取締役により行使されることを決定づけている。現代の会社統治は一般にすべてこの原則によって権力の区別を行っている。中国会社法も株主会と取締役会の職権範囲について明確な規定を置いている。しかし，現実には，株主と取締役会の間の権

力の境界は絶対的にはっきり分かれているわけではない。権力の交差と重なりのグレーゾーンは二つの権力の衝突が生じる温床と成りやすい。会社法と会社定款は共に二者間の権力を区別して配置することに尽力している。会社法は主に権力の区別に対して基本的な境界を区切り，会社の定款においては明確に列挙して境界を区切っている。しかし，法律と定款で会社の経営事項の職権の帰属に対して詳細な規定や境界を定めることは不可能であり，取締役の経営の意思決定行為が法律と定款の規定に合っているかどうかは常に論争がある問題となる。この場合，行為の合法性の判断と救済関係から取締役会の経営自主権の保護に至るまで，会社の統治機関に至る根本的な関係であり，これはすべて研究に値する問題である。

　中国の現在の会社法の体系では決して上記の問題の妥当な解決をなしていない。米国の会社法上の「経営判断原則」は参考にすることができる。「経営判断原則」は具体的には次の通りである。もし取締役が善意でしかも十分に関連情報を理解している状況下で，会社の最大利益のために経営の意思決定を行ったならば，例え事後的に見たらこの意思決定が失策であるかあるいは会社に損害をもたらすことになったとしても，法院もこの意思決定をなした取締役に対して免責しその責任を追及しない。米国の法律学会が起草した《コーポレートガバナンス原則》は，「経営判断原則」の適用条件に関して次のように論述している。もしも経営判断を行った取締役あるいは職員が善意の基礎の上で以下の3つの条件に合うならば，本項の下で会社に対する義務を誠実に履行したと考えられる。(1)取締役とこの意思決定の対象には利害関係がない，(2)意思決定の対象に関する情報がその当時の状況下ではそれを信ずる適切な程度の理由がある，(3)当該意思決定が会社の最大利益に合うと合理的に考えられる。この3つの要素は基本的に「経営判断原則」の内容をカバーしている。

　現在，「経営判断原則」は米国で広く適用されており，更に会社の再編，配当金の分配，取締役の選任等の状況から，会社買収，株主代表訴訟等にまで，非常に広く運用されている。この原則が内胞している会社の統治構造の完備の促進，経営者の経営自主権の保護，企業家精神の奨励，会社の経営効率の保護等の積極的な価値もますます重要視されるようになってきている。そのため，いかにしてこの原則を吸収し参考にするかは，中国の立法の整備と司法実務の指導において，すでに重要な課題になっており，更に多くの学者の

検討が期待されている。
●取締役の第三者に対する民事責任
　伝統的な会社法理論は，信託関係説，代理関係説及び委任関係理論により取締役と会社の間の法律関係を説明している。取締役は会社の受託者，代理人及び受任者と考えられており，取締役と会社外の第三者とは決して直接の法律関係が発生しない。会社の発展に従って，会社の権力構造は「株主中心主義」から「取締役会中心主義」への転換が生じてきており，この転換が株主会の権限の弱化と取締役の地位，権力の強化をもたらし，次いで取締役の権利の濫用，株主，債権者などの会社外の利害関係者の利益に損害を与える現象が生じてきた。
　取締役の職権濫用を防止するために，各国は判例あるいは立法を通じて第三者の責任制度を確立してきた。一般的には，取締役の第三者に対する責任とは，取締役の職務履行に重大な過失があり第三者に損害を与えたとき，他人の負った損害に対して負う賠償責任であると考えられている。取締役の第三者に対する責任の法的性質について，英米法では主に過失侵害によって取締役の第三者に対する責任を追及し，大陸法では法律で取締役の第三者に対する責任の性質について，学説上一種の特別法定責任であると考える。この説によると，取締役の第三者に対する責任と民法の不法行為とは異なり，特別法つまり会社法の規定する責任である。
　取締役の第三者に対する責任制度の研究と確立は重要な意義を持っている。(1)第三者の利益の保護に有益である。取締役会中心主義の趨勢下で，取締役の地位と権限は強化され，取締役が権限を濫用して他人の利益を侵害する機会が増大している。そのため，制度設計を通じてそれに対して一定の外部責任を加えて，職務履行時の勤勉，慎重さを更に加えさせ，第三者の利益に対して保護の役割を果たすことができる。(2)会社の利益の保護に有益である。取締役の第三者に対する責任制度は，第三者の取締役の行為に対する外部監督を形成することができる。取締役の合法的で，適切な職務の履行を促し，それによって会社が取締役の過失行為によってもたらされる絶対的に責任を負う不利な結果を軽減するのに役立つ。(3)一定程度上，取締役の第三者に対する責任制度は，法人格否認制度と同じ機能を果たすことができ，そして法人格否認制度に対する補完的な積極的な効果を有する。法人格否認制度は，主に支配株主と会社人格の混同する状況に適用されるものであるが，会

社の取締役が職務の機会を利用して会社人格を濫用して自分の私利を図る時には法人格否認制度の適用の空間がない。取締役の第三者に対する責任制度はこの不足を補うことができる。

●取締役，オフィサーの競業避止行為の認定と法律効果

いわゆる競業とは，特定の営業に対する競争性の活動を指す。いわゆる競業避止とは，取締役が自己あるいは他人のために会社の営業の範囲に属する行為を行ってはならないことを指す。ここでいう会社の営業範囲とは，会社の業務だけではなく会社と競争関係にある業務をも含む。

一般に学者は，会社の取締役，オフィサーに下記の行為の一つがあったときは，競業避止義務に違反すると認定しなければならないと考える。(1)自己の名義で会社の業務と同じ経営活動に従事する。(2)その他の自然人，法人あるいは社会組織のために会社の業務と同じ経営活動に従事する。但し，会社の取締役，オフィサーに就任する前に既に同類業種の株主の取締役，オフィサーあるいは業務責任者であった場合を除く。(3)会社と競争関係にある企業のパートナーに就任する。(4)他人が会社に提供するビジネスチャンスを奪う。(5)会社の商標権，特許権，著作権，ノウハウ，営業秘密を利用して自己または自分が取締役，オフィサーを兼任する企業のために利益をむさぼる。(6)自己のビジネスチャンスを創造するために会社を利用する。(7)配偶者及び家族が会社の業務と同じ経営活動に従事する。(8)退職後に会社との競業避止の契約に違反する。

会社の取締役，オフィサーが競業避止行為に従事して収益を獲得することに対して，会社は返還権を行使できる。得た収益とは取締役，オフィサー本人が得た収益を意味する。相手方が会社への収入返還を拒絶するときは，会社は訴訟を提起する権利がある。会社が行使しないときは，株主が会社を代表して訴訟を提起する権利を有する。会社の返還権は，会社の取締役会が知っているかあるいは知るべきであった取締役，オフィサーの競業避止行為の終了後6か月以内に行使しないときは，当該返還権は法律で保護されない。

第十章 社 債

第一節 概 説

一 社債概念及び特徴

　中国《会社法》154条によると,「本法にいう社債とは,会社が法定手続きにより発行し,一定の期間内に元本及び利息を支払うことを約定する有価証券である」。社債の発行に基づいて,社債保有者及び社債発行会社間に形成された元本及び利息支払いを内容とする債権・債務法律関係である。社債は,以下のような特徴を有している。

　(1) 社債は有価証券の形態をとり,債権・債務法律関係を表わしている。社債は有価証券の流動性及び収益性などの固有の特徴を有する。社債の投資者は不特定多数の社会の一般大衆であり,社債は会社が不特定多数の公衆に対して負う債務である。発行会社は債務者であり,社債の保有者は債権者である。社債と同じく有価証券である株式とはその性質が明らかに異なっている。

　(2) 社債は,会社が有価証券を発行する形式で公募する債務である。社債は,会社債務の証券化の特徴となる。社債は,発行市場を有しているだけではなく,譲渡市場も有している。

　(3) 社債は会社が負担する集団債務である。同時期に発行された社債を所有している社債保有者は同様の権利を享有する。すなわち,社債保有者の地位は平等であり,相互の区別は債券の数が異なるだけである。

　(4) 社債の基準は金銭を限度とする一種の金銭債権である。

　(5) 社債の期間は一般的に長い。社債は,会社が長期的資金を調達するために負担する債務であり,長期に投資に使うことも可能であり,会社の長期,短期債務の構造を合理的に調整する役割を果たしている。

二　社債と会社債務との比較

　社債と通常の会社債務は，両方とも債権・債務の法律関係である。両者の異なる点は以下の通りである。

　(1)　債権・債務の生じた原因が異なる。社債は，基本的に社債の発行に基づいており，これは社債が生じる唯一の原因であり，契約により生じる債務の特殊な形態である。通常の債務は様々な原因によって生じる。債務不履行の債務もあり，不法行為による債務もあり，不当利得による債務もあり，業務管理による債務もある。

　(2)　債権・債務を表す形態が異なる。社債は，会社の債券をその表現形態とし，一種の証券化した会社の債務である。なお，相応しい発行市場及び譲渡市場があって便利であり，流通し易い特典がある。通常の会社債務は，有価証券で表現されず，非証券化債務であり，譲渡し難く，容易に流通せず，発行市場も譲渡市場も存在しない。

　(3)　債権者間の関係及び地位が異なる。社債は会社が負担する集団債務であり，同期に発行した社債保有者が享有する権利は同じである。すなわち，社債所有者の地位は平等である。通常，社債形成の原因は多元的であり，通常の会社債務の債権者は数多く，債券の数が異なるかまたは弁済を受ける順位が異なるかの原因により一つの集団を形成することができない場合がある。

　(4)　管轄を受ける法律の範囲が異なる。通常の会社債務は主に契約法をもって調整される。会社が債券を発行して，不特定多数の社会の公衆の債務者となり，これには，複雑な社債発行手続き，法律上の管理制度が厳しく，双方は主に会社法，証券法の調整を受けるだけではなく，契約法の調整も受ける。

三　社債と株式の比較

　社債と株式は両方とも有価証券であり，会社が公募の形式で資金を調達する重要な方式である。いずれも会社法及び証券法などの法規範の調整を受ける。両者の異なる点は以下の通りである。

　(1)　両者が表現する法律関係の性質が異なる。経済学の角度から検討すると，両者の目的は一致している。最大の区別は資金調達のコスト及び動機が異なる。法律の角度から検討すると，新株発行及び債務の証券化は異なる性

質の法律行為となる。従って，形成する法律関係も異なる。簡単に言えば，社債の発行により生じるものは債権法律関係である。社債の発行は一種の債権融資行為であり，調達した資金は資本金ではなく，会社の負債部分に組入れることになる。社債の購入後，投資者は発行会社の債権者となる。株式の場合は，会社が発行する株主の身分を証明する持分に関する証明書である。株式の発行により生じた持分権に関する法律関係となる。新株発行は一種の株式による融資行為であり，新株発行を通して調達した資金は資本金の一部分となり，投資者が新株を引受購入した後，会社の株主となり株主の権利を有する。

(2) 投資者が負うリスクが異なる。期限の到来後，元本及び利息を支払うのは社債の特徴の一つである。「元本返済」というのは，投資した元金を返還することである。「利息」というのは，社債の利息であり，投資会社が社債のリターンを投資者に返還することである。社債の利息は，通常予め約定した社債の利率により計算する固定的なものである。これは，会社の経営業績の影響を受けない。株式投資は，その特徴の一つは，投資を戻してはならず，会社に元金の返還を請求してはならない。株式投資は期限の制限がなく，投資回収については予め約定することもできず，営利なければ分配なしの原則に従う。社債投資のリスクは当然株式投資より少ないので，逆に投資回収も株式より低い。

(3) 投資者が享有する権利が異なる。株式に投資した投資者は会社の株主となり，株主の権限を有する。例えば，出資額に基づいて所有者として資産の受益者となり，重大な決議及び管理者を選択するなど直接あるいは間接に会社の経営管理に参加する権利を有する。社債の投資者は会社の債権者となり，社債の期限が到来したら，発行会社に対し元本及び利息の請求権を有する。但し，一般の状況下では，会社の経営管理に参加する権利がない。

(4) 発行主体が異なる。中国では，株式の発行は株式会社に限られている。社債の発行主体については，株式会社に限らず，有限会社でも発行できると規定している。

他に，会社法は株式の発行と社債の発行についてそれぞれ異なる条件を規定している。例えば，株式の発行価格は券面額によってもいいし，券面額を超えてもよいが券面額を下回ってはならないと定めている。社債の発行価格は券面額，券面額を超えてもいいし，券面額を下回ってもいいと定めている。

負債の方式で融資を行うと，企業が販売収入の増加により得た利益を確保し，税金を避ける一つのルートにもなるというメリットがある。これは，株式の融資では実現できないところである。

四　社債の経済機能

(1)　会社の融資及び投資者の投資のニーズを満足させる機能を有する。これは，社債の主要な機能である。成熟した市場経済体制の下で，会社にとって言えば，社債は融資の金融道具となり，会社は社債の発行を通して生産経営に必要な資金を調達する。投資者にとっていえば，社債は株式よりリスクが少ない投資道具であり，投資者が社債を購入すると比較的に安定した投資回収を得ることができるし，資産の増加を実現することができる。

(2)　会社の財務構造の健全性にとって有利である。特に，負債構造をあげることができる。長期間にわたり，中国の企業の重要な融資ルートは銀行からの借入であったが，多くの企業の負債は主に銀行からの借入により構成されていた。銀行からの借入は，期間が最も短く短期債務であるので，企業の長期投資には望ましくなかった。更に，こういう負債は間接融資に属し融資のコストが高いので，中国の多くの企業は非合理的な債務構造を抱えていた。融資のルートからいうと，間接融資を重視し，直接融資を軽視する傾向もあった。また，負債の構造からいうと，中短期債務の比率が高く，このような中短期負債を長期的プロジェクトに投資するという弊害もあった。

銀行にとっては，企業の効率が低下すると貸付金を回収できないという状況があり，多額の不良債権を抱えることになる。会社の融資が銀行からの借入に過度に依存すると，企業経営のリスク及び銀行金融のリスクが増大することになる。特に，企業の利益率が銀行の貸付の利率より低い場合，企業の信用リスクは金融リスクに転化し易くなる。最終的には，銀行体系，更に金融市場の安定を危うくするおそれがある。

こういう状況の下では，企業の債務構造を調整する必要がある。債務構造における直接金融及び間接金融の比率を調整し，各期間内における債務構造の合理化をはかる一つの方法として，最終的に社債を発行することによって負債構造を合理化している。更に，これにより企業経営リスクによる金融リスクが生じることを防止している。そこで，社債は，金融リスクを防止する間接機能を有するといえる。

(3) 社債の発行は証券市場の発展に有利となる。企業の発展に比べると，中国の資本市場は，特に企業の社債市場の規模が小さいので今後発展させる必要がある。同時に，成熟した証券市場においては証券の種類は多様化しており，融資及び投資の需給を満足させる必要がある。社債の発行は，企業の融資の多様化，証券の種類の多様化を満足させることができるので，証券市場の合理化や市場規模を拡大し，投資者の投資チャンスを増加させている。そのことによって，証券の長期的，健全な発展に資している。当然，新しい金融製品の設計には必ず相応する法規範の整備も必要となる。

【本節実務検討】
●**企業統治に与える社債融資の影響**

現代の企業統治論によると，会社は本質的に契約の束であり，株主，債権者，経営者，生産者，消費者及びその他の利害関係者により共同で構成した「契約のネットワーク」である。なお，各利害関係者は平等かつ独立した関係である。会社の意思決定において，各利害関係者の要望を反映し，共同で統治することを目的としている。このような角度からいうと，債権の融資及び債権者利益の保護は会社統治の範疇に含まれる。

会社の債権融資は，銀行及び社債による。現に，中国では債権融資においては銀行による借入が大部分であるが，社債の融資も無視できない。社債は，期間が長く，リスクが小さく，収益が安定し，益々多くの投資者の注目を浴びている。社債市場の整備により，社債融資の比率及び役割は益々高まっている。

社債は一種の融資の道具であり，統治の一つの方式である。

第一，社債融資は投資者にインセンティブを与えると同時に投資者を拘束し，株主及び経営者間の利益の衝突を緩和する機能を有する。社債の元本と利息は事前に約定した固定方式で支払うので，経営者が随意に資金を支配する行為を減少させることができる。更に，経営者の過度な投資行為を制限することができる。なお，社債を一種の担保とみなすことができるので，経営者が経営の効率を高めることで，所有と経営の代理コストを下げることができ，それによって経営者と株主の利益の一致を図る。

第二，社債保有者の監督メカニズムは，経営者に対する一種の促進力となり，代理の問題を解決することができる。現代企業理論によると，企業の所

有権は一種の「状態が所有権に依存する」形態である。それは，企業における支配権及び剰余金分配請求権は，企業の財務及び経営状況の変化により変わるからである。株主は，「正常な状態の下で会社の所有者」である。会社が社債の元本と利息を返還できない場合，会社における支配権及び剰余金請求権は株主から債権所有者に移転することになる。このような監督メカニズムが，経営者が努力するよう奨励し経営の業績を高めている。更に，情報の非対称及び取引コストの存在がもたらす契約不備の問題を解決することになる。ある意味では，社債の融資は監督メカニズムの一つとして有効であり，会社の統治構造の合理化をはかる基礎ともなる。

　第三，社債の融資には情報を伝達する役割がある。現に経済社会において，情報の分布は対称的なものではなく，経営者は常に社債保有者が得ることができない重要な情報を獲得している。社債の発行を通して，特に転換社債の場合，会社は厳格に関連の経営情報及び財務情報を開示しなければならない。更に，社債の投資者は会社が既に発行した社債の数及び種類をもって会社の経営状況,財務状況の良し悪しを判断している。ある意味では社債の発行は，会社の経営行為及び証券発行行為を促進し，厳格に財務会計制度に基づいて会社の財務を管理し，統治の効率を高めることになる。

第二節　社債の種類

　基準の違いにより社債を複数の種類に分けることができる。それぞれの種類は，理論上においても，実務においてもその意義を有する。

一　無担保社債と担保付社債

　会社がその発行する社債に対して担保を提供するか否かを基準として，社債を無担保社債と担保付社債に分ける。

　無担保社債は，会社のその信用のみを担保として，他の財産または財産権による担保提供なしに発行した社債である。無担保社債の保有者は会社の債権者でもあるが，会社の普通の債権者と同様な地位にある。発行者は社債の債権者に対して特別な義務を有しておらず，債権者自身も会社に特定の財産をもって債権に担保を提供するよう求めてはならない。しかし，社債による債権と通常の債権は大きく異なっている。そこで，無担保社債保有者の利益

を保護するために一部の英米法系の国では,「消極的担保（Negative Pledge）」制度を確立して発行会社の行為を制限している。一部の大陸法系の国にも類似した規定がある。例えば,会社の利益配当及び資産の処分の関連制度を通じて制限している。

担保付社債には広義の意味と狭義の意味がある。広義の担保付社債とは,発行会社がその全部または一部の資産,または発行会社以外の第三者が償還会社の社債の元本及び利息に対して担保を提供して発行した社債である。狭義の担保付社債とは,物上担保付社債である。発行会社がその資産の全部または一部をもって担保を提供して発行した債券である。言い換えると,広義の担保付社債は,狭義の担保付社債,すなわち物上担保付社債及び社債に対する総称である。

多くの国の慣例によると,担保付社債の担保行為は通常親子会社間において生じている。すなわち,親会社が,子会社の発行する社債に対して担保を提供する。例外的な状況としは,国が社債に対して担保を提供することもある。一部の国と地域では,会社法において株式会社が担保付社債または無担保社債を発行することを認めているが,両者の適用条件が異なる。例えば,無担保社債の発行に対する条件は担保付社債に対する条件より厳しい。

二 記名社債及び無記名社債

記名するか否かを基準として,記名社債と無記名社債に区分する。記名社債とは,社債の券面に保有者の氏名または名称を記載する債券である。無記名社債とは,社債の券面に保有者の氏名または名称を記載しない債券である。この分類の法的意義は,社債保有者の権利行使及び思いがけず紛失した場合に対する保護措置が異なるところにある。多数の国は,社債の分類についてこの分類方式を適用している。通常,各国の法律は,会社の社債保有者が,記名社債を無記名社債に,無記名社債を記名社債に随時に転換できるように規定を置いている。

中国の会社法でも社債を記名社債と無記名社債に分類している。同時に会社法第158条では,「会社は社債を発行する場合,社債名簿を会社に備え置かなければならない。①社債保有者の氏名または名称及び住所。②社債保有者が取得した日時及び社債番号。③社債の総額,券面額,利率,元本及び利息償還の日時と方式。④社債の発行日時。

無記名社債を発行した場合，社債名簿に社債の総額，利率，償還期間及び方式，発行日時及び社債番号を記入しなければならない。記名社債は，社債保有者が，裏書の方式または法律，行政法規の規定する他の方式で譲渡しなければならない。譲渡後，会社が譲受人の氏名または名称及び住所を社債名簿に記載するものとする。無記名社債の譲渡は，社債保有者が社債を譲受人に譲渡した後，即時に譲渡の効力が生じる。

三　上場社債と非上場社債

証券市場において公開取引可能であるか否かを基準として，社債を上場社債と非上場社債に分類する。上場社債とは，発行後法により設立した証券取引所において取引することができる社債のことをいう。非上場会社の社債は，発行後，証券市場において取引を行うことができない社債のことをいう。保有者は社債を譲渡することができるが，証券取引所において売買を行うことができない。取引の場所が異なるので，この2種類の社債の取引ルールも異なる。

四　国内社債と諸外国社債

発行地及び貨幣を基準として，国内社債と諸外国社債の2種類に分けられる。いわゆる国内社債とは，本国の国内において発行しかつ本国の貨幣で価値を決める社債である。所謂諸外国社債とは，本国の発行者が本国の諸外国で発行し，諸外国の貨幣で価値を表わし，または外国の発行者が本国の国内で本国の貨幣またはある外国貨幣で発行した社債である。この2種類の社債の差は，管轄を受ける法規範が異なるところにある。

五　現物社債，帳票式社債及び記帳式社債

社債の形式を基準として，社債は実物社債，帳票式社債，記帳式社債に分けられる。これらは多くの国・地域でよく見られる分類方法である。

現物社債とは，一種の標準様式を備えている券面社債である。現物社債（券面上の印は発行年度，券面金額等の内容表わす）の形式は，記録債権であり，歴史が最も長い一種の社債である。

帳票式社債とは，「債券代金受領証（受領証に購入者の氏名，発行利率，購入金額などの内容）」の形式で債権を記録する社債である。これは，一種の債権者が

社債を購入して代金を受領する証明であり，社債発行者の制定した標準の様式を備えた社債ではない。帳票式社債は，投資者が購入した日より利息を計算し，記名することも可能であり，紛失届けを出すことも可能であるが，上場して流通させることはできない。

　記帳式社債は，券面及び証明は必要でなく，帳簿を利用して電子システムを通して社債の発行，取引及び還付を完成する全過程をいう。そこで記帳式社債は，現物形態の券面がなく，電子帳簿に記録するのみである。記帳式社債は記名することができ，紛失届けを出すこともでき，安全性がよく，発行のコストも低く，発行時間が短く，発行の効率が比較的に高く，取引手続きが簡単なので益々多くの投資者に受け入れられている。

六　転換社債と転換不可社債

　株式に転換できるか否かを基準として，社債を転換社債と転換不可社債に分けられる。

　転換社債（Convertible Bonds）とは，社債の一種であり，その内容については狭義と広義に分けることができる。狭義の転換社債とは，社債の保有者が約定した条件によりその保有する社債を発行会社の株式に転換することができる社債である。広義の転換社債とは，社債の保有者に他の種類の証券に転換できる権限を与えている社債である。転換対象を発行会社の株式に限っておらず，例えば，長期社債に転換できる短期社債，発行会社の他の種類の社債に転換できる社債，発行会社の親会社または子会社の株式に転換できる社債，更に他社の社債にまで転換できる社債もあるが，これらはいずれも広義の上での転換社債である。中国の《転換社債管理暫定方法》の第３条によると，「本方法でいう転換社債とは，発行者が法定の手続きにより発行し，一定の期間内に約定した条件により株式に転換できる社債である」と規定した。この定義によると，中国における転換社債は狭義の上での転換社債を指している。

　転換不可社債は転換社債に対して称するものである。前述した社債の種類以外に，諸外国では，実務において不動産抵当社債，証券抵当信託社債，設備信託社債，社債参与，期間分割社債，収益社債，新株引受権社債または還付可能社債などを発行している。

【本節実務研究】
●転換社債の法律問題
　転換社債には，普通の社債が有する多数の特典がある。同時に，転換社債は，株式に転換する選択権をもっている。すなわち，オプション権を有するので，転換社債は同時に三つの内容に及んでいる。転換社債自身，選択権及び他に転換できる証券，つまり社債，株式及びオプションの特徴を有するハイブリッド証券（Hybrid Securities）である。他に，転換社債の発行契約においては，転換社債の回収，販売などの内容について約定するが，これらもオプションの性質を有し，更に社債保有者，発行会社及び旧株主などの異なる利益主体の利益及びバランスを調整するので，転換社債は一種の利益関係を調整する複合型の証券である。

　通常の社債は一種の債務証券であり，発行会社及び社債保有者の間には，一種の債権・債務の法律関係を形成している。転換社債は，保有者に社債を株式に転換する権利を与えるので，株式に係わる社債であり権益証券である。会社が転換社債を発行する最終目的は，持分権による融資を実現し，資本を増加する形式で会社の負債率を低下させ，それによって会社の財務構造の健全性，財務能力を強化するためである。投資者の角度から検討すると，転換社債の利率は，通常の社債の利率より低く，転換社債の価値は，主にその転換価値にあるので，投資者の投資収益は直接または間接の方式で会社の経営成果を享有することになる。転換社債の保有者が転換権を行使すると，社債保有者と発行会社の間に，既に形成した法律関係の性質にも変化が生じる。転換社債の保有者が発行会社の株主となる。そのため，転換社債は通常の債務証券ではないと認識されている。仮に，通常の社債を債権の証券化であると理解する場合，転換社債は債権の潜在的株式化であり，更に進んでいる証券化といえる。そこで，転換社債は通常の社債の特徴も有しており，株式が有する特徴の一部をも有している。転換社債を発行すると，発行会社は社債保有者の請求により転換できる株式を必ず用意しなければならない。転換社債の特徴の一つは，その発行主体に係わるが，諸外国の法律では発行主体を株式会社に限っている。

　転換社債は普通の社債に転換権を付随したものであるので，転換社債の発行価格は比較的高く，利率も低いのである。転換社債に付随した転換権は，その保有者が発行会社の経営業績，または株式市場の価格が上昇する場合に，

社債を株式に転換する方式，あるいは直接転換社債を販売する方式で，資本による利益を得ようとする。但し，会社の経営状態が悪くかつ株式市場の価格が低落する場合，転換社債の保有者が得る投資収益は通常の社債より低いのである。そこで，他の転換権を有していない通常の社債と比べると，転換社債は一種の投機性が強く，リスクが大きい証券であるといえる。

第三節　社債の発行

一　発行者

　社債の発行能力に関する各国の法規定はそれぞれ異なっている。通常は，株式会社に限って発行できるようにしている。但し，一部の国では有限会社が社債を発行することができると規定している。中国の旧《会社法》第159条では，「株式会社，国有独資有限会社及び二つ以上の国有企業またはその他二つ以上の国有投資主体により設立された有限会社は，生産経営に必要とする資金を調達するために，本法により社債を発行することができる」と規定していた。同条文は，2005年の新《会社法》において，削除されているが，これは，社債の発行者は株式会社，国有独資会社及び二つ以上の国有企業またはその他二つ以上の国有投資主体が投資して設立した有限会社に限られるのではなく，あらゆる有限会社及び株式会社が社債を発行する権利能力を有することを意味している。つまり，中国の新《会社法》は，社債の発行者に関する法規定を緩和している。但し，有限会社の閉鎖性と大衆の投資道具としての社債の開放性の間における矛盾について，立法者は高度に注意するべきである。

二　発行条件

　一種の投資道具及び重要な証券としての社債の発行条件は，直接投資者の利益保護及び証券市場の運営に影響を与えることになる。更に，会社の経営リスクの角度から検討すると，会社の資産及び各種の形態の負債の間には，合理的比率を保つことが必要となる。会社の財務構造の健全化をはかるために，多数の国では，社債の発行限度を規定し，それによって社債が会社の財務構造を破壊し，会社の経営リスク及び市場の取引安全性に不適切な影響を与える恐れを防止する。社債は，社会化，証券化の程度が高い金融商品であり，証券市場全体のリスク防止，取引安全及び証券市場の健全な発展に影響

を与えるので，社債の発行金額と数量について制限しなければならない。下記において諸外国の立法例を取上げる。

(1) 社債の発行限度額は会社の純資産額に係わる。中国はこの立法例を採択している。会社の純資産の金額に基づいて社債の発行限度額の根拠とする。

(2) 社債の発行限度額は，会社に実際に払込まれた資本の金額に係わる。例えば，転換社債の発行に対し，デンマークの会社法はその発行限度額について規定を置いている。株式会社は転換社債を発行することができるが，資本の50％を超えてはならない。日本では，社債の発行総額が実際に払込まれた資本及び法定準備金の合計金額を超えてはならない。

(3) 社債の発行限度額を確定する場合，会社の実際の払込まれた資本の金額と純資産額両方を考慮する立法例もある。例えば，イタリアがその典型例となる。イタリアの会社法の規定によると，会社は記名社債または無記名社債を発行することができるが，発行額は会社に実際払込まれた資本及び株主総会の決議を通した直近の財務報告における実際の剰余金を合わせた金額を超えてはならない。他に，一部の国または地域において，社債の発行限度額は，担保があるか否かにより異なっている。例えば，台湾の「会社法」によると，会社が担保付社債を発行する場合，その発行総額は，会社の現有の全資産から全負債及び無形資産を引いた剰余金である。無担保社債を発行する場合，その総額は剰余金の1/2を超えてはならない。

中国《証券法》第16条では，「会社が社債を発行する場合，以下の条件に適合しなければならない。(一) 株式会社の純資産が人民元3,000万元，有限会社の純資産は，6,000万元を下回ってはならない。(二) 社債の残高が累計で会社の純資産の40％を超えてはならない。(三) 直近の3年間の平均分配可能利益で1年分の社債の利息を支払うことができる。(四) 調達した資金を国の産業政策に適合する投資を行う。(五) 社債の利率は，国務院が限定した利率のレベルを超えてはならない。(六) 国務院が規定した他の条件を満たすこと。社債の公開発行により調達した資金は，必ず決まった用途に使用し，欠損の補填に使ってはならず，非生産性の支出に使ってもならない。上場会社が転換社債を発行する場合，第1項で規定した条件の外，また本法が規定する株式の発行条件にも適合しなければならない。更に，国務院証券監督管理機構の認可を経なければならない」と規定し，同時に《証券法》第18

第三節　社債の発行　*487*

条では,「下記のいずれかの状況が生じた場合,社債の公開発行を再度行ってはならない。(一)前回に公募した社債の引受が残った場合。(二)公開発行した社債またはその他債務において契約違反または元本及び利息を滞納した事実があり,その状態が継続する場合。(三)本法の規定に違反し,公募で調達した資金の使途を変えた場合」と規定した。これらの規定は,社債の発行に対する積極的な条件もあり,消極的な条件も含まれている。

三　発行の決定権

社債発行の決定権について,各国は異なる規定を置いている。株主総会にその決定権を与えている場合もあるし,取締役会に与えている場合もある。中国《会社法》第38条第8項では,「社債の発行は,会社の権力機構である株主会または株主総会の決議による」と規定している。各国は,株主総会中心主義より取締役会中心主義への移行の影響を受けて,社債の発行決定権を株主総会より取締役会に移転している。その合理性は,会社の決議の効率を高めて,融資の便宜を図ることにあり,会社の発展に資する。

四　発行手続き

中国の証券法では,社債は有価証券の一種であると明確に規定している。そこで,社債の発行は,証券法の基本原則に従うものとする。その発行は,公開,公平,公正の原則に従わなければならない。なお,有償,信義則の原則に従い,法律及び行政法規を守り,詐欺,インサイダー取引及び相場操縦禁止の原則に従わなければならない。

《証券法》第10条によると,社債の発行において認可制を実施すると規定した。更に,会社法の関連規定を同時に適用するが,社債の発行手続きを下記のようにまとめることができる。

(1) 取締役会が社債の発行案を作成する。《会社法》第47条,第109条第4項の規定によると,取締役会がその発行案を作成すると明確に規定している。

(2) 会社の決議機関による社債発行の決議を経る。《会社法》38条,100条によると,株式会社,有限会社の社債の発行は,株主会または株主総会の決議によると規定している。《会社法》67条によると,国有独資会社は,社債を発行する場合,必ず国有資産監督管理機構の決定を経なければならないと規定している。

(3) 会社法及び証券法の規定によると，国務院が授権した部門または国務院証券監督管理機構に届出を出し，その認可を経なければならない。国務院が授権した部門または国務院証券監督管理機構は，証券発行に関する申請書類を受理した日より3か月以内に，法定条件及び手続きにより認可または不認可の決定を下し，発行者は補充，修正を行うが，その時間は計算しないものとする。不認可の場合は理由を説明しなければならない。国務院が授権した部門または国務院証券監督管理機構が既に認可した社債の発行について，法定条件または法定手続きに適合しない場合，まだ発行していないものは取消して発行を停止する。既に発行はしているが上場していないものは，認可の決定を取消し，発行者は発行価格に基づいて同期の銀行の貯金利息を加算して社債保有者に返金する。上場推薦者は，発行者と連帯責任を負うが，錯誤がないと立証した場合は除く。発行者の支配株主，実質的支配者に過失がある場合は発行者とともに連帯責任を負う。

(4) 社債の発行は，国務院が授権した部門または国務院証券監督管理機構の認可を経てから社債の募集方法を公告しなければならない。《会社法》155条によると，社債の募集には下記の事項を明記しなければならない。「(一)会社の名称，(二)社債募集資金の使途，(三)社債の総額及び社債の券面金額，(四)社債利率の確定方式，(五)元本及び利息支払いの期間及び方式，(六)社債担保状況，(七)社債の発行価格，発行の起算・終了期日，(八)会社の純資産額，(九)既に発行した期限未到来の社債の総額，(十)社債の請負販売機構」。

(5) 公募社債は，販売資格を有する証券会社を通して発行しなければならない。

【本節実務研究】
●有限会社が社債を発行する場合の法律問題
　有限会社が社債を発行することができるか否かに関する各国の立法例を，禁止型及び制限型に分類することができる。
　(1) 禁止型の立法例。イタリア，フランス，ベルギー，日本，中国台湾では，有限会社による社債の発行を禁止している。例えば，イタリアは，民法典において明確に有限会社の社債の発行を禁止し，フランスの商事会社法の規定によると，有限会社は有価証券を発行してはならない。発行しても無効

となる。ベルギーの会社法も明確に有限会社の社債の発行を禁止している。

日本法は，明確に禁止規定を置いていないが，《有限会社法》第59条において，「合併ヲ為ス会社ノ一方ガ社債ノ償還ヲ完了セザル株式会社ナルトキハ合併後存続スル会社又ハ合併ニ因リテ設立スル会社ハ有限会社タルコトヲ得ズ」，同第64条で，「株式会社ハ総会ノ決議ヲ以テ其ノ組織ヲ変更シテ之ヲ有限会社ト為スコトヲ得但シ社債ノ償還ヲ完了セザル場合ニ於テハ此ノ限ニ在ラズ」と定めている。

(2) 制限型立法例。ドイツ，スイス，デンマーク及びオランダでは制限型立法例をとっている。これらの国は，有限会社による社債の発行を認めているが，一般の大衆にその社債の購入を要請してはならないと制限規定を置いている。

イギリスは，1948年の会社法の改正前までは有限会社による社債の発行を明確に禁止していたが，修正後認めている。アメリカでは，プライベートカンパニーによる社債の発行について各州は異なる規定を置いている。例えば，アメリカのデラウェア州を含む多くの州では有限会社が社債発行を通して融資することを認めるようになった。しかし，プライベートカンパニーによる社債の公募融資は例外であり，通常の慣例ではない。ほとんどのプライベートカンパニーは規模が小さく，外部の投資を必要としない。そのうえ，投資はリスクを伴い，小規模会社の社債売買の市場であり，プライベートカンパニーの社債に対する評価ができないので，外部の投資者は投資し難いのも事実である。

第四節　社債の譲渡，償還及び転換制度

一　社債の譲渡

(一) 譲渡の必要性及び種類

有価証券としての社債は流動性があり，譲渡できる特徴をもっている。社債の譲渡制度は，社債保有者からの退出制度である。潜在的投資者にとって譲渡制度は，社債市場に進出する入口ともいえる。なお，会社法は，会社による自己社債の購入を禁止していないので，会社は市場を通して自己社債を購入する方式を通して事前に社債を償還する目的を実現することができる。他方，発行会社は，社債の流通市場を通して，社債の市場価格を維持するこ

とによって間接的に株式市場の価格維持をはかることができる。そこで，発行会社にとって言えば，譲渡制度は社債市場に参与する一種のメカニズムであるともいえる。社債の譲渡は，投資者に投資の機会を提供しており，特に公開した証券市場において譲渡すると，証券の取引種類を増やすことができる。社債の譲渡，特に市場において集中的に持続的に行われる譲渡は，社債保有者，発行会社，潜在的投資者などに社債に関する情報を提供することができる。

社債の譲渡については，異なる角度から分類することができる。対価の取得を基準として，社債の譲渡を有償譲渡と無償譲渡に分けることができる。前者は，社債の売買または取引，後者は贈与，承継などの原因により生じる。譲渡価格で形成したメカニズムにより協議譲渡と競争性譲渡に分けることができる。譲渡の場所によって市場外取引と市場内取引に分ける。前者は，法により設立した証券取引所で行われる譲渡であり，後者は証券取引所以外の他に法により設立された証券取引所において行われる譲渡である。通常，市場外取引は協議譲渡が多く，価格形成メカニズムの多くは，非競争性の譲渡が多い。市場内取引は競争性のものが多い。

社債の譲渡に伴い，会社の社債が有する財産上の権利も譲渡されることになる。社債の譲渡は，債務者である発行会社に知らせる必要はない。社債の譲渡後，元本及び利息支払い請求権も譲渡される。よって譲渡人は，会社の債権者ではなく，社債の譲受人が発行会社の社債の債権者となる。

(二) 譲渡の形式及びその場所

《会社法》第160条では，社債の譲渡，譲渡価格については譲渡人と譲受人が約定することができると明確に規定している。

証券取引所において上場して行われた社債の取引は，証券取引所の取引規則により譲渡される。社債の譲渡方式は社債の種類によって異なる。《会社法》第161条によると，記名社債の譲渡は，社債保有者が裏書の方式または法律，行政法規で定められたその他の方式で譲渡する。譲渡後，会社の譲受人の氏名または名称及びその住所を社債名簿に記載する。無記名社債の譲渡は，社債保有者が社債を譲受人に交付したときから譲渡の効力が生じる。

(三) 上場社債

社債の上場及び取引所内における取引とは，会社法及び証券法の関連規定により，証券取引所において取引を行う場合である。社債の取引は，公開か

つオプション取引の方式を採用し，価格優先，時間優先の原則に従うものとする。

1　上場取引の条件

社債と株式の異なる点の一つとして，社債は期限があり，株式は期限がないというところである。社債の期限到来後，社債のリスク及び利益はすべて確定し，市場に上場し取引する意義が乏しい。更に，証券取引所に上場した証券は，典型的な投資商品として充分な数をもって維持され，市場において流動性を保証し，それによって少数者が市場において取引を支配し操縦することを防止する。そこで，《証券法》第57条により，会社の社債上場取引は，下記の条件に適合しなければならない。すなわち，「（一）社債の期間が１年以上，（二）社債の実際発行額は少なくとも人民元５千万元を下回ってはならない，（三）社債の上場は法定の社債の発行条件に適合しなければならない」。

中国《証券法》第48条によると，「社債の上場を申込む場合，証券取引所に申し込み，証券取引所が法により審査・認可をし，取引所の同意を得なければならない」。《証券法》第58条によると，社債の上場取引については，証券取引所に下記の書類を提出しなければならない。「（一）上場報告書，（二）社債上場に関する取締役会の決議，（三）会社の定款，（四）会社の営業許可証，（五）社債の募集方法，（六）社債の実際発行金額，（七）証券取引所の上場規則で定めたその他の書類。転換社債の上場取引は，推薦人による上場推薦書が必要となる」。

2　上場取引の暫定停止及び終止

《証券法》第60条によると，「社債の上場取引後，会社に下記のいずれかの状況が生じる場合，証券取引所はその上場取引を暫定的に停止する。（一）会社に重大な違法行為が生じた場合，（二）会社に重大な変化が生じ，社債の上場条件に適合しない場合，（三）社債の募集資金を許可された用途に使用しない場合，（四）社債の募集方法による義務を履行しない場合，（五）会社が直近２年連続して欠損する場合」。

《証券法》第61条によると，会社に《証券法》第60条第１項，第４項のいずれかの状況が生じ，結果が重大である場合，または《証券法》第60条第２項，第３項，第５項のいずれかの状況が生じ，期間内に除去できなかった場合，証券取引所は社債の上場を廃止する決定を下すと規定している。会社が解散または破産宣告をされた場合，証券取引所がその社債の上場を廃止する。

会社が解散または破産宣告を受けたときは，証券取引所はその会社の債権上場取引を終結する。

証券取引所が決定した上場不許可，暫定上場，上場廃止に不服がある場合，証券取引所が設置した再審機構に再審の申立をすることができる。

3　上場及び取引過程における継続的情報公開

公開の原則は証券法の核心的原則であり，公開原則を体現する情報開示制度は証券法において重要な位置を占めている。そこで，社債の上場及びあらゆる取引は公開の原則に従い情報開示制度を遵守し，投資者の適法な権益を最大限保護することによって証券市場の機能を発揮させなければならない。

《証券法》第59条によると，「社債の上場取引の申請は，証券取引所の審査・認可を経て，規定した期間内に，社債の上場書類及び関連書類について上場取決めを締結しなければならず，更に申請書類を会社に備え置き，公衆が閲覧できるように提供する。国務院の授権によって，法により社債の発行を認可した部門は，会社法の規定により社債の募集方法，財務会計報告を公告しなければならない。会社が公告した社債の発行及び上場書類は，必ず真実，確実，完全でなければならず，虚偽記載，誤解を与えるような陳述あるいは重大な漏れがあってはならない。社債の上場取引を行う会社は，1会計年度毎に，上半期の終了後2か月以内に，国務院証券監督管理機構及び証券取引所に所定の内容を記載した中間報告書を届け出しかつ公告を行う。社債上場会社は，1会計年度の終了後4か月以内に，国務院証券監督管理機構及び証券取引所に法が要件する内容を記載した年度報告を届け出し公告を行う。

発行者，証券会社は，目論見書，社債募集方法，財務会計報告，上場報告書類，年度報告，中間報告，臨時報告を公告し，虚偽記載，誤解を与えるような陳述または重大な漏れがあって投資者に損失を与えた場合，発行者，証券会社が損賠賠償の責任を負い，発行者，証券会社の取締役，監査役，支配人は連帯して賠償責任を負わなければならない。

二　社債償還制度

(一)　概念

社債の償還とは，発行会社が予め約定した時間及び利率などの条件により，社債の元本及び利息を社債の保有者に交付する行為である。経済的意義からいうと，発行会社による社債の償還は，社債保有者が投資の収益を実現する

一種の形式である。法律の意義からいうと，発行会社の償還は，社債発行会社の法律関係が消滅することを意味する。期限到来による社債の償還は，会社の債務が消滅する最も基本的な形式である。他に，社債に関わる債権・債務法律関係は，会社の他の債務と同様に，債務の寄託，免除及び混同などの原因によって消滅する。社債の期間は，社債の償還と密接に係わる一つの要素であるが，中国会社法では期間についてまだ明確な規定を置いていない。但し，中国の《転換社債の管理に関する暫定方法》では，転換社債の期間を3年ないし5年であるという規定を置いている。

(二) 償還方式

　正常な状況の下では，社債は期限が到来すると償還しなければならない。但し，特殊な状況の下では，条件付で繰上げて償還することを認めている。そこで，社債の償還方式は，期限到来の償還と繰上償還の2種類に分けることができる。社債の繰上償還は，投資者にとっては望ましい償還ではない。更に，発行契約において明確に規定していない場合，発行会社は繰上償還するとそれは契約に適合しない行為となる。例えば，フランスの《商事会社法》第323条によると，「発行契約に特別な規定がない場合，会社は社債の債権者に繰上償還を受け入れるように強制してはならない」と規定している。そこで，発行会社が繰上償還する場合は，発行契約において特別に約定しなければならないといえる。関連約定がない場合，発行会社は，繰上償還を行う権利がなく，社債の保有者も発行会社による繰上償還を受ける義務がない。

　繰上償還の場合は，理論上二つの状況が考えられる。一つは，同期に発行した社債の全部を繰上げて償還する場合ともう一つは，一部を償還する場合であるが，この場合は，分割償還と密接に係わる。一般的に，社債の繰上償還には具体的に以下の三つの状況がある。

　1　公開市場で購入し，償却する場合

　公開市場で購入し，償却する方式とは，発行会社の社債が市場において発行会社に有利な価格状態に置かれている場合，社債を回収して償却する方法で元本及び利息を償還する方式である。ここで，更に指摘しなければならないのは，発行会社が社債を回収し償却すると，償還の目的を達成することができ，社債の価格を上げることもできる。それによって間接的に会社の株式の市場価格をサポートし，会社のイメージをアップさせる目的も達成できるのである。

2 買戻権の行使

買戻権とは,社債の契約において約定した社債の期限が到来する前に,発行会社が社債の一部または全部を買戻す権利のことをいう。期限到来前に,社債を買戻すのは,発行会社が一種のオプション権を行使するのと同様で,更に有利な条件で債務について再編することに資する。発行会社は,社債を買戻す意思があるのであれば,事前に発行契約において約定しなければならない。事前に約定をしていない場合,発行会社は既に発行されている社債を事前に買戻す権限がない。多くの転換社債は事前に買戻す約定を付している。

3 新社債で旧社債を償還する方式

このような事前償還方式の具体的な実行形式は,(1)直接交換,直接新債権を交付して旧債権と交換する。(2)新たに社債を発行して,公開市場から旧社債を買戻す方法,すなわち,新たに社債を発行し,募集資金をもって公開市場で旧社債を買戻す方式である。(3)新社債を発行しかつ買戻権を行使する。募集した資金をもって事前に発行した社債を買戻す。

発行会社が,前述したとおりに事前に償還することによって,発行会社と社債保有者間に生じた債権・債務関係は消滅する。

三 社債の転換
(一) 社債の転換概念及び転換による法律効果

社債の転換というのは,転換社債のことをいう。転換とは,転換社債の所有者の自己判断に基づいて,発行時に既に確定した転換請求期間内に,転換社債に対する転換請求権を行使することである。転換社債の転換とは,一種の法律行為であり,法的効果は,転換社債の発行会社と保有者間の債権・債務関係が消滅し,それによって転換社債の保有者が転換権を行使し,保有者自身の身分にも変化が生じ,発行会社の債権者から発行会社の株主に変わる。保有者身分の変化により,権利及び義務内容にも変化が生じる。社債保有者から転換されて,株主は他の株主と同様の法的地位に置かれ,他の株主が享有する権利を有し,他の株主が負う義務を負う。

転換社債の発行会社にとっては,転換社債が発行会社の株式に転換する前には,発行会社は転換社債保有者の債務者である。転換社債が会社の株式に変わってからは,社債保有者と発行会社間の元の債権・債務法律関係は消滅

する。転換社債の保有者が代表する債権は発行会社の株式に転換し，発行会社の元本及び利息を返還する義務は免除され，発行会社の負債も減少し，既に発行した株式数及び実際に払込まれる資本も次第に増加する。

(二) 転換権の行使及び保護

転換社債に対し，発行会社が発行条件において社債保有者が有する転換権を約定するのは，一種の片務的法律行為である。そこで，転換社債の保有者が転換権を行使する場合，発行会社は転換社債を発行会社の新株に変えて発行する義務がある。中国《会社法》第163条によると，「株式に転換する社債を発行した場合，会社は転換方法により社債保有者に株式を発行するが，社債保有者は株式に転換するか否かについて選択権を有する」と規定している。

転換権は一種の形成権である。転換社債の保有者の転換権を形成権として規定すると，社債保有者の保護に資する。転換の請求は，約定した交付場所に送達した時に即時に効力が生じる。転換請求により債務関係は消滅し，転換社債の保有者は，それを発行会社の株式に換え，会社の債権者の地位から発行会社の株主に変わる。発行会社が社債保有者の転換請求を拒む場合，違約となり，債権者は民法の債務不履行の規定により発行会社に賠償を請求することができる。

第五節　社債保有者の保護制度

一　一般制度と方法

(一) 債権の保護方式

社債の償還前には，社債保有者と発行会社の間には，債権・債務法律関係が継続している状態である。こういう債権・債務法律関係の拘束力は，社債の期間が到来する時に集中的に体現される。すなわち，社債保有者は発行会社に元本及び利息の支払いを請求し，発行会社も社債保有者に元本及び利息を支払う義務がある。期間が到来した時に，発行会社が支払いを拒むか支払い不能となった場合，債務不履行による一種の違約行為となるので，関連法規定により違約責任を負う。違約責任の形式は，予め発行契約において明確に約定しなければならないが，違約責任を負う方式は違約金及び損害賠償の2種類がある。社債自体が一種の債務証券であるので，債権として保護する必要がある。

社債を発行するときは，社債発行会社は保護方式として保証付きの社債を発行する。保証付き社債の場合，発行会社が支払いを拒むかあるいは支払い不能であるときは，社債保有者は《担保法》の規定及び発行契約における約定により保証人に保証責任を負うよう請求することができる。社債の保証担保については，中国の関連法にも規定が置かれている。例えば，転換社債の保有者の権益を充分保護するために，中国の《転換社債管理暫定方法》では，強制的形式規定をもって，国有企業が発行する社債に対し，弁済能力がある保証人が担保するようにと規定している。

(二) 物権の保護方式

債権の保護方式と比べると，物権の保護方式は一種の特殊な保護方式であり，当事者の特別な約定を必要とする。これは債権保護方式に対する一種の補完である。いわゆる物権の保護方式は，物上に担保を設置する方式を通して，社債保有者の有する元本及び利息支払いの請求権を保護している。当然，物権保護を請求することができるのは，担保付社債の保有者に限られる。中国《担保法》の規定及び社債の特徴に基づいて，担保方式として適用されるのは，抵当，質入の2種類の形式がある。すなわち，発行会社が不動産，動産あるいはその他の財産権を社債の元本及び利息支払いの保証として抵当あるいは質入で担保する。

二 特定の状況下での社債保有者の保護

発行会社の特定状況とは，主に発行会社の登録資本の減少または増加，発行会社の合併または分割，発行会社の組織変更などが具体的状況である。これらの状況の発生によって，社債保有者の合法的権益に影響を与えてはならない。発行会社の解散も同様に社債保有者の合法的権益に影響を与えてはならない。清算の過程において，清算組織は社債保有者の合法的権益を保護する義務があり，社債保有者は残余財産の分配に参加する権限を有する。なおかつ，その分配順位は株主より優先される。発行会社に再生または破産の状況が生じた場合，関連規定により社債保有者の合法的利益を保護しなければならない。

三 社債保有者の利益保護制度

社債保有者の角度から検討すると，同期に発行した社債保有者は同様な権

利義務を有する。しかし，社債保有者は分散しており，会社に対抗し難いのが実情である。すなわち，個々の社債保有者の自己保護能力は弱いのである。同時に，会社社債保有者が分散しているという特徴は，個々の投資者が発行会社の契約の履行を監督するコストを高めている。ここでコストというのは，発行会社が社債発行契約を履行するための情報の獲得及び発行会社の違約行為の是正のために生じるものである。一方，社債保有者の債権額はごく小さな金額である可能性があるので，発行会社は契約履行の積極性に欠けるおそれもある。他方，相当多くの社債保有者は投機的心理を有しているので，他の社債保有者に会社に対する監督を期待し，それによって発行会社が社債契約を充分履行できるように保証を図っている。自己は「ただ乗り便乗者」(Free Rider)である。こういう状況は，社債保有者保護に不利となり，社債の発行に困難をもたらし，社債の経済的機能に影響を与え，最終的に会社は有利な融資ルートを無くしてしまう。

　発行会社の角度からいうと，社債の発行は，国の経済政策の変化，科学技術の発展，経営環境の変更などの諸要素の影響を受けるので，会社は社債関連事項について適宜に調整を行う必要があり，発行会社と社債保有者間の権利義務関係にも変化が生じる。契約法の原理に基づいて，契約の変更は必ず他方の当事者の同意を得なければならない。但し，社債関係において，社債発行会社が社債保有者毎に同意を得ようとすると，効率が低く，コストが高く，成功率がかなり低くなるのは事実である。これらの原因により同期に発行した社債保有者の全体的利益を保護するために，社債保有者に統一的に提供できる一つの法的メカニズムが必要となる。こういう法律制度の立法体系には，多くの差異があり，大多数の大陸法系の国においては，社債保有者会議制度の形で解決を図っている。大多数の英米法系の国においては，社債の信託制度として体現され，一部の国と地域では両法系を統合して折衷説をとっている。なお，一部の国では，社債保有者代表制度を通して社債保有者の利益を保護している。

　社債保有者がグループ行動をとって保護する法律制度は，発行会社にも有利であり，発行会社が社債の発行事項について予め説明し，決める必要性はなく，多数決で発行会社と社債保有者間の利益関係の提供に便宜を提供するために，各国の社債保有者のグループ行動について法制化している。

(一) 社債保有者の会議制度
1 会議の性質

社債保有者会議は，社債保有者の共同の利益のために設立され，会議体の形式で権利を行使する一種の法的メカニズムである。社債保有者会議は常設機関ではない点で，株主総会に似ている。但し，社債保有者の会議は，会社の組織機関ではない点では会社の株主総会とは異なる。その他には，企業の破産過程において，破産企業の債権者の全体的利益を保護するために，債権者会議制度を設けている。社債保有者会議の目的は債権者を保護するためのものであるが，この点において，社債保有者会議は株主総会に類似している。しかし，両者の適用状況，構成，具体的機能などの方面において大きく異なっており，両者は相互に取って代わることができない。

社債保有者会議の法的地位については，ごく一部の国で法規定を置いており，法人格を付与している。例えば，フランスの《商事会社法》第293条によると，「同期に発行した社債保有者は，その共同の利益を保護するために，自主的に民事法人格を有するグループを構成する」と明確に規定している。フランスでは，これによって社債保有者利益を保護している。

2 会議の構成

同期に発行した社債保有者または同一種類の社債保有者でない場合，共同の利益を有し難いし，相互の利害関係は衝突する恐れもある。そこで，こういう会議制度をもって社債保有者の利益を保護する場合，会議のメンバーを同期発行した同種の社債保有者に限る観点は支持するべきである。諸外国の法規定をみると，社債保有者会議は同期に発行された社債を保有する人たちによって構成される。例えば，フランス《商事会社法》第308条第1項によると，「いくつかの社債債権者グループが存在する場合，いかなる状況においてもこれらのグループは同じ会議において審議を行ってはならない」と規定した。日本の状況も基本的にフランスと似ており，日本の《商法》第338条によると，「数種の社債を発行する場合，社債権者の集会は，各種社債の種類別に行われなければならない」と規定した。

社債保有者会議の構成について，一部の国の関連規定に注目する必要がある。例えば，イタリアでは，発行会社の取締役と監査役は社債保有者大会に出席することができるが，議決権を有していないと規定している。日本では，社債保有者会議またはその招集者が必要であると考えた場合，発行会社が代

表者を派遣して会議に出席するように請求することができるが，発行会社の代表は議決権を有していない。
　3　会議の招集及び権限
　社債保有者会議の招集について，一部の国の法規定によると，発行会社，一定の比率の社債を有する社債保有者及び社債の受託者のいずれも規定した手続き及び条件により社債保有者会議の招集を請求する権利を有する。会議の招集問題において，各国または地域では，社債保有者の権利について様々な規定を置いている。一部の国または地域では招集権者の比率について直接明確に規定し，一部の国または地域では一定比率を有する社債保有者は会議を開くよう提案する権利は有するが,招集権は有していないと規定している。例えば，日本，イタリアでは，社債保有者は招集を提案する権利しか有していない。これに対し，台湾では，一定の比率に至った社債保有者は会議の招集権を有していると規定している。社債保有者会議は，会社の株主総会と同様に，会議における決議方式で権利を行使し，更に，社債保有者と会社の株主は同様に分散しているという特徴を有しているので，社債保有者会議に対して多くの国または地域は株主総会の規定を適用するよう規定している。
　社債保有者会議は下記の事項について決議することができる。(1)社債の元本及びプレミアム価格あるいは利息に関する支払いの遅延，減少または相殺事項，(2)社債の保証または担保に関する解除または設定事項，(3)発行会社の再編事項，(4)合併または会社の破産和解手続に関連して社債を会社の株式，他の種類の証券に換える場合，(5)社債の貨幣建ての変動，(6)棄権または違約事件が生じた場合，(7)社債受託者の責任を免除して，受託者が社債保有者を代表して提訴するようにする事項,(8)社債保有者委員会のメンバーを指定し，特に発行会社の清算及び再編の手続きにおいて，指定する必要がある場合，(9)社債受託者または社債保有者代表を撤回する場合。
　発行会社が自己社債を保有する場合，発行会社と社債保有者の利益が一致しておらず，しかも相対的に対立しているので，大多数の国は社債保有者会議制度を確立すると同時に，発行会社が社債会議において議決権を行使することを禁止している。
　社債保有者を保護する会議体になるようにするために，更に会議の機能を充分発揮させるためには，発行会社の株主が社債を保有する場合，会議における株主の議決権を制限する必要がある。例えば，フランスの商事会社法の

規定によると,「発行会社の株主が社債を10％以上保有している場合, 社債保有者会議において議決権を行使してはならない」。

4 決議及びその承認と効力

社債保有者の会議は, 一つの会議機構であるので, 多数決の原則に基づいて社債保有者全員の意思を決定し, それによって会議の決議は社債保有者全員に対して拘束力を有する。同期に発行した社債保有者の利益を保障するために, 特に少数社債保有者の利益のために, 一部の国または地域では, 会議の決議が必ず裁判所の承認を経なければならないと規定し, 承認を経てからこそ法的効力を生じると規定した。日本及び中国台湾地域の会社法の規定によると, 会議に下記の事項のいずれかがある場合, 裁判所は承認しないと規定している。(1)社債保有者会議の招集手続きまたは決議の方法が法令に違反しまたは応募書に記載者を欠いている場合, (2)決議が正当な方式で達成できない場合, (3)決議が公正にかける恐れがある場合, (4)決議が債権者の一般的利益に反した場合。

5 社債保有者会議の費用負担

転換社債保有者会議の費用負担は, 単に費用を誰が負担するかの問題のみならず, 社債保有者を保護する立法理念をも直接反映している。日本では, 関連法規定により社債保有者の会議の費用及び裁判所の承認費用は発行会社が負担している。他の国と地域も同様に規定している。

(二) 社債信託制度

一部の英米法系の国では, 大陸法系の社債保有者会議制度を移植しておらず, 信託の原理を利用して, 一人の受託者を代表者として指定して係る債権及び担保物権を行使するようにしている。信託制度の一般原理によって, 社債受託者は, 発行会社が社債保有者の利益を保護するために, 社債発行契約において指定するものである。受託者は, コモンロー上の所有権者であり, 発行会社に対して各種の請求権を有する。社債保有者は当該権益における受益者であり, すなわちこれらの請求権は, エクイティにおける所有権者である。これは, 後者の権益は所有権の性質を有し, ただ単に債権者と債務者の間の契約に基づく請求権ではない。

1 受託者の資格

社債受託者は, 発行会社が社債保有者の利益のために指定したものであり, 通常金融機構が担う。注意しなければならないのは, 受託者が社債保有者の

利益を代表しているが，発行会社が指定しているので，発行会社が費用を支払っている。イギリスには，成文法がないので，受託者の資格について具体的な規定を置いていないが，イギリスの証券取引所の規則によって，受託者を指定する必要がある場合，必ず信託会社を受託者として指定しなければならないと規定している。アメリカとカナダの法律では，現地の会社を受託者として指定しなければならないと規定している。日本では，社債の受託者は専門的に担保社債を経営する会社であり，通常の意味の信託会社ではない。中国の台湾地域では，社債の受託者は金融または信託機構に限られると規定している。

信託法の一般原理に基づいて，受託者は受益者に対し，信任義務を負っている。社債の信託においては，社債の受託者が社債保有者に対して忠実義務を負っているので，自己利益を図る行為をしてはならない。受託者がある社債の発行の重大な利益と衝突する場合は受託者になってはならない。典型的な利害衝突としては，交錯コントロール，受託者が同一の債務者のために二つ以上の信託契約における受託者になった場合，受託者自身が社債の購入者である場合，受託者会社において比較的に高い比率の議決権を有する株式が債務者または債務者会社の取締役または高級管理職により保有されている場合などである。

　2　受託者の義務

信託制度は信頼を基礎とする。そこで，英米法系の国の信託法では，受託者は受益者の利益のために重い信任義務を負うと規定している。通常，受託者は受益者の利益のために善良なる管理義務を負い，しかも自己利益を図ってはならないと規定している。イギリスの判例解釈によると，善管注意義務というのは，受託者は，信託業務の管理において，普通の人が自己業務の処理において適用する慎重さ及び勤勉さと同様なものである。具体的には，社債信託制度において，社債受託者が自己の職責履行に資するために，信託受益者の利益を保護するべく，社債受託者の主要な権利義務の調査義務，違約事件の発生に関する通知義務，デフォルトが生じた場合，社債保有者を代表して強制執行や訴えをするなどの義務がある。

（三）社債保有者代表制度

大陸法系の一部の国では信託制度を採用しておらず，社債保有者代表を指定する方式と社債保有者団体を設立する制度をもって社債保有者の利益を保

護している。

　社債保有者代表を指定する方式は，欧州及び大多数のラテンアメリカの国に適用されている。社債保有者の代表が成文法で付与した権限を行使する場合，その一部の権限は英米法系の国の社債の受託者の権限より広い。例えば，社債保有者代表は，発行会社の株主総会に出席し，更に発行会社の取締役会に出席する権限を有し，社債保有者の代表が負う職責は通常普通の代理人より多い。

【本節実務検討】
●社債保有者の特殊地位及び保護

　会社における株主と社債保有者の地位及び両者の関係に対し，伝統的会社理論と現代会社理論とでは多くの異なる点がある。例えば，欧米の学者は，一般の株主は会社の所有者の一部分として忠実義務を負う必要はなく，自由に出入りできる投資者であり，社債保有者と異なる点は投資契約の保有者であるという点で異なるだけであると主張している。また一部の欧米学者は，経済学の角度から，株式を購入する投資者と社債を購入した投資者は，同一の活動に従事していると解釈し，更に，目標も同じで，両者は共に投資回収を期待している。そこで，現代証券市場において，債務証券と権益証券は同じ目的の下で取引が行われ，しかも同様な投資機会を付与されている。社債保有者と株式保有者は，明らかに区別される2種類の投資者ではなくなった。投資者は常に社債と株式の間で転換することができる。利率が上昇し，株価が低落する場合，投資者は株式を販売して社債を購入する。利率が下がり，株価が上昇する場合，投資者は社債を販売し株式を購入する。本日の株式保有者が明日の社債保有者になる可能性もあり，反対になる可能性もある。

　前述した理論及び観点の結論は，現代資本市場において債務証券及び権益証券の区別は既に明確ではなく，経済学の観点からいうと，会社の株主及び社債保有者はいずれも会社証券保有者であり，ただ，会社の資産に対する要求が異なるだけである。

　しかし，会社の立法に依然として大きく影響を与えている伝統的会社法理論では，株主は会社の所有者であり，会社の法定機構である取締役会は株主に対して信任義務を負い，株主の利益も会社法により保護されると認識している。但し，社債保有者の権利は，多くは契約の問題であり，社債保有者と

会社間の債権・債務関係であり，会社の外部関係に属する。同時に，会社の経営リスクは株主が負うので，株主は会社に対して最も関心があり，責任感をもっている。一方，会社の債権者は会社の経営管理への参与権，決議権と監督権を有しておらず，これらの権利は株主が独占している。そして，取締役は会社の社債保有者に対し何らの信任義務を負う必要はないので，会社の内部統治機構において社債保有者を保護するメカニズムがない。こういう法理により，社債発行契約以外には，社債保有者に対する他の保護措置はなく，社債発行契約だけでは社債保有者の利益を保護することはできないのである。

　法律の角度からいうと，債務証券の保有者及び権益証券の保有者と発行会社間の法律関係の性質は異なっている。投資者は株式という権益証券を購入してから会社の株主となり，解散及び破産のリスクを負う以外に，利益配当を受けるが，利益配当は会社の営利状況に係わっている。債務証券の投資者の角度からいうと，理論上，会社の営利・欠損は，社債の利率の高低とは関係がないが，会社の解散または破産は，必ず会社の元本・利息支払いの能力を低下させる。更に重要なのは，株主は株主会に参加する権限を有し，会社の重大な事項の決定に参加するが，大多数の国の法律は社債保有者にはこういう権限を付与していない。そこで，会社，株主，社債保有者の利益を均衡させることが考慮される。しかも，現実に株主は社債権者より更に保護されており，株主が得る利益も社債権者より多い。例えば，会社の社債の発行後，様々な理由で，その中には善意である場合もあるし，悪意である場合もあって，社債発行契約の修正が求められる場合があり，一部の社債権者は，既に決められた権利を放棄する。こうして，発行会社が社債保有者に対して，承諾の義務を履行していないが，会社の株主は継続的に会社に対する権益を有する。

　注意しなければならないのは，転換社債の場合である。投資収益の角度からいうと，転換社債の券面利率は低く，転換社債に投資した収益は主に社債の転換価値にある。そこで，会社の経営状況に対して，転換社債の保有者は，普通の社債保有者のようにのんきな気になれない。転換社債の転換前に，その保有者はただ会社の債権者であり，社員ではないので，株主のように会社の経営に参与することができない。しかし，発行会社の経営状況は転換社債保有者の利益に関わっている。すなわち，転換前の社債保有者は，会社の債

権者であるが，通常の債権者保護の方式ではその正当な利益保護が図られないのである。同時に，転換前に，転換社債保有者は発行会社の株主ではないので，株主の権利を享有することができない。

第十一章　財務会計制度

第一節　概　説

一　会社の財務会計概念

　会社の財務会計とは，会計法規，会計原則または会計制度の指導の下で，貨幣を主要な計量形態とし，会社の財務活動及び経営活動の状況について記帳，計算，帳簿上の請求などの形式を通して，会社の管理者及びその他の利害関係者に定期的に会社の財務情報を提供する活動である。そこで，会社の財務，会計概念については，下記のように理解することができる。

　第一，財務会計活動の基本内容は，会社の財務と経営情報の作成及び提供である。財務会計人員は，会社の生産経営活動における大量の，日常の業務データに基づいて，記録，分類，集計を行う。定期的に会社の一定期間に関する経営成果及び財務状況に関する報告を作成して開示する。例えば，貸借対照表，損益決算書，キャッシュフローなどの状況について，利害関係者に会社の財務経営情報を提供している。

　第二，会社の財務，会計制度の基本は，会計徴憑，帳簿，報告表などの会計資料は，真実に，正確に，全面的に会社の資金運営情報を反映していることである。会社の財務状況を真実のとおりに反映するのは，会社の各方面の利害関係者の保護を前提に，中小株主及び潜在的投資者の保護に資する。

　第三に，会計管理は，会社の内部管理層を対象にしているが，財務会計の対象は，会社の利害関係者の内，外部関係者も対象としている。各利害関係者は，財務会計諸表に関する検討を通して，会社の基本経営状況を把握し，それによって投資，取引，監督管理の根拠としているので，財務会計は「対外報告会計」とも称している。

　第四に，会社の財務会計諸表は，もちろん会社の管理者以外の利益主体のために作成しているが，財務会計諸表自体は会社の内部管理者の指導の下で，会計担当者が具体的に作成するものである。会社の管理者及び会社の外部利

益主体の間には，潜在的利益衝突が存在し，会計担当者の会計行為は会社管理者の意思により作成される可能性があるので，外部主体の利益に損害を与えるおそれがある。そこで，財務会計の目的は，外部の利害関係者のために提供するサービスであるので，会計行為は，単純に会社の管理者に左右されるものではなく，法律の規定または一般に認められる会計基準の要件によって行う。このような財務会計諸表であってこそ外部者に信任される。そこで，多くの国の会社法では，会社の財務会計行為及び方法の基本原則に関する規定を置いている。

二 会社の財務会計制度の法的意義

会社自体の合資性が資産運営の状況を決定し，これは会社の債権者，潜在的投資者，潜在的取引対象，従業員及びその他利益関係の利益に係わる。これらの利害関係者間の利益配当は，直接オフィサーが提供した財務情報の影響を受けるので，会計情報に関する会計情報はただ単に技術の問題ではない。そこで，会社法は，会社の財務，会計制度の章を一つ設けており，これには下記のような立法の背景及び立法理由がある。

第一，現代企業制度は所有と経営が分離している。株主が自己の財産を会社に投資すると，利益配当を受ける権利，管理者を選択する権利及び残余財産取得権などの権利を有する以外に，その出資財産に対する直接的支配権を喪失する。こういう状況の下で，財務会計制度を構築するのは，財務会計情報の真実性，正確性，完全性を保証して，株主が会社の財産運営状況を把握するようにし，会社の取締役，執行役の職権行使行為を監督し，自己の利益を保護する重要な手段となる。

第二，有限責任制度の下では，株主は債権者に対して直接責任を負うのではなく，債権者の債権は会社の財産を限度として清算を受ける。会社の財産額，変動及びキャッシュなどはいずれも債権者の債権が保証できるかどうかの実質的な問題に係わる。そこで，会社法において，確定した会社の財務会計制度は，欠損を補填し，準備金を控除するまえに株主に利益を分配してはならないと明確に規定している。なお，会社の財務諸表が提供する会社の財務状況は，債権者が会社の信用を評価するために情報を提供し，かつ適切な予防措置をとって損失を免れる。

第三，会社の従業員は，会社に労務を提供している。しかし，労務の不可

分性によって従業員は資本のようにリスクを分散することができない。そこで，従業員の利益を保護するために，会社法は財務会計制度において法定公益金を控除して，従業員の福祉に資するようにしたが，実務において違法が多く，実際従業員には何らのメリットもなかった。従って，株主の権益も影響を受け，公益金は実際の予定したとおりの役割を果たせなかった。公益金制度は，社会主義計画経済時代の産物であるので，2005年に改正した新《会社法》では法定公益金制度を廃止した。

第四，一般大衆は，会社の潜在的投資者，潜在的取引対象として，会社への投資または取引において会社の財務情報の開示に依存するので，会社法は会社が社会に向けて公募する場合に，必ず会社の財務会計報告を開示しなければならないと規定している。

第五，会社の管理者にとって，財務会計制度及び会計監査活動は会社の財産管理者が財務方面において慎重に対応するようにし，しかも財務規則の最低基準に適合しなければならない。それによって，株主，債権者，公衆，従業員などの基本的利益を保護することになる。

第六，規範化した財務会計制度は国の財務部門に会社財産の運営状況を監督し，更に検査するようにし，会社の営利欠損状況を把握して即時に税金を徴収するようにし，脱税等の現象の発生を防止する。

前述したこれらの原因により，異なる主体の利益を保護するために，法律は，健全な財務会計制度を構築するよう求めている。これは，経済活動の社会化がもたらした異なる主体の利益の会社の中での衝突と融合であるといえる。

三 会社の財務会計制度の立法状況

会社は企業の一形態であり，その財務・会計事項に対しては，《会計法》，《企業会計準則》，《企業財務通則》の一般規定を適用している。但し，会社と一般企業は多くの点で異なっている。そこで，《会社法》は一つの章を設けて財務・会計制度を規定し，会社に対しては会社法の規定を優先的に適用する。

《会社法》164条によると，会社は，法律，行政法規及び国務院財政部門の規定に基づいて財務会計制度を構築しなければならないと規定した。なお，会社法の同原則以外に，1985年1月21日に公布した《中華人民共和国会計法》，1993年12月29日の第八回全国人民代表常務委員会第五回会議，1999

年10月31日の第九回全国人民代表常務委員会第十二回会議において2回にわたる修正を経ている。科学的財務会計制度を構築し，会計制度の国際化のために，1992年末に財政部は相次いで《財務会計通則》，《企業会計準則》及び各業界の会計制度，1998年に財政部はまた《株式会社会計制度——会計科目及び会計諸表》を公布している。1993年10月31日の第八回全人代常務委員会第四次会議において，《中華人民共和国登録会計士法》を採択した。これらの法規範が中国の会社財務会計制度の法律根拠となる。前述した法律規範は，会社の会計原則，会計科目の設置及び使用，会計証憑，会計帳簿の記入と登記，会計諸表の作成と届出，会計担当の資格と責任などについて明確に規定している。特に，企業の財務活動における財務管理基本原則並びに規範として適用される《企業財務通則》，企業が会計照会において適用する《企業会計準則》があり，これらの法規はグローバルスタンダードに合わせており，会計制度の重要な根拠となる。

第二節　会社の財務会計報告

　会社の財務会計報告は，会社の生産経営の成果及び財務状況に関する総合的書面書類である。これらの書類は，会計諸表により構成される。いわゆる会計諸表とは，貨幣の形式で総合的に一定の期間内の生産経営活動及び財務状況を反映する一種の書面報告である。諸表は，会社の会計帳簿の記録に基づいて，規定された仕様，内容及び方法により作成される。これは，会計情報の基となり，会計情報システムは外部に会計情報を伝達する重要な形式である。その目的は，システム的，ポイント的，簡単且つ明確に財務状況及び経営の成果を反映し，会社の経営者，株主，債権者，潜在的投資者，潜在的取引者，政府の関連部門などに必要とする財務資料及び会計情報を提供することである。

　会社法165条によると，会社は一会計年度の終了時に，財務会計報告を作成し，更に法により会計士事務所の会計監査を経なければならない。なお，財務会計報告は，法律，行政法規及び国務院財政部門の規定により作成するものとする。会社の組織形態の違いに基づいて，他の法規定により柔軟且つ科学的に財務会計報告を作成することができる。但し，貸借対照表，損益決算書，財務状況変動表，キャッシュフロー計算書，財務状況説明書及び利益

配当表などの内容は，依然として会社の財務会計報告の記載事項及び評価基準となる。

一　貸借対照表

　貸借対照表とは，「資産＝負債＋株主権益」の公式により，一定の分類基準及び順序により会社がある特定の時期の資産，負債及び株主権益などの各種項目を適切に，順序立てて編制し構成した報告書である。貸借対照表は，ある特定の時期における静態的な財務状況を反映し，学界では静態会計諸表という。貸借対照表は，最初は国の税金徴収の要請及びその他管理面に対する要請により生じている。他に，商人は，貸借対照表をもって商業経営活動を補助している。

　貸借対照表の項目は，資産，負債及び所有者権益の分類によって例示し，下記の状況が含まれている。(1)会社資産の規模及び資産構成の状況を反映する。会社の経済実力の重要な決定要素の一つは，会社の有する資産総額であり，企業の営利能力の物的基礎となる。(2)会社の権益構造を反映する。会社の権益構造は，財務構造とも称し，会社の資金源は，借入資本及び自己資本の比率関係による。財務構造が異なると，会社が受けるリスクが異なる。自己資本比率が高い場合，会社の財務基礎が比較的に安定している。借入資本比率が高い場合，会社の負債経営度は高く，リスクが大きい。(3)資産構造及び権益構造双方の情報を比べて開示すると，会社の短期返済能力及び支払能力を反映する。前期・後期の貸借対照表を比べて，会社の財務状況の変化を開示する。貸借対照表の基本様式は**表 11-1** を参照。

二　損益決算書

　損益決算書とは，一定の期間内の経営成果及びその分配状況を反映した報告書である。損益決算書は，一定期間内の収入，費用及びその営利または欠損を反映し，会社の営利欠損帳簿項目を開示し，会社利益の実現過程を表し，会社のある時期における業務経営状況を体現しているので，動態的会計諸表ともいう。

　通常，損益決算書には下記の内容が含まれている。(1)会社の経営活動の成果を反映する。損益決算書にある「純利益」データは，会社の経営成果に対する最もよい反映となる。(2)会社の長期的弁済能力を反映する。会社が純利

表 11-1　貸借対照表

作成単位：　　年　月　日　　　　　　　　　　　　　　　　　単位：元

資　産	行番号	期首残高	期末残高	負債及び所有者持分	行番号	期首残高	期末残高
流動資産：				流動負債：			
貨幣資金	1			短期借入金	46		
短期投資	2			未払手形	47		
受取手形	3			買掛金	48		
売掛金	4			前受金	49		
減：貸倒引当金	5			その他未納金	50		
売掛金純額	6			未払給与	51		
前渡金	7			未払福祉費	52		
その他未収金	8			未納税金	53		
棚卸資産	9			未払利益	54		
未振替その他業務支出	10			その他未納金	55		
前払費用	11			未払費用	56		
未処理流動資産純損失	12			一年内期限到来長期負債	57		
一年内期限到来長期債権投資	13			その他流動負債	58		
その他流動資産	14			流動負債合計	65		
流動資産合計	20			長期負債：			
長期投資：				長期借入金	66		
長期投資	21			未払債権	67		
固定資産：				長期未払金	68		
固定資産原価	24			その他長期負債	75		
減：減価償却累計額	25			長期負債合計	76		
固定資産純額	26			所有者持分：			
固定資産整理	27			実収資本	78		
建設仮勘定	28			資本準備金	79		
未処理固定資産純損失	29			準備金	80		
固定資産合計	35			未処分利益	81		
無形資産及び繰延資産：				所有者持分合計	85		
無形資産	36			負債及び所有者持分合計	90		
繰延資産	37						
無形繰延資産合計	40						
その他長期資産：							
その他長期資産	41						
資産合計	45						

補充資料：(1) 割引済み引受手形＿＿＿元；(2) ファイナンスリース固定資産原価＿＿＿元；
(3) 在庫商品期末残高＿＿＿元；(4) 商品値引引当金期末残高＿＿＿元。

益を実現したということは，会社における現金，売掛金などの流動性の資産の増加を意味し，この資産は会社の支払能力を保証するものである。営利能力は，会社の支払能力を体現する印となる。(3)会社の所得税を反映する納税の基礎である。会計所得は，計算において得るべき所得の基礎をいい，納税申告表における多くの項目はいずれも損益決算書における営業収入，営業費用などを反映する。(4)各損益決算書における項目の前後に関する対比を通して，会社の将来の一定時期における営利の趨勢を予測し，会社の経営管理レベルを評価することができる。簡単に言えば，損益決算書を通して，会社経営の良し悪しを判断することができるし，会社の利益及び欠損の状況を検討し，諸表の利用者，特に投資者に全面的に会計情報を提供することにより意思決定に資する。損益決算書の基本様式は**表11-2**を参照。

表11-2　損益決算書

作成単位：　　年　　月　　日　　　　　　　　　　　　　　　単位：元

項　目	行番号	当月金額	当年累計額
一，商品販売収入	1		
減：販売割引及び値引	2		
商品販売収入純額	3		
減：商品販売原価	4		
営業費用	5		
商品販売税金及び附加	6		
二，商品販売利益	10		
加：代理購入代理販売収入	11		
三，主要業務利益	14		
加：その他業務利益	15		
減：管理費用	17		
財務費用	17		
為替換算損失	18		
四，営業利益	20		
加：投資利益	21		
営業外収入	22		
減：営業外支出	23		
五，利益総額	25		

補充資料：企業保有外貨額＿＿＿米ドル；その内留保外貨額＿＿＿米ドル。

三　財務状況変動表

　財務状況変動表は，一定の会計期間における資金のルートと運用及びその増減変動状況を総合的に反映するものである。財務状況変動表は，会社の管理者，株主，債権者，政府の関連部門，潜在的投資者などの会計諸表の利用者に財務報告期間内の財務状況の変動の全体を提供することができる。これには，報告期間内における運営に提供できる資金の多少，運営資金のルート及び用途，運用による期首と期末の対比を通して，資金の増減変動状況が含まれている。財務状況変動表に関する検討を通して，会社の経営方針を窺うことができる。また，会社の内部資金流動状況を把握し，重大な財務問題についても解明でき，経営管理状況を判断することができる。

　1998年に財政部が公布した《株式会社の会計制度——会計項目及び会計諸表》では，財務状況変動表がキャッシュフロー計算書に取って代えられている。キャッシュフロー計算書及び財務状況変動表が反映している内容は多少異なっている。財務状況変動表は，「運営資金」を考察の対象とし，主に会社の自己資金流動の分布状況及び変化の趨勢を開示している。キャッシュフロー計算書が反映しているのは，会社の現金及び現金等価物の出入りを反映している。このことは人々の注目は会社の日々の「現金及び現金等価物」に注がれるようになってきたことを表わしている。

　中国の財務会計制度の規定によると，財務状況変動表(**表11-3**)及びキャッシュフロー計算書(**表11-4**)の様式は次のようである。

表11-3　財務状況変動表

作成単位：　　年　月　日　　　　　　　　　　　　　　　　　　　単位：元

項　目	行番号	金額	流動資金各項目の変動	行番号	金額
一，流動資金源泉			一，流動資産当期増加額		
1．本年利益	1		1．貨幣資金	41	
加：不減少流動資産費用及び損失			2．短期投資	42	
(1) 固定資産減価償却	2		3．未収手形	43	
(2) 無形資産，繰延資産償却	3		4．未収金純額	44	
(3) 固定資産棚卸差損（減棚卸差益）	4		5．前払金	45	
			6．その他未収金	46	
(4) 固定資産損失処分（収益減）	5		7．棚卸資産純額	47	
(5) その他不減少流動資金費用及び損失	6		8．未振替その他業務支出	48	
			9．前払費用	49	
小計	12		10．未処理流動資産純損失	50	
2．その他源泉	13		11．1年以内期限到来長期債権投資	51	
(1) 固定資産処分収入（減処分費用）	14		12．その他流動資産	52	
			流動資産増加純額	53	
(2) 長期負債増加	15		二，流動負債当期増加額		
(3) 長期投資回収	16		1．短期借項	54	
(4) 対外投資固定資産振替	17		2．未払手形	55	
(5) 対外投資無形資産振替	18		3．買掛金	56	
(6) 資本純増加額（資本減少は－表示）	22		4．前受金	57	
			5．その他未払金	58	
小計			6．未払給与	59	
流動資金源泉合計	23		7．未払福祉費	60	
二，流動資金運用			8．未納税金	61	
1．利益配当	24		9．未払利益	62	
(1) 未払所得税	25		10．その他未払金	63	
(2) 準備金取崩し（損失補填は－表示）	26		11．未払費用	64	
			12．その他流動負債	65	
(3) 未払利益	27		13．1年内期限到来長期負債	66	
(4) 未払特殊基金	28		流動負債増加純額	69	
小計	32		流動資金増加純額	70	
2．その他運用	33				
(1) 固定資産建設仮勘定純増加額	34				
(2) 無形資産，繰延資産及びその他資産増加	35				
(3) 長期負債返済	36				
(4) 長期投資増加	38				
小計					
流動資金運用合計	39				
流動資金増加純額	40				

表11-4 キャッシュフロー計算書

会企03表

作成単位：　　年度　　　　　　　　　　　　　　　　　　　単位：元

項　目	行番号	金額
一，経営活動によるキャッシュフロー		
商品販売，役務提供により受け取った現金	1	
税金費用の還付	3	
その他経営活動に関連して受け取った現金	8	
現金流入小計	9	
商品の購入，役務の受け入れに支払った現金	10	
従業員に対する及び従業員のために支払った現金	12	
各種税金費用の支払い	13	
その他経営活動に関連して支払った現金	18	
現金流出小計	20	
経営活動によるキャッシュフロー純額	21	
二，投資活動によるキャッシュフロー		
投資の回収により受け取った現金	22	
投資収益により受け取った現金	13	
固定資産，無形資産及びその他長期資産の処分により受け取った現金純額	25	
その他投資活動に関連して受け取った現金	28	
現金流入小計	29	
固定資産，無形資産及びその他長期資産の購入建設に支払った現金	30	
投資に支払った現金	31	
その他投資活動に関連して支払った現金	35	
現金流出小計	36	
投資活動によるキャッシュフロー純額	37	
三，資金調達活動によるキャッシュフロー	38	
投資の受け入れにより受け取った現金		
借入により受け取った現金	40	
その他の資金調達活動に関連して受け取った現金	43	
現金流入小計	44	
債務返済に支払った現金	45	
株式配当，利益配当あるいは利息の返済に支払った現金	46	
その他の資金調達活動に関連して支払った現金	52	
現金流出小計	53	
資金調達活動によるキャッシュフロー純額	54	
四，為替レートの変動が現金に与える影響	55	
五，現金及び現金等価物の純増加額	56	

補充資料	行番号	金額
1．純利益から経営活動によるキャッシュフロー		
純利益	57	
加：資産評価損失引当金の計上	58	
固定資産の減価償却費	59	
無形資産の償却費	60	
長期前払費用の償却費	61	
前払費用の減少（減：増加）	64	
未払費用の増加（減：減少）	65	
固定資産，無形資産及びその他長期資産の処分損失（減：収益）	66	
固定資産廃棄処分損失	67	
財務費用	68	
投資損失（減：収益）	69	
繰延税金貸方項目（減：借方項目）	70	
棚卸資産の減少（減：増加）	71	
経営性未収項目の減少（減：増加）	72	
経営性未払項目の増加（減：減少）	73	
その他	74	
経営活動により発生したキャッシュフロー純額	75	
2．現金収支を伴わない投資及び資金調達活動	76	
債務から資本への振替		
1年以内期限到来の転換社債	77	
ファイナンスリースにより賃借した固定資産	78	
3．現金及び現金等価物の純増加額の状況		
現金の期末残高	79	
減：現金の期首残高	80	
加：現金等価物の期末残高	81	
減：現金等価物の期首残高	82	
現金及び現金等価物の純増加額	83	

注：企業は改正前のキャッシュフロー計算書を参考書式に採用することもできる
公布：財務部
公布時期：2001年1月18日
公布文書番号：財会字［2001］7号

四　財務状況説明書

　財務状況説明書とは，会社の貸借対照表，損益決算書，財務状況変動表及びその他の会計諸表が並べた書類及び開示していない財務状況に重大な影響を与えている他の重要事項に関する必要な説明書類をいう。財務状況説明書は，会社の会計報告書の利用者が，会社の財務状況，経営成果及び会計政策

を更に把握するための重要な根拠となる。財務状況説明書は，必要なときに付属図表をつけること以外に，主に文字で説明している。決まった様式はなく，会社が自己の実際の状況に基づいて作成する。その基本内容には，主に以下の内容が含まれる。

(1) 会社の生産経営状況，利益実現及び分配状況，資金増減及び流動状況，納税状況，各財産物資の変動に関する一般紹介。

(2) 当期または次期の財務状況に重大な影響を与える事項に関する説明。

(3) 貸借対照表の作成後，財務報告の開示前に生じた会社の財務状況に重大な影響を与える事項に関する説明。

(4) 会社の株式構造及び財務指標に関する検討など。

五　利益配当表

利益配当表とは，会社の利益配当の状況及び年末の未処分利益の状況に関する表であり，損益決算書の付属明細書である。利益配当表に反映されている利益総額の分配は，下記の段階に分ける。第一，所得税の支払い，第二，納税後の利益，第三，株主への利益配当，第四，会社の未処分利益の累積。利益配当表の様式は**表 11-5** の通りである。

表 11-5　利益配当表

作成単位：　　年　　月　　日　　　　　　　　　　　　単位：元

項　目	行番号	当年実績	前年実績
一，利益総額	1		
減：未払所得税	2		
二，税後利益	3		
減：未払特殊基金	4		
加：期首未処分利益	5		
前年利益調整（前年利益減少は－表示）	6		
減：前年所得税調整	7		
三，配当可能利益	8		
加：準備金補填	9		
減：準備金取崩し	10		
未払利益	11		
四，未処分利益（未損失補填は－表示）	12		

六　財務会計報告の作成，検証及び公示

　《会社法》及び《会計法》では，財務会計報告の作成時期について明確に規定している。すなわち，会計年度の終了時毎に財務会計報告を作成しなければならないと規定している。中国の会社法では会計表の作成者については明確な規定を置いていないが，会社法における組織機構の権利・責任に関する規定を適用することができる。すなわち，会社の財務会計諸表については，取締役会が責任をもって作成し，取締役会がその真実性，正確性，完全性について責任を負うものとする。

　財務会計報告は法により審査し，検証する。監査役会は会社法により「会社の財務を検査」する権限を行使し，取締役会が株主会に提出する前の会計表を審査するが，その審査の内容は，会計表の記載事項に重大な漏れがあるか否か，記載事項が法律及び会社の定款に違反するか否か，作成過程及び方法が適切であるか否かなど。監査役会が必要であると判断した場合，会社外の公認会計士を招聘して会計表について校閲かつ審査し，その費用は会社が負担するものとする。監査役会が審査した後，書面形式で取締役会に提出する。それについて，取締役会は異議の有無は別にして，まずすべてを株主会に提出する。株主会が会計諸表について議決する前に，株主が閲覧できるように取締役会はその財務表を会社に備え置いておく。会計諸表は，株主会の議決により承認を経てから，その真実性，正確性，完全性については会社が責任を負う。但し，取締役，監査役個人に過失がある場合を除く。

　証券の公開発行をしている会社は，その財務報告について会計監査を行う。《公開発行を行う会社の情報開示内容及び様式準則第2号：年度報告の内容及び様式》によると，公開発行を行う会社の年度報告における財務会計報告は，必ず証券先物取引の関連業務に関する資格を有する会計士事務所が会計監査を行う。会計監査報告については，少なくとも2名の証券先物取引業務資格を有する公認会計士が署名するものとする。外資株，デリバティブを発行して証券取引所において上場した会社は諸外国の会計監査を行わなければならない。

　財務報告については，二つのステップに分けて会計監査を行う。一つは，検証。会計監査人は独立した第三者の身分で，会計監査を受ける会社の財務報告が適法であるか否か，公正か否か，一貫性を反映しているか否かを検証し，財務報告の公示・信用力を高める役割を果たしている。もう一つは，会

計監査を経て会計監査の使用者を保護する効果である。公認会計士は，会社の財務状況，異なる類型の会計監査報告を提出する。それによって，財務報告の信頼性を高めて，使用者に注意するように開示している。

会社の財務報告は法により公示しなければならない。有限会社は，定款で規定した期間により財務会計報告を各株主に届ける。株式会社の財務会計報告は，株主総会が開かれる20日前に会社に備え置いて，株主の閲覧に提供する。公開発行した株式会社は必ず財務会計報告を公告しなければならない。

第三節　税引き後の利益配当

税引き後の利益配当とは，会社の財務会計管理における重要な内容として，会社，株主，債権者，従業員及び国等の各々の利害関係者の利益に係わっている。これらの異なる利害関係者の利益は一致しているわけではなく，衝突する場合もある。そこで，税引き後の利益配当制度は，これらの利害関係者の利益を均衡調整し，各方面の利益を保障する必要がある。利益配当は完全に会社が自ら決定することではなく，任意に決定することでもない。各国の会社法は，会社の利益配当について詳細な規定を置いている。中国の会社法では，分配可能な利益の範囲，分配原則，分配の順序などについても具体的かつ明確に規定している。

一　税引き後の利益配当及び配当順序
（一）税引き後の利益

《企業会計準則》の規定によると，会社の利益は，一定の期間内における経営の成果を反映している。これには，営業利益，投資の純収益及び営業外収支による純収入がある。営業利益とは，営業収入より営業コスト，期間内の諸費用及び各種の取引税金及び付加税を引いた残高である。投資純収益とは，会社の対外投資収入から投資の損失を引いた残高となる。営業外収支の純金額とは，会社の生産経営と直接の係わりがない各種の営業外収入から営業外支出を引いた残高となり，税引き後の利益とは，会社の当期利益から所得税の納税金額を引いた残高である。

（二）会社の税引き後の利益配当原則

株主が会社に投資するのは，銀行の利息より更に高い経済的リターンを取

得するためであるが，これは会社の税引き後の利益のすべてを株主に分配するという意味ではない。会社は，社会の最も基本的な経済単位として，多くの利益に係わっている。社会にとっていえば，会社は法定の社会的義務を果たし，会社自身の角度からいえば，会社は生存し，発展しなければならない。債権者の角度から言えば，会社は即時かつ適切に債務を履行しなければならない。そこで，会社の税引き後の利益配当は，必ず全体を考慮した上で，各方面の利益を保護しなければならない。こういう基本観点から出発して，中国の会社法は会社の税引き後の利益配当の規定から，厳格に株主，債権者，会社及び社会公衆の利益を共に考慮する原則を維持し，税引き後の利益をまず会社欠損の補填に使うと明確に規定し，その次に会社の準備金として控除し，最後に利益配当を行うと規定している。

(三) 税引き後の分配順序

前述の原則に基づいて，《会社法》167条，《企業財務通則》第32条の規定によると，会社の税引き後の配当順序は，以下のように定められている。

(1) 没収された財産損失，税法の規定に違反して支払った滞納金及び罰金
(2) 会社の前年度の欠損の補填
(3) 法定準備金の控除
(4) 株主総会の決議を経て控除した任意準備金
(5) 株主の出資比率または株主が保有している持株比率による配当

株主総会または取締役会が前述の規定に違反して会社の欠損補填及び準備金の控除前に株主に利益配当を行った場合，規定に違反して配当した利益を会社に返還しなければならない。

二　準備金制度

(一) 準備金の概念及び意義

準備金とは，会社が自己の財力を強固にし，業務範囲の拡大及び予想外の欠損を防止するために，法令と会社の定款及び株主総会の決議により税引き後利益から控除した累積資金である。

準備金は会社の生存及び発展に対し，重要な意義を有している。市場は様々なリスクにさらされており，会社の営利・欠損は予測がつかないのが事実である。剰余があるときに，控除して貯めておき，これを欠損した年の補填に使用するのは会社の運営に必要とする財産を維持し，リスクを防止する

重要な手段となり，会社の健全，持続的，かつ安定的な発展を保障するものである。他方，ビジネスチャンスは予測できないという特徴があるので，必要な準備金は会社の競争力を代表するだけではなく，会社が有利な機会を掴む保障にもなる。会社が市場の変化により業務範囲及び経営規模を拡大するために投資を追加する場合，金銭の貸借はコストを高めることになる。仮に，新株または社債を発行して資金調達を行うと，証券市場の相場に左右され複雑になるので，時間も必要でありコストも大きくかかる。しかし，準備金をもって投資するか資本に組入れるかするとコストを低くすることができる。そこで，各国の会社法では，税引き後の利益から法定準備金を控除するのを強制的義務として定めている。なおかつ，控除の比率についても規定をおき，前述の目的を実現している。中国の会社法も準備金制度について明確に規定している。

(二) 準備金の種類及び用途

中国の《会社法》の規定によると，準備金には法定準備金と任意準備金の2種類がある。

1　法定準備金

法定準備金は強制準備金ともいう。《会社法》の規定によると，税引き後の利益から準備金を控除する場合である。法定準備金については，会社は定款または株主総会の決議により取消すこともできないし，法定の比率を下げることもできない。

法定準備金はルートにより，法定剰余準備金と資本準備金に分けられる。

法定剰余準備金とは，法定の比率により税引き後の利益から控除した準備金である。中国《会社法》167条によると，「法定準備金は税引き後の利益から10％を控除する。但し，準備金が登録資本の50％に至った場合は，控除しないものとする」と規定している。

資本準備金とは，会社の非営業活動により生じた収益である。資本準備金は主に以下のルートによる。①会社が株券の額面金額を超えて発行して得たプレミアム，②会社の資産を処分して得た収入，③資産再評価価値及び帳簿上の純資産価値との差額，④贈与金。

法定準備金の用途は，以下のものである。

(1) 損失補てん。会社は，生産経営活動においてスムーズに行かない場合がある。欠損が生じた場合には，損失を補填しなければならない。中国《会

社法》167条及び《企業財務通則》第31条によると，会社に欠損が生じた場合，法定準備金をもって当期の欠損を補填する。法定準備金をもって補填することができない場合，次年度の利益をもって補うものとする。次年度の利益をもって補うことができない場合，5年を期間として税引き前の利益をもって継続して補うことができる。継続して5年間で欠損を補うことができない場合，所得税の納税後の利益をもって補う。前期の欠損を補う前に，法定準備金及び法定公益金を控除することはできない。

《会社法》169条によると，会社の準備金を会社の欠損の補填に使い，会社の生産経営または資本の組入れに使うことができる。但し，資本準備金は会社の欠損に使うことができない。

資本準備金は主に前述した四つのルートにより取得できるが，主なものは会社の資産の増加であり，剰余準備金の役割とは異なる。会社の資産の流失及び会社管理層の損失補填を理由に資産を減少させて，会社，株主及び債権者の利益に損害を与えることを避けるために，現行法は，資本準備金をもって欠損を補填することを禁止している。

(2) 会社の生産経営を拡大する。会社は経営において生産規模を拡大する必要があるが，これには投資の増加が必要となる。貸借，新株及び社債の発行をもって投資を増加する以外に，準備金をもって投資を追加する場合もある。

(3) 登録資本を追加する。登録資本の増加とは株主の投資の増加である。法定準備金をもって登録資本を増加すると，株主が再投資する必要はなく，会社が法定の剰余準備金を各株主の名義に配当し，その投資額を増加させることである。有限会社においては，株主の出資比率により出資額を増加させている。株式会社では株主の株式保有率により出資額を増加させるが，これには二つの方法がある。一つは，会社の株式数を増加する方法，すなわち株主の持ち株保有率により新株を配当する。もう一つは，株式数を増加させず，元の株式保有率に基づいて1株の券面価値を増加させる方法である。但し，法定準備金を資本に組入れる場合，準備金の残高が登録資本の25％を下回ってはならない。

2　任意準備金

任意準備金は，会社が法定準備金以外に，会社の定款または株主総会の決議により税引き後の利益から控除した準備金である。法定剰余準備金と同じ

く，任意準備金のルートも会社の税引き後の利益から来ている。但し，法律で強制しているわけではない。

会社法においては，任意準備金の控除比率，最低控除額及びその用途などについていずれも規定していない。完全に任意規定となっている。その用途は，法定準備金より広く使われており，具体的にどこに使うかは会社の定款または株主総会の決議により明確に規定しなければならない。任意準備金の控除比率及び最低控除額は，確定すると会社の定款または株主総会決議により変更しない限り，随意に変えてはならない。

三　公益金制度

法定公益金とは，会社の法定準備金以外に税引き後の利益から法により控除し，従業員の福祉に使う金銭項目である。法定準備金に比べると，その用途は単一で，専ら従業員の利益のために設置したものであり，従業員の福祉に限り使われる。諸外国は，法定公益金について規定していない。中国の現行会社法も法定公益金に関する規定を廃止している。旧《会社法》は，第177条，180条において，「会社は当年の税引き後の利益から5～10％の法定公益金を控除し，年々控除した公益金を国の関連規定により専門基金として，会社の従業員の福祉に使わなければならない」と規定した。例えば，医療，住宅，グループ福祉施設などに使用し，他に使ってはならない。

但し，実務では，様々な違法なやり方が存在し，従業員の福祉に使用するケースは稀であり，その効用を発揮することができなかった。公益金制度に関する強制規定は中国会社法の特色であったが，これは計画経済社会の産物である。法定公益金は企業の税引き後の利益から控除し，所得税においても優遇されることがなかったので，うまく役割を果たすことができなかったと思われる。この制度は，株主，会社及び従業員のいずれからも反発を受けていた。中国の社会保障体系の構築及び整備により，また会社統治機構の整備と社会観念の変化により，従業員及び社会の社会保障は社会保障体系で担うべきであると認識されている。法定公益金制度は従業員の福祉の需要を満足させることができず，しかも株主の権益にも巨大な負担をかけていた。そこで，現行会社法は法定公益金制度に関する強制規定を廃止した。

四　株式配当
(一) 株式利息
　株式利息とは、会社が法律及び定款の規定により、決まった時期に一定の金額及び方式により株主に利益を配当することである。中国の《会社法》は、株式の利息と配当利益について区別せず、株式利息と通称している。
(二) 利益配当原則
　諸外国の会社法の規定によると、分配において「利益がなければ配当なし」の原則に従っている。すなわち、会社が当年度に利益がない場合、原則上株式利息を分配しないことにしている。中国《会社法》では、資本不変原則及び資本維持の原則により、利益がない状況で配当して資本が減少する現象を避けるために、会社及び債権者の利益と株主の利益に損害を与えないためには、会社は欠損の補填をする場合に限り、法定準備金を控除し、剰余の利益がある場合にのみ、株主に配当することができると明確に規定した。さもなければ、利益配当を行ってはならず、既に配当したときはその金額を会社に返還するものとする。但し、会社は前年度の未分配の利益を本年度に株主に配当することは可能である。
(三) 配当基準
　会社は、配当を行うに際し、定款に別途規定を置いていること以外には出資比率に基づかなければならない。すなわち、有限会社は、株主の出資比率により分配し、株式会社は株主の保有する持株比率により分配し、更に厳格に株主平等原則、同種の株は同様な利益を配当する原則により行う。
(四) 配当形式
　諸外国の規定をみると、配当には四つの形式がある。現金配当、株式配当、財産配当、負債配当などがある。
　(1)　現金配当とは、上場会社が配当する場合、株主に現金を配当する場合である。こういう配当方式は、株主に直接現金収益を与えることができ方法も簡単である。但し、現金配当の場合は会社と株主が衝突することが多い。過度に配当すると株主に歓迎されるが、会社の再生産に使う資金が減少するので、会社の長期的発展に不利となる。現金配当が少なすぎる場合、会社の再生産の拡大に使う資金は増加するが、株主の目の前の利益に影響を与えるので会社の株価に影響する。
　(2)　株式配当とは、上場会社が当該会社の株式をもって株主に配当する形

式である。株式配当は，利益を資本に組入れることによるかまたは剰余準備金を資本に組入れる場合であるので，無償増資による株式の発行となる。無償配当は，株主の持ち株比率により配当し，会社における株主の権益には何らの変わりもない。なお，株式による配当は，会社の帳簿上に残した一部の収益は資本に変わっただけで，会社の資産及び負債にも影響を及ぼさない。株式配当のメリットは，現金を会社の内部に留保することができるので，現金流出を防止することができる。会社の資本を増加することもでき，会社の生産経営の拡大のためにも資金を提供することができる。他方，株主は配当された株式について現金を支払う必要がない。一部の国は，こういう場合の所得税も免除される。

　(3) 財産配当とは，会社がその所有している財産をもって配当する形式である。実務上，最も多いのは，会社がその保有する他の会社の有価証券をもって配当を行う場合が多い。会社は，自己の製品などの現物をもって配当することもできるが，この方式は，製品の販売ルートを広げることも可能であり，現金を留保することもできる。

　(4) 負債配当とは，会社が社債または支払手形をもって株主に配当する形式である。この方式は，株主が現金収益を得ていないが，株主が会社に対して債権を有しているので，配当をもらうだけではなく，株主の投資の目的にもかなうことができる。

　現に，中国の上場会社は現金による配当及び株式配当の二つの方式をとっている。証券市場を構築した初期において，株式配当を行った上場会社が多く，証券市場の発展により現金の方式で配当する会社が益々増えている。

【本節実務研究】
●配当における利益の衝突及び中小株主の利益保護
　通常，株主が会社に投資する目的は，リターンを得るためである。会社の取締役の主な経営目標は会社の利益の最大化，株主のために富を創造することである。株主の権益の内，残余財産請求権以外には，配当請求権が株主の投資回収の主要な手段となる。配当案は，株主総会の決議により採択される。資本多数決の状況の下で，会社の大株主が中小株主の利益に損害を与えるおそれがある。こういう状況は，有限会社または閉鎖会社においてよく現れている。

ここで、一つアメリカの典型例を取上げることにする。アメリカのDodge が Ford 社を訴えたケースがある。Ford は、閉鎖会社である。ヘンリー フォードが 58.5％の株式を保有し支配株主である。Dodge 兄弟が 10％を保有していた。会社の運営は成功しており、毎年固定的に 120 万ドルの株式の配当及び約 1,000 万ドルを特別に配当していた。しかし、フォードが特別配当を停止したので、Dodge 兄弟は不満をもって提訴した。フォードは、これに対して以下のように説明した。「会社は業務を拡大するために工場を一つ建てる予定であるが、将来の販売収入から業務を拡大する資金を全うする予定はない」と主張した。というのは、フォードの目的は、「車の値段を下げて社会及び他人にサービスを提供することである」と説明した。

しかし、連邦最高裁判所はフォードのこういうやり方に反対した。道義上社会に福祉を提供したいなら、自己資金をもってやるべきで、他人の金銭を使うべきではないと説示した。フォードは、社会に対する義務と取締役が株主に負うべき義務を混同している。商事会社の存続は主に株主の利益のためである。取締役権限の行使はこういう目的を中心にして行うべきである。取締役の支配権の行使は、この目的の下で選択するべきであり、それを拡大解釈してはならない。社会にサービスを提供することを目的に、株主の利益減少または利益を配当しないということがあってはならない。

当該事案に対し、裁判所は配当に対する悪意があると推測し判断を下した。配当は基本的に経営判断事項となり、取締役が支払うか否かは自由裁量権であり、詐欺があるかまたは株主に対する善良な義務に違反した場合、裁判所は干渉してはならない。フォードが特別配当を停止した行為は、利益最大化の目標の実現ではなく悪意であるとし、裁判所は実質的な利息を配当するように命じた。

株主が会社に投資する主要な目的はリターンを得るためであるが、投資回収の方式にはそれぞれ差異が存在する。一部の株主は会社に多くの利益を留保して、会社の規模を拡大して、もっと長期的に多くの利益を得ることを望む。また一部の株主は即時に最も多くの利益配当を行い、会社に利益を留保することをあまり望まないし、経営のリスクを負うことを望まない。なお、一部の株主は、会社において非経済目的を実現しようとしている。特に、支配株主は、会社における支配的利益を得るために、会社の配当政策を左右することによって中小株主の利益に損害を与えることを目的としている。会社

の株主間に利益の衝突が生じた場合，裁判所は正当な商業目的及び取締役が株主に，大株主が中小株主に対して負う信任義務の基準をもって調整し，公平，正義の原則により判断をしている。

第十二章　会社の合併，分割及び組織変更

第一節　会社の合併

一　会社の合併に関する概述
（一）合併概念
　会社の合併とは，二つまたは二つ以上の会社が合併の協議をし，会社法の規定により，清算を経ず，直接一つの会社となる法律行為である。
　会社の合併は，吸収合併と新設合併の2種類に分けることができる。
　吸収合併（Merger）とは，一つの会社が他の会社を吸収し，吸収された会社が解散することを指している。例えば，1996年12月，全世界でトップクラスの航空会社であるBoeing社はMaDaoを合併したので，76年の歴史をもっていたMaDaoは合併された後なくなってしまった。
　新設合併（Consolidation）とは，二つ以上の会社が新たに新会社を設立して，合併の各社は解散することを指している。例えば，1998年に中国国泰証券会社と君安証券会社は合併し，「国泰君安証券株式有限公司」を新設し両社は解散した。
（二）会社の合併及び合併吸収
　会社の合併吸収とは（Merger & Acquisition），会社の支配権の移転及び合併行為に係わるあらゆる行為であり，これには，資産買収（営業譲渡），株式買収及び会社の合併などの方式がある。そのなかで，Mergerは会社の合併であり，主に吸収合併，Acquisitionは持分権または資産買収である。
　英文中では，Takeoverの概念もあり，《Black法律辞典》の説明によると，Takeoverも会社の所有権と支配権の移転及び合併を意義し，それには資産買収，持分権買収及び会社合併を含んでいる。
　いわゆるTakeoverと合併吸収（Merger & Acquisition）は，内包する概念の上でそれほど大きな差異はない。

(三) 会社の合併及びその他会社の買収形式の差異

1 会社の合併及び資産買収の差異

会社の合併は資産買収とは異なる。資産買収は一つの会社が他の会社の一部または全部の資産を購入し，買収会社及び被買収会社の資産買収行為の完成後も両方とも存続する。会社の合併及び資産買収は下記のような差異がある。

(1) 資産の移転が異なる。会社の合併においては，資産は総括的に移転し，移転するのは解散会社の全財産であり一部の資産ではない。資産の買収においては，譲渡するのは全財産の場合もあるし，一部の財産である場合もある。

(2) 債務の負担が異なる。会社の合併においては，合併された会社のすべての債務は存続会社または新設会社に移転する。しかし，資産買収においては，契約において明確に買収側は被買収側の債務を負担すると約定した場合以外には，買収側は被買収側の債務を負担しない。

(3) 株主の地位が異なる。会社の合併においては，存続会社は解散会社の資産を承継するために現金または存続する会社の株式をもって対価として支払う。中国の会社法では合併の対価について明確に規定していない。資産買収において，買収側が資産譲渡のために支払う対価として会社を売却する場合もある。

(4) 法的効果が異なる。会社の合併により必然的に一方または双方の会社は解散するが，被解散会社のすべての権利及び義務は存続会社または新設会社が承継する。資産買収は必然的には会社の解散をもたらさない。

(5) 法的性質が異なる。合併の本質は，会社の法人格の合併であり，資産買収の性質は資産売買行為であり，会社の人格に影響しない。

2 会社の合併及び持分権買収の差異

会社の合併は持分権買収とは異なる。持分権買収 (Acqusition) とは，ある会社が他の会社の持分権を買収することによって支配権を取得し，買収会社が被買収会社の持分権の買収に成功した後も，依然として双方とも存続する。会社の合併と持分権買収の差異は下記の如くである。

(1) 主体が異なる。会社合併の主体は会社であり，持分権株式の買収において一方の当事者は買収会社であり，他方の主体は対象会社の株主である。

(2) 内容が異なる。会社の合併においては，存続会社または新設会社が解散会社のすべての権利及び義務を承継するが，持分権の買収においては，対

象会社の株主がその保有する対象会社の持分権を買収側に譲渡することである。

(3) 法的効果が異なる。会社の合併は必然的に合併の一方または双方の解散をもたらすが，解散された会社のすべての権利及び義務を存続会社または新設会社が承継する。持分権の買収は必然的に会社の解散をもたらすものではない。

(4) 法的性質が異なる。会社合併の本質は，会社人格の合併であり，持分権の買収の本質は持分権の売買行為であり，会社の人格に影響しない。

要するに，持分権の買収及び資産の買収は実質的にはいずれも売買行為であり，合併と異なる。

(四) 合併の意義

会社の合併には，積極的な合併があり，消極的な合併もある。

積極的な合併にとって，会社合併の意義とは，会社の合併を通して規模を拡張し，競争の相手を減らすことにある。なお，合併を通して協力関係を更に発展させ，経営の多様化を図ることができる。

消極的合併の意義とは，合併を通してリスクを減らし，経営不能な場合，合併を通して破産を避け，高い解散及び清算の費用を避けることができる。それによって，会社の財産関係，株主関係のすべてを存続または新設会社に移転し，元の経営活動を停止せず，継続することができる。

二 合併の方式

ここでは主に合併類型中の吸収合併について説明する。吸収合併とは，よく見られる合併の類型である。

吸収合併では被買収会社は消滅する。会社の要素には三つの内容が含まれる。すなわち，会社の資産，会社の持分権及び会社の人格がある。会社の消滅は最終的に会社の人格の消滅をもたらし，人格が消滅する前に，被買収会社の資産を吸収会社に移転するかまたは被吸収会社の持分権を吸収会社に移転する。資産移転であっても持分権の移転であっても，吸収会社が支払う対価は通常現金または会社の持分権であり，理論上四つの吸収合併の方式が考えられる。

第一，資産が移転する。

(1) キャッシュによる資産購入の方式：吸収会社が現金をもって被吸収会

社の全資産を購入する。これにはすべての権利及び義務（債権・債務）が含まれる。被吸収会社は，元々有していた資産のすべてを無くし，吸収会社が支払う現金を得るわけである。被吸収会社が解散すると，すべての債権及び債務が移転され，清算する必要がない。被吸収会社の株主は持分権により現金を分配し，被吸収会社は消滅する。

(2) 持分で資産を購入する方式。吸収会社が自己の持分権をもって被吸収会社の全資産を購入する場合，すべての権利及び義務が含まれる（債権及び債務）。被吸収会社は元のすべての資産を無くす代わりに，吸収会社が支払ったその会社の株式を保有することになる。被吸収会社は解散し，すべての債権及び債務を移転し，清算する必要がない。被吸収会社の株主は吸収会社の株式を保有することによって吸収会社の株主となり，被吸収会社は消滅する。

第二，持分権が移転される。

(1) 現金をもって持分権を購入する方式。吸収会社が現金をもって被吸収会社の株主の持分権を購入し，被吸収会社の唯一の株主となる。その後，被吸収会社は解散し，被吸収会社のすべての権利及び義務を吸収会社が承継し，清算する必要がなく，被吸収会社は消滅する。

(2) 持分権をもって株式を購入する方式。吸収会社が自己の持分権をもって被吸収会社の株主が保有している株式を購入して，被吸収会社の株主が吸収株主の株主となり，吸収会社が被吸収会社の唯一の株主となる。その後，被吸収会社を解散し，被吸収会社のすべての権利及び義務を吸収会社が承継し，清算する必要がなく，被吸収会社が消滅する。

三　合併手続き

(一) 合併協議書の締結

まず，合併の各当事者は合併の契約を締結しなければならない。これは，実務における重要な問題であるが，中国の《会社法》は，合併の協議書には主にどういう条項が含まれるかについては具体的な規定を置いていない。ただ，《外商投資企業の合併及び分割に関する規定》では会社の合併契約の内容について具体的に規定しているので，参照することができる。同規定の第21条によると，会社の合併協議書には下記の内容が含まれる。

(1) 合併協議書を締結する各当事者の名称，住所，法定代表者
(2) 合併後の会社の名称，住所，法定代表者

(3) 合併後の会社の投資総額及び登録資本
(4) 合併の形式
(5) 合併協議における，債権，債務の承継案の制定
(6) 従業員処遇方法
(7) 違約責任
(8) 紛争解決の方式
(9) 契約の締結期日，場所
(10) 合併協議の各当事者が必要であるとしたその他の事項

(二) 合併協議の採択

会社の合併は会社資産の新たな配置をもたらす重大な法律行為であり，直接株主の権益に係わり，会社の重大な事項となるので，会社の合併の決定権は取締役会にあるわけではなく，株主総会にある。合併の各会社は必ず各自の株主総会の特別決議をもって合併の決議を経なければならない。中国《会社法》の第44条，第104条の規定によると，会社の合併は特別決議事項としている。他の国の会社法にも似たような規定がある。ドイツの《株式会社法》によると，3/4の株主の同意を得る必要がある。フランスの《商事会社法》の規定によると，定款修正と同様な条件を必要とし，同法153条の規定によると特別決議事項となる。

また合併の同手続きにおいて，株主の買取請求権の行使が認められる。すなわち，会社の合併において異議を有する株主は公正な価格でその保有する株式を買取るように請求する権利を有する。

アメリカの《標準会社法》の第十三章では「異議申立人の権利」について規定し，買取請求権を適用する範囲，主体の資格，権利内容，行使の手続き，司法評価などの問題について詳細な規定をおいている。

日本の《商法》第408条の3の規定によると，合併承認の株主総会の前に，書面により会社に反対の意見を通知することができ，かつ総会において合併契約に反対することもできると規定し，なお買取請求権を行使することができる。

中国の《会社法》第75条及び143条では異議株主による買取請求権について規定した。

(三) バランスシート及び財産リストの作成

会社の合併では必ずバランスシートと財産のリストを作成しなければなら

（四）債権者に対する通知及び公告

《会社法》174条によると，合併決議を経た日より10日以内に債権者に通知し，かつ30日以内に新聞紙上において公告しなければならない。債権者は通知書が届いた日より30日以内に，通知が届いていない場合は公告日より45日以内に，会社に債務弁済または相応する担保提供を求めることができる。

会社の合併によって会社の資産は新たに配置され，その効果は直接会社の債権者の利益の実現に係わり，各国の会社法によって債権者の利益を保護する異なる規定を置いている。日本の《商法》第100条では債権者異議制度について規定している。フランスの商事会社法によると，会社の債権者は「法定の期間内に合併草案に対し異議を申し出ることができる」とし，ドイツの株式会社法では債権者を保護する条文を置いているだけではなく，「特権所有者」についても条文を置いている。

債権者を保護するために，中国の《外商投資企業の合併及び分割規定》第32条の規定によると，企業は合併を行う際，会社法の関連規定を参照し，公告にて債権者に知らせる。企業の吸収合併後，債権者が，被吸収企業の元の資産管理人が隠蔽または遺漏した債務について被吸収側を提訴するとき，債権者が公告期間内に当該債権について届け出た場合，吸収した側は民事責任を負い，元の資産管理人に追徴賠償を請求することができる。債権者が公告期間内に当該債権について申出しなければ，吸収側は民事責任を負わない。このような場合，法院は，債権者に元の資産管理人を相手に別途提訴するよう告知することができる。

（五）変更または設立登記

会社の合併登記事項に変更がある場合，法により会社の登記機関にて変更登記を行わなければならない。新会社を設立した場合は設立登記を行わなければならない。

四　合併の法的効果

（一）会社の消滅

会社の合併後，必ず一方または双方の会社が消滅し，消滅した会社は抹消の登記を経なければならない。消滅した会社のすべての権利及び義務は，存

続会社または新設会社が包括的に承継することになる。こういう場合の解散は一般の会社の解散とは異なるので，清算する必要はなく，法人格が直接消滅する。

（二）会社の変更または設立

吸収合併の内，存続会社は消滅会社の権利及び義務を承継するので，変更事項が生じる。例えば，登録資本，定款，株主などの事項に変更が生じるので，変更の登記を経なければならない。新設合併においては，合併の双方はいずれも消滅し，新たに設立された新設会社は設立の登記を経なければならない。

（三）権利及び義務の総括的承継

会社の合併後，合併の双方の債権，債務については，合併後存続する会社または新設した会社が承継しなければならない。

合併の完了後，被吸収会社の抹消登記のいかんと関係なく，存続会社被吸収会社の債務を負担しなければならず，登記を経ていなくても債務の負担には影響しない。2002年12月3日の最高法院の《企業の改革に係わる民事紛争訴訟に関する若干の規定》第34条ではこれについて明確に規定している。企業の吸収合併または新設合併後，被合併企業は抹消登記を経なければならず，債権者が被合併企業を訴えた場合，法院は企業の合併後の具体的状況に基づいて，債権者に被告を追加するよう告知し，共に民事責任を負うように判決を下す。

【本節実務研究】
●会社の合併無効の訴え

各国は会社合併無効の訴えについて規定を置いているが，中国会社法には規定がない。ここで，中国では，利害関係者が合併無効の訴えを提起することができるか否かの疑問が生じる。

中国《会社法》には会社の合併無効の訴え制度について直接的な規定をおいていないが，無効の訴えを提起することができる。というのは，合併の場合，各当事者は，合併の契約に基づいて法律行為を行うが，合併が法律及び行政法規に違反した事由が存在する場合，利害関係者は合併契約無効の訴えを提起することができる。こういう訴訟において以下の問題に注意しなければならない。

(1) 合併無効の原因。会社の合併が法律及び行政法規の強制規定に違反した場合、いずれも合併無効の原因になる。その内、《会社法》38条及び100条の規定に違反した場合、株主総会決議を経ずに行う合併は合併無効訴訟においてよく見られる無効原因となる。

(2) 無効原因の是正。会社の合併に無効原因が存在しているが、取引の安全と社会的安定を保護するために、法院は合併無効の判決を下す前に、当事者に是正する機会を与える場合である。2002年12月3日に最高法院が公布した《企業改革に係わる民事紛争案件における若干問題に関する規定》の第30条ではこういう状況について規定を置いている。すなわち、「企業の合併協議は、当事者が署名し、押印した日より効力が生じる」。政府の関連部門の認可を経た場合、合併協議は認可した日より効力を生じる。認可を経ていない場合、合併協議は効力を生じない。但し、当事者が一審判決の終わる前に認可の手続きを終えた場合、法院は当該合併の協議を有効とする」。

(3) 合併無効の法的効果。一つは、合併前の法律状態を回復する。吸収合併において消滅会社は存続会社から分離し、存続会社は変更手続きを経なければならない。新設合併において、新設会社は解散し、被消滅会社を回復する。もう一つは、無効判決の遡及力に関する制限。合併無効の判決は将来効であり、存続会社または新設会社が合併を有効として行った法律関係に影響しない。例えば、第三者との売買契約などは有効となる。合併無効の判決が遡及効を有する場合、合併が最初から無効となり、取引の安全を影響し、第三者の利益に損害を与えることになる。

第二節　会社の分割

一　分割に関する概述
(一) 概念

　会社の分割とは、会社が一つの契約を通して清算を経ず、二つまたは二つ以上の会社に分けられる会社の法律行為である。《外商投資企業の合併及び分割に関する規定》の第4条では会社の分割について明確に規定している。すなわち、「本規定でいう分割とは、一つの会社が会社法の関連規定により、会社の最高権力機構の決議により二つ以上の会社に分ける場合である」。会社の分割については、フランスの会社法で最初に規定をおき、その後各国に

より導入されている。1982年にEUは《会社法》第6号指令により加盟国に会社分割制度を取り入れるように求めていた。

(二) 会社の分割及び類似概念との相違

1　会社分割と営業譲渡（資産譲渡または資産の剥離）との区別

(1)　内容が異なる。双方の会社の元の資産から一部を分離するという共通点を有するが，資産譲渡において，譲渡する側が一部の資産を分離した場合，譲渡した側はこれにより対価を得るので資産総額には何らの変更も生じないのである。会社のバランスシートにおける所有者権益にも何らの変動も生じず，資産内部の項目に変動が生じるだけである。しかし会社の分割においては，元の会社から一部の資産を分割しても対価を得ることができないので，資産総額はこれにより減少し，所有者権益もこれにより減少する。

(2)　株主の地位に与える影響が異なる。資産譲渡は株主の地位に影響を与えず，ただ売買双方の資産状態に影響を与えるが，会社の分割は直接株主の地位に影響を与える。派生分割においては元の会社の株主が元の会社において有する持分権は減少するが，代わりに分割会社の持分権を保有することになる。新設分割においては，元の会社の株主が元の会社において有する持分権は会社の消滅により消滅するが，代わりに分割した会社の持分権を得ることができる。

(3)　法的性質が異なる。会社分割の本質は，会社の人格の変化によるが，資産譲渡の本質は売買契約である。

2　派生分割及び再投資の区別

問題を明確に説明するために，ここで仮説をしてみよう。

A会社は100万元の現金をもって再投資してB会社を設立する。

B会社はA会社より分割し，B会社の資本総額は100万元となる。

両者の区別は下記のようである。

(1)　バランスシートに対する影響が異なる。再投資においてA会社の資産総額には変更がなく，変更があるのは資産の状態である。すなわち，資産項目において現金項目が減少し，長期投資が増加した。派生分割においては，Aは資産総額が減少しただけではなく，同時にそれによって所有権の権益も減少する。

(2)　株主の地位に対する影響。再投資はA会社の株主に何らの影響も与えないが，A会社がB会社の株主となる。派生分割においては，元の会社に

おける元の株主の持分権の比率が減少するが，分割された会社の持分権を得ることになる。

二 分割の方式

会社の分割は主に派生分割と新設分割の二つの方式に分けられる。

派生分割とは，吸収分割とも称し，一つの会社が二つ以上の会社に分割され，元の会社が継続して存在し，かつ一つ以上の会社を新たに設立する方式をいう。

新設分割とは，解散分割とも称し，一つの会社が二つ以上の会社に分けられ，元の会社が解散しかつ二つ以上の会社を新たに設立する方式をいう。

一部の国及び地域の会社法は分割の形式に対してかなり複雑な規定を設けている。すなわち合併・分割という形式がある。合併・分割とは，一つの会社がその資産の一部または全部の資産をいくつかに分けて，その他または一部の会社の部分資産と合わせて一つまたはいくつかの会社にする形態である。

三 分割の手続き

（一）決定及び決議

会社の分割は株主総会の特別決議事項である。国有独資会社の分割は，国有資産監督管理機構により決定され，その内，重要な国有独資会社の分割は，国有資産監督管理機構の審査認可を経てから同級の人民政府に届出なければならない。

（二）分割協議書の締結

《会社法》には分割協議に関する内容について何らの規定もおいていないが，《外商投資企業の合併及び分割規定》では詳細に規定しているので，参考にすることができる。同規定の第24条によると，会社の分割協議には下記の内容が含まれている。

(1) 分割協議の各当事者が立案した名称，住所，法定代表者
(2) 分割後の会社の投資総額及び登録資本
(3) 分割形態
(4) 分割協議の各当事者が作成した分割に関する草案
(5) 分割協議の各当事者の債権，債務の承継草案

(6) 従業員の処理方法
(7) 違約責任
(8) 紛争解決の方式
(9) 契約締結の日時，場所
(10) 分割協議の各当事者が必要であるとしたその他の事項

(三) バランスシート及び財産リストの作成

会社の分割時に，バランスシート及び財産リストを作成しなければならない。

(四) 債権者に対する通知

《会社法》第176条によると，「会社は分割するときに，財産の分割を行うものとする。会社は分割の決議をした日より10日以内に債権者に通知，かつ30日以内に新聞紙上に公告しなければならない」と規定した。

(五) 登記手続き

派生分割において，元の会社の登記事項に変化が生じた場合，変更の登記を行わなければならない。分割後，会社は設立登記を行う。新設分割においては，元の会社は解散し，抹消登記を行う，分割後の会社は設立登記を行うものとする。

四 分割の法的効果

(一) 会社の変更，設立及び解散

派生分割において，元の会社の登録資本等の登記事項に変化が生じ，新たに法人格を取得する分割された会社がある。新設分割において，元の会社は解散し，法人格が消滅するが，二つまたは二つ以上の新たな会社が生じる。

(二) 株主及び持分権の変動

会社の分割は，資産の分離をもたらし，同時に株主及び持分権の変動をもたらすことになる。派生分割においては，元の会社の株主は元の会社から分割した新たな会社の株主となり，元の会社における持分権が減少し，新たに持分権を獲得する。新設分割においては，元の会社における株主の持分は消滅するが，新たな持分を取得する。

(三) 債権・債務の承継

《会社法》第177条によると，「会社分割前の債務は，分割後の会社が連帯責任を負うものとする。但し，会社が分割前に債権者と債務弁済について別

途書面協議がある場合は除く」。

【本節実務研究】
●企業の構造改革に関する法律及び債務の分担

実務においては企業の構造改革がよく行われており，紛争も継続発生している。企業の構造改革とは，会社法，民法通則，契約法など関連法律，行政法規及び関連政策によって，企業の財産権について再編することである。主に，企業形態及び企業の株式構造に変化が生じる改革である。具体的には，企業の出資構造，内部統治機構，企業の収益分配構造，従業員制度，従業員の福祉及び社会保障制度など企業制度に対して調整，改革を行う。

実務における企業改革の形態は多種多様である。当事者の権利，責任，利益の角度から企業の改革について 2003 年 2 月 1 日に最高法院が公布した《企業の構造改革に係わる民事紛争案における審理の若干問題に関する規定（以下「若干規定」という）》において改革の様々な形態について具体的に規定している。すなわち，会社形態の再編，ジョイントベンチャー（株式合作制），企業の分割，債権の株式化，企業の販売，企業の合併などの形態が取上げられている。その内，会社化の再編方法には，国有独資有限会社，増資あるいは譲渡を通した有限会社または株式会社があり，一部の財産及び債務をもって他の法人と会社を新設する場合などもある。

企業の構造改革には様々な形態があり，それぞれ方法も異なっている。また適用される法律も異なっている。主に，政府及び企業間の法律関係，企業及び債権者の間に生じる債権・債務関係があり，企業及び従業員間に生じた労働法関係，再編過程において生じた代理及びサービス契約に係わる法律関係などがある。実務において，最も衝突し易い企業及び債権者の関係には，常に債務逃れをする現象が生じ，実務及び理論において企業再編に関する債務分担は重要な問題となる。

責任の分担について，上記《若干規定》では，四つの形態について規定している。

①再編後の企業が債務を負う。約定がある場合を除く。②元の企業が債務を負う。元の企業に対する管理人（出資者）が含まれる。約定がある場合を除いて，再編における通知，承認などの手続きによる。これには主に，企業がその一部の財産及び債務をもって他人と新たな会社を新設し，その移転した

債務状況を債権者に通知していないかまたは通知はしているが，債権者が認めない場合，ジョイントベンチャーによる改組，企業売却，吸収合併において元の企業の資産管理人（出資者）が債権を隠蔽したかまたは遺漏した場合などの状況が含まれる。③再編後の企業及び元の企業が連帯責任を負う場合。主に，企業の分割時に，元の企業の債務について約定していないか約定が不明である場合，あるいは約定はあるが，債権者が認めない場合がある。④再編後の企業が有する財産の範囲内において，元の企業と連帯責任を負う場合。主に，企業がその優良な資産をもって新たに会社を新設する場合がある。しかし，債務を元の企業に残すと，債権者が新設会社及び元の企業を共同被告として提訴した場合及び企業がその一部の財産及び債務をもって新たに法人を新設し，その債務を債権者に通知しないかまたは通知はしているが，債権者が認めない場合，元の企業が債務返済の能力がない場合，債権者が新設会社に債権を主張した場合がある。

前述した企業再編に関する法規定は整備されているわけではない。《若干規定》では，債務の分担について「企業法人財産」原則，すなわち「企業財産の移転による債務移転」の原則をとっている。しかし，同原則は一部の学者の間で議論となった。他に，実務においてよく生じるのは，「企業が一部の財産を企業の負債，従業員及び社会保険などを既存会社に分離する」現象がよくある。つまり合併・分割の方式であるが，これに対する法規定はないが，こういう場合は，上記④の債務負担方式で処理しているが，実務界ではこれに対して疑問がある。会社の再編に関する法形態，理論及び実務において生じた問題に基づいて，更に研究を深めなければならない。

第三節　会社の組織変更

一　組織変更の概念

会社の変更とは，会社の設立登記事項における名称，住所，法定代表者，登録資本，企業の形態，経営範囲，営業期間，有限会社の株主または株式会社の発起人の氏名または名称に変化が生じる場合である。会社の組織変更は，会社変更の重要な形態である。

会社の組織変更とは，会社が法人格の持続性を前提に，会社を一つの形態から他の形態へ変更する行為である。

各国の会社法は，多様な会社形態について規定している。例えば，大陸法系には，無限責任会社，有限会社，合名・合資会社，株式会社などがあり，英米法系は公開会社及び閉鎖会社に分けている。会社は，その発展過程において，各種の理由により会社は現形態から他の形態に変える必要性が生じる。会社の組織変更はこういう状況に対応できるし，会社の組織変更制度は，解散手続きを経ずに，変更登記を経て，他の形態に変更することができる。会社の経営も中断されることがない。

二　組織変更の類型

大陸法系の各国または地域の会社法の規定により，会社の組織変更には下記のような類型がある。

（一）無限会社を合名・合資会社に変更

無限会社は株主全員の同意を経て合名・合資会社に変更するには，二つの方法がある。一つは，一部の株主を有限責任株主に変更し，もう一つは，有限責任株主を加える方式がある。他に，無限会社の株主が変動を経て一人だけが残る場合，新たに有限責任株主を加えて，合名・合資会社に変更する。

（二）合名・合資会社が無限会社に変更

合名・合資会社を無限会社に変更する場合，二つの方式がある。一つは，合名・合資会社の株主全員の同意を経て，有限責任株主を無限責任株主とし，もう一つは，合名・合資会社の有限会社の株主の全員が持分権を譲渡し，無限責任会社の株主全員の同意を経て，合名・合資会社が無限会社に変更する。

（三）有限会社を株式会社に変更

《会社法》96条によると，有限会社を株式会社に変更できると規定している。

（四）株式会社を有限会社に変更

台湾の場合は，株式会社を有限会社に変更することを禁止している。韓国の会社法の規定によると，株式会社は株主全員の同意を経て，有限会社に変更することができる。中国の会社法には，有限会社と株式会社二つの形態が存在し，《会社法》96条により，有限会社を株式会社に変更することが認められている。

三　組織変更の条件

中国《会社法》96条の規定により，有限会社を株式会社に変更する場合に

下記の条件に適合しなければならない。
(1) 会社法が定めた株式会社の条件に適合しなければならない。
(2) 株式総額が会社の純資産に相当しなければならない。会社の株式総額とは，あらゆる株主が保有している持分の総額である。純資産額とは，会社の資産総額より負債総額を引いて得た金額である。有限会社を株式会社に変更する場合，有限会社の純資産は何らの増加もない。そこで，有限会社を株式会社に変更する場合，有限会社の資産を株式に換価した総額は必ず純資産額に相当しなければならず，それによって会社資産の真実性を確保し，株主及び第三者の利益に損害を与えることを防止している。
(3) 資本を増加するために，社会に向けて公募する場合は《会社法》の公募規定による。すなわち，国務院証券監督管理委員会に公募申請書及び関連書類を届け出る。国務院証券管理部門の認可を経て，目論見書及び財務会計諸表及び付属明細書，引受書を作成する。

四 組織変更の手続き

中国会社法の規定により，有限会社を株式会社に変更する場合は下記の手続きに従うものとする。
(1) 取締役会が会社変更の案を作成する。中国《会社法》47条によると，取締役会は株主会に責任をもって，変更形態に関する案を作成する。
(2) 株主会の決議。会社形態の変更は，株主の権益及び責任に直接影響を与えるので，これを株主総会の決議事項とし，取締役会の決議事項としていない。《会社法》38条（株主総会の職権），《会社法》44条（特別決議）において明確に規定している。
(3) 変更の登記。有限会社が株式会社に変更する場合，会社の組織形態の変更以外に，他に会社の資本，定款などにも変更が生じるので，会社は法により元の登記機関にて変更の登記を行わなければならない。

五 組織変更の効力

会社の組織変更は，会社の組織形態の変化をもたらし，新設会社ではない。その法人格は継続して存在し，変更前の会社の権利及び義務は当然変更後の継続会社が享有し，責任を負うものとする。

【本節実務研究】

●有限会社を株式会社に変更した後，関連規定を適用する場合，継続して営業記録に基づいて計算できるか否か。

会社の変更は会社の新設と異なるので，学問上からは，その営業記録は継続して計算しなければならないのである。

この問題は，国の政策を適用する際に，例えば，企業の新株発行（IPO）及び創業版における上場などに関する重要な法定条件となる。

《創業企業株式発行上場条例》第4条では，創業版市場上場企業が新株発行するときは，以下の条件に適合しなければならない。

(1) 法により株式会社に変更する。

(2) 同一の管理層の下で経営を2年以上継続する。元の会社のすべてが改革設立または有限会社に変更したときは，経営期間は連続して計算する。

(3) 直近の2年以内に重大な違法行為がなく，財務会計書類に虚偽の記載がない。

(4) 中国証券監督管理委員会で定めるその他の条件。

《創業企業株式発行上場条例》によると，有限会社が株式会社に変更して初めて株式を発行するときのその営業記録は連続して計算しなければならないことが分かる。

第十三章　会社の終了及び清算

第一節　会社の終了

一　会社終了の概念及び特徴

　会社の終了とは，会社が法定手続きに基づいて徹底的に経営活動を終え，更に会社の法人資格が消滅する事実状態と法的結果である。法人資格が消滅する一種の最終的結果であるとも言えるし，法人資格が消滅する一連の法的過程とも言える。

　会社終了の法制度は，会社法の重要な部分である。市場経済において，必ず従わざるを得ない一つの基本原則は，優勝劣敗の競争原則である。そこで，企業の入場と退場メカニズムは市場競争の基本制度の一つとして，整備された市場経済法律体系において，市場主体の退出法律制度は不可欠である。会社の終了，すなわち会社退出及び主体の資格が消滅する法律制度である。その特徴は以下のとおりである。

　（1）　会社の終了の法律的意義は，会社の法人資格及び市場経営主体資格を消滅させる。

　（2）　会社の終了は必ず法定手続きにより行わなければならない。会社は，多様な社会経済関係の複雑な総合体として，その消滅は債権者，会社の従業員，株主など各方面の利益に影響を与えるので，その終了は随意に行うことができず，法的手続きにより行わなければならない。法律に強制的規定がない状況の下では，会社の定款または株主により決定することができる。

　（3）　会社の終了は，必ず清算の手続きを経なければならず，会社の財産をもって債務を返済しかつ残余財産の分配を終えてから，会社は消滅することができる。

　会社は，法人であり，法人は法律により擬制されたものであり，自然人のように出生，死亡などの自然生理過程を有していない。その主体能力は，法律が与えているので，その始まりと消滅は法的手続きによる必要があり，し

かも法的事由による。会社の法人の権利能力及び行為能力は会社の登記成立時より会社終了抹消時までとする。そこで，会社の終了は，会社の法人資格及び市場経営主体資格の消滅をもたらし，権利義務関係を終える。

二　会社終了の原因

会社法は，その属性からいうと国内法である。各国における会社終了の原因に関する規定には大差はない。自らの解散，司法解散，倒産または破産，行政機関命令解散など4種の状況がある。その内，自らの解散とは，会社の権力機関が各種の理由により会社の終了について決議した状況を指している。これには，会社の合併，会社の分割により終了する状況も含まれている。司法解散とは，主に会社が継続存在するある条件を既に喪失し，努力しているが回復できず，利害関係者が法院に解散の申立をする状況をいう。会社の倒産とは，通常会社の経営に重大な困難が生じ，営業を終えなければならない状況をいう。会社の破産は，会社が期限到来の債務の返済ができず解散する場合をいう。行政命令解散とは，大多数の国に規定があり，政府が社会秩序及び公共の利益を保護するために，法律に重大な違反をした会社に対する一種の懲罰手段である。

中国の《会社法》の規定によると，会社終了の原因には主に以下の内容が含まれている。

1　破産

会社が期限到来の債務を返済できず，法により破産宣告され，かつその全財産が強制的に清算分配され，最終的に会社が終了した場合をいう。破産申立者の違いによって，債権者破産申立と会社自らの破産申立の二つに分けることができる。

2　解散

解散は，会社が法に定められた事由あるいは定款に定めた事由により業務活動を停止し，かつ清算を行い，最後に会社の終了をもたらす場合をいう。中国《会社法》181条の規定によると，解散の事由には以下の五つの状況が含まれる。①会社の定款に定められた営業期間が満了し，あるいは定款に規定したその他の解散事由が生じた場合，②株主会及び株主総会決議により解散する場合，③会社の合併または分割により解散する必要がある場合，④法により営業許可書を取上げられたかあるいは閉鎖された場合，⑤法院が《会社

法》183条の規定により解散させる場合，すなわち株主の請求により司法解散する場合がある。

三　会社の破産

　破産は，期限到来の債務を債務者が返済できず，本人あるいは債権者の申立により，法院が法的手続きにより強制的にその全財産を清算しかつ弁済及び分配を行う法律制度である。

　破産は，商品経済が一定の時期まで発展してから現れる法的現象である。社会的役割の分担により経済取引の日々の発展により会社の債権・債務関係は日々複雑となっていく。同時に，市場リスク及び管理の難度の増大により，会社は更に市場変化または経営不振により債務超過をもたらす恐れがある。返済期が到来しているにも拘わらず，債務者に返済能力がなく，債権者が一人のみである場合，債務紛争は一般訴訟の手続きにより解決することができる。但し，二人以上の債権者がいる場合，債権者がそれぞれ各自の債権の実現のために争って債務者に優先弁済を求めると，遅れた債権者は何も得られないか個別の債権者は債務者と通謀して他の債権者への弁済に混乱をもたらす恐れもある。こういう不合理な現象が発生することを防止し，公平に各債権者の利益を保護し，債権者地位の平等原則を体現するためには，制度により調整する必要性が生じうる。すなわち，債務者の経営活動が失敗した場合，債務者の財産を法院が強制的に管理し価格を換算する。それによって，あらゆる債権者が公平に弁済を受け，弁済できなかった部分については，債権者全員が公平損失を担い，合理的に債権者間の関係及び債権者と債務者の関係を処理し，債権・債務関係を終了することによって債務を消滅させる。

　各国の破産法の内容は必ずしも一致していない。多くの国の破産法は法人に適用するだけではなく，自然人にも適用される。例えば，フランスの破産は自然商人に適用される。ドイツ，日本の破産法はすべての人に適用される。アメリカでは低所得者と農民以外のあらゆる商人，非商人，消費者に適用される。一部の国の破産法は個人のみに適用されるが，会社については強制的清算手続きにより債務処理をする。例えば，イギリスの場合である。中国の《破産法》は，自然人に適用しない。その適用範囲は，全民所有制及び非全民所有制の法人企業，法人資格を具備していない企業（個人独資企業と組合企業），個人商人，普通の組合組織，農村の個人請負経営者などは破産法の対象とな

らない。会社は当然破産の資格を有している。

中国の《破産法》は，2006年に公布され，2007年より施行されている。その前に，破産法の役割を果たしたのは，1986年に公布した《企業破産法（試行）》があるが，同法は全民所有制企業に適用されると規定した。非全民所有制企業の破産については，1991年に公布した《民事訴訟法》第19章の規定を適用している。他に，1993年に公布した《会社法》も189条，196条において会社の破産について原則規定を置いている。これらの法規以外に，国有企業の合併による破産については，国務院及び関連部署は多くの政策性法規と規定を公布している。なお，破産案件は法院が審理するので，中国《破産法》の淵源として，最高法院の司法解釈も含まれるが，その内，破産に関する最新の司法解釈は2002年7月に公布された《企業の破産案件に係わる若干問題に関する審理》規定がある。

（一）破産案件に関する申立

1　申立人と非申立人

中国の破産法制度によると，会社が債務弁済の能力がない場合，それ自身及び債権者のいずれも法院に破産申立をする権利を有すると規定している。

2　条件

(1)　実質条件。破産原因ともいうが，債務者が債務弁済能力を喪失していることを認定し，当事者が破産申立をする法的事実であると同時に，法院が破産手続きを始め，債務者の破産宣告をする法的事実でもある。破産申立をする段階において，法院は，破産の原因について実質的審査を行うべきではなく，破産宣告をする段階において，債務者に対して期限到来の債務を弁済する能力を真に喪失している否かについて明らかにするための実質的審査を行う必要がある。

各国は，破産原因に対して厳格に規定している場合もあるし，緩和された規定をする場合もある。緩和のいかんの基準は，債権者及び債務者の利益考慮の選択に関わる。規定が厳格である場合は破産率が減少し，現存の秩序及び債務関係の維持保護に有利となる。緩和した場合，破産の申立及び認定がし易くなり，不景気の時にも債務者の利益保護に有利となる。もちろんこれも絶対的なことではなく，破産法立法目的の実現は単に破産原因規定によらず，制度を総合的に考慮した結果である。中国《破産法》は，会社の破産原因は，「欠損が重大であり，期限到来の債務を弁済する能力を有しない」と規

定しているが，ここでいう「期限到来債務弁済不能」とは，債務履行の期限が到来しているにも拘わらず，債務者が明らかに債務弁済の能力を欠けている場合をいう。他に，債務者が期限到来の債務の弁済を停止している状態が続く場合，もしも相反する証拠がなければ，「到来債務弁済不能」と推定する。

(2) 手続き条件。主に破産申立者が法院に提出する関連書類において具体的に表れている。国有企業が法院に破産の申立をする場合には，申立書以外にも「国有資産管理部門の同意を得ている旨の書類を提出しなければならない。その他の会社は，経営者または株主総会が決定した破産決議に関する書類を提出しなければならない。債務者が破産の申立をする場合，法院に会社の従業員の状況と処置案を提出し，欠損状況に関する書面説明及び会計監査報告，破産申立日に至るまでの資産状況明細書などの書類を提出しなければならない。債権者が債務者の破産を申立てる場合，法院に債権が発生した事実と証拠，債権の性質，金額，担保の有無，かつその証明付書類，債務者の債務弁済不能の証拠などの書類を提出しなければならない。

3 申立の撤回

法院が破産案件を受理する前に，破産申立者は破産の申立を撤回することができる。

(二) 破産案件の受理

1 管轄

破産案件は債務者の住所地の法院が管轄する。債務者住所地というのは，債務者の主要な営業所の所在地をいう。債務者が営業所をもっていない場合，登録地の法院が管轄する。地方の下級法院は通常一般の管轄県，県級の市または区の工商行政管理機関の認可を得た会社の破産案件を扱っている。中級法院は通常管轄する地域，地域級の市以上の工商行政管理機関の認可を得た会社の破産案件を扱う。国家計画の調整範囲に入った会社の破産案件は，中級法院が管轄する。

2 審査及び裁定

(1) 受理裁定。法院が破産の申立を受けて，申立者が提供した書類について審査を行った後，受理条件に適合しかつ受理できない事由がない場合，7日以内に立件するか否かを決定し，受理の決定をした場合には受理通知書を作成しなければならない。

(2) 不受理裁定。申立者の申立が受理条件に適合しないかまたは法院の審

査により下記の状況が見つかった場合には受理しない。すなわち，債務者が財産の隠匿または移転などの行為により債務を避けるために破産の申立をする場合，債権者が破産の申立を借りて債務者の商業的評判を毀損し，公平な競争秩序に損害を与えた場合，法院は不受理の裁定をする。その他，債権者が債務者の破産を申立てた場合，債務者が債権者の債権について異議を提起し，その異議が成立すると，債権者に，先に民事訴訟を提起するよう告知し，破産の申立については受理しない。

　(3)　棄却決定。破産案件の受理後，法院により法規定に適合しない受理条件または債務逃れまたは債務者の商業的評判に毀損を与える状況が見つかった場合，前述したように不受理の事由が存在すると判断し，破産の申立を棄却する。他に，法院が債務者による破産の申立を受理した後，債務者が巨額の財産不明かつ財産の行方を合理的に説明できない場合，破産申立を棄却する決定をしなければならない。

　3　受理の意義

　法院が破産案件受理の決定を下すと，相応する法的意義が生じる。すなわち，債権者全員が公平に弁済を受けることができ，個別に弁済をうける非合理的な現象を防止し，債務者の財産について保全を行うことになる。

　(1)　債務者が債権者に個別に弁済するのを制限する。法院は破産案件を受理した後，債務者が正常に生産経営を行うのに必要とする弁済以外に，債務者が一部の債権者に弁済するのは無効となる。

　(2)　債務者を原告とする一審案件の管轄を移転する。法院は会社の破産案件の受理後，債務者を原告とするその他の民事紛争がまだ一審に留まっている場合，受訴した法院はその案件を，破産を受理した法院に移送しなければならない。案件が二審の段階に至っている場合は，受訴した法院は案件を継続して審理しなければならない。

　(3)　債務者を被告とする案件の審理手続き及びその他の民事執行手続きを中止する。その内，既に審理を終えて執行が終わっていない場合は執行を中止しなければならず，債権者は効力が生じた法律文書をもって破産案件を受理した法院に対して債権の申告をする。まだ審理が終結しておらずなおかつその他の被告及び独立した請求権を有する第三者がいない場合は訴訟を中止し，債権者が破産案件を受理した法院に債権を申告し，会社が破産宣告をされた後に訴訟を終結する。なお，審理を終えず更にその他の被告または独立

請求権のない第三者がいる場合には訴訟を中止しなければならず，債権者が破産案件を受理した法院に債権を申告し，破産手続きの終了後審理を再開する。債務者が従属債務者である場合，債務紛争案件は継続して審理しなければならない。

(4) 一連の司法手続きをもって債権者の債権を保全する。法院が破産案件の受理後，債務者の会社に向けて公告し，会社に下記のことを求める。会社の財産を十分保護し，無断で会社の帳簿，書類，印鑑を処分してはならず，会社の財産を隠蔽し，個別に分けるか譲渡または販売してはならない。更に，債務者に債務の弁済を停止するように通知しなければならず，法院の許可なしにはいかなる費用をも支払ってはならない。同時に，債務者の開設した銀行に通知を出して，債務者の決算活動を停止し，債務者の債務を銀行が引き落とさないようにする。

(三) 債権の申告と債権者の会議
1 申告者

法規定により破産会社の債権者は債権を申告することができる。破産会社に対して既に発生しており，確定した主体が単一である債権の債権者は当然申告することができる。債権が確定されず，または主体が複数であり，状況がかなり複雑である場合，中国の破産法は下記の処理方法を規定している。

(1) 債務者が保証人である場合。法院により破産立件の通知を受けてから5日以内に関連当事者に通知しなければならない。債権者は保証人が破産した状況を知ってから，その有する債権を破産債権にするか否かについて選択権を有する。債権者が破産手続きにも参加せず保証人にも告知しない場合，保証人の保証義務はその時点から終了する。債権者が破産手続きに参加し，債権者が破産の宣告をした場合，その有する債権額が破産債権であるが，分配に参加しても依然として弁済を受けていない債権をもって被保証人に求償することができる。

(2) 債務者が被保証人である場合。被保証人が破産宣告を受ける前に，保証人が被保証人に替わって債務を弁済した場合，保証人はその弁済額をもって破産債権として法院に申告する権限を有し，更に分配に参加することができる。被保証人が破産宣告を受ける前に，保証人が被保証人に替わって債務を弁済していない場合，仮に債権者が破産債権者として破産手続きに参加できれば，そのすべての債権額をもって破産債権として申告し更に分配に参加

することができる。なお，足りない部分については保証人に追って弁済を求めることができる。但し，保証人が債権の期限が到来する前に債権者が破産手続きに参加しない状況を知った場合，その保証した債務の金額をもって破産債権として申告し更に分配に参加することができる。

(3) 債務者が連帯債務者の一人である場合。債権者がすべての債権を債務者または各債務者に権利を行使し債権を申告する。債権者が債権を申告していない場合，他の連帯債務者は将来に負担する債務を申告することができる。

2 債権の申告期限及び効力

各国の法律は，申告した債権のみが破産手続きにより弁済を受けることができると規定している。債権の範囲を即時に確定し，効率を高めるために法律は債権の申告期限を定めた。中国の破産法によると，法院は破産案件を受理した後，公告を行い更に既に知っている債権者に通知をしなければならない。債権者は通知を受けてから1か月以内に，通知を受けていない債権者は公告日より3か月以内に，法院に債権を申告して，債権の金額及び担保付財産であるか否かについて説明をし，同時に関連証明書類を提出しなければならない。

但し，債権者が法定期間内に申告できなかった場合，その債権は破産手続きにより保護を受けることが可能であるかという問題がある。これは，債権申告期限の効力規定による。各国はこの問題について相対効力及び絶対効力の2種類の立法方法をとっている。その内，相対効力説によると，債権の申告期限は除斥の効力を有せず，申告の期限満了後，債権者は一定の期間内に補充して申告しかつ弁済を受けなければならない。絶対的効力説は，期限を超えて申告すると弁済を受ける権利を喪失する。

3 債権者会議

債権者会議は，あらゆる債権の申告者により構成され，関連破産問題を処理し更に分配案を討議しまた和解協議に関する決議を通す。法院は，債権申告の公告と通知を出してから第1回目の債権者会議開催の日時を決めなければならない。第1回目の債権者会議は，法院が招集し，債権の申告期限満了後の15日以内に開かなければならない。それ以後の債権者会議は，法院または会議の議長が開く必要があると判断した場合，または清算人あるいは無担保財産債権総額の1/4以上の債権者の提案により開催することができる。

債権者会議の職権は，関連債権の証明書類を審査し，債権の金額と担保権

がついているか否かについて確認し，和解協議の草案や破産財産の処分と分配案を討論しかつ決議することができる。債権者会議は議決権を行使することにより決議をし，優先的に弁済を受ける権利を有する担保付債権を有する債権者は議決権を有しない。

債権者会議の決議は，会議に出席した議決権を有する債権者の過半数をもって可決され，同時にその代表する債権額は必ず無担保財産総額の半数以上を占めなければならない。但し，和解協議に関する決議は，無担保財産債権総額の 2/3 以上を占めなければならない。清算人が提出した破産財産分配案は，債権者会議を 2 回経ても通らない場合，法院は案件の詳細な事情により即時に決定をしなければならない。当該決定に対して，無担保財産債権額の半数以上の債権を有する債権者に異議がある場合，法院が決定を出した 10 日以内に上級法院に訴え，その上級法院は 30 日以内に裁定を出さなければならない。

債権者会議の決議は，債権者全員に対して拘束力がある。但し，債権者による債権者会議の決議が法律に違反した場合，債権者会議において決議をしてから 7 日以内に法院に裁定の申立をしなければならない。

(四) 和議

法院が破産案件を受理した後，破産手続きの終了前に，債権者は債務者と和解することができる。和解手続は各種の会社に適用される。法院が破産宣告の決定をする前に，債権者会議において債務者と和解協議を行い，更に法院の決定を経て認められた場合，法院が公告し，破産手続きを中止する。

債務者が和解協議のとおりに債務を弁済しない場合，債権者は法院に強制執行の申立をすることができる。債務者が履行しないかまたは履行不能である場合，債権者の申立により法院は破産手続き回復の決定をしなければならない。和解協議を破産宣告の前に成立した場合，法院は破産手続き回復の決定を下すと同時に債務者の破産を宣告する。

(五) 破産宣告

法院が債務者の破産案件の受理後，下記のいずれかの状況が生じた場合，債務者の破産宣告をしなければならない。すなわち，①債務者が期限到来の債務弁済が不能でしかも債権者と和解協議を達成できない場合，②債務者が和解協議を履行しないか履行不能である場合，③債務者が整理の期間に法院の裁定を経て，当該会社の整理を終結した場合，あるいは債務者が整理期間

の満了後，会社が和解協議のとおりに債務の弁済ができない場合。

　破産宣告は下記のような意義を有する。①債務者が正式に破産者となり，その権利能力及び行為能力が制限を受ける。債権者の利益を考慮した場合を除いて，債務者は破産宣告日より生産経営活動を停止しなければならない。その財産を清算人が管理し，会社の行為は清算人が代表して行う。②破産宣告後，破産案件を受理した法院は，即時に他の民事訴訟係属中の法院に通知を出して，破産会社に対する封印，差押，凍結を解除するようにし，破産案件を受理した法院に移送手続きを行うようにする。

(六) 清算

　法院は，破産宣告の裁定日より15日以内に清算グループを結成しなければならない。清算人は責任をもって破産財産の保管，整理，価格の予算，処分，分配を行う。整理して換金した後，下記の順序によって債権者に弁済する。

　1　担保付債権に対する弁済

　破産宣告の前の担保付債権がある場合，債権者はその担保物について優先的に弁済を受ける権利を有する。大陸法系の国において，当該権利は別除権の重要な形式とされる。抵当物，留置物，質物は破産財産に含まれず，直接弁済を受ける範囲に含まれる。但し，担保付財産の債権の金額が担保物の価格を超えた場合，弁済を受けていない部分については，破産債権として弁済を受けることになる。

　2　破産債権の弁済

　下記の債権は破産債権となる。①破産宣告の前に発生した無担保付の債権，②破産宣告前に発生した担保付債権であるが，債権者が優先的に弁済を受ける権利を放棄した場合，③破産宣告の前に発生した担保付財産であるが，その債権の金額が担保物の価値を超えている部分の債権。

　下記の債権は，破産債権の範囲に含まれていない。①法院が破産案件を受理した後，債務者が滞納している滞納金，これには，債務者が効力が生じた法律文書のとおりに執行していない場合に支払うべき遅延利息と労働保険金の滞納金が含まれている。②破産宣告後の債務利息。③債権者が破産手続きに参加して支出する費用。④破産会社における持分権。⑤破産財産分配の開始後，清算人に申告した債権。⑥訴訟時効を超えている債権。⑦債務者が支払っていない管理，請負費用など。

破産債権は，破産財産をもって支払うものとする。いわゆる破産財産とは，①債務者に破産宣告をするときのすべてまたは経営管理をするすべての財産，②債務者が破産宣告後より破産手続きの終了前に取得した財産，③債務者が行使するその他の財産権。

破産債権を弁済する前に，破産財産を下記の順序により弁済する。①破産費用，②破産会社の従業員の給与及び労働保険費用，③破産会社の税金。これらの順序により先に弁済した後，破産財産の残余部分をもって他の破産債権について弁済するものとする。仮に破産財産をもって充分弁済できない場合は比率により分配を行う。

（七）破産終了

破産財産の分配の終了後，清算人は法院に破産終了の申請をする。破産手続きの終了後，弁済を受けていない債権についてはもはや弁済しないことになる。破産手続きの終了後，清算人が破産会社の元の登記機関にて抹消の登記を行う。

四　会社の解散
（一）解散に関する概述
1　解散の概念

中国では「解散」という概念の適用において比較的混乱がある。立法及び学界がまだ統一した認識をもっていない。立法において，各種法律，行政法規，省庁の規定，司法解釈などが行政処罰の方式を定めるときも通常解散，取消し，取上げ，閉鎖，生産の停止を命ずるなどの単語を使用している。また，一部の法令では解散が取消し，取上げなどの行政処罰の内容を含んでいると解釈している。例えば，中国《会社法》181条の解散事由には，「法により営業許可書を取上げられ，閉鎖または取消しを命じられた場合」という内容がある。なお，解散を取消し，取上げ，閉鎖などの行政処罰方式と並列して解釈する場合もある。例えば，最高法院が公布している《中華人民共和国の民法通則における若干問題に関する意見》の第59条の規定によると，「企業法人の解散または取消しがあった場合，主管機関が清算グループを組成して清算を行うものとする」と規定している。しかし，《証券法》第61条第2項の規定によると，「会社が解散または破産宣告を受けた場合，証券取引所がその債券の上場取引を終了させる」と規定しており，《インターネットサービ

ス営業所管理方法》第19条の規定によると，「限定時間帯外に，18歳以下の未成年に向けて開放した場合……第3回目の規定違反となると，1万元以上3万元以下の罰金に処し，営業所を閉鎖するよう命じ，主管管理部署より認可を取消される。なおかつ，経営許可書及び営業許可書を取上げる」。

解散に関する学界の認識も一致しているわけではない。解散には自らの解散が含まれるだけではなく，行政機関による強制解散も含まれると通常認識している。すなわち，取消し，取上げ，閉鎖，生産停止，営業停止などの行政処罰方式も含まれる。但し，破産を解散の原因に入れる否かについては意見が異なっている。解散と会社の終了とを同様にみる見解があり，破産を解散の一種の方式とする。また解散と破産を並列させる見解もあり，いずれも会社終了の方式の一つであるとしている。中国《会社法》は並列説をとっている。すなわち，「解散を会社に定款に定めた規定あるいは法律で定めた破産規定以外に解散事由として業務活動を停止する場合である」と定義している。更に，「清算を行う状態と過程である」としている。

  2　解散の特徴

  (1)　会社解散の目的及び結果は会社が永久的にその存在を停止し，法人の資格及び市場経営主体の資格を消滅させることになる。

  (2)　債権者あるいは関連機関が解散の決定を下した後，会社は即時に終了するわけではなく，その法人格が依然として存在し，会社の清算が終わり，抹消登記を終えてからその主体の資格が完全消滅することになる。

  (3)　会社の解散は必ず法定清算の手続きを経る。債権者及びあらゆる株主の利益を保護するために，法律は，会社の解散時に清算グループを構成して清算を行うように規定している。それによって，公平に債務の弁済及び会社の財産を分配することを図っている。但し，会社が合併または分割により解散する場合は清算を行う必要がない。これは，合併及び分割は必ず債権者の債務弁済または相応する担保提供が前提となるからである。さもなければ，会社の合併及び分割は成立しない。

  (二)　解散の分類と原因

  解散の原因は異なり，解散を二つに分類することができる。

  1　任意解散

  任意解散とは，自らの解散の場合をいう。会社の定款または株主の決議により解散することを指している。こういう解散は外来の意思と関係なく，会

社の株主の意思により決められ，株主は解散または解散しないかを選択することが可能であるので，任意解散という。但し，任意解散は解散手続きも任意であるという意味ではない。その解散手続きは必ず法定の手続きによって行わなければならない。任意解散の具体的原因には以下の内容が含まれている。

(1) 会社の定款に規定した営業期間が満了し，営業期間延長の決議がない場合。中国の会社法は，最長営業期間についてまだ規定しておらず，会社の定款についても強制的に営業期間を規定するように求めていないので，営業期間に関する規定は定款の任意規定事項となる。定款において営業期間を規定すると，期間満了の前に，株主会は営業期間延長の決議をすることができる。同決議がない場合，会社は即時に解散の手続きに入る。新《会社法》182条によると，「181条第1項の状況が生じた場合，定款の修正を経て会社は存続することができる。定款の修正は特別決議によるものとする」。

《中外合資経営企業法》によると，異なる業種，異なる状況に置かれている中外合資経営有限会社は，その合弁経営期間について異なる約定をすることができる。合弁経営期間の約定をした企業は，経営期間満了の6か月前に，審査認可機関に延長申請をしなければならない。審査認可機関は，申請を受けてから1か月以内に認可または不認可の決定をしなければならない。

(2) 定款に規定したその他の解散事由がある場合。解散事由は，定款相対記載事項であり，株主が定款を作成するときに，予め各種の解散事由を約定することができる。会社の経営において，規定した解散事由が生じた場合，株主会は解散決議をすることができる。会社の営業期間の満了後，株主会決議により延長することもできる。

(3) 株主会により会社解散の決議をした場合。解散決議について，有限会社は，2/3以上の議決権をもっている株主の決議を得なければならない。株式会社は，出席した株主の有する議決権の2/3以上の決議を経て，会社解散の決議をすることができる。国有独資会社は株主会を設置しないため，その解散の決定は，国が授権した投資機構または部門により決定される。中外合弁有限会社も株主会を設置しないので，その解散決議は取締役会がすることができる。取締役会によって決議が形成されない場合，合弁の一方が政府の関連機関に解散の申立をして，政府機関が処理する。

(4) 会社の合併または分割による解散。会社が吸収合併を行う場合，吸収

する方は存続し，される方は解散する。会社が新設合併をする場合，合併の各会社はいずれも解散する。会社分割の場合，元の会社が存続すると，解散の問題が存在しない。分割後，元の会社が存在しない場合には，元の会社は解散する。会社の合併，分割の決議のいずれも株主会の決議による。

2　強制解散

強制解散は政府機関が決定または法院判決により解散する場合である。具体的に以下のような状況がある。

(1) 行政解散。《会社法》181条第4項の規定により，会社は法により営業許可書を取上げられ，閉鎖を命じられまたは取消された場合に解散する。会社がこれらの行政処罰を受けた場合に解散することになる。こういう解散は強制解散となる。解散すると，経営活動を停止し，法により清算を行い，かつ抹消登記を行うものとする。法により閉鎖を命じられる場合も解散原因の一つとなる。社会秩序を維持するために，会社の経営が工商，税収，労働，市場，環境保護などに関する法規に重大な違反をした場合，関連違法事項について主管機関はその主体の資格終了する決定をし，半永久的に市場での経営ができないような処罰を与える。

(2) 司法解散。司法解散は，命令解散と判決解散に分ける。

命令解散とは，法院が会社の利害関係者または検察官の請求により，または職権により公共の利益に損害を与えることを理由に会社の解散を命令する場合である。同制度は，準則主義の設立原則により会社の濫造が生じたときに，その弊害を是正するために創設した解散制度である。日本の会社法では明確に規定しているが，中国の会社法には明文規定がない。

判決解散とは，会社の経営管理に重大な困難が生じ，継続して存続すると株主の利益に重大な損害を与える恐れがあるので，その他のルートで解決不能な場合，法院は株主の請求により強制的に解散する。《会社法》183条は判決解散について規定している。10％以上の議決権をもっている株主の請求により法院は解散判決を下すことができる。

そこで，中国会社法上における解散というのは判決解散であり，その適用要件には下記の内容が含まれる。

まず，会社の経営管理に重大な困難が生じ，継続して存続すると株主の利益に重大な損害を与えるおそれがある状況である。ここでいう経営管理の重大な困難には二つの内容が含まれる。一つは，会社の経営に重大な困難が生

じた場合であるが，いわゆる「会社のデッドロック」である。すなわち，会社の運営メカニズムが完全にデッドロック状態になると，株主総会，取締役会，監査役会などの機構による決議事項がいかなる意味も持たなくなる。会社のデッドロックは会社及び株主の利益に損害を与えることになる。経営決議をすることができないと，会社の業務活動も正常に行うことができない。管理上の混乱により会社の財産は持続的に消耗し流失される。株主と取締役の争いによりお互いの信任がないから，完全に決裂することになる。また，会社の業務経営に重大な困難をもたらす。会社の業務経営において生じた困難が内部によるものもあり，外部原因によるものもある。こうなると，結局株主に損害を与えることになるので，会社法は株主に会社解散請求権を与えた。

　次は，会社の経営管理上の困難が他のルートを通しても解決できない場合である。会社の経営管理に重大な困難が生じた場合，会社は解散しなければならないが，会社法の規定により会社の重大な事項については株主総会が決定するので，会社の解散も株主総会決議によるものとする。しかし，デッドロック状態にある会社は，いかなる決議をすることもできない。そこで，当事者は司法救済，すなわち会社解散の訴えを提起して，会社は法院の判決によりスムーズに解散することになる。但し，司法解散は最終的救済方式となり，会社が他のルートで解決できるようであったら，司法解散の方式を採らなくてもよい。

　また，10％以上の議決権を有する株主の請求によるものである。司法解散となると，株主全員の根本利益に係わるが，いかなる株主でも請求権を有するわけではない。会社との利害関係が一定の程度に至っている株主がこの種の権利を有し，中国では10％と規定している。なお，司法解散は法院の判決による。

【本節実務研究】
●会社解散取消制度
　会社解散取消制度というのは，一定の原因により解散した会社を解散前の状態に回復させ，解散前の会社と同一性を保ち，継続的に存在するようにする。会社が継続して存在できる解散事由には主に，定款に規定した存立期間の満了，株主総会決議による解散，破産手続きにおける強制和解または破産

廃止の決定などによる。この制度の意義は，解散事由が生じると，その事由が必ずしも会社の存立を妨げる事由ではなく，会社の社員が継続を望む場合，社員の意志を尊重して会社の継続を認めることにその意義がある。これは，会社の維持理念に適合し，強制的に会社を解散して清算し，新たに会社を設立するより経済的であるし，効率がよい。会社の解散の取消しは，残余財産を分配する前に行わなければならない。その理由は，仮に会社が株主に残余財産を分配したら，資本が足りないので会社は実質的に継続して存在する条件がなく，強制的に存続するようにしても実質的意義がないのである。更に，会社解散の取消制度が内包している効率を重視する価値観が維持できなくなる。会社解散の取消の法的結果は，会社が解散前の状態を回復することであるが，会社解散による効果については遡及効をもっておらず，なお解散後の清算人の清算業務効力にも影響しない。

　ドイツの会社法の規定によると，株式会社の解散後，下記のいずれかの情況がある場合，会社の残余財産が株主に分配されていなければ，株主総会の特別決議により解散会社の存続の決議をすることができる。①会社の期間が満了して株主総会の決議により解散した場合，②破産手続きにより解散しているが，会社の取消申立により破産手続きが取消された場合，③和解協議の効力が発生した後，取消した場合，④定款の欠陥によって解散されているが，株主総会が既に欠陥を補完するために定款修正の決議をした場合。

　アメリカの法規定によると，会社が自ら解散した場合，会社解散の効力が生じた後120日以内に解散の取消しをすることができる。会社取消しの申立は州の長官に解散取消の書類一部及び元の解散書類を届け出るが，取消解散の書類を受理すると取消しの効力が発生する。会社が行政命令により解散した後，解散の効力が生じた後2年以内に，会社が解散した根拠がなくなると，会社は州の長官に回復の申立をすることができる。

　中国の現行会社法は，会社解散取消しの申立に関する規定を置いていない。ただ，会社の定款により営業期間の満了あるいは定款で規定したその他の解散事由が生じて解散に至った状況について定款の修正を経て会社が存続することができると規定している。

第二節　会社の清算

一　清算の概念と法的意義
(一) 清算の概念

　会社の清算とは，会社の解散または破産宣告をされた後，一定の手続きにより会社の業務を終了させ，債権を回収し，債務を弁済し更に財産分配して最終的に会社を消滅する手続きである。

　清算は会社が終了する必要的な手続きである。すなわち

　(1)　通常会社は1人により支配されているのではなく，多くの株主がおり，所有と経営の分離により取締役，オフィサー（執行役）が会社の支配権を持っている。実際会社を支配している取締役，オフィサーあるいは支配株主が会社の終了前に無断で会社の財産を処分して不公平に会社の財産を分配した場合，株主の利益に損害を与える恐れがあるゆえ，株主保護のために法定の手続きにより会社財産について公平に清算する必要性が生じる。その他に，会社の株主の人数も多いので，会社の終了前に株主が会社の財産分配方式及び手続きについて決議が必要であるとすると，合意を得難く紛争を起こし易いので，経済的及び効率的角度から法をもって統一的に実用性がある清算制度を規定する必要がある。

　(2)　会社の株主が会社について負う有限責任は，その投資額を限度とし，株主は会社に対してそれ以上の何らの責任も負わない。会社の債務は会社財産をもって弁済するので，会社財産は債権者利益を保護する保障となる。会社が清算を経ないで弁済し終了して主体を消滅すると，債権者の債権は実現できなくなる。そこで，会社の終了前に法的清算手続きにより会社財産をもって債権者に弁済し，それによって債権者の利益及び経済秩序の安定を保障する。会社の終了のために行った弁済は清算である。

　(3)　会社の終了は，株主及び債権者の利益に影響を与えるだけではなく，多くのステークホルダーの利益にも影響を与えるが，主に会社の従業員が影響を受ける。法定の手続きにより会社の財産を分配するのは，従業員の利益を保証するためである。

(二) 清算の法的意義

　清算の段階に入ってからは，会社は終了前の特殊な段階に置かれる。その

権利能力及び行為能力には重大な変化が生じる。清算の法的意義は下記のようである。

(1) 清算期間中，会社は依然として法人資格を有する。会社の解散または破産の宣告をされた後，会社の法人格及び主体の資格は即時に消滅するわけではない。清算の期間中，会社は依然として存続するが，業務活動の範囲も制限を受けることになる。つまり清算と関係ない経営活動を行ってはならない。

(2) 清算の期間中，会社の代表機関は清算グループとなる。会社の取締役会はその職権により会社を代表することはできなくなり，会社の財産，印鑑，財務書類などのいずれも清算グループが管理する。清算グループが会社の未決の業務を処理し，会社を代表して訴訟も行う。

(3) 清算の期間中，会社の権利能力と行為能力は制限を受ける。会社は依然として法人資格を有するが，清算前と清算期間中の会社の主体能力には大きな差異があるので，一部の国では清算段階にある会社を「清算法人」あるいは「清算会社」ともいう。清算期間中，会社は新たな経営活動を行ってはならない。会社のあらゆる活動は既に発生していても未決の会社整理業務の範囲に制限される。これには，債務弁済，債権の実現及び内部業務処理が含まれる。《会社法》187条第3項では，清算の期間中，会社は存続するが，清算と関係ない経営活動を行ってはならないと明確に規定している。

(4) 清算の期間中，会社財産が法的な手続きにより弁済される前に株主に分配してはならない。会社の財産をもって必ず清算費用，従業員の給与，労働保険，税金を支払い，会社の債務を弁済してから，残余財産があれば，株主に分配することができる。

(5) 会社清算の最終的効果は，会社法人資格を消滅させ，会社を終了させることになる。清算が終わった後，会社のあらゆる業務は既に終了し，債務の弁済の終了後，すべての会社財産が分配されると，清算グループは，会社の登記機関に抹消の申立をし，最終的に会社のすべての権利義務関係は消滅し会社は終了する。

二　清算の分類

清算は清算対象，清算原因及び清算の複雑さの程度の違いにより立法上異なる分類をする。通常，清算は下記のように分類される。

（一）任意清算及び法定清算

任意清算とは，法律が規定した方式，手続きによる必要がなく，株主全員の意見あるいは定款の規定により清算を行う場合である。任意清算は無限会社，合名・合資など構造が簡単でかつ株主が会社の債務に対し無限責任を負う会社に適用される。有限会社及び株式会社は，社会的な影響力があり利害関係者が多く，更に株主が会社の債務に対し有限責任を負うので，債権者及び利害関係者の利益を保護し，会社の財産を公平に分配することを目的とし，会社清算の効率を高めるために，各国は法定清算制度を規定している。有限会社及び株式会社は必ず法定清算により行うものとしている。

（二）破産清算と非破産清算

破産清算とは，会社が破産宣告され，破産の手続きにより清算することを指している。中国《会社法》191条によると，会社は法により破産宣告を受けた場合，破産法により破産清算を行うと規定している。非破産清算とは，破産原因によらず破産手続き以外の手続きによって清算を行う場合である。

（三）通常清算及び特別清算

通常清算とは，会社の解散後自ら清算機構を組織して行う清算である。特別清算とは，会社がある特殊な事由により解散後，あるいは破産宣告をされてから，通常の清算に著しく障害が生じ継続できない場合，政府の関連部門または法院の介入により行われる清算である。これらはいずれも法定清算に含まれる。

中国《会社法》184条によると，会社が解散して期間を超えても清算グループを組織しない場合，債権者は法院に申立て，関係者を指定して清算グループを組織し清算を行うことができる。191条によると，会社が破産宣告をされた場合，破産法により破産清算を行うと規定している。

他に，清算に関する行政法規として，《外商投資企業清算方法》があるが，通常清算と特別清算を明確に区分し，同法第3条によると，「企業は自ら清算委員会を組成した場合，本方法により通常清算規定により行うことができる」と規定している。企業が自ら清算委員会を構成できない場合，または著しく障害が生じて清算できない場合には，企業の取締役会または連合管理委員会などの権力機構，投資者または債権者が企業の認可審査機関に特別清算の申立をすることができる。企業が法により閉鎖または解散されて清算を行う場合は同方法の特別清算規定により行う。

三　清算グループ

　清算グループは清算機構ともいうが，清算業務の執行者である。会社の解散，破産宣告後，清算の終了前に，会社の法人格は依然として存在し，その株主会及び監査役会は会社の機構として存在するが，ただ会社の決議機構及び対外代表者としての取締役会及び業務執行機構のオフィサーはその職責を履行できなくなり，清算グループが取って代わり，会社の清算期間中の業務を処理する。

　各国の会社法は清算グループについて異なる呼び方をしている。アメリカは，破産管財人及び保管人と称し，ドイツは清算人と称し，なお法人も清算人になることができると規定している。中国の香港は清算官と称し，中国《会社法》は清算機構を清算グループと規定し，破産の場合は破産清算グループと称し，外商投資企業では清算委員会と称している。

（一）清算グループの成立と構成

　会社が破産宣告をされ，解散の決定をし，または決定された日より，会社は即時に清算の段階に入る。まずタイムリーに清算グループを選任して清算の職権を行使するようにする。清算グループの構成員とは，会社の株主，取締役など元の会社の組織機構の人員及び会計，法律などの専門家により構成される。具体的な人員の選任については各国が異なる規定を置いている。会社の業務を執行する株主あるいは業務執行する取締役により構成すると規定する国もあり，株主総会が選任すると規定した国もある。特別清算の場合は法院または関連政府機関の人員が参加すると規定し，その人員構成は法院または関連規定の指定によると規定している。

　改正後の中国《会社法》184条によると，会社が《会社法》181条第1項，第2項，第4項，第5項の規定により解散した場合，解散の決定をした日より15日以内に清算グループを組織し，有限会社の清算グループは株主により構成され，株式会社の清算グループは取締役または株主総会が確定した人員により構成する。破産による清算の場合には，《会社法》191条により，法院が株主，関連機関及び関連専門人員による清算グループを指定する。

　外商投資会社においては，企業経営期間の満了日または企業の審査認可機関が認可した解散日，あるいは法院の判決あるいは仲裁機構が契約終了を決定した日より15日以内に，少なくとも3人より構成される清算委員会を設立するが，通常清算の清算委員会の構成員は，企業の権限機関が権限機関の

構成員の内から選任または専門人員を招聘し、特別清算の場合は清算委員会が企業の審査認可機関またはその他委託部門が中外投資者、関連機関の代表または関連専門人員で構成される。

(二) 清算グループの職権と職責

会社が清算の手続きに入ってから、特殊な状態に入るが、清算グループが会社の業務執行及び清算の関連業務を執行する責任を負い、更に対外的に会社を代表するので、法において清算グループの職権、職責を明確に規定する必要がある。

清算グループの職権は主に、下記の内容が含まれる。

①会社の財産を整理し、バランスシートと財産リストをそれぞれ作成する。②債権者に通知及び公告する。③会社がまだ処理及び清算をしていない未決の業務を処理する。④税金及び清算過程において生じた税金を清算する。⑤債権、債務を処理する。⑥債務弁済後の残余財産を処理する。⑦会社を代表して民事訴訟活動に参加する。

清算グループ構成員の行為を制限するために、各国の法律は清算グループの構成員に対して忠実義務規定を置いている。清算人は職務を遵守し、法により清算義務を履行しなければならない、職務上の便宜を利用して賄賂またはその他の不法収入を得てはならない、会社の財産を無断で占有してはならないなどと規定している。仮に清算人が故意または重大な過失により会社または債権者に損害を与えた場合は賠償責任を負うものとする。犯罪を構成した場合は刑事責任を負う。《会社法》190条では上記の清算人の義務について明確に規定している。

四 清算手続き

清算グループが正式に成立した後、会社は実質的に清算の段階に入る。具体的に下記の内容が含まれる。

(一) 清算会社の財産

清算グループが全面的に会社の財産を整理するときに、固定資産、流動資産、有形資産、知的財産などを含んだ無形資産、債権、債務などについて全面的に整理する。整理後、清算グループはバランスシートと財産リストを作成して次の清算業務に使用する。

他に、《会社法》188条によると、清算グループは会社の財産を整理し、バ

ランスシート及び財産リストを作成してから，債務を弁済する資産が足りないと知ったときには，法により法院に破産宣告を申立てる。法院が破産宣告の決定を下してから，清算グループは清算業務を法院に移送し，破産清算の手続きに入る。

（二）債権者に対する通知，公告及び債権登記

清算グループの成立後，法定の期間内に既に周知の債権者に直接通知し，未知の債権者に対しては公告通知を出すことによって，債権者が法定期間内に清算グループに債権の申立をするようにしている。債権者が申立をすると同時に関連証明書を提出してから，清算グループは登記を行う。それをもって財産分配の根拠とする。会社法186条によると，清算グループは成立日より10日以内に債権者に通知し，更に60日以内に新聞紙上に公告する。債権者は通知を受けた日より30日以内，通知を受けていない債権者は公告日より45日以内に，清算グループに債権の申立をしなければならない。債権者が債権の申立をする場合，債権の関連事項，証明書類などについて説明し，債権登記を行わなければならない。

改正後，株主の利益に有利となり市場経済効率を図るために，中国《会社法》では公告回数，公告の期間を短縮するなど法規定を簡略化している。

（三）財産価格の評価及び清算案

清算グループは，合理的な財産価格の評価案を提出して，会社が分配可能な財産金額を計算し，分配案を出している。それによって，株主，債権者，関連機関の審査及び質疑に対応している。解散手続きにおいて清算案を株主総会または法院に届け出て確認を得る必要があり，債権者会議の決議を経て法院の審査及び決定を受ける。

（四）分配財産

清算の核心は財産分配である。法定財産分配の順序は，①清算費用の支払い，②従業員の給与，社会保険費用及び法定補償金，③税金の清算，④企業の債務の返済，⑤上記の四つの費用の支払い後の残余財産について，有限会社は，株主の出資比率により分配し，株式会社は株主の保有する持株比率により分配する。

【本節実務研究】
●営業許可証取上げの法的結果

　会社の営業許可証は、工商部門が署名して公布した会社登記の法定証書であり、会社は成立時より法人格を取得し、会社の成立は営業許可書の取得をその印としている。そこで、会社の営業許可証は、会社が適法に存在している身分証明書となり、訴訟活動においてその主体の資格及び当事者の身分を証明する主要な証拠となる。

　営業許可証の取上げは会社の登記管理における重要な行政処罰措置となり、情状が重大である違法行為については、通常処罰責任規定をもって対応している。例えば、国家工商行政管理総局が公布した《企業登記管理における若干問題に関する執行意見》第9条によると、「登記の主管機関は、年間検査を通していない企業に対して通知をし、即時に行政処罰を与え、更に営業許可証を取上げる」と規定した。

　営業許可証を取上げる法的結果はいかなるものか。企業の営業資格を取消したことになるか、それとも法人格とともにすべて取消されるかの問題がある。立法上、執行上、司法上の本意は、営業許可証を取上げる目的は、企業の営業を停止して、継続的に新たな経営活動をすることを認めないことである。企業の清算活動を禁止しているわけではない。清算を行う場合、企業の法人格は必要条件となる。そこで、営業許可証を取上げた結果は、企業の営業資格を取消すことであり、同時に法人格も取消すのではなく、法人格の取消しは会社清算の終了後、抹消登記をその条件とする。

　しかしながら、会社の営業許可証が営業資格と法人資格両方の内容を含んでいると、営業許可証を取上げると同時に、この二つの資格とも取消されることになる。同時に、法の執行及び司法の段階において、会社登記に関する関連規定にも明らかに誤解させる問題が存在している。例えば、前述した意見第10条によると、「企業の営業許可証が取消された場合、その法人格または経営の資格は終了する」と規定している。

　現に、この問題を解決する対応案として、営業許可書の取上げに関する執行及び司法の解釈をもって柔軟に対応することが考えられる。すなわち、営業許可証の取上げとは、ただ企業営業資格を取消し、その法人格自体は依然として存在し、企業の抹消登記を経てから法人格を失ったことになる。司法機関は営業許可証を取上げられた会社の訴訟資格を否定してはならないし、

営業許可証を取上げられても適格な原告及び被告の扱いをすることができる。

同時に，こうして営業許可証を取上げられた会社は清算中の法人とみなし，会社設立中において，特定の範囲における権利能力及び行為能力と同様に，清算期間中も清算業務に係わる民事行為を行うことができると説明を加えるべきである。清算グループは，清算中の会社の法定代表機関となり，対内的には清算業務の執行，対外的には会社の権利及び職責を代表し，その地位は正常に経営している会社の法定代表者と類似する。そこで，清算活動において，清算グループは，会社の名義で会社の民事活動及び訴訟活動を行うことができる。実務においては，清算グループが会社の名義ではなく，自己の名義をもって民事活動及び訴訟活動を行っているが，これは清算中の会社及び清算グループとの法律関係が完全に合致しているわけではない。

●清算を経ずに抹消した会社の債務処理

この問題に対し，現在一部の地方法院が簡単に案件を終結しているが，そのやり方は妥当ではない。法理上において会社が終了すると清算義務及び責任が完全に解除されるわけではない。債権者が会社の株主を被告として提訴することもできるとするべきである。その根拠は，株主は清算義務を負うからである。

《会社法》184条によると，「有限会社の清算グループは，株主により構成し，株式会社の清算グループは取締役または株主総会の確定した人員により構成する」と規定している。そこで，会社の清算義務は株主が負い，法院が管轄する破産清算以外に，その他の状況において，株主は必ず自ら清算しなければならない。会社が強制的に抹消されるかまたは法人格が存在しない場合，株主は民事主体として，その個人の名義で清算の義務を果たすことができる。実体において，会社は抹消されてから，その財産を当然株主に分配しなければならない。実際，通常会社の財産は確かに株主により分配されるか占有されている。正常な清算手続きを通して，会社の負債が資産より多い場合，株主はいかなる残余財産も得ることができないが，清算を経ていないので，株主は会社の財産を獲得し，会社のいかなる債務も負担していないのである。そこで，株主を被告として，債務弁済の責任を負うように求めるのは完全に合理的であると考えられる。

会社の抹消登記後，株主は会社から実際いかなる財産も得ていなくても株

主に責任を負うように求めることが可能である。株主が清算義務を果たしていないから会社財産の流失または他人に占有される状況が生じたので，株主はこれに対し，避けられない過失責任（過錯）を負っている。株主が責任を負う財産の範囲は，会社の抹消登記時に，実質的に所有していた資産の数及び株主が応訴した場合の立証の状況による。株主が会社の抹消登記時に，資産額について証明できるのであれば，その資産を株主が責任を負う範囲の財産としてみなすことができる。

　債権者が会社の代表取締役またはオフィサーなどの経営陣を被告として提訴することはできるだろうか。特に，代表取締役またはオフィサーが会社の資産を占有した行為がある場合，被告になれるかが問題である。実務において，これらの意見及び主張は珍しいものであるが，会社法の基本原理に基づいて検討すると，こういう訴訟は成立し難いのである。

　まず，代表取締役またはオフィサー個人はその在職している法人の債務について責任を負うわけではない。経営の失策及び会社の抹消において管理上の錯誤があったとしても対外的に責任を負わない。次に，代表取締役またはオフィサーは法定の清算義務を有していないので，株主に清算の責任を問うしかない。また，会社が抹消された場合，法定代表者の代表権は当然消えるので，会社を代表して責任を負う問題などが存在しない。なお，仮に代表取締役またはオフィサーが会社の財産を占有したとか移転して債権者の利益に損害を与えた状況が生じても，その直接的被害者は株主であるので，不法行為による請求権を有しているのは会社の株主であり，債権者ではない。会社の株主が請求権の行使を怠る場合，債権の実現に影響する特殊な事情が現れると，債権者は代位権を行使する方式で株主の代わりに代表取締役またはオフィサーに直接権利を主張することができる。

第十四章　外国会社の分支機構

第一節　概　説

一　**外国会社**
（一）**外国会社の国籍確定**

　外国会社は自国会社との比較でいえば，両者の区別は主に会社の国籍の違いである。自国国籍を有する会社は，自国会社であり，国籍が外国である会社は外国会社である。国籍の獲得により，会社はある国の国境内において有効な法律行為をなし，独立に権利を享有し義務を負う基礎となる。また当該会社が諸外国の活動に従事する根拠にもなる。そこで，ある国において，当該会社が自国の会社であるかそれとも外国会社であるかをいかに確定するかは，当該会社が国民待遇か，経営活動においていかなる法律の管轄を受けるかの問題に関わっている。このような意味で，会社の国籍は，会社がクロスボーダー取引に従事するときに乗り越えることができない法律障害が横たわっている。会社国籍の確定，各国あるいは地域の会社立法は異なるが，理論上異なる学説もあるが，主に以下のように概括することができる。

　1　設立行為地主義

　設立行為地主義は登記地主義とも称する。すなわち，会社登記地が存在する国により会社の国籍を確定する。当該学説によると，会社は登記地国の許可を得てから登記の認可を受け，法的地位を獲得することができるので，会社は登記地国の国籍を有することができる。これらの主張は，主に英米法系の一部の国に採用されている。例えば，アメリカは連邦制の国であり会社は州法による。1971年アメリカの《抵触法リステイトメント》は，「商業法人の有効な成立は，その会社が所在する州法の法規定の条件に適合しなければならず，活動地，取締役，オフィサー及び株主の住所地についての法規定には関わらない」と規定している。アメリカのいわゆる外国会社（foreign company）は，外国で登記成立した会社以外に，ある州の会社に対し，アメリカでは他

の州で成立した会社（domestic company）も含まれている。

　通常，設立行為地主義のメリットは，二つある。その一は，登記地所在国は会社の真の状況を適切に把握することができる。その二は，会社の登記地は法人の国籍であるので，その国籍は比較的固定され，法人登記国の同意を経ないと法人は自己の国籍を変更することができない。しかし，登記地主義も明らかに弊害がある。例えば，会社は登記地国籍を表示しているので，会社が実際いかなる人に支配されているかが明確ではない。当事者は法律の目的を回避することを目的とし，設立制限が少ない国で登記することができ，それによって不利な法規定を回避することができる。

　2　設立準拠法主義

　設立準拠法主義は，会社はいかなる国の法律により成立したかによって当該会社の国籍を認定し，当該会社の事実上の経営場所あるいは主要な営業所などを国内に設立したかどうかについては問わない。当該学説によると，会社はある国の法律規定により国内の明示あるいは黙示に基づいて成立しているので，会社の国籍は設立時に根拠とした法律により確定する。日本の商法は外国会社に関する国籍について設立準拠法主義をとっている。会社設立の準拠法は通常会社の登記地法であるので，これらの学説は設立行為地主義と基本的に合致している。

　3　株主国籍主義

　株主国籍主義は資本支配主義とも称する。すなわち，当該会社の株主の国籍をもって会社の国籍を確定する。当該会社を支配する株主の国籍が外国人である場合外国会社とし，さもなければ国内会社という。当該学説によると，会社は株主が組織し建てたものであり，会社は株主と離れて独立に存在することができず，設立した株主と同一の国籍を有するしかない。

　通常，この学説を採用して会社の国籍を確定すると四つの弊害がある。第一は，会社の国籍が固定されない恐れがある。特に，株式会社はその株主が大きな流動性を有し，株主国籍は常に変動し，会社の資本がいかなる国に支配されるかを明確にすることが難しくなるので，会社の国籍も確定し難い。第二は，会社所在国の主権が損なわれる恐れがある。例えば，ある会社が国内で登記成立して経営する際，主要な株主あるいは多数の株主は外国人である場合，国内の法律管轄外となる。第三は，会社が経営活動を展開するのに不利となる。例えば，国内で登記した外国会社は，当該会社の株主の国籍を

第一節　概　説　*571*

支配することが可能であるので，会社の経営活動及び適法的な権益は国内の法律の充分な保護を受けることができない。第四は，株主の国籍が異なる場合，人数によるか出資額の多少によって国籍を確定するかどうかの確立原則が難しく，特に無記名株式を発行した株式会社の国籍は更に確定し難い。

　上述の弊害が存在するため，当該学説は戦時あるいはある国と外国との関係において急激な変化が生じた場合適用される可能性がある以外に，多数の国は当該学説をもって会社の国籍を確定する原則を採用していない。

　4　住所地主義

　住所地主義とは，会社の住所所在の国をもって会社の国籍を確定することをいう。法定の住所を諸外国に設定した会社は外国会社とし，逆であれば国内の会社となる。当該学説によると，会社住所は，会社の経営管理あるいは経営活動の中心となるので，会社の国籍をその住所地により定める。ヨーロッパ大陸の多くの国はこの学説をもって国籍を確定する。例えば，フランス，イタリアなどの国はこういう規定を置いている。

　ここで注意しなければならないのは，各国あるいは地域の法律は会社住所の確定について異なる規定を置いていることである。例えば，営業中心地，会社本部所在地，事実上の会社所在地，会社の主要な業務機構の所在地などの基準があるので，会社国籍の確定において紛争が生じやすい。更に，この原則を採用して会社の国籍を確定すると，実務においては会社が住所を変更して国籍を変更するやり方で，ある国の法律の管轄を回避するという現象が生じる。

　これらの4種類の主張の内，設立準拠法主義が通説であり，これは各国あるいは地域における通常のやり方である。これについては多くの国あるいは地域の会社法は明確に規定しており，多くの国の著名な判例においてもよく見られ，国際法の領域において徐々に確立されている。国際司法裁判所の1970年2月5日のバルセロナ電力有限会社の判決によって当該法律原則は明確にされた。

　もちろん，多くの国あるいは地域では国籍を確定する際，単純に一つの基準を採用しているわけではなく，複合基準を採用している。例えば，サウディアラビアの1965年の《会社法》及び1979年の《外国投資法》は，国内の国籍を有する会社は，主要な業務機構，登記設立地のいずれもサウディアラビアに置き，すべての株主はサウディアラビア人でなければならないと規定し

た。他にも、複合基準は多くの国際条約に受け入れられている。例えば、1956年6月1日のハーグ会議で署名した《ハーグ会社承認条約》は、「会社、社団及び財団は協定国の法律によりその国内において登記あるいは公告の手続きを履行しかつ法定住所地により法人格を取得し、その他の協定国に当然認められ、その法人格により訴訟能力、財産、契約の締結及びその他の法律行為能力さえ含んでいればよい」と規定している。

中国《会社法》192条によると、「本法がいう外国会社は、外国の法律により中国以外の諸外国に設立した会社である」。当該規定により、外国法律に基づいて外国に設立した会社は、その株主の国籍、資金ルートに関わらず、いずれも外国会社と称し、反対の場合は中国会社という。例えば、中国人が資金をもって外国の法律により外国に会社を設立した場合、同様に外国会社という。

すなわち、中国《会社法》は外国会社の確定において設立準拠法主義と設立行為主義の二重基準を採用している。外国会社を考慮する場合、会社設立の場合に根拠とした法律及び設立地の基準をもって会社の国籍を確定し、株主の国籍あるいは住所地には関わらない。上記の二つの条件にさえ適合すれば、当然外国会社の資格を取得することができる。

(二) 外国会社の法律的特徴

中国《会社法》が規定した外国会社の分支機構における外国会社は以下の特徴を有する。

1 外国の法律により設立した会社

外国会社は、外国会社法の規定した条件、手続き、責任形態、経営範囲及び経営方式などにより、外国に設立した会社である。どの国の法律、登記、株主の国籍及び登録資本における各株主の出資額の比例の大小については一切問わない。

中国は香港、マカオ地域において特別行政区という特有の法律制度を採用しており、台湾はまだ中国大陸と統一していないゆえ、これらの三つの地域はその地域の「会社法」により会社を設立し、管理面においても外国会社に関する規定を参照している。

2 外国会社と外国国籍

中国《会社法》が採用した会社国籍に関する判定原則は、外国会社がその設立時に根拠とした法律及び設立地の国が同様な国籍であれば、外国国籍を

有することができる。

3　申請による中国での直接的な経営資格の取得

中国《会社法》が規範した外国会社は二つの条件に適合しなければならない。一つは，外国会社は必ず中国に当該外国会社を代表する分支経営機構を設立しなければならないこと。もう一つは，当該分支機構は法人格をもっていないことである。

(三) 外国会社に対する承認

主権国の立法及びその効力範囲は，原則上自国の領域に及んでいる。外国会社がある国の国内において生産経営活動を行わず，その国と貿易，通信などを通じて取引関係を形成する場合，別途約定がある場合を除いて，国内の法律は外国会社に対し原則上拘束力をもっていない。そこで，外国の法律により外国にて登記設立された外国会社は，その成立の有効，無効，能力及び法的地位，会社の組織機構及び財務会計制度などにおいて，いずれも所在地国の法律を適用しなければならない。しかし，ある外国会社が本邦の国内において生産経営活動に従事する場合，必ずその国籍及びどの法律を適用するかを確定し，更に会社を法律上の権利及び義務主体として承認をするか否かを決定しなければならない。承認されない場合，当該外国会社は本邦の国内において営業をしてはならない。これは会社法上において外国会社に対する承認といい，外国会社の確認，許可あるいは認可・許可とも称する。

各国あるいは地域の会社法は通常外国会社に関する規定を置いており，その承認やその国で展開する営業方法及び監督制度などについて規定し，これらの内容が会社法の有機的な部分の一部となる。中国《会社法》も外国会社及び分支機構について一つ章を設けて規定している。要するに，各国あるいは地域の会社法はあらゆる外国会社及びその各種の行為に対する規定ではなく，自国に投資や分支機構を設立して経営活動に従事する外国会社に対して必要となる規定である。

二　外国会社分支機構の概念及び法律特徴

(一) 概念

外国会社の分支機構というのは，外国会社が国内の法律によって国内に設立して，生産経営活動に従事する場所あるいは営業所をいう。実際上，当該外国会社が設立した支店（支社）である。例えば，これらの機構を通常「甲国

某会社の在乙国の支店」という。外国会社が中国において営業する場合，中国に分支機構，独資子会社，中外合資経営あるいは合作経営などの形式をとっている。そこで，外国会社が国内に直接分支機構を設立する方式は，外国会社がある国に進出して営業活動を行う主要な方式となる。またこれは，外国会社の業務活動の延長線ともいえる。

　各国あるいは地域の会社法は，通常外国会社が国内に進出して営業を行う場合，必ず履行しなければならない法的手続きについて規定を置いている。例えば，アメリカ各州の会社法によると，州外の会社は，当該州において業務活動を行うための営業許可を獲得するために，国務長官に申請し，申請時は必ず関連書類を若干提出しなければならない。国務長官の認可を得てからその申請は適法となり，会社が法律の規定によりすべての費用及び特定の税金を支払った後，当該会社に該州において営業する許可証を発給する。当該会社も営業許可証を獲得してから，当該州において正当に営業活動に従事することができる。

　会社法上における外国会社の分支機構に関する規定は，民法における外国人に関する規定と同様で，外国会社分支機構の国内における地位及びその国の外国会社分支機構に対する許可及び監督の問題である。中国の会社法及び世界の多数の国あるいは地域の会社法は，外国会社の分支機構に関する規定を置いている。その目的は中国における外国会社の活動を規範するものであり，外国会社自体を規範するものではない。

（二）**法律的特徴**

1　外国会社の存在は外国会社の分支機構の前提

　分支機構を設立した外国会社は，すでに外国法により外国に設立した会社である。ここで指摘しなければならないのは，外国会社に対する各国・地域の会社法の法的性質については同様であることが求められていない。一部の国・地域の会社立法は非常に緩和されている。例えば，中国の台湾地域の「会社法」は，外国会社が法人でなくてもよいとし，外国会社がその国において設立登記をし，かつ営業を開始すれば認められる。前述したとおり，中国の改正《会社法》では明確に規定している。外国会社が中国に分支機構を設立する場合，必ず外国法人でなければならない。所在国の法人格を取得していない場合，中国国内に分支機構を設立する権利を有しない。なお，外国会社の責任形態も実際上重要視される。

第一節　概説　575

　実際上，外国会社に関わる場合は，国内における外国会社の営業行為に関係し，更にその国における当該外国会社の外国会社分支機構の法的地位に関わっている。そこで，ある国の会社法について言えば，外国会社に関する規定は，通常外国会社の分支機構に関する規定であるので，外国会社及び外国会社分支機構は同様に扱われている。そこで，一部の国では外国会社及び外国会社の分支機構を区分せず，外国会社及び外国会社の分支機構を同一視している。例えば，《日本商法》第二編第六章「外国会社」の章をみると，外国分支機構に関する規定を置いていない。ただ，「外国会社が日本で継続して取引を行う場合，代表者を確定しなければならない。更にその住所あるいはその他の場所に営業所を設置しなければならない」とし，「当該外国会社はその営業所に対し設立登記を行わなければならない」。但し，注意しなければならないのは，中国の現行《会社法》は，外国会社及び外国会社分支機構について依然として明確に区分している。

　2　外国会社の分支機構は設立・政府認可

　外国会社は，外国の法律により設立しているが，外国会社の分支機構は必ず国内の法律によって設立しなければならない。国内政府の認可を得て，国内に設立し，かつ国内の法律の保護及び管轄を受けなければならない。ここでの認可というのは，外国会社が国内に分支機構を設立するためのその国の政府の認可をいう。通常，国内政府が認可した外国会社分支機構は，法定期限の間のその権利義務はその国における会社の類型と基本的に同様である。

　中国における外国会社の分支機構は中国の法律により設立し，中国政府の主管関連部門が認可し，かつ中国工商行政管理機関が法により登記手続きを行い，営業許可を取得することである。外国会社分支機構が中国国内において生産経営活動を行う場合，必ず中国の法律の管轄及び中国の関連部門の監督管理を受けるものとする。当然，外国会社の分支機構は国内の政府の認可を経てから設立しているが，分支機構は依然としてその本国の会社と同様の国籍を有している。

　3　外国分支機構の営利性

　外国会社分支機構は，自己資金，設備，人力などを運用して，営利を目的として生産経営活動を行うものである。それは，外国会社の会社としての性質により定められる。外国会社がその国において経営活動を展開する意思がない場合の活動は，一種の非営利性活動であり，会社法が規範する外国会社

の分支機構ではない。

　国内において営業地を立ち上げるか否かについては，各国及び地域の会社立法は異なる立法規定をおいている。例えば，イギリス会社法は，設立準拠法主義をとっており，イギリスにおける外国会社というのは，イギリス以外の国の法律により設立した会社であり，イギリスに営業地をおいている場合，海外会社（Overseas Company）及び一般外国会社（Foreign Company）と分けられる。イギリス国内に営業地を立ち上げた場合海外会社といい，営業地を建てずに業務活動に従事する外国会社は一般外国会社という。そこで，イギリスの会社法はこの2種類の会社についても異なる規定を置いている。つまり，海外会社はイギリス法の管轄を受けるものとし，一般外国会社は法律において特別規定を置いている場合以外にはイギリス法の管轄を受けないものとする。

三　外国会社分支機構の性質及び法的地位
（一）性質

　中国における外国会社の分支機構は，外国会社の常駐代表機構と異なり，中国に投資設立した外商独資企業とも異なる。

　外国会社の常駐代表機構は，外国会社が中国の国内に設置した業務機構であり，非独立採算の非法人組織であるが，当該機構は中国国内における外国会社の業務範囲に関する連絡，コンサルティング，サービスなどに関する業務を行い，直接的な経営活動は行わない。これに対し，国務院が1983年に公布した《外国企業常駐代表機構登記管理方法》によると，政府間協議が別途ある場合を除いて，外国企業の常駐代表機構は「非経営活動に従事しなければならない」。

　外商独資企業は，中国の関連法により中国国内に設立し，すべての資本を外国投資者が投資している企業である。中国の関連法の規定によると，外商独資企業と外国会社の分支機構の主要なる区別は，以下のようである。

　(1) 外商独資企業は，中国の法律により中国国内に設立した中国の国籍を有する中国企業である。しかし，外国会社の分支機構は外国会社の構成部分の一つとして，外国国籍を有する外国企業である。多くの国あるいは地域の会社法はこういう外国会社の分支機構を直接外国会社と称する。

　(2) 外商独資企業は独立した法的地位を有し，自己の名義で対外活動を行

い，ほとんどは有限会社の形態をとっている。なお，中国の法人格を有し，独立採算システムを使用し，自己の独立した財産をもって法的責任を負う。これに対し，外国会社の分支機構は独立した法的地位を有していない。

(3) 外商独資企業の組織機構は非常に複雑であり，通常取締役会により企業管理を行う。外国分支機構は独立した会社の法人の内部組織を有していない。

(二) 法的地位

外国会社は通常独立した法的地位を有し，外国分支機構は独立した法的地位を有していない。一般的に各国あるいは地域の会社法はこのような規定を置いている。すなわち，外国会社の分支機構は外国会社であり，外国会社の構成部分をなし，外国会社はその分支機構の債務について責任を負うものとする。中国では，外国会社とその中国国内に設立した分支機構の関係について，本社と支社の扱いをしている。これに対し，中国《会社法》196条は，「外国会社が中国国内に設立した分支機構は中国の法人格をもっていない」。「外国会社はその分支機構が中国国内において行う経営活動について民事責任を負うものとする」。具体的にいうと，外国会社の分支機構の法的地位は以下の四つの方面において現れる。

(1) 外国会社の分支機構は，その所属する外国会社の一部分であり，中国に設立した出張機関であり，外国会社が中国の法律により登記設立した子会社ではない。

(2) 外国会社の分支機構は，独立した会社法人の内部組織機構ではなく，株主総会，取締役会及び監査役会などの機構を設置せず，当該外国会社の指定代表者あるいは代理人が分支機構において責任を負う。

(3) 外国会社の分支機構は，自己の独立した会社名称及び会社定款を有しておらず，その所属する外国会社の名義で業務活動を行い，その所属会社と異なる他の名称を使ってはならない。これについて，中国《会社法》195条は，「外国会社の分支機構は，その名称において外国会社の国籍及び責任形態を明記しなければならない」。「外国会社の分支機構は，その機構において外国会社の定款を備え置かなければならない」。

(4) 外国会社の分支機構は，その経営活動について独立した民事責任を負わず，業務活動の結果が外国会社に属し，その分支機構の所属会社は自己の全部の財産をもって分支機構の活動について債務を負う。そこで，各国ある

いは地域の会社法は，外国会社の分支機構の名称に外国会社の責任形態を明記しなければならない。

【本節実務研究】
●外国会社分支機構は訴訟主体であるか否か
　民事訴訟，刑事訴訟及び行政訴訟などの訴訟活動あるいは非訴訟活動において，その分支機構を独立した訴訟当事者にするかあるいは所属している外国会社を訴訟当事者にするかの問題について，実務においては完全に異なる主張がある。筆者は次のように考える。外国会社の分支機構は，会社本部が授権した範囲において業務を展開し，他の自然人，法人及びその他の組織と民事訴訟の紛争を起こした場合，分支機構自体を訴訟主体とすることができる。理由は以下のとおりである。
　(1)　外国会社の分支機構の法律上の地位は，子会社と異なって，独立した法人格がない。注意すべきところは，中国会社法は，外国分支機構が法人格を有していない，中国国内における経営活動において法的責任を負うと明確に規定している。ただ，外国会社の分支機構が適法に成立し，一定の財産及び組織機構を有し，それ自身の経営活動において生じた法的責任については，自身が有している財産をもってまず責任を負う問題については，禁止的規定を置いていない。
　(2)　外国会社の分支機構の法的意義からみると，外国会社の分支機構はその従事している経営活動において，法的規定に基づいてまずその有する一定の財産をもって法的責任を負う。その後分支機構の所属している会社が相応する法的責任を負うことによって，外国会社の分支機構が法律上の経済実体としての実際の意義を表すようにしている。
　(3)　中国の現在の法規定からみると，中国の《民事訴訟法》は，「公民，法人及びその他の組織は民事訴訟の当事者」であると明確に規定している。ここでいうその他組織は，適法的に成立した一定の組織機構及び財産を有するが，法人格を有しない組織である。他に，中国最高法院が公布した《中華人民共和国担保法を適用する若干問題に関する解釈》，《商業銀行の分支機構の民事責任問題に関する中国人民建設銀行の答申》などの法令には類似の規定がある。国内会社の分支機構に関する規定をみると，外国会社の分支機構は法人格を有しないが，「その他の組織」に含まれるので，《民事訴訟法》にお

ける訴訟主体資格に関する規定に適合しているので，民事訴訟の当事者として訴訟に参加できる。

　要するに，中国の制定法及び司法実務において外国会社の分支機構に訴訟主体の地位を与えて，自己の財産をもって法的責任を負う義務を定め，それによって外国会社の分支機構の法的地位が実質的に体現することができる。

●外国会社の企業形態を制限するべきであるか否か

　中国《会社法》第192条の規定によると，外国会社は，外国の法律によって外国に設立された会社である。但し，各国あるいは地域の法律が許可して設立した会社の類型は一致しているわけではない。中国会社法は，有限会社及び株式会社の2種類の類型について規定している。仮に，外国法により外国に設立した無限責任会社，合資・合名会社など中国会社法においてまだ認められていない会社がある場合，これらの外国会社が中国において分支機構を設立する問題をどう扱うべきかの問題がある。その他，中国《会社法》第195条第1項によると，「外国会社の分支機構は，その名称において外国会社の責任形態を明記しなければならない」と規定した。この規定の目的は，中国会社法が会社に有限会社及び株式会社を明記するよう求める規定と合致している。しかし，責任形態を明記する場合，有限会社及び株式会社に限られるとは断言できない。

　これに対し，筆者は，外国会社が中国の会社法が規範する会社形態とは一致していなくとも，外国会社の資格さえ有すれば，中国に分支機構を設立ことが認められると考える。更に，法律の規定により，外国会社の分支機構は外国会社の責任形態，設立地の会社法規定に従うと規定しているが，その主要な理由は次のとおりである。

　(1) 外国会社の法的特長からみると，外国会社の類型，設立の条件及び手続き，組織機構などは外国法の規定による。これは，外国会社の類型は有限会社及び株式会社に限られておらず，無限責任会社，合資・合名会社などその他企業形態である可能性もある。設立の手続きも統一的に政府の認可を得るものでなく，設立の具体的条件も中国法の規定と合致しているわけではない。そこで，外国会社の企業形態は，当事者の能力により本国法の原則に沿って，中国法が認めていないが外国法が認めている無限会社，合資・合名会社，有限責任会社などの形態も認めるべきである。更に，中国国内に設立した外国会社の分支機構の外国会社がいかなる責任形態に属するかを明確にするた

めには，外国会社の分支機構の名称に責任形態を明記しなければならない。

(2) 中国《会社法》第195条第1項の規定によると，中国会社法では中国法が規範する形態と一致していない外国会社の分支機構の設立を禁止しているわけではない。

(3) 中国はすでにWTOに加盟している。加盟国として，中国は今後その他の加盟国間における取引において必ずWTO協議の枠内において展開し，必ず国民待遇及び最恵国待遇の二つの基本原則を守らなければならない。このような情勢に伴い，中国及び加盟国間の取引額は大幅に増加し，加盟国間の相互投資も増えている。そこで，外国会社の分支機構に関する法規定において，外国会社の形態を拡大するのは最も意義あることである。

注意しなければならないのは，中国会社法の他の類型の外国会社の分支機構についていかなる法律を適用するかの問題については規定を置いていない。これに対し，多くの国・地域の会社法では，これらの外国会社が国内において経営活動を行うときは，国内の同種類の企業形態に関する法規定を適用するべきであると定めている。例えば，無限会社及び組合企業は類似しているので，組合企業に関する規定を適用する。中国会社法はこれについて更に規範しなければならないと考える。

第二節　外国会社分支機構の設立

一　外国会社分支機構設立の意義

外国会社の分支機構の設立とは，外国会社が国内の法律が規定した条件及び手続きにより，その国内においてその分支機構が生産経営資格を取得するための法律行為である。

外国会社が国内に分支機構を設立する場合，通常申請許可の手続きが必要となる。各国政府は，国内状況により，国際慣例を参照して，外国会社が自国に分支機構を設立するための法律を規定している。各国あるいは地域の会社立法状況からみると，大多数の国あるいは地域は外国会社分支機構の設立についていずれも一定の制限を置いている。アメリカの《標準会社法》第106条によると，外国会社は，州知事より授権証書を獲得する前に，当該州において業務活動に従事する権利がない。オーストリア《株式会社法》もこのような規定を置いている。外国株式会社がオーストリアで業務活動を行う場

合，オーストリア政府の認可を取得しなければならない。日本，韓国の規定をみると，外国会社が国内において経営を行う場合，外国会社の国内における代理人を確定し，かつ登記を行わなければならない。中国会社立法及び関連法律は外国会社分支機構の設立について明確に規定している。

二　外国会社分支機構の設立条件

各国あるいは地域の法律によると，分支機構を設立する外国会社は申立てをし，一定の条件に適合しなければならない。例えば，法人格を有する外国会社でなければならず，国内において既に営業している会社でなければならず，一部の国は国内において代表機構などを設置することを求めている。中国会社法及び関連法律によると，外国会社が中国に分支機構を設立する場合，以下の基本条件に適合しなければならない。

（一）中国国内における代表者，代理人の指定

この代表者は，分支機構の代表者であり，会社及び分支機構の内部人員である。しかし，代理人は外国会社の委託を受けて，当該会社の名義で活動を行うものをいう。代表者あるいは代理人は分支機構の責任者であり，外国会社を代表して中国国内において各種の生産経営活動を行い，その活動により生じた法的結果については外国会社が負担する。外国会社の分支機構の代表者あるいは代理人の資格については，一部の国の法律は国内において住所を有することを求めており，スイスの法律によると，外国会社が分支機構を設立する場合，スイスに住所を有するものが分支機構の代表でなければならない。フランス，スウェーデンの法律も同様な規定を置いている。

中国の会社立法では，外国会社分支機構の代表者あるいは代理人の資格については詳細な規定を置いていない。中国の関連法律は代表者あるいは代理人の変更時の登記事項について規定し，代表者あるいは代理人の更迭あるいはその国を離れる前に，外国会社は別途代表者あるいは代理人を選定する。かつその氏名，国籍，住所あるいは居場所などについて主管機関に登記の申請をしなければならない。申請登記の場合，授権証書あるいは委託証書を添付しなければならない。

（二）分支機構の経営活動と資金

法律がこのような規定を置いた目的は，当該外国会社分支機構の生産経営活動の正常な運営のためであり，他方外国会社が中国国内において元金なし

の経営あるいは詐欺を行うことを防止するためであり，営業行為あるいはその他法律行為を行う債権者またはその他の社会公衆の利益を保護するためである。中国《会社法》第194条第2項によると，外国会社の分支機構の経営資金について最低金額を規定する必要がある場合，国務院の別途規定による。

　注意しなければならないのは，前述した「相応する資金」及び「最低金額」は当該外国分支機構が負担する民事責任の限度ではない。外国会社の分支機構が法により民事責任を負う場合，分支機構の経営資金及び支配する財産を限度とせず，分支機構を設立した外国会社がすべて負担する。

(三) 外国会社の国籍，責任形態の明記

　この規定は，主管機関の監督管理に便利である。また第三者及び公衆が状況を把握し，取引の安全を図るためでもある。一部の国あるいは地域は会社法において外国会社の分支機構の名称を国内の文字に翻訳し，便宜を図るという目的を達成する。名称において国籍を表わす目的は，国内の会社及び外国会社，異なる国による外国会社などの相互について区別することにある。

三　外国会社分支機構の設立手続き

　外国会社は中国会社法の規定により中国国内に分支機構を設立し，生産経営活動に従事することができる。各国あるいは地域は，その国または地域の対外経営政策の基本的立場に基づいて，国の主権及び経済利益を保護することを前提に，外国投資を利用し，自国の経済を発展させることを目標とし，自国の外国投資あるいはクロスボーダー経済の基本政策及び相応する外国投資法を制定することによって外国投資に対し保護，監督管理，指導を行っている。関連法律には，外国投資あるいは外国クロスボーダー経営の実体法規範が含まれ，外国投資について審査認可を行う手続き的規範も含まれている。

　中国《会社法》193条の規定によると，外国会社が中国国内に分支機構を設立する場合，中国の関連機構に申請しなければならない。そして，会社の定款，所属国の会社登記証書などの関連書類を提出し，認可を得てから会社登記機関にて登記を行い，営業許可証を取得する。すなわち，外国会社は中国国内に分支機構を設立する場合，必ず一定の手続きを踏まなければならない。中国会社法及び関連法規定は以下のように規定している。

(一) 設立準備

　外国会社が中国において分支機構を設立する場合，フィージビリティスタ

ディを行わなければならない。中国の経営環境，法律政策環境を把握し，技術，財務，人事などについて検討，経営プロジェクト及び経営場所を選択し，必要な準備作業を行わなければならない。

（二）設立の申請

1　申請者

中国会社法の規定により，外国会社が分支機構を設立する場合，必ず関連機関に申請しなければならない。外国会社が国内において分支機構の申立をする場合，当該外国会社の取締役あるいは業務執行株主が提出するものとし，分支機構の所在国の代表者あるいは支配人が申請の代行をする。申請者が申請をする際，当該外国会社の法定代表者が署名した申請書を提出し，その国籍を証明する書類及び外国会社の授権書あるいは委託書を添付しなければならない。

2　申請書の主要内容

外国会社の分支機構設立の申請書の主要な内容は以下のとおりである。

(1) 外国会社の概況には，会社の名称，国籍，住所，法定代表者及び会社のその他責任者の氏名及び住所，会社成立の日時，経営範囲，資産総額，登録資本などが含まれる。

(2) 中国に設立する分支機構の基本状況には，分支機構の名称，住所，投資総額，経営範囲，経営期間などが含まれる。

(3) 当該会社が中国の法律の規定を守ることを保証する。

3　主管機関

主管機関というのは，外資企業に関する中国政府の管理機関である。例えば，特殊経営の業務を行う場合主管機関は特殊の業種の管理機関であり，外国金融企業が中国に分支機構を開設する場合，中国人民銀行に申請しなければならない。

4　提出する主要な書類

外国会社が中国国内に分支機構を設立する場合，中国政府の関連機関に申請しなければならないが，そのときは関連書類を提出するものとする。関連規定によると，会社の定款の副本あるいはコピー，所属国の会社登記証書以外に，更に下記の書類を提出しなければならない。すなわち，国内に出した適法な開業証書あるいは副本またはコピー，外国会社の業務取引について金融機構が出した資本信用証明書，外国会社の法定代表者の資格証明書，外国

会社が委任した分支機構の代表者あるいは代理人の授権証，分支機構の責任者の履歴書及び身分証明書，株主総会あるいは取締役会の当該事項に関する決議議事録，当該外国会社の直近の会計監査を経た財務会計報告，外国会社の中国における営業計画書などが含まれる。前述した書類が外国語で表示された場合，中国語の訳文を添付しなければならず，公証機関の公証を経なければならない。

（三）設立の審査・認可

  1　各国・地域の設立原則

　外国会社が分支機構を設立する申請をする場合，国内政府の許可または認可を経なければならない。各国または地域は，外国会社の分支機構の設立について異なる規定を置いている。例えば分支機構の設立準則主義を実行している国があるが，国内の法律に基づき直接登記すると，業務活動を展開することができる。政府の関連主管機関の特別許可を経る必要がない。ベルギーの《統一商事会社法》第196条ではこのような規定を置いている。アメリカの《デラウェア州の会社法》第317条第2項の規定をみると，「外国（州）会社はデェラウェア州の州知事に50ドルの申請費を支払い，かつ営業所に関する届けを提出するだけで，当該州において商業活動を行うことができる。

　また，分支機構設立において認可または許可主義をとっている国もある。これらの国はまず外国会社に政府の関連機関の認可を経るよう求めており，認可を経てから登記手続きを行うと規定している。多くの発展途上国はこのようなやり方をしている。

　中国は外国会社の分支機構に対し監督管理を行うために，厳格な認可主義原則をとっている。すなわち，外国会社が中国国内に分支機構を設立する場合，中国の関連機関の審査認可を経なければならず，法により認可を得てから登記手続きを行うことができる。外国会社の分支機構の具体的な審査認可方法については国務院が規定する。中国の関連立法の規定によると，認可をする関連機関として国務院対外経済貿易機構及び省級の人民政府の対外経済貿易機構があるが，特定の経営業種に係わる場合は，国の関連部門の認可が必要となる。例えば，金融業は中国人民銀行の認可が必要となり，建築業は国の建設部門の認可などが要る。主管機関は外国会社の申請を受理してから，分支機構を設立する関連事項，書類について迅速に審査認可を行わなければならない。その内容の真実，適法性について審査し，法律の規定に適合

する場合認可し，さもなければ認可しないものとする。

2　主要審査認可事項

中国の関連法律の規定によると，下記の条件に適合する場合，審査認可機関は申請を受けてから一定の期間内に分支機構の設立に関する決定を下さなければならない。

(1)　申請書類は審査認可機構の定めた書類の基準に適合しなければならない。

(2)　分支機構の代表者または代理人を明確に指定しなければならない。

(3)　分支機構の最低経営資金は法律の規定した金額を下回ってはならない。

(4)　分支機構の生産経営は中国の産業政策の基準に適合しなければならない。

(5)　分支機構の生産経営は中国の関連法律法規の規定に適合しなければならない。

下記の状況のいずれかに該当する場合には，審査認可機関は一定の期日において審査をし，不許可の決定を下す。

(1)　目的あるいは業務内容が中国の法律，法規及び社会の公共利益に違反して，中国の主権及び安全に損害を与える場合

(2)　その生産経営活動が環境汚染及び資源の破壊をもたらす場合

(3)　分支機構を設立する地域が外国人の住居あるいは営業範囲を制限する地域に属する場合

(4)　審査認可時に申請した事項の中に虚偽の状況が存在する場合

(5)　平等互恵原則により，その外国会社が所属する国が中国会社を認めない場合。

3　業種ごとの具体的審査認可機関

現に，外国会社が中国国内に分支機構を設立しているのは，主に外国銀行の支店，外国保険会社の支社及び外国石油会社の支社などがある。これらの分支機構の設立審査認可は下記の機構の許可を得なければならない。例えば，外国銀行の支社を設立する場合は，中国人民銀行の審査認可を経なければならない。外国保険会社が中国の国内に支社を設立する場合は中国の保険監督管理機構の審査認可を経なければならない。外国の石油会社が，中国の国内支社を設立する場合，中国石油天然ガス本社あるいは中国海洋石油本社

の意見書が必要となり，更に対外経済貿易管理機構の認可を経なければならない。

これらの分支機構は審査認可を行う場合，審査認可機構に下記の書類及び証明書を提出しなければならない。すなわち，外国会社の代表取締役あるいはオフィサーが署名した設立申請書，外国会社の適法な開業証明，外国会社の定款，分支機構の責任者に対する委任状，分支機構の運営資金に関する資金証明あるいは資金検査報告，審査認可機構が求めているその他の書類。

（四）設立の登記及び公告

外国会社が中国国内に分支機構を申請し，主管機関の審査認可を経てから，一定の期間内に，審査認可機構の許可した書類をもって中国の会社登記機構にて法により登記の手続きを行うものとする。外国会社の分支機構の登記手続きとして，原則上支社を設立する国内における会社の設立登記手続きと同様である。外国会社の分支機構成立後，公告を行うものとする。

1　登記の手続きを行う際に提出すべき書類
(1)　外国会社の代表取締役あるいはオフィサーが署名した申請書
(2)　審査認可機構の認可書類あるいは証書
(3)　生産経営活動に従事するために締結した契約（外国銀行の支社はこの条件を適用しない）
(4)　外国会社の所属国の政府が出した会社に関する適法な開業証明
(5)　外国会社の資金信用証明
(6)　資金検査報告
(7)　外国会社の代表取締役あるいはオフィサーが委任した中国プロジェクトの責任者に関する授権書類，履歴及び身分証明
(8)　その他関連書類

2　登記に関する主要事項

工商行政管理機関は，提出した書類に関する審査を行い，当該外国会社の分支機構が法律，法規の規定した条件に適合する場合，登記を許可し営業許可書を発給する。反対の場合には，申請を却下する決定を下す。外国会社の分支機構の登記事項には主に以下の内容が含まれる。名称，所属会社の国籍，営業場所，責任者，経営範囲などがある。

営業許可書を発給した日は外国会社の分支機構の成立日となる。外国会社の分支機構もその日より中国の国内において生産経営活動に従事する資格を

取得し，中国国内の金融機構において口座を開設し，印鑑を作り，認可した経営範囲内において経営活動に従事することができる。外国会社の分支機構は，法により開業した日より一定の期間内に税務機関にて税務登記を行うものとする。外国会社の分支機構が名称，経営範囲，代表者，経営期日，住所を変更する場合，元の審査認可機構に申請し，認可を経なければならず，登記機関にて変更手続きを行うものとする。

3　登記の効力

外国会社の分支機構の登記の効力は以下の方面において現れる。

(1)　規範性効力。外国会社の分支機構は必ず登記を得なければならず，認可された範囲内において中国国内で相応する生産経営活動に従事する。さもなければ一定の法的責任を負うものとする。適法的な登記手続きを経て，その適法的な権益は中国の法律の保護を得ることができる。

(2)　公示性効力。外国会社の分支機構は登記を経てからその登記事項について第三者に対抗することができ，相手に相応する民事責任を負うよう求めることができる。登記を経ておらずまたは登記事項に不実が存在する場合，第三者に対抗することができない。

第三節　外国会社の分支機構の権利及び義務

外国会社の分支機構は，外国会社が国内に派遣した出張所として，国内の工商登記を経てから国内における生産経営活動に従事する権利を有し，国内の法規定を守る義務を負う。各国あるいは地域の会社法は，外国会社の分支機構の権利義務について専門規定を置いている。中国《会社法》第197条は，外国会社の分支機構について包括的に規定している。「設立の認可を経た外国会社の分支機構は，中国国内において業務活動を行うに際し，中国の法律を必ず守り，中国の社会公共利益に損害を与えてはならず，その適法的な権益は中国の法律の保護を受けるものとする」。

一　外国会社の分支機構の権利

外国会社が中国国内に設立した分支機構は中国の法律の管轄を受け，その適法的権益は中国の法律の保護を受ける。法律において制限規定を置いているもの以外には，外国会社の分支機構の権利は，中国の同部類の会社が有す

る権利と基本的に同じである。中国の法律の関連規定によると，外国会社の分支機構の権利には以下のものが含まれる。

（一）生産経営活動

外国会社の分支機構が中国の工商行政管理機構の発給した営業許可を取得すると，中国国内において生産経営活動を行う法定資格を獲得したことになる。各国あるいは地域の法律は，外国会社がその国内において業務活動を展開することを許可し，その国の会社と同等な権利を有すると規定している。例えば，法により財産の所有権を取得し，契約を締結し，その国の外商投資の優遇政策を享受するなどがある。当然，各国あるいは地域の法律は，外国会社の分支機構の業務活動の範囲について制限している。主に，軍事工業，航空，通信，エネルギーなどの分野に係わる国民経済にとって重大な特殊業種については，禁止あるいは制限規定をおいている。例えば，フランスは外国会社の行う軍事用武器，アルコール，医薬方面の貿易については禁止している（EU加盟国の会社は除く）。イタリアは外国会社が銀行業，保険業，海事運送業などの取引活動を行うことを禁止すると同時に，あらゆる外国投資活動がイタリア《為替管理条例》の制限を受けることを求めている。

国の経済安全を考慮して，外資の盲目的な流れにより，国の産業構造及び地域分布の不均衡によりもたらされる不利な影響を防止するために，中国も特定な業種，国防工業及びその他一部の業種について外国会社の参入を禁止している。

（二）法律の保護

外国会社の分支機構は中国の法律を守り，中国の国内において法により生産経営活動を行い，その適法的権益も当然中国の法律の保護を受ける。中国の関連機構は，法により自己の職責を履行し，外国会社の分支機構の適法的な権益を確実に保障するものとする。外国会社の分支機構の適法的な権益を侵害するいかなる行為も法的に追及される。外国会社は，その分支機構の適法的経営活動が侵害を受けた場合，中国国内において提訴する権利を有し，司法保護を求めて，その適法的権益を保護しなければならない。

二　外国会社の分支機構の義務

外国会社が中国国内に設立した分支機構は，法により権利を有するとともに，相応する義務を負う。中国の法律が特別規定を置いている状況以外に，

中国の会社と同様な義務を有する。中国の会社法及びその他関連法律の規定により、外国会社の分支機構は中国国内において営業活動を行うに際し、以下のような義務を負う。

（一）法規の遵守

外国会社が中国国内に分支機構を設立して業務活動を展開するその本質は、外国投資者の中国に対する投資行為である。属地管轄原則によると、中国国内における外国会社の分支機構の営業活動は、中国の法律の管轄を受ける。これは中国の主権原則の体現である。中国国内における外国会社の分支機構の営業活動は、中国の社会的公共の利益に損害を与えてはならない。例えば、外国会社の分支機構が行う営業プロジェクトは、必ず中国の産業政策、国が許可している範囲、中国が禁止している外資投資禁止の業種などの規定に適合しなければならない。外国会社の分支機構は、中国国内において非合法な営業業務を行ってはならず、関連義務の履行を拒絶してもならないし、また中国の正常な経済秩序を乱してもならない。さもなければ中国法律の制裁を受けなければならず、特殊な扱いを受けない。例えば、外国会社の分支機構でも同様に、工商、税務部門及び為替、税関などの部門の管理及び監督を受けなければならない。

中国の法律の関連規定によると、外国会社の分支機構及びその責任者による以下のいずれかの行為があった場合、一定の金額の罰金を科し、情状が重大で犯罪を構成した場合には、法により刑事責任を追及する。

(1) 認可を経ず、無断で支社を設立した場合
(2) 審査機関あるいは登記機関に提出した書類に、虚偽記載あるいは詐欺行為があった場合
(3) 税務管理法律、法規に違反した場合
(4) 経営範囲を超えて業務活動を行った場合
(5) 正当な理由なく登記の6か月後あるいは開業後6か月を過ぎて営業を行っていない場合

（二）国籍あるいは責任形態の標記、定款の備え置き

外国会社の分支機構は外国会社の構成部分の一部として、独立した法的地位を有していない。業務活動を行う際、外国会社の名義で行い、中国国内の経営活動において生じた法的責任も外国会社が負担する。中国会社法においては、外国会社の分支機構がその国籍、責任形態を標記しなければならない

し，定款を備えなければならないと規定している。それによって，当事者が具体的な状況を把握し，取引のリスクを下げて，債権者の利益を保護し，社会の経済秩序を維持することを図っている。

第四節　外国会社の分支機構の解散及び清算

一　外国会社の分支機構の解散

　外国会社の分支機構の解散とは，法により既に設立した外国会社の分支機構を消滅させ，外国会社の分支機構を設立した国における生産経営活動を終了させることである。外国会社の分支機構の解散には二つの理由がある。一つは，強制的に営業許可証を取上げられ，やむを得ず解散する場合，もう一つは，自ら撤退する場合である。外国会社の分支機構を設立した国の政府に強制的に解散するよう命じられるのは，外国会社の分支機構がその国の法律に対して重大な違反をした場合が多い。例えば日本の《商法》484条によると，「裁判所は法律が定めた状況が生じた場合に，法務大臣，株主，債権者及びその他の利害関係人の請求により，外国会社の営業を閉鎖するように命ずることができる」。外国会社の分支機構が自ら解散するのは，外国会社が国内において営業活動が予定している目標を達成し，営業地を移転する必要性が生じた場合が多い。各国あるいは地域は，外国会社の分支機構の解散時に，必ず一定の法定手続きを踏むことを求めている。例えば，アメリカは，外国会社がある州より撤退する場合，州知事に申し立てなければならないし，州知事は審査を経て，申請書の内容が事実である場合には，会社に営業許可取消しを通知する。州知事が正式に通知した後，当該会社は即時に当該州より撤退させなければならない。多くの国または地域の会社法も類似した規定を設けている。

　中国の会社法は，外国会社の分支機構の解散について明確に規定していないが，その他の関連法規定によると，以下の状況が含まれている。

　(1) 外国会社が法により解散，解散，あるいはやむをえず解散する場合。外国会社の分支機構は外国会社の構成部分の一部として，外国会社の分支機構の存在は外国会社の存在を前提条件とし，外国会社が法により解散，破産宣告，株主総会決議による解散などの原因で終了する場合には，外国会社の分支機構も当然解散する必要がある。

(2) 外国会社の分支機構が違法経営を行った場合にやむをえず解散する場合。外国会社の分支機構が生産経営活動を行う際，国内の法律に対して重大な違反があると，法により解散を命ずる。中国《会社法》213条の規定によると，「外国会社が本法の規定に違反して無断で中国国内に分支機構を設立した場合，会社登記機構は是正または閉鎖の命令をし，かつ5万元以上20万元以下の過料を科すことができる」。その他，外国会社の分支機構が中国の工商管理，税関，財政，金融，為替，環境保護などの法律に違反して情状が重大である場合，関連部門は営業を停止するよう命じ，更に営業許可書を取上げる。

(3) 外国会社の分支機構が理由なしに休業してやむを得ず解散した場合。外国会社の分支機構が登記したら，法により生産経営活動に従事しなければならない。無断休業が一定の期日に至った場合は，主要な管理機関は強制的にその分支機構を解散させることができる。例えば，日本《商法》の規定によると，「外国会社の営業所が正当な理由なしに法定の登記を経て1年後にも未開業または営業を停止して1年以上に至った場合，裁判所は法務大臣，株主，債権者及びその他の利害関係者の請求により閉鎖を命じることができる」。中国の関連法規定によると，外国会社の分支機構が正当な理由なしに開業しなかった期間が6か月を超えた場合，または開業後正当な理由なしに継続して6か月以上営業停止をした場合，会社登記機構は法により営業許可書を取上げる。

(4) 外国会社の分支機構が経営期間の満了で解散する。各国あるいは地域の会社法の多くは，外国会社の分支機構の営業期間について規定している。外国会社の分支機構が営業期間の満了で解散するのは正常である。当然，外国会社の分支機構は，経営期間の満了日の一定の期間内に，設立時の審査認可期間の認可を経て延長登記を申立てることができる。期間を超えて，延長の手続きをしていない場合には取消しとみなす。

(5) 外国会社の分支機構が自ら解散の決定をする。外国会社の分支機構がある原因あるいは必要がある場合，例えば国内において既に投資及び経営の予定目標を達成したかあるいは国内において継続して投資経営を行う意思がない場合，経営期間の満了日前に，主管管理機構に分支機構解散の申立てをすることができる。

(6) その他外国会社の分支機構の撤退をもたらす原因。不可抗力などの原

因で経営を継続することができない場合は撤退する。

二　外国会社の分支機構の清算

外国会社の分支機構の清算とは，分支機構の解散後，各種の法律関係を終了させるために，分支機構の債権債務の処理のために清算を行う行為をいう。外国会社の分支機構が解散すると，国内における経営能力を失い清算手続きに入る。中国《会社法》198条の規定によると，外国会社の分支機構は解散時に必ず債務を返済し，会社法により清算の手続きを行わなければならない。

（一）清算手続き

外国会社の分支機構が中国の会社法により清算手続きを行う場合，以下の清算順序に従わなければならない。

(1) 清算チームを結成する。外国会社の分支機構は解散する場合，一定の期間内に清算チームを結成し，期日を超えても清算チームを結成しない場合，債権者は法院に清算チームを指定するよう請求することができる。外国会社の分支機構が法律に違反して閉鎖するよう命じられた場合は，関連部門は外国会社，関連機関及び関連する専門家により清算チームを指定する。

(2) 債権者に通知あるいは公告をする。清算チームは，成立日より法定の期間に債権者に通知し，合わせて一定の期間新聞紙上に公告しなければならない。債権者は通知書を受け取った日より法定期間内に，通知書を受け取っていない場合は第一次公告の日より法定の期間内に，清算チームに債権の届出をしなければならない。

(3) 清算案を制定し，債権・債務を整理する。清算チームは，外国会社の分支機構の財産，資産負債表及び財産リストの作成し，関連部門の確認を経なければならない。外国会社の分支機構は，清算期間内に，清算の目的外で財産を処分してはならない。分支機構の財産で債務を返済することができる場合，順位に従い清算費用，従業員の賃金，労働保険費用，税金，債務を払わなければならない。

(4) 登記抹消。清算の終了後，清算人は清算報告書を作成し，関連機関の確認を経て，会社登記機関に届け，法定の期間内に抹消の登記を行う。登記機関は，公告を公布し，営業許可書を回収する。

（二）清算過程における法的地位

外国会社の分支機構は撤回する場合，清算が終了するまで，解散しなかっ

たこととみなす。その民事主体資格は存続するが，権利能力は制限を受ける。すなわち，清算の範囲内において清算と関係ない経営活動を行ってはならない。

債権者の利益を保護するために，中国《会社法》198条は，「外国会社が……債務を返済する前に，その外国会社の分支機構の財産を外国に移転してはならない」。すなわち，外国会社の分支機構が債務を返済していない場合，その本社が返済するものとする。これは，外国会社の分支機構の法的地位により決定される。

【本節実務研究】
●外国会社の分支機構の解散後の責任
外国会社の分支機構は解散後，清算の手続きに入り債権・債務を返済する。会社法の実務において，外国会社の分支機構の解散後負う責任問題について異なる主張がある。
(1) 一律に分支機構が所属している外国会社が責任を負う。
(2) まず外国会社の分支機構の財産をもって債務を返済し，外国会社の分支機構に返済能力がない場合には本社が責任を負う。中国《会社法》196条によると，「外国会社は，その分支機構が中国国内で行う経営活動に対して民事責任を負う」と規定している。同規定は，どういう方式で責任を負うかについては定めていない。

本書は第二の主張に賛成する。理由は，以下の通りである。
(1) 中国現行《会社法》第198条では，「外国会社が中国国内の分支機構を撤退させるときは，法により債務を返済し……債務を返済するまでは，その分支機構の財産を外国に移してはならない」と規定している。この規定によると，当該外国会社が分支機構の責任を直接負うことが必須という結論を出すことができず，逆に，「その分支機構の財産を外国へ移す」という規定はまさしくまず当該分支機構の財産で責任を負うことが可能であるということである。
(2) まず分支機構の財産で責任を負うのは，その法的地位及び意義の表れである。

原著編者紹介

趙旭東

中国政法大学教授，法学博士，博士課程及び博士指導教授。現在中国政法大学民商経済法学院副院長，中国法学会商法学研究会副会長。1999年北京市優秀中青年法学家に選任，2002年第三回全国優秀中青年法学家に選任される。2005年，教育部新世紀優秀人材支援計画の対象に選任された。同年，国社科基金重要課題主席委員を担任。会社法改正における起草小委員会のメンバー。

主として，民商法，特に法人制度，会社法，証券法，契約法に関する研究に注力している。著書に，《企業法律形態論》，《法人制度論》，《民商法実務研究》等。《中国社会科学》，《法学研究》，《中国法学》等の刊行物に多くの学術論文を発表。

編訳者紹介

陳景善

中国政法大学准教授，早稲田大学法学博士。1998年4月より2008年3月まで早稲田大学へ留学する。2005年4月より2008年3月までの期間中は，早稲田大学法学学術院の助手を勤める。2007年10月に中国政法大学に内定。早稲田大学法学学術院の企業と法創造研究所の客員研究員，中国教育部帰国者科研資金審査員，中国銀行法学会理事を兼任し，中日法律文化交流に活躍中。

荻原正

出光興産（株）知的財産部上席主任部員として，複数の日中知的財産訴訟を専門に担当。中国社会科学院で主催した知的財産シンポジウムや，中国政法大学で「外国人からみた中国知的財産状況」などをテーマとした講演をする。中国語で論文を執筆し「学説編纂」などに発表。日本知的財産協会においても活躍中。

中国会社法学
アジア法叢書32
2013年10月1日　初版　第1刷発行

原著編者	趙	旭 東
編訳者	陳	景 善
	荻 原	正
発行者	阿 部	耕 一

〒162-0041　東京都新宿区早稲田鶴巻町514

発行所　株式会社　成文堂
電話 03(3203)9201(代)　Fax 03(3203)9206
http://www.seibundoh.co.jp/

印刷　三報社印刷　　　　　製本・弘伸製本

©陳景善　荻原正　Printed in Japan
☆乱丁・落丁はおとりかえいたします☆
ISBN978-4-7923-2647-0 C3032

定価（本体8000円＋税）　　　　検印省略

アジア法叢書

1	現代韓国の法思想	品切		17	アジアの死刑	品切
	鈴木敬夫編訳				辻本義男・辻本衣佐編著	
2	アジアの少年法Ⅰ	2940円		18	中国の死刑制度と労働改造	5250円
	菊田幸一・辻本義男監訳				鈴木敬夫編訳	
3	アジアの少年法Ⅱ	3150円		19	アジア法の環境	品切
	菊田幸一・辻本義男監訳				千葉正士編	
4	現代韓国の憲法理論	3150円		20	中国の土地法	4410円
	鈴木敬夫編訳				野村好弘・小賀野晶一監訳	
5	中国憲法概論	3150円		21	アジアにおけるイスラーム法の移植	5250円
	董成美編著/西村幸次郎監訳				千葉正士編	
6	現代韓国の基本権論	3150円		22	中国の人権論と相対主義	5250円
	鈴木敬夫編訳				鈴木敬夫編訳	
7	インドの労使関係と法	3150円		23	アジア法の多元的構造	7350円
	香川孝三著				千葉正士著	
8	イスラーム婚姻法の近代化	品切		24	中国民族法概論	3885円
	湯浅道男著				呉宗金編著/西村幸次郎監訳	
9	スリランカの多元的法体制	8400円		25	現代中国の民事裁判	4725円
	千葉正士編著				小嶋明美著	
10	中国憲法の基本問題	2625円		26	東アジアの死刑廃止論考	5250円
	西村幸次郎著				鈴木敬夫編訳	
11	現代中国の法思想	品切		27	中国少数民族の自治と慣習法	3990円
	鈴木敬夫編訳				西村幸次郎編著	
12	法哲学概論Ⅰ	品切		28	北東アジアにおける法治の現状と課題	6615円
	李恒寧著/鈴木敬夫訳				孝忠延夫・鈴木賢編	
13	法文化のフロンティア	品切		29	中国における違憲審査制の歴史と課題	5250円
	千葉正士著				牟憲魁著	
14	現代中国相続法の原理	品切		30	日中経済刑法の比較研究	3465円
	鈴木賢著				佐伯仁志・金光旭編	
15	法哲学概論Ⅱ	品切		31	中華人民共和国刑法	3990円
	李恒寧著/鈴木敬夫訳				甲斐克則・劉建利編訳	
16	法人類学の地平	品切		32	中国会社法	8000円
	湯浅道男・小池正行・大塚滋編				陳景善・荻原正編訳	